U0563975

《智慧国土空间规划应用与发展》编委会

顾　　　问　李德仁　童庆禧　郭仁忠　吴志强　宋超智

主 任 委 员　周成虎

副主任委员（按拼音排序）

党安荣　詹庆明　张新长　邬　伦　门晓莹

邓堪强　刘　谦　马志勇　杨　滔　曾　伟

编　　　委（按拼音排序）

柴　勋　陈向东　高毓琳　韩　青　李　洁

罗　亚　王　强　吴　林　尹长林　恽　爽

张迪校　张鸿辉　张晓东

《智慧国土空间规划应用与发展》编写组

主　　编　周成虎　杨　滔　党安荣

副　主　编（按章节顺序排序）

韩　青　柴　勋　张晓东　胡　兵　高毓琳　黄　盛　恽　爽　王飞飞

余铁桥　张鸿辉　陈向东　李　洁　李　萍

编写组成员（按拼音排序）

白富权	鲍巧玲	蔡赞吉	陈　翀	陈　炉	陈　猛	陈　行	陈园园
陈志平	程　赞	范　华	高　策	宫　媛	顾重泰	顾周琦	郭振华
韩　旭	韩雪华	何金山	何锡顺	洪智勇	胡腾云	黄奇晴	黄　盛
江雪梅	姜欣飞	金贤锋	雷钧钧	黎栋梁	李晨阳	李　清	李　然
李　爽	李晓烨	李　宇	李　智	廖远琴	林俞先	刘　博	刘　耿
刘海涛	刘文琨	刘　曦	罗　迪	罗伟玲	毛文婷	孟　悦	牟　琼
倪锡春	潘伯鸣	潘　艳	浦　磊	乔双全	冉慧敏	任希岩	沈　辉
沈　岚	绳　彤	石　珊	束　平	孙道胜	孙中原	谭丽涛	汪金霞
王　丹	王浩然	王劲军	王　良	王　强	王玉玺	位明露	翁亚妮
吴兰若	吴赛男	吴弦骏	谢　刚	徐　俊	徐　沫	徐小哲	杨瀚霆
杨丽娅	杨　萍	杨任飞	于菲菲	于海昕	袁　钊	张海琴	张淏楠
张　恒	张　群	张少佳	张守利	张晓琴	张伫檑	张　勇	张园玉
张耘逸	赵　赫	赵　越	郑黎明	钟镇涛	周　宝		

· 智慧城市系列丛书 ·

ZHIHUI GUOTU KONGJIAN GUIHUA YINGYONG YU FAZHAN

智慧国土空间规划应用与发展

中国测绘学会智慧城市工作委员会　组编

上册

中国电力出版社
CHINA ELECTRIC POWER PRESS

图书在版编目（CIP）数据

智慧国土空间规划应用与发展. 上册 / 中国测绘学会智慧城市工作委员会组编. —北京：中国电力出
版社，2024.4
ISBN 978-7-5198-8751-3

Ⅰ. ①智… Ⅱ. ①中… Ⅲ. ①国土规划–研究–中国 Ⅳ. ①F129.9

中国国家版本馆 CIP 数据核字（2024）第 063549 号

出版发行：中国电力出版社
地　　址：北京市东城区北京站西街 19 号（邮政编码 100005）
网　　址：http://www.cepp.sgcc.com.cn
责任编辑：王晓蕾（010-63412610）
责任校对：黄　蓓　王海南　朱丽芳
装帧设计：张俊霞
责任印制：杨晓东

印　　刷：三河市航远印刷有限公司
版　　次：2024 年 4 月第一版
印　　次：2024 年 4 月北京第一次印刷
开　　本：787 毫米×1092 毫米　16 开本
印　　张：30.25
字　　数：657 千字
定　　价：268.00 元（上、下册）

《智慧国土空间规划应用与发展》编写单位

主编单位（按各章顺序排序）

中国测绘学会智慧城市工作委员会

青岛理工大学

自然资源部国土空间规划研究中心

北京市城市规划设计研究院

长沙市规划信息服务中心

广州市规划和自然资源局

北京清华同衡规划设计研究院有限公司

杭州市规划和自然资源调查监测中心（杭州市地理信息中心）

上海数慧系统技术有限公司

广东国地规划科技股份有限公司

广联达科技股份有限公司

清华大学建筑学院

参编单位（按拼音首字母排序）

北京百度网讯科技有限公司

北京超图软件股份有限公司

北京城垣数字科技有限责任公司

北京极海纵横信息技术有限公司

北京理正人信息技术有限公司

北京新兴华安智慧科技有限公司

长三角（嘉兴）城乡建设设计集团有限公司

常州市测绘院

重庆市地理信息和遥感应用中心

德清县地理信息中心

河南省城乡规划设计研究总院股份有限公司

柳州市自然资源和规划局

宁波市规划设计研究院

青岛市勘察测绘研究院

上海孕数科技有限公司

上海市地质调查研究院

苏州规划设计研究院股份有限公司

天津市城市规划设计研究总院有限公司

武汉大学

厦门市规划数字技术研究中心

邢台市规划设计研究院

易智瑞信息技术有限公司

园测信息科技股份有限公司

浙江华家科技有限公司

智慧足迹数据科技有限公司

中规院（北京）规划设计有限公司

中国电建集团昆明勘测设计研究院有限公司

中国农业大学土地科学与技术学院

序　一

　　国土空间规划，在当代城市发展的宏大叙事中扮演着至关重要的角色，它不仅关乎国家发展的蓝图，更是关系广大人民群众福祉的关键。在这个瞬息万变的时代，智慧国土空间规划显得尤为重要，它成为应对复杂社会、经济和环境挑战不可或缺的工具。随着科技的快速发展与大数据技术的广泛应用，我们得以通过智慧国土空间规划优化资源配置、提高城乡规划效率，进而增强社会的可持续性。基于这样的背景，《智慧国土空间规划应用与发展》这一专著应运而生，它不仅全面介绍了智慧国土空间规划的理论基础，更深入探讨了该领域的最新技术应用及发展动向。

　　我荣幸地向读者介绍这本深度解析智慧国土空间规划的著作。该书旨在提供一个全面、深入且易于理解的智慧国土空间规划知识体系，助力读者更好地掌握并应用这一领域的知识。作者们从实践出发，汇总了国内外在智慧国土空间规划方面的经验与案例，分析了我国在此领域的现状、存在问题及发展趋势，特别强调了实景三维应用、动态感知与精细化管理、定期与精细化评估、智能规划决策等方面的重要性，为我国智慧国土空间规划的进一步发展提供了宝贵的参考。

　　该书分为上、下两册，覆盖了智慧国土空间规划的各个方面。上册详细介绍了智慧国土空间规划的目标、逻辑、业务体系、制度规范体系和技术框架，向读者展示了清晰的理论体系与实践路径。同时，书中还深入讨论了动态感知技术、系统认知技术、科学决策技术以及面向精准操作的技术在国土空间规划中的应用，期望通过这些技术提升规划的准确性、效率和可持续性。

　　在讲述智慧国土空间规划的理论与技术基础之后，书中进一步探索了支撑体系、平台构建、规划编制及审批实施监督等实操层面的内容。这部分内容旨在为规划者和决策者提供实用指南，以便在实际操作中更好地落实智慧国土空间规划的理念和技术。

　　下册则通过丰富的案例，展现了智慧国土空间规划在不同地区的应用实践，为各地规划提供了借鉴和参考。此外，关于规划数据库和数据管理系统的讨论，为智慧国土空间规划的数字化、信息化和智能化提供了坚实的技术支撑。这些案例不仅展示了智慧规划在实际操作中的多样性和灵活性，还彰显了其深远的社会影响力。

该书汇集了众多领域专家学者的智慧和努力，旨在为国土空间规划的科研、实践及管理人员提供有益的参考和指导。无论是理论探索还是实践应用，都极具参考价值。《智慧国土空间规划应用与发展》不仅是一本学习和参考资料，更是推动智慧国土空间规划领域进步的力量源泉。

　　该书内容丰富、结构清晰、表述精确，适宜国土空间规划、城市规划、地理信息系统、环境科学、资源管理等多个领域的专业人士阅读。期待该书能够成为智慧国土空间规划研究与实践领域的宝贵参考书，帮助读者深入理解智慧国土空间规划的理念、方法和技术。同时，我们希望借此能够激发更多人对智慧国土空间规划的兴趣，共同推进这一领域的发展与创新。

中国工程院院士

2024 年 3 月 12 日　于天安花园

序　二

随着信息化时代的来临，数字技术的迅猛发展正在深刻改变着我们的社会生产和生活方式。在新时代背景下，智慧国土空间规划成为推动国土空间治理体系和治理能力现代化的重要力量。习近平总书记深刻指出："深化人工智能等数字技术应用，构建美丽中国数字化治理体系，建设绿色智慧的数字生态文明。"这一重要论述，不仅为我们指明了智慧国土空间规划的发展方向，也凸显了其在构建数字化治理体系中的重要地位。

智慧国土空间规划，作为国土空间治理的新技术和新方法，旨在通过数字化、网络化、智能化的技术手段，实现对国土空间资源的精细化、动态化、智能化管理。它不仅是数字技术应用的重要领域，也是推动国土空间规划科学化、规范化的关键所在。因此，《智慧国土空间规划应用与发展》一书的出版，可以说是恰逢其时。

该书阐述了智慧国土空间规划的概念与内涵、总体框架、关键技术、支撑体系、平台、编制以及审批、实施与监督等方面，最后勾画出整体发展趋势。从系统化的角度，该书及时地搭建出了我国智慧国土空间规划的"四梁八柱"。虽然书中全部内容未必尽善尽美，但首次清晰地梳理出现阶段国土空间规划领域内与数字化、智能化、智慧化相关的理论、方法、技术以及实践，这将为未来智慧国土空间规划学科与产业的发展奠定坚实的基础。

随着大模型等人工智能技术的快速涌现，智慧国土空间规划的新技术与新方法将会进入快速迭代的阶段。我们可以预见，在不久的将来，智慧国土空间规划的理论与方法会更加深入地融入国土空间治理的各个环节之中，指导和推动我国新时代数字生态文明下的新型国土发展及其城镇化进程，实现我国国土空间治理能力的现代化。因此，该书的出版对于国土空间规划管理人员、技术人员以及对智慧城市感兴趣的行业从业者来说，无疑是一本有着重要参考价值的书籍。它不仅能够帮助我们深入了解智慧国土空间规划的理论与实践，还能够为我们提供宝贵的经验和启示，指导我们在实际工作中更好地应用数字技术推动国土空间规划的科学化、规范化发展。

《智慧国土空间规划应用与发展》一书的出版，不仅为我们提供了宝贵的理论支撑和实践指导，也为我们开辟了新的研究领域和发展空间。我相信，在不久的将来，智慧国土空间规划将会在我国国土空间治理中发挥越来越重要的作用，为我国经济社会的可持续发展做出更大的贡献。

　　当然，我们也要清醒地认识到，智慧国土空间规划是一个新兴领域，还有许多未知和挑战等待我们去探索和解决。因此，我们需要保持开放的心态和创新的精神，不断学习和掌握新技术、新方法，不断推动智慧国土空间规划学科与产业的发展。

　　让我们共同期待智慧国土空间规划的美好未来，共同为构建美丽中国数字化治理体系、建设绿色智慧的数字生态文明而努力！

中国测绘学会理事长

2024 年 3 月

目　　录

上　册

下　　册

第1章　智慧国土空间规划概述

1.1　智慧国土空间规划的背景

1.1.1　国土空间规划的新体系

国土空间规划是国家空间发展的指南、可持续发展的空间蓝图，是各类开发保护建设活动的基本依据。自我国空间发展和空间治理进入到新时代，面对各种机遇与挑战，我国的空间规划发生了巨大的变化。2019 年 5 月发布的《关于建立国土空间规划体系并监督实施的若干意见》（以下简称《意见》）中明确指出现阶段空间规划面临的问题，并强调建立起统一、高效的国土空间规划体系，整体谋划新时代国土空间开发保护格局是促进国家治理体系和治理能力现代化的必然要求。文件明确了国土空间开发保护的指导思想和主要目标，分级分类建立国土空间规划体系的总体框架，并明确各级各类国土空间规划的编制重点、作用。《意见》提出战略性、科学性、协调性、操作性等四点编制要求。对于实施与监管、法规政策与技术保障等方面也提出不同的要求。《意见》的颁布标志着中国国土空间体系已初步完成顶层设计。

相较于传统的空间规划，新的国土空间规划体系是"多规合一"的规划体系，旨在解决"九龙治水"导致的规划冲突问题。新的国土空间规划体系对主体功能区规划、土地利用规划、城乡规划、生态功能区划等空间规划进行了优势互补，并强调"一级政府一级事权"，以实现规划之间的传导和衔接。国土空间规划自上而下编制，对空间发展作出战略性和系统性安排，以全面落实党中央、国务院重大决策部署，并促进国家乡村振兴、区域协调发展、可持续发展等战略的实施。通过国土空间规划对各类开发活动进行管控和指导，从空间层面促进地方发展模式转变，提升国土空间开发保护质量和效率。国土空间规划体系更加注重生态文明的建设，以促进绿色发展、安全发展、可持续发展为目标；坚持保护优先、节约集约，严控增量、盘活存量，加快形成绿色生产方式和生活方式；强化底线约束，划定生态保护红线、永久基本农田保护红线、城镇开发边界等空间管控边界以及各类海域保护线；注重风险防范，积极应对未来发展不确定性，提高规划韧性。在城市开发边界内，合理分配多种功能布局推动形成生产空间集约高效、生活空间宜居适度、生态空间山清水秀的空间格局，促进基本公共服务均等化，实现高质量发展的国土空间规划。

1.1.2 数字中国战略的新要求

国土空间数字化治理是智慧国土建设的重要内容，也是空间治理能力现代化的重要标志。2023 年 2 月中共中央、国务院印发了《数字中国建设整体布局规划》（以下简称《规划》），提出到 2025 年、2035 年的规划目标，明确数字中国建设按照"2522"的整体框架进行布局。《规划》中明确了数字中国建设的五个重点任务：夯实数字中国基础设施建设、赋能经济社会发展、强化数字中国关键能力、优化数字化发展环境、强化整体谋划统筹推进等。《规划》对于加快中国的数字化转型，推动数字经济的发展，提升国家的数字化治理能力，提升可持续发展水平有重要意义。同时，数字中国的建设也对国土空间规划提出了新的要求和挑战。在数字化转型过程中，需要加强数据安全保障、规范数据资源利用、完善数字化治理体系等方面的工作，以确保数字化转型的顺利进行和可持续发展。

1. 坚持发展与安全并重

智慧国土空间的发展与数据安全紧密联系，安全管理是智慧国土空间规划创新应用不可或缺的一部分。随着数字经济的飞速发展，各领域数字化转型过程中发生了多起数据安全事件。据公开报道，2019 年全球数据泄露事件达到 7098 起，涉及 151 亿条数据记录，相比 2018 年增幅达 284%。近年来，国家对智慧城市的数据安全问题越来越重视，已经出台了多项涉及数据安全的法律法规和标准规范，强调数据安全是"数字中国"重要战略举措的根本保障，也是智慧国土空间规划的重要基础。然而，保障数据安全是一项复杂的工程，需要采取有效的措施来确保数据的机密性、完整性和可用性。

在保障国土空间数据安全的过程中，应按照国土空间规划的不同层级，对数据进行分级分类，并设计相应的数据安全级别，以简化数据授权的流程，提高效率。此外，推动跨部门、跨领域间的协作，打通行业壁垒，畅通合作渠道，形成支持合力，以增强智慧城市的自主防御能力。积极探索建立国土空间数据安全使用承诺制度，并制定大数据分析和交易禁止清单等，更好地保障国土空间数据安全。

2. 推动多元主体协同规划

国土空间规划是国家推进实现治理体系现代化的重要工具，其全生命周期的智慧化实施，离不开各部门的紧密协作。在信息技术协同方面，应建构全域覆盖、贯彻上下、内外联通的空间数字化架构。强化与发展改革、财政、生态、交通、水利、能源等多部门重大项目库和经济数据库衔接，搭建共商共治的协同云平台，提高部门协同效能。在交互与反馈方面，应建立起政府、市场和社会的交互与反馈信息链。在智慧国土空间规划编制过程中，借助电脑、大屏、移动装备、穿戴设备等多端平台，采用线上线下相结合的方式，增加参与主体的交互与反馈信息链条，使主体的知识、需求和期望在规划中得以显现，提高国土空间规划的透明度和满意度，共同营建多元主体协同共治的生态体系。

3. 增强区域协同发展能力

区域之间的差异是区位、气候环境、地理环境等多方面因素所决定的，也是人口集中在某些区域的必然选择。随着西部大开发、长江经济带、粤港澳大湾区等区域经济发展战略的实施，大量基础设施得以快速建设。通过交通和基础设施网络实现区域互联互通，为欠发达地区加快人、物、经济等要素的流动提供了重要保障，推动区域协调发展进程。在新时代背景下，各地方在资源环境承载能力约束下，以信息化建设为核心的数字化浪潮为区域协调发展提供了新的发展契机。

资金网络、商业信息网络、物流网络等基础设施正在成为国土空间规划中不可忽视的组成部分，经济发展模式和资源配置方式也在不断发生转变。在国土空间规划编制过程中统筹区域平衡，促进协调发展，在立足区域资源承载能力和禀赋特色，落实区域重大战略、区域协调发展战略和主体功能区战略前提下，探讨数字产业集群，积极推进产业数字化转型，发展培育新业态新模式，提高全要素生产率，从广度和深度上推进地方数字化转型和区域互联互通，推进区域经济高质量发展。

1.1.3 时空智能技术的新发展

近年来，随着移动互联网、云计算和高性能计算等信息技术的高速迭代演进，城乡规划行业信息化新技术应用已成为推动规划行业变革的重要力量。基于人类活动时空特征大数据分析与人工智能辅助规划设计等成为主流应用。

1. 时空大数据的发展

在《国土空间规划城市时空大数据应用基本规定（征求意见稿）》中对时空大数据的定义为"具备大数据的基本特性，基于统一时空基准，从时间、空间和属性三个维度描述城市地理空间内与自然、经济、社会、人类活动等相关的数据集"。时空大数据与普通大数据相比，具有空间性、时间性、多维性、海量性、复杂性等特点。

城市规划研究中的时空大数据起步于 2000 年代中期。MIT 的 Mobile Landscapes 项目是时空大数据进入城市规划研究的开端。自 2010 年起，国内外学界开始对城市规划研究中的时空大数据应用进行大规模探索。钮心毅等归纳总结了城市规划研究中时空大数据的技术演进历程。时空大数据用作"感知活动现象"的技术是时空大数据进入城市规划研究的最早技术范式。2010 年起，学界开始对活动模式进行归纳总结，识别城市活动的时空间模式。随着模型方法、机器学习方法综合应用，学界也开始尝试识别购物、娱乐、上学等多样化城市功能。自 2015 年开始，学界开始探讨通过时空大数据直接回答城市规划学科自身议题。截至 2023 年 5 月 18 日，40 个智慧城市时空大数据平台建成，400 余项行业应用系统在运行。时空大数据实现了从研究到实际应用的转变。

时空大数据与国土空间规划有着极强的耦合性。国土空间规划的数据同样表现出巨量规模、多样性、动态性和价值性等特征，以及随着各类物联网感知设备的建设，国土空间中的数据逐渐具备时空特征。时空大数据逐步应用到国土空间规划全生命周期。在规划调研与分析中，时空大数据侧重规划研究，集中在对城市活动行为的时空特征、模式、功能和作用机制的分析。这些基于时空大数据的分析方法提升了规划设计的科学性和可靠性。在城市规划与设计中，时空大数据侧重规划应用，在各尺度的规划中进行实践探索：在区域尺度，国内外学者基于多样化的时空大数据类型，采用多种大数据挖掘分析方法，探讨城市群、都市圈的时空演变和检测；在城市尺度，通过对手机信令、刷卡数据、POI 数据等地理信息数据的分析，对驱动城市交通规划决策支持发挥重大作用。在规划管理和实施中，时空大数据侧重平台构建，各地纷纷开展了智慧城市时空大数据平台的建设与应用。基于时空大数据平台，提升城市信息的高效传递与共享，促进城市的可持续和智慧化发展。

2. 人工智能（AI）技术的发展

人工智能是利用计算机和机器模仿人类大脑解决问题和决策的能力。人工智能的发展经历了三次热潮。第一次是 1956—1966 年，技术的跃进实现了通过计算机研究和总结人类思维的普遍规律，并试图创造一个万能的逻辑推理体系。第二次是 20 世纪 70 年代中期至 80 年代末，在《人工智能的艺术：知识工程课题及实例研究》中系统地阐述了专家系统的思想并提出"知识工程"的概念。至此，人工智能的研究又有新的转折点，即从获取智能的基于能力的策略变成了基于知识的方法研究。此后，人工智能的发展进入平稳发展期。随着大数据时代的到来和深度学习的发展，象征着人工智能的发展迎来了第三次发展热潮。在这次的浪潮中，决策式人工智能和生成式人工智能成为主流应用。规划设计的过程可以视作"决策＋生成"两个步骤，对现状数据和历史数据的归纳总结，预估当下的发展，在此基础上对方案进行设计。

决策式人工智能是基于已有数据进行分析、判断和预测，擅长基于历史数据预估当下。决策式人工智能在城乡规划领域已经得到了一定的应用，尤其是在遥感监测领域，基于历史影像的训练，在遥感图像的局部特征匹配和区域特征匹配方面发挥极大的作用。生成式人工智能是归纳现有的数据进行再创造，擅长基于历史数据进行缝合式创作和模仿式创新。自 2014 年起，生成式人工智能迅速发展，并在内容创作、产品设计等领域出现多个现象级应用。生成式人工智能与规划设计存在极高的协同作用，能够显著提高规划编制的效率。生成式人工智能包含了语言模型和图像模型两类，这两类对应着规划设计的两项成果——文本和图集。通过语言模型对现状资料、公众意见等的深度理解，将有助于数据分析和辅助决策，大大提升规划的科学性。依托图像模型，规划设计人员可以快速迭代方案、提升方案精度以提高规划设计的效率。

3. 新技术助力国土空间规划发展

时空大数据与人工智能技术将服务于国土空间规划编制实施全过程：在规划调研方面基于时空大数据资源整合和人工智能技术，越来越多的非结构化信息可实现动态分析挖掘，有助于第一时间把握市情民意，更为精准地获得规划研究对象的深刻画像信息；在规划编制方面，以时空大数据作为底座支撑，人工智能技术对非结构性信息的规律提取和大模型的结合，可进行更大尺度的规划研究和更精细粒度的模拟与时空推演，并逐步实现规划编制成果从静态的蓝图式规划向动态、连续、多情景的协同式数字平台演进；在规划实施评估方面，依托物联网感知设备，能实时地获取海量数据，针对这些数据、成果、公众意愿反馈等，采用人工智能技术进行规律挖掘和分析，将更加精准地把握规划方案和城市发展需求之间的契合程度，从而实现智能化全方位的实施评估支持系统。

1.2 智慧国土空间规划的内涵与发展

1.2.1 概念内涵

1. 缘起

2019 年 5 月，《中共中央、国务院关于建立国土空间规划体系并监督实施的若干意见》发布，提出新时代的国土空间规划要致力于实现"多规合一"，打造全国统一的国土空间规划"一张图"，为统一国土空间用途管制、强化规划实施监督提供法定依据。此后，中共中央、国务院、自然资源部等有关部委多次发文，对建立国土空间规划体系、加强规划全周期监管作出相关部署安排，并强调新时代的国土空间规划应是"可感知、能学习、善治理、自适应"的智慧规划。

面向存量时代，城市面临着更多的挑战，传统的城市规划往往是静态和单一的，无法实时响应城市发展和需求的变化。伴随着数字化技术的快速发展，特别是云计算、物联网、人工智能等技术，使得获取、处理和分析大规模、多源、多维数据变得更加容易和高效。通过运用地理信息系统（GIS）、遥感技术、大数据分析等技术手段，可以更好地了解、识别和评估国土空间的特征和变化，为规划提供科学的数据支持。通过实时数据和仿真模拟等技术，进行动态的、科学的规划，提供合理的决策模型，为存量时代的城市化，特别是超大、特大城市的城市化，提供精细化的空间发展方案，提高城市的整体效能和可持续发展水平。

为实现城市空间精细化治理的目标，2019 年 5 月，《自然资源部关于全面开展国土空间规划工作的通知》下发，指出要同步构建国土空间规划"一张图"实施监督信息系统。各地在近年来纷纷开展国土空间基础信息平台、国土空间规划"一张图"实施监督信息系统等信息化建设工作，并在过去几年内基本完成了信息化框架构建。以"一张底图"为基础，整合叠加各级各类国土空间规划成果，实现各类空间管控要素精准落地，形成覆盖全国、动态更新、权威统一的全国国土空间规划"一张图"，为统一国土空间用途管制、实施建设项目规划许可、强化规划实施监督提供法定依据。

当前，伴随着各地规划工作的进一步深入，空间规划的重心已逐渐由总体规划转向详细规划、专项规划、城市设计等内容，新的阶段对智慧规划有了新的要求。智慧国土空间规划应运而生。

2. 内涵

国土空间基础信息平台与国土空间规划"一张图"实施监督信息系统是构建智慧国土空间规划的基石。在此基础上，智慧国土空间规划需要有更加完善的顶层设计，并探讨新型信息技术与规划的协同性，如大数据、物联网、人工智能等技术在规划设计中的应用，以此构建"可感知、能学习、善治理、自适应"的智慧规划。基于国土空间基础信息平台，智慧国土空间规划应涵盖规划的全生命周期，包括编制、审批、实施、监测、评估、预警、考核、完善等完整闭环的规划及实施管理流程。智慧国土空间规划不仅注重规划的"管用"，更加注重规划的"适用"和"好用"。即全生命周期包含两个方面的内涵：一是规划管理手段方式的整体性；二是规划各环节运行的衔接性。

甄峰等认为国土空间规划的智慧体现在"生态文明、以人为本"，即以生态文明为基础、以人为本为核心，技术应用和制度创新为其提供了支撑。智慧国土空间规划是统筹考虑自然资源、经济社会、历史人文等多要素与空间协同的一体化的框架，需要从信息化赋能的视角探讨其全生命周期。王伟从国土空间整体性治理的视角提出智慧国土空间规划的建构路径。他指出，智慧国土空间规划体系的"Z"形建构路径包括"上线""下线"和"阶梯线"三个阶段。"上线"：通过打通全流程闭环赋能，完善国土空间大数据集成能力、规划编制分析能力等；"下线"：厘清智慧规划现实基础与困境，明晰现阶段的诸多工作难点与困境；"阶梯线"：设"八库"，支撑智慧规划治理全链条。张洪涛认为智慧国土空间规划是以管控为导向、以信息平台建设为核心，是实现编制管控协同一体的重要抓手。智慧国土空间规划的最终形态是"多规合一、全域管控、动态蓝图、编管协同"的智慧人本型整合规划。党安荣认为智慧国土空间规划是在国土空间规划的发展目标和基本框架下，将大量不断发展的新技术、新方法运用到国土空间规划的全生命周期，实现规划管理的智慧化。

智慧国土空间规划的内涵是在生态文明背景下，构建智慧国土空间规划框架，面向传统物质协调型规划暴露出来部门分治、静态方案、编管脱节等诸多问题，通过各类信息化手段与规划全生命周期的协同和耦合，实现多要素与空间协调，全生命周期畅通闭环的智慧化。

1.2.2 发展历程

1. 智慧国土空间规划发展过程

智慧国土空间规划的发展历程并非一蹴而就，而是经历了漫长的发展过程。这一发展过程可以视作城乡规划技术的发展过程。概括起来可以分为以下五个阶段：手工作图、自动化、数字化、信息化和智慧化。

在阐述各阶段之前，首先明确它们的定义和区别：自动化是通过某种技术手段，实现代替或辅助生命体的工作的过程和结果，它主要反映了从手工绘图到计算机辅助设计的转变；数字化是以计算机为载体，将物理世界的资源数字化，在规划设计中主要是地理信息系统（GIS）与遥感等相关技术的应用；信息化是以现代通信、网络、数据库技术为基础，将各类空间要素汇总到数据库，促进信息资源高度共享以提高效益的过程，这在规划设计中主要表现为大数据等相关技术的应用以及在规划实施过程中各部门互联互通，协同治理；智慧化是数字化、信息化建设的最新阶段，它以深度学习、边缘计算等前沿技术的融入为特征，在规划设计中表现为动态感知、数字化分析、模拟仿真、智慧决策等相关应用。这五个阶段并非传统的继承关系，而是并行不悖，互相支持，相互促进的。

（1）手工作图阶段。在建筑规划设计初期，设计师们通常采用手工作图的方式，设计师通过手绘地图、平面图和剖面图来展示规划设计方案。那时候的绘图技艺较为原始，而在相关的制图教学中，更多的是教授绘图技巧相关内容，设计师依靠的主要工具是绘图笔、三角板、比例尺等。

（2）自动化阶段。在自动化阶段，城乡规划技术主要依赖于手动操作和经验判断，设计师缺乏对数据和信息的自动化处理和分析。计算机辅助设计（CAD）技术在以下几方面发挥了重要作用：三维建模与可视化让规划师能便捷地进行绘图、编辑及修改，并在平面和立面展示规划设计方案。软件辅助设计技术结合数据库，便于储存和管理地理数据，实现数据与方案集成，便于查找、共享和更新。自动化与批处理方面，编写脚本或使用批处理工具实现批量绘制地块、道路、建筑物等，提升效率和准确性。

总的来说，CAD 的应用使得城乡规划师在设计过程中更加灵活、高效，并且能够进行三维建模和可视化展示。同时，CAD 也加强了数据的管理和交流，促进了规划设计的协同工作。这些技术的推广和应用，为城乡规划师提供了强大的工具和平台，推动了城乡规划的发展和创新。

（3）数字化阶段。在数字化阶段，数据和信息的处理和分析逐渐利用计算机完成，显著提升了工作效率和准确性。地理信息系统（GIS）和遥感技术的广泛应用为城乡规划带来了革命性的变化。在数据集成和空间分析方面，GIS 有效地集成来自不同来源的地理数据，包括地形、土地利用、交通网络、建筑物等，为城乡规划提供多源数据支持。在土地利用规划和资源管理方面，运用 GIS 与遥感技术在规划设计中进行双评价、双评估等，帮助制定合理的土地利用规划措施。在规划实施管理与监督时，通过遥感的监测，可以实现对资源管理和保护。在城市规划与决策支持方面，数字化技术的发展为城市规划和决策提供了科学的依据和工具，通过相关软件对城市空间进行分析，通过叠加、查询和统计等操作，深入理解城市和乡村的空间属性和关系。在城市扩张模拟、交通流分析、设施选址、风险评估等过程中，提供了定量化、可视化的指标和指导，实现从定性到定量的转变。

在数字化转型过程中，城乡规划有了强大的数据支持和分析工具，规划师的创新和决策能力得到激发。通过 GIS 和遥感技术的应用，规划师可以更加科学、准确地理解城市和乡村的空间特征，科学制定和实施规划。同时，GIS 和遥感技术的实时监测和应急管理应用也提高了城乡规划的应对能力和灵活性。

（4）信息化阶段。在信息化阶段，城乡规划技术进一步发展，实现对数据和信息的全面数字化处理和分析。该阶段更加注重数字基础设施的建设，并不断丰富数据的来源，如手机信令、兴趣点数据等。规划师通过数据挖掘和分析从中发现模式、关联和趋势。通过建立数学模型，利用模拟与仿真技术对不同规划方案进行评估和比较，包括交通拥堵、环境影响、经济社会效益等。根据模拟结果优化规划方案，提高规划的科学性和可行性。在规划全流程工作上，办公自动化（OA）系统的广泛应用，大大提升了规划编制、管理办公的效率。通过规划 OA 系统，对于规划中的各类信息和数据能高效地归档和快速的检索，为日常规划业务的办理，提供图、文、表、管一体化的信息服务，从而提高规划设计的水平、效率，并降低成本。

在信息化阶段，规划设计进一步实现数据驱动的决策和科学化的规划设计。通过数字化模型和模拟仿真技术的应用，规划师可以更好地理解和规划城市和乡村，为决策者提供科学、精准的规划建议。同时，信息化赋能也大大促进了规划全流程的优化提升。

（5）智慧化阶段。在智慧化阶段，数据和信息的处理和分析更加智能化，借助人工智能、大数据等先进技术手段，实现对数据和信息的自动化处理和分析，为国土空间规划提供更加全面、精准的支撑。以数字化为基础底座，智慧化应用逐渐显现，运用各类智能技术，如动态感知、数字化分析、模拟仿真、智慧决策实现国土空间规划的智慧化。在动态感知方面，智慧国土空间规划强调利用新型测绘技术和传感器网络的应用，实现对外界环境的有效感知。如激光雷达、无人机测绘等新型测绘技术可以快速获取大量高精度的地理数据，为规划设计提供精准的基础数据；传感器网络的应用可以实时监测各种数据，包括交通流量、环境质量、垃圾处理等，为规划师和决策者提供实时的信息和决策支持。在数字化分析方面，智慧国土空间规划利用大数据技术进行深度分析和挖掘，帮助规划师和决策者了解空间的发展趋势和问题。通过大数据分析，可以识别出城市和乡村的规划需求和优先事项，对空间进行深度的细分和差异化规划。在模拟仿真方面，基于实景三维模型，利用模拟仿真技术对不同规划方案进行评估，预测出不同方案的效果和影响，为决策者提供决策支持。例如，模拟仿真交通拥堵情况、环境影响、社区互动等，指导规划的调整和优化。在智能决策方面，利用人工智能、智能算法等技术，辅助规划师和决策者制定并执行规划策略。通过自动化和智能化的决策支持系统，可以从多个角度和多个目标进行多因素的决策分析，为国土空间规划提供更合理、科学的决策依据。

在智慧国土空间规划的新阶段，众多智慧化的规划设计、管理案例与成果不断涌现。例如，雄安新区利用智慧城市数据平台进行城市管理和决策，全面整合城市数据，通过数据分析和挖掘，为科学决策提供重要依据；上海世博园利用物联网技术实现智能化的园区管理，通过传感器和监控设备对园区内的设施、人流、交通等进行实时监测和控制，提供智能化的服务和管理。

近年来，智慧国土空间规划领域取得了突破性进展，特别是国土空间基础信息平台和国土空间规划"一张图"系统的构建。自 2017 年以来，为提升国土信息化水平，国土空间基础信息平台逐步形成并完善。三条控制线、历史文化保护线等纳入全国统一、多规合一的国土空间基础信息平台，形成一张底图，并实现了部门信息共享。从自动化到信息化再到数字化最后到智慧化，智慧国土空间规划的诞生一方面来自技术的进步，另一方面也与自上而下的政策紧密相关。如今，智慧国土空间规划的动态感知、数字化分析、模拟仿真、智慧决策的应用在不断发展，在未来，伴随着政策演进与技术进步，智慧国土空间规划也将不断进步和迭代。

2. 智慧国土空间规划研究进展

自庄少勤提出国土空间规划"可感知、能学习、善治理、自适应"的智慧特性以来，智慧国土空间规划在近几年受到了行业内的广泛讨论和研究，主要研究方向包括总体框架构建、支撑技术研究以及对业务体系架构的深入思考。随着研究的不断深入，智慧国土空间规划的总体架构、支撑技术以及业务体系的相关概念和内容逐渐明晰。

（1）总体框架初步形成。甄峰等认为生态文明与以人为本是现阶段国土空间规划的核心，提出了以生态为基础、以人为本为核心、以技术集成应用和制度创新为支撑的总体框架（EPTI）。孔宇等从智能技术的视角，提出了智能技术驱动下的市（县）国土空间编制框架，其涵盖了智能感知与收集、智能分析与处理、智能评估、智能决策等四大架构。金贤峰等基于"数据—信息—知识—智慧"与国土空间信息治理的交互与协同，提出了基于 DIKW（Data，Information，Knowledge，Wisdom）的智慧规划支持系统，这个系统强调了数据在规划中的基础地位，并倡导通过数据来推动国土空间规划的智慧化。现学界主流观点认为智慧国土空间规划总体框架包含了一个目标及三个体系：智慧国土空间规划的总体目标是以构建"可感知、能学习、善治理、自适应"为目标的、覆盖全生命周期的智慧规划；业务体系包含了智慧国土空间规划的基本流程与基本业务；制度规范体系以国土空间规划、大数据、遥感、地理信息等多专业的法律法规、政策及技术标准为支撑；在技术体系方面通过多学科与规划设计的协同，多要素与空间设计的耦合，运用大数据、人工智能等多种信息技术手段，促进国土空间规划具备动态感知、系统认知、科学决策、精准操作等多种能力。

（2）技术体系逐渐明确。秦萧等探讨了大数据在国土空间规划中的应用，重点探讨了在国土空间适宜性评价、生态空间规划、农业空间规划及城镇空间规划等四个环节中大数据的应用。利用大数据从活动强度、活动联系及活动偏好等方面对社会经济活动特征及规律进行测度，能更好地对国土空间规划及实施作出指引。张鸿辉等探讨了以"ABC+3S"为主的技术方法，以"3P"为主的技术体系，使国土空间规划编制更智能、实施更精准、管控更科学；党安荣等探讨了智慧国土空间规划管理中各体系的关系数据体系是基础、技术体系是关键、支撑体系是保障、应用体系是目标。

智慧国土空间规划支撑体系逐步形成了技术体系、支撑体系、规划平台三个重要组成部分。其中，技术体系包括能与国土空间规划发生协同作用的各项技术，如大数据、地理信息、遥感、人工智能等，这些技术能够与国土空间规划产生协同效应，提高智慧国土空间规划的科学性和可靠性；支撑体系涵盖了以物联网为代表的基础设施体系、以大数据为核心的数据体系以及各类行业标准和安全体系；规划平台主要以国土空间基础信息平台与国土空间规划"一张图"实施监督信息系统为载体。

（3）业务体系有序推进。周晓然提出规划编制要向"更高效的编制、更智能的技术、更科学的成果、更精准的服务"的目标转型。规划编制信息化的核心在于搭建互联数据库、开发辅助编制智能库、构建创新智库以及面向实施管理的平台产品。张鸿辉等根据国土空间规划编制、审批、实施、监测、评估、预警和平台建设的科学性、智慧化发展需要，提出数据驱动、深度学习、协同规划、情景模拟为目标的智慧国土空间规划方法体系。宋明洁等以地理设计为出发点借鉴经典 Geodesign（地理设计）框架的"六模型"构建思想，拓展技术与方法体系研究，构建了 Geodesign 国土空间规划框架。王伟提出应建立智慧国土空间规划管理的"八库"，并在其基础上引入新兴技术方法实现国土空间规划实施管理数字化、智能化。党安荣从规划管理的视角出发，探讨智慧国土空间实施管理系统，结合不同规划管理阶段的具体业务，实现国土空间规划的智慧编制、在线审批、精准实施、长期监测、定期评估与及时预警。

智慧国土空间规划编制中依托大数据、数据融合等新技术使得规划现状更为准确，在现状分析中采用创新性的模型设计和量化研究，构建多源数据库；以各类标准、规范、模型算法等构建规划辅助编制工具箱，提高规划编制的智能化水平；智慧国土空间规划实施管理中，在规划实施、审批、监测、评估、预警、公众参与等多方面引入智慧化手段，强化国土空间规划实施的监督管理。

1.3 智慧国土空间规划的意义

随着国土空间规划改革的逐渐深入，2019 年 7 月 18 日，自然资源部办公厅印发《关于开展国土空间规划"一张图"建设和现状评估工作的通知》，确立统一形成一张底图（基于第三次全国国土调查成果的信息整合）、建设国土空间基础信息平台（信息横向纵向联通，建立实施监督信息系统）、构建国土空间规划"一张图"（"一张图"支撑用途管制、规划许可、实施监督）的工作重点，国土空间规划的工作已经和信息化紧密结合。

智慧国土空间规划是在数字中国战略布局下，依托自然资源信息化框架，利用遥感、GIS、数据库、网络和云计算等信息技术，全面赋能国土空间规划的产物。运用新技术优势，可以挖掘数据特征进行模型模拟，实现国土空间规划的智能化转型、国土空间管理的科学决策。智慧国土空间规划通过全生命周期的智慧化手段，建立国土空间规划数据库，强化规划协同管控，优化规划编制与审查流程，实现规划实施精准化以及加强规划监管与执法，实现了数字化、智能化和精细化。具体包括：

（1）建立国土空间规划数据库。通过建立完善的国土空间规划数据库，实现对国土空间资源的全面掌握和精细化管理。数据库涵盖了地形、地貌、土地利用、资源分布、环境质量等多方面信息，为规划决策提供了可靠的数据支持。

（2）强化规划协同管控。通过强化跨部门、跨区域、跨行业的规划协同管控，促进各类规划的有机衔接和统筹协调。通过建立协同机制，实现信息共享、资源整合和力量配合，共同推进国土空间的有效管控。

（3）优化规划编制与审查流程。通过优化规划编制与审查流程，提高规划的科学性和精准性。在编制过程中，利用智能化分析工具对国土空间的资源承载力、开发潜力、风险评估等进行深入分析，为规划方案提供科学依据。同时，在审查环节，采用数字化模拟技术等手段，对规划方案进行全面评估和优化，确保规划成果的合理性和可行性。

（4）实现规划实施精准化。通过实现规划实施精准化，提高国土空间开发的精细化和智能化水平。利用人工智能、二三维一体化分析技术等手段，对项目选址、设计、实施等环节进行精准把控，确保项目落地和实施的质量。

（5）加强规划监管与执法。通过加强规划监管与执法，实现对国土空间资源的全面监控和有效管理。利用信息化手段，对国土空间的资源利用、生态保护、开发建设等方面进行实时监控和预警，及时发现和纠正违规行为，确保国土空间资源的合理利用和可持续发展；实现基于物联网技术的建设项目追踪和基于数字孪生的规划实施监督，从而推动国土空间治理体系和治理能力现代化水平的提高。

随着国土空间规划改革的逐渐深入，在数字中国战略的布局以及自然资源信息化的框架下，智慧国土空间规划的意义愈发凸显。智慧国土空间规划在三个方面有重要意义：

首先，在国土空间规划数据要素的共享方面，通过建立完善的国土空间规划数据库，实现了数据的全面掌握和精细化管理，提高规划效率和各部门之间的协同合作，这种数据要素的共享不仅提高了规划效率，还促进了各部门之间的协同合作，实现了数据的共享和互操作性。同时，数据要素的共享也有助于打破信息孤岛，提高决策的科学性和准确性。

其次，在国土空间规划治理一体化协同编制与实施评估方面，通过强化跨部门、跨区域、跨行业的规划协同管控，打破了部门壁垒，提高了规划的协同性和整体性。同时，通过实施评估，可以对规划的实施效果进行实时监测和评估，及时发现问题并进行调整，确保规划目标的顺利实现。

最后，在国土空间价值的数字化倍增方面，通过利用先进技术进行数字化建模和分析，实现了国土空间的优化配置和高效利用，推动了经济的可持续发展。同时，数字化倍增也有助于提高国土空间管理的精细化和智能化水平，提高政府的管理效率和公共服务水平。

总体而言，智慧国土空间规划是实现国土空间有效管控和科学治理的重要手段。通过利用数字技术赋能国土空间规划全过程的技术体系，利用数字技术整体谋划新时代国土空间开发保护格局，综合考虑人口分布、经济布局、国土利用、生态环境保护等因素，科学布局生产空间、生活空间、生态空间，也是加快形成绿色生产方式和生活方式、推进生态文明建设、建设美丽中国的关键举措，是坚持以人民为中心、实现高质量发展和高品质生活、建设美好家园的重要手段，它不仅对美好人居环境的营造具有重要意义，还为推进国家治理体系和治理能力现代化、实现可持续发展目标提供了有力支持。

1.4　智慧国土空间规划现状分析

1.4.1　技术体系现状分析

当前，国土空间规划数据库结构和设计的要素、类、层和属性字段已经形成了相对完善的结构体系，实景三维生产方式和存储方式决定了还需要后期加工方可入库，如模型单体化、模型数据化等，对于数据的深化完善、标准制定也有较多细节需不断深化研究。国土空间规划与实景三维融合纳入"一张图"的总体思路是，以地形级和城市级实景三维为基底，国土空间规划、城市信息模型逐层叠加展示，在此思路基础上进行数据库逻辑设计和物理设计。国土空间规划中主要应用的技术体系包括地理信息系统（GIS）、大数据、云计算、人工智能等。

（1）GIS技术在国土空间规划中发挥着重要的作用。通过GIS技术，可以对国土空间数据进行采集、存储、管理和分析，实现空间数据的可视化表达和交互式操作。这有助于规划人员更好地理解和掌握国土空间的分布情况和变化趋势，为规划决策提供科学的数据支持。

（2）大数据技术在国土空间规划中也具有广阔的应用前景。通过大数据分析，可以获取更全面、更深入的国土空间信息，为规划决策提供更准确的数据支持。同时，大数据技术还可以对国土空间规划的实施效果进行实时监测和评估，为规划调整提供依据。

（3）云计算技术可以为国土空间规划提供高效、灵活的数据存储和处理服务。通过云计算，可以实现国土空间数据的分布式存储和管理，提高数据的安全性和可靠性。同时，云计算还可以提供强大的计算能力和数据处理能力，为国土空间规划提供更高效的技术支持。

（4）人工智能技术在国土空间规划中也开始得到应用。通过人工智能技术，可以实现对国土空间数据的智能分析和预测，为规划决策提供更可靠的技术支持。例如，可以通过机器学习算法对国土空间的演变趋势进行预测，为规划决策提供参考。

在智慧国土空间规划中，GIS、大数据等技术发挥着巨大作用，不仅能够促进规划人员更好地理解和掌握国土空间的分布情况和变化趋势，为规划决策提供科学的数据支持和高效的技术支持，同时还可以对规划实施效果进行实时监测和评估，为规划调整提供依据。

1.4.2　规划实践现状分析

近年来，我国智慧国土空间规划在经过概念普及、政策推动、试点示范之后，已经进入爆发式增长阶段，相关试点已超过700个，开展新型智慧国土空间规划顶层设计的省会城市及计划单列市、地级市已分别达94%、71%。各级政府持续推动智慧国土空间规划工作，吸引了大量社会资本加速投入，直接拉动城市产业的大规模发展。据统计，中国智慧国土空间规划市场规模2019年达10.5万亿元，全国投资总规模约为1.7万亿元。

智慧国土空间规划的主体多元化，涉及政府、企业、公众等多个角色，政府引导、市场主导、公众参与的模式逐步形成。建设主体呈现多元化。一方面，政府积极鼓励和引导社会资本参与智慧国土空间规划，吸引了ICT设备供应商、电信运营商、系统集成商、软件开发商、互联网、金融、房地产等企业纷纷入局；另一方面，强调公众参与探索共建共治，政府通过公共服务平台将城市问题摆上货架，给予市民集体参与解决自己身边问题的空间。如贵阳针对城市管理建立了一套在线互动交流系统"百姓拍"，市民可以通过拍照取证、投诉举报等流程参与市政设施、环境卫生、综合执法、渣土管理、园林绿化、工地管理等六大城市管理工作。

平台化合作模式广受市场关切，推动城市智慧化可持续运营。智慧国土空间规划是一个长期运营和迭代升级的过程，需要对城市综合平台、城市垂直领域功能平台、园区综合平台、社区综合平台等所产生的数据和信息进行专门运营，但人才匮乏、财政资金短缺迫使政府寻求新的合作、建设和运营模式，这种需求推动智慧城市运营服务商的诞生，成为智慧城市产业链的重要组成部分。当前，地方建立专门智慧国土空间规划运营团队或企业的需求日益迫切，运营服务商能有效弥补政府在专业人员支持、持续资金投入、科学规划、管理和运营经验等方面的不足，盘活各类城市资源，整体推动城市迈向智慧化。据中国信息通信研究院统计，地方政府成立或引入本地化运营企业占所有智慧国土空间规划的比例达 50%。以下是几个具有行业特色的智慧国土空间规划实践案例。

1. 北京市智慧国土空间规划

北京市和南京市等城市在智慧国土空间规划编制中，采用了 GIS、大数据等技术，构建了全市的时空信息平台，为城市规划提供了精确的时空数据支持。同时，通过人工智能技术对城市的人口、产业、交通等信息进行分析和预测，为城市规划提供了更可靠的数据支持。在规划管理中，北京市还建立了智慧化的城市管理平台，实现了对城市管理各项工作的实时监测和评估，提高了城市管理的效率和精度。

北京市政府发布了《北京市国土空间规划编制规程》，对国土空间规划的编制原则、工作流程和具体要求进行了详细规定。规程中明确提出要建立国土空间规划的编制体系，包括总体规划、详细规划和专项规划等。强调了国土空间规划的核心任务是优化国土空间开发格局，提升国土空间品质，促进可持续发展。建立了国土空间规划信息平台，实现了国土空间规划的信息化管理和数据共享。

2. 上海市智慧国土空间规划

上海市政府发布了《关于进一步加快智慧城市建设的若干意见》，其中明确提出需要进一步整合和完善"城市大脑"的架构，深化数据共享和汇聚，强化系统的集成共用，并支持应用生态的开放。同时，全面推进政务服务"一网通办"，推动政务流程进行革命性的再造，以提供智慧便捷的公共服务。在城市运行管理方面，将加快推进"一网统管"，一体化建设城市运行体系，提升快速响应和高效联动处置能力水平，优化城市智能生态环境，并提升基层社区治理水平。该意见还强调了全面赋能数字经济的高质量发展，推进数字化转型，并重点建设数字经济示范区。同时优化提升新一代信息基础设施布局，推动智能计算效率提升，并增强泛在感知能力。在保障网络空间安全方面，将提升信息安全事件响应速度，并完善公共数据和个人信息保护。全面增强智慧城市工作的合力，强化规划引导，完善标准体系也是其中的重要内容。

3. 深圳市智慧国土空间规划

2023 年 6 月 9 日，深圳市人民政府办公厅发布了《深圳市数字孪生先锋城市建设行动计划（2023）》。计划提出建设"数实融合、同生共长、实时交互、秒级响应"的数字孪生先锋城市。建设一个一体协同的数字孪生底座，构建不少于十类数据相融合的孪生数据底板，上线承载超百个场景、超千项指标的数字孪生应用，打造万亿级核心产业增加值数字经济高地，建设国内领先、世界一流的智慧城市和数字政府，推动城市高质量发展。"以精细化 BIM 模型为'细胞单元'""云网一体、同城双活的算力基础设施""数字孪生数据和应用超市""数字孪生数据体系"等建设内容，均属于国内外首创或首次提出。

4. 广州市智慧国土空间规划

2023 年 8 月 1 日，广州市政务服务数据管理局发布了《广州市新型智慧城市建设规划（征求意见稿）》。该规划提出以高标准建设国际一流智慧城市为总体目标，将广州打造成为全球数据要素市场核心枢纽、全国超大城市韧性智治标杆、湾区全龄友好温馨人民城市、全球先进科技创新策源高地。系统谋划了 6 个重大任务、24 个重点工程、65 个重点项目，并从空间、时间、运营三个不同维度，细化了实施策略，明确了智慧城市建设保障措施，确保各项任务有效实施、落实到位。明确了六大智慧城市建设重点：完善新型基础设施，构建更扎实的建设基础；升级城市运管中枢，打造更智能的城市大脑；释放数据要素价值，培育更多元的数据生态；创新超大城市治理，实现更坚韧的穗城智治；推进数字全龄友好，完善更温暖的花城服务；引领发展数字经济，做优更开放的羊城产业。

从以上案例可以看出，智慧国土空间规划的实践发展集中在以下三个方面：

（1）规划编制方面：智慧国土空间规划将更加依赖于新技术，包括 GIS、大数据、云计算、人工智能等，实现规划的智能化、精细化和个性化。这些技术的应用将使规划人员更好地理解和掌握国土空间的分布情况和变化趋势，提高规划的准确性和科学性。同时，智慧国土空间规划还将更加注重数据采集、存储、管理和分析等环节，实现数据全生命周期的管理和应用。这些数据的获取和应用将更加精准和及时，为规划决策提供更可靠的数据支持。

（2）规划管理方面：智慧国土空间规划将更加注重规划管理的实践应用，实现规划编制和规划管理的全过程管理。在规划管理中，将采用智慧化的管理手段，例如建立智慧化的城市管理平台、智慧化的农业管理平台、智慧化的交通管理平台等，实现国土空间规划各项工作的实时监测和评估，提高规划实施的效果和效率。

（3）行业特色结合方面：智慧国土空间规划将更加注重与行业特色相结合，实现不同领域之间的信息共享和协同合作。这将促进不同行业之间的交流和合作，实现资源的最优配置和综合利用。

参 考 文 献

[1] 党安荣，田颖，李娟，等. 中国智慧国土空间规划管理发展进程与展望 [J]. 科技导报，2022，40（13）：75-85.

[2] 党安荣，田颖，甄茂成，等. 中国国土空间规划的理论框架与技术体系 [J]. 科技导报，2020，38（13）：47-56.

[3] 庄少勤. 新时代的空间规划逻辑 [J]. 中国土地，2019（01）：4-8.

[4] 黄征学. 从"数字"到"数治"——国土空间数字化治理新思路 [EB/OL]. 2022：[2023-06-13]. https://www.mnr.gov.cn/dt/pl/202208/t20220804_2743370.html.

[5] 吴一洲，陈前虎. 大数据时代城乡规划决策理念及应用途径 [J]. 规划师，2014，30（08）：12-18.

[6] 黄鼎曦. 基于机器学习的人工智能辅助规划前景展望 [J]. 城市发展研究，2017，24（05）：50-55.

[7] 朱祝武. 人工智能发展综述 [J]. 中国西部科技，2011，10（17）：8-10.

［8］党安荣，张丹明，李娟，等.基于时空大数据的城乡景观规划设计研究综述［J］.中国园林，2018，34（03）：5－11.

［9］钮心毅，林诗佳.城市规划研究中的时空大数据：技术演进、研究议题与前沿趋势［J］.城市规划学刊，2022（06）：50－57.

［10］黄慧萍，陈芳淼.城市群建设与管理的时空大数据体系框架构建研究［J］.遥感技术与应用，2023，38（02）：443－453.

［11］程崴知，王陶，戴继锋，等.空间规划全生命周期信息化建设探索——以《深圳市国土空间规划信息化顶层设计》编制为例［J］.城市规划刊，2022（S1）：106－112.

［12］甄峰，张姗琪，秦萧，等.从信息化赋能到综合赋能：智慧国土空间规划思路探索［J］.自然资源学报，2019，34（10）：2060－2072.

［13］王伟.国土空间整体性治理与智慧规划建构路径［J］.城乡规划，2019（06）：11－17.

［14］张鸿辉，洪良，罗伟玲，等.面向"可感知、能学习、善治理、自适应"的智慧国土空间规划理论框架构建与实践探索研究［J］.城乡规划，2019（06）：18－27.

［15］孔宇，甄峰，李兆中，等.智能技术辅助的市（县）国土空间规划编制研究［J］.自然资源学报，2019，34（10）：2186－2199.

［16］金贤锋，罗跃.智慧规划支持系统的建设要点与应用探索［J］.城乡规划，2020（01）：83－89.

［17］秦萧，甄峰，李亚奇，等.国土空间规划大数据应用方法框架探讨［J］.自然资源学报，2019，34（10）：2134－2149.

［18］周晓然.国土空间规划改革背景下规划编制信息化转型思考［J］.规划师，2020，36（18）：65－70.

［19］宋明洁，卢新海，潘方杰.基于地理设计的智慧国土空间规划框架构建——以县级国土空间总体规划为例［J］.自然资源学报，2022，37（11）：2990－3004.

［20］辛德正.大数据时代的城乡规划与智慧城市［J］.建设科技，2022（Z1）：113－115.

［21］丹妮.国土空间规划与实景三维融入数字中国空间数据的"星辰大海"——专访上海上大建筑设计院有限公司规划所长韩科成［J］.中国测绘，2023（02）：22－25.

［22］韩科成.国土空间规划与实景三维融合纳入"三维立体自然资源一张图"的技术路径与难点［J］.科技创新导报，2022（02）：019.

［23］代巨鹏.实景三维建模技术应用于国土空间规划实践探索［J］.城市建设理论研究（电子版），2023（15）：144－146.

［24］梁伟怡.试论大数据时代下的智慧城市及城乡规划［J］.城市建设理论研究（电子版），2023（19）：13－15.

［25］中国信息通信研究院产业与规划研究所，中国信息通信研究院广州智慧城市研究院.新型智慧城市产业图谱研究报告（2021年）［R］.北京：中国信息通信研究院，2021.

［26］上海市人民政府办公厅.关于印发《上海市全面推进城市数字化转型"十四五"规划》的通知［EB/OL］.2021：［2023－06－12］.https://www.shanghai.gov.cn/nw12344/20211027/6517c7fd7b804553a37c1165f0ff6ee4.html.

［27］朱彧.第三次全国国土调查统一时点更新工作启动［EB/OL］.2020：［2024－01－15］.https://www.mnr.gov.cn/dt/ywbb/202001/t20200108_2496768.html.

第2章　智慧国土空间规划总体框架

2.1　概述

国土空间规划是一项复杂的工程，需考虑土地、产业、人口、文化等多方面因素的动态变化和耦合机制。合理的总体规划框架与安排，将为未来国土空间建设发展提供重要的指引作用。随着"可感知、能学习、善治理、自适应"的智慧国土空间规划愿景提出，加之数字时代，数字化、智能化、智慧化的理念与技术为国土空间规划赋能，在此基础上国土空间规划的逻辑与流程发生了改变。例如智慧规划可以利用虚拟空间进行规划方案模拟和辅助决策，通过数字孪生技术实现规划与治理的一体化。因此，加强智慧国土空间规划顶层设计、建立可靠可行的智慧国土空间规划总体框架受到了行业内的重点关注。

传统地理学、生态学、管理学等提出的人地关系理论、可持续发展理论、空间治理理论、新公共管理理论以及日渐发展成熟的城市信息学、地理信息系统等为构建智慧国土空间规划提供了力量和技术基础。南京大学甄峰等认为"生态文明、以人为本"是国土空间规划的智慧体现，技术应用和制度创新是实现智慧国土空间规划需要的重要支撑，并据此提出和讨论生态文明以人为本技术应用制度创新（Ecological civilization，Peopleoriented，Technological application，Institutional innovation，EPTI）智慧国土空间规划总体框架（见图2-1）。其中，"生态文明"被定义为智慧国土空间规划的基础，而"以人为本"被定义为智慧国土空间规划的核心。首先，智慧国土空间规划应立足于生态文明建设，以资源环境承载能力和国土空间开发适宜性评价为基础，合理利用自然资源，合理控制开发强度，修复和建设生态系统，体现尊重自然规律、利用自然规律的原则。其次，智慧国土空间规划应坚持以人为本，在国土空间规划编制、实施及管理等各项环节反映人的需求，利用大数据手段挖掘人本需求特征，提升公众参与度、透明度等。此外，感知、监测、分析、智能决策等方面的新技术综合应用是推动智慧国土空间规划的必要动力，而制度创新保障可推进规划新技术的发展完善和规划智慧化进程，是智慧国土空间规划的两大重要支撑。

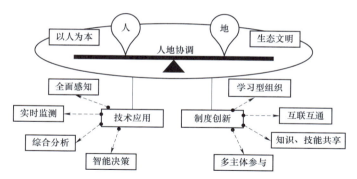

图 2-1　甄峰等提出的 EPTI 智慧国土空间规划总体框架

2019 年 11 月，自然资源部发布了《自然资源部信息化建设总体方案》。自然资源部信息中心从国土空间治理面临的时代挑战和自然资源信息化时代的使命与机遇出发，在自然资源部信息化总体框架下提出了智慧国土空间规划的总体框架（见图 2-2）。智慧国土空间规划应以国土空间全域数字化、空间治理工作网络化、空间规划监管智能化为途径，在自然资源和国土空间大数据的支持下，充分利用现代化信息技术，实时、动态地感知国土空间信息，建立数字化国土空间模型，并基于人工智能手段开展知识挖掘，支撑规划科学编制、自动审批、动态监测、智能评估、智慧推演。值得注意的是，该方案同样强调了人工智能、大数据、5G、物联网、遥感、视频监控、区块链等新一代信息技术对智慧国土空间规划的强大支撑作用，并认为这些已在智慧城市建设中发挥了重要作用的新技术，也必将在智慧国土空间规划中发展为重要应用。

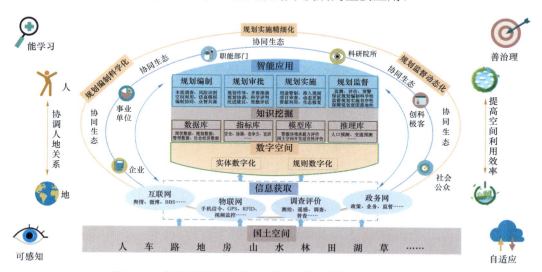

图 2-2　自然资源部信息中心提出的智慧国土空间规划框架

清华大学党安荣等分析了智慧国土空间规划管理的内涵与内容演变，提出了涵盖数据体系、技术体系、支撑体系与应用体系等方面的智慧国土空间规划管理总体框架（见图 2-3）。其中，数据体系是基础，技术体系是关键，支撑体系是保障，应用体系是目标，四者相互作用形成了智慧国土空间规划管理的整体。该框架认为智慧国土空间规划应以国土空间山、水、林、田、湖、草、沙生命共同体为对象，在新基建与新测绘技术支持下，以基于数字孪生的覆盖全时空尺度、全要素类型的数据及其组织为基础，以信息平台、模型方法、决策支持等技术方法体系为支撑，以政策导引和标准体系为保障，涵盖规划编制、审批、实施、监督、评估、预警的人地协同全业务流程，形成开放共享的智慧国土空间规划管理体系。

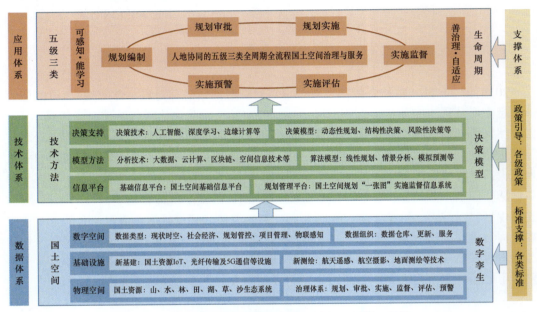

图 2-3 党安荣等提出的智慧国土空间规划管理框架

　　智慧国土空间规划框架在经历了行业专家们的大讨论后日益完善，已成为推动规划和自然资源管理领域数字化变革的重要动力。然而，各家观点各有所长，对智慧国土空间规划框架仍缺乏统一的理解。我们在前人观点和研究的基础上，进一步提出了新的框架结构（见图 2-4）。该框架总共划分为目标体系、业务体系、治理逻辑、技术框架和制度规范体系五个主体部分，争取覆盖内容更全面，体系结构更清晰，以科学客观全方位地理解智慧国土空间规划的内涵、业务、逻辑、关键技术和制度保障。

　　其中，对智慧国土空间规划的目标体系已有较明确的共识，即针对国土空间上人、路、地、房、山、水、林、田、湖等资源要素形成"可感知、能学习、善治理、自适应"的能力。智慧国土空间规划的业务体系应与国土空间规划"五级三类"业务匹配，并通过智能化、自动化、精准化、动态化手段覆盖规划业务的全生命周期。智慧国土空间规划的治理逻辑可以概括为以数字化为治理基础、以协同化为治理模式、以智慧化为治理方向三个层次，而相应的技术框架包括高性能的基础设施、高质量的数据资源、高效率的模型方法等内容。另外，从法律法规、政策文件、标准规范和相应的运行保障机制等方面建立制度规范体系，对智慧国土空间规划的有序建设和长远发展将发挥不容小觑的助力作用。

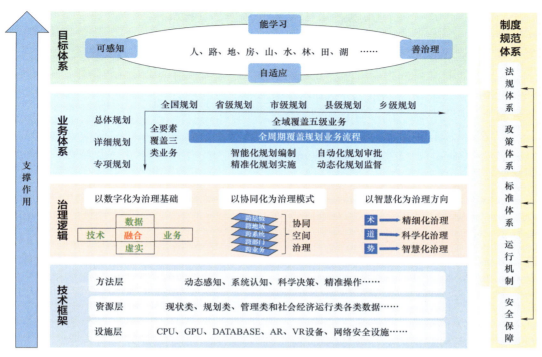

图2-4　本书总结的智慧国土空间规划总体框架

2.2　智慧国土空间规划目标

新时代的智慧国土空间规划的目标是构建"可感知、能学习、善治理、自适应"的"智慧规划"，建立国土空间规划的数字化生态。可感知，即以数据驱动为基础，基于遥感、大数据等技术运用对自然资源、城乡运行、人类活动等多源数据的监测，实现国土空间规划中各类主体变化情况和态势的感知。能学习，即以深度学习为支撑，利用人工智能技术，实现对空间发展规律、特征、趋势的挖掘与学习，强化规划理解和研判，提升规划科学性。善治理，即以协同规划和数字治理为导向，以规划全周期协同衔接与"多规"协同管控、空间治理问题的动态识别与数字治理为导向，通过规划数字化、信息化管理体系指引和常态化、动态化、精准化的治理问题识别发现，实现空间精细化治理能力的提升。自适应，即以情景模拟为目标，运用数字孪生、空间智能分析、应用场景数字模拟等技术和分析模型，实现土地利用预测等规划场景的自动模拟推演和预测、预案，实现规划编制、审批、实施、监督、评估闭环管理，自动发现问题，辅助解决问题，促进规划自我优化，提升管理能力，增强规划适应性。

智慧国土空间规划目标的提出有着数字化生态的背景。数字化是未来社会高质量发展的核心驱动力，也是治理方式变革的重要手段。建设数字国土，提升国土空间治理现代化能力，是《全国国土空间规划纲要（2021—2035 年）》提出的战略目标任务。在生态文明新时代和国家建设数字中国的背景下，大数据、物联网、人工智能等新技术给国土空间规划工作拓展了新视野，提供了新思路、新方法。数字化生态的特征和传统的自然生态、人文生态不同，不仅改变生产方式、生活方式和发展方式，还改变空间治理方式。空间规划现在碰到很多空间问题，传统方法、传统体系都没有有效招数。传统的方法是低维的，问题是高维的，所以难以解决问题。进入时空一体的数字化生态时期，有条件做到方法与问题匹配，智慧规划顺应时代而生。

　　智慧国土空间规划目标是规划行业转型现实需求。适应数字化生态，需要规划行业"转脑袋、转身体"。"转脑袋"就是思想理念和思维方法转型，建立"生态思维""数字思维"，至少包括有机思维、跨界思维、用户思维。有机思维是把研究的时空对象当成一个有机生命体，而有机生命体是一个复杂的高维巨系统。跨界思维，规划是跨越专业领域、行政界限、时空界限、甚至规划、设计、运营治理的界限。用户思维是拥抱用户时代，将以政府部门、以设计院为主的单体智慧向社会群体智慧转变，重塑形成"共建共治共享"的规划新生态。"转身体"是运行体系转变，重构规划指标体系、标准体系、统计体系、政策体系及绩效考核等其他相关的制度体系，构建数字驱动、生态驱动、网络驱动、社区驱动、流量驱动、用户驱动的"六维驱动"机制。

　　智慧国土空间规划目标实现需要建立智慧规划的新生态。一个方面是数字化的基础设施建设，包括数据采集、信息感知设施，以及标准、算法、模型、平台设施，以统一的国土空间基础信息平台为基础，以国土空间规划"一张图"实施监督系统及国土空间规划实施监测网络（China Spatial Planning Observation Network，CSPON）为抓手，建成数字生态体系的基础设施。另一方面是组织生态体系重构，务实推进"共建共治共享"生态营造和"政产研学用"协调创新，研究机构、企业、社会和相关专业人士等共同参与，将个体智慧、单体智慧变成群体智慧，政府更好发挥用户平台作用，重构行业组织生态。

2.3　智慧国土空间规划逻辑

　　2019 年，时任自然资源部国土空间规划局局长庄少勤在《中国土地》杂志上发表了题为《新时代的空间规划逻辑》的文章，为后续的智慧国土空间规划奠定了基本的治理逻辑思路（见图 2-5）。他认为国土空间规划是谋划空间发展和空间治理的战略性、基础性、制度性工具，必须注重目标、问题和运行导向，围绕前瞻性、科学性、操作性3 个核心问题，从势、道、术 3 个方面进行优化，成为管用、适用、好用的规划。其中，"势"的逻辑既包括了适应深度信息化、新型市场化（或法治化）和新型全球化的发展动力趋势，也包括了把握区域发展对人本化、生态化、网络化等"新发展理念"的需求变化趋势。"道"的逻辑要求遵循经济、社会、自然领域的科学的规律，也要求遵循基本供给关系和新时代生态文明建设等方面的正确原则。而"术"的逻辑是指优化空间治理和运行制度的思维逻辑、运行逻辑和方法逻辑。

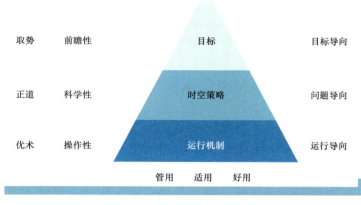

取势	前瞻性	目标	目标导向
正道	科学性	时空策略	问题导向
优术	操作性	运行机制	运行导向

管用　适用　好用

图 2-5　庄少勤提出的新时代空间规划逻辑

在此基础上发展起来的智慧国土空间规划理念，是对"势、道、术"核心逻辑的深化，并提出了更高、更全面的要求。就"取势"而言，智慧国土空间规划对标"可感知、能学习、善治理、自适应"的更高要求，既是对智能化时代潮起潮涌的主动适应，也是落实全面深化改革任务、推动国土空间规划体制机制、改进生产关系和提升生产效率的积极行动。就"正道"而言，智慧国土空间规划瞄准人工智能科学技术研究的前沿领域，应用于各类开发保护建设活动的基本依据，服务于人民群众生产生活需求和利益保障，争取实现多尺度"道"的同频共振。就"优术"而言，智慧国土空间规划要求的坚实数字化基础本身就是对空间治理和运行制度的一种优化，有利于提高国土空间规划的全流程生产力和生产效率，有利于提高国土空间规划服务社会经济发展的质量，有利于优化自然资源管理流程和决策效率，有利于促进国家治理体系和治理能力现代化。总之，智慧国土空间规划的治理逻辑是对国土空间规划体系的继承和创新，主要特点包括以数字化为基础、以系统化为模式、以智慧化为目标，推进国土空间规划领域的精细治理、科学治理、系统治理。

（1）以数字化为基础，使国土空间规划全流程虚实交融，推进技术融合、业务融合、数据融合，实现精细治理。

习近平总书记指出，要建立健全大数据辅助科学决策和社会治理的机制，推进政府管理和社会治理模式创新，实现政府决策科学化、社会治理精准化、公共服务高效化。智慧国土空间规划以海量多源多模态的时空大数据为基础开展，是数字化转型的典型领域。山、水、林、田、湖、草、沙、海等自然资源要素的监管保护离不开高分辨率时空大数据资源的精准支持，国土空间上医疗、教育、交通、物流等生产活动的前瞻性、公平性规划需要高质量时空大数据模型的精准支持，未来的食、宿、行、游、娱、购等生活需求也必然离不开高效率时空大数据服务的精准支持。国土空间规划的基础是整合了多类型规划相关的空间数据和分析评价方法，智慧国土空间规划将转向整合已有时空大数据资源与互联网、网联网等新型数据资源的融合利用，通过数字化促进国土空间规划全流程的技术融合、业务融合、数据融合以及虚实融合，从而赋能精细化治理，提升国土空间规划服务人民群众的便捷化、均等化、普惠化。

（2）以智能化推动协同化，转变分散、割裂式治理模式，实现跨层级、跨地域、跨系统、跨部门、跨业务空间治理，实现科学治理。

国土空间规划作为国家空间发展的指南和可持续发展的空间蓝图，被视为各类开发保护建设活动的基本依据，与国民经济各部门关联密切，对以协同化为模式的科学治理需求强烈，智慧国土空间规划的理念也就应运而生。智慧国土空间规划致力于转变分散、割裂式治理模式，实现跨层级、跨地域、跨系统、跨部门、跨业务领域的协同空间治理，通过多跨协同的治理模式来促进科学决策的酝酿、谋划、实施及反馈。作为国土空间规划体系的升级扩展，智慧国土空间规划应深化对国土空间信息平台和国土空间规划"一张图"实施监督信息系统的利用，重点推进国土空间规划实施监测网络（CSPON）建设，加强国土空间规划总体规划、专项规划和详细规划间的衔接，形成完整的规划全域、全要素、全生命周期管控环境，在统一的空间底板上强化规划引领作用。

（3）以智慧化实现知识共享，推进科学化治理、精细化治理、智慧化治理，实现系统治理。

近年来，计算机视觉、语音识别、机器学习等领域的人工智能新技术如雨后春笋般涌现，关于 AlphaGo 和 ChatGPT 的科技报道广泛传播，智慧化目标似乎已经触手可及，启发了国土空间规划创新思维，也加剧了智慧化转型的急迫感。与此同时，更加强调知识的积累、创造、传播，落后地区也能被先进的国土空间规划知识所赋能。主动拥抱人工智能时代、树立智能化目标已是大势所趋，也是解决多规管控效率不高、用地空间和结构问题突出、永久基本农田保护和耕地占补压力大、空间利用碎片化程度较高等问题的内生需求。实现智慧化的基本逻辑是通过因素穷尽和持续优化找到准确计算方法，用准确计算方法来回答国土空间规划中遇到的问题。智慧国土空间规划就是要利用各式传感器、计算设备、数据资源、模型算法等来协助完成国土空间规划工作，并通过固化准确计算方法，使计算机实施局部甚至整体性自动工作的智慧化。但因从整体到整体的复杂性，想要实现智慧化治理目标恐非一日之功，应推动智慧规划的引领作用，重点衔接碳达峰碳中和目标和生态文明理念，夯实标准体系和安全体系建设，营造具有自适应能力的治理生态，逐步推进智慧化系统治理。

2.4 智慧国土空间规划业务体系

2.4.1 智慧国土空间规划基本流程

智慧国土空间规划的基本流程与国土空间规划是一致的，涵盖规划编制、规划审批、规划实施、规划监督全过程，只是在"可感知、能学习、善治理、自适应"的目标导向下，更强调智能化、自动化、精准化、动态化。这一基本流程覆盖了"国家、省、市、县、乡镇"五级，"总体规划、详细规划、专项规划"三类国土空间规划体系，以及三类规划层面的城市设计等层级和类型，由以往更多重视规划设计前期的编制、审查等环节，向注重"编—审—施—督"全周期业务联动、全过程衔接的闭环管理转变。整个流程以国土空间基础信息平台、"一张图"系统、基础数据建设等为基础，以数字孪生、实景三维等新技术手段为支撑，在保障各级各类规划准确传导、有效衔接的基础上，实现规划编制的智能化、规划审批的自动化、规划实施的精准化、规划监督的动态化（见图 2-6）。最终实现数字化对全流程的赋能，减少中间环节，提升及时响应能力，服务人民美好生活，优化营商环境。

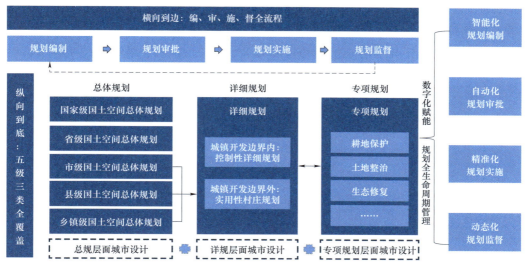

图 2-6　智慧国土空间规划的基础流程

（1）智能化规划编制。以"一张图"和多源大数据为基础，借助智能化手段，快速高效开展国土空间规划现状评估、"双评价"、专题分析、人口与社会评价等分析评价、底图底数摸查、批量图表绘制，及各类规划关键信息提取等工作，保障规划编制基础牢固、过程科学、结果合理。加强大数据、物联网、云计算、人工智能等新技术在国土空间规划编制全流程的综合运用，创新规划编制技术手段，促进规划思维方式转型，实现规划编制由"二维"到"多维"，由"定性"到"定量"，由"感性"到"理性"的智能化转变。

（2）自动化规划审批。首先，在厘清总体规划、专项规划、详细规划各类规划间传导关系、审查要点、审查规则的基础上，建立健全智慧国土空间规划体系的传导和审查审批规则。其次，利用多级多类规划成果的要素空间化成果，研发智能审查工具，对所编制规划与上位规划、"三区三线"管控和其他专项规划的空间矛盾进行自动化审查，减少人工校核的工作量。最后，通过对规划传导体系的优化完善和空间的质检，实现规划成果自动化审查和高效审批。

（3）精准化规划实施。立足城市发展战略和发展定位，以人工智能、二三维一体化、智能选址分析等技术为支撑，构建项目部署实施技术支撑体系，辅助规划生成项目、项目建设时序、规划建设效益分析等，助力项目选址更科学、设计更精准、实施更可靠、效益最大化。

（4）动态化规划监督。通过构建规划监督基础数据体系、指标体系和标准库，打通数据通道，建立贯穿业务的预警手段。按照不同行政层级与规划类型，确定各自的责任与监督主体，建立关键指标、日常业务、违法管理等多维度内容的动态实时监督预警的全过程监管体系，做到一站式的城市运行监测、定期体检、专项评估和有效预警。

2.4.2 智慧国土空间规划基本业务

智慧国土空间规划涵盖了智慧化调查和数据体系、"五级三类"规划智能编制体系、"五级三类"规划智能审批体系、国土空间规划体检评估网络体系、国土空间动态实施监测系统平台、政策法规和标准规范保障体系等业务（见图2-7）。

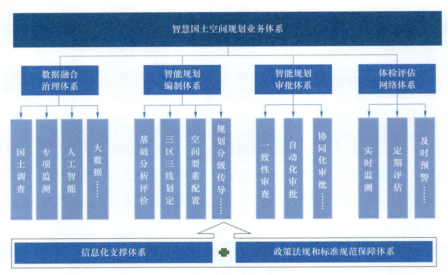

图 2-7 智慧国土空间规划基本业务类型

（1）智慧化调查和数据体系。国土空间规划的数据获取和融合治理体系逐渐走向智慧化。实景三维、大数据、云计算等新型测绘技术和国土调查、遥感监测、智能传感、穿戴设备等各类数据手段，能够快速、精准、实时地获取天–空–地–海等各类国土空间数据，帮助我们摸清土地、地质、森林、草原、水、湿地、海洋等各类资源环境状况和人口、交通、建筑、产业等各类社会经济信息。同时，高效智能化的多元数据汇聚融合和安全保障等技术，保障了国土空间规划数据体系的准确性、安全性和权威性。

（2）"五级三类"规划智能编制体系。针对"五级三类"规划需求，构建智能规划编制体系，推动各级各类规划上下统筹、有效衔接、准确传导。一是高效开展基础分析与评价，以翔实的空间数据为基础，建立智能分析评价模型，对自然地理、地质灾害、区位条件、交通潜力、人口流动等基础要素和国土空间适宜性、资源环境承载能力等专题进行精准高效评价。二是科学开展"三区三线"划定和空间要素配置，在基础分析和专题研究的基础上，科学划定各类空间管控范围和主体功能分区，合理布局各类建设用地、基础设施和公共服务设施等空间要素，实现自然资源和国土空间的高效保护和合理利用。三是精准开展"五级三类"规划传导和矛盾协调，利用贯通式数据传导和刚性要素分级传导机制等，对各级各类规划布局与"三区三线"、历史文化保护线等管控要求进行冲突自动检测和矛盾自主反馈，实现各级各类规划管控要求的精准传导和规划要素布局的精准落地。

（3）"五级三类"规划智能审批体系。以营造美好人居环境和宜人场所理念为支撑，推动国土空间规划全过程的智能化、自动化审批。一是自动化审查规划数据的一致性，包括图文一致性、数据前后一致性、不同规划的一致性等。二是规划项目审批自动化，基于项目准入规则库、用途管制规则和项目建设白名单，利用规划统筹生成项目，自动对预选址进行初步审批。三是协同开展审批，对下位规划提交的成果，自动开展初步审查工作，实现规划审批行为的全过程可回溯、可查询。

（4）智慧国土空间规划精准体检评估网络体系。将国土空间规划体检评估、CSPON与智慧国土空间规划需求紧密结合，全面提升国土空间规划实施评估与城市国土空间运行监测能力。在多层级定期体检评估、实时体检评估、专项体检评估的基础上，加强对流空间、空间关系、城市形态、交通网络等关键要素的体检评估，逐步健全国土空间规划体检评估制度。同时，利用 CSPON 进一步提升体检评估工作的智能化、数字化和网络化能力，整合政府部门和社会资源，落实"共建共治共享"理念，不断拓展丰富国土空间规划体检评估网络体系。

（5）国土空间动态实施监测系统平台。当前，全国国土空间基础信息平台和"一张图"体系基本建成，需面向智慧国土空间规划新的使用需求，对相关功能进行持续优化提升，包括对信息化基础设施、数据规范、数据治理、数字生态等持续迭代升级，以进一步提升国土空间规划监测评估预警的数字化、在线化、智能化水平。同时，利用物联网、大数据和人工智能等技术手段，解决规划矛盾发现不及时等问题，做到快速响应、实时监测和及时预警；充分应用科技创新手段，完善违法行为立体化发现渠道和处置模式，建立快捷有效的核查指挥和快速反应机制，应用"互联网＋"技术开展在线巡查和实地核查，有效提升自然资源执法和督察的反应、处置能力。

（6）智慧国土空间规划政策法规和标准规范保障体系。在现有国土空间规划政策法规和技术标准体系基础上，围绕智慧国土空间规划建设要求和业务需求等，及时配套建立健全政策法规和标准规范体系，保障形成良好的智慧规划行业生态。

2.5 智慧国土空间规划制度规范体系

2.5.1 法规体系

智慧国土空间规划制度规范体系下的法规体系是指为了保障智慧国土空间规划的顺利实施和有效管理，制定和完善的相关法律法规、行政法规、部门规章、地方性法规等，包括以下几个方面：

（1）国土空间规划法律法规。智慧国土空间规划制度规范体系下的法规体系的基础和依据，主要包括《中华人民共和国自然资源法》《中华人民共和国城乡规划法》《中华人民共和国土地管理法》《中华人民共和国环境保护法》等，明确了国土空间规划的目标、原则、内容、程序、责任等，为智慧国土空间规划提供了指导和约束。此外还有国土空间规划相关要素管理类法律法规，主要包括了《基本农田保护条例》《中华人民共和国草原法》《中华人民共和国水法》《中华人民共和国森林法》《中华人民共和国测绘法》等，这些法律法规是国土空间规划的具体内容和实施依据，涉及国土空间的各类资源要素的开发利用、保护修复、监督管理各个方面。

（2）国土空间规划审批管理和实施监督管理法律法规。国土空间规划审批管理法律法规主要包括《中华人民共和国城乡规划法》《中华人民共和国土地管理法实施条例》等，这些法律法规规定了国土空间规划的编制主体、编制程序、编制内容、审批权限、审批流程、审批标准等。国土空间规划实施监督管理法律法规主要包括《中华人民共和国行政监察法》《中华人民共和国行政处罚法》等，这些法律法规规定了国土空间规划监督检查的职责、权限、方式、程序等，以及对违反国土空间规划的行为进行调查处理和处罚的依据和措施。

2.5.2 政策体系

智慧国土空间规划制度规范体系下的政策体系，主要特征体现在准确把握新发展阶段，深入贯彻新发展理念，服务新发展格局，通过定量分析与定性研判，制定和完善的相关政策措施，促进规划技术标准化建设、信息平台建设、实施监督机制建设，深度推动国土空间规划的创新发展和应用推广。具体包括以下几个方面：

（1）国土空间规划技术标准体系建设政策。智慧国土空间规划制度规范体系下的政策体系的技术保障，主要包括《国土空间规划技术标准体系建设三年行动计划（2021—2023年）》《中共中央国务院关于建立国土空间规划体系并监督实施的若干意见》《全国国土空间规划纲要（2021—2035年）》等相关的支持政策、保障政策、标准建设政策等，旨在加快建立全国统一的国土空间规划技术标准体系，包括规划数据标准、规划编制标准、规划审批标准、规划实施监督标准等，形成规范机制的保障。

（2）国土空间基础信息平台建设政策。智慧国土空间规划制度规范体系下的政策体系的信息支撑，主要包括《自然资源部办公厅关于开展国土空间规划"一张图"建设和现状评估工作的通知》以及相关的投入政策、共享政策、安全政策等，旨在建立以国土空间基础信息平台为核心，以国土空间规划"一张图"为支撑，以各类规划重点业务需求为牵引的信息化支撑框架，搭建控制性详细规划、村庄规划、专项规划、城市设计等信息化管理应用，为自然资源主管部门、规划编制单位、社会公众等多主体提供规划服务。

（3）国土空间规划审批管理和实施监督管理的相关政策。国土空间规划审批管理政策主要包括《国土空间用途管制区域审批管理办法》《控制性详细规划审批管理办法》

《村庄建设用地审批管理办法》等，规定了各类国土空间用途管制区域、控制性详细规划、村庄建设用地等的审批权限、条件、程序、时限等，为智慧国土空间规划审批提供了依据和标准。国土空间规划实施监督管理政策主要包括《国土空间用途管制区域实施监督检查办法》《控制性详细规划实施监督检查办法》《村庄建设用地实施监督检查办法》等，明确了各类国土空间用途管制区域、控制性详细规划、村庄建设用地等的监督检查对象、内容、方式、结果等，为智慧国土空间规划实施提供了保障和监督。

2.5.3 标准体系

智慧国土空间规划制度规范体系下的标准体系是指为了保障智慧国土空间规划的技术质量和管理效率，制定和完善的相关技术标准、技术指南、技术规范等。标准体系的核心部分，主要涉及《国土空间规划技术标准体系建设三年行动计划（2021—2023年）》，其中制修订标准 30 余项，形成一批具有鲜明特色的标准，基本覆盖国土空间规划编制、审批、实施、监督、技术、方法、管理、信息平台等方面，涵盖了基础通用类、编制审批类、实施监督类、信息技术类等方面的标准，形成了全国统一的国土空间规划技术标准体系。

（1）基础通用类标准。基础通用类标准为有关基本术语、用地用海、主体功能区、陆海统筹等方面的基础标准，支撑国土空间规划全流程管理。主要包括了《国土空间规划术语》《国土空间规划制图规范》《国土空间调查、规划、用途管制用地用海分类标准》《主题功能区（县）名录评估调整技术指南》《资源环境承载力和国土空间适宜性评价技术指南》《国土空间规划城市设计指南》《社区生活圈规划技术指南》和《城区范围确定规程》等。

（2）编制审批类标准。编制审批类标准是适用于特定区域（流域）、特定功能区、相关空间规划专题要素类等方面的技术标准。主要包括《省级国土空间规划编制技术规程》《市级国土空间总体规划编制技术规程》《县级国土空间总体规划编制技术规程》《市级国土空间总体规划制图规范》《县级国土空间总体规划制图规范》等在内的总体规划标准，详细规划编制技术规程，以及包括《都市圈国土空间规划编制规程》《城市更新空间单元规划编制技术导则》《综合防灾规划技术规范》《国土空间规划历史文化遗产保护技术指南》《城乡公共卫生应急空间规划规范》和《国土空间规划环境影响评价编制指南》等在内的专项规划标准。

（3）实施监督类标准。实施监督类标准包括《国土空间规划监测评估预警标准（国土空间规划"一张图"监管体系标准)》《生态保护红线监测评估预警技术标准》《国土空间规划城市体检评估规程》等。

（4）信息技术类标准。信息技术类标准为有关国土空间规划数据采集、汇交、应用和数据库建设等方面的标准。主要包括《国土空间规划"一张图"实施监督信息系统技术规范》《国土空间规划城市时空大数据应用基本规定》《市级国土空间总体规划数据库规范》和《国土空间用途管制数据规范》等。

2.5.4 运行机制

智慧国土空间规划制度规范体系下的运行机制是指为了保障智慧国土空间规划的顺利实施和有效运行，制定和完善的相关组织架构、工作流程、协作方式、监督评估等，包括以下几个方面：

（1）组织架构。明确智慧国土空间规划的主要责任主体和职责分工，包括自然资源部作为统筹协调和监督指导部门，各级自然资源主管部门作为具体实施和管理部门，各类规划编制单位作为技术支撑和服务提供单位，社会公众作为参与者和受益者等。建立健全各级各类主体之间的沟通协作机制，形成工作合力。

（2）工作流程。明确智慧国土空间规划的全周期工作流程和标准化操作流程，包括规划编制、审批、实施、监督等各个环节。利用信息化技术手段，优化简化工作流程，提高工作效率和质量。建立健全工作流程的动态调整和优化机制，适应不同情况和需求。明确智慧国土空间规划的监督评估内容和方法，包括规划执行情况、规划效果评价、规划问题识别等。利用信息化技术手段，实现对规划执行情况的动态监测、实时预警、及时处置等，实现对规划效果评价的客观量化、多维度分析、持续改进等，实现对规划问题识别的智能发现、深度挖掘、有效解决等。

（3）协作方式。明确智慧国土空间规划的协同共享共治方式，包括数据协同、业务协同、决策协同等。利用信息化技术手段，实现数据资源的统一汇集、共享交换、安全保障等，实现业务需求的快速响应、高效处理、及时反馈等，推动规范体系的智慧化，实现决策过程的科学分析、多方参与、公开透明等。

2.5.5 安全保障

智慧国土空间规划制度规范体系下的安全保障是指为了保障智慧国土空间规划的基础数据安全、业务数据安全、系统安全等，制定和完善的相关安全策略、安全措施、安全机制等，包括以下几个方面：

（1）基础数据安全。明确智慧国土空间规划的数据来源、数据类型、数据质量、数据共享等要求，建立健全数据采集、存储、传输、处理、使用等环节的安全管理制度和技术措施，防止数据泄露、篡改、损毁等风险。利用信息化技术手段，实现数据加密、备份、恢复等功能，提高数据安全性和可靠性。

（2）业务数据安全。明确智慧国土空间规划的业务流程、业务权限、业务责任等要求，建立健全业务需求分析、业务方案设计、业务功能测试、业务结果审核等环节的安全管理制度和技术措施，防止业务错误、延误、滥用等风险。利用信息化技术手段，实现业务日志记录、业务异常报警、业务问题排查等功能，提高业务安全性和效率。

（3）系统安全。国土空间规划"一张图"，明确智慧国土空间规划的系统架构、系统接口、系统性能等要求，建立健全系统开发维护、系统运行监控、系统故障处理等环节的安全管理制度和技术措施，防止系统崩溃、攻击、病毒等风险。利用信息化技术手段，实现系统防火墙配置、系统漏洞扫描、系统更新升级等功能，提高系统安全性和稳定性。

2.6 智慧国土空间规划技术框架

智慧国土空间规划技术框架以遥感、物联网、时空大数据等动态感知技术为基底，挖掘时空数据，模拟国土空间动态演化过程，实现对国土空间自然条件、资源环境、社会经济、空间结构等方面的空间化描述、量化评价和趋势预测，形成全要素动态化智能化的系统认知，在系统层级完成国土空间规划实施监督预警机制构建，支撑国土空间规划科学决策，为精准操作提供技术手段（见图 2-8）。在智慧国土空间规划顶层目标指引下，开展智慧国土空间规划信息化支撑框架设计，总体上以规范机制为保障，以国土空间规划"一张图"为支撑，以各类规划重点业务需求为牵引，搭建控制性详细规划、村庄规划、专项规划、城市设计等信息化管理应用，为自然资源主管部门、规划编制单位、社会公众等多主体提供规划服务。

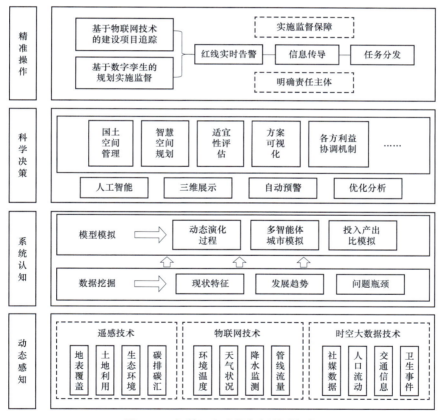

图 2-8　智慧国土空间规划技术框架

2.6.1　动态感知

智慧国土空间规划的动态感知技术是指利用遥感、物联网、时空大数据等技术手段，对国土空间的自然条件、资源环境、社会经济、空间结构等方面进行实时监测、分析和预测，形成"空天地"一体全要素动态化智能化的快速监测，为国土空间规划的编制、用途管制、监测预警等全周期业务提供技术支撑。动态感知技术是智慧国土空间规划的重要组成部分，其实现方法主要有以下几种：

1. 遥感技术

遥感技术是一种利用人造载体（如卫星、飞机、无人机等）搭载各种传感器（如光学、雷达、红外等）从远距离获取地球表面信息的技术。遥感技术具有覆盖范围广、重复周期短、数据量大、信息丰富等特点，是智慧国土空间规划中重要的动态感知技术之一，可以分为航天、航空和地面遥感。航天遥感通过搭载在卫星上的遥感传感器，从太空高空获取地球表面的信息和数据。这些传感器可以感知和测量不同波长范围的电磁辐射，包括可见光、红外线、微波等，从而获得各种地表特征的图像和数据。与航天遥感相比，航空遥感更接近地表，因此可以获得更高分辨率的数据。这种遥感技术通常在低空进行，可以覆盖相对较小的地区，但数据的空间分辨率较高。地面遥感是指利用位于地面上的传感器和设备，通过远距离探测和感知地表的信息和数据的技术。它是遥感技术的一种，通过捕捉地面上的电磁辐射，如可见光、红外线、微波等，来获取地表特征和属性的信息。

总体而言，遥感技术在智慧国土空间规划中的感知应用主要包括以下几个方面：

（1）国土空间地表覆盖监测。地表覆盖是指地球表面的自然和人为物质，如水体、植被、裸土、建筑物等。地表覆盖监测是指利用遥感技术获取地表覆盖的类型、分布、变化等信息，为国土空间规划提供基础数据和参考依据。例如，利用高分辨率遥感影像识别城市建设用地范围和结构，利用多光谱遥感影像分类提取不同类型的植被覆盖等。常见的遥感模型有归一化植被指数模型（Normalized Difference Vegetation Index，NDVI）、增强植被指数模型（Enhanced Vegetation Index，EVI）等。NDVI 是一种通过测量可见光和近红外光的比值来评估植被状况的指标。植被越繁茂，NDVI 值越高。NDVI 模型可以用来监测农作物的生长状况、植被覆盖和绿度变化。EVI 是 NDVI 的改进版本，通过加入大气校正和地表反射校正，提高了植被监测的精度。EVI 模型常用于在复杂地表条件下，如城市或森林地区，进行更准确的植被监测。

（2）土地利用监测。土地利用是指人类对地表覆盖的功能性使用，如农业、林业、工业、居住等。土地利用监测是指利用遥感技术获取土地利用的现状、变化和效果等信息，为国土空间规划提供评价指标和管理依据。例如，利用多时相遥感影像分析土地利用变化和驱动因素，利用遥感指数评价土地利用效率和生态效益等。常见的土地利用监测模型有支持向量机（Support Vector Machine，SVM）——它可以将遥感影像中的像元划分为不同的土地利用类别，通过学习和寻找最佳的分类边界，实现土地利用的分类；随机森林（Random Forest）——可以处理大量的遥感数据，提高土地利用分类精度和稳定性；卷积神经网络（Convolutional Neural Network，CNN）——适用于图像分类和特征提取，CNN 可以提取影像的空间和频谱特征，并将像元分类到不同的土地利用类别。

（3）国土空间生态环境监测。生态环境是指自然界中各种生物与非生物因素相互作用的复杂系统，如气候、水文、土壤、生物多样性等。生态环境监测是指利用遥感技术获取生态环境的质量、状况和变化等信息，为国土空间规划提供保护目标和措施依据。例如，利用热红外遥感影像可以监测城市热岛效应，通过测量地表温度（Land Surface Temperature，LST），判断城市热岛效应的严重程度。基于遥感的温度植被干旱指数模型（Temperature Vegetation Dryness Index，TVDI），通过地表温度信息和植被指数来评估农田的干旱程度，可以帮助监测农田的干旱风险。

（4）碳汇监测。碳汇是指能够吸收和储存二氧化碳等温室气体的自然或人工系统，如森林、草原、海洋等。碳汇监测是指利用遥感技术获取碳排碳汇的数量、分布和变化等信息，为国土空间规划提供减排增汇的策略和方案依据。例如，利用光学遥感影像估算森林碳储量，遥感影像数据可以提供地表植被覆盖、土地利用和覆盖情况、植被生长状态等信息，通过植被指数（如 NDVI）、植被生产力模型等，可以估算植被的净生产力，从而得到植被的碳吸收量。

2. 物联感知技术

物联感知技术指通过无线通信和互联网技术，将各种智能设备连接起来，实现信息的交换和共享的技术。利用传感器、射频识别等设备，采集国土空间的物理数据，如温度、湿度、气压、水质等，并通过网络传输到云平台进行存储和分析，在智慧国土空间规划中有着广泛的应用。

（1）气候状况监测。通过布置气压、湿度、风速、风向等传感器，实时采集国土空间的天气数据，实时更新国土空间的天气状况，提供天气信息服务。通过数据挖掘和人工智能技术，预测未来的天气趋势和灾害风险，并提前发布预警信息，指导公众和相关部门做好应急准备，实现对天气灾害的预测和防范。通过布置雨量计、水位计等传感器，实时采集国土空间的降水数据，实现对国土空间的降水量和水位的精确测量，并通过云计算和大数据，分析降水的时空分布和变化规律。利用模型仿真和优化算法，评估洪涝灾害的影响范围和程度，并制定最优的排涝方案，减少洪涝灾害对国土空间的破坏，实现对洪涝灾害的评估和应对。

（2）城市环境监测。通过布置温度传感器，实时采集国土空间的温度数据，通过地图、图表等方式展示温度的空间变化和时间变化，实现国土空间温度分布的可视化。利用数据分析和机器学习技术，识别出温度异常的区域和分析原因，并采取相应的措施，如调整绿化覆盖、增加通风设施等，改善城市微气候，实现对温度异常的预警和处理。

（3）城市交通监测。在路口、交叉口等关键位置安装交通监测传感器，可以感知交通流量和车辆速度，用于交通管理和道路规划。

3. 社会感知技术

社会经济活动大数据感知技术主要指利用移动互联网、社交媒体等渠道，采集国土空间的社会经济活动数据，如人口流动、交通拥堵、卫生服务等，并通过数据分析，挖掘国土空间的活力、效率和优化方向，实现对国土空间的多维、动态、智能分析，并助力规划智能编制、精准实施、及时预警等关键业务环节。常见的感知技术如通过移动通信基站或移动网络数据，采集收集信令数据，感知人口的流动和迁移情况，例如交通拥堵、人流密集区域等。通过无线通信数据，感知人们的活动范围和位置，例如 Wi-Fi 连接、蓝牙信号等。基于位置的社会网络（Location-Based Social Networking，LBSN）是指通过感知和收集用户位置信息以及与位置相关的社交网络数据的技术。LBSN 是一种将位置信息和社交网络结合的应用，它允许用户在社交网络上分享自己的位置，也可以通过位置信息来发现附近的朋友、商家、活动等。LBSN 可以通过智能手机、GPS 设备、传感器等实现位置信息的获取。社会经济活动大数据技术在智慧国土空间规划中有着重要的应用，例如：

（1）舆情数据监测。通过文本分析、情感分析、话题发现等方法，提取社交媒体数据中的时空信息和用户意见，实现对国土空间的社媒数据的收集、处理和挖掘，为国土空间规划的公众参与和舆情监测提供支持。

（2）人口变化监测。通过手机信号、GPS 定位、交通卡等数据源，分析人口流动的时空特征和影响因素，实现对国土空间的人口流动的追踪、统计和预测，为国土空间规划的人口分布和城市功能提供依据。

（3）城市交通信息监测。通过路况监控、交通信号、车辆识别等数据源，展示交通信息的时空分布和变化趋势，实现对国土空间的交通信息的实时获取、展示和优化，为国土空间规划的交通组织和出行服务提供方案。

2.6.2　系统认知

智慧国土空间规划的系统认知是指利用信息技术和智能技术，对国土空间的各种要素、关系、功能、问题和影响进行全面、深入、动态的感知、分析和理解，从而为国土空间规划的编制、实施和评估提供科学依据和智能支持的过程。系统认知是智慧国土空间规划的核心内容，也是智慧国土空间规划与传统国土空间规划的根本区别。系统认知运用到的技术方法主要有两种，即大数据技术中的数据挖掘分析和仿真模拟技术中的模拟推演模型方法。

1. 大数据技术

大数据技术可以通过收集、整合和分析大量的城市数据，帮助规划者了解城市的现状、问题和潜力，从而制定更科学、合理的规划方案。利用遥感、地理信息系统、大数据等技术，收集、整合、处理和分析国土空间的各类数据，揭示国土空间的现状特征、发展趋势和问题瓶颈，为规划编制提供科学依据。例如，利用手机信令数据分析城市人口流动和活动空间，利用遥感数据分析土地利用变化和生态环境状况等。常见的数据挖掘分析技术包括分类、聚类、关联规则挖掘等技术，下面就国土空间规划中的数据挖掘应用进行一些简要技术模型概述。

（1）人口数据分布挖掘模型。人口分布分类模型是一种利用大数据和数据挖掘技术，将城市或地区的人口按照某种规则或特征进行分类的模型。这种模型可以帮助我们理解城市或地区的人口分布情况，了解人口的聚集区域、人口流动趋势等信息，为城市规划、社会服务、资源配置等提供重要的参考依据。例如基于密度的人口分类模型是一种将城市或地区的人口按照人口数量在地理空间上的分布密度进行分类的方法。该模型通过对人口数量在不同区域的分布情况进行计算和分析，将地区按照人口密集程度划分为不同密度区，为总体规划和专项规划提供重要的参考信息。常见的算法有核密度估计（Kernel Density Estimation，KDE）和基于密度的空间聚类算法（Density−Based Spatial Clustering of Applications with Noise，DBSCAN）等。KDE 是一种估计概率密度函数的非参数统计方法，常用于对密度分布进行估计和平滑。在人口分类模型中，可以利用 KDE 来估计不同地区的人口密度，然后根据密度大小将地区划分为高密度区、中密度区、低密度区等。DBSCAN 是一种基于密度的聚类算法，能够识别高密度区和低密度区，并将数据点划分为核心点、边界点和噪声点。在人口分类模型中，可以利用 DBSCAN 算法来进行人口密度的聚类和分类。

（2）城市层次聚类模型。城市层次聚类模型是一种将城市划分为多个层次结构的聚类方法。该模型不仅能够对城市进行整体聚类，还能够逐步细化聚类，将城市划分为多个层级，从全局到局部，帮助我们更好地理解城市的规划层次和特征。城市层次聚类模型的基本思想是先将城市划分为若干大的簇或类别，然后逐步将每个大簇细分为更小的子簇，直到满足某个终止条件。这样的层次结构可以用树状图来表示，称为聚类树或树状聚类图。这样的层次结构有助于规划者更好地分析城市的发展趋势、优化规划策略以及适应城市的动态变化。常用的算法如聚集嵌套（Agglomerative Nesting，AGNES）、使用层次结构的平衡迭代约简和聚类（Balanced Iterative Reducing and Clustering using Hierarchies，BIRCH）等。AGNES 是一种自底向上的层次聚类算法，它首先将每个城市视为一个独立的簇，然后逐步合并最近的簇，直到所有的城市都属于一个大簇或达到预定的层次。在合并过程中，可以根据距离度量来确定簇之间的相似性。BIRCH 是一种基于聚类特征树（Clustering Feature Tree，CFT）的层次聚类算法，它适用于大规模数据集的聚类。BIRCH 通过构建树状结构来快速聚类城市，其中的 CF 树用于表示簇的中心和大小。

（3）基于关联规则挖掘的公共服务设施优化模型。设施布局优化的关联规则挖掘模型可以帮助规划者发现城市中不同设施之间的关联关系，从而优化设施的布局，提高城市的服务效率和生活质量。对于城市而言，由于因素众多，往往可能涉及比较复杂的关联算法，如关联规则（Apriori）算法、关联分析（Frequent Pattern-Growth，FP-Growth）算法等。Apriori 算法是一种经典的关联规则挖掘算法，用于发现频繁项集及其关联规则。频繁项集是指在数据集中经常同时出现的一组项，而关联规则是指项集之间的关联关系。Apriori 算法通过逐步增加项集的大小，不断筛选出频繁项集和关联规则，直到没有新的频繁项集产生为止。该算法的时间复杂度随着项集的大小指数增长，因此在处理大规模数据时，可能需要进行优化或使用其他更高效的关联规则挖掘算法，如 FP−Growth 算法。

2. 仿真模拟技术

仿真模拟技术是一种基于模拟和推演的分析方法，用于预测未来事件、情况或系统的演变过程。这种模型通常建立在对现实世界的特定问题或系统进行建模的基础上，通过运行模拟和推演来模拟不同的情景和决策，以预测可能的结果。使用空间模型模拟方法，利用数学模型、计算机模拟、人工智能等技术，构建关于国土空间的系统模型，模拟国土空间的动态演化过程，通过该技术预测未来发展情景和影响效果，为规划编制提供决策支持。例如，利用投入产出模型分析区域经济结构和资源环境约束，利用多智能体模型模拟城市增长和空间扩张等，下面以土地利用和城市内涝推演模型进行介绍。

（1）土地利用变化模拟模型。土地变化推演模型算法是用于预测土地利用和覆盖变化的模型算法。这些算法旨在模拟和推演未来土地的变化情况，以帮助规划者和决策者做出关于土地资源管理和规划的决策。比较经典的算法模型包括元胞自动机（Cellular Automata，CA）模型、马尔可夫链（Markov Chain）模型、未来土地利用模拟（Future Land Use Simulation，FLUS）等。元胞自动机模型是一种基于规则的空间模拟方法。它将地区划分为一系列细胞或单元，每个细胞根据一组规则和周围细胞的状态来更新自身状态。这些规则可以是根据历史土地利用和覆盖数据建立的，模拟土地的演变过程。马尔可夫链模型是一种基于概率的序列模型。在土地变化推演中，马尔可夫链模型可用于估计当前土地利用状态与未来状态之间的转变概率，从而推演未来的土地利用和覆盖变化。FLUS（Fuzzy Land-Use Simulation）模型是一种用于模拟城市土地利用变化的模型。FLUS模型的特点在于引入了模糊逻辑理论（Fuzzy Logic Theory）和智能体（Agent）理论。模糊逻辑理论可以处理不确定性和模糊性的问题，而智能体理论将城市中的各种角色和参与者（例如政府、企业、居民）抽象为智能体，考虑它们在土地利用决策中的行为和互动。

（2）城市内涝模拟模型。城市内涝是指在强降雨等极端气候事件下，城市排水系统无法有效排水，导致道路、低洼区域和建筑物等地方积水的现象。这种模型旨在帮助城市规划者和决策者了解城市内涝的潜在风险，预测不同降雨事件下的内涝情况，以制定相应的应对措施和规划策略。城市内涝推演模型通常基于水文模型、降雨模型等数据和技术。它可以考虑城市的地形特征、排水系统、土壤类型、建筑物布局等因素，模拟城市内涝的发生和演变过程。水文模型是用于模拟城市降雨径流过程的算法。常见的水文模型包括单位线法（Unit Hydrograph）、S型流量图（S-Hydrograph）等，可以估计城市区域的径流流量，进而分析内涝的产生和演变。2D水动力模型是用于模拟城市内涝积水过程的算法。该模型基于水流的动力学原理，考虑水流在水平方向和垂直方向上的运动，通过求解二维连续方程和二维动量方程来模拟水流的传输和积聚。它可以考虑地形、水体的流量、水深、流速等参数，模拟水流在地表和地下的流动过程。

（3）交通规划方案模拟模型。交通规划方案模拟是指对交通规划方案进行模拟和仿真分析，以评估交通系统的效率、可行性和对交通流量、拥堵等的影响。这种模拟可以帮助规划者更好地了解交通规划方案的潜在问题，优化交通网络和出行方式，提高城市交通的整体运行效率。交通规划模拟可以分为微观和宏观模拟。微观交通模拟是模拟每辆车辆的行驶轨迹和交通行为，以个体车辆为单位进行模拟。常见的交通微观模拟软件包括VISSIM、PARAMICS、Aimsun等。这些软件使用基于车辆间距、速度、加速度等物理模型，对每辆车辆进行逐步仿真，并考虑交通信号、交叉口、道路拓扑等细节。微观交通模拟可以提供非常详细的交通流动和拥堵情况，对交通规划方案的评估非常有用。宏观交通模拟是对整个交通网络的整体行为进行模拟。它通常使用宏观流量模型，如 LTM（Link Transmission Model）或 CTM（Cell Transmission Model），以及动态交通分配算法，如弗兰克·沃尔夫（Frank-Wolfe）算法。宏观模拟适用于大规模交通网络的模拟，它可以提供整体的交通流量、拥堵状况和网络负载情况。

2.6.3 科学决策

智慧国土空间规划的科学决策是指利用信息技术和智能技术，对国土空间规划的编制、审批、实施和评估等各个环节进行科学化、智能化、动态化的决策支持和决策优化，从而提高国土空间规划的效率和效果的过程。科学决策是智慧国土空间规划的重要内容，也是智慧国土空间规划与传统国土空间规划的重要区别。科学决策的技术方法主要包括以下几个方面：

1. 人工智能技术

利用人工智能技术，如自然语言处理、知识图谱、机器学习等，构建国土空间规划的知识库和智能助理，可以为用户提供智能化的咨询、建议和辅助。通过自然语言处理技术实现对规划文本的自动生成和审核，通过自然语言处理技术，智能助理能够自动生成规划文本，为规划者提供基于语义和语法准确的文档，减轻烦琐的手动编写工作。同时，利用自然语言处理技术进行审核，可以在规划文本中快速识别潜在的错误或矛盾，从而提高规划文档的准确性和质量。运用知识图谱技术实现对规划相关知识的组织和检索，规划者可以深入挖掘规划中的关联性和影响因素，提高规划方案的综合性和一致性。另外，利用机器学习技术，智能助理能够对各种规划方案进行评价和优化。基于历史规划数据和相关评估指标，机器学习算法可以分析规划方案的优缺点，为规划者提供更科学、合理的建议，优化规划结果，根据机器学习技术实现规划方案的评价和优化等。

（1）自然语言处理技术。自然语言处理（Natural Language Processing，NLP）是一种人工智能领域的技术，旨在使计算机能够理解、处理和生成人类语言。NLP 技术涵盖了一系列算法和技术，用于解决处理文本和语言数据的各种问题。自然语言中常见的算法如词袋模型（Bag of Words，BoW）、循环神经网络（Recurrent Neural Networks，RNN）、长短期记忆网络（Long Short-Term Memory，LSTM）等。

（2）知识图谱算法技术。知识图谱算法是用于构建、维护和查询知识图谱的一类算法。知识图谱是一种结构化的知识表示形式，它将现实世界的实体、关系和属性以图形结构的形式表达出来，用于描述实体之间的语义关联。知识图谱算法包括图谱构建算法、实体对齐算法、知识图谱嵌入算法、关系抽取和预测、图谱查询算法。图谱构建算法主要用于从非结构化或半结构化的数据源中抽取实体、关系和属性，并构建知识图谱。其中，实体识别和关系抽取是核心任务。常用的算法包括基于规则的实体识别和关系抽取、基于机器学习的序列标注方法（如 CRF）和基于深度学习的方法（如 BERT 和 Transformer）等。实体对齐算法是指将不同知识图谱中表示同一实体的多个实体链接在一起。实体对齐算法通过比较实体之间的属性和关系相似性，找到对应的实体对。常见的算法包括基于相似性度量的传统方法和基于图神经网络的深度学习方法。知识图谱嵌入是将实体和关系映射到低维向量空间的技术，将知识图谱中的结构化信息转化为连续向量表示。这些向量表示可以用于实体分类、关系预测等任务。常见的算法包括翻译嵌入（Translating Embedding，TransE）、超平面翻译（Translating on Hyperplanes，TransH）、转换关系嵌入（Translating Relation Embedding，TransR、ComplEx）等。关系抽取是从文本中抽取实体之间的关系，而关系预测是在已知部分关系的情况下，预测未知的关系。这些算法可以结合自然语言处理技术和图谱表示学习技术来实现。常见的算法包括基于规则的模式匹配方法、基于深度学习的神经网络方法等。图谱查询是根据用户的问题在知识图谱中查找相关实体和关系的过程。查询算法可以通过图遍历、图搜索和图匹配等方式实现。常见的算法包括 SPARQL 查询语言、图数据库中的 Cypher 查询语言等。

（3）实施监督自动预警技术。利用物联网技术、大数据分析技术、云计算技术等，构建国土空间规划的实施监督和预警系统，为用户提供实时化的监测和预警。例如，利用物联网技术实现对国土空间开发保护活动的实时采集和传输，通过大数据分析技术对国土空间开发保护状况进行动态评估和分析，使用云计算技术对国土空间开发保护状况进行自动识别和预警等。

1）基于底线管控条件规则的预警模型。通过事先设定一系列底线管控规则和阈值来触发预警。例如，指标超过或低于设定的阈值，则触发预警。这种方法适用于一些简单刚性的应用场景。

2）基于机器学习的自动预警技术。可以根据国土空间历史数据学习正常模式，并检测异常情况。常见的机器学习方法包括支持向量机（SVM）、随机森林（Random Forest）、K 近邻（K-Nearest Neighbors）、逻辑回归（Logistic Regression）等。此外，深度学习算法如神经网络和卷积神经网络（CNN）也可以用于预警模型。

（4）规划决策综合优化技术。利用优化算法、多准则决策、博弈论等手段，构建国土空间规划的决策优化模型和方法，为多方协同提供最优化的决策方案和过程。例如，利用优化算法优化国土空间用途配置和资源分配，通过多准则决策综合考虑国土空间规划方案的多个目标和指标，采取博弈论方法协调国土空间规划中的多方利益和冲突等。

1）国土空间线性规划模型。线性规划是一种优化问题的数学建模方法，用于在一组线性约束条件下，最大化或最小化一个线性目标函数。在国土空间优化中，可以将土地利用情况以及相关的经济、社会和环境因素表示为线性关系，从而得到最优的土地利用方案。整数规划是线性规划的扩展，用于解决目标函数和约束条件都为整数的情况。在国土空间优化中，很多情况下土地利用是离散的，例如将土地划分为不同的用途区域，这时整数规划可以更好地求解最优的土地利用方案。

2）基于粒子群算法（Particle Swarm Optimization，PSO）的土地利用配置算法。粒子群算法是一种基于群体智能的优化算法。在 PSO 中，每个个体称为粒子，它们根据自身经验和整个群体的经验，不断更新自己的位置和速度，以寻找最优解。整个算法的思想类似于粒子在搜索空间中不断寻找食物，通过觅食路径的信息共享，逐渐趋近于最优的食物位置。在国土空间优化中，PSO 可以用于搜索最优的土地利用配置。PSO 算法的优点在于简单易实现，收敛速度较快，适用于多种优化问题。它不需要求解梯度信息，因此适用于目标函数非连续、非凸、高维度等复杂情况。然而，PSO 算法也有一些局限性，例如可能陷入局部最优解、对参数敏感等。

3）多方协同协商优化策略。多方协同协商优化策略是一种方法，用于在涉及多个利益相关方的复杂问题中找到共同的最佳解决方案。这种策略强调合作、谈判和协商，以满足各方的需求和关切。多方协同协商优化策略在国土空间规划中具有重要意义，因为国土空间规划是一个涉及多个利益相关方、复杂而多样化的过程，需要综合考虑各种社会、环境和经济因素。多方协同协商优化策略的关键要点包括：明确定义共同目标、利益相关方确定、数据和信息共享、制定协商框架、明确共同决策协商机制、制定冲突解决机制以及建立动态监测跟踪机制。

2. 地理信息系统技术和数字平台技术

地理信息系统（Geographic Information System，GIS）技术是一种将地理空间数据与属性数据进行整合、分析和展示的技术。它包括数据采集、数据管理、数据分析和数据可视化等功能，可以帮助人们更好地理解和利用地理空间信息。国土空间规划中的数字平台技术是指利用信息技术和数字化手段，建立一个集数据收集、整合、分析和展示等功能于一体的平台，用于支持国土空间规划的各个环节和决策过程。数字平台技术的应用可以提高规划的科学性、准确性和效率性，为规划者提供更好的决策依据。

用三维可视化技术，如三维建模、虚拟现实、增强现实等，构建国土空间的三维模型和场景，为用户提供直观化的展示和体验。三维建模技术可以通过各种地理数据，如卫星影像、激光雷达数据、地理信息系统（GIS）数据等，对国土空间进行高精度的三维重建。利用算法和计算机图形学技术，可以将这些数据转化为真实感强的三维模型，呈现出城市、乡村、山川、湖泊等地理要素的逼真效果。采用三维建模技术实现对国土空间现状和规划方案的三维重建和对比，规划者可以将现有的地理数据与规划方案中的土地利用、道路交通等要素进行融合。通过算法分析和可视化展示，规划者可以更直观地了解规划方案对国土空间的影响，包括土地利用变化、交通拓展、城市扩张等。这种三维重建和对比能够帮助规划者更好地评估规划方案的可行性和效果。通过虚拟现实技术实现对预测情景的三维模拟和演示，利用增强现实技术实现规划效果的三维呈现和验证等。具体而言，三维展示技术包括：

（1）三维建模与渲染。三维建模是用于创建三维模型的技术，可以通过计算机软件或扫描设备将真实世界中的物体或场景转化为三维模型。渲染技术用于三维模型添加材质、光影效果等，使其看起来更加真实和具有逼真感。

（2）虚拟显示和增强现实。虚拟现实技术通过戴上专用的 VR 头戴设备，使用户完全沉浸于虚拟的三维环境中。增强现实技术是在真实世界中叠加虚拟的三维内容。用户可以通过手机、平板电脑等设备看到真实场景，并在其中观察虚拟物体、信息或效果。AR 技术可以用于实时导航、虚拟演示、规划展示等领域。

（3）三维交互技术。三维交互技术可以让用户与三维场景或物体进行实时互动。例如，用户可以在三维模型中进行旋转、缩放、移动等操作，以获得更多信息或逼真的体验。

2.6.4　精准操作

精准操作是智慧国土空间规划的最后一环,指在国土空间基础信息平台和国土空间规划"一张图"实施监督信息系统的支持下,对国土空间规划实施过程中出现的问题和风险进行及时发现、快速响应,并通过精准施策有效解决风险的一系列实施措施与政策机制。其实施机制重点在于实时预警、信息传导、任务分发和结果反馈;其政策机制重点是通过定期监测评估和差异化的弹性调整机制,确保决策和治理精确、高效和响应及时,最终形成精准治理的规划调整与实施政策机制。

精准操作的实施机制由以下几个环节组成:

1. 实时预警

(1)基于物联网技术的建设项目追踪技术。通过在建设项目中安装传感器,实时采集项目的位置、进度、质量等数据,与规划方案进行对比,发现与规划不符或超出红线范围的情况,及时向相关部门和人员发出告警信号。

(2)基于数字孪生的规划实施监督技术。通过构建国土空间的数字模型,实现对规划方案的可视化和模拟,与实际情况进行动态对接,监测规划实施过程中的偏差和风险。数字孪生是指将实际物体或系统与数字模型相连接,实时获取物体或系统的状态和数据,并将其反馈到数字模型中进行模拟和预测。在规划实施监督中,数字孪生技术可以帮助规划者实时掌握规划方案的执行情况,与实际情况进行对比,发现规划实施过程中的偏差和风险。通过数字模型的可视化,规划者可以直观地了解规划方案的实施效果,发现可能出现的问题,从而及时调整和优化方案。

2. 信息传导

通过云计算、大数据、人工智能等技术手段,对告警信号进行分析、评估、分类、排序,并将告警信号的来源、类型、级别、时间、地点等基本信息,以及可能造成的影响和建议的应对措施等扩展信息,及时传递给相关部门和人员。比如在城市中可以通过5G 技术实现数据快速传输,在海洋监测等遥远地区应用场景中,可以使用卫星通信,实现远距离的信息传递。

3. 任务分发

通过国土空间规划"一张图"实施监督系统,可以对接收的预警信号进行任务分发,将任务的目标、要求、期限、责任人等基本信息,以及任务执行过程中可能遇到的问题和建议的解决方案等扩展信息,分发相应的任务给相关部门和人员,并要求规定的任务完成时间,反馈任务执行情况。

4. 结果反馈

通过协同平台,对任务执行情况进行跟踪、监督、评价,并将结果反馈给相关部门和人员。如果任务执行不力或不达标,将及时启动问责机制,对责任人采取相应的措施。

5. 评估考核

(1)评估考核机制。基于整改后数据监测结果建立量化评估考核机制,考核任务的执行程度,衡量任务实施的效果和影响,便于进行进一步调整和改进。同时开展定期成效评估，有助于深入分析规划政策的长期影响，以确定是否需要进行政策上的调整。

（2）差异化的弹性调整机制。根据评估和考核结果，允许政策在特定情况下进行灵活和差异化的调整，以适应不同地区的需求，在政策实施之后持续跟踪实施效果，并根据情况进行动态调整，实现精准操作。

参 考 文 献

[1] 庄少勤. 新时代的空间规划逻辑. 中国土地［J］. 2019（01）：4－8.

[2] 庄少勤，赵星烁，李晨源. 国土空间规划的维度和温度［J］. 城市规划，2020，44（01）：9－13＋23.

[3] 党安荣，田颖，李娟，等. 中国智慧国土空间规划管理发展进程与展望［J］. 科技导报，2022，40（13）：75－85.

[4] 甄峰，张姗琪，秦萧，等. 从信息化赋能到综合赋能：智慧国土空间规划思路探索［J］. 自然资源学报，2019，34（10）：2060－2072.

[5] 郝庆，彭建，魏冶，等. "国土空间"内涵辨析与国土空间规划编制建议［J］. 自然资源学报，2021，36（09）：2219－2247.

[6] 秦萧，甄峰，李亚奇，等. 国土空间规划大数据应用方法框架探讨［J］. 自然资源学报，2019，34（10）：2134－2149.

[7] 李满春，陈振杰，周琛，等. 面向"一张图"的国土空间规划数据库研究［J］. 中国土地科学，2020，34（05）：69－75.

[8] 杨帆，宗立，沈珏琳，等. 科学理性与决策机制："双评价"与国土空间规划的思考［J］. 自然资源学报，2020，35（10）：2311－2324.

[9] 郝庆，梁鹤年，杨开忠，等. 生态文明时代国土空间规划理论与技术方法创新［J］. 自然资源学报，2022，37（11）：2763－2773.

[10] 钟镇涛，张鸿辉，洪良，等. 生态文明视角下的国土空间底线管控："双评价"与国土空间规划监测评估预警［J］. 自然资源学报，2020，35（10）：2415－2427.

[11] Alpaydin E.Machine learning［M］. Mit Press，2021.

[12] 吴洪涛. 自然资源信息化总体架构下的智慧国土空间规划［J］. 城乡规划，2019（06）：6－10.

[13] 宋明洁，卢新海，潘方杰. 基于地理设计的智慧国土空间规划框架构建——以县级国土空间总体规划为例［J］. 自然资源学报，2022，37（11）：2990－3004.

[14] 卢瑾. 智慧国土空间规划框架研究［J］. 智能城市，2020，6（12）：14－16.

[15] 张鸿辉，洪良，罗伟玲，等. 面向"可感知、能学习、善治理、自适应"的智慧国土空间规划理论框架构建与实践探索研究［J］. 城乡规划，2019（06）：18－27.

[16] 沈费伟. 大数据时代"智慧国土空间规划"的治理框架、案例检视与提升策略［J］. 改革与战略，2019，35（10）：100－107.

[17] 国地科技. 智慧国土空间规划 2.0 的目标、方向和建设框架［EB/OL］.（2022－07－12）［2023－06－12］. https://mp.weixin.qq.com/s/vflYIS8WfUGEGQMKGIz80Q.

[18] 雍黎. 从"数字"到"数治"院士建言智慧国土建设［N］. 科技日报，2023－02－21（01）.

[19] 谢花林，温家明，陈倩茹，等. 地球信息科学技术在国土空间规划中的应用研究进展［J］. 地球

信息科学学报，2022，24（02）：202－219.

［20］周素红，赖鹏程. 社会 5.0 背景下的城市安全韧性与国土空间智慧治理［J］. 规划师，2023，39（03）：5－12.

［21］程崴知，王陶，戴继锋，等. 空间规划全生命周期信息化建设探索——以《深圳市国土空间规划信息化顶层设计》编制为例［J］. 城市规划学刊，2022，（S1）：106－112.

第3章　智慧国土空间规划关键技术

3.1　概述

2013年以来，在中央城镇化工作会议、《生态文明体制改革总体方案》以及《关于加强城市规划建设管理工作的若干意见》等党中央工作和精神的推动下，我国国土空间规划的命题逐渐浮出水面。国土空间规划是对国土空间的合理配置和有效治理，需要综合考虑空间的使用、保护和发展等众多因素，通过科学的决策和有效的管理，使得空间资源得到最优的利用，空间环境得到最好的保护，空间发展得到最大的推动，从而实现社会经济发展、环境保护和社会公正的平衡。因此，国土空间规划具有多元、交叉、互动的复杂性，资源、环境等多重约束的紧迫性，需求和期望不断适应调整的动态性等特点，而且上述特点正在呈现加速上升的趋势（见图3-1）。而应对上述需求，显然不

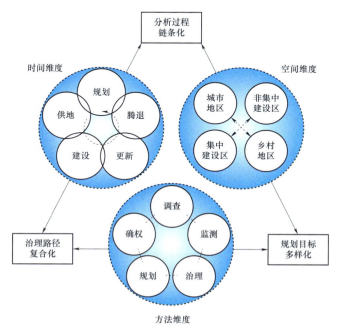

图3-1　国土空间规划的复杂性示意

能仅仅依靠规划的原始技术工具如传统调查、传统工程制图、传统指标测算得到解决。国土空间规划需要在技术工具的支撑下，通过实时信息获取和处理能力、复杂系统分析能力、动态模拟和预测能力的赋能，从框架搭建走向落地实践。

传统观念认为，数字技术代表着机器领域的理性技术，而规划设计则是带有感性色彩的创作行为。但是面向未来，混沌理论与人工智能等新技术的出现逐渐模糊了二者的界限，其融合的产物即是智慧化的规划。吴志强院士等认为，在我国经济发展步入"新常态"、城市规划与建设供给侧改革的背景下，必须突破传统城乡规划方法的局限性，必须借助于"大智云移"技术发展，推动规划工具理性向着永续理性的方向转型，从而带动规划体制、规划工具和价值取向的转变。此外，也有相关的学者提出了城市规划信息化的"裂变"理论，认为当前规划信息化是规划创新发展的趋势，是规划行业自身求变的必然结果，并面向的是城市的智能运营和精细化科学治理的产业链延伸。与此同时，从国土空间规划近年来的发展趋势来看，也反向推动了技术体系的进一步成熟。由于国土空间提供了从城市到乡村、从陆地到海洋、从人居环境到生态系统的广阔应用范围，同时也涵盖了策略到操作的各种决策层级，为新技术提供了深度的应用场景，为新技术的完善和创新提供了不断验证其可应用性、可扩展性、自适应性的机会。

国土空间规划与新技术体系的伴生式发展，形成了相互的正反馈式提升。这种提升，不仅体现在规划的方式、手段和工具层面，也内化在国土空间规划的理念和目标上。在新的技术支持下，国土空间规划正在从传统的、以政府为主导的、以管控为主的方式，向现代的、以政府-市场联动的、以服务为主的方式转变，不仅提高了国土空间规划的效率和效果，也更好地满足了社会治理的需求。

而从国土空间规划的价值体系升维来看，新技术体系的建立带来了国土空间规划的行业模式与职业价值的进一步提升（见图3-2）。更为精准和全面的"感知"手段，使得规划人员能够获取更为深入和全面的空间、社会、行为多维信息；更为系统的"认知"

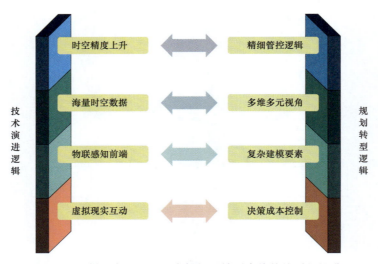

图3-2　新技术对于国土空间规划转型中价值体系的提升

过程，使得规划者能够更快速和精准地理解和解释时空演变规律；更为科学的"决策"工具，以更好地实现空间资源的优化配置，从而提升规划的整体价值；更为精准的"操作"逻辑，以更优地实现规划干预过程。在此基础上，规划的整体模式也在发生着相应的变化，从单一空间维度出发，到综合考虑多元决策，由静态的终极式规划，到动态适应性规划，使得国土空间规划更具前瞻性、战略性、包容性、公正性、灵活性。

1. 时空精度上升，加强精细管控逻辑

新技术体系的引入，使得国土空间规划在时空精度上得到了显著提升，从而改变部分规划内容只能停留于示意性的问题，并进一步把握空间的细节和动态变化过程。而新技术加强了规划人与空间对象互动的密切性，不仅能够更准确地理解空间的现状和变化，也能够更为精细地进行空间的划分、布局、干预、管理和调控，在更小的颗粒度上，及时响应空间的变化，以追求空间的最优利用。

2. 海量时空数据，提升多维多元视角

传统的认知中，规划往往被认为是一种"空间安排的意志"，规划问题往往等同于城市空间问题。但国土空间规划本身是多规合一的集中体现，注重多维性、多向性、多元性。新技术体系的引入，使得规划者可以从时空交互的视角、从宏观到微观，从地表到地下，从自然环境到人造环境，全方位、多角度、深层次地去理解和分析国土空间问题，更好地理解和反映社会经济的空间现象与规律。

3. 感知体系前端，丰富复杂建模要素

空间不仅仅是对象，而且是人、物、信息的流动要素的载体和背景。在微观尺度，相较于整体的空间格局，还要关注具体的物质要素和微观环境，包括但不限于街道、建筑、景观、交通工具、人员等。在国土空间规划的新技术体系之中，感知体系前端的设备和技术，如各类传感器、遥感设备等，能够广泛地获取各类实时数据，形成复杂的数据网络，这些技术不仅监测自然资源，也覆盖环境和社会经济领域，增强了对要素流动的理解，并为规划模拟提供基础。

4. 虚拟现实互动，约束决策成本控制

对于国土空间的开发、利用与保护的整体而言，涉及大量的时空资源，往往具有不可重复性，一次规划的失误会消耗大量的时空与生态成本。因此在国土空间规划中，必须精心规划以避免资源浪费和增加生态成本，要尽力形成稳定、连贯且公信力强的方案。数字孪生等技术可以优化人机界面，提升信息传递效率和方案的理解，优化方案选择，提高公众参与和认同，从而提升规划的科学性，减少决策成本。

3.2 动态感知技术

感知是智慧国土空间规划中的重要前端性部分，它能够实现对国土空间的多维度、多尺度、多时序的感知和监测，为规划编制、实施和评估提供数据支撑和分析手段。

3.2.1 遥感技术

1. 遥感技术概述

（1）遥感的定义。广义的遥感泛指一切无接触的远距离探测，包括对电磁场、力场、机械波（声波、地震波）等的探测。狭义的遥感指应用探测仪器，不与探测目标相接触，从远处把目标的电磁波特性记录下来，通过分析揭示出物体的特征性质及其变化的综合性探测技术。遥感技术能够在不接触物体的情况下准确地获取目标物体的详细信息，通过对遥感数据的分析，可以获取目标物体的位置和空间分布关系，为国土空间规划提供良好的数据支撑。

（2）遥感系统的组成。遥感技术通过一系列复杂且精确的步骤，从目标物质的电磁特性探测中获取信息，进而进行处理和应用。这一系统集成了信息源的特性分析、数据的采集方法、处理技术以及最终的信息应用等多个环节。

信息源：信息源是运用遥感技术对其进行探测的目标物，任何目标物都具有发射、反射和吸收电磁波的性质，当目标物与电磁波发生相互作用时就形成了目标物的电磁波特性，这就为遥感探测提供了获取信息的依据。

信息的获取：信息的获取是指运用遥感技术装备接收、记录目标物电磁波特性的探测过程，信息获取所采用的遥感技术装备主要包括遥感平台和传感器。

信息的处理：信息的处理是指运用光学仪器和计算机设备对所获取的遥感信息进行校正、分析和解译处理，掌握或清除原始遥感信息的误差，梳理、归纳出被探测目标物的影像特征，然后依据特征从遥感信息中识别并提取所需的有用信息。

信息的应用：信息应用是指专业人员按不同的目的将遥感信息应用于各业务领域的使用过程。遥感的应用领域十分广泛，最主要的应用有军事、地质矿产勘探、自然资源调查、地图测绘、环境监测以及城市建设和管理等。

（3）遥感的分类。遥感技术根据遥感平台可以分为地面遥感、航空遥感和航天遥感。地面遥感是指传感器设置在地面平台上，如车载、船载等；航空遥感是指传感器设置在环地球的航空器上，如飞机、气球等；航天遥感是指传感器设置在环地球的航天器上，如人造地球卫星、航天飞机等（见图3-3）。

根据传感器的探测波段，遥感分为紫外遥感、可见光遥感、红外遥感、微波遥感和多波段遥感。紫外遥感的探测波段在 0.05～0.38μm 之间，可见光遥感的探测波段在 0.38～0.76μm 之间，红外遥感的探测波段在 0.76～1000μm 之间，微波遥感的探测波段在 1mm～1m 之间，多波段遥感的探测波段在可见光波段和红外波段范围内，再分成若干窄波段来探测目标。

根据工作方式，遥感可以分为主动遥感和被动遥感。主动遥感由探测器主动发射一定电磁波能量并接收目标的后向散射信号，而被动遥感的传感器仅被动接收目标物的自身发射和对自然辐射源的反射能量。

根据应用领域，遥感可以分为资源遥感、环境遥感、农业遥感、林业遥感、渔业遥感、地质遥感、气象遥感、水文遥感、城市遥感、工程遥感及灾害遥感、军事遥感等，还可以划分为更细的研究对象进行各种专题应用。

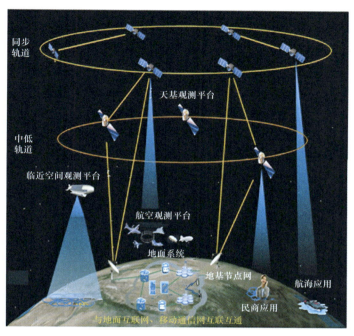

图 3-3　各类遥感平台

资料来源：彭桂林等，2019

2. 遥感的发展历程

"遥感"一词最早由美国的艾弗林·普鲁伊特于 1960 年提出，在 1961 年召开"环境遥感国际讨论会"后，遥感作为一门新兴学科获得了飞速的发展，主要经历了无记录的地面遥感、有记录的地面遥感、空中摄影遥感、航天遥感四个阶段。遥感技术的整体发展趋势体现在其从基础观测到高级应用的不断进步与深化。遥感技术的发展趋势是从简单的观测工具向着复杂的、多维度的观测系统转变，其功能从基础记录发展到深层次的分析和综合应用，对经济、社会、国防等多个领域产生了深远影响（见图 3-4）。

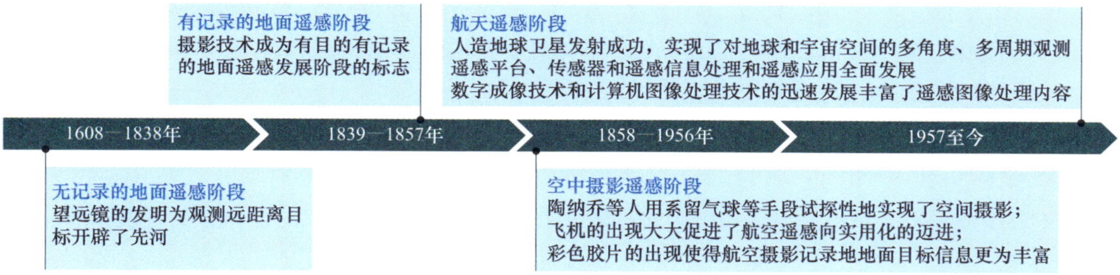

有记录的地面遥感阶段 摄影技术成为有目的有记录的地面遥感发展阶段的标志		航天遥感阶段 人造地球卫星发射成功，实现了对地球和宇宙空间的多角度、多周期观测 遥感平台、传感器和遥感信息处理和遥感应用全面发展 数字成像技术和计算机图像处理技术的迅速发展丰富了遥感图像处理内容
1608—1838年	1839—1857年	1858—1956年　　1957至今
无记录的地面遥感阶段 望远镜的发明为观测远距离目标开辟了先河		空中摄影遥感阶段 陶纳乔等人用系留气球等手段试探性地实现了空间摄影； 飞机的出现大大促进了航空遥感向实用化的迈进； 彩色胶片的出现使得航空摄影记录地面目标信息更为丰富

图 3-4　遥感技术的发展历程

在国际遥感事业发展得如火如荼的时候，我国的遥感事业也取得了长足的进步，成功研制了机载地物光谱仪、多光谱扫描仪等传感器，并相继发射了数十颗不同类型的人造地球卫星。同时，在遥感图像信息处理方面，国产图像处理软件也从研制走向商品化，推出了一系列较为成熟的商品化软件。遥感技术的发展在农业生产、国土资源调查、环境评估和监测等方面得到了广泛的应用，取得了良好的经济效益和社会效益。

3. 遥感技术的特点

遥感技术通过空中或空间平台对地球表面进行观测，已成为地球科学研究和环境监测的重要工具，打破了地理位置的限制，革新了信息收集的方式，具有覆盖范围广、速度快、数据类型丰富等技术优势，在资源调查、灾害预防和环境保护等方面具有高效性与经济性。具体包括以下特点：

（1）同步性：遥感技术可以实现对地的大面积同步观测，所获取的数据可进行大面积资源和环境调查，并且不受地形阻隔等限制。

（2）时效性：遥感技术可以在短时间内对同一区域进行重复探测，监测地球上许多事物的动态变化。传统的地面情况调查耗时耗力，且周期长，而遥感技术在天气预报、水灾和火灾的监测上得到了广泛的应用，反映了时效性优势。

（3）综合性：遥感数据综合反映了地球上许多自然和人文信息，客观记录了地面的实际状况，数据综合性很强。

（4）可比性：不同的卫星传感器获得的同一地区的数据以及同一传感器在不同时间获得的同一地区的数据，均具有可比性。

（5）经济性：从投入的费用与所获取的效益看，遥感与传统的方法相比，可以大大地节省人力、物力、财力和时间，具有很高的经济效益和社会效益。

（6）局限性：信息的提取方法不能满足遥感快速发展的要求且数据的挖掘技术不完善，使得大量的遥感数据无法有效利用。

4. 遥感技术在国土空间规划中的应用

国土空间是保障人类生存、社会发展的重要土地资源，国土空间内容广泛，涉及居住用地、交通用地和农业耕地等各种类别，而随着社会的发展、生活方式的变化，现代生活的发展趋势对国土空间规划提出了更高层次的要求，有效提高国土空间利用效率，是新时代背景下建设生态文明的重要途径。应用遥感技术可获取从定性到定量、从宏观到微观、从历史到现实的大量信息，能有效补充国土空间规划数据信息、辅助国土空间规划与设计、进行专题信息的调查与研究和国土空间动态监测，全面提升国土空间治理体系和治理能力。

（1）补充国土空间规划数据库层的数据信息。遥感技术的发展极大地促进了国土空间规划数据库信息的迅速补充和更新。传统的数据采集手段不足以应对城市快速扩张的需求，无法提供实时、广域的国土空间数据。相比之下，遥感技术以其大范围同步观测和强时效性特点，能有效满足规划中对数据时效性和空间性的高要求，不仅能迅速采集和更新地理信息，提高城市现代化及国土空间信息管理的效率，而且随着分辨率的不断提升，可以更精确地提取规划要素的专题信息，增强规划的科学性和实施的可能性。准确的空间数据是规划工作的核心，它使得规划更加客观、全面，帮助规划人员及时了解现场情况，并对现有规划进行深入分析，从而确保国土空间规划的完整性和合理性。

（2）辅助国土空间规划与设计。国土空间规划依托于土地利用现状，其设计过程是一个涉及多层面数据的复杂系统工程，需要综合地形地貌、水系、植被、景观资源、建筑布局、交通状况以及人口和社会经济属性等基础和属性数据。遥感技术在这一过程中发挥了至关重要的作用，能够支撑监测环境变化和资源利用，为规划者提供了全面了解国土空间情况的手段，帮助评估潜在风险和机遇，促进有效的规划政策制定。高级的三维空间坐标数据采集能力以及地表纹理信息的分析，进一步强化了地物的真实模拟，使得地物分类和识别更加精确，增强了规划设计的科学性和实施可能性。

在实际应用中，遥感技术通过土地覆盖分类调查，支持土地资源的高效管理和规划，提升土地利用效率。此外，在分析建筑物布局、估算建筑密度和人口数量方面也显示出其独特优势，有助于优化建筑结构，提高空间资源的利用效率，从而增进生活质量。人口研究作为规划的基础，利用遥感数据，特别是夜间灯光数据，实现对人口分布的高分辨率估算，如 Yu 等和 Wang 等的研究所示（见图 3−5）。这不仅为合理规划出行方式和公共安全提供依据，而且通过精确的人口密度估算，促进了资源配置的优化，提高了国土空间规划的合理性和精确性。

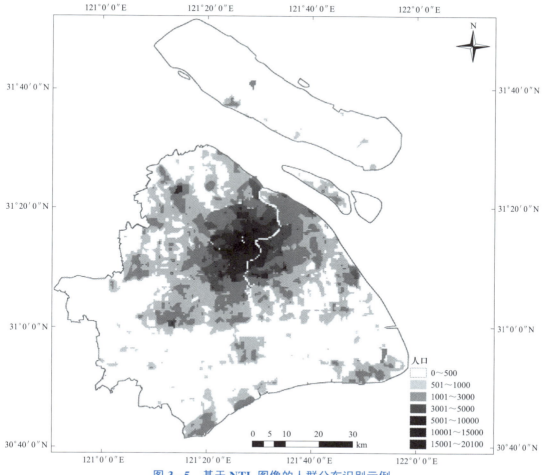

图 3−5　基于 NTL 图像的人群分布识别示例
资料来源：Yu 等和 Wang 等，2018

47

（3）专题信息调查与研究。国土空间规划、建设和管理是一个长期的过程，与规划区域的历史、人文、地理环境以及经济建设紧密相关，通过对一些可能影响城市建设和发展的信息进行专门的调查与研究，获得指导国土空间规划与建设的决策信息，对社会、经济和环境等因素的协调发展具有重要意义。一般的专题信息调查包括自然资源调查监测、地质调查监测和生态环境监测。

遥感技术在自然资源监测中可以用以评估耕地、植被、水体、矿产分布，促进资源优化配置，保障土地利用规划。地质调查中，利用遥感资料揭示地质单元特性、灾害风险，增强规划的科学性。生态环境调查强调绿地系统规划，利用遥感技术评估工业排放、植被分类，支持城市绿地规划，推动人与自然和经济的可持续发展。遥感数据在规划中的应用，提升了规划的预见性、合理性，确保了生态与经济协调发展。图3-6为我国首套1m分辨率的国家级土地覆盖图。

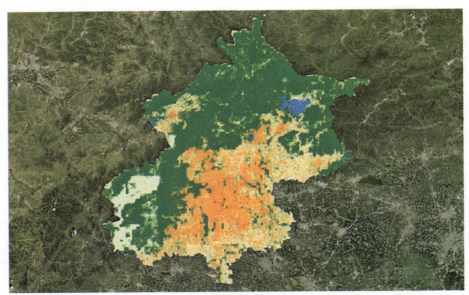

图3-6　我国首套1m分辨率的国家级土地覆盖图（北京市域范围）
资料来源：武汉大学李卓鸿、中国地质大学（武汉）张洪艳教授发布数据，
北京极海纵横信息技术有限公司制作

（4）国土空间动态变化监测。建立健全国土空间规划动态监测评估预警和实施监督机制是建立国土空间规划体系的重要任务，遥感技术作为对地观测的前沿观测技术，具有观测范围大、现势性强、持续动态观测、信息综合等优势，能够获得关于国土空间几何、物理与变化的信息，用于国土空间总体结构、要素分布、动态变化等的综合监测。通过应用遥感动态监测技术，能够在一定周期内观测到土地的变更等土地动态信息，从而掌握土地的周期性变化资料，实现土地的有效利用和地理底图的快速更新，为国土资源调查、耕地保护规划、土地执法检查、土地利用管理提供可靠的数据支撑，也为土地管理的依法行政提供了真实可靠的信息支持。此外，利用遥感动态监测，还可以实现对各个阶段目标区域变化情况的实时监测以及对比，从而为管理者提供更加细致、清晰的

数据对比统计。

5. 从遥感到新型基础测绘

当前，遥感技术已不仅仅是捕捉地表信息的工具，而正在向全面的新型基础测绘的融合方向发展。新型基础测绘融合了高分辨率成像、实时数据处理和先进的分析能力，使我们能够以前所未有的精度和速度理解和记录地球表面的变化。这种转变意味着从单一的数据采集到提供一个多维度、动态更新的地理信息系统，能够为国土空间规划提供实时、准确的数据支持。新型基础测绘不断推进技术边界，它利用遥感作为核心，整合地理信息系统（GIS）、人工智能（AI）和大数据分析等技术，为揭示国土空间的复杂性提供了全新的视角，同时也为国土空间规划中有效应对气候变化、自然灾害的预防和响应提供了强大的工具。

3.2.2 物联感知技术

1. 物联感知技术的概念与发展历程

物联网技术的起源可以追溯到 20 世纪 60 年代。越南战争期间，美军使用的传感器网络构成早期物联网原型。到 80 年代、90 年代初期，研究人员开始尝试将电器连接到局部网络上，比尔·盖茨也提出未来越来越多的物体将连入网络，并可以通过网络进行控制。1999 年，美国麻省理工学院 Kevin Ashton 教授正式提出"物联网"（Internet of Things）概念，指出"万物皆可通过网络互联"。2005 年，国际电信联盟（International Telecommunication Union，ITU）在信息社会世界峰会上发布《ITU 互联网报告 2005：物联网》，进一步丰富了物联网概念的内涵，将其定义为通过智能传感器、射频识别设备、卫星定位系统等信息传感设备，按照约定的协议，把任何物品与互联网连接起来，进行信息交换和通信，以实现对物品的智能化识别、定位、跟踪和管理的一种网络。此后世界各国纷纷出台战略和政策支持物联网技术的发展及其在各行各业的应用，物联网定义和范围也在持续发展和延伸。物联网发展历程如图 3-7 所示。

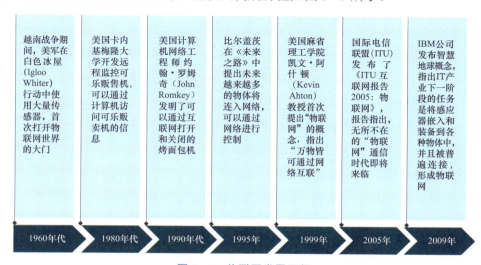

图 3-7　物联网发展历程

2012 年我国出台通信行业标准《物联网总体框架与技术要求》（YD/T 2437—2012），将物联网（Internet of Things，IoT）定义为通过部署具有一定感知、计算、执行、通信等能力的设备，获得物理世界的信息或对物理世界的物体进行控制，通过网络实现信息传输、协同和处理，从而实现人与物通信、物与物通信的网络（见图 3-8）。

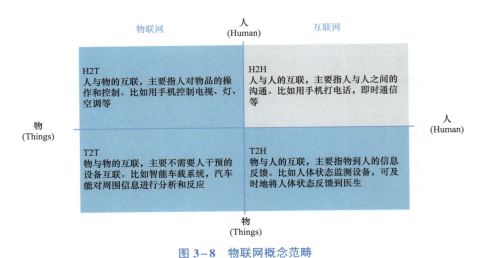

图 3-8　物联网概念范畴

资料来源：2022 物联网创新技术与产业应用蓝皮书《物联网感知技术及系统》

物联感知技术作为物联网的基础和核心，可以将特定空间环境中的所有物体连接起来，进行拟人化信息感知和协同交互，而且具备自我学习、处理、决策和控制的行为能力，从而完成智能化生产和服务，是人工智能、大数据、云计算等新一代信息技术的重要支撑。因此，我们将物联感知技术定义为利用各种传感器、通信技术和数据处理技术，实现对物理世界的感知、识别和理解的技术。

2. 国土空间规划中的物联感知体系及关键技术

（1）自然资源领域的物联感知体系。数据感知层是自然资源智能化监测监管的本底，是各类核心数据的来源，是智能感知体系的支撑以及实现自然资源全领域全要素监测监管的根本所在。根据资源类型构建地下、地上和空中监测监管基础设施，逐步建立地质灾害、耕地质量、生态保护等动态监测物联网网络（见图 3-9）。

（2）城市领域的物联感知体系。城市中的物联感知体系是实现城市管理"自动感知、快速反应、科学决策"的关键基础设施，在城市建设中具有重要作用。城市物联感知体系以物联网技术为核心，通过身份感知、位置感知、图像感知、环境感知、设施感知和安全感知等手段提供对城市的基础设施、环境、设备、人员等方面的识别、信息采集、监测和控制，使智慧城市的各个感知单元具有信息感知和指令执行的能力。

城市感知网络的空间布局需针对不同的应用场景，结合实际使用需求与信息采集方式，构建全域覆盖、动静结合、三维立体的智能化设施和感知体系。空间维度上，可将感知载体和设施体系分为地上、地面和地下三种类型（见图 3-10）。

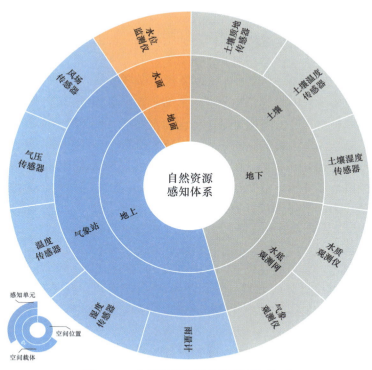

图 3-9　自然资源领域的物联感知体系

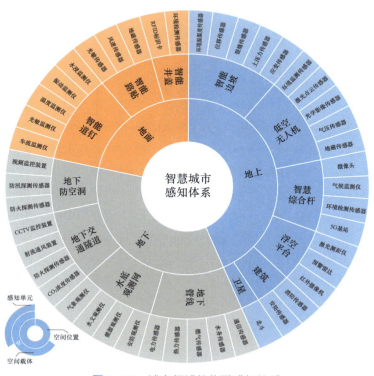

图 3-10　城市领域的物联感知体系

51

（3）智慧国土空间规划中的物联感知关键技术。物联网的构成要素包括设备、网关、服务器，涉及关键技术包括传感技术、网络通信技术、数据分析处理技术等，具有多源异构、实时动态、智能自主、安全可靠的特点。

1）感知技术。物联感知设备作为城市的感知神经末梢，是智慧城市数据获取的最小单元，也是智慧城市新型基础设施"三网多节点"中最为重要的一个环节。通过在城市中布设各类感知设备，可以实现对城市范围内水环境、声环境、风环境、空气、土壤、能耗、人群、车辆等各项关键信息的识别、采集、检测。一台感知设备通过搭载一种或多种传感器实现信息感知和收集。作为一种检测装置，传感器会先感知外界信息，如温度、湿度、超声波、红外线、力度、加速度、距离等，然后将这些信息通过特定规则转换为电信号，最后由网络传输到计算机上，以供分析和利用。

2）通信技术。感知设备收集数据后，通过网络与物联网服务器、云平台连接，实现信息传输和设备管理。部分感知设备不能直接连接互联网，需要通过数据链路层协议先与网关等设备相连，这类协议包括2G/3G/4G/5G、NB－IoT、Wi－Fi、ZigBee、LoRa、RFID、NFC、蓝牙等无线协议和以太网、USB 等有线协议。网关及能够直接接入互联网的感知设备通过应用层协议实现设备到云端平台的数据交换及通信，常见协议包括HTTP、MQTT、CoAP、LwM2M 以及 XMPP 等。

3）数据存储、处理、分析技术。感知设备收集的信息汇聚在物联网服务器、云平台中，服务器在处理和保存数据的同时，应用数据分析技术对信息进行处理，从海量数据中挖掘出有价值的规律、结论，把结论通过图表等直观形式提供给分析场景中的用户来使用。

3. 物联感知技术在国土空间规划中的应用方向

物联感知技术通过布设更高密度的感知设备，可以对国土空间开发利用情况进行精度更高、信息更丰富的全天候自动感知，进行保真性更好的信息传输，支撑更多、更细化的重点目标监控。目前，已经有大量物联网应用在国土空间规划和城市治理之中，为城市的建设规划提供更加详细的数据依据，实现科学精准规划。

（1）生态资源监测。物联感知技术是面向国土资源及其利用状态的动态感知或监测数据，在网络连接较好的地段，通过部署温湿度、大气环境、水环境、土壤环境等感知终端，可以实现对大气、水、土壤等环境状态数据的实时采集、处理与传输。同时，在人际难以到达的偏远地区，卫星互联与地面监测手段相结合也可以采集国土空间规划所需的自然资源数据，实现实时在线监测。例如：开展大气环境监测，实现极端天气实时预警，实时采集国土空间的降水数据，并通过云计算和大数据，分析降水的时空分布和变化规律，并与地形数据相结合，提前模拟预测由暴雨导致的洪涝、泥石流等地质灾害点位；开展水体环境监测，辅助开展水源环境风险排查整治，及时规划调整入河、海等排污口布局、排出量或严格控制建设项目，通过打井布设水位感知设备，对地下水资源动态监测，实行地下水开发利用总量控制，实现水资源长效保护；开展土壤环境监测，辅助农业开发适宜性评价，支撑土地利用规划、生态修复专项规划等。

（2）城市状态监测。城市空间是国土空间规划的重要领域，通过利用各种感知设备和技术，可以实时采集、分析和应用城市空间状态数据，为国土空间规划提供科学的依据和支撑，提高城市的可持续发展能力和生活品质。在城市交通监测中，可以利用路侧摄像头等设备，获取城际和城内各区域的流动空间数据，如车流量、交通安全、人流量等，有助于规划者预测交通流量，分析人们的活动范围和出行方式，满足市民的出行需求和习惯，优化城市交通路线、车辆配给和道路规划。在城市环境监测中，可以利用地表温度和城市气温数据，应对城市通风廊道、建成区布局和结构优化、缓解城市热岛规模等问题。在公共安全监测方面，响应社会治安、消防、防灾、应急、安全生产等要求，提前预警，及时应对，构建立体化的公共安全体系，减少灾害对国土空间的影响。此外，在能耗监测方面，对国土空间规划中的未来能源需求进行预测，从而为水、电、气、热的供应管道及能源站规划和建设提供数据支持。

3.2.3 社会感知技术

1. 社会感知概述

社会感知技术被视为对传统遥感和测绘技术在地理信息获取和处理方面的补充，有助于在地理大数据的支持下，提供一个新的视角来探讨人与环境之间的关系，并重新审视地理学中的距离、异质性、尺度等基本问题。北京大学刘瑜教授是国内"社会感知"技术概念较早的提出者，将"社会感知"的概念定位为通过构建空间大数据研究框架研究人类时空间行为特征，进而揭示社会经济现象的时空分布、联系及过程的理论和方法（见图3-11）。

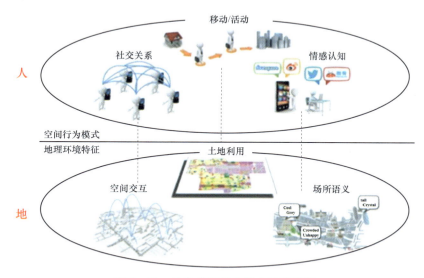

图3-11 社会感知技术基本研究框架

资料来源：Liu et al.，2015

近年来，计算机科学、地理学和复杂性科学领域的学者基于不同类型数据开展了大量研究，试图发现海量群体的时空行为模式，并建立合适的解释性模型。"社会感知（Social Sensing）"作为基于数据获取以研究人类时空间行为特征，揭示社会经济现象的时空分布、联系及过程的理论和方法，以人作为最小粒度的感知单元，以各类手机定位、社交媒体等为数据源，基于并扩展 GIS 空间模型和分析方法，通过数据融合、机器学习等手段，提取人的时空行为模式，反演人文及社会经济要素的地理空间特征，进而揭示其背后的社会经济现象的时空分布格局、联系以及演化过程的理论和方法。可以认为凡是以市民为传感器，通过大规模市民行为产生的数据来感知社会运行的方法都可以称为"社会感知"方法，这其中包括了人的行为及其与社会要素、空间要素和城市治理因素的交互过程和反应结果的全过程感知。

2. 社会感知框架

社会感知数据可从三个方面获取人的时空间行为特征：① 对地理环境的情感和认知，如基于社交媒体数据获取人们对于一个场所的感受；② 在地理空间中的活动和移动，如基于出租车、签到等数据获取海量移动轨迹；③ 个体之间的社交关系，如基于手机数据获取用户之间的通话联系信息。

社会感知手段，第一次为地理学乃至相关人文社会科学研究开启了一种"由人及地"的研究范式。"社会感知"这一术语总结了地理大数据在研究与应用中的作用，提供了数据支持和方法论，将研究划分为关注个体空间行为及其地理影响的"人"层面，以及基于群体行为探讨地理环境特征的"地"层面。刘瑜教授提出了社会感知技术应用的若干方面：

（1）个体移动模式分析，利用手机数据获取的不同城市居民出行范围的统计特征，该特征受到城市面积、形状等因素的影响。

（2）活动时间变化特征分类，时间标记可以用于解释人口分布的动态变化特征。这种变化特征往往具有较强的周期性。利用活动时谱曲线分析方法，可以实现功能空间的用地类型、混合度等指标的定量解算，解决地理空间分异格局反演问题，为城市及区域规划提供科学依据。

（3）场所情感及语义分析，社交媒体（推特、微博等）中包含了大量文本和图片数据，成为语义信息获取的重要来源。带有位置信息的社交媒体数据通常占到 3% 左右，这部分数据可用于揭示与地理空间位置相关的语义信息，如，获取地理场所的主题词，获取与场所有关的情感信息，获取对灾害、疾病等特定事件的响应情况等。

（4）空间交互分析，在地理学研究中，空间交互（Spatial Interaction）指的是两个场所之间的联系，通常可以基于人流、货流、资金流等进行量化。个体的移动轨迹以及个体之间的社交关系都可以在聚集层面量化两个场所之间的交互强度。研究空间交互有助于理解一个区域内部的结构以及动态演化特征。

3. 社会感知技术在智慧国土空间规划中的应用场景

（1）感知国土空间社会基础条件。

1）感知社会诉求。监测居民诉求可通过分析基于位置的社交媒体数据实现。例如，位置标记的微博文本数据可以揭示城市活力，通过计算微博情感值了解市民情绪，并通过文本分析抽取市民意见，有助于理解区域特征和城市问题，为城市设计提供支持。图 3-12 展示了如何利用社会感知技术分析某城市的现状。

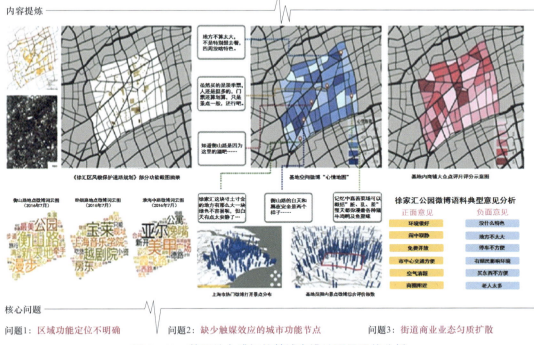

问题1：区域功能定位不明确　　　　问题2：缺少触媒效应的城市功能节点　　　　问题3：街道商业业态匀质扩散

图 3-12　基于社会感知的某城市设计项目现状分析

资料来源：茅明睿，2020

2）感知社会问题。相较于基于描述政务流程和行为的问题获知方式，通过社会感知可以更多地以"结果"的状态反映城市的运行和市民的生活特征，可以成为诊断城市问题的基础方法。

3）感知社会舆情。社会感知等方法可以普遍应用于舆情监控。新冠肺炎疫情期间，社会感知方法通过对城市居民时空行为的状态感知，在疫情防控人员管理方面发挥了突出作用。此外，在监测拥挤、预防踩踏等微观场景中基于人流监测以实现及时响应也是比较常见的应用。

（2）感知国土空间违法建设状况。社会感知为基于人的活动的使用视角判断城市空间是否被合法合规地使用提供了可能性。例如，在"大棚房"等违法建设的清理整治中，人力排查或卫星遥感影像识别两种手段都有其各自的短板，传统的人力排查耗时过长、效率低；而部分大棚房地表改变并不明显，其违规使用行为掩盖在大棚外表之下，通过卫星遥感影像难以有效分辨大棚的实际用途。而对手机位置信息的感知则有助于我们监测各个大棚的实际使用情况，智能地发现违法现象。

除了实现对违法现象的监测，社会感知还可以帮助治理人员透视违法现象产生的背后影响因素。例如，在群租房问题中，社会感知可以充分反映群租房投诉事件的空间分布情况，了解了群租房事件爆发的时间分布特征、增长趋势和问题严重程度等，尤其对于小规模、高风险的违法点位进行识别，从而对违法风险进行干预。

3.3 系统认知技术

在智慧国土空间规划中，系统认知的本质是从客观的数据到"知识发现"，认知层技术通过对动态感知获取的海量数据进行深度分析和处理，对国土空间规划相关的多源异构数据进行整合、清洗、存储、管理和分析，进而进行智能化的理解、判断，以及对国土空间规划相关的复杂系统进行建模和模拟运行，进而为后续的决策环节提供智能化规律判断或形成基础框架。

3.3.1 大数据技术

1. 大数据技术概述和发展历程

大数据技术通过集成数据存储、处理、分析能力，从各类大规模数据中迅速提取有价值信息。它超越了传统数据处理的局限，利用云计算和分布式系统，提高了数据分析的效率和准确性，在智慧国土规划领域中，通过高效的数据管理和处理，提供了决策支持，加速了信息化进程。

大数据技术的整体发展趋势反映了从单一的数据处理到综合的分析解决方案的演进（见图3-13）。早期以谷歌的基础论文和Hadoop为代表，大数据技术着重于海量数据的存储和批处理。随着技术和硬件的进步，转向了更高效的数据处理模式，如Facebook的Hive和内存计算的Spark，提升了处理速度和简化了编程复杂性。实时数据处理的需求促成了流式计算技术如Storm、Flink和Spark Streaming的发展，这进一步推动了数据分析和机器学习技术的革新，为新兴产业的发展铺平了道路。这一趋势标志着大数据技术由单一功能向多功能、高效率的全面数据解决方案转变。

图3-13 大数据技术的发展历程

2. 大数据技术在国土空间规划的应用价值与发展趋势

在大数据时代，国土空间的发展建设不仅产生大量数据，如人口、地理信息和经济产业数据，而且也依赖于这些数据的有效应用，包括共享和深度挖掘，以强化政府决策精确性和科学管理。大数据技术是政府治理、智能服务和国土空间规划的支柱，增加了规划合理性和新机遇。首先，大数据可以推动国土空间规划从简单观察模型转向利用丰富的大数据进行复杂的系统模拟，这种进步使得规划者能够更全面地理解和揭示城市系统的复杂性，进而推动城市规划理论的发展。其次，大数据可以推动国土空间规划从依赖静态统计数据向利用大数据资源以捕捉城市的动态变化和流动性的更细粒度、动态演进模式转变，利用大数据时代的优势来揭示城市运作的短周期变化和更细粒度的城市流动性，克服了传统由于数据采集限制而造成的时间和空间分析局限。最后，大数据时代为国土空间规划提供了从宏观到微观的研究转换，有助于深入了解个体行为的差异性，还能探究这些差异如何影响群体动态，以便更全面了解国土空间的全域全要素内容。

城市数据的特性呈现出多元化与实时更新的特点，为国土空间规划带来了新的工作维度。通过大数据技术的应用，规划过程在解释复杂城市问题时得以依据高精度和高效率的数据分析与建模，促进了规划科学的发展及其执行力的增强。大数据技术在各个规划层面的运用（见图 3-14）——从宏观的总体规划到微观的控制性详细规划，再到交通和城市设计——不仅增强了对人口规模、土地使用状态、空间结构等关键因素的分析

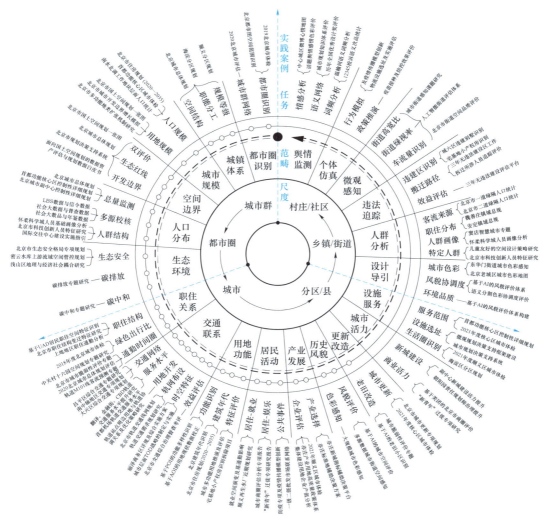

图 3-14　大数据技术驱动的国土空间规划应用体系

57

能力，还通过实时数据捕获实现了对城市空间系统的即时感知与综合评估。这些技术的综合应用在智慧国土空间规划及用地管制中发挥着核心作用，为国土资源的保护、高效开发、精细化管理及监督提供了坚实的数据支撑。

3. 大数据挖掘技术在智慧国土空间规划中的典型应用场景

在大数据技术日益成熟的时代，互联网数据、社交网络数据、社会兴趣点、手机信令数据、智能交通刷卡数据、物联网传感器数据的出现，既为国土空间规划研究带来了数据获取和分析上的巨大变革，同时也要求必须建立国土空间规划视角下的以城市综合研究为支撑的大数据应用体系框架，以便更好地优化国土空间格局、服务社会经济发展。目前，大数据技术已经在国土空间规划的众多领域中得到了广泛的应用。

（1）区域联系和城市等级分析。区域联系和城市等级是影响城市发展的重要因素。在城镇体系规划中，一方面，城市之间的"人流、物流、信息流"分析是衡量城市与其他区域之间关系的重要指标。另一方面，城市等级决定了城市在整个区域发展中的位置、扮演的角色以及获取资源的机会等。传统的区域联系和城市等级研究以人口、产业等统计数据为主，结合计量模型方法实现城市等级和经济往来强度情况衡量和对比，但这种静态的、缺少空间属性的数据难以真实反映城市之间的关系。而应用手机信令等数据，可以为区域联系和城市等级测度提供了更客观和富有代表性的研究新思路。

（2）人口特征分析。人口分析是国土空间规划的重要内容之一，大数据可以反映人口的数量、结构、分布和变化趋势。此外，围绕城市不同战略定位，往往需要对于特定城市人群进行特征与需求分析，而基于大数据开展人群特征画像（见图3-15），明确其数量规模、职住分布、日常行为规律等，可以在规划设计方案中，更加有效精准满足人群需求。

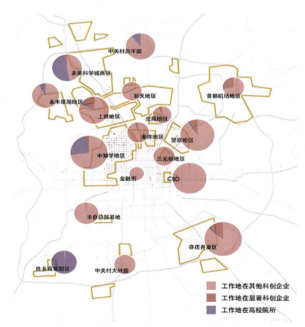

图3-15 基于大数据的人群画像——以北京市科创聚集区内科创人员构成为例

（3）城市舆情分析。社交媒体（推特、微博等）中包含了大量文本和图片数据，成为语义信息获取的重要来源。相关研究表明，带有位置信息的社交媒体数据通常占到3%左右，这部分数据可用于揭示与地理空间位置相关的语义信息，如获取地理场所的主题词、获取与场所有关的情感信息、获取对灾害、疾病等特定事件的响应情况等。此外，大数据技术可以将居民诉求与空间问题进行对应，可反映城市问题的空间分布（见图3-16）。

图 3-16　基于场所语义感知的居民设施诉求反馈示意

（4）流动要素分析。以城市内的流空间网络作为切入点，通过刻画与关联关系，可以反映城市的人流、物流、能源流、信息流等的运行活动（见图3-17）。一方面，对流动空间节点之间的关联网络进行描绘，以分析网络中心度、关联性及子群划分；另一方面，对于流空间要素主体追踪背后的画像特征、空间分布等，以达到具象刻画、精准施策的效果。

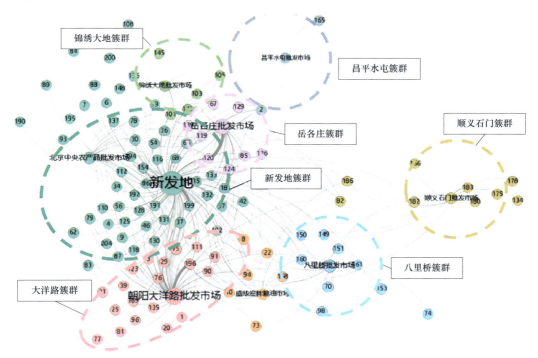

图 3-17　基于 ForceAtlas 算法的北京批发市场网络子群抽象可视化示意

4. 大数据在智慧国土空间规划应用中的挑战

大数据技术为国土空间规划带来了新的机遇，可以提高规划的智慧、科学和准确性，为土地资源的优化利用奠定基础。但同时，大数据技术也面临着数据量大、数据异构、数据质量、数据隐私等方面的挑战。例如，城市数据量剧增，数据处理与分析技术门槛高；现阶段国土空间规划大数据多源异构、数据质量参差不齐、标准不统一、数据孤岛等特征，为大数据的应用提出了挑战；国土空间规划大数据的应用涉及手机信令数据、公共交通 IC 卡、人口画像等公民个人的各种隐私数据，存在泄露个人隐私、影响社会安全方面的风险；此外涉及隐私的数据信息还存在难以进行跨部门数据关联分析、难以追溯审计等问题。

因此，未来还需要规划者提高技术能力，建立统一标准，完善管理制度，保护个人隐私，以实现大数据技术在国土空间规划中的有效应用。

3.3.2 仿真模拟技术

仿真模拟是指通过构建和操作模型来模拟现实世界的动态过程和行为，从而获得对系统性能和行为的理解和预测，是一种基于计算机的工具，利用数学和物理方法模拟和分析系统的复杂性。仿真模拟可以通过对系统中各种变量、因素和相互作用的描述和模拟，帮助决策者理解系统的内在机制和规律。

在仿真模拟中，模型的搭建是重要的基础。模型是对现实世界的简化和抽象，包括系统的结构、行为和关系。通过对模型进行参数设定和输入条件的调整，仿真模拟可以模拟不同的情境和决策方案，并分析其对系统的影响。

1. 仿真模拟技术概述

真正意义上的现代仿真技术的发展经历了物理仿真阶段、模拟仿真阶段、数字仿真阶段和虚拟仿真四个阶段（见图 3-18）。整体上来看，模拟仿真技术的整体向高精度、高效率、高可靠性、高智能化和高集成化的方向不断发展。

图 3-18 模拟仿真的发展历程

国土空间规划中的仿真模拟以城市空间的量化研究为出发点，通过多源数据的融合与增值，构建空间数学模型，从规划的视角模拟复杂城市空间，感知城市体征，监测城市活动，预演城市未来。近几年，仿真模拟在国内外已经得到了越来越多的应用，其人机交互特性、真实建筑空间感、大范围三维仿真特性，取得了长足的突破。

2. 模拟仿真典型技术

应用于城市分析等国土空间领域的模拟仿真模型通常分为两类：自下而上的模型与自上而下的模型。自上而下的模型通常基于数学方程，通常不适合复杂和非线性的城市建模。随着计算机处理技术的进步，自上而下的城市动力学模型逐渐被自下而上的模型所取代，如元胞自动机模型、基于代理的模型与离散事件模型等。

（1）元胞自动机模型方法。元胞自动机是仿真模拟常用的方法之一，用于模拟复杂系统中个体之间的相互作用和演化过程。它基于简单的规则，将空间划分为许多小的单元格（或称为"元胞"），每个元胞具有一定的状态（见图 3-19）。通过不断迭代更新，元胞自动机可以模拟出整个系统的演化过程，展示了元胞之间的相互作用和全局行为。20 世纪 90 年代末以来，元胞自动机模型在规划领域被广泛应用在土地利用与城市扩张、交通流及交通模型、生态景观演化及林火蔓延时空等领域的仿真模拟及预测研究方面，实现了通过简单的局部规则模拟和预测复杂的动态过程（见图 3-20）。

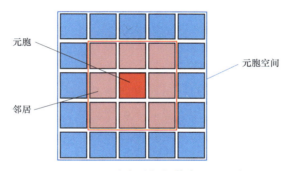

图 3-19　元胞自动机的基本原理示意

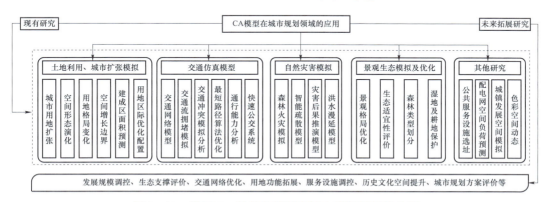

图 3-20　基于 CA 的优化模型在城市规划领域的应用

资料来源：杜金莹，2019

（2）基于代理的模型方法。基于代理的模型（Agent-based Model）是一种基于简化思想的模型，通过捕捉关键特征来代表实际系统，关注自下而上个体与个体的微观互动，从而在宏观尺度涌现出变化趋势。在基于代理的模型中，系统被看作是由一群个体代理构成的，每个个体代理都具有自己的特征、行为规则和与其他代理的相互作用（见图3-21）。这些个体代理能够根据事先设定的规则和策略，根据当前的环境和其他个体的状态做出决策，通过模拟和观察个体之间的动态互动，基于代理的模型试图反映整个系统的行为和复杂性。代理模型可以减少计算复杂度，加快仿真速度，同时仍然保留系统主要行为。

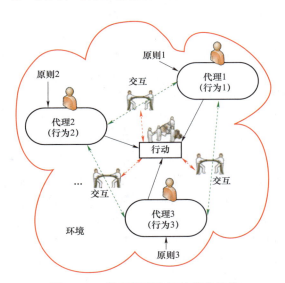

图3-21 代理模型方法的基本结构

资料来源：Kaviari，2019

（3）离散事件模拟方法。离散事件模拟是一种适用于事件发生场景的仿真方法，其基本思想是，系统的演化是由一系列离散事件的发生和处理所驱动的，这些事件可以是系统内部的活动、外部输入的信号、条件的满足等。在模拟过程中，每个事件被依次处理，并改变系统的状态和变量。系统中的每个事件都会触发一系列的动作和反应，通过模拟事件之间的关系和顺序，可以得到系统的行为和性能指标。离散事件模拟方法的优势在于，它能够探究事件之间的时间顺序、影响和交互，适用于具有不可预测性、非连续性和变动性的系统。在空间规划中，离散事件模拟可以用于模拟供应链管理、城市交通系统、环境风险评估等方面的问题。

（4）系统动力学模型。系统动力学模型将城市看作一个动态系统，考虑城市系统中不同元素之间的相互关系和反馈机制。该方法主要关注系统内部的结构、反馈循环、时间滞后和不确定因素对其行为的影响。它适用于研究涉及时间和空间尺度的跨学科问题，例如生态系统、经济系统、城市发展和社会演化等。

3. 仿真模拟在国土空间规划中的应用方向

（1）土地利用规划仿真模拟。土地利用规划是国土空间规划中的核心内容之一。通过建立土地利用模型和运用相关数据，模拟不同规划方案下土地利用的变化，并评估其对城市发展、资源利用、环境影响等方面的影响。常用的模型包括细胞自动机模型、遗传算法模型、系统动力学模型等。土地利用规划仿真模拟可以帮助规划者探索不同土地利用规划方案的效果和潜力，优化土地利用布局和资源配置，有效预测和评估规划决策的影响和可行性。它能够综合考虑土地利用变化的复杂性、不确定性和多样性，为规划者提供科学的决策依据，促进可持续发展和合理利用土地资源。

（2）城市交通规划仿真模拟。城市交通规划是国土空间规划中的重要组成部分。通过仿真模拟，可以模拟不同的交通方案，并评估其对交通流量、拥堵状况和环境影响等方面的影响。例如，可以模拟不同的交通网络布局、公共交通线路设计、停车场分布等，然后评估其对交通拥堵、交通效率、能源消耗等方面的影响。同时，仿真模拟还可以模拟不同的交通策略和政策，如交通信号控制、交通限制措施、出行优先权等，以评估其对交通系统整体效果的影响。这有助于决策者做出科学的规划和决策，提高城市交通系统的质量和效率。城市交通规划仿真示例如图3-22所示。

图3-22　城市交通规划仿真示例

资料来源：Unigine solutions，http://www.sci.souvr.com/solution/201806/120433.shtml

（3）城市人口模拟增长。模拟仿真城市人口增长和社会发展可以帮助城市规划和决策者理解人口变化对城市基础设施、公共服务和社会经济发展的影响。从不同研究的视角和汇总水平，可以选取不同的模拟方法，例如可以使用基于代理的模型方法建立人口增长和社会发展的模型，将人口群体化或采用简化抽样的方法降低系统复杂性，并模拟他们的行为、决策和相互作用。

（4）市政基础设施方案模拟。市政基础设施模拟利用计算机技术和数学模型来模拟和预测城市中各种基础设施系统的运行和发展情况，可以为城市的基础设施规划、资源分配和管理策略提供评估和优化的依据。例如，城市供水供电仿真可以模拟城市供水和供电系统的运行，包括水源、输送管网、供电网络等，评估其可靠性、效率和安全性，以及对新建设施的需求。市政基础设施模拟可以帮助城市管理者更好地理解和应对城市中的各种基础设施问题，提高城市的可持续发展能力。

（5）规划政策模拟。政策仿真是一种模拟政策环境和政策决策过程的方法，通过模拟来评估和预测各种政策措施的可能结果和影响，以帮助政策制定者更好地了解和分析政策决策的潜在结果。通常会利用模拟工具来模拟政策环境、相关的利益相关者、决策过程和政策实施情况，政策制定者可以通过输入不同的政策变量和参数，模拟不同的政策场景，并观察模拟结果来评估政策的可能效果和影响。例如，环境政策措施模拟可以对减排政策、可再生能源发展策略等进行模拟，分析其对环境质量、碳排放、能源利用等的影响。根据模拟结果的优劣，推荐具体的环境政策措施，以改善环境状况。城市规划政策模拟不同城市规划政策方案，如土地利用调整、交通规划等，分析其对城市发展、交通拥堵、资源利用等的影响。

（6）防灾模拟。防灾模拟是一种有效的预测和评估灾害风险的方法。它可以模拟不同的灾害情景，分析灾害对不同地区和环境的影响，为灾害防范和应急准备提供科学依据。例如，洪水是一种常见的自然灾害，并且可能会因为雨水排放系统不足或城市化过程中的土地利用变化而加剧。通过应用洪水防灾模拟，可以预演不同降水量下城市被淹没情况，从而为风险区规划相应韧性措施，如增加排水设施、提高建筑标准、建立预警系统等（见图3-23）。仿真模拟还可以用来评估不同规划方案抵御灾害风险的能力，例如建筑形态在洪水、地震和飓风等灾害下的表现能力。通过模拟不同的灾害情景，并在规划过程中考虑防灾和适应性措施，可以提高城市的韧性和可持续性。

图 3-23　洪水淹没模拟

资料来源：Julius Morschek，2019

64

3.4 科学决策技术

在智慧国土空间规划中，科学决策是从分析端到规划干预端的关键一环，科学决策过程中的关键在于运用科学方法和工具来支持决策者做出基于客观数据和精准事实的决定。通过人工智能、地理信息系统、数字平台、规划支持系统等新的技术，可以提高决策效率和质量，也可以确保国土空间规划更加客观和符合实际需求，促进资源合理配置、环境保护、经济发展与社会需求之间的平衡。通过整合 GIS、大数据、AI 等现代技术，科学决策能够提供多维度、高精度的决策支持，从而在规划的制定和执行中发挥关键作用。

3.4.1 人工智能技术

1. 人工智能技术的发展历程

1956 年夏，麦卡锡、明斯基等科学家在美国达特茅斯学院开会研讨"如何用机器模拟人的智能"，首次提出"人工智能（Artificial Intelligence，AI）"这一概念，标志着人工智能学科的诞生。AI 是研究开发能够模拟、延伸和扩展人类智能的理论、方法、技术及应用系统的一门新的技术科学，研究目的是促使智能机器会听（语音识别、机器翻译等）、会看（图像识别、文字识别等）、会说（语音合成、人机对话等）、会思考（人机对弈、定理证明等）、会学习（机器学习、知识表示等）、会行动（机器人、自动驾驶汽车等），其发展历程划分为起步发展期、反思发展期、应用发展期、低迷发展期、稳步发展期和蓬勃发展期等 6 个阶段（见图 3-24）。

图 3-24　人工智能发展历程

2022 年 11 月，OpenAI 发布 ChatGPT，定义为优化对话语言模型（Optimizing Language Models for Dialogue），AI 大模型的诞生引发了一场新的全球人工智能竞赛。继语言模态之后，视觉（CV）等其他模态大模型研究开始逐步受到重视。进而，单模态大模型被统一整合成模拟人脑感知的多模态大模型，将人对世界的模糊、抽象认知转化为可精确表达、高度量化的特征，供机器进一步计算、推演，解决人机高效交互协作问题。

2．人工智能典型技术

（1）机器学习。机器学习（Machine Learning）是一门涉及统计学、系统辨识、逼近理论、神经网络、优化理论、计算机科学、脑科学等诸多领域的交叉学科，研究计算机怎样模拟或实现人类的学习行为，以获取新的知识或技能，重新组织已有的知识结构使之不断改善自身的性能，是人工智能技术的核心。根据学习模式、学习方法以及算法的不同，机器学习存在不同的分类方法。根据学习模式将机器学习分类为监督学习、无监督学习和强化学习等。根据学习方法可以将机器学习分为传统机器学习和深度学习。机器学习的应用范围非常广泛，包括销售预测、库存管理、石油和天然气勘探，以及公共卫生等。机器学习技术在其他的认知技术领域也扮演着重要角色，比如计算机视觉，它能在海量图像中通过不断训练和改进视觉模型来提高其识别对象的能力（见图 3-25）。

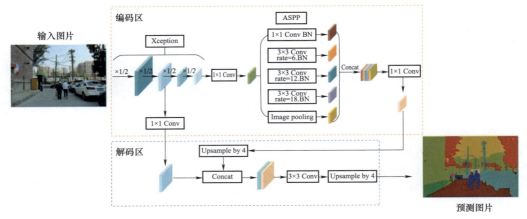

图 3-25　机器学习 + 图像语义分割的街景图像识别
资料来源：李心雨，2023

（2）自然语言处理。自然语言处理（Natural Language Processing，NLP）是计算机科学、人工智能、语言学关注计算机和人类（自然）语言之间的相互作用的领域。自然语言处理是指计算机拥有的人类般的文本处理的能力。涉及的领域主要包括机器翻译和语义理解等。机器翻译技术是指利用计算机技术实现从一种自然语言到另外一种自然语言的翻译过程。基于深度神经网络的机器翻译在日常口语等一些场景的成功应用已经显现出了巨大的潜力。随着上下文的语境表征和知识逻辑推理能力的发展，自然语言知识图谱不断扩充，机器翻译将会在多轮对话翻译及篇章翻译等领域取得更大进展。语义理解技术是指利用计算机技术实现对文本篇章的理解，回答与篇章相关问题的过程。语义理解更注重于对上下文的理解以及对答案精准程度的把控。随着 AI 大模型的快速发展，语义理解相关数据集和对应的神经网络模型层出不穷，将在智能客服、产品自动问答等相关领域发挥重要作用，进一步提高问答与对话系统的精度。图 3-26 为自然语言处理技术在城市体检中的应用示例。

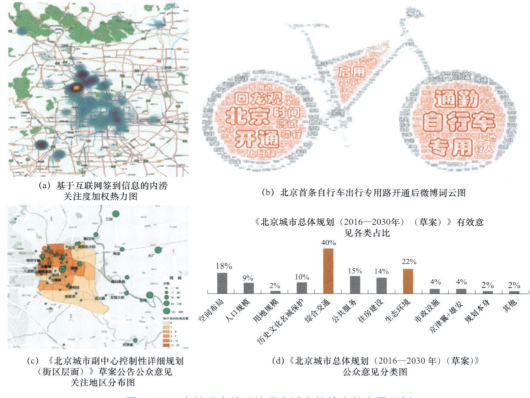

(a) 基于互联网签到信息的内涝关注度加权热力图

(b) 北京首条自行车出行专用路开通后微博词云图

(c)《北京城市副中心控制性详细规划（街区层面）》草案公告公众意见关注地区分布图

《北京城市总体规划（2016—2030年）（草案）》有效意见各类占比

(d)《北京城市总体规划（2016—2030年）（草案）》公众意见分类图

图3-26　自然语言处理技术在城市体检中的应用示例

资料来源：蔡彩等，2020

　　（3）知识图谱。知识图谱本质上是结构化的语义知识库，是一种由节点和边组成的图数据结构，以符号形式描述物理世界中的概念及其相互关系，其基本组成单位是"实体—关系—实体"三元组，以及实体及其相关"属性—值"对。不同实体之间通过关系相互联结，构成网状的知识结构（见图3-27）。在知识图谱中，每个节点表示现实世界的"实体"，每条边为实体与实体之间的"关系"。通俗地讲，知识图谱就是把所有不同种类的信息连接在一起而得到的一个关系网络，提供了从"关系"的角度去分析问题的

图3-27　知识图谱构建中的关系抽取

资料来源：曹献，2023

能力。知识图谱在搜索引擎、可视化展示和精准营销方面有很大的优势，已成为业界的热门工具。

（4）人机交互。人机交互（Human-Computer Interaction，HCI）主要研究人和计算机之间的信息交换，主要包括人到计算机和计算机到人的两部分信息交换，是人工智能领域的重要的外围技术。传统的人与计算机之间的信息交换主要依靠交互设备进行，主要包括键盘和鼠标等输入设备，以及打印机、绘图仪和显示器等输出设备。HCI 领域的目标是生产可用和安全的系统，以及功能性系统。研究人员观察人类与计算机交互的方式，设计使人类以新颖方式与计算机交互的技术。系统可以是各种各样的机器，也可以是计算机化的系统和软件。人机交互界面通常是指用户可见的部分。用户通过人机交互界面与系统交流，并进行操作。小如收音机的播放按键，大至飞机上的仪表板或是发电厂的控制室。人机交互技术除了传统的基本交互和图形交互，还包括语音交互、情感交互、体感交互及脑机交互等技术。

3. 智慧国土空间规划中人工智能应用体系

2017 年，中国工程院开展人工智能 2.0 的发展战略研究，为《新一代人工智能发展规划》（以下简称《规划》）的落地提供了战略方向。吴志强院士提出了应以城市发展需求和场景作为新一代 AI 技术发展的方向和动力，进而在《规划》中纳入了结合新一代 AI 技术"建设城市大数据平台，构建多元异构数据融合的城市运行管理体系，推进城市规划、建设、管理、运营全生命周期智能化"的相关内容，明确了应用 AI 为城市赋能的创新方向。当前，在自然资源方面，正在构建自然资源调查监测评价、监管决策和"互联网+政务服务"三大 AI 应用体系。

AI 技术赋能国土空间规划的现状分析评价、编制方案、监测管理与评估等全过程，支撑规划科学编制、自动审批、动态监测、智能评估。对应国土空间规划的各个阶段：

（1）在规划编制阶段，基于国土空间规划的管控指标，通过 AI 技术建立智能量化分析模型，对资源环境承载力和国土空间开发适宜性进行定量评估、实时监测、风险识别、趋势预判等。并结合人口活动等大数据分析，全面、客观地对用地效率、布局等进行评估。城市预测和模拟方面，可利用机器学习、深度学习等 AI 技术对城市土地利用情况、地形地貌等数据进行分析、建模和预测，从历史土地利用数据中学习出土地利用变化的趋势和规律，预测未来的土地利用情况，辅助智能规划管理和决策，为科学制定规划目标、规模等提供依据。

（2）在规划审批阶段，利用 AI 智能问答对话和知识图谱等功能，构建基于规划指标的审查规则图谱与 AI 智能问答模型，以"算法行政"模式融入国土空间领域高频政务服务事项，例如"智能审批助手""国土空间规划问答机器人""自然资源智能客服"等，实现国土空间规划管控的智能审查。通过规划知识图谱的整合与共享，实现不同业务部门对建设项目的联合协同审批。

（3）在规划实施监管阶段，基于国土空间规划指标和预警评价模型，利用 AI 技术对国土空间规划实施情况进行实时监测和动态评估，对不符合目标范围的指标进行分级预警。例如空间智能监测分析方面，AI 技术可以对城市空间（景观风貌、通风廊道、热岛效应、洪涝风险等）进行高精度建模和分析，实现对城市空间的全方位监测；在城市场景监测方面，基于 AI 技术对交通、建筑、环境等方面的数据进行多模态场景识别与分析，发现城市规划实施中存在的问题，实现规划指标智能评估。

3.4.2 地理信息系统技术

1. 地理信息系统概念

（1）地理信息系统概念和定义。地理信息是指与所研究对象的空间地理分布有关的信息，是表征地理圈或地理环境固有要素或物质的数量、质量、分布特征、联系和规律的数字、文字、图像和图形的总称，是对表达地理特征和地理现象之间关系的地理数据的解释。而地理信息系统是一种特定的空间信息系统，可在计算机硬件、软件支持下，采集、存储、管理、运算、模拟、分析、显示和描述部分或全部地球表层空间中的地理分布数据。

现代 GIS 技术是综合利用云计算、大数据、人工智能等先进技术，实现地理信息数字化、自动化处理和智能分析的综合性技术。它具有高效的数据处理和分析能力、强大的空间分析和建模能力，可实现直观生动的可视化和交互性操作、私有 – 公有混合部署、云和端动态弹性协作，打破传统桌面和局域服务器的软件形态，广泛服务于全球级别用户。现代 GIS 技术可以深入到城市规划、自然资源管理、环境监测、交通运输、公共安全等和地理行业相关的所有工作之中，并成为如智慧城市、智能交通、物联网、元宇宙等各大新兴领域不可替代的关键技术之一。

（2）地理信息系统组成。GIS 系统包括五个基本组成部分，即硬件系统、软件系统、地理空间数据、应用分析模型、系统开发管理和应用人员。

1）硬件系统：硬件系统主要是指地理信息工作过程中所需要的各种设备，包括数据输入（扫描仪、数字化仪、键盘与鼠标、计算机等）、数据存储与管理（硬盘、光盘、磁带机等），以及数据输出（显示器、打印机、绘图仪等）这三大部分。

2）软件系统：是支持信息的采集、处理、存储管理、分析和可视化输出的计算机程序系统。主要包括系统管理软件（操作系统）、数据库软件以及地理信息系统专业软件。

3）地理空间数据：指地理信息系统的操作对象，包括空间数据和属性数据。

4）应用分析模型：指人们在解决空间问题中所总结、归纳或推理出的，能够科学描述和解决实际问题的一些数学模型。

5）系统开发、管理和应用人员：指运用相关的开发工具，根据用户需求进行地理信息系统的开发工作、系统管理、数据处理和分析人员，以及系统的最终使用用户。

2. 地理信息系统发展历程

地理信息系统技术的创立基于计算机辅助制图，随着技术手段的发展，如今 GIS 技术已实现了普适化。

从国际层面来看，国际 GIS 的发展经历了从早期学术探索到技术的巩固、推广应用，最终达到普适化的过程。起始于 20 世纪 50 年代的计算机处理空间数据的尝试，到 70

年代 GIS 技术的加速发展，再到 80 年代商业化和功能多样化的推进，最后在 90 年代及之后成为跨行业的标准工具，GIS 的发展显现出了从专业化到大众化的趋势。互联网的介入，特别是 Google Earth 的推出，进一步促进了 GIS 技术的普及和应用深化。

从国内层面来看，我国的 GIS 发展历程从 20 世纪 70 年代起步，经历了起步、准备、发展到产业化的四个阶段（见图 3–28）。最初，GIS 在中国主要由科研机构推动，随后政府的重点项目加快了技术的发展和应用。自 20 世纪 90 年代起，GIS 产业化迅速扩展，国家项目和政策的支持催生了竞争力市场产品。21 世纪初，随着天地图的发布和 IT 巨头的参与，GIS 变成了面向大众的信息服务系统，成为现代社会的基础设施之一。

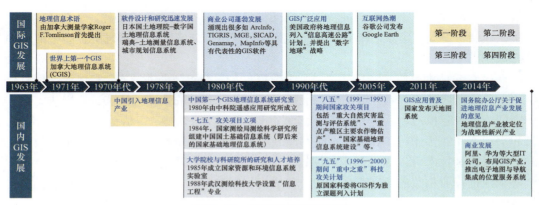

图 3–28　地理信息发展历程

3. 地理信息系统在智慧国土空间规划中的应用

（1）城市规划编制与管理。GIS 技术可以用于城市规划、土地利用评估、基础设施规划与管理等。通过先进的 GIS 技术，规划者可以对城市空间进行分析、评估和预测，从而制定合理的城市发展策略。此外，基于深度神经网络的遥感影像提取，为城市规划和管理提供了数据更新、效率更高、范围更广的城市数据。

（2）环境保护与资源管理。GIS 技术在环境保护和资源管理方面发挥着重要作用。例如，在资源管理方面，可借助 Planet 这一具有全球高分辨率、高频次、全覆盖能力的遥感卫星及其影像产品，研发相关 GIS 模型，高频监测土地覆盖变化、森林砍伐、土壤侵蚀等环境问题，并据此制定相应的保护措施。此外，GIS 技术也可以用于水资源、山体、矿产资源等自然资源的勘查与管理（见图 3–29）。

（3）交通与物流。GIS 技术在交通运输和物流领域有广泛应用。例如，基于地理信息的路径规划和导航系统为公共交通、货运等提供高效便捷的服务。同时，GIS 技术也有助于交通规划和缓解拥堵。

（4）服务设施选址。GIS 技术在商业领域和服务选址方面也有广泛应用。例如，零售商可以通过地理信息分析消费者分布、竞争对手位置等，以确定最佳的商店选址。同时，GIS 技术也可以用于市场需求预测和营销策略制定。国内一些创新企业已经可以熟练使用人工智能技术预测门店销售额、自动划分门店服务范围（见图 3–30）。

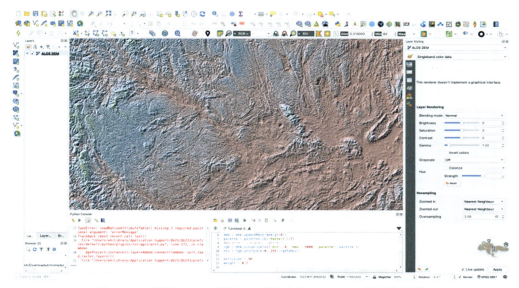

图 3-29　采用 QGIS 调用 gee 服务中的 ALOS 30 米山影地图

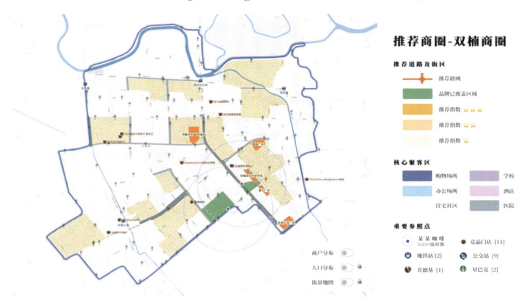

图 3-30　GIS 结合大数据和机器学习应用于推荐、预测商业设施选址

4. 地理信息系统技术在国土空间规划中的发展现状与未来

随着国土空间规划工作的深入开展，规划师需要更为细致地采集、计算和统计所有用地的现状情况，梳理分析各类红线的规则关系，以及不断地按照分层管控的逻辑调整和监测土地的利用情况，这使得 GIS 技术已成为规划师日常工作的必备技能。

当前，GIS 技术在国土空间规划中的应用成果显著，极大提高了规划师的工作效率和准确度。在全国各个层级的国土空间规划工作中，GIS 技术深入到规划师的每一项具体任务中，帮助规划师精确掌握土地和资源的空间分布和结构，不仅制作出了精良、细致的规划方案，更借此搭建了大量全面综合的一张图信息系统，为跨部门的数据共享和知识共创构建了基础的信息平台。

在国土空间规划的实施过程中，随着 GIS 技术的不断创新和技术变革，其将在提高国土资源利用率、提高国土空间布局合理性、提高我国国土空间规划的周密性和实用性等方面提供更为高效、实用的技术手段，为我国"多规合一"的推进，规划编制、实施、监督体系的构建提供坚实的技术支撑。GIS 技术在国土空间规划中的推广普及也将成为时代的必然需求。

3.4.3 数字平台技术

1. 数字平台的概念与特征

（1）数字平台的概念。在新的时代，不确定性增强与路径依赖失效，政府和企业希望通过数字化转型，汇聚和整合新的数字技术，与业务深度融合、赋能业务创新，灵活地响应和满足业务变化的需求，能够以数据为核心驱动运营和管理优化、提升用户服务体验，支撑拓展新业务，更好地应对未来的不确定性。数字平台是融合技术、聚合数据、赋能应用的数字服务中枢，以智能数字技术为部件、以数据为生产资源、以标准数字服务为产出物，能支撑业务创新和高效运营，助力数据管理和价值挖掘，降低技术运营和技术管理复杂度。

近年来涌现的各种业务中台、数据中台和技术中台，实质就是将共性需求进行抽象，并打造为平台化、组件化的系统能力，以接口、组件等形式共享给各业务单元使用，可以针对特定问题，快速灵活地调用资源构建解决方案，为业务的创新和迭代赋能。当前，数字平台的建设也逐渐重视统合各类中台，打造数字能力共享平台，形成既重业务，又重数据；既能敏捷响应用户需求，又能轻松驾驭新的数字技术的一体化平台。

（2）数字平台的集成特征。数字平台是一个集成了多数据、多服务和多应用的数字综合体，核心特征之一是其可以实现不同应用、服务和数据的高效集成，从而创造出更加强大的功能和价值。

1）技术的集成。数字平台的本身是以云计算、大数据、物联网、地理信息、数字孪生、人工智能新兴技术为核心部件，不断整合现有技术的同时，持续纳入新技术，并进行全面的融合，将技术驾驭能力封装在平台内，提供底层技术与中间件软件，为上层业务应用开发降低技术难度，降低研发成本，对应用需求进行敏捷响应，为业务发展和组织运营提供技术赋能（见图3-31）。

2）数据的集成。数字平台可以集成不同来源、不同类别、不同格式的数据，促进数据的流通与共享，使得数据能够为更多业务场景所用，实现更深层次的洞察和分析。数字平台提供的数据聚、汇、通、管、用、服的能力，能够实现业务数据化、数据资产化、资产服务化，能不断地沉淀业务数据，积累数据模型，形成智能化输出。通过数字平台，可集成整合国土空间规划编制和实施管理所需现状数据、各级各类国土空间规划成果数据和国土空间规划实施监督数据，形成服务全域、动态更新、权威统一的国土空间规划数据资源体系。

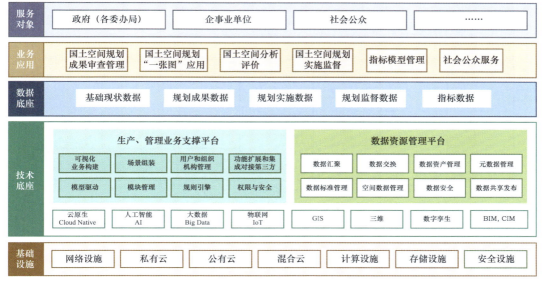

服务对象	政府（各委办局）		企事业单位		社会公众		……	

业务应用	国土空间规划成果审查管理	国土空间规划"一张图"应用	国土空间分析评价	国土空间规划实施监督	指标模型管理	社会公众服务

数据底座	基础现状数据	规划成果数据	规划实施数据	规划监督数据	指标数据

技术底座	**生产、管理业务支撑平台**				**数据资源管理平台**			
	可视化业务构建	场景组装	用户和组织机构管理	功能扩展和集成对接第三方	数据汇聚	数据交换	数据资产管理	元数据管理
	模型驱动	模块管理	规则引擎	权限与安全	数据标准管理	空间数据管理	数据安全	数据共享发布
	云原生 Cloud Native	人工智能 AI	大数据 Big Data	物联网 IoT	GIS	三维	数字孪生	BIM, CIM

基础设施	网络设施	私有云	公有云	混合云	计算设施	存储设施	安全设施

图 3-31 技术底座

3）应用的集成。数字平台不再局限于单一功能，而是将多种应用和服务融合在一个统一的界面下，满足用户多样化的需求，从而提升用户体验和效率。数字平台提供开放的接口和工具，使得第三方应用和服务可以无缝集成，实现更大范围的功能扩展和创新。如通过数字平台汇聚实景三维中国建设成果、多源时空大数据，基于平台底层技术与应用搭建能力，可支撑构建三维立体、时空融合的国土空间信息模型（TIM），助力数字国土空间的构建。

2. 智慧国土空间规划中的数字平台理念与实践

国土空间规划业务场景中数字平台的建设，需要兼顾业务和信息双重价值，在国土空间规划数字化转型推进过程中、数字技术的应用上，需秉承业务生态与信息生态"两态融合"的理念。一方面是以业务逻辑梳理数据，建立应用场景导向的数据体系、标准体系和数据中台；另一方面是以信息视角审视业务，建立符合数据管理规律的业务组织、业务流程和业务规则。克服传统的规划管理中，业务和信息"两张皮"的问题，实现业务管理与数据的互联治理，推进新时期的国土空间规划的两个重要转变，实现国土空间规划编制、审查、报批、实施监督全过程管理，以及"可感知、能学习、善治理、自适应"的智慧规划。

在智慧国土空间规划中，数字平台体系需要统合后台、中台、前台多个界面。其中，后台是计算和网络的基础设施；中台层面，业务支撑平台为数据资源管理平台提供业务数据支持，将业务数据沉淀到数据资源管理平台，实现业务数据化，数据资源管理平台定位为数据资产化管理和数据价值转化的承载平台，通过聚合和治理跨域数据，将数据抽象封装成服务；最后，赋能前台服务，即各类业务应用和面向终端的集成门户，依托现有的信息化建设的条件，实现对于已有系统的整合和新建应用的支持。通过数据整合、应用整合、界面整合的方式，实现系统之间的互联互通与无缝集成。数字平台体系架构图如图 3-32 所示。

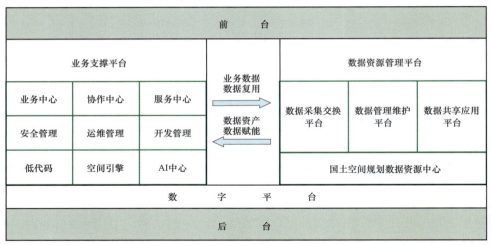

图 3-32　数字平台体系架构图

近年来，自然资源部提出的搭建"国土空间基础信息平台"与"国土空间规划'一张图'实施监督信息系统"的重要命题（见图 3-33），体现了数字平台应用的最前沿趋势。依托坚实的基础信息平台和迅捷的智慧系统，承载规划编制过程中的综合数据整合与传递、规划数据流转与动态维护、规划成果整合校准与发布等功能，从而增强国土空间规划编制的规范性，实现编制过程中数据资源的统一调度与监管，保障规划编制成果的严谨性和有效性。

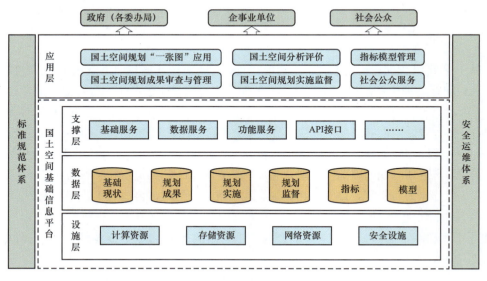

图 3-33　国土空间规划"一张图"实施监督信息系统总体框架

资料来源：国家标准《国土空间规划"一张图"实施监督信息系统技术规范》

3. 数字平台技术的发展趋势

（1）对于延展技术的融合。数字平台需要对日新月异的新技术能更好地接纳和融合。缩短新技术被业务使用的周期，降低新技术应用的难度。

（2）平台低代码化。低代码产品通过其高稳定性、通用性和灵活性以及对数据的集成，能适应国土空间规划各种复杂的业务应用场景，会是数字平台的一个发展趋势。为了适应多变的业务需求，数字平台需要有开放的架构和技术以确保弹性扩展能力，而低代码技术可满足对敏态业务的开发需求。低代码平台降低了用户的使用门槛，没有固有的数据架构与业务流程，通过可视化、可复用模型实现系统平台快速开发和部署，具有很强的灵活性和通用性。另外，可视化低代码平台可以联通各系统获取核心业务所需数据，打通数据孤岛，提高业务部门工作效率。

（3）人工智能技术的融合。人工智能既是需要被数字平台集成的新的数字技术，也是会深刻改变数字平台的组织和交互集成方式的革新技术。在确保安全的前提下，可加大人工智能技术应用力度，建设国土空间规划专业大模型，开发业务管理智能工具，基于国土空间规划相关法律法规、政策标准、业务规则、典型案例等资料，不断训练完善大模型，提升规划全生命周期管理智能化水平。

3.4.4 规划支持系统技术

1. 规划支持系统概述

采用数据建模方式支持规划的发展可追溯到 20 世纪 60 年代。在"完全理性"思潮以及城市规划向侧重理性决策过程的科学性规划转变的背景下，西方规划界开始尝试建立大尺度城市综合模型，采用基于模型大规模运算作为支持规划政策模拟的规划支持工具，评估规划政策的成本和收益。最初的城市综合模型侧重城市经济、出行需求和空间相互作用的建模，主要基于区位论、空间相互作用等理论作为行为模式假设，构建土地利用与交通综合模型。虽然这些模型在 70 年代因其静态的系统建模方法、数据收集过多且过于复杂而受到批评，但随着结合多专业理论、地理信息技术、大数据等方面的突破性进展，城市系统的建模以经典模型框架为基础，持续深入研究城市经济、人口、土地利用、交通和环境的互动影响，以实现对系统中政策干预措施的影响在空间和时间上的追踪，并成为当前规划支持系统中重要的组成部分。

规划支持系统（Planning Support System，PSS）一词最早出现在 20 世纪 80 年代后期，是指规划师常用的一系列辅助解决规划工作中特定目标问题的工具总称，它们是通过地理信息系统（GIS）、大规模城市建模和决策支持系统领域的努力的融合而出现的。Batty 将 PSS 定义为增强规划人员对于规划任务的探索、展示、分析、可视化、预测、规制、设计、实施、监控和讨论能力的一种系统，并需要以集成形式开发，以应对不同需要规划支持的环境。一般认为，PSS 是计算机自动化工具，可以帮助规划人员更有效地承担日常专业任务；它们是为规划人员的工作流程增加价值的工具，包括电子表格、网站、GIS、可视化方法和建模系统等组件，是一个以可视化表现方式联结分析工具和计算机模拟模型的系统。

规划决策支持工具的构建方式随着规划任务需求的拓宽和技术的发展不断变革。21世纪以来，人们认识到空间规划涉及广泛的利益相关者和利益相关方以及专业规划人员，PSS 不应仅仅是一个分析工具，PSS 开发越来越以需求为导向，增加了工具的协作性。同时，社会的数字化转型也为 PSS 的开发和使用带来突破。信息和通信技术的重要变革对规划工作产生了越来越重要的影响，如人工智能、物联网、协作技术、云计算、地理空间技术、大数据和智慧城市等新兴数字技术为 PSS 提供了分析、监控和模拟城市等人类系统的机制，带来了数据使用、分析和建模方式的变革；规划者和分析师使用 PSS 等支持工具的方法也发生了变化，以系统理论等概念为基础，地理设计等相关框架和情景规划已成为常见做法；对 PSS 的研究除了工具的开发使用，也开始关注规划支持系统的方法论建立，形成规划支持系统科学。

2. 规划支持系统应用方向

当前规划支持系统工具的研究几乎涉及规划业务的各个领域，可为规划过程中的关键步骤，如观察测量、分析建模、模拟预测、设计、最优化和评估等提供支撑，且涉及丰富的理论、方法和技术。单个的规划支持系统工具在发展完善中，也会逐渐向应用于不同层次、不同规模、不同目标的规划工作中不断发展。从已开发且被广为人知的规划支持系统来看，规划支持系统的应用方向包括数据集成分析与可视化、发展预测与情景模拟、规划方案生成与评估、规划实施审查与监督等面向规划全过程。

（1）发展预测与情景模拟。发展预测与情景模拟是规划支持系统的重要应用方向。在数据、数学模型和可视化技术的支持下，模拟和预测不同政策情景下的土地利用、居住和就业人口分布、交通出行、环境和灾害等可能的发展情景并进行情景评估，以支持规划的制定。其中既包括结合仿真模拟方法和建模技术建立的决策支持系统，如经典的 SLUTHE、UrbanSim（见图 3-34）等，也包括以"What if?"为代表的不以复杂数学建模来模拟城市系统（见图 3-35），而是以一系列明确的规则来决定不同区域间的适宜关系的决策支持系统。

图 3-34　urbanism 政策模拟示例

资料来源：https://www.urbansim.com/modelers

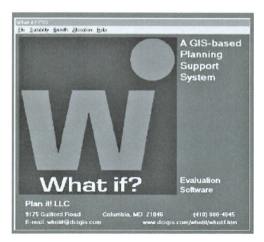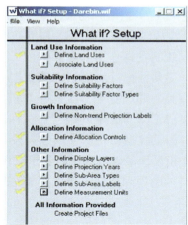

图 3-35　what if? 界面

除了关注城市系统中土地利用的发展预测与情景模拟，还有一些规划支持工具针对特定专业领域，如交通设施、市政管线、雨水洪涝、空气污染与风环境等，基于专业的数学模型或仿真技术，开发可交互的应用软件工具，支持专项规划或专业情景的规划。

（2）规划方案生成与评估。规划方案生成与评估的规划支持系统建设多是在地块、社区等微观尺度开展。主要是基于所设定的指标或目标，进行多情景方案的生成，并基于指标进行评判，以支持在有限的时间和技术资源下做出决策。较为经典的该类工具有基于 GIS 的 INDEX 可应用指标体系，将目标相关的定量指标集应用到规划和实施中，可用于社区土地和交通、碳排放等方面的未来情景设计。

随着人工智能技术的发展，规划方案生成与评估的决策支持系统借助机器学习算法进行实时化的方案生成、评分和建议，如谷歌 Sidewalk 实验室开发的 Delve 工具（见图 3-36），可进行地块尺度建筑设计方案的自动生成和评价优选；MIT 媒体实验室开发的 CityScope 平台可基于机器学习进行复杂城市模拟实时化和决策建议等。

图 3-36　谷歌 Sidewalk 实验室开发的 Delve 平台

（3）规划实施审查与监督。上述三类规划支持系统的应用主要是在规划的编制阶段。规划实施阶段作为保证规划能切实落实的重要环节，规划实施审查与监督同样是规划支持系统应发挥作用的重要阶段。与规划编制不同，规划实施主要面向规划实施和管理部门，需要根据针对规划实施做出决策，所涉及的更多是流程、事件、主体关系、状态、指标等。通过基于 GIS 的计算机辅助工作流，以及基于知识库的推理系统的建立，可提供集成空间与非空间数据与指标、匹配相关案例和知识、多主体协同工作的规划支持系统。如武汉城市仿真实验室开发了国土空间规划"机审"工具、建筑方案智能"图审"工具和设计条件自动提取工具，可实现空间规划方案通过计算机快速比对和审查报告输出，辅助规划实施审查、实施进度监督更高效和科学。

3. 规划支持系统应用展望

在几十年的发展过程中，西方规划支持系统应用层面面临的困境一直受到关注。规划支持系统一直未能得到广泛的接收和应用。未来，对国土空间规划来说，规划支持系统作为一种基于数据、地理信息与计算机技术，解决规划面临实际需求的灵活性工具集，能够支持国土空间规划在宏观、中观、微观等多种空间尺度，静态截面到动态时序的多时间维度，规划前、规划实施过程中和规划实施后的全过程的应用场景的分析需求，为国土空间动态复杂系统中进行规划决策、开展实施评估、进行反馈调整的闭环决策分析提供支持。

3.5 面向精准操作的技术

智慧国土空间规划中的精准操作是指对规划活动中的各项任务进行精确的设计、执行与管理的过程。这种操作方式依赖于更优化的人机交互界面、更直观的规划干预过程、更实时的动态反馈路径。建筑信息模型（Building Information Modeling，BIM）、城市信息模型（City Information Modeling，CIM）、国土空间信息模型（Territory Information Modeling，TIM）和数字孪生技术等技术，或通过跟踪设计与实施全过程，或通过构建物理实体的高精度数字副本，使规划者能够精确管控和分析建筑、城市乃至更广泛地域的空间布局、基础设施和服务系统。

3.5.1 BIM、CIM 与 TIM

1. 建筑信息模型（BIM）

（1）BIM 概念及内涵。BIM 是在建设工程及设施全生命期内，对其物理和功能特性进行数字化表达，并依此设计、施工和运营的过程和结果的总称。在设计阶段，通过 BIM 技术，建筑设计师能够实现三维建模，将设计师的想法转化为具体的建筑物模型，并对建筑进行全面设计和分析；在施工阶段，采用 BIM 技术进行 3D 协调、管线综合、深化设计、场地使用规划，也可基于 BIM 进行项目的进度管理、质量管理、安全管理；在运维管理阶段，BIM 能够将建筑物空间信息、设备信息、其他信息有机地结合起来，并进行可视化集成展示，帮助运营人员合理制定运营、管理、维护计划，辅助事故快速处置。

（2）BIM 技术核心能力。BIM 技术作为当前建筑行业的重要革新，不仅极大地优化了建筑设计与管理流程，而且也提高了项目的整体质量与效率。其核心能力体现在以下几个方面：

1）三维可视与模拟：创建精确的三维建筑模型，包括建筑物的几何结构和各种构成元素，支持设计审查、冲突检测和工程分析等，辅助设计师创建更加协调、可靠的模型。

2）数据整合与共享：将不同来源的数据如几何信息、时间表、成本数据等，整合于一个三维模型信息数据库中，实现信息的共享与协同。

3）全生命周期管理：提供对建筑物或基础设施从方案设计、施工运行、竣工验收到运营维护的全生命周期管理支持，实现建筑项目的系统化、规范化和智能化，提高项目效率和成本效益，并实现可持续发展。

4）智能决策支持：对设计选择、成本估算和项目规划等方面进行精准分析与评估，提供智能决策支持。

2. 城市信息模型（CIM）

（1）CIM 的概念及内涵。CIM 是以 BIM、GIS、物联网（IoT）等技术为基础，整合城市地上地下、室内室外、历史现状未来多维多尺度空间数据和物联感知数据，构建起三维数字空间的城市信息有机综合体。从空间范围上讲，CIM 是大场景 GIS 数据、小场景 BIM 数据、物联网数据的有机结合，形成微观宏观、室内室外、地上地下的多层次、多尺度的 CIM 数据。从数据来源上讲，CIM 不仅关注静态、准静态的模型信息，同时也关注物联网、互联网产生的海量的、实时动态信息，通过 BIM、GIS 模型将这些信息进行实时动态的呈现和表达，对多维空间信息整合、空间数据分析与应用、数据融合共享、综合集成管理具有重要意义。CIM 平台基本架构如图 3–37 所示。

（2）CIM 技术核心能力。CIM 技术通过高级数据融合治理和三维空间模型技术，推动城市空间数据轻量化、仿真计算精度提升以及高逼真实时渲染方面的核心能力构建，进而优化城市规划、建设、管理和运营过程，提升效度、精度和透明度。

1）多源异构数据融合治理。CIM 需要整合基础 GIS 数据、三维模型数据、地上地下管线数据、BIM 模型、物联网感知数据、互联网感知数据等多源异构数据，并在此基础上支撑城市各项 CIM+应用。高质量的数据集成融合与管理是 CIM+应用支撑的重要保障，CIM 从多源异构数据融合治理到城市空间与非空间模型数据的融合与表示出发，实现对空间模型数据、智能感知数据、业务应用数据、文件、视频等多源异构数据的统一表示、统一接入和数据处理、异构数据统一管理、统一计算分析等。

2）三维空间模型数据轻量化。传统空间模型数据，一般源于桌面端 BIM/3D 设计软件，通常采用多个文件来存储模型的几何信息、材质信息、纹理贴图及属性信息等，模型体量很大。在数字城市 CIM 范畴下，为保证海量三维空间模型数据的加装、渲染效率，需要对模型文件进行转换和轻量化，这就需要空间模型数据在线轻量化处理技术。

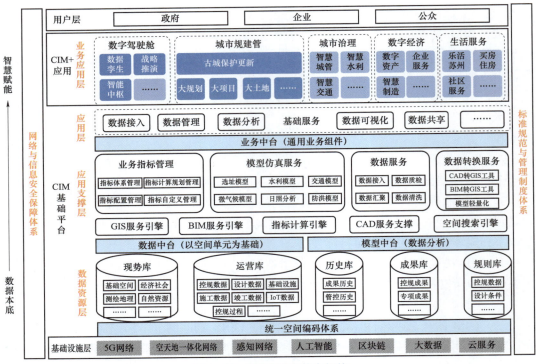

图 3-37　CIM 平台基本架构

资料来源：杨滔等，2021

　　空间模型数据在线轻量化处理技术，针对各类型 BIM、3D MAX、3D GIS 等空间模型数据，进行数模分离和数据提取，统一转化为定义的空间模型轻量化数据格式，再通过 LOD 构造技术、实例化提取技术、纹理压缩技术等，完成轻量化数据处理（见图 3-38）。

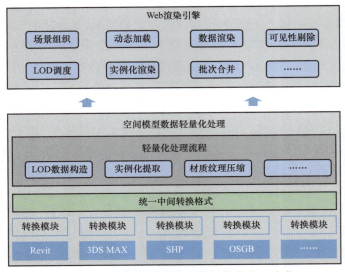

图 3-38　空间模型数据在线轻量化处理技术

资料来源：季珏等，2021

3）高精度仿真计算。城市三维模型需要与业务应用相结合，提供空间分析计算，才能发挥其信息模型的数据价值。这就需要用到大规模、高精度的空间分析计算技术，实现城市内海量空间模型数据的 2D、3D 空间计算和分析。CIM 提供从宏观、中观到微观建筑单体等不同维度的空间分析计算服务，包括流向分析、控高分析、水淹分析、日照分析、坡度分析、断面分析、视域分析等，这些分析计算为 CIM+ 应用提供服务，支撑城市规划、建设、管理、运营的各个环节，提升城市治理现代化水平。CIM 构建与服务能力如图 3-39 所示。

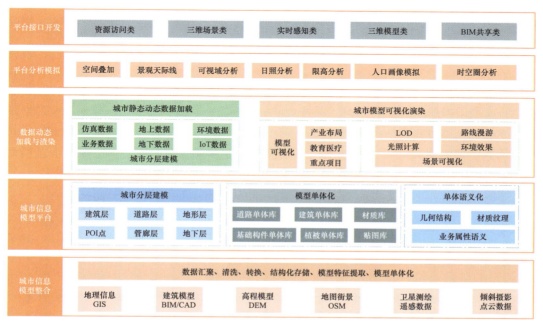

图 3-39 CIM 构建与服务能力
资料来源：曹先等，2021

4）高逼真实时渲染。CIM 技术融合三维模型渲染引擎实现不同 LOD 层级模型的实时动态切换，根据实时可视化范围，实现动态、高效的空间模型资源请求和调度机制，通过动态加载、可见性剔除、LOD 调度、优先级绘制等算法和策略，针对不同区域的 BIM 模型、GIS 影像、矢量数据等进行加载及卸载处理，只渲染对当前可视域有视觉贡献的各个空间对象；针对视域中各个空间对象视觉贡献度，实现不同 LOD 等级模型的实时动态加载或卸载，合理控制渲染内容及内存负荷，实现高效的空间模型调度和流畅展示。同时结合应用实例化渲染技术、批次合并渲染技术等，进一步提升渲染性能，最终实现城市范围内海量三维空间模型数据的加载、渲染和流畅展示。

3. 国土空间信息模型（TIM）

（1）TIM 的概念及内涵。TIM 概念由自然资源部提出。2022 年 10 月，吴洪涛研究员在题为"数字时代自然资源信息化发展"的讲座中指出，在"一网""一图"和国土空间基础信息平台的基础上，加强 BIM、CIM 数据融合，建立一体化的 TIM（国土空间信息模型）数据模型，作为构建数字国土空间的数据基础，实现空间全域全要素实体数字化与空间治理全周期规则数字化，建立一种新的空间治理形态。

国土空间信息模型（TIM）是以夯实国土空间规划实施监测网络数字底座，助力孪生互动数字国土空间构建为目标而提出的，是依托国土空间基础信息平台，利用实景三维中国建设成果、智慧城市时空大数据、国土调查数据、城市国土空间监测数据等多源数据融合治理成果，而构建成的全域覆盖、动态更新、权威统一、三维立体、时空融合、精度适宜的空间信息模型。

（2）TIM 技术核心能力。在 2023 年 4 月 17 日的"智慧国土与智能规划"的第 2 期 UP 论坛中，蔡玉梅博士指出建设"可感知、能学习、善治理和自适应"的国土空间规划监测网络（CSPON）是实现国土空间规划实施监测评估数字化转型的路径。通过集遥感、无人机、物联网和互联网等多手段、多渠道的国土空间规划实施监测感知体系，面向五级三类国土空间规划实施监测而构建的国土空间信息模型（TIM），能够强化数据的"聚通用"和多维计算能力，有效满足全体系、全空间、全域、全要素和全周期国土空间规划实施监测评估的系统性和差别化要求。其中，可感知需要感知"五级三类"规划体系的所有空间数据，构建面向对象的多尺度多主题多维度的国土空间信息模型（TIM），融合 CIM/BIM 构建 TIM 数据库，支撑可计算的规划实施评估决策（图 3-40）。

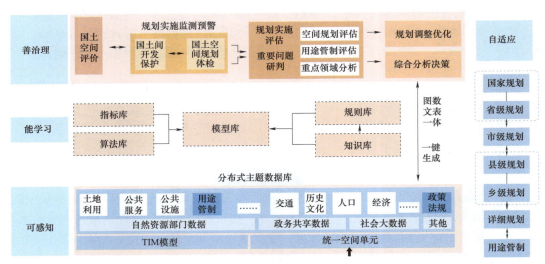

图 3-40　TIM 与统一空间单元协同下的监测评估智能化模型

资料来源：中国国土空间规划公众号《UP 论坛｜智慧国土与智能规划》

4. BIM、CIM 与 TIM 的关系

BIM、CIM 与 TIM 分别面向建筑对象、城市对象以及国土空间对象。BIM 聚焦工程项目建设，以信息化、数字化的手段驱动建设过程管理全面升级以及向资产运维的数据沉淀。CIM 面向城市管理与城市运行，实现基于数字孪生的智慧城市应用。TIM 在城市基础上，融合自然地理格局、自然条件等数据，形成地上地下、陆海相连的数据资源体系，为自然资源开发利用保护和国土空间治理等工作提供支撑和服务。

BIM 为基于 CIM 的城市管理场景提供了更加具象的解决方案，如基于 BIM 的规划报建智能审批、基于 BIM 的施工图智能审查、基于 BIM 的工程项目建设管理、基于 BIM 的施工仿真模拟等应用。而通过审查审批的 BIM 模型可纳入 CIM，成为城市整体场景的一部分，推动 CIM+智慧应用。同样，CIM 为 TIM 积累城市数据资产，也为 TIM 的城市相关应用场景提供解决方案，如多规合一、土地类、不动产登记类业务等。总体来说，BIM、CIM 与 TIM 是微观与宏观、局部与整体的关系。

3.5.2 数字孪生技术方法

1. 数字孪生概念发展

2002 年，迈克尔·格里夫斯（Michael Grieves）教授在产品生命周期管理（Product Life-Cycle Management，PLM）概念模型中，提到的"与物理产品等价的虚拟数字化表达"和现实空间、虚拟空间所组成的"信息镜像模型"为数字孪生概念的前身。2010 年，美国国家航空航天局（NASA）为服务于自身未来宇航任务，发布《建模、仿真、信息技术与处理路线图》，首次提出"数字孪生"一词。此后，数字孪生受到世界各地的广泛关注，其中，全球最具权威的 IT 研究与顾问咨询公司 Gartner 连续多年将数字孪生列为当年十大战略科技发展趋势之一，数字孪生技术逐渐被应用于各个行业。

2. 数字孪生技术特征

（1）精准映射。利用物联传感体系感知和反馈的数据，实现对建筑的全方位数字化建模和对运行状态的动态监测，形成与实体建筑 1:1 的精准表达与实时映射。通过物联网技术（IoT）、地理信息系统技术（GIS）、建筑信息模型技术（BIM）等，数字孪生可以分层次、分尺度呈现出物理城市运行的全貌，包括城市建筑物、交通道路、植被、水系、城市部件、管线等全要素静态地理实体，以及人、车辆、终端、各类组织等城市动态变化的各类主体。

（2）虚实交互。将实体空间中的规划、建设、管理及人的活动行为拓展到虚拟空间中，实现虚实融合。在数字空间中，基于物理城市采集数据的汇聚整合，可以分析城市拥堵情况、楼宇能耗情况、规划是否合理、地下管线是否需要维修等，洞察城市运行风险，并以数字化模拟的方式呈现出真实场景效果。用户可以通过修改信号灯配时、控制高耗电设施、改变规划选址等，制定策略举措，以改善城市运行状态。数字孪生城市虚实交互概念图如图 3−41 所示。

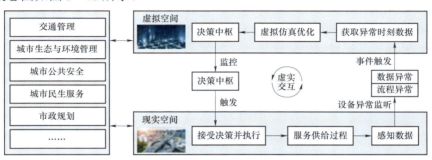

图 3−41　数字孪生城市虚实交互概念图

资料来源：向玉琼等，2021

（3）数据融合。城市运行的一大特征是其内部不同主体进行信息传递和共享，多源异构数据融合是全域映射的虚拟城市进行信息共享的基础。虚拟城市的智能运行需要统一的数据融合标准进行信息的采集、存储、管理、分析挖掘和共享。此外，从基础设施层的物联感知数据到自动驾驶、智慧社区等行业的数据，再到涉及城市管理的政务数据等，形成统一的数据融合标准，建立城市数据共享清单，有效整合不同类型数据资源，面向不同主体提供统一标准的数据服务，将极大发掘城市的数据财富，释放城市的数据价值（见图3-42）。

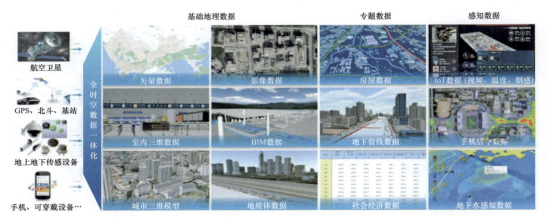

图3-42 全空间数据体系

资料来源：GIS前沿公众号《突破"BIM＋GIS＋IoT"技术瓶颈，融合城市地上下等多源大数据构建数字孪生城市》

（4）模拟仿真。物理城市在数字空间中得以丰富、延展、扩大，例如城市管理者可以基于数字平台界面与物理城市互动，搜索实体和框选统计分析，改动城市布局，模拟拥堵、生态等各项城市指标变化情况；以软件的形式模拟建筑工程的全生命周期，通过算法实现电热能源等专业模块的量化分析与智能操控；城市居民借助虚拟现实眼睛，犹如身临其境，获取远程教学、旅游漫游等数字服务。

（5）智能决策。对可能存在的不良影响、潜在风险等进行智能预警，为决策者和管理者提供科学的应对建议，从决策层面实现优化。智能决策系统按照事态紧急、重要程度，对实体城市中发生的各类事件进行实时分级评估，并预测事件的发展趋势。对于紧急、不重要的事件，智能干预立即响应，对于重要、不紧急的事件，智能决策系统生成辅助决策报告发送给相关管理人员，进行人工处理。

另外，智能决策不局限于城市物理状态，同样适用于社会治理、经济运行等城市社会状态。智能决策系统实时爬取主流社交工具的热点信息，通过自然语言处理和知识图谱等技术进行动态分析，挖掘社会群体的交互特征和规律，预防预警或通知相关人员及时处理重大社会影响事件，智能疏导社会负面情绪，引导城市社会状态正常运转（见图3-43）。

3. 趋势研判及展望

数字孪生是具有数据连接的特定物理实体或过程的数字化表达，该数据连接可以保

84

证物理状态和虚拟状态之间的同速率收敛，并提供物理实体或流程过程的整个生命周期的集成视图，有助于优化整体性能。未来，数字孪生可应用于工业生产、智慧城市、大数据医疗等领域。

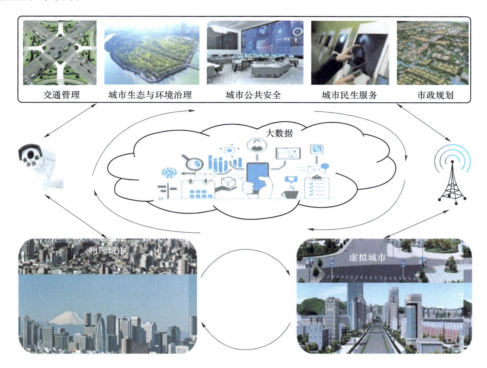

图 3-43　数字孪生城市模拟仿真及其决策功能
资料来源：杨林瑶等，2019

（1）数字孪生贯通工业生产信息孤岛。当前工业生产已经发展到高度自动化与信息化阶段，在生产过程中产生大量信息。但由于信息的多源异构、异地分散特征易形成信息孤岛，在工业生产中没有发挥出应有价值。而数字孪生为工业产生的物理对象创建了虚拟空间，将物理设备的各种属性映射到虚拟空间中，并通过多源数据融合实现了数据的集成与共享，打破了数据孤岛。数字孪生是未来数字化城市发展的关键技术。

（2）数字孪生推动新型智慧城市建设。目前全球近 1000 个提出智慧化发展的城市中，有近 500 个在中国，占全球数量的 48%，这为中国下一阶段的城市和基础设施发展奠定了基础。当前，安全综治、智慧园区、智慧交通是智慧城市建设投入的重点，三大细分场景规模占智慧城市建设总规模的 71%，而城市级平台、机器人等新技术和产品则在快速落地，被更多城市建设方采纳和应用。

数字孪生概念可应用于城市规划编制、建设、运营的各个阶段。通过构建集合云计算、物联网、人工智能、区块链、地理信息技术、5G 通信技术为一体的城市管理平台，打破不同行业、不同规则和不同数据的边界，贯通物理城市和数字城市之间的实时连接和动态反馈，协同多领域内容，实现"全贯通"治理模式，推动城市治理规则的重大变革，促进非技术瓶颈的破解，实现城市数字孪生高质量发展。

参 考 文 献

［1］ Batty M.Planning support systems and the new logic of computation ［J］. Regional development dialogue, 1995, 16(01): 1－17.

［2］ Brail R K, Klosterman R E.Planning support systems: Integrating geographic information systems, models, and visualization tools ［M］. ESRI, Inc., 2001.

［3］ Couclelis H. "Where has the future gone?" Rethinking the role of integrated land-use models in spatial planning ［J］. Environment & Planning A, 2005, 37(08): 1353－1371.

［4］ Kaviari F, et al.Simulation of urban growth using agent－based modeling and game theory with different temporal resolutions ［J］. Cities, 2019, 95: 102387.

［5］ Geertman S, Stillwell J. Planning support science: Developments and challenges ［J］. Environment and Planning B: Urban Analytics and City Science, 2020, 47(08): 1326－1342.

［6］ Morschek J, König R, Schneider S.An integrated urban planning and simulation method to enforce spatial resilience towards flooding hazards ［C］//Proceedings of the Symposium on Simulation for Architecture and Urban Design, 2019: 1－8.

［7］ Kramp T, van Kranenburg R, Lange S.Introduction to the Internet of Things.In: Enabling Things to Talk ［M］. Heidelberg, New York, Dordrecht, London: Springer, 2013.

［8］ Li X, Yeh A.Modelling sustainable urban development by the integration of constrained cellular automata and GIS ［J］. International Journal of Geographical Information Science, 2000, 14(02): 131－152.

［9］ Liu Y, Liu X, Gao S, Gong L, Kang C, Zhi Y, Chi G, Shi L.Social Sensing: A New Approach to Understanding Our Socioeconomic Environments ［J］. Annals of the Association of American Geographers, 2015, 105(03), 512－530.

［10］ Mcfadden D.The behavioral science of transportation ［J］. Transport Policy, 2007, 14: 269－274.

［11］［日］NTT DATA 集团. 图解物联网 ［M］. 北京：人民邮电出版社，2017.

［12］ Pettit C, Bakelmun A, Lieske S, et al. Planning support systems for smart cities ［J］. City Culture and Society, 2017, 12: 13－24.

［13］ Li P, Chen B, Li Z.ASOC: A novel Agent-based Simulation-optimization Coupling Approach-Algorithm and Application in Offshore Oil Spill Responses ［J］. Environ, 2016, 28(02), 90－100.

［14］［美］Richard K.Brail. 城市与区域规划支持系统 ［M］. 沈体雁，王芝田，吕永强，等，译. 北京：科学出版社，2015.

［15］ Wang L, Fan H, Wang Y.Improving population mapping using Luojia 1－01 nighttime light image and location-based social media data ［J］. Science of The Total Environment, 2020, 730: 139148.

［16］ Yu B, Lian T, Huang Y, et al. Integration of nighttime light remote sensing images and taxi GPS tracking data for population surface enhancement ［J］. International Journal of Geographical

Information Science, 2018: 1－20.

［17］杨滔，杨保军，鲍巧玲，等. 数字孪生城市与城市信息模型（CIM）思辨以雄安新区规划建设 BIM 管理平台项目为例［J］. 城乡建设，2021（02）：34－37.

［18］蔡彩，陶迎春，张翼然，等. 面向城市体检的时空大数据中心建设初探［J］. 北京规划建设，2020（S1）：115－122.

［19］曹先，张恒，黄亮东，等. 城市规划视角下的城市信息模型（CIM）平台建设［C］//中国城市规划学会，成都市人民政府. 面向高质量发展的空间治理——2021 中国城市规划年会论文集（05 城市规划新技术应用）. 北京：中国建筑工业出版社，2021：818－828.

［20］曹献. 基于知识图谱的城市历史文化风貌评估模型构建与表达［D］. 北京：北京建筑大学，2023.

［21］党安荣，甄茂成，许剑，等. 面向新型空间规划的技术方法体系研究［J］. 城市与区域规划研究，2019，11（01）：124－137.

［22］杜金莹. 基于 CA 的优化模型在城市规划领域的应用［C］. 16th International Conference on Computers in Urban Planning and Urban Management，2019.

［23］段瑞兰，郑新奇. 城市仿真模型（UrbanSim）及其应用［J］. 现代城市研究，2004（01）：65－68.

［24］顾建祥，杨必胜，董震，等. 面向数字孪生城市的智能化全息测绘［J］. 测绘通报，2020（06）：134－140.

［25］何章政. 遥感技术及在国土空间规划中的应用分析［J］. 地产，2019（11）：44－45.

［26］纪博雅，戚振强. 国内 BIM 技术研究现状［J］. 科技管理研究，2015，35（06）：184－190.

［27］季珏，汪科，王梓豪，等. 赋能智慧城市建设的城市信息模型（CIM）的内涵及关键技术探究［J］. 城市发展研究，2021，28（03）：65－69.

［28］蒋华雄. 西方规划支持系统的实施困境、解决路径及其启示［J］. 国际城市规划，2023，38（01）：117－123.

［29］焦永利，史晨. 从数字化城市管理到智慧化城市治理：城市治理范式变革的中国路径研究［J］. 福建论坛（人文社会科学版），2020（11）：37－48.

［30］赖云，孔姗，邓惠元，等. 无人机调查举证在三调省级核查中的应用［J］. 地理空间信息，2021，19（03）：5.

［31］李鹏鹏，李永强，蔡来良，等. 车载 LiDAR 点云中道路绿化带提取与动态分析［J］. 地球信息科学学报，2020，22（02）：11.

［32］李心雨. 基于街景图像和机器学习的城市街道安全感知与舒适度研究［D］. 兰州交通大学，2023.

［33］刘大同，郭凯，王本宽，等. 数字孪生技术综述与展望［J］. 仪器仪表学报，2018，39（11）：1－10.

［34］刘金花，郑新奇，王筱明. 城市仿真模型—URBANSIM 的开发过程［J］. 资源开发与市场，2004（04）：295－297.

［35］刘俊楠，刘海砚，陈晓慧，等. 面向多源地理空间数据的知识图谱构建［J］. 地球信息科学学报，2020，22（07）：11.

［36］刘亚坤，刘会云，李永强，等. 基于多源激光点云融合的建筑物 BIM 建模［J］. 地球信息科学学报，2021，23（05）：10.

［37］马腾，刘全明，孙红. 多源遥感技术在土地利用分类中的应用［J］. 测绘通报，2018（08）：6.

[38] 茅明睿，王腾. 裂变：城市规划信息化发展历程及趋势分析 [J]. 北京规划建设，2017（06）：62－66.

[39] 茅明睿. 城市治理中的社会感知方法应用 [J]. 办公自动化，2020，25（05）：11 13＋46.

[40] 彭桂林，万志强. 中国浮空器遥感遥测应用现状与展望 [J]. 地球信息科学学报，2019，21（04）：504－511.

[41] 秦萧，甄峰，李亚奇，等. 国土空间规划大数据应用方法框架探讨 [J]. 自然资源学报，2019，34（10）：2134－2149.

[42] 万励，金鹰. 国外应用城市模型发展回顾与新型空间政策模型综述 [J]. 城市规划学刊，2014（01）：81－91.

[43] 王成山，董博，于浩，等. 智慧城市综合能源系统数字孪生技术及应用 [J]. 中国电机工程学报，2021，41（05）：1597－1608.

[44] 王治华. 遥感技术在地质灾害调查、监测和防治中的应用 [J]. 环境遥感，1992（03）：190－195＋243.

[45] 邬樱，李爱群. "城市－建筑－人"耦合视角下数字孪生技术应用与分圈层场景构建 [J]. 工业建筑，2023，53（04）：180－189.

[46] 吴志强，甘惟，臧伟，等. 城市智能模型（CIM）的概念及发展 [J]. 城市规划，2021，45（04）：106－113＋118.

[47] 吴志强，甘惟. 转型时期的城市智能规划技术实践 [J]. 城市建筑，2018，272（03）：28－31.

[48] 向玉琼，谢新水. 数字孪生城市治理：变革、困境与对策 [J]. 电子政务，2021（10）：69－80.

[49] 谢花林，温家明，陈倩茹，等. 地球信息科学技术在国土空间规划中的应用研究进展 [J]. 地球信息科学学报，2022，24（02）：18.

[50] 杨林瑶，陈思远，王晓，等. 数字孪生与平行系统：发展现状、对比及展望 [J]. 自动化学报，2019，45（11）：2001－2031.

[51] 杨滔，李晶，张月朋，等. 城市信息模型（CIM）平台顶层设计的理论与方法探讨——以苏州为例 [J]. 城市发展研究，2022，29（07）：24－29.

[52] 张春鹏，郭雅芬，过仲阳. 遥感技术在环境监测中的应用探讨 [J]. 测绘与空间地理信息，2006（04）：32－34＋42.

[53] 张翔. 大数据时代城市规划的机遇、挑战与思辨！[J]. 规划师，2014，30（08）：38－42.

[54] 张志刚，李明，温晖，等. 遥感技术在自然资源调查监测中的应用 [J]. 农业科技与装备，2022（02）：12－13＋16.

[55] 周瑜，刘春成. 雄安新区建设数字孪生城市的逻辑与创新 [J]. 城市发展研究，2018，25（10）：60－67.

[56] 党安荣，王飞飞，曲葳，等. 城市信息模型（CIM）赋能新型智慧城市发展综述 [J]. 中国名城. 2022，36（01）：40－45.

第4章　智慧国土空间规划支撑体系

4.1　概述

2019年5月以来，中共中央、国务院、自然资源部先后印发《关于建立国土空间规划体系并监督实施的若干意见》等一系列政策文件，指出新时代的国土空间规划是"可感知、能学习、善治理、自适应"的智慧规划。党的二十大报告提出要"建设新型智慧城市"，对当前国土空间规划工作的开展提出了新要求。因此面向传统规划理念、技术、方法向智慧规划转型的现实需要，为了提高国土空间规划的科学性、系统性和可操作性，促进国土空间的高效利用和可持续发展，迫切需要建立智慧国土空间规划支撑体系。

随着新时期规划工作的进一步深入，第一，智慧国土空间规划往往需要收集、处理、存储海量信息，这就要求相应的基础设施既要拥有更加强大的信息处理能力、存储能力、网络通信能力，也要具备高效的信息采集能力、成果可视化能力。第二，智慧国土空间规划是基于大量数据进行分析、决策和规划的过程，只有建立科学有效的数据支撑体系，才能够识别和解决国土空间规划中的问题，才能够为规划提供科学依据。第三，现行的相关标准仍存在覆盖面不全、相互矛盾、理念滞后等不足，因此迫切需要标准支撑体系为智慧国土空间规划提供一套统一、完整、协调的规则和技术要求。第四，由于智慧国土空间规划涉及大量数据的处理与共享，因此安全问题至关重要。第五，智慧国土空间规划需要涉及多个领域的技术，因此需要审视如今的教育培养模式和专业设置是否可以支撑国土空间规划人才的培养，发现问题，以人才支撑智慧国土空间规划的可持续发展。

综上，基于"可感知、能学习、善治理、自适应"的智慧化本质以及提升国土空间规划各环节智能化水平支撑要求，在智慧国土空间规划顶层目标指引下，可建立由设施支撑、数据支撑、标准支撑、安全支撑和人才支撑所构成的智慧国土空间规划支撑体系，如图4-1所示。本章将对智慧国土空间规划的支撑体系进行总结与介绍。

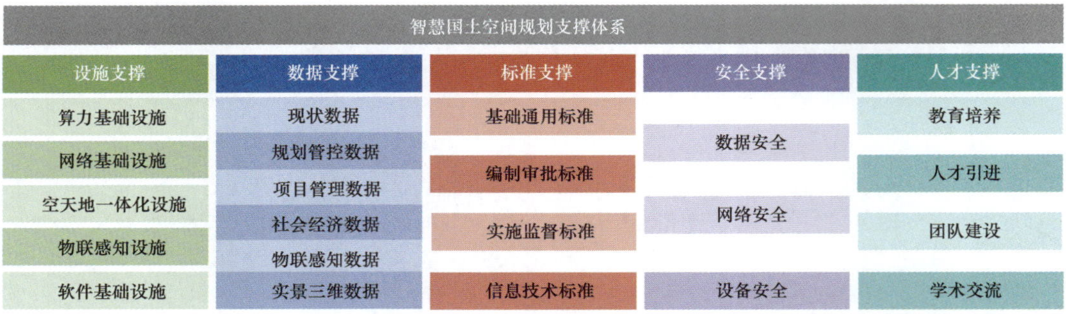

智慧国土空间规划支撑体系				
设施支撑	数据支撑	标准支撑	安全支撑	人才支撑
算力基础设施	现状数据	基础通用标准		教育培养
网络基础设施	规划管控数据	编制审批标准	数据安全	人才引进
空天地一体化设施	项目管理数据			
物联感知设施	社会经济数据	实施监督标准	网络安全	团队建设
	物联感知数据			
软件基础设施	实景三维数据	信息技术标准	设备安全	学术交流

图 4-1 智慧国土空间规划支撑体系

4.2 设施支撑

设施作为智慧国土空间规划的重要"底座",贯穿于国土空间规划的全生命周期,在对智慧国土空间规划理论框架深入分析与实践的基础上,尝试构建智慧国土空间规划设施支撑体系,具体包括算力基础设施、网络基础设施、空天地一体化设施、物联感知设施和软件基础设施。

4.2.1 算力基础设施

算力泛指计算能力,是指通过对信息数据进行处理,实现目标结果输出的计算能力。算力的本义是用以描述某个设备或系统的计算性能,是计算性能的口语化表达,但随着数字经济时代的到来,算力的内涵进一步扩大到用户能获得的体现为用户实际效用的计算性能。算力基础设施的本质是指能够提供不同类型的计算能力的基础设施。狭义的算力基础设施是指提供计算资源的基础设施,小到如计算机、服务器等底层硬件基础设施,大到如提供强大算力资源的数据中心、超算中心等。广义的算力基础设施则是指融合了算力生产、算力传输和互联网发布为一体的服务。综上,算力基础设施既包含了提供算力资源的实体硬件基础设施,又包括了通过云计算、提供算力资源输送的网络基础设施对外提供服务等内容。

随着算力在国土空间规划的规划编制、协同审批、实施监督等各项规划业务的应用逐渐深入,对数据中心、超算中心、信息平台等算力基础设施需求大幅增长。在规划编制阶段,往往需要依托算力基础设施存储、分析包括现状类数据、规划类数据、管理类数据在内等多维度数据资源,基于算力基础设施构建算法模型并进行量化分析,实现指标及管控要素的计算统计,支撑国土空间规划智能化编制;在规划审批阶段,以信息平台为支撑,基于规划指标的审查规则与相关模型,支撑国土空间规划自动化审批;在规划实施阶段,构建项目部署实施技术支撑体系,辅助规划建设项目精准实施,支撑国土空间规划精准化实施;在规划监督阶段,依托国土空间规划"一张图"实施监督信息系统等平台,对规划指标进行可视化动态监测,直观了解指标落实情况,支撑国土空间规划实时化监督。可以看出,在"多规合一"的国土空间规划体系中,算力基础设施作为智慧国土空间规划重要"底座"支撑，正在作为一种新的生产力形式，为新时代规划智慧化转型注入新动能。

智慧国土空间规划算力基础设施的搭建具体需要关注计算能力、存储能力、网络能力与算法能力。其中计算能力要求相应设施根据需求具备足够的计算能力，包括中央处理器（Central Proessing Unit，CPU）、图形处理器（Graphice Processing Unit，GPU）等计算资源，同时要保障计算能力可调度、可扩展，以满足不同规模的规划任务需求。以国家超级计算长沙中心为例，其峰值计算性能达 200P Flops（P：千万亿次，Flops：每秒浮点运算次数），相当于每秒进行 20 亿亿次计算，其中就为遥感影像统筹提供了高性能计算。而小规模的如企业级算力基础设施则可以自行购买服务器硬件，搭建分布式计算系统，或者选择云计算服务提供商，如阿里云等。存储能力即要求相应设施拥有足够的存储容量，包括服务器存储、云存储等，其中云存储成为很多企业的首选存储方式，这不仅因为云存储可以节省存储空间和硬件成本，同时数据资料可以随时在任何地方都能够进行访问和使用。而网络附属存储（Network Attached Storage，NAS）的出现则让个人组建和使用成为现实，它将存储设备与服务器彻底分离，集中管理数据，其成本远远低于使用服务器存储，而效率却远远高于后者。网络能力即相应设施具备高速、可靠、安全的网络环境，尤其是智慧国土空间规划涉及庞大的数据量，这就要求提供较高的网络带宽、较低的网络延迟以及数据传输共享的可靠性。算法能力要求相应设施具备足够的算法资源，包括深度学习、机器学习等，其中卷积神经网络是一种常见的深度学习技术，主要用于图像和视频处理，其在国土空间规划中的应用—遥感影像自动解译技术就为智能化、精细化国土空间智能监测提供了新思路。

4.2.2　网络基础设施

网络基础设施是指在用户、设备、应用程序、互联网等之间实现网络连接和通信的硬件和软件。随着国家提出加快建设 5G 网络、数据中心等新基建重要战略，网络基础设施的内涵与外延不断拓展，其基础性、战略性、先导性地位全面凸显。根据 2023 年 3 月中国互联网络信息中心发布的第 51 次《中国互联网络发展状况统计报告》显示，截至 2022 年 12 月，我国域名总数达 3440 万个，IPv6 地址数量达 67369 块/32；在信息通信业方面，我国 5G 基站总数达 231 万个，占移动基站总数的 21.3%；在物联网发展方面，我国移动网络的终端连接总数已达 35.28 亿户，移动物联网连接数达 18.45 亿户。如今在网络基础设施成为重组要素资源、重塑经济结构、提升国家核心竞争力的关键力量的时代背景下，建设先进的网络基础设施，对国土空间规划智慧化的发展及应用有着重要的支撑作用。

首先，网络基础设施为智慧国土空间规划提供了高效的信息交流和数据共享平台。2019 年 11 月 1 日，自然资源部发布《自然资源部信息化建设总体方案》（自然资发〔2019〕170 号），全新的自然资源信息化建设总体框架应运而生，明确指出要建立互联互通"一张网"，为资源共享和业务协同解决"路"的问题，而网络基础设施则为不同地域之间、不同层级之间提供了高效的信息交流和数据共享平台。依托网络基础设施，各地可以实时沟通、共享空间数据、交换规划经验，进而实现国土空间规划信息与数据的跨区域协同、跨层级交流、跨群体共享。其次，网络基础设施为智慧国土空间规划提供了互联网服务和云计算服务的硬件基础。依托网络基础设施，互联网地图数据、位置服务数据在国土空间规划领域得到广泛应用，为立体化、综合化的国土空间感知提供了新途径；云计算服务则可以提供高速的数据处理能力和存储资源，通过将国土空间数据存储在云平台中，可以实现数据的共享和协作，并利用云计算的弹性和可扩展性提高数据处理效率。此外网络基础设施支撑国土空间规划中各种物联网技术的应用。在国土空间规划中，物联感知技术需要实时传输大量数据，网络基础设施提供了合适的通信和传输渠道，以便将传感器、设备和云端数据进行连接，从而实现数据的实时交换和处理。同时利用网络基础设施，实时监测和采集国土空间相关数据，并将这些数据进行融合分析，为规划决策提供实时的、精准的信息。

网络基础设施的搭建具体需要综合考虑网络技术、网络架构、网络容量等。网络技术可以根据需求选择如光纤网络、5G网络等，尤其是随着我国5G网络建设和应用持续推进，对国土空间开发利用情况进行精度更高、信息更丰富的全天候自动感知逐渐成为现实。其次需要确定网络架构，包括网络的拓扑结构、网络设备类型、网络协议等，常见的网络的拓扑结构有树状、环形、星形等，网络设备类型则涵盖了路由器、交换机、网关等，网络协议则可以选择传输控制协议/网际协议（Transmission Control Protocol/Internet Protocol，TCP/IP）、超文本传输协议（Hypertext Transfer Protocol，HTTP）、文本传输协议（File Transfer Protocol，FTP）等。在搭建网络基础设施时，同时需要规划网络的容量，明确包括网络带宽、数据存储空间、并发用户数、网络负载等内容，尤其是新时期智慧国土空间规划对于数据的需求庞大，需要建设网络带宽大、数据存储空间足够、并发用户数多、网络负载高的网络基础设施。

4.2.3 空天地一体化设施

2022年，《"十四五"国家应急体系规划》和《"十四五"国家综合防灾减灾规划》发布，明确要求加强自然灾害监测预警的信息化建设；2023年2月，中共中央、国务院印发的《数字中国建设整体布局规划》中，明确提出要"完善自然资源三维立体一张图和国土空间基础信息平台"，自此空天地一体化设施逐渐成为国土空间规划监测工作的核心。空天一体化设施是指通过将空中和地面的各种设施结合起来，形成一个完整的系统。其中，空中设施包括了卫星、无人机等，地面设施则包括各种基站、传感器、控制中心等。

首先，空天地一体化设施通过空中及地面设施提供了高精度、高时效的空间信息，为智慧国土空间规划提供准确的基础数据，以此更好地了解国土空间的现状、发展趋势和潜力，从而制定更科学、合理的规划方案。其中空天地一体化设施在智慧国土空间规划监测方面应用更为广泛，是实现智慧城市建设的关键。基于卫星、无人机、摄像头等获取城市各种数据信息，及时发现和处理城市中发生的各类突发事件，如交通拥堵、自然灾害等，提高城市的应急响应能力。其次，空天地一体化设施有效支持了城市环境的监测与管理。通过利用各类基站、传感器等设施，实时了解城市的环境污染状况，包括空气质量、水质状况等，有助于制定更加合理的规划措施。同时通过地面站和卫星定位技术，可以获取高精度的地理信息数据，为智慧国土空间规划提供了测绘数据支撑。此外利用空天一体化设施，可以对自然资源进行全面调查，掌握资源分布和变化情况，为资源管理和规划提供数据支持。

因此未来应充分利用卫星遥感、无人机、视频监控等设施，探索构建符合实际需求的空天地一体化监测体系，及时获取城市基础设施的关键风险特征，提高城市的安全性、便利性和可持续发展能力。

4.2.4 物联感知设施

物联感知是指利用物联网技术，实现对物理世界的感知、连接和智能化。《中华人民共和国国民经济和社会发展第十四个五年规划和 2035 年远景目标纲要》中将物联网纳入七大数字经济重点产业，物联感知设施被视为智慧城市公共基础设施。基于"可感知"的国土空间规划智慧化本质，物联感知设施充分发挥其数字化信息采集分析和监测预警的功能，对由基础市政设施、城市建筑实体、移动的商品和物体、城市资源与环境和城市居民的个体及群体等几大部分构成的国土空间进行全面深度的感知，为智慧国土空间规划的综合应用和建设提供智能化、泛在的信息感知网络。

首先，物联感知设施有效支撑了国土空间规划数据采集与分析。物联感知设施可以通过水、电、气、热等感知系统及各类传感器采集大量实时环境数据，如气象信息、交通流量、土地利用情况等，这些数据直接反映国土空间的变化和特征，为国土空间规划提供了可靠基础数据。其次，物联感知设施能够将采集到的数据进行自动化处理和分析，可以从海量数据中识别出规律和趋势，为国土空间规划决策提供科学依据。例如根据交通流量数据和人口密度信息，可以优化城市道路交通布局，探究城市中职住平衡的关系，而根据气象数据和土壤质量信息，可以合理规划农田分布。同时物联感知设施强力推进了国土空间规划实时监测与预警。监测评估预警是推动国土空间规划实施、构建国土空间规划闭环运行体系的重要技术保障和关键反馈环节，通过利用传感器等物联感知设施实时采集多种数据，结合大数据处理及挖掘技术，经过数据预处理、模型训练、模型预测和制图等步骤，进行城市精细感知，包括土地覆盖变化、建筑用地信息提取、道路识别、交通监测、管控边界内异常行为智能监测、耕地"非农化"智能监测、重大建设项目实施全周期智能监测等，实现对规划实施过程中违反开发保护的情况管控。

具体来看，智慧国土空间规划下物联感知设施包括城市环境监测设施、气象监测设施、地质监测设施、土地利用监测设施等，这些设施收集了城市的各种环境与发展状态数据，使了解国土空间发展现状、实现大范围、大规模监测国土空间管制规则的落实成为可能，因此需加快各类物联感知设施的接入工作与物联感知数据的应用。如湖南省浏阳市开展的耕地"非农化"智能监测即大量应用物联感知设施，其中在耕地流向分析阶段，根据图斑位置和周边物联感知设备条件，对于不同情况，采取不同的处置方式，如通过人机交互不能确定的变化图斑，则可以调用现场鹰眼或智能球机摄像头确认变化图斑现场情况和变化类型，而对于面积较大、变化图斑密集区、遥感影像模糊及变化图斑周边没有物联感知设备的图斑，则依靠智能手机等移动终端的导航定位和外业巡查功能，进行变化图斑现场情况巡查与确认，最终得到耕地非农化流向成果数据。

4.2.5 软件基础设施

软件基础设施作为新时期国土空间规划持续完善与改进的重要支撑，贯穿于国土空间规划的编制、审批、实施、监督的全生命周期。软件基础设施是指用以支撑软件的开发、部署及运行的基础设施，涵盖了硬件、操作系统、数据库、网络等，是保障智慧国土空间规划相关软件开发和运行、提供高效可靠、安全的数据存储和处理能力、支持软件可持续发展的重要支撑。新一轮智慧国土空间规划对传统的规划调研、编制、审批、实施、监督等环节提出了更高的要求，数据采集、处理、分析与制图是智慧国土空间规划中的重要内容，无论是在规划编制还是规划评估都涉及相应的内容。因此本书所探讨的软件基础设施侧重于辅助开展国土空间规划相关工作的软件，主要是指智慧国土空间规划下的数据采集软件、数据处理软件、数据分析软件及应用服务软件。

目前智慧国土空间规划数据采集软件获取的数据主要以矢量数据和文本数据为主。其中矢量数据采集软件应用较多的有兴趣点（Point of Interest，POI）数据获取软件，如POIKit、OSpider 等，而文本数据采集软件主要为火车头、八爪鱼等。POI 数据获取软件通过与高德地图、百度地图的应用程序编程接口（Application Programming Interface，API）连接，采用编程语言进行数据采集、定义数据格式，是目前免费获取大数据的基础软件，而火车头、八爪鱼主要适用于网页文本数据的获取，用于整合分析网络评价等相关数据。智慧国土空间规划数据处理软件主要有空间数据转处理系统（Feature Manipulate Engine，FME）、遥感图像处理平台（The Environment for Visualizing Images，ENVI）、湘源控规等，其中 FME 作为一款空间数据处理软件，在国土空间规划要求将不同来源的数据整合构建"一张图"，完成所有数据格式、坐标、结构的统一的大背景下，可广泛应用于数据格式转换、坐标转换、成果质检、数据入库与动态更新等领域。数据分析软件主要包括地理信息系统类软件，其中以 ArcGIS、MapInfo 等国外软件以及SuperMap、MapGIS 等国内软件为代表的地理信息系统软件为国土空间规划提供了更多软件选择，其中以 ArcGIS 用户最多。通过利用 ArcGIS 进行国土空间规划编制，在底图底数、基地分析、规划决策、发展预测、成果表达等方面发挥了不可替代的作用，同时 Python、JAVA、C＋＋等辅助编程软件在智慧国土空间规划数据分析中也应用较广。应用服务软件则主要为相应的国土空间规划信息化平台，具体为国土空间基础信息平台、国土空间规划"一张图"实施监督信息系统等，它们是构建和完善国土空间治理体系的重要抓手，也是实现规划治理能力现代化的基础支撑。通过将已整合的国土空间总体规划编制成果、详细规划和相关专项规划、原有控制性详细规划数据接入，建设国土空间规划"一张图"实施监督信息系统，实现国土空间规划"一张图"应用、分析评价、成果审查与管理、监测评估预警、资源环境承载力监测预警和指标模型管理，形成国土空间规划"编制—实施—监督"全过程管控闭环，为健全国土空间规划动态监测评估预警和实施监管机制提供信息化平台支撑。

可以预见，智慧国土空间规划下软件基础设施将是实现现代化国土空间治理的重要支撑，相关规划机构、企业可结合主要工作内容需要进行适当的学习，了解数据获取流程和数据类型，能够进行适当的数据获取，并结合 ArcGIS 数据分析软件，进行国土空间规划数据统计、分析应用。

4.3 数据支撑

数据在智慧国土空间规划中扮演着至关重要的角色，是科学决策、高效管理和精准规划的基础。依据 2019 年 12 月自然资源部印发的《自然资源部信息化建设总体方案》（自然资发〔2019〕170 号）指出，可按照数据类别、层次和关系，建立自然资源数据目录，包括现状数据、规划管控数据、管理数据、社会经济数据 4 个大类。在此基础上，根据智慧国土空间规划实际应用需求，增加物联感知数据与实景三维数据专题介绍，构建智慧国土空间规划数据支撑体系。

4.3.1 现状数据

现状时空数据是指反映国土空间资源及利用现状的数据，包括基础地理信息数据、自然资源调查监测数据、地质数据等，这些数据是掌握国土空间现状和空间开发利用状况的基础，也是规划决策的重要依据。现状数据包含内容如图 4-2 所示。

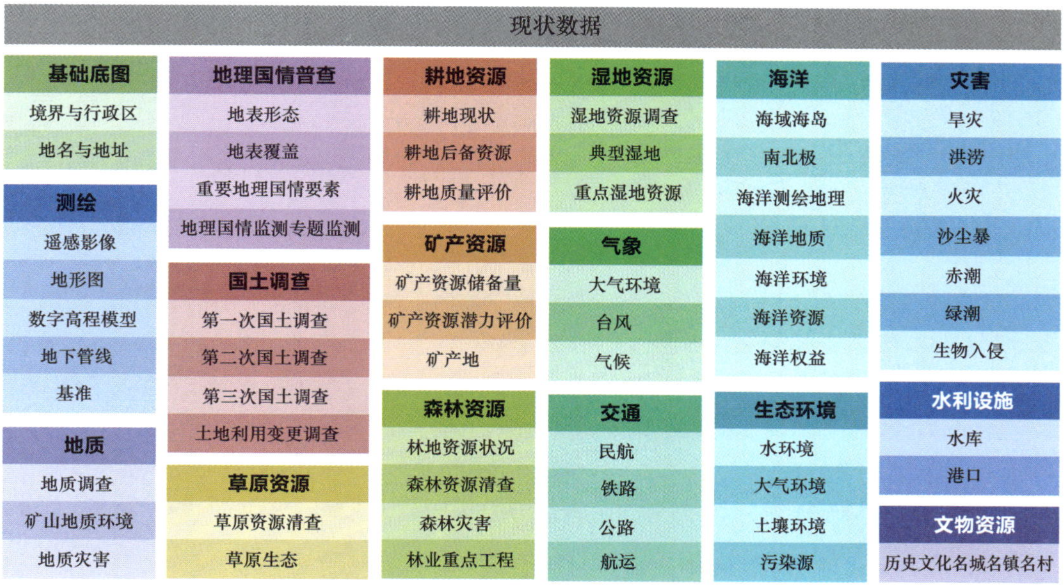

图 4-2　现状数据包含内容

具体来看，基础地理信息数据涵盖了境界与行政区、地名与地址、遥感影像、地形图、数字高程模型等数据。这些数据是开展国土空间规划的基础，是摸清家底、绘制底图、评估评价、制定目标的基本依据，如针对遥感影像进行分析，可以了解土地资源的分布、数量、质量、利用状况等现状信息，同时摸清城市建设、交通、水系、绿地等信息，为国土空间规划和管理提供重要的现状数据支持。自然资源调查监测数据则主要包括自然资源基础调查数据、自然资源专项调查数据以及自然资源调查监测和分析评价数据等，其中以第三次国土调查应用最为广泛。国土空间规划工作统一采用"三调"数据作为规划现状底数和底图基础，"三调"数据也成为规划传导机制的重要载体、规划实施评估的重要依据。地质数据则包括地质灾害、矿产地质、水文地质等，通过充分查明地质本底要素，为合理配置自然资源、科学规避地质环境风险提供优质调查成果。

新形势下开展智慧国土空间规划需要建立统一、全面、规范、准确的自然资源和规划底板数据，因此需要同时开展现状数据治理工作。依据各类数据的国家标准和行业标准，对国土空间规划现状数据进行收集、整理、更新和分析，以实现数据的准确性、完整性和可靠性。

4.3.2 规划管控数据

规划管控数据是指反映国土空间规划管理的数据，可以分为历史规划数据与新增规划数据两大类，具体包括各级各类国土空间规划数据，涵盖了不同发展时期的总体规划、详细规划、专项规划等相关数据，同时包括自然资源"双评价"数据、规划审批数据等。规划管控数据包含内容如图4−3所示。

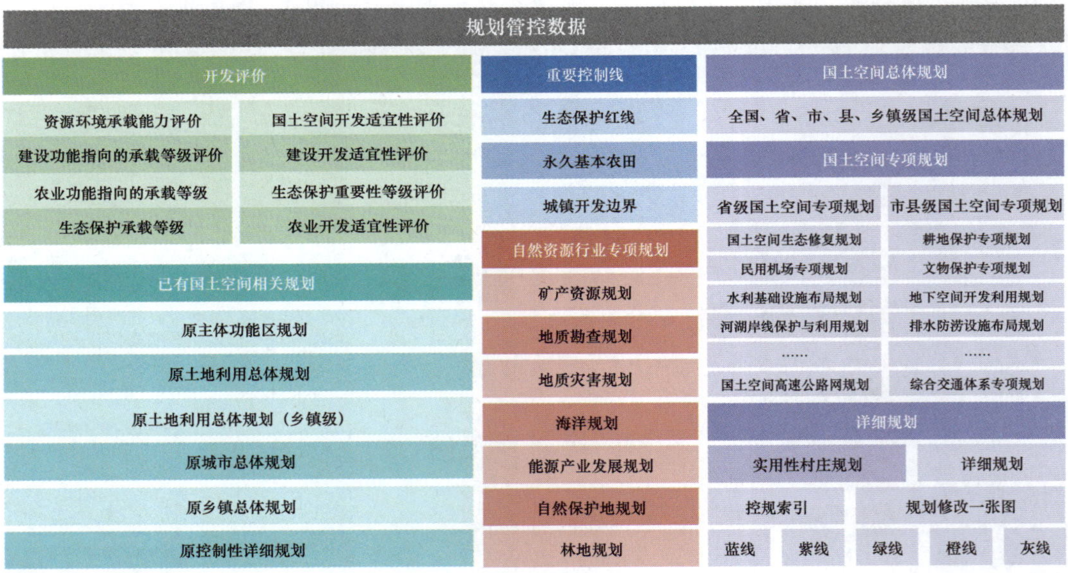

图4−3 规划管控数据包含内容

随着科技的发展和数据技术的不断进步，国土空间规划管控数据将进一步向着数据精细化、智能化方向发展，而原有的规划数据往往存在格式不统一、坐标不一致等问题，因此首先需要对原有的规划数据及时开展数据清理工作，包括数据核实、数据更新、数据清理等；其次，在五级三类国土空间规划体系下，需要积极研究各级各类规划的数据建库工作，如依据自然资源部办公厅 2021 年 3 月发布的《市级国土空间总体规划数据库规范（试行）》，分数据准备、建立空库、坐标设置、矢量数据入库、属性数据入库、数据检查共六大步骤进行总体规划成果数据建库，以此提高规划数据的准确性和完整性，为国土空间规划决策提供可靠的数据支撑。

规划管控数据中，总体规划作为国土空间规划的首要任务，国家层面已经从多个方面发布了各种指导性文件。例如，出台《省级国土空间规划编制指南》和《市级国土空间总体规划编制指南》为省级、市县级国土空间总体规划编制提供了方法和程序上的指导；出台对应成果汇交要求则保证了规划成果的质量和完整性，便于后续的审查和评估；而数据库标准则为总体规划的实施提供了技术支撑，确保了数据的共享和利用。但详细规划的制定仍然存在一些问题，其中最为突出的是缺乏具体的实施方案和操作指南，这导致规划的制定和实施存在一定的随意性和不确定性。此外，由于不同地区的实际情况存在差异，各地的详细规划也需要结合当地的特点进行制定和调整，这需要地方政府的积极配合和参与。详细规划分为城镇开发边界内的控制性详细规划和城镇开发边界外的实用性村庄规划。其中，在编制控规过程中，需要考虑人口、用地、公共服务设施、综合交通、市政设施绿地系统、城市安全等多方面的因素。目前国家尚未出台国土空间规划体系下的控规相关编制指南和成果标准，新国土空间规划下各地方自然资源管理部门对控规成果组成有普遍认知，通常包含文本、图则、基础资料汇编、说明书、编制文件和数据库文件，其中控规数据库作为国土空间规划"一张图"的重要组成部分，其汇交成果普遍包括总体控制、设施线、交通规划和城市控制线四类要素，具体见表 4-1。

表 4-1　　　　　　　　　　　　　控规数据库要素图层

序号	图层分类	图层名称	图层代码	几何属性
1	总体控制	单元	DY	A
2		街区	JQ	A
3		地块	DK	A
4		地下空间分区	DXKJFQ	A
5	设施线	给水管线	JSGX	L
6		排水管线	PSGX	L
7		供电线	GDX	L
8		通信管线	TXGX	L
9		输气管线	SQGX	L
10		防灾通道	FZTD	L
11	交通线	轨道交通线	GDJTX	L
12		道路面	DLM	A
13		道路中心线	DLZXX	L
14		城市道路控制点	DLKZD	P

序号	图层分类	图层名称	图层代码	几何属性
15	城市控制线	蓝线	LX	A
16		绿线	LVX	A
17		黄线	HX	A
18		紫线	ZX	A

专项规划是指涉及空间利用的某一领域的专项规划，如交通、能源、水利、农业、信息、市政等基础设施，公共服务设施，军事设施，以及生态环境保护、文物保护、林业草原等专项规划，由相关主管部门组织编制。相关专项规划可在国家、省和市县层级编制，不同层级、不同地区的专项规划可结合实际选择编制的类型和精度。专项规划的编制面临着多层次、多部门协调、数据共享与技术支持、规划实施与监管、动态调整与灵活性、法规与政策支持等多方面的问题和挑战。其中，专项规划的编制需要以空间数据为基础，但目前存在数据分散、标准不一、更新不及时等问题。同时，一些专项规划涉及复杂的技术问题，如生态保护、水资源配置等，需要专业的技术支持。因此，需要加强数据共享和技术合作，提高专项规划编制的科学性和可操作性。因此，建议规划成果主要包括专项规划批复文件及文本、专项规划成果矢量数据库及配图文件、近期实施项目信息等。

此外，可以对专项规划进行全面梳理和分类，形成完整的专项规划体系。例如按行业领域分类，可将专项规划分为资源保护利用类、市政设施类、公共设施类、产业与城乡发展类、交通类、公共安全类等。其中，每一个专项规划成果的矢量数据库都应包括规划目标、空间布局、约束性指标和空间管控要求、近期实施项目信息等空间属性信息，具体见表4-2。

表4-2　　　　　　　　　　专项规划编制清单及数据库内容

类别	专项名称	数据库内容
资源保护利用类	耕地保护国土空间专项规划	耕地、永久基本农田储备区
	历史文化名城保护国土空间专项规划	历史文化风貌区、历史文化街区、历史文化名镇名村、市级以上文保单位、历史建筑、传统村落、大遗址、未公布为文保的不可移动文物的核心保护范围与建设控制地带
	林业生态资源保护利用体系国土空间专项规划	林地
	文物保护专项规划	市级以上文物保护单位（核心保护范围、建设控制地带）
	天然林和公益林保护修复国土空间专项规划	公益林、天然林
	绿地系统国土空间专项规划	公园绿地（综合公园、5公顷以上特色历史与自然资源专类公园）、防护绿地（高/快速路、铁路、主干路、危化品及重要邻避设施防护绿地）、广场用地（城市门户地区以及代表城市形象的广场用地）、城市绿线（现状及规划的综合公园，规模较大及具有重要生态、人文意义的专类公园）

类别	专项名称	数据库内容
资源保护利用类	矿产资源总体规划	矿产资源控制线
	国土空间生态修复专项规划	生态修复和国土空间综合整治重大工程面与生态修复面
市政设施类	排水防涝设施布局国土空间专项规划	排水用地（污水处理厂）、污水处理厂点、洪涝风险控制线、近期重大设施项目
	给水设施布局国土空间专项规划	供水用地（给水厂）、原水干管（引调水）、近期重大设施项目
	电力设施布局国土空间专项规划	供电用地（220kV及以上变电站）、220kV及以上变电站点、110kV及以上电力廊道、近期重大设施项目
	通信基础设施布局国土空间专项规划	通信用地（通信局所、卫星通信地球站、微波站）、干线光缆、微波电路、近期重大设施项目
	燃气设施布局国土空间专项规划	供燃气用地（燃气储配站、天然气分输站、天然气门站）、燃气设施点（燃气储配站、天然气分输站、天然气门站）；长输管道、高压管道、次高压管道、近期重大设施项目
	加油站布局国土空间专项规划	加油站点
	水利基础设施空间布局规划	水工设施用地
	环卫设施布局国土空间专项规划	环卫用地（生活垃圾处理终端、大中型垃圾转运站）、环卫设施点（生活垃圾处理终端、大中型垃圾转运站）、近期重大设施项目
公共设施类	体育设施布局国土空间专项规划	体育用地（市级及以上体育设施用地）
	殡葬设施布局国土空间专项规划	特殊用地（市级及以上殡葬设施用地）
	医疗卫生设施布局国土空间专项规划	医疗卫生用地（市级及以上医疗设施）
	养老服务设施专项规划	社会福利用地（市级及以上养老服务设施用地）
	公共文化设施布局国土空间专项规划	文化用地（街道、区、市级以上文化设施用地）
	中小学校布局国土空间专项规划	中小学用地
	商业与商务用地布局专项规划	商业商务功能区
	村庄分类布局国土空间专项规划	村庄居民点、村庄规划导引
	文化旅游用地国土空间专项规划	文化旅游重点地区、文化旅游重点路径
	城市更新专项规划	城市更新单元
	住房发展布局国土空间专项规划	住房布局
	物流仓储用地布局国土空间专项规划	物流仓储用地
交通类	综合交通体系国土空间专项规划	机场用地、港口码头用地、对外交通场站用地（高铁站、普铁客运站、货运站、公路客运站）、公路用地（高速公路）、交通设施点（机场、港口、对外交通场站等）；铁路线、主干道及以上城市道路、省道及以上公路的中心线与红线、近期重大设施项目
	轨道交通线网国土空间专项规划	公共交通场站用地（轨道交通维修基地、车辆段）、轨道设施点（轨道交通维修基地、车辆段）、轨道线、近期重大设施项目
	绿道国土空间专项规划	城市绿道
	停车和电动汽车充（换）电设施国土空间专项规划	停车点（面）、充换电设施点（面）
	普通国省道国土空间专项规划	区域交通用地（普通国、省道）、普通国、省道中心线、近期重大设施项目

类别	专项名称	数据库内容
公共安全类	综合防灾减灾和应急体系建设国土空间专项规划	应急避难场所点、疏散通道、防灾指挥中心点
	公共卫生安全国土空间专项规划	公益林、天然林
	消防救援国土空间专项规划	消防用地（消防指挥中心、消防训练基地、特勤消防站、战勤保障消防站、一级普通消防站）、消防设施点（消防指挥中心、消防训练基地、特勤消防站、战勤保障消防站、一级普通消防站）、近期重大设施项目
	人民防空工程总体规划	防空设施
	地质灾害防治国土空间专项规划	地质灾害隐患点、地质灾害风险区
	地震灾害防治国土空间专项规划	地震应急避难场所点、疏散通道、防灾指挥中心点
	危化品仓储布局国土空间专项规划	危化品分布点、危化品安全控制区

4.3.3　管理数据

管理数据是指反映国家基础设施建设及城乡发展建设对国土利用的工程建设管理数据，即建设用地审批等管理数据，包括土地管理、执法督查、地质矿产管理、海洋综合管理、测绘地理信息管理等。管理数据包含内容如图4-4所示。

在国土空间规划相关的数据整合工作中，管理类数据是数据整合中最难也是最重要的部分，这是由于管理类数据的产生往往伴随着各类用途管制用途许可而产生，因此首先应推动用地审批相关业务的整合，以此实现管理类业务数据的整合。其次，应建立信息系统随业务更新产生各类数据并与空间数据进行关联，管理类数据产生的各类指标应与规划指标进行联动。所以，管理类数据整合的整体思路就是要空间化，然后通过空间数据来建立与各个业务的关联。

4.3.4　社会经济数据

社会经济数据是指能反映社会经济发展状况的数据，属于公共专题数据，包括社会数据、经济数据、人口数据等。社会经济数据主要来源于统计年鉴、统计公报等。社会经济数据包含内容如图4-5所示。

作为国土空间规划决策的重要依据，通过分析社会经济数据，结合时事、舆情等信息辅助进行国土空间规划综合分析与决策。通过研究社会数据，及时了解社会对国土空间规划的需求和反馈，进而更好地协调国土空间资源的利用和保护，实现国土空间规划的协调发展。基于经济数据，明确经济发展现状与趋势，为平衡国土空间开发与保护提供参考。人口数据直接反映人口数量、结构、分布和流动等情况，为规划提供各类要素配置的依据和指引。

因此，在我国发展进入生态文明新时代、"以人民为中心"的高质量发展理念的背景下，应进一步深化社会经济数据的分析与应用，持续加强对社会经济数据的挖掘和分析。

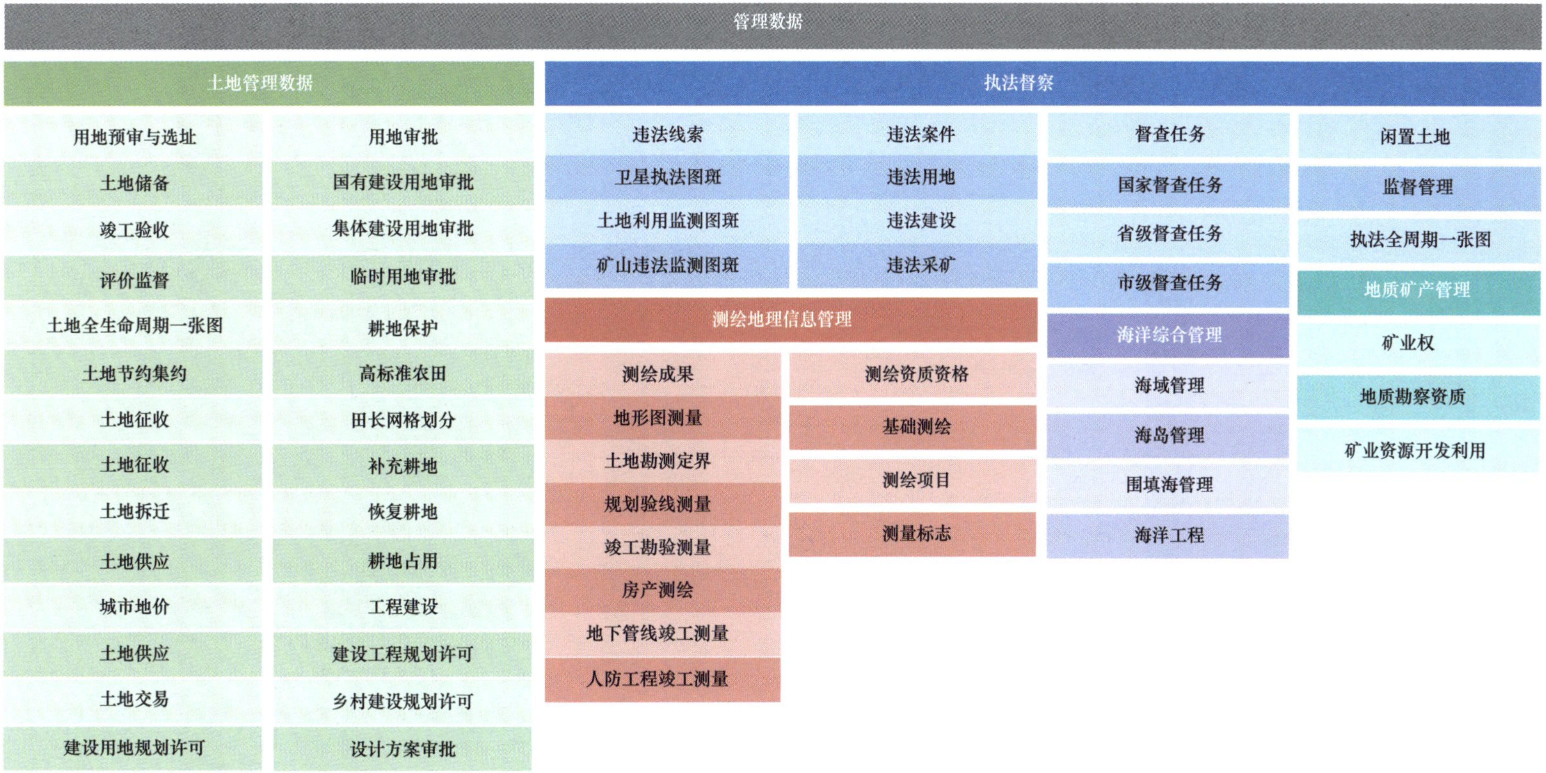

图 4-4 管理数据包含内容

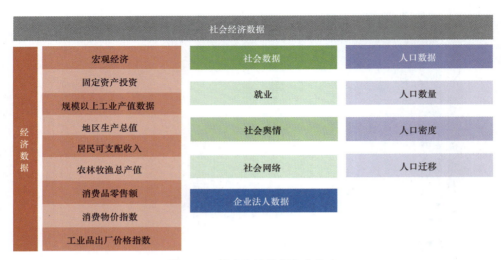

图 4-5　社会经济数据包含内容

4.3.5　物联感知数据

物联感知数据是指面向国土资源及其利用状态的动态感知或监测数据，主要分为国土资源状态感知数据、环境状态感知数据、事件和行为感知数据、其他数据等。智慧国土空间规划中的物联感知数据主要通过各种传感器、智能设备和物联网技术，对国土资源及其利用状态进行实时监测和采集。物联感知数据包含内容如图 4-6 所示。

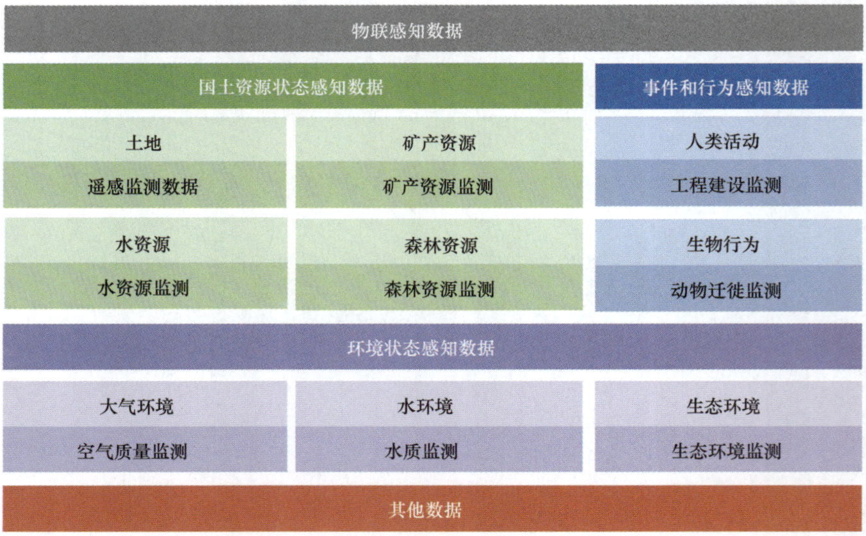

物联感知数据			
国土资源状态感知数据		事件和行为感知数据	
土地	矿产资源	人类活动	
遥感监测数据	矿产资源监测	工程建设监测	
水资源	森林资源	生物行为	
水资源监测	森林资源监测	动物迁徙监测	
环境状态感知数据			
大气环境	水环境	生态环境	
空气质量监测	水质监测	生态环境监测	
其他数据			

图 4-6　物联感知数据包含内容

其中，国土资源状态感知数据包括土地、水资源、矿产资源、森林资源等自然资源的状态信息，如位置、数量、质量、分布等。这些数据可以通过遥感技术、地理信息系统等技术手段进行采集和监测。环境状态感知数据包括大气环境、水环境、生态环境等方面的信息，如空气质量、水质、生态状况等。这些数据可以通过各种环境传感器进行实时监测和采集。事件和行为感知数据包括人类活动、生物行为等方面的信息，如工程建设、交通流量、动物迁徙等。这些数据可以通过各种智能设备和技术手段进行实时监测和采集。其他相关数据则包括气象数据、人口数据、经济数据等与国土空间规划相关的数据。

借助物联感知数据，可以支撑我们更加精细、更加动态，甚至是实时地对国土空间规划实施情况开展评估，夯实智慧国土空间规划数字化生态构建的基础。

4.3.6　实景三维数据

实景三维是指对一定空间范围内人类生产、生活和生态空间进行真实、立体、时序化表达的数字空间，是新型基础测绘的标准化产品，是重要的国家新型基础设施，为经济社会发展和各部门信息化提供统一的空间基底。实景三维数据则是指通过遥感、激光雷达、无人机等技术采集的三维空间数据，包括地形、地表、建筑物、植被等信息，按建设内容分为地理场景、地理实体和物联感知数据，常用的有遥感影像、三维地形、倾斜摄影三维模型、建筑模型、道路模型等；按几何精度分级，分为地形级、城市级和部件级实景三维模型。实景三维数据应用场景如图4-7所示。

图4-7　实景三维数据应用场景

新时期面对智慧城市建设要求，传统二维框架的国土空间基础信息平台已无法支撑自然资源信息化建设，随着《自然资源三维立体时空数据库建设总体方案》和《实景三维中国建设技术大纲》等一系列文件印发，"一张图"建设进入"三维立体"阶段。如长沙市运用三维可视化技术，已完成约560km² 人工精细模型、约600km² 倾斜摄影模型数据建设，包括现状三维模型、规划方案模型、城市设计模型成果，并将国土空间规划成果数据叠加到三维空间，形成了二三维一体化国土空间规划"一张图"，实现从"纸上查规划"转变为"空间看规划"。

实景三维数据区别于传统三维模型,具备语义化、结构化、实体化等特性,能够非尺度、全要素表达空间关系及属性信息。未来首先应进一步加强实景三维数据"底座"建设,制定标准,汇集数据。其次,明确实景三维数据实体化处理流程,实现实景三维数据的轻量化处理,最终对实景三维数据进行质量检查与实时动态更新。基于实景三维数据库搭建的城市级自然资源实景三维基础平台可应用于多个场景,如城市设计、村庄规划、景观风貌、历史文保、安全底线、城市建设、城市运营等。

4.4 标准支撑

国土空间规划标准支撑体系是指为国土空间规划的编制、审批、实施、监督等各个环节提供标准规范和技术支撑的体系。2021 年 9 月,自然资源部、国家标准化管理委员会印发的《国土空间规划技术标准体系三年行动计划(2021—2023 年)》(自然资发〔2021〕135 号)进一步明确了国土空间规划标准支撑体系,包含基础通用、编制审批、实施监督、信息技术等方面的标准及规范。智慧国土空间规划标准体系框架如图 4-8所示。

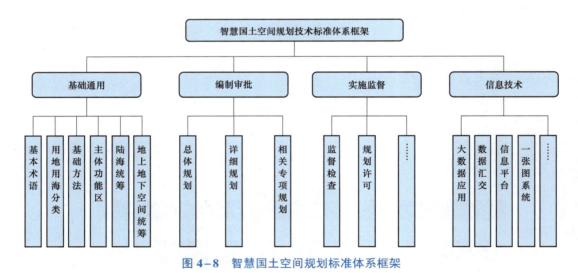

图 4-8 智慧国土空间规划标准体系框架

4.4.1 基础通用标准

基础通用标准是国土空间规划标准支撑体系的基础,为国土空间规划提供了基础性和通用性的标准规范和支持。它的建立和完善将为国土空间规划提供更加规范化和标准化的支持。基础通用标准适用于国土空间规划编制审批实施监督全流程的相关标准规范,具备基础性和普适性特点,同时也作为其他相关标准的基础,具有广泛指导意义,具体见表 4-3。

表 4-3　　　　　　　　　　国土空间规划基础通用标准

序号	标准名称	序号	标准名称
1	国土空间规划术语	8	国土空间总体规划底图编制规范
2	国土空间调查、规划、用途管制用地用海分类标准	9	国土空间规划控制线划定技术指南
3	国土空间规划技术标准	10	国土空间规划环境影响评价编制指南
4	国土空间规划城市设计指南	11	主体功能区（县）名录评估调整技术指南
5	国土空间规划制图规范	12	资源环境承载能力和国土空间适宜性评价技术指南
6	城区范围确定规程	13	其他相关标准（主体功能区规划、土地利用规划和城乡规划等）
7	镇区范围确定规程			

已有的基础通用标准如《国土空间调查、规划、用途管制用地用海分类标准》《市级国土空间总体规划制图规范（试行）》等明确规定了数据的格式和内容、技术的实现方式和技术要求、服务的质量和服务要求等内容，对科学推进我国各级各类国土空间规划编制，全面提升国土空间规划空间资源配置能力和空间治理能力具有重要意义。但在开展基础通用标准制定的过程中，尚未考虑智慧国土空间规划技术需求，因此仍需增加对智慧国土空间规划设施、数据等的专题阐述，明确智慧国土空间规划背景下设施标准、数据标准、技术标准、服务标准等内容。

4.4.2　编制审批标准

编制审批标准是确保国土空间规划的编制过程科学、规范和高效的重要环节，可以提高规划编制的质量和可操作性，确保规划的合规性和可行性。编制审批标准主要是支撑不同类别国土空间总体规划、详细规划和相关专项规划编制或审批的技术方法，特别是通过标准强化规划编制审批的权威性，具体见表4-4。

表 4-4　　　　　　　　　　国土空间编制审批标准

序号	标准名称	序号	标准名称
1	省级国土空间规划技术规程	10	综合交通规划技术规范
2	市级国土空间总体规划编制指南	11	综合防灾规划技术规范
3	县级国土空间总体规划编制指南	12	公共服务设施规划技术规范
4	乡镇国土空间总体规划编制指南	13	绿色基础设施规划技术规范
5	市级国土空间总体规划制图规范	14	历史文化遗产及风貌保护技术指南
6	县级国土空间总体规划制图规范	15	城乡公共卫生应急空间规划规范
7	乡镇国土空间总体规划制图规范	16	街道设计导则
8	详细规划编制指南	17	地下空间规划标准
9	都市圈国土空间规划编制规程	18	社区生活圈规划技术指南

序号	标准名称	序号	标准名称
19	城市更新空间单元规划编制技术导则	22	海岸带规划编制技术指南
20	行政区域（流域）专项规划技术规程	23	用海项目与规划符合性判别规则
21	自然保护地规划技术规程	24	区域建设用海规划编制规范

智慧国土空间规划的编制审批往往需要运用先进的信息技术和数据分析方法，不断提高规划编制审批的智能化和精准化水平。如在规划编制时就需要明确数据采集、数据分析、规划方案设计与评估的标准，在规划审批时就需要考虑审查规则如何实现计算机自动识别、计算，如何运用模型引擎管理技术，建立国土空间规划审查模型库等，目前相关标准仍有待进一步完善。

4.4.3 实施监督标准

实施监督标准是国土空间规划中保障规划质量、推动规划实施和提升规划效果的关键环节，为决策者提供决策支持和治理依据。实施监督标准主要适用于各类空间规划在实施管理、监督检查等方面的相关标准规范，强调规划用途管制和过程监督。包括规划实施标准、规划监督标准等方面的内容，具体见表4-5。

表4-5 　　　　　　　　　　　智慧国土空间规划实施监督标准

序号	标准名称	序号	标准名称
1	国土空间规划监测评估预警标准	3	国土空间规划城市体检评估规程
2	生态保护红线监测评估预警技术标准	4	城市蔓延评估规程

针对传统规划实施评估偏静态、评估数据源单一化等问题，可运用信息化手段对国土空间规划的实施情况进行动态监测，包括规划执行情况监测、规划实施情况评估等。例如在规划实施评估方面，利用大数据、空间句法等技术方法对规划实施情况进行评估，以此实现对国土空间规划实施现状与城市发展态势的精准、科学、动态的评估，对此应进一步制定相关标准。

4.4.4 信息技术标准

信息技术标准为国土空间规划提供了数据交换、整合、一致性、互操作性、管理和安全方面的基础，促进了规划过程的准确性、效率和可持续性，对于实现国土空间规划目标至关重要。信息技术标准主要是以实景三维中国建设数据为基底，以自然资源调查监测数据为基础，采用国家统一的测绘基准和测绘系统，整合各类空间关联数据，建立全国统一的国土空间基础信息平台的相关标准规范，体现新时代国土空间规划的信息化、数字化水平，具体见表4-6。

表 4-6 智慧国土空间规划信息技术标准

序号	标准名称	序号	标准名称
1	国土空间总体规划数据库建设规范	7	乡（镇）土地利用总体规划数据库标准
2	省级国土空间规划数据库标准	8	建设项目用地审批空间分析模型
3	市级国土空间总体规划数据库规范	9	国土空间规划城市时空大数据应用基本规定
4	乡镇国土空间规划数据库标准	10	国土空间规划数据汇交标准
5	市（地）级土地利用总体规划数据库标准	11	国土空间规划信息平台建设指南
6	县级土地利用总体规划数据库标准	12	国土空间规划"一张图"实施监督信息系统技术规范

自生态文明体制改革总体方案提出以来，国土空间规划朝着"以人为本、建设美丽中国"的目标进行改革，以技术创新强化国土空间规划管理，不断引进以 3S［Geographic Information System（GIS），Global Navigation Satellite System（GNSS），Remote Sensing（RS）］、大数据、人工智能等为代表的新一代信息技术手段，贯穿国土空间规划的全生命周期。2023 年 4 月，自然资源部发布实施行业标准《国土空间规划城市时空大数据应用基本规定》，该规定是新时代国土空间规划领域应用时空大数据的第一个行业标准，迈出了国土空间规划时空大数据治理的关键一步，是数字中国战略、数字政府建设在自然资源领域的落地的关键举措。此外，随着新一代人工智能技术不断走向成熟，人工智能技术在国土空间规划中应用更加广泛、深入，空间数据处理能力和识别精度将大幅提升，有力支撑了国土空间规划编制和实施监督。但这些信息技术的标准往往独立于国土空间规划以外，尚未形成国土空间规划体系下的人工智能技术标准，因此应加强国土空间规划同新一代信息技术的标准制定。

4.5 安全支撑

安全是智慧国土空间规划的前提。作为我国重要的基础性、战略性资源，国土空间规划有着传统管理数据与时空大数据交织、对内政务管理和对外公共服务叠合、开放共享与安全保密责任并重的特点。

近年来，随着信息技术的快速发展和地理信息价值的日益突显，国土空间规划应用载体种类和表现形式愈加丰富，传播途径更为多样。同时，智慧国土空间规划发展暴露出许多问题，如数据版权意识低，数据难以追踪溯源，涉密信息储存不当，自然资源数据非法获取、提供和买卖等。在信息技术应用创新（以下简称信创）国产化的浪潮之下，智慧国土空间规划只有得到全面的安全防护，实现自主可控、安全可靠，才能更好地推动国土空间规划体系健康持续发展，有效助力数字社会建设。同时，实现智慧国土空间规划的安全不仅是国家责任，每一位公民每一个组织机构都应负起责任，采取有效措施保障智慧国土空间规划的信创安全、数据安全、网络安全以及设备安全。

4.5.1 信创安全

信创，全称信息技术应用创新，是实现科技自立自强和国家网络安全、经济安全的重大举措。在智慧国土空间规划领域中，信息化系统的建设、应用与信创产业息息相关，涉及基础硬件、基础软件、应用软件、信息安全四大部分。因此，借助信创产业链发展，研发自主可控软硬件产品，运用新技术打造信创生态，也是智慧国土空间规划建设过程中的重要目标之一。

智慧国土空间规划离不开数字底图管理平台的建设，各地数字底图管理平台建设过程中要保障所选主机、网络设备、安全设备、操作系统、数据库、中间件、应用软件均为信创产品，以确保运行环境的安全可控。同时，在智慧国土空间规划的过程中，要结合当今信创形势建立起自然资源信息化创新建设思路，具体可体现在：

1. 基于信创思维，重构技术体系

采用"两手抓，两手都要硬"的技术思路，在保证原产品体系不受影响的前提下，采用"JAVA＋HTML5"的开发语言，从底层基础设施开展技术框架改造，利用国产中间件的支撑能力，全面适配多款国产化数据库以及客户端操作系统，为自然资源管理的各类应用场景提供满足信创要求的应用程序替代解决方案。在保证整体产品体系稳定性、可靠性的前提下，进一步提升服务实效，统一策略，资源共享，供需对接，建立完善的工程审批管理及审核业务链。

2. 系统可靠可控、持久稳定运行

着力打造全新的信息化设计，以国产化操作系统、硬件终端、数据库、中间件以及开源开发语言为底座，利用该底座进行系统开发、适配及部署，摆脱地理信息技术对国外厂商的依赖，满足整个自然资源信息化体系国产化的稳定长远发展需求。并通过不断适配国内厂商软硬件方案，提升系统运行可靠性，在满足信创要求下要实现系统可靠性达99.9%，年平均故障不超过0.5天等可量化目标，确保系统稳定运行。

3. 良好的IPv6支持演进性

由于全球IPv4地址已于2011年左右被耗尽，IPv6地址应用将会逐渐成为网络发展的主流。与IPv4相比，IPv6地址数量限制、安全性、自动配置、移动性、可扩展性等方面具有突出优势，IPv6为各种价值应用构想提供了强大的技术支持，因此智慧国土空间规划建设与应用要持续拓展IPv6发展的广度和深度，推进IPv6从"能用"向"好用"发展，加快IPv6技术与自然资源行业的应用融合，形成内生驱动力，为数字中国发展提供广阔的空间。

4.5.2 数据安全

智慧国土空间规划的数据安全是指通过采取必要措施确保国土空间规划数据处于有效保护和合法利用的状态，以及具备保障持续安全状态的能力。国土空间规划数据是一切国土空间规划管理业务的基础，只有保护数据安全，才能确保数据的准确性、有效

性及可用性，从而保障自然资源业务的正常运行。国土空间规划数据安全相关的法律依据见表4-7。

表4-7　　　　　　　　　国土空间规划数据安全法律依据

法律依据	实施时间
《中华人民共和国保守国家秘密法》	2010年10月1日
《中华人民共和国密码法》	2020年1月1日
《信息安全技术－数据安全能力成熟度模型》（GB/T 37988—2019）	2020年3月1日
《测绘地理信息管理工作国家秘密范围的规定》	2020年7月1日
《中华人民共和国数据安全法》	2021年9月1日
《国土空间规划城市时空大数据应用基本规定》	2023年3月5日

通常，实现国土空间规划数据安全需要"建立标准、运用技术、加强管理"三管齐下。对单个组织机构而言，"建立标准"是指组织内部应该建立明确的数据安全标准，规定数据的存储、访问、传输等方面的安全要求。以长沙市规划信息服务中心为例，单位内部制定了《数据全生命周期的安全管理制度》，依托数据采集、存储、传输、使用、归档、销毁的全生命周期明确数据管用安全机制、数据处理存储措施、数据安全开发要求、敏感数据保密处理以提升全体工作人员的数据安全保密意识，增强安全管理工作能力，全面保障数据安全。"运用技术"是指组织内部应该运用合适的、先进有效的安全防护技术保护数据安全，常用的数据安全防护技术包括加密技术、数字水印技术、数据追踪溯源以及访问控制技术等。最后，内部应当加强管理，定期开展数据安全等级测评、风险评估和应急演练，查处数据安全漏洞并及时修复，配合相关政务部门的安全监管工作。其中，不同安全防护技术的选择及运用对数据安全管理的影响效果最为显著，数据脱密脱敏特征分析作为数据安全防护技术的重要组成部分，是每一个组织机构必须掌握的安全技术之一，也是数据开放共享前最基础、最为重要的关键一步的。

数据脱密脱敏又称数据保密处理或去隐私化，是在给定的规则、策略下对保密数据、敏感数据进行变换、修改、隐去的技术机制，能够在很大程度上解决保密数据、敏感数据在非可信环境中的使用问题。数据脱密脱敏既要考虑保密数据被去除、敏感信息不被泄露，又要充分考虑实际业务需求、使数据潜在价值得到充分应用等因素。从技术层面上，数据脱密脱敏应遵循以下原则：

（1）数据不可逆原则。数据经过脱密脱敏处理后，保密、敏感信息被移除，且无法通过技术手段还原保密、敏感内容；

（2）数据可用性原则。保证脱密脱敏后数据在非原始环境中的可用性，保障基于数据开展决策的可靠性；

（3）数据可控性原则。保证脱密脱敏后的数据能够安全、可控使用，只允许授权用户或授权应用使用，并采取措施确保敏感数据的安全；

（4）自主可控原则。脱密脱敏规则应基于自主产权的国产技术路线，确保脱密脱敏工作的自主可控，并可随着相关政策的调整进行对应的配置。

数据脱密脱敏通常包括要素数据脱密、敏感属性脱敏两大环节。

1. 要素数据脱密

根据国家保密规定的要求，在地理空间数据从自然资源专网单向传输到电子政务外网前，需要对大批量自然资源数据脱密处理，实现涉密数据向非密数据的处理。数据脱密方式主要包括精度处理、图层删除、要素删除等，针对建议条件公开类别的数据，通过这三种处理方式后，可以建议公开。

（1）精度处理：是指对要素的空间位置进行偏移，或者分辨率精度处理。如针对遥感影像数据，对其空间位置进行精度处理后低于 50m，影像地面分辨率经过精度处理后低于 0.5m。

（2）图层删除：是指对电力、燃气、给水等涉敏的数据图层进行删除。

（3）要素删除：是指对敏感要素进行删除。如除涉及专用铁路、未公开机场、民用、军用机场、地铁等轨道交通系统的要素不予公开，其他现状路网数据均可公开。

2. 敏感属性脱敏

地理空间数据的几何特性中包含形状、大小、方位以及坐标等数学基础信息，属性信息中表达了要素自身的多重信息，其中部分要素属性信息为敏感信息，其要素本身表达的语义内容或某些属性不宜对外公开，如涉军单位名称、重要道路的转弯半径、桥梁限重、隧道限高等，需要采用删除、替换、虚化等手段对其进行属性脱敏处理。按照国家保密相关法律对发布在电子政务外网的数据需进行敏感信息逐个排查，敏感属性脱敏处理的技术路线包含以下五个环节：

（1）数据分类：对栅格和矢量数据进行分类处理，栅格数据处理参考互联网地图处理方法，对于矢量数据，列出所有要素内容分别进行分析处理。

（2）矢量数据敏感信息筛选处理：依据国家保密相关法律规定构建地方敏感词库信息，对数据内要素字段及内容进行筛选，若过程中有无法识别的，进一步通过字段类型等描述进行辅助判别，然后通过属性清除法、替换法进行敏感信息处理。

（3）栅格数据敏感区域处理：对敏感范围进行处理，通过互联网地图处理方法，发布前切片处理，在敏感区域图形缩放到 1:500 比例尺时不再显示切片数据进行处理。

（4）成果核查：分别对栅格、矢量数据进行敏感信息或范围搜索与判定，验证数据脱密脱敏有效性。

（5）成果输出：根据不同脱敏方式进行最终数据的脱敏成果输出。

根据 2009 年 1 月原国家测绘局发布的《公开地图内容表示补充规定（试行）》、2010年 9 月原国家测绘局发布的《基础地理信息公开表示内容的规定（试行）》等国家关于地图公开相关法律法规开展属性脱敏脱密处理，可提取一般性地理信息数据敏感词库见表 4-8。

表 4-8	敏 感 词 库 一 览 表
敏感字库及敏感区域信息	**说明**
国防、军事设施,及军事单位	军事、部队、军用、国防、军区、军事禁区、军事设施军事管理区、指挥机关、指挥工程、作战工程、人民武装部、工程兵学院
未经公开的港湾、港口、沿海潮浸地带的详细性质,火车站内站线的具体线路配置状况	
航道水深、船闸尺度、水库库容输电线路电压等精确数据,桥梁渡口、隧道的结构形式和河底性质	地面河流的通航能力、水深、流速、底质;水库的实时库容;国道、省道、县道、乡道、快速路、高架路、引道、主干道、次干道、支线、步行街、内部道路、机耕路(大、路)、乡村路、小路、时令路、匝道、高速公路出入口及临时停车点的铺设材料、最大纵坡、最小曲率半径;火车汽车隧道高度、宽度;车行桥及人行桥的限高、限宽、净空、载重量,坡度,桥梁结构;渡口内部结构
未经国家有关部门批准公开发表的各项经济建设的数据等	
未公开的机场(含民用、军民合用机场)和机关、单位	机场;未对外挂牌或未经批准公开或对外服务的公安机关、军队院校、军队医院、未成为公共标志性建筑的电视发射塔;未对公众服务地下建筑物出入口
其他涉及国家秘密的内容	省政府、省委及周边、市政府、国防大学;监狱、劳动教养所(劳教)、看守所、拘留所、强制隔离戒毒所救助管理站、安康医院(精神病医院)
U、S2、S3、S4、H2(T)、H3、H4、H5、D、D1、D3(规划地块类型)	脱敏范围:总规、控规的城市用地规划图层
军用机场、国防工业院校	部队,监狱,戒毒,救助,精神病,看守,劳教,劳动教养,国防,国防大学,省政府,指挥,拘留,安康,作战,市政府,武装部,人武部,工程兵学院,强戒所,雷达,空军,陆军,海军,警备区,警备司令部,军用机场,反恐
高程值、控制点、等高线等相关信息	

4.5.3 网络安全

　　智慧国土空间规划的网络安全是指通过各种手段保障与自然资源领域相关的网络免受攻击或非法访问,以维护国土空间规划业务的正常运行和国土空间规划数据的传输安全。不安全的网络状态将对自然资源领域及其相关的社会生产生活带来重大经济损失,造成生产和管理的混乱停滞。2017 年 6 月 1 日,《中华人民共和国网络安全法》施行,网络安全各项工作纳入法治化轨道。该法从网络安全支持与促进、网络运行安全、网络信息安全、监测预警与应急处置及法律责任等方面对建设、运营、维护和使用网络,以及网络安全的监督管理提出了明确要求,为自然资源网络安全部署工作提供了参考依据。

　　维护网络安全,每一个组织机构都应当在国家信创的要求下加强关键信息基础设施网络安全防护,加强网络安全信息统筹机制、手段、平台建设,加强网络安全事件应急指挥能力建设,制定网络安全标准,不断增强组织的网络安全防御能力和威慑能力。如制定《网络安全应急演练防守工作方案》并定期开展网络安全应急演练防守工作,通过切实模拟常见的网络安全事件,全面提高组织对网络安全事件的处置能力,保护组织信息资产,保障工作业务的连续性,同时有效加强组织内部各部门之间的团队协作能力,高度培养组织内部安全保护意识。此外,建立健全自然资源领域网络部署和实现网络安全态势的及时感知也是保障国土空间规划工作稳定开展、高质量发展的核心内容。

1. 自然资源领域的网络安全部署架构图

自然资源行业规模庞大，网络结构复杂。2019年11月1日，自然资源部发布《自然资源部信息化建设总体方案》提出全面整合原国土、海洋、测绘地理信息等网络资源，适当使用有安全保障的社会公有云资源，加强安全保障设施，要求建成包括涉密内网、业务网、互联网和应急通信网在内的自然资源"一张网"，接入电子政务内网和电子政务外网，支撑跨层级、跨区域、跨部门的自然资源管理与服务。充分利用云计算、大数据、物联网、移动互联、GIS等技术，通过互联互通，建立安全高效自然资源"一张网"是自然资源网络部署的重要目标。

在自然资源领域的网络安全部署中，各局域网络内部的构成、各处理中心的连接十分重要，其网络部署拓扑关系如图4-9所示。但实现网络架构中软硬件设施国产化、关键技术自主化尤为重要。随着国家推进自主创新，加快自主可控替代，为国土空间规划的应用与发展营造全信创环境是我国地理信息产业可持续发展的长久之计。国产化信创要在国土空间规划网络架构的软硬件设施、关键技术、场景应用等环节中发挥作用，从CPU芯片、服务器、交换机、路由器等基础设施到操作系统、数据库、中间件等基础软件，从办公软件、政务应用、流版签软件等应用软件再到边界安全产品、终端安全产品等信息安全部分，实现全产业生态的自主创新。

2. 面向网络安全态势感知的高级可持续威胁APT系统

网络安全攻击的不断发生绝大部分是来自互联网漏洞的利用，从而造成整体网络的纵深威胁。其中，高级可持续威胁（Advanced Persistent Threat，APT）是最具威胁的网络攻击类型。当今，云计算环境面对着日益演变的网络威胁，从漫无目的的攻击威胁转化为高度隐蔽、渗透性和针对性极强的高级可持续威胁。APT通常可以绕过防火墙、IPS、AV以及网闸等传统的安全机制，悄无声息地从企业或政府机构获取高级机密资料。面对不可避免的潜在威胁时，如何快速感知潜在风险、感知安全威胁并主动应对成为网络安全体系的关键。网络安全智能态势感知的出发点就是基于安全对抗，从攻击者视角出发，针对黑客攻击的全过程进行持续分析、纵深检测。其中，建立高级威胁检测系统（APT系统）是实现网络安全智能态势感知的核心手段。APT系统通过旁路部署在电子政务外网网络内，自动进行监控和检测，24h不间断进行业务系统安全监测，根据审计业务的类型进行命令和字段的自动提取，用户可以选择提取后的命令或字段作为重点对象进行分析。系统同时也可以对敏感数据资产的各类访问行为进行审计，达到实时告警、事后溯源的目的。APT系统的两个核心模块为动态沙箱分析模块和智能异常检测模块。

（1）基于动态沙箱的未知威胁检测。APT系统的核心是动态沙箱分析模块。动态沙箱检测模块是兼具静态规则与动态分析的独立的高仿真沙箱系统。流量解析模块提取到可疑文件，提交到哈勃分析模块分析。动态分析模块自动化解析附件文件类型，对于可执行文件类型（EXE、OFFICE各类型、网页文件、脚本等），进入沙箱会触发到的各种敏感行为，如密码窃取、网络访问、系统破坏等，这些将成为后续判定基本数据。行为日志分析模块对动态沙箱产出的样本动态行为、静态信息等日志，进行智能聚类和规则判定。行为日志分析模块通过各种模式匹配算法，启发式行为鉴定规则，对样本进行全

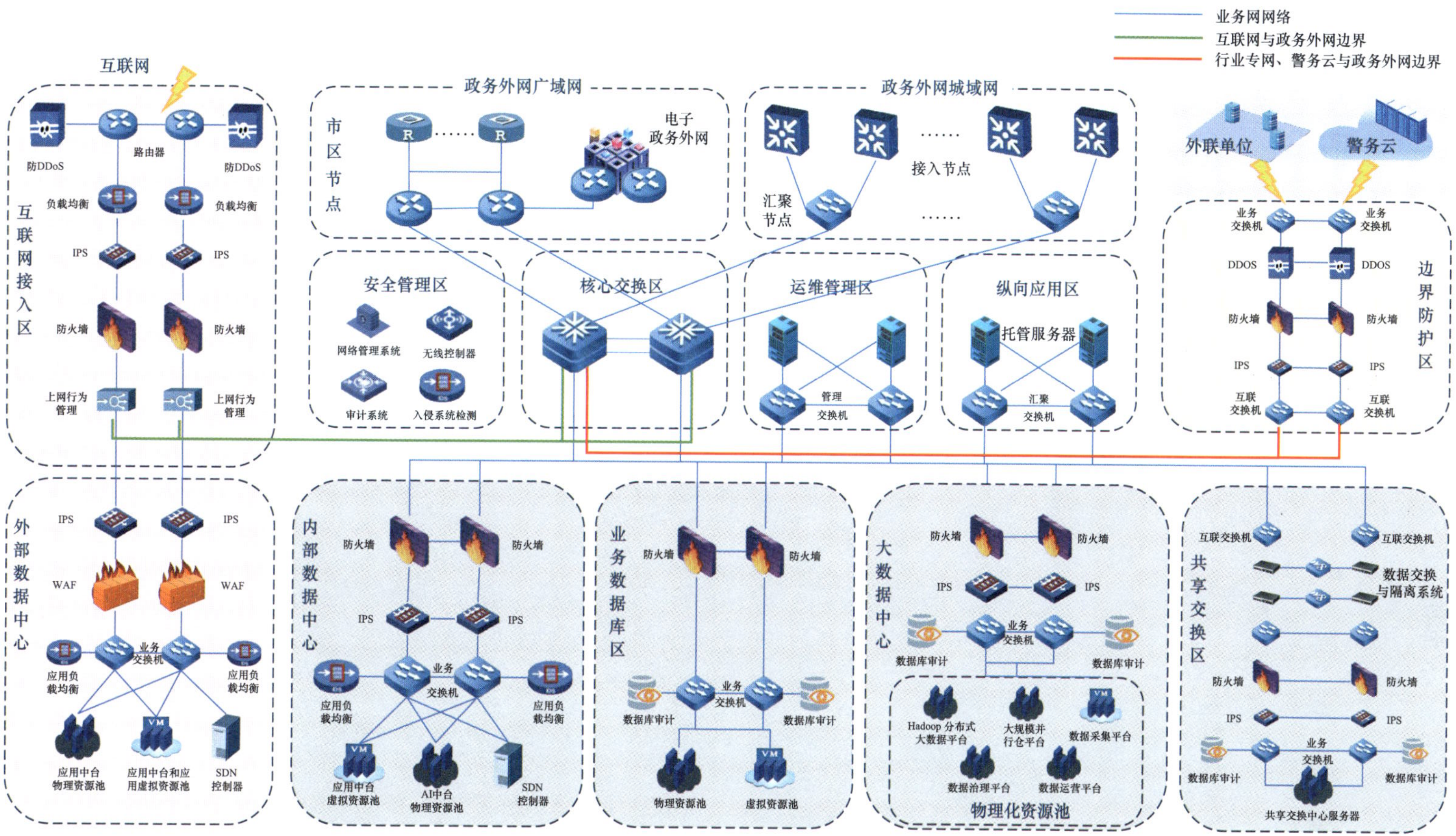

图 4-9 自然资源网络部署拓扑图

113

面鉴别，具备很强的恶意样本识别能力，在保证检测覆盖面的同时，降低误报率、漏报率。APT系统核心分析模块如图4-10所示。

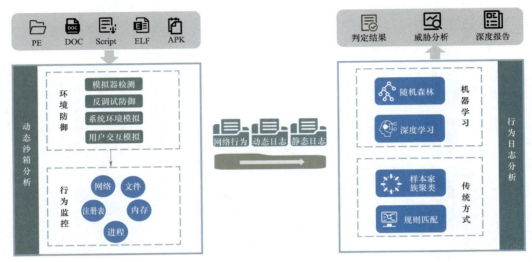

图4-10 APT系统核心分析模块示意图

沙箱分析模块采用虚拟执行技术，对流量解析提取出来的文件进行异步并发分析处理，一台真实物理服务器可以模拟几十个虚拟机，支持灵活的横向扩展，以应对高并发的业务需求，具备实时报警能力和异常恢复能力，能够在无人监管模式下稳定运行。

（2）基于人工智能的智能异常行为分析。随着大数据与机器学习的发展，异常流量的检测手段也逐渐趋于智能化。除了传统基于对整体环境流量变化行为的分析外，高级威胁检测系统加入了基于深度学习的智能异常检测模型，通过对网络中流量的多维度信息，加之以图谱分析等学习算法，可实现对网络蠕虫攻击、分布式拒绝服务（Distributed Denial of Service，DDOS）攻击、设备非常规流量、设备非法访问操作等其他潜在的网络攻击或入侵行为进行高精度的检测，如图4-11所示。随着系统运行时间增长，机器学习越智能，检测结果更准确，误报率将大大降低。异常流量分析模块将网络数据流作为数据输入源，利用机器学习与大数据的技术，鉴定数据流背后的行为企图，及时发现潜在的网络攻击行为。该模块将资产关系自动识别纳入学习范畴，并结合管理员指定的资产信息，利用资产属性及相互关系，智能识别非法访问流量，对不符合资产属性及访问关系的网络流量，进行敏感协议检查，有效提升风险警示能力。采用多种聚类分析，结合时间特性、资产特性和行为特性，有效甄别蠕虫类网络攻击的攻击源和被攻击方，并通过协议图谱及报文图谱识别非规则类的潜在问题。

4.5.4 设备安全

国土空间规划的设备安全是数据安全、网络安全的前提，旨在保障国土空间规划工作相关基础设施的正常运行和可持续运行，保护人员、资产免受造成损害或损失的行为和事件的影响。在智慧国土空间规划工作过程中，设备安全涉及使用多层相互依赖的系

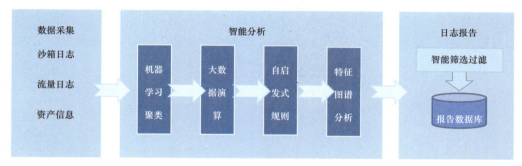

图 4-11　异常流量分析模块示意图

统，包括闭路电视监控、保安、锁以及访问控制等。最基本的做法为张贴警告标志，如图 4-12 所示，在国土空间规划工作电脑上明示"非涉密电脑严禁处理涉密信息"，在服务器机房前张贴"非管理人员严禁进入中心机房"标识，并对机房内设备进出开展管制表登记；同时，建立健全涉密与非涉密移动存储介质（包括硬盘、移动硬盘、软盘、光盘及各种存储卡）及笔记本电脑使用、转送、携带、移交、保管等制度，对涉密电脑、移动存储介质等登记造册也是保障国土空间规划设备安全的有效手段。

图 4-12　设备安全管理警告标志

设备安全的保障不仅包括国土空间规划的内业工作，也体现在外业设备管理中。近年来，各省市自然资源主管部门创新应用国土空间规划相关外业设备加强执法监督工作。如图 4-13 所示，自然资源主管部门依托遍布城乡的基站铁塔布设高空监控点，叠加业内领先的自然资源人工智能识别算法预警，打通自然资源业务图层，通过云平台智能分析处理，以"人防 + 技防"实现对耕地、重大建设项目现场、生态保护核心控制区等全天候、实时、高效动态监管，推进智慧国土空间开发保护新格局。作为国土空间规划中的重要基础设施，铁塔的安全保障工作十分重要。对于每一个铁塔，站址内应当安装动环监控，第一时间发现异常现象，推送报警信息；应对站址设施建立标准化巡检制度、对机房及动力配套设施开展定期巡检，及时发现设施隐患，保障设备安全稳定运行。

图4-13　用于智慧国土空间管理的铁塔

4.6　人才支撑

人才是实现智慧国土空间规划的关键，也是智慧国土空间规划可持续发展的核心。2019年5月，《中共中央、国务院关于建立国土空间规划体系并监督实施的若干意见》发布，明确提出"加强国土空间规划相关学科建设、加强专业队伍建设和行业管理"。此后，我国国土空间规划的学科教育经历了一段时期的学科改造与重构并重，相关组织机构和从业人员的专业知识体系也适时进行了调整与提升。与国土空间规划的人才培养相衔接，智慧国土空间规划需要具备更高素质、更高水平的人才支撑，不仅要加强相关学科教育培养、团队建设，还应当进一步开展人才引进和学术交流工作，保障智慧国土空间规划人才不仅具备专业的知识和技能，还具有创新能力、协作能力和全球视野。

4.6.1　教育培养

2018年国家机构改革以来，国土空间规划学科建设得到了前所未有的重视与发展。随着物联网、云计算、大数据、人工智能等新兴技术的发展，以及"数字中国""智慧城市"的建设需求，国土空间规划学科创新进一步发展，教育培养体系也进一步向多学科融合。

中国农业大学朱道林教授把我国当前与国土空间规划相关的本科专业设置分为三类：一是以师范类院校为代表的地理科学学院下的人文地理与城乡规划专业，其教学相对侧重城乡体系研究和城镇空间宏观布局方面；二是以工科类院校为代表的建筑学院下的城乡规划专业，该类院校以建筑学为学科基础开设的，主要侧重城市空间规划设计；三是以综合类院校为代表的下设的土地资源管理专业，其优势是侧重自然与社会经济资源综合考察下的土地资源合理利用的空间布局与指标管控。整体而言，三类专业设置积极响应了国土空间规划体系改革，为国土空间规划人才需求提供了各具特色的保障。

在智慧国土空间规划课程设置上，我国众多院校均开设了相关课程，其课程设置的核心在于学生知识底盘和逻辑思维的构建。整体上，各院校的智慧国土空间规划课程体系可分为理论教学与规划实践两个部分。其中，理论教学主要包含 3S 技术理论、数智城市理论、计算机技术等，规划实践方面除基础规划设计课程之外，还包括国土空间总体规划、国土空间规划信息技术应用、大数据与智慧规划的数智规划课程。值得一提的是，我国规划老牌院校在智慧国土空间规划课程设置上更具综合性、前瞻性及务实性。例如，南京大学城乡规划专业将课程体系分为规划理论、规划设计（实践）、规划技术三大教学板块，以规划设计（实践）课程为平台，链接与应用规划理论和规划技术课程，三个板块课程相互支撑，融会贯通，共同提升。学生在本科二三年级进行专业培养，智慧课程包括数字城市规划与设计、城市与区域系统分析、国土空间总体规划等；本科四年级实现多元化培养，提供多样化进阶型选修课程，包括城市大数据与智慧规划（理论＋实践）、国土空间规划新进展、城市环境建模与分析、规划实施评估（理论＋实践）、规划数据管理与应用（理论＋实践）以及规划师业务实践课程。哈尔滨工业大学采用"必修＋选修"建立智慧国土空间规划教学框架，将 GIS 与空间分析技术作为专业核心课程的同时，增设设计与数据运算、人工智能与建筑设计、遥感技术实践等必修课程，并且在选修课程中设置城市规划数据科学方法、大数据与城市规划等教学内容。华中科技大学将规划教学与国土空间规划深度融合，采用"专业核心课＋专业选修课"的教学体系，在设置国土空间规划概论、3S 技术与应用、国土空间总体规划原理、市县国土空间总体规划、国土空间规划管理与法规等专业核心课程的同时，还提供了包括计算机及程序设计基础、数字景观技术等课程供学生选修。面向现代社会人才需求和国土空间资源管理需要，武汉大学在建筑专业下特设"智慧国土空间规划试验班"，其课程体系如图 4-14 所示，特色课程包括地理信息系统数字与智慧城市导论、空间分析与大数据挖掘、机器

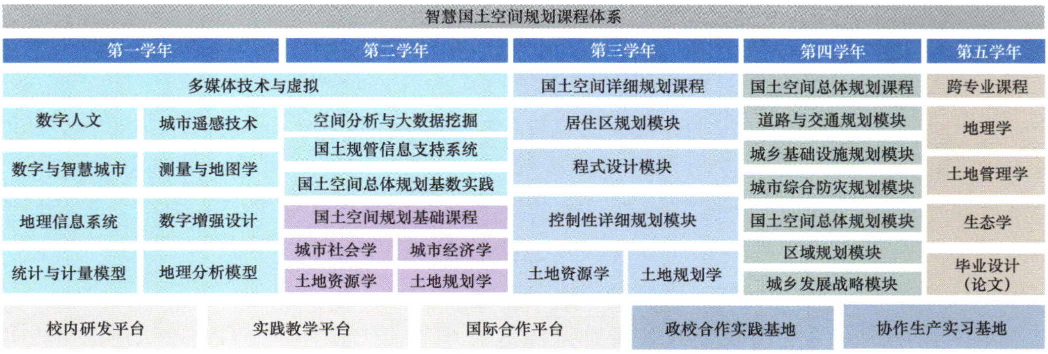

图 4-14 武汉大学"智慧国土空间规划实验班"课程体系

学习及应用、多媒体技术与虚拟现实、数字人文等，充分融合地理学、公共管理学、遥感与信息技术等交叉学科培养出具备多学科交叉学科理论基础和突出的智慧分析能力、卓越的国土空间规划实践和创新能力，满足国家重点战略需求的复合型专业人才。

党的十八大以来，党中央坚持把教育作为国之大计、党之大计。习近平总书记强调，建设教育强国，龙头是高等教育。作为我国高等教育中的重要组成部分，国土空间规划学科建设、国土空间规划人才培养体系的构建必须以改革创新为动力，根据科学技术发展态势，聚焦国家重大战略需求，动态调整优化国土空间规划教育学科设置，提升教育对国家高质量发展的支撑力、贡献力。面对国土空间规划智慧化这一时代大势，智慧国土空间规划的教育培养应当平衡好学科基底与学科创新的关系，加强国土空间规划体系基础理论的有效性与完整性，加强"政产学研"合作，积极发展国土空间规划教育培养与实景三维、人工智能、大数据分析等新兴领域的有效结合，为智慧国土空间规划体系建设和实施监督提供更积极有效的学科支撑。

4.6.2 人才引进

在我国国土空间规划智慧化高速发展的新阶段，人才是第一资源。2018 年以来，自然资源部出台一系列人才引进与激励政策，以此鼓励地方重视青年人才的科技创新工作，与此同时地方政府也开始通过各项积极举措引进人才。人才引进在推动各地国土空间规划智慧化发展方面的积极意义毋庸置疑。以贵州省自然资源厅为例，2019 年以来，贵州省自然资源厅及直属事业单位通过公开招录、面向基层遴选、省人博会引进等渠道，加大力度引进国土空间规划、生态保护修护、测绘地理信息、矿产普查与勘探、地质地理等专业人才，实现自然资源重点人才数量显著增长。同时建立健全柔性引才机制，柔性引进国际欧亚科学院院士、国家"万人计划"领军人才、国家重点研发计划项目首席科学家周少奇，开创贵州城乡环境治理的新格局。从引进人才的单位来看，有关智慧国土空间规划方面的人才引进主要集中于城市自然资源和规划部门、规划设计研究院所、规划高校院校、数智类实验中心等政府单位、高校及相关研究院所。从人才引进的类型上来看，北京、上海、广州、深圳等一线城市在智慧国土空间规划的人才招聘上主要分为技术型与管理型两大类，其中，智慧规划的技术型人才主要包括取得本科及以上学历，并具备多项专业资格证书的实践型技术人才，也包括取得博士及以上学历，并具备横纵向课题带领经验的学术型专门人才；管理型人才主要包括从事多年规划设计与研究工作，具有主持多项智慧规划项目的实践经验，同时具备本科以上学历及专业高级职称的"1+X"型管理人才。从人才引进的专业背景来看，例如中规院遥感与信息化应用中心、上海同济院数字规划技术研究中心、广州市城市规划勘测设计研究院大数据与智慧城市研究中心等智慧国土空间规划研究院所均包括城乡规划、城乡规划与人文地理、地图学与地理信息技术、软件工程、计算机科学与技术等专业人才。

对于各地引进高层次规划人才持续升温这一现象，专家学者认为人才引进必须与地方经济社会发展的实际需求紧密结合，要深入分析本地国土空间规划发展阶段、紧缺人才的类型，并提前配套好用人、育人、留人的政策，不能简单地以学历背景、学术头衔、人才称号等确定人才引进岗位、配置资源。要面向国土空间规划的全域全要素、全生命周期创新设定人才评价标准和评价流程，建立起灵活、多元、适宜、科学的人才评价体系，为地方国土空间规划智慧化发展引入创新能力强、创新潜力大、精准匹配需求的人才。

4.6.3　团队建设

在我国智慧国土空间规划工作方兴未艾的行情下，团队建设作为其支撑体系中的重要部分，对规划设计与实施质量的实质性提升等方面具有十分重要的作用。要实现智慧国土空间规划，无论是国家层面、地方层面还是单个的组织机构而言，必须建立起一支优秀的团队。

从组织机构的角度出发，团队组成是团队建设的核心内容。根据现有国土空间规划工作体系，从事国土空间规划工作的组织机构主要可以分为四类：一是以政府机构及其直属单位为代表的国土空间规划管理型团队；二是以高等院校、科研院所为代表的研究型团队；三是以地方设计院、市场企业为代表生产型团队；四是综合以上工作内容的综合型团队。整体而言，我国大多数国土空间规划团队为综合型团队，尤其深入贯彻产研融合的理念。

在智慧国土空间规划方面，我国一线城市已经开展并形成了相对统一的团队建制。以中国城市规划设计研究院为例，院内下设 9 个业务所室、6 个专业分院、1 个遥感应用中心、6 个京外分院和包含了 16 个部所的北京总公司，其中北京公司下设规划设计创新所，提供国土空间规划新技术服务，包括国土空间规划信息化平台搭建、规划建设管理平台搭建、智慧城市顶层设计定制、老旧小区智慧化改造、多源数据的深度挖掘与定制服务等。深圳市城市规划设计研究院股份有限公司则建立起以"服务中台＋技术中台＋创新研究中心"的服务团队，由服务中台把控全院人力、项目、市场及财务管理，在技术中台下设置技术与科研管理中心、智能信息部、工程技术中心和深圳市博士后创新实践基地，承担全院技术支持工作，包括规划信息化建设、新技术探索应用及推广、学术科研创新等工作职责，创新研究中心聚焦不同的业务主题，响应新时期国土空间规划管理的不同需求，包括产城规划与开发研究中心、全过程设计咨询中心、城市规划统筹实施研究中心、城市创新空间研究中心、数字城市规划研究中心、儿童友好型城市研究中心、宜居城市规划设计研究中心、城市安全与韧性规划研究中心、国际交流与联合设计促进中心以及轨道规划研究中心 9 大研究中心。而部分小体量单位则采取精细化项目管理团队的模式，如长沙市规划信息服务中心设立空间规划部、技术部、数据部、事业部、研究部、研发部等部门，空间规划部下设大数据与创新应用小组，其主要职责是以新技术赋能国土空间规划信息平台，拓展不同模型、算法在国土空间规划编制、实施、监测、评估和预警阶段的智慧化、智能化、自动化应用。有些单位则立足于智慧规划产品链的角度整章建制，如北京城市象限科技有限公司将团队划分为市场运营、产品售前、前后端开发、数据治理、行政管理 5 大部门；厦门市规划数字技术研究中心将团队划分为综合业务、数据应用、业务服务、规划技术、系统支持、规划咨询及应用拓展 7 大部门；北京清华同衡技术创新中心将部门划分为智慧城市产品部、城市未来研究部、智能计算部、数据运维部 4 大部门。

总体来说，无论是大规模还是小体量的规划团队，无论是立足于智慧规划产品链还是立足于精细化的规划项目，智慧国土空间规划必须建设包含数据、技术、应用、研究"四位一体"的工作团队。其中数据部门可以依据数据处理阶段、数据类型、数据对应行业类别或者数据覆盖的地域范围不同来建立不同的工作小组，技术、应用和研究部门也可依据不同的技术类型、业务类别等进行具体划分。除常规的工作小组设置外，团队整体架构上还可以通过首席责任制度创新设置高级责任职位。例如在数据方面，团队要正确认识到数据不仅是智慧国土空间规划的治理对象，更是一种治理手段与治理工具，要想把握数据权力并发挥数据价值，需要拥有一个集中、强有力的数据领导核心和一支具备数据素养、数据视野、大数据挖掘分析能力的数据团队，地方政府机构上可以设立首席国土空间规划数据官、国土空间规划数据治理委员会的方式监管数据权力并保护数据权利，各组织机构也可设置企业内部的首席数据官，强化承担的国土空间规划项目中数据质量评估、数据分析、数据管理以及系统和数据安全隐私保护的职责，提供更优质的项目服务。

4.6.4　学术交流

作为推动国土空间规划行业发展全球化和智慧化的重要方式，学术交流对提高规划行业的资源配置效率、促进规划技术与理念的创新有重大意义。早在 20 世纪 90 年代，中科院地理所资源与环境信息系统国家重点实验室最先开始将信息技术从国外引进到城市规划之中，随后在我国北上广等一线城市开始了信息化城市建设初探。进入 21 世纪后，2011 年中国以创办者的身份参加了智慧城市博览会（Smart City Expo World Congress，SCEWC），在会议中我国与各国智慧城市规划建设从业者充分交流了城市建设经验，自此，中国一直积极参与并推动智慧国土空间规划的国际交流与合作。

当前国际社会上，与我国智慧国土空间规划相关的主流学术会议主要是依托地理信息领域的相关国际组织开展。这些组织聚集了地理信息、城市规划、建筑设计等相关领域学术界、产业界的重要资源，是国际交流、组织国际会议、推进国际合作的主角，代表组织及相关学术交流会议有国际摄影测量与遥感学会（International Society for Photogrammetry and Remote Sensing，ISPRS）及其组织会议、国际地球科学与遥感大会（International Geoscience And Remote Sensing Symposium，IGARSS）、欧洲地球科学联盟大会（European Geosciences Union，EGU）、国际大地测量与地球物理科学联合会（International Union of Geodesy and Geophysics，IUGG）及其组织会议、亚洲遥感协会（Asian Association on Remote Sensing，AARS）的亚洲遥感会议和美国地理大会（American Geographic Congress，AGS）等。以 2023 年为例，国际权威学术会议的主题及开展日期见表 4–9。

表 4—9 　　　　　　　　　　国际权威学术会议主题及开展日期

会议名称	会议主题	日期
美国测绘地理信息展 Geo Week 2023	智能交通解决、地下管廊规划设计管理方案，商业地产项目空间规划管理解决方案，变形监测系统解决方案及相关装备	2 月 13—15 日
亚洲地理信息展 GEO Connect Asia 2023	可持续和有弹性的地理空间解决方案、建筑业生产率提高、建筑环境与道路的可持续发展、无人机应用等	3 月 15—16 日
欧洲地球科学联盟大会 EGU General Assembly 2023	地质灾害风险模拟、极端灾害预警、地球系统数据同化、机器学习协同的反演、预测及不确定性问题、土壤保护等	4 月 23—28 日
地理空间情报学术研讨会 GEOINT 2023	空间数据发现、数字孪生、未来工作场所技术、面向空间的增强现实、集成 BIM 和 GIS、无人平台、传感器的小型化等	5 月 21—24 日
第三十届国际地理信息学大会 The 30th International Conference on Geoinformatics	时空人工智能和城市分析，涉及健康地理学、时空 AI、遥感、环境与灾害、城市系统等专题	7 月 19—21 日
国际制图大会 ICC 2023	各国间的地图制图与地理信息科研工作进展及作品展示、地图制图与地理信息教育的发展、制图交流培训等	8 月 13—18 日
ISPRS 地理信息周 ISPRS GEOSPATIAL WEEK 2023	智慧城市、高级数据管理、文化遗产可视化与虚拟修复、全球制图众包、智能和自主测绘系统、室内 3D 以及人工智能应用等	9 月 2—7 日
全球导航定位年会 ION GNSS＋2023	全球导航卫星系统失效环境下的替代技术、地面机会信号的高级处理、海洋应用以及搜索和救援、城市和室内无线电定位及新兴应用等	9 月 11—15 日
亚洲遥感大会 ACRS 2023	遥感应用、摄影测量和测绘、地理信息系统与导航、新型传感器和平台、算法与数据处理及其他特别议题	10 月 30 日—11 月 3 日
美国地球物理年会 AGU 2023	空间数据获取操作及影响、跨学科跨地域的科学合作、数据保存、数据共享和数据权属以及数据创新应用等	12 月 11—15 日

　　在国内，自然资源部是开展智慧国土空间规划相关学术论坛及会议交流活动的积极领导者，以中国城市规划学会、中国测绘学会、中国自然资源学会、中国地理信息产业协会等为代表的国家级学会充分发挥带头作用。其中，中国城市规划学会下设城市规划新技术应用专业委员会、中国测绘学会下设智慧城市工作委员会、中国自然学会下设国土空间规划专业委员会，组织行业相关单位深入探讨我国智慧国土空间规划的建设、应用和发展。现行业内相关学术会议，见表 4—10。

表 4—10 　　　　　　　　　中国智慧国土空间规划相关学术会议及开展日期

会议名称	会议主题	日期
自然资源部国土空间规划局 UP 论坛第二期	智慧国土与智能规划、国土空间规划实施监测网络	4 月 17 日
第七届世界智能大会	数字自然资源、城市智能化治理、数字孪生城市建设、数字化招商引资、智慧园区管理等	5 月 18—21 日
第十七届规划和自然资源 信息化实务论坛	智慧国土，国土空间规划实施监测、"双碳"战略下智慧国土空间全域整治和生态保护修复、海岸带空间规划与生态修复、规划高质量实施与用途管制创新等	5 月 24—26 日

会议名称	会议主题	日期
2023 中国城市规划信息化年会	夯实数据底座，做强创新引擎，赋能多维场景	7 月 19—20 日
第十六届规划和自然资源信息化实务论坛	智慧国土 数字生态，聚焦智慧国土建设、国土空间生态修复有效衔接空间规划、数字化改革赋能国土空间治理	7 月 20—24 日
2023 年全国国土空间规划年会	国土空间格局优化、国土空间规划体系完善、城市与区域研究、规划实施监督、国土空间规划理论实践及行业发展等	8 月 29—30 日

此外，中国工程院院士吴志强先生发起的世界规划教育组织（World Urban Planning Education Network，WUPEN）为我国智慧国土空间规划发展积累了广泛而深厚的国际交流合作经验，是国内外规划领域最权威、最广泛、最活跃的专业教育组织之一。WUPEN 汇集国内外顶级教学资源，在智慧城市认知、智慧城市技术应用以及智能规划实践方面具有领先地位，在积极吸纳国际先进经验的同时传播中国智慧国土空间规划管理理念与经验，有效提升我国国土空间规划事业的国际影响力。

总而言之，智慧国土空间规划在全球环境中已具有坚实的学术交流基础，我国应当充分利用已有优势，建立更加具有国际影响力的国际创新资源开放合作平台，深度参与地理信息、国土空间规划、城市空间设计等领域的前沿基础工作中，加快建立联通国内外的协同研究网络，深度融入国土空间规划的全球创新网络之中。

参 考 文 献

[1] 甄峰，张姗琪，秦萧，等. 从信息化赋能到综合赋能：智慧国土空间规划思路探索 [J]. 自然资源学报，2019，34（10）：2060－2072.

[2] 刘宇航，张菲. 计算概念谱系：算势、算力、算术、算法、算礼 [J]. 中国科学院院刊，2022，37（10）：1500－1510. DOI:10.16418/j.issn.1000－3045.20220101001.

[3] 徐志伟，李国杰，孙凝晖. 一种新型信息基础设施：高通量低熵算力网（信息高铁）[J]. 中国科学院院刊，2022，37（01）：46－52. DOI:10.16418/j.issn.1000－3045.20211117008.

[4] 邢文娟，雷波，赵倩颖. 算力基础设施发展现状与趋势展望[J]. 电信科学，2022，38（06）：51－61.

[5] 钱德沛，栾钟治，刘轶. 从网格到"东数西算"：构建国家算力基础设施 [J]. 北京航空航天大学学报，2022，48（09）：1561－1574. DOI:10.13700/j.bh.1001－5965.2022.0715.

[6] 李洁，王月. 算力基础设施的现状、趋势和对策建议[J]. 信息通信技术与政策，2022（03）：2－6.

[7] 雷波，马小婷，李聪，等. 云网融合中的网络基础设施演进探讨 [J]. 信息通信技术与政策，2022（11）：8－17.

[8] 吴洪涛. 自然资源信息化总体架构下的智慧国土空间规划 [J]. 城乡规划，2019（06）：6－10.

[9] 张耀坤，钟致民，孔勇平，等. 论物联网大感知平台在智慧城市建设中的价值 [J]. 数字通信世界，2021（11）：54－55＋65.

[10] 吴伟国. 智慧城市背景下国土空间规划的探讨研究[J] 智能建筑与智慧城市，2021（08）：50－51. DOI:10.13655/j.cnki.ibci.2021.08.021.

［11］ 卢瑾. 智慧国土空间规划框架研究［J］. 智能城市，2020，6（12）：14－16.

［12］ 梁倩. 信息化背景下的智慧国土空间规划思路探索［J］. 智能城市，2020，6（17）：95－96.

［13］ 谢静，李淼. 大数据时代智慧国土空间规划发展研究［J］. 智能建筑与智慧城市，2021（09）：22－23.

［14］ 沈费伟. 大数据时代"智慧国土空间规划"的治理框架、案例检视与提升策略［J］. 改革与战略，2019，35（10）：100－107.

［15］ 陈性元，高元照，唐慧林，等. 大数据安全技术研究进展［J］. 中国科学：信息科学，2020，50（01）：25－66.

［16］ 刘冰鑫，张永军，刘欣怡. 实景三维建模方法及应用研究［J］. 测绘地理信息，2023，48（04）：1－6. DOI:10.14188/j.2095－6045.20230053.

［17］ 丁华东，许华虎，段然，等. 基于贝叶斯方法的网络安全态势感知模型［J］. 计算机工程，2020，46（06）：130－135. DOI:10.19678/j.issn.1000－3428.0055219.

［18］ 龚俭，臧小东，苏琪，等. 网络安全态势感知综述［J］. 软件学报，2017，28（04）：1010－1026. DOI:10.13328/j.cnki.jos.005142.

［19］ 付钰，李洪成，吴晓平，等. 基于大数据分析的 APT 攻击检测研究综述［J］. 通信学报，2015，36（11）：1－14.

［20］ 黄贤金. 构建新时代国土空间规划学科体系［J］. 中国土地科学，2020，34（12）：105－110.

［21］ 黄贤金，张晓玲，于涛方，等. 面向国土空间规划的高校人才培养体系改革笔谈［J］. 中国土地科学，2020，34（08）：107－114.

［22］ 陈伟清，覃云，孙栾. 国内外智慧城市研究及实践综述［J］. 广西社会科学，2014（11）：141－145.

第 5 章　智慧国土空间规划平台

5.1　概述

随着大数据、云计算、区块链、人工智能物联网（Artificial Intelligence and Internet of Things，AIoT）等新技术的发展应用，海量大数据高效显示和处理能力大大提高，大模型分析预测推演能力显著加强，为国土空间规划和开发利用等自然资源管理工作提供了强有力现代化智慧化的技术支撑。在国际上，许多国家和地区都开展了新技术在国土空间治理、城市规划管理的应用实践。如欧盟通过实施欧洲空间规划监测网络（ESPON）计划，为成员国提供空间规划信息共享和决策支持。英国通过开发伦敦数据仓库（London Datastore），实现了城市规划、交通管理和环境保护的监测和分析。法国创建了 Unity 实时 3D 环境，数字化跨越大巴黎都市圈 1000km 范围内近 200 万个已有的和规划建设的建筑。美国新墨西哥州开发了数字孪生城市平台 SmartWorldPro，通过 BIM 导入 3D、4D 基线资产建模服务、智能分析、定制可视化和应用程序集成等功能，提供城市建筑选址、规划设计、建设、运营、维护和销售的全生命周期服务，并在纽约、匹兹堡等城市开展类似的数字孪生平台建设项目，预计将推动这些城市运营成本降低 35%、生产力提高 20%、碳排放减少 50%～100%。日本国土交通省联合多家单位和企业，在东京等 50 多个城市发起了基于 3D 城市模型应用的 PLATEAU 项目，以国土交通省建立的地理空间情报标准为依托，整合了建筑、交通、地理、经济、医疗、防灾等一系列数据，目前在城市活动监测、灾害管理、智慧规划等应用场景方面开展了先行示范建设，利用 3D 城市模型将行人的移动和开发政策可视化，以此规划实施中央新干线交通网络、站点及其周边地区的综合改造工程，推动实现城市公共空间的科学管理。新加坡开展了"智慧国家 2025"计划，建设了虚拟新加坡，采集了地理、空间、人口、气候等方面的动态和静态数据信息建立 3D 城市信息模型，大规模还原了岛上每座建筑物、植被、管网、电缆等真实场景，利用数据分析和仿真建模功能来优化城市管理概念和服务、制定规划和决策，并广泛应用于城市治理过程中的规划设计、管理决策、环境模拟、精准服务及科学研究等领域。

新时代的中国国土空间规划将是"可感知、能学习、善治理、自适应"的"智能规划"。自新一轮国土空间规划工作启动以来，党中央、国务院高度重视国土空间规划体系的平台系统建设，先后印发了《关于建立国土空间规划体系并监督实施的若干意见》《"十四五"国家信息化规划》《关于加强数字政府建设的指导意见》《数字中国建设整体布局规划》等多份重要文件，强调建设和完善国土空间基础信息平台，加强国土空间实时感知、智慧规划、智能监管，优化国土空间格局，提高国土空间治理水平和治理能力。2022 年年底，《全国国土空间规划纲要（2021—2035 年）》获批，明确提出将"建设智慧国土"确立为战略目标任务，并明确要求"建设国土空间规划实施监测网络"，将以"数字化""网络化"支撑国土空间规划、实施、监督、监测的"智能化"。2023 年 9 月，自然资源部印发了《全国国土空间规划实施监测网络建设工作方案（2023—2027 年）》，明确了国土空间规划实施监测网络建设内容和从试点到全面建成的工作方案，构建国土空间信息模型（TIM），加快建设"可感知、能学习、善治理、自适应"的智慧规划，提升国土空间治理现代化水平。因此，围绕新时代的数字政府、数字中国的建设目标，结合国土空间治理的要求，在新技术的赋能下，智能国土空间规划平台的建设和完善将是自然资源管理工作的重要载体和抓手。

智慧国土规划平台是一个集数据精准化、业务联动化、监管全程化、决策科学化、服务集群化为一体的国土空间管理决策大平台。它是在数字国土的基础上，通过物联网、时空大数据、云计算、人工智能等技术的综合应用，实现国土空间规划的智慧编制、在线审批、精准实施、长期监测、定期评估与实时预警。

智慧国土规划平台需要满足国土空间规划编制、审批、公布等全过程信息化管理的要求，实现国土空间规划数据的集成、融合和共享，提高规划编制的科学性和合理性。同时，还需要对国土空间规划的实施进行实时监测和评估，及时发现和解决规划实施中出现的问题，为决策者提供数据支持和决策参考。

5.1.1 智慧国土空间规划平台的概念内涵

结合近年来国家关于数字中国、数字政府建设等重大战略部署（见表 5-1），我们可以得出：涉及国土空间治理的工作，并且服务于国土空间规划编制、实施、监测、评估等管理的平台和系统都可纳入为智慧国土空间规划平台的体系范围，主要包括国土空间基础信息平台、国土空间规划"一张图"实施监督信息系统、智慧城市时空大数据平台和城市信息模型基础平台等。站在省、市一级还会有一些更具体的业务系统支撑智慧国土、智慧城市的规划管理工作，其中国土空间基础信息平台和国土空间规划"一张图"实施监督信息系统是智慧国土空间规划平台的关键核心所在。

表 5-1 涉及智慧国土空间规划平台的相关政策文件

平台（系统）名称	政策文件	文号或年份	发布单位
国土空间基础信息平台	《关于建立国土空间规划体系并监督实施的若干意见》	中发〔2019〕18 号	中共中央、国务院
	《关于加强数字政府建设的指导意见》	国发〔2022〕14 号	国务院

平台（系统）名称	政策文件	文号或年份	发布单位
国土空间基础信息平台	《数字中国建设整体布局规划》	2023 年	中共中央、国务院
	《"十四五"国家信息化规划》	2021 年	中央网信办
	《关于推进国土空间基础信息平台建设的通知》	国土资发〔2017〕83 号	国土资源部、国家测绘地理信息局
	《自然资源部信息化建设总体方案》	自然资发〔2019〕170 号	自然资源部
国土空间规划"一张图"实施监督信息系统	《关于建立国土空间规划体系并监督实施的若干意见》	中发〔2019〕18 号	中共中央、国务院
	《关于开展国土空间规划"一张图"建设和现状评估工作的通知》	自然资办发〔2019〕38 号	自然资源部
	《国土空间规划"一张图"实施监督信息系统功能评定规则》	自然资办函〔2021〕1238 号	自然资源部
	《国土空间规划"一张图"实施监督信息系统技术规范》	2021 年	自然资源部
智慧城市时空大数据平台	《智慧城市时空大数据与云平台建设技术大纲》	2017 年	国家测绘地理信息局
	《智慧城市时空大数据平台建设技术大纲》	2019 年	自然资源部
城市信息模型基础平台	《开展城市信息模型（CIM）基础平台建设的指导意见》	建科〔2020〕59 号	住房和城乡建设部、工业和信息化部、中央网信办
	《城市信息模型（CIM）基础平台技术导则》	建办科〔2020〕45 号	住房和城乡建设部

5.1.2 主要系统的定位及关系

1. 国土空间基础信息平台与实景三维中国的关系

国土空间基础信息平台是整合各类空间关联数据，统一空间底图底板，实现主体功能区战略和各类空间管控要素精准落地，推进政府部门之间的数据共享以及政府与社会之间的信息交互，为自然资源调查监测评价、国土空间规划实施监督、行政审批、政务服务、资源监管、分析决策等应用提供数据支撑和技术保障的信息系统。国土空间基础信息平台作为自然资源业务的基础支撑平台，不但在国土空间规划体系编制实施监督全过程等业务中提供数据和功能服务，同时也承担三维立体自然资源"一张图"数据的管理工作，汇聚实景三维的建设成果并在国土空间基础信息平台上应用。实景三维中国建设的主数据库通过提供在线数据服务方式，为自然资源"一张图"和国土空间基础信息平台提供数据支撑。《自然资源三维立体时空数据库建设总体方案》（自然资办发〔2021〕21 号）指出，自然资源三维立体时空数据库是自然资源三维立体"一张图"的重要内容，是国土空间基础信息平台的数据支撑，并通过国土空间基础信息平台将数据成果、数据服务及时在自然资源部门内部和相关部门共享应用。《自然资源三维立体时空数据库主数据库设计方案（2021 版）》（自然资办函〔2021〕1794 号）指出，主数据库接入到自然资源"一张图"和国土空间基础信息平台，为国土空间规划、耕地保护、确权登记、资产清查、用途管制、生态修复、矿产管理、海域海岛、监督执法等业务化应用提供数据服务。《自然资源部办公厅关于全面推进实景三维中国建设的通知》（自然资办发〔2022〕7 号）中指出，国家和省市县分级、分节点构建适用本级需求的管理系统，并依托不同网络环境（互联网、政务网和涉密网等），为国土空间基础信息平台等提供适用版本的实景三维数据支撑，并为数字孪生、城市信息模型（CIM）等应用提供统一的数字空间底座，实现实景三维中国泛在服务。

2. 国土空间基础信息平台与国土空间规划"一张图"实施监督信息系统的关系

国土空间规划"一张图"实施监督信息系统是基于国土空间基础信息平台构成的一个应用系统，旨在开展国土空间规划动态监测评估预警，加强规划实施监管，并为逐步实现"可感知、能学习、善治理、自适应"的智慧规划提供重要基础。国土空间规划"一张图"实施监督信息系统依托国土空间基础信息平台开发建设，底板数据来源于国土空间基础信息平台，通过国土空间分析评价、规划成果审查、实施监督等业务办理，产生的国土空间总体规划、详细规划和专项规划等业务数据回流国土空间基础信息平台，进一步丰富平台数据，促进数据的更新完善。

3. 国土空间基础信息平台与智慧城市时空大数据平台的关系

智慧城市时空大数据平台是一种基于时空大数据技术，融合城市各类数据，提供城市规划、建设、管理、运行等智能服务的平台，是智慧城市建设的重要组成，目标是推进城市智慧管理，服务整个城市的智慧化、现代化管理。时空大数据包括基础时空数据、公共专题数据、物联网实时感知数据等，及其驱动的数据引擎和多节点分布式大数据管理系统。云平台应包括服务资源池、服务引擎、地名地址引擎、业务流引擎、知识引擎和云端管理等系统模块，可实现对城市的数字化、智能化管理和服务。智慧城市时空大数据平台与国土空间基础信息平台的区别在于：国土空间基础信息平台的建设内容更多的是面向国土空间规划体系建立过程中的数据和服务，支撑国土空间规划的编制、实施监测预警、用途管制应用、开发利用保护，首先聚焦的是为自然资源主管部门内部业务体系服务，再延伸至横向部门联动应用；而时空大数据平台更多的是面向基础测绘、基础时空数据的更新管理体系，是作为智慧城市建设的重要基础组成部分，主要是通过典型示范应用落地具体行业应用场景，包括智慧公安系统、智慧交通系统、智慧城管系统、智慧环保系统、智慧社区系统、智慧旅游系统等方面，提供统一的数据支撑和服务，促进城市各领域的信息共享和协同治理，推动城市的智能化和可持续发展。

4. 国土空间基础信息平台与城市信息模型基础平台的关系

城市信息模型（CIM）是以建筑信息模型（BIM）、地理信息系统（GIS）、物联网（IoT）等技术为基础，整合城市地上地下、室内室外、历史现状未来多维多尺度空间数据和物联感知数据，构建起三维数字空间的城市信息有机综合体。城市信息模型基础平台（CIM 基础平台）是管理和表达城市立体空间、建筑物和基础设施等三维数字模型，支撑城市规划、建设、管理、运行工作的基础性操作平台，是智慧城市的基础性和关键性信息基础设施。《国务院关于推进国家级经济技术开发区创新提升打造改革开放新高地的意见》（国发〔2019〕11 号）指出国家级经开区可在国土空间基础信息平台的基础上建设城市空间基础信息平台。自然资源部庄少勤副部长指出，国土空间基础信息平台是城市信息模型（CIM）、"智慧城市"乃至"数字国土"的基础。住房和城乡建设部印发的《城市信息模型（CIM）基础平台技术导则》指出，CIM 基础平台宜对接智慧城市时空大数据平台和国土空间基础信息平台，集成共享时空基础、规划管控、资源调查评价等相关信息资源。

智慧国土空间平台系统关系图如图 5-1 所示。

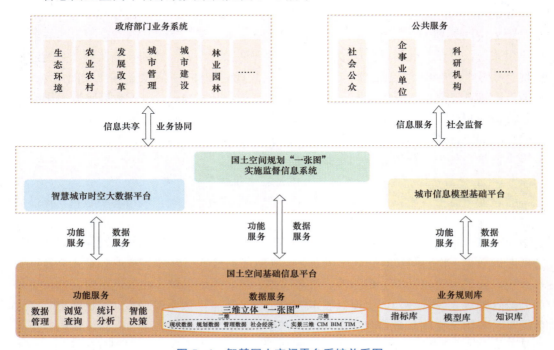

图 5-1 智慧国土空间平台系统关系图

5.2 智慧国土规划平台框架体系

5.2.1 建设目标

智慧国土规划平台的建设目标是实现国土空间规划的智能化决策与治理。平台通过整合各类规划相关信息数据，构建一个完整、统一的国土空间规划数据体系，并利用人工智能、大数据等先进技术对数据进行分析和挖掘，为规划决策提供科学依据和数据支持，从而提高规划的科学性。平台引入高精度、多尺度的数据和智能化技术，实现对国土空间规划的精细化管理和监测，精准掌握国土空间利用现状和趋势，及时发现和解决规划实施中的问题，从而提高规划的精准度和实施效果。平台通过自动化、智能化的分析和评估，提高规划编制和审批的效率，减少人为因素干扰，确保规划决策的科学性和公正性。同时，平台还提供实时监测、评估和预警功能，及时发现和应对规划实施中的问题和风险，减少规划管理的成本和时间。平台通过实时监测、评估和预警，加强对国土空间规划的监管力度，确保规划的合法性和合规性。同时，平台还提供公众参与和信息公开的功能，增强规划的民主性和公开性，提高社会公众的参与度和满意度。平台是智慧城市建设的重要组成部分，通过集成多源、多维度的城市数据和智能化技术，实现城市规划、建设、运行的全流程智能化管理和服务，为智慧城市的建设提供有力的支撑和保障。

总之，智慧国土规划平台的建设目标是利用先进的信息技术手段，实现国土空间规划的全流程智能化管理和服务，提高规划管理的科学性、精准度和效率，为建设智慧城市提供有力的支撑和保障。

5.2.2 总体框架

规范机制是整个智慧国土空间规划平台得以正常、顺利运行的保障，具体包括了标准体系和安全保障。标准体系是在规划和自然资源的相关国家标准以及行业标准的指导下，结合本地信息化建设工作的实际情况，为了降低各部门沟通协作的难度，达到信息共享的目的，就数据格式、精度、模型、共享、交换以及元数据要求等方面作出管理规定，规范信息化的建设。安全保障就是在机房基础设施方面能防水、防电、防火和防风等，网络设备的业务处理能力及带宽能满足业务高峰的需求，建立安全管理制度，明确安全工作的总体目标、范围、原则和安全框架等内容，对安全管理中的组织以及职责管理、审核与检查管理、人员管理、系统实施管理、系统安全管理等重要内容建立相应的安全管理制度，对人员日常管理操作建立规程。

在智慧国土空间规划顶层目标指引下，开展智慧国土空间平台总体框架设计（见图 5-2），总体上以规范机制为保障，依托网络设备、安全设备、服务器、操作系统、数据库、基础软件和储存设备等自然资源信息化的基础设施，以智慧国土空间规划的数据库为支撑，以各类规划重点业务需求为牵引，搭建覆盖国土空间总体规划、详细规划（含村庄规划）、专项规划、城市更新、城市设计、规划实施、规划监测、规划评估、规划预警等信息化管理应用，为自然资源主管部门、规划编制单位、社会公众等多主体提供规划服务。

5.2.3 主要技术路线

智慧国土空间规划平台的构建，应充分考虑框架的稳定性和可扩展性，为后续的拓展应用提供了良好的基础支撑；开发相应功能的组件库、工具箱，易灵活拆装，能够快速满足不同应用场景下的应用拓展需求；具备海量大数据的高效加载、显示和快速渲染等处理能力。基于以上原则，宜采用包含且不限于以下的技术路线。

1. 基于企业总体架构（EA）的科学统筹与分步建设实施

企业总体架构（Enterprise Architect，EA）是近年来国际普遍采用的 IT 规划、管理和复杂系统设计和实施方面的理论、方法、标准和工具。它可以将组织的 IT 战略规划正确有效地落实到实处。作为对大型、复杂信息系统的管理方法和 IT 治理模式，企业

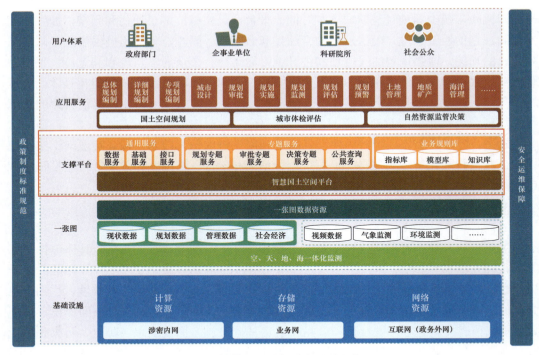

图 5-2　智慧国土空间平台总体框架图

总体架构指导信息化建设的方向，可以帮助建设一个可靠的、科学的、低风险的、满足未来需要的 IT 架构。企业总体架构被国际上公认为是信息化建设中最重要的战略性问题，在国内外被越来越多的企业和政府采用。

2. 基于领先的"大平台、微服务、轻应用"架构范型

基于"大平台、微服务、轻应用"的思想进行总体技术架构设计，整体依托面向服务的架构（Service-Oriented Architecture，SOA）建立起具有松耦合特征的开放平台，改变过去诸多系统沿用传统竖井式的 IT 架构问题，横向打通不同系统的连接通道。同时，基于 SOA 的架构与云计算、大数据等是衔接一致的，可以很好地支持跨域资源整合和移动互联应用等诉求。

3. 采用企业级 SOA 架构设计建立标准开放、高稳定可用的系统

SOA 是一种用来构建基于服务的分布式整合系统的方法。那些用来构建分布式系统的业务和基础功能可以当作服务，作为整体或者个体，提供给终端用户的应用系统或其他服务。SOA 指定在任何给定的体系结构中，服务间应有一个一致的通信机制。该机制是松散耦合的，并且对外提供外部接口。

4. 采用分布式缓存技术，缓解关系型数据库的读写压力

传统的 B/S 应用系统的整体数据流程，可概括为：浏览器发送请求、到应用服务器再到关系型数据库系统，最后返回数据到页面进行渲染。但是伴随着国土空间规划业务的不断扩展，所需要展示的结果信息越来越复杂，用户数和访问量也越来越大，系统应用需要支撑更多的并发量并且进行更复杂的逻辑处理。受限于硬件成本、数据库本身的

读写限制，引入分布式缓存技术，每个请求都可以从缓存中直接获取目标数据并返回，从而减少计算量和关系型数据库的读写压力，让有限的资源服务更多的用户。

5. 基于微服务架构提升服务的响应效率和能力

采用微服务架构，根据具体应用场景构造适合的服务化体系，系统中的各个微服务仅关注于完成一件任务并可被独立分布式部署，从而降低系统的复杂度和耦合度，提升组件的内聚性、敏捷性，极大地提升服务的响应效率和能力，使得系统能够以较低的成本继续保持高可用性。

5.2.4 基础设施

智慧国土空间规划平台的基础设施是支撑智慧规划信息化管理的底层保障，具体内容包含计算资源、存储资源、网络资源、感知设施、数据库、操作系统和地理信息基础软件等软硬件设施，为规划信息传输、数据运算与分析以及存储管理等提供支撑。同时，面向国土空间感知能力提升的需要，在基础设施构建中还应加强物联网、互联网等感知网络体系的搭建，强化规划全生命周期监测能力。结合自然资源管理工作与国家安全的重要性和敏感性，智慧国土空间规划的部署应包含政务内网（涉密网）、业务网、政务外网（互联网）三种物理隔离的网络环境下。

随着地理空间信息产业的快速发展，信息安全问题日益突出。通过对地理空间信息产业进行信创国产化改造，可以有效地保障国家地理信息安全，避免因国外技术依赖而导致的安全隐患。自主发展 IT 国产化不仅能满足我国信息化建设的需求，也是实现国家经济和国防信息安全的必然选择，安可产业要实现技术自主可控，需要在基础硬件设施（如服务器、交换机）、底层软件（如操作系统、数据库）、应用软件、产品安全四个层面逐步实现，智慧国土空间规划平台的建设应积极响应国家关于政务安可的相关政策要求，为国土空间信息化建设提供安全可靠的信息支撑。在开展具体的平台建设时，选型时尽可能地选择信创目录内的软硬件产品，不在信创目录内的选国产，既不在信创目录、也无国产的软件，选开源软件。

5.2.5 数据库

1. 设计原则及要求

（1）数据库的稳定性、可靠性。考虑大量国土规划日常业务的正常办理，国土空间规划平台的数据库设计宜按照 $7 \times 24h$ 支撑不同平台的业务应用，且定期开展数据备份。随着时间的推移，数据库空间可能会变得越来越拥挤，影响数据库的性能和可靠性。因此，数据库空间管理也非常重要。可以通过确定数据库的大小、设置文件增长、压缩数据库、定期清理过期数据等措施来优化数据库性能。

（2）支持高并发的大数据服务能力。随着业务的增加，数据的访问量和并发数会显著大增，必然要求现有的数据库必须有良好的性能来支持高并发的大数据服务需求。

（3）更高的安全性。数据库的安全是面向不同的平台需求，在智慧国土空间规划平台的体系下所有平台系统的数据都在一个空间数据库中，而不同的平台应用有各自的数据需求，对数据的安全有着更高的要求，不仅要保障数据库的数据安全，还需要提供支撑不同应用场景的数据服务。

（4）便于管理和更新维护。数据统一在一个统一的空间数据库必须针对不同数据类型制定相应的更新规则，落实一数一源，避免数据冗余，从而便于管理和更新维护。

2. 数据体系编目

根据自然资源部信息化建设总体方案要求，全面梳理自然资源业务数据和人口经济社会等与国土空间开发利用相关的数据资源，智慧国土空间规划平台的数据体系，按照现状数据、规划数据、管理数据和社会经济数据进行组织编目（见表 5-2），并通过国土空间基础信息平台统一管理，统一支撑自然资源管理与国土空间开发利用工作。按照自然资源数据体系框架，基于统一的坐标系统，依据统一的数据标准和分类标准，在空间、时序、比例尺上对各类自然资源数据进行标准化整合、对接、去重、融合、分层。纳入自然资源数据目录，建立分布式数据存储机制，通过国土空间基础信息平台统一管理，叠加自然资源调查监测成果、规划、管理等数据，形成"陆地海洋相连、地上地下一体"的自然资源"一张图"，统一对外服务。

表 5-2　　　　　　　　　　智慧国土空间规划平台的数据架构体系

数据类型	数据类别	数据内容
现状数据	测绘	基准、遥感影像、地形、DEM
	地质	地质调查、矿山地质环境、地质灾害
	地理国情普查	地表形态、地表覆盖、地理国情要素
	国土调查	国土调查与变化调查
	耕地资源	耕地资源、永久基本农田、耕地后备资源、耕地质量评价
	矿产资源	矿产资源储量、矿产资源潜力评价、矿产地
	森林资源	林地资源状况、森林资源清查、森林灾害、林业重点工程
	湿地资源	湿地资源调查、典型湿地、重点湿地资源
	草原资源	草地资源清查、草原生态
	水资源	水利普查、水利工程、防汛抗旱、水资源调查
	海洋	海域海岛、南北极、海洋测绘地理、海洋地质、海洋环境、海洋资源、海洋权益
	气象	大气环境、台风、气候
	灾害	旱灾、洪涝、火灾、沙尘暴、赤潮、绿潮、水母、入侵生物
	交通	民航、铁路、公路、航运
	水利设施	水库、港口
	生态环境	水环境、大气环境、土壤环境
	……	……
规划数据	开发评价	资源环境承载力评价、国土空间开发适宜性评价
	重要控制线	生态保护红线、永久基本农田、城镇开发边界

132

数据类型	数据类别	数据内容
规划数据	国土空间规划	各级国土空间规划、详细规划、村庄规划
	已有国土空间相关规划	原主体功能区规划、原土地利用总体规划、原城乡规划
	自然资源行业专项规划	矿产资源规划、地质勘查规划、地质灾害防治规划、海洋规划、自然保护地规划……
	其他行业专项规划	环保规划、水利规划、公路规划、铁路规划、民航规划……
管理数据	自然资源资产	土地、矿产、林、草、水、其他
	不动产登记	土地、房屋、林地、草原、海域、无居民海岛
	自然资源确权登记	水流、森林、山岭、草原、荒地、滩涂、探明储量的矿产资源
	土地管理	建设用地项目、土地供应、城市地价
	地质矿产管理	矿业权、地质勘查资质、矿业资源开发利用
	海洋综合管理	海域管理、海岛管理、海洋工程、围填海管理
	测绘地理信息管理	测绘资质资格、基础测绘、测绘项目、测绘成果、测量标志
	生态修复	国土空间综合整治、土地整治、矿山生态修复、海洋生态修复、海域海岸带和海岛修复、矿业遗迹保护
社会经济数据	社会数据	就业、社会舆情、社会网络
	经济数据	宏观经济、消费物价指数
	人口数据	人口数量、人口密度、人口迁移
	……	……

自然资源"一张图"将横向到边、纵向到底的各类数据汇聚到一起，形成自然资源"电子地图"，不同比例尺任意放大，不同区域无缝漫游，不同时间随意切换，不同类别灵活叠加，做到自然资源和国土空间"一览无余"。

在自然资源"一张图"框架内，按照统一标准，不断丰富数据产品，更新数据内容，新建、完善一批核心数据库。

3. 空间数据的管理

依据标准规范体系，研发动态更新工具，建立数据动态更新机制，定期将各类的空间数据，依据一定规则进行抽取和计算，得到符合统一数据标准的空间数据，同时更新到智慧国土空间规划平台数据库，实现对空间数据库各类空间数据的数据源管理、数据入库/更新、数据导出、数据查询、符号库管理、元数据管理、时态管理等功能。

（1）数据入库：支持不同格式、不同专题的数据直接入库。

（2）数据更新：能实现对多种粒度空间数据、元数据等数据的自动更新，包括批量更新、增量更新、同步更新；实现对更新数据的校验；实现数据更新历史回溯与查询统计。

（3）数据导出：支持不同格式的数据按图层、按范围的数据导出。

（4）数据版本控制：数据在入库和更新时，支持由管理员自定义输入数据版本号和版本说明，数据管理员可选择指定版本的历史数据进行数据导出或加载查看。数据版本一般以年度为单位进行管理。

（5）元数据管理：实现元数据与数据的关联维护，提供元数据管理工具对元数据进行查询、浏览、统计汇总和修改更新；能实现元数据的输出与打印。

4. 用户权限管理

用户权限管理是对各类数据更新管理及用户信息、权限等的管理，面向空间数据库管理人员。遵循空间数据安全管理和更新管理规范，管理平台统一进行权限配置工作，对空间数据更新人员平台使用、数据更新、更新监管和空间数据质量评估的权限管理。

（1）用户管理：实现平台用户的统一管理，支持用户增删改、用户检索。

（2）角色管理：实现平台角色的统一管理，为数据更新权限配置奠定基础，支持角色增删改、角色配置及角色检索。

（3）权限管理：支持按角色分配数据更新权限。

5.2.6 应用体系

在数字空间和知识体系的支撑下，借助先进信息化手段，实现国土空间规划信息化全覆盖，包括国土空间总体规划、控制性详细规划、村庄规划、专项规划审查和城市设计全过程系统，建设国土间规划"应用体系"，整体提升国土空间规划的智慧化水平。应用体系横向上将实现与平级各部门互联互通、信息共享和业务协同；纵向上将实现自然资源垂直条线上的信息汇交和空间用途管制；同时亦将落实在规划管制全过程，支撑规划编制、审批、实施、监督全过程，保证规划管制全过程的科学、规范、高效，实现规划可持续优化的闭环管理。

5.2.7 用户体系

国土空间治理过程中，政府、企业、社会机构和个人等空间"用户"是共建、共治、共担、共享的命运共同体，规划过程应该是空间"用户"共谋的社会治理过程。需要建立起空间"用户"为主体的国土空间规划数字化生态体系，充分发挥各生态主体主观能动性。建立企业、空间规划管理部门、事业单位、科研院所、社会公众等各生态主体的协同生态：面向自然资源主管部门支撑业务监管决策，提升规划全周期管控能力；面向规划编制单位提供科学智能的规划编制分析工具，助力提高规划编制科学性；面向社会公众，贯彻"开门编规划"的理念，增强社会公众参与感，让所有空间"用户"都参与到规划治理过程中，让建设者与城市共同成长。

5.3 智慧国土空间规划平台的系统应用

5.3.1 国土空间基础信息平台

国土空间基础信息平台是自然资源部门开展自然资源业务管理工作最基础最重要的信息平台，也是唯一写入自然资源部信息化顶层设计的信息平台，整合现状、规划、管理和社会经济等各类空间关联数据，形成统一空间底图底板，实现主体功能区战略和各类空间管控要素精准落地，推进政府部门之间的数据共享以及政府与社会之间的信息交互，为自然资源调查监测评价、国土空间规划实施监督、行政审批、政务服务、资源监管、分析决策等应用提供数据支撑和技术保障的信息系统。国土空间基础信息平台承担三维立体自然资源"一张图"数据的管理工作，汇聚实景三维的建设成果并在国土空间基础信息平台上应用，服务于数字中国、数字政府和智慧城市建设等重要部署。

1. 主要功能

（1）空间数据存储与管理。国土空间基础信息平台具备大容量、高性能的存储与管理能力，能够存储和管理国土空间的地理空间数据、属性数据、时间序列数据等。

（2）数据查询与检索。国土空间基础信息平台提供灵活多样的数据查询与检索功能，用户可以通过关键词、空间范围、时间区间等条件进行数据查询和检索。

（3）空间分析。该系统可以进行国土空间规划相关的空间分析，包括资源环境承载能力分析、生态保护红线划定、国土空间开发适宜性评价等。

（4）数据分析与挖掘。国土空间基础信息平台利用先进的数据分析和挖掘技术，对国土空间的时空数据进行处理和分析，提取有价值的信息和知识，为政府决策和企业投资提供科学依据，包括规划方案的智能优化、风险预警、政策模拟等功能。

（5）成果展示。该系统可以将国土空间规划的成果进行展示和交互，包括规划方案、规划图件、规划说明等，以便用户更好地理解和应用规划成果。

2. 主要应用场景

（1）国土空间规划编制。为规划编制和审批提供数据支持，帮助规划审批人员了解国土空间的利用情况和规划要求，制定科学、合理的规划方案。

（2）国土空间规划审批。辅助项目进行合规性检测，实现规划方案在线审批和管理，提高审批效率和透明度。

（3）国土空间资源管理。对土地、矿产、海洋等各类国土空间资源的二三维数据进行统一管理和维护等。

（4）决策支持与辅助。为城市决策提供数据分析和决策支持，以便进行战略决策和政策制定。

（5）数据共享与回流。对相关自然资源内部和相关部门的各类业务系统提供数据服务，并接受各业系统的回流数据。

国土空间基础信息平台功能如图5-3所示。

5.3.2 国土空间规划"一张图"实施监督系统

国土空间规划是从空间上落实国家区域发展战略和主体功能区战略的重要载体，是对一定时期内区域国土空间开发保护格局的统筹部署，是促进城乡协调发展、陆海统筹发展的重要手段。国土空间规划"一张图"实施监督信息系统是建立国土空间规划体系的重要内容，基于新技术、新手段，为国土空间规划编制、审查、实施、监测、评估和预警全过程管理提供技术支持，为实现"可感知、能学习、善治理、自适应"的智慧型

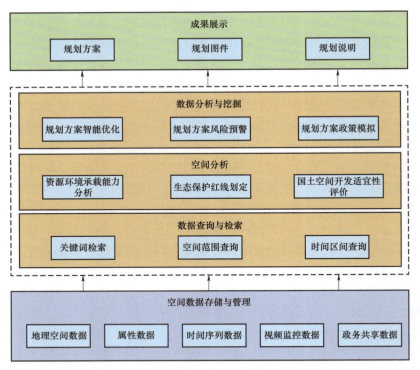

图 5-3　国土空间基础信息平台功能构成图

规划奠定基础。国土空间规划"一张图"实施监督信息系统的核心功能（见图 5-4）要求包括自然资源一张图、国土空间规划分析评价、空间规划成果审查管理、国土空间规划监测评估预警、资源环境承载能力监测预警、国土空间规划指标模型管理等。

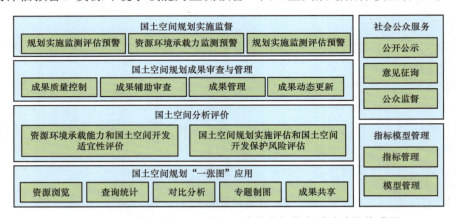

图 5-4　国土空间规划"一张图"实施监督信息系统功能构成图

1. 主要功能

（1）国土空间规划"一张图"应用。基于国土空间基础信息平台的各类数据及功能，为国土空间规划编制、审查、实施、监测、评估、预警全过程提供国土空间规划"一张图"应用。

136

（2）国土空间规划分析评价。以国土空间规划"一张图"为基础，利用相关算法、模型等开展分析评价，支撑国土空间规划编制。

（3）国土空间规划成果审查与管理。按照各级国土空间规划管理事权，对国土空间规划成果提供质量控制、成果辅助审查和成果管理功能，并支持国土空间规划成果的动态更新。

（4）国土空间规划监测评估预警。

1）资源环境承载能力监测预警。构建针对重要控制线和重点区域的监测预警模型，以及规划实施评估和专项评估模型，支持国土空间规划监督指标的总量、结构、时序和布局的展现，实现国土空间规划实施的动态监测、及时预警和定期评估。

2）资源环境承载能力监测预警。整合集成或接入有关部门资源环境承载能力监测预警相关数据，提供对资源环境承载能力的综合监管、动态评估和决策支持功能。

（5）国土空间规划指标模型管理。通过指标管理和模型管理等功能，实现国土空间规划编制和实施监测评估预警过程中指标和模型的可视化管理。

（6）社会公众服务。充分利用网站、新媒体等方式，提供面向公众的国土空间规划服务。支持多终端、多渠道的公开公示、意见征询和公众监督，促进规划公众参与。

2. 主要应用场景

（1）辅助规划编制。国土空间规划"一张图"以自然资源调查监测数据为基础，采用国家统一的测绘基准和测绘系统，汇集了区域内自然资源、生态环境、农业农村、水利、发展改革、交通等部门，涉及现状、规划管控、管理、社会经济类数据，形成了全覆盖、动态更新、权威统一的空间规划数据基础。在国土空间规划编制过程中，"一张图"系统通过接入国土空间规划"一张图"，为国土空间总体规划、详细规划、专项规划的编制提供了统一的空间数据底版，并通过提供多规差异分析、双评价、基数转换、数据格式转换、坐标配准转换等工具，智能辅助编制单位开展相关规划编制工作，从而大大提高规划设计人员的工作效率。

（2）项目合规性分析。选址合规性是项目用地审批的重要审查内容，提前介入选址，优化项目布局与国土空间规划的统筹，从源头上减少矛盾冲突，将极大提高项目用地审批效率。"一张图"系统为项目选址提供基础设施选址选线、建设项目用地预审的合规性分析等应用服务，促进项目依法依规落地。"一张图"系统通过全市统一的政务网络环境，为发展改革、交通、水利、生态环境、教育等政府部门及从事基础设施服务的部分国有企业提供合规性分析服务。这些部门不仅可以随时浏览"三区三线"、控制性详细规划、历史文化保护、土地利用现状、土地储备情况等数据，更能通过空间叠加分析，自动生成项目合规性审查报告，便捷直观地查看重叠范围、所属项目、所在位置等分析结果，准确了解项目与各专项规划以及管控要素之间的冲突情况，为及时、妥善处理空间矛盾冲突提供了技术支撑，真正在规划"一张图"系统上做规划、谋发展。

（3）业务协同。基于国土空间规划、城市总体规划、土地利用总体规划、控制性详细规划及各类专项规划的国土空间规划"一张图"系统为包括发展改革、规划和自然资源、住建、水务、林园、交通、城管等多个部门提供跨层级、跨部门的规划业务协同服务。系统业务协同能力覆盖总体规划、详细规划、专项规划、工程建设项目等多个层面，服务包括规划编制、规划成果审查、项目立项前合规性审查、项目建设方案审查、土地出让方案业务会审等具体协同事项，高效实现信息共享、业务共商，强化国土空间规划引领和刚性管控作用，加快项目用地审批效率，优化营商环境。

1）详细规划协同方面。通过"一张图"系统规划业务协同功能，由详细规划申请单位或组织单位在规划编制或审查阶段，线上征询规委会成员部门、所在区政府和相关单位意见，落实各类管控要求和设施布局需要。同时在规划"一张图"系统中加载控制性详细规划全流程信息，将各单位、各区反馈意见纳入控制性详细规划全生命周期管理，有效支撑规划编制。

2）总体规划协同方面。通过"一张图"系统规划业务协同功能，由规划和自然资源部门统一发起局外部门联审和局内部门会审，在系统上推送规划数据，各部门线上接收规划数据并研究形成反馈意见后通过系统反馈。一是增强了规划数据的信息安全，避免线下交换数据带来的数据泄漏或数据版本不统一等问题。二是提高了意见交换的频率和速度，对于需要反复协商斟酌的意见，以系统办理的方式代替文来文往，有效提高部门间审查协调效率。三是实现了审查环节各版本规划数据以及部门审查意见留痕，规划修改完善环节全程可追溯，有效提升规划数据质量。

3）项目用地协同方面。通过"一张图"系统以重点项目为抓手，通过项目代码实现对项目的审批监管全生命周期管理。在项目立项前期，协同各部门开展线上审查，将国土空间规划和专业部门管控要求传导至项目选址，指导建设单位在选址阶段落实规划要求，提前准备规划用地手续材料，加快项目落地，有效支撑规划实施。

（4）规划实施监督。"一张图"系统是落实国土空间规划监督实施的重要抓手，是实现各类国土空间管控要素精准落地和用途管制的重要依托。

一方面，利用"一张图"系统开展实时监测、年度体检、五年评估的监测评估工作。系统支持对评估指标中约束性指标、核心指标、体征监测指标进行分类监测评估预警，形成"实时＋定期"的智能化评估监督模式。"一张图"系统针对实时监测约束性指标开展动态监测预警，重点对永久基本农田范围、生态保护红线范围、城镇开发边界范围、城市蓝线、绿线、紫线及各类资源保护等空间性要素，利用合规性机检、量化分析模型等工具进行实时监测，实现建设项目审批与空间性要素的自动比对，对突破承载能力、违反规划管控要求的行为进行及时锁定、预警，纳入廉政风险防控，通过短信、系统推送等多种方式告知预警主体。"一张图"系统针对"年度体检"约束性指标与核心指标，运用大量指标计算模型快速生成年度"体检单"，并加以多维可视化展示，直观呈现评价城市空间核心要素发展情况，指导下年度规划实施与重点任务制定；"五年评估"全部指标项，自动生成评估报告，结合各专项评估、公众调查等，实现对城市社会经济发展与规划实施情况的系统评价和阶段性总结，指导规划修编。

另一方面，通过"一张图"系统实现在规划许可、用地审批等用途管制工作中进行规划实时监督预警。用地审批业务依托自然资源业务审批系统开展，"一张图"系统通过接口对接实现对具体用地类案件的实施监督。监控指标涵盖用地性质、容积率、建筑密度、绿地率、建筑高度等。在办理规划条件时，系统识别到监控指标与现行控制性详细规划的要求不一致时，会自动产生预警，并锁定流程，需经相关部门技术复核，案件方可继续办理。

5.3.3　实景三维平台

实景三维平台是一种基于倾斜摄影测量、图形渲染、空间分析等技术创建的三维模型平台，通过将实际场景拍摄并加工处理，形成逼真的三维虚拟环境。实景三维平台不仅可以提供静态的三维模型，还可以通过引入传感器数据、动态视频等实时数据源，实现三维模型的动态展示和交互。可以将现实世界中的各种物体、场景、环境等以高精度、高分辨率、高逼真的方式呈现出来，从而为政府、企业、科研机构等提供了一种全新的数据展示和分析手段。

1. 主要功能

（1）三维建模。通过3D扫描技术获取物体表面的点云数据，再通过专业的建模软件将这些点云数据转化为三维模型。并对于建立好的三维模型，可以进行细节优化和修复，以提高模型的精度和质量。

（2）三维数据转换和共享。可以将建立好的三维模型导出为通用的格式，或者将其共享给其他用户。

（3）三维场景展示。实景三维平台可以创建三维场景，并将多个三维模型导入到场景中进行展示，包括云端场景渲染引擎、前后端像素流交互、交互指令发布管理等。

（4）空间分析。实景三维平台可以提供各种空间分析工具，如距离测量、面积测量、视角分析、日照分析、淹没分析、天际线分析、通视分析、限高分析、方案比选、控规盒子分析和建筑剖切分析等。

（5）实时数据接入。实景三维平台可以接入各种传感器数据、动态视频等实时数据源，实现三维模型的动态展示和交互。

2. 主要应用场景

（1）辅助国土空间规划和城市设计。实景三维平台可以提供高精度、高分辨率的城市三维模型，可以支撑国土空间规划编制，如实景三维平台提供限高分析、方案比选、控规盒子分析和建筑剖切分析等各种空间分析工具，结合实景三维模型进行对总体规划、详细规划、专项规划、城市设计等提供规划布局参考。

（2）自然资源调查监测。通过对山水林田湖草沙等自然资源数量、质量、范围、变化趋势的动态监测和统计分析，实现历年调查监测成果数据的分层管理与立体时空呈现，辅助开展自然资源分析评价。

（3）灾害预警和应急救援。结合实景三维模型和物联网感知数据，利用地理分析模型和智能算法，挖掘城市内在的运行规律，对城市涉水要素进行仿真、监测、模拟和推演，对灾害做出评估和预警，为城市内涝等灾害预警和应急指挥调度救灾提供依据。

（4）历史文化资源保护。实景三维平台可以保护和传承文化遗产，将历史建筑、文物等以高精度、高分辨率的方式呈现出来，同时还可以帮助文化创意产业进行创新和发展。

（5）立体空间用途管制。基于三维空间地貌地质分析，实现对空间用途更加精细化的地貌分区和地质分层开发利用管控；针对不同层级空间不同规划用途实现分层建设用地使用权审批以及用地供应分析；面向工程建设项目，实现三维设计方案建筑控高、建筑间距、开放空间、建筑贴线等指标精细化审查及核实。

（6）不动产登记。构建以分层分户模型为核心的不动产立体化管理模式，在不动产登记发证环节辅助房屋关联落宗，实现电子证照关联、人房地关联，为不动产权籍管理、城市更新、拆迁补偿提供支撑。

5.3.4 控规全流程管理系统

控规全流程管理系统是一个为城市控制性详细规划编制、审批、管理服务的综合性应用系统，旨在通过信息化手段实现对涉及城市控制性详细规划管理事项工作的高效管理和监督，为控规管理和审批提供全面、高效、智能化的支持。系统服务用户涉及市、县两级的规划编制部门、规划审核部门、数据管理部门等。县级层面，可通过该系统上报项目各阶段各环节的实施情况。市级层面，可通过系统掌握项目实施进度，全流程覆盖、全周期服务、全方位监管。

1. 主要功能

（1）控规项目办理。实现控规编制、调整类项目、工业产业区块深化优化类项目以及控规局部修正类项目办理的全生命周期支撑。具体涵盖项目生成阶段、审查报批阶段及批后工作三个阶段，其中项目生成阶段的办理流程包括项目立项，必要性论证报告审查、公示，必要性论证报告审议，必要性论证报告报批、批准；审查报批阶段的办理流程包括方案审查，技术审查，专项评估，方案公示，征集意见，专家论证会，规委会办公室，规委会议题库，规委会审议，成果报批、批准；批后工作阶段的办理流程包括预上网、数据上网，批后通告，备案。

（2）项目进度管理。快速查询项目全生命周期各流程的实施情况，实现市局高效地监督区局实施的职能。

（3）数据上网。实现控规三类项目数据上网的管理。

（4）意见征集。实现多部门意见在线征集。

（5）统计分析。快速统计分析各区各类型项目实施情况。

（6）控规项目"一张蓝图"管理。实现控规项目"一张蓝图"管理，项目定位，查询等功能。

（7）系统配置管理。实现维护菜单、组织机构、角色、用户、权限、日志、业务关系等配置管理的功能。包括部门用户管理、角色权限管理、流程管理、系统监控管理、数据字典管理、日志管理等功能，提供系统的后台支撑维护功能。

控规全流程管理系统主要功能构成图如图5-5所示。

2. 主要应用场景

基于国土空间基础信息平台，面向控规编制管理的需求，从设计端到许可端，开发了包含"控规通"、技术审查、控规编制管理、规划条件自动生成等工具的控规全流程

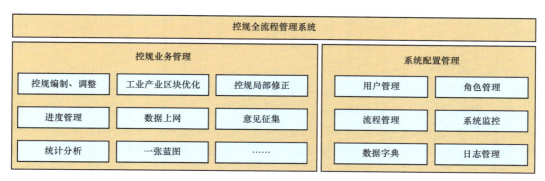

图 5-5 控规全流程管理系统功能构成图

管理系统。

（1）设计端。通过"控规通"工具实现控规图纸标准绘制、成果格式智能审查，实现全市控规编制过程中图形、符号、颜色、线型等的全面一致性和标准化，增加规划成果的规范性与一致性，保障规划成果编制质量。

（2）审查端。开发控规技术审查工具，自动开展规划符合性、控规调整前后差异、行政许可等审查工作。通过机审辅助人审，提高行政效率。在线关联近现状调查、规划设计、业务审批等底版数据图层，实现审查事项、审查要点智能化审查，实现人工审查向机器辅助审查。

（3）管理端。建立控规编制管理工具，全面统筹全市控规编制管理工作，形成对控规编制项目全流程的跟踪管理，对控规编制计划、必要性论证、审查、审批、上网入库等各环节进行智能化跟踪和信息化集成。

（4）许可端。运用规划条件自动生成辅助工具，实现用地性质、总用地面积、容积率、建筑密度等多项指标的自动提取，社区公共服务设施配置要求等指标的辅助自动生成。通过运用规划条件自动生成辅助工具，减少核发规划条件过程中的人为计核误差，保留行政审批痕迹，防范廉政风险，并实现与后续审批环节的信息比对。

5.3.5 规划编制协同系统

规划编制作为一项涉及多用户、多组织协作的工作，不仅需要为组织内的参编人员提供实时信息共享服务，还需要为组织间的规划师们提供协同工作环境，进行协同办公和及时信息反馈。规划编制协同系统旨在为规划编制工作提供实时、高效的信息管理、数据共享及协同办公服务，依托 WebGIS 模式，通过定义标准的协议、接口以及功能模块的组合，整合规划编制及业务数据，搭建一个开放式、个性化的在线协同平台，以Web 的方式提供资源和功能，而用户则采用多种终端随时随地访问这些资源和功能。规划编制协同系统实现了规划师之间、部门之间的纵向及横向协同，加强规划数据、阶段性成果的及时沟通与共享，减少了不同层次规划之间的冲突。在这种模式下，平台变得更加简单易用、开放和整合，使得平台为组织机构所有用户提供服务成为现实。

1. 主要功能

（1）时空信息聚合。编制工作中的各类基础地理信息、规划成果大多存在于异构的地理信息系统中，且具有多时态、多格式等特征，不利于进行数据共享、数据挖掘等操作，迫切需要进行时空信息聚合。规划编制协同系统通过统一、规范的信息化标准实现多源基础空间数据与专题数据的整合，解决了传统规划编制过程中"规划信息孤岛"的问题，满足规划编制部门对空间信息共享与互操作的需求。

（2）跨部门协同。传统规划编制的工作模式相对封闭，主要协作方式在于部门内部，而规划编制协同系统则更加注重部门间、单位间的协作，为所有参与编制的规划师提供统一的工作平台，提升不同专业的设计人员与规划管理人员的协同能力以及单位间横向协作效能，汇聚最新工作成果及反馈信息，加强不同类型、不同层级规划之间的衔接，提高规划的科学性。

（3）实时共享。传统规划编制模式中，相关资料与成果主要采用文件传输的方式进行共享，数据安全性存在较大隐患，且很难达到实时共享的目标。规划编制协同系统能够让规划师们随时随地用任何设备将自己的资料及成果分享给平台内的工作者或者工作部门，并且通过资料及人员的权限设置，保护重要数据的安全。

（4）智能检索。规划编制协同系统拥有一个集地图、时空数据、服务、文档、模板、程序等资源于一体的综合资源中心，将平台所拥有的地理资源、服务以及应用按不同类型、不同权限展示出来，用户可以在浏览器、移动终端快速访问该资源中心，准确检索、获取专题资源并实现共享交换。

2. 主要应用场景

（1）多维数据管理。编制协同系统中的时空数据资源体系更加完善。区别于传统地理空间数据库的建设方式，时空数据资源体系涵盖时间、空间和属性三个维度，数据种类丰富，现势性强，准确度高。在时间维度上，形成包括历史数据、现状数据、规划数据的时序数据库；在空间维度上，涵盖二维平面数据和空间三维模型，涉及地表模型、地下空间与地下管线模型、建筑三维模型等；在属性维度上，不仅包括规划编制中所涉及的基础地理数据、规划管理数据等具有空间属性信息的数据，还包括经济、社会、人文等多方面的调查统计数据。

（2）协同共享。编制协同系统为各级各类规划编制提供了一个直观、实用的工作空间，采用基于群组的共享交换模式，提供灵活的群组管理及共享策略。组织内部根据工作内容建立了规划编制领导小组成员、核心编制团队、各区属职能部门、专家学者、社会公众等工作群组，各群组内部根据具体分工再进行部门及成员细化，并提供灵活多样的分享策略，进行部门及群组间的地图、数据、文档等资源的高效共享。平台通过 Web 服务的方式进行搭建，支持多终端访问，不仅可以通过浏览器的方式来访问系统，还可以通过手持的移动终端设备来访问系统信息，真正做到整个组织内部用户都可以随时共享信息，协同规划。

（3）智能制图与分析。智能制图功能允许规划编制人员利用平台内数据作为底图，添加自己的业务数据，在浏览器端实现一键式制图，为规划编制中的专题制图工作提供便利。分析功能中集成了六类常用的空间分析功能，包括数据概要、位置查找、类型分析、几何量算、数据管理、数据挖掘等。规划编制人员无需使用重量级的专业 GIS 软件，就能在线进行高效的数据分析操作。

（4）大数据展示。为规划编制中大数据研究工作提供可视化服务，对空间数据、统计数据、文档、多媒体四类数据，以多视图整合和多维度方式进行展示。结合地图可视化方式直观地展示出 POI、手机信令、浮动车数据等城市规划相关大数据背后所隐含的规律及信息，为研究城市功能区划分、交通路网服务功能、空间结构、区域联系与影响等提供科学的辅助决策。大数据可视化功能包括可视化转换、静态表达、动态表达、探索分析和模板制图等。

5.3.6 智慧城市时空大数据平台

智慧城市时空大数据平台是智慧城市的重要组成部分，它基于时空大数据技术，汇聚了城市各类数据，包括地理信息、人口、交通、环境、经济等，形成了城市时空大数据体系。该平台利用先进的大数据挖掘、云计算、人工智能等技术手段，对城市时空数据进行处理、分析和挖掘，为城市管理、公共服务、居民生活等提供智能化的决策支持和信息服务。

1. 主要功能

（1）时空大数据存储与管理。该功能主要涉及存储和管理城市各个领域的时空数据。它需要具备大容量、高性能的存储能力，能够处理海量时空数据，并保证数据的安全性和可靠性。同时，该功能还需要支持数据的查询、检索、更新和管理，以便在不同的应用场景中进行有效的数据管理和操作。

（2）时空数据分析与挖掘。该功能通过对城市各个领域的时空数据进行处理和分析，提取有价值的信息和知识。它涉及数据预处理、数据探索与可视化、特征提取、模型构建与评估等过程。通过该功能，可以挖掘出城市运行的状态、规律和趋势，为决策提供科学依据。

（3）时空数据可视化与交互。该功能将时空数据以可视化的形式呈现给用户，帮助用户更好地理解和认知城市运行状态。它可以通过地图、图表、动态演示等多种形式展示数据，并支持用户通过交互方式进行数据查询、分析和处理，提高对城市运行状态的认知和理解。

2. 主要应用场景

（1）城市规划与管理。智慧城市时空大数据平台在城市规划与管理方面发挥着重要作用。它可以通过对城市空间数据的采集和分析，提供城市规划方案和决策支持。例如，通过分析城市人口分布、交通流量、气象数据等，可以优化城市交通规划、公共设施布局等。同时，平台还可以对城市环境进行监测和管理，包括空气质量、水质、噪声等，提高城市环境质量。平台还可以预测城市发展的趋势和未来需求，为城市远期规划提供科学依据。

（2）智能交通管理。智慧城市时空大数据平台可以通过分析交通流量、路况信息、车辆轨迹等数据，实现智能交通管理。例如，平台可以通过预测交通流量，提前预警拥堵情况，优化交通信号灯配时方案，提高城市交通运行效率。同时，平台还可以为车辆管理、停车管理、公共交通管理等提供数据支持。通过智能交通管理，可以有效地缓解城市交通拥堵问题，提高交通运行效率，改善居民出行体验。

（3）智慧环保与应急管理。智慧城市时空大数据平台可以结合环境监测数据、气象数据、火灾预警等信息，实现环保和应急管理。例如，平台可以通过分析气象数据和空气质量数据，预测空气污染趋势，提前采取措施改善空气质量。同时，平台还可以为火灾预警、地震预警等提供数据支持，提高应急响应速度和处理效率。智慧环保与应急管理可以为城市环境保护和安全管理提供强有力的支持，保障居民的生命财产安全。

（4）城市公共安全与治安管理。智慧城市时空大数据平台可以通过视频监控、人脸识别等技术手段，实现城市公共安全与治安管理。例如，平台可以通过智能分析视频监控数据，及时发现异常情况，提高治安防控能力。同时，平台还可以为案件侦查、人口管理等提供数据支持。通过城市公共安全与治安管理，可以有效地预防和打击犯罪行为，维护城市的安全稳定。

（5）智慧公共服务。智慧城市时空大数据平台可以为公共服务和便民服务提供数据支持。例如，平台可以通过分析人口分布和公共设施使用情况，优化公共服务资源配置。同时，平台还可以为智慧医疗、智慧教育、智慧旅游等便民服务提供数据支持，提高公共服务质量和效率。智慧公共服务可以为居民提供更加便捷、高效、优质的服务体验，提高城市居民的生活质量。

5.3.7 城市信息模型基础平台

城市信息模型（CIM）基础平台是一个基于三维模型和城市大数据的综合性平台，用于实现城市信息的数字化、智能化管理和服务。它以城市物理空间为基础，结合各种传感器、物联网、影像数据等多源数据，构建出城市的三维数字化模型，并集成城市各类数据，实现城市信息的可视化、智能化管理和分析。

1. 主要功能

（1）数据集成。CIM 基础平台可以整合和集成城市的多源数据，包括三维空间数据、物联传感数据、部门业务数据等，形成完整的城市信息模型数据体系。

（2）数据管理。CIM 基础平台具备强大的数据治理能力，可以管理海量数据并保证其准确性和实时性。同时，它还提供数据组织、空间编码及数据共享交换等功能。

（3）模型构建。CIM 基础平台可以建立符合城市管理需求的城市信息模型，实现GIS＋BIM 数据的一体化，并支持地上与地下的一体化模型构建。

（4）数据展示与渲染。CIM 基础平台具备在大屏幕上进行三维场景展示的能力，并能对全空间数据进行一体化分析。它还可以通过实时接入物联网数据，进行空间数据挖掘与视觉分析。

（5）决策支持。CIM 基础平台通过地理大数据智能仿真决策能力，为城市规划、建设、管理、服务一体化提供基础，助力城市高质量可持续发展。

2. 主要应用场景

（1）城市管理。CIM 基础平台可以实现城市各类基础设施的数字化管理，如道路、桥梁、隧道、地下管网等，提高城市管理的效率和质量。

（2）智慧交通。CIM 基础平台可以集成交通流量、车流密度、行人流量等多种数据，实现交通状态的实时监测和预警，提供智能交通管理和调度服务，缓解交通拥堵和提高交通效率。

（3）智慧工地。CIM 基础平台可以集成工地各类数据，如施工进度、设备运行状态、工人活动等，实现工地的实时监控和管理，提高施工安全和效率。

（4）城市更新。CIM 基础平台可以为城市更新提供数据支持和决策依据，通过分析城市空间利用、人口分布、交通状况等多源数据，评估城市更新的可行性和方案效果，提高城市更新的科学性和实效性。

（5）文物保护。CIM 基础平台可以集成文物信息，如建筑结构、材料、历史背景等，实现文物的数字化保存和展示，提供精准的文物保护和管理，为文物修复、保护和研究提供数据支持。

5.3.8 国土空间用途管制监管系统

国土空间用途管制监管系统是贯彻落实党中央、国务院关于建立国土空间规划体系并监督实施的要求。为适应信息化管理需要，在国土空间规划"一张图"上建立用途管制全要素信息库，对各项建设活动实行精准定位、精准管控、精准监管，满足国土空间用途分区、用途管制的业务管理需要。

1. 主要功能

（1）规划用途管制数据管理。该功能主要负责管理规划用途管制相关的数据，包括但不限于土地利用数据、规划数据、审批数据、建设数据等。通过该功能，系统可以确保数据的准确性和一致性，并实现数据的共享和应用。

（2）规划实施监测。主要用于监测国土空间各级规划实施的情况，包括总体规划、详细规划、专项规划等层面。通过实时监测，系统可以及时发现规划实施中存在的问题，并采取相应的措施加以解决。

（3）规划实施监督。主要负责对规划实施过程进行监督，包括对土地利用、建设活动、环境保护等方面的监督。通过该功能，系统可以确保规划实施的合法性和合规性，并及时发现和纠正违规行为。

（4）行政许可审批。主要负责对一书三证等规划许可进行申请、审批、变更、延期等管理。通过该功能，系统可以实现规划许可的电子化审批，提高审批效率和质量。

2. 主要应用场景

（1）建设项目审批。在国土空间规划"一张图"上对建设项目进行选址、用地、规划、建设、竣工等审批，确保建设活动符合规划要求。该应用场景主要涉及规划用途管制数据管理和行政许可审批等功能。

（2）土地利用计划管理。对土地利用计划进行申请、审批、分配、实施、调整、变更等管理，确保土地利用计划得到严格执行。

（3）规划许可管理。对规划许可进行申请、审批、变更、延期等管理，确保规划许可得到严格执行。

（4）规划实施监测。对规划实施情况进行监测，包括土地利用、建设活动、环境质量、自然生态等方面，及时发现规划实施中存在的问题。

参 考 文 献

［1］颜旭东. 信息化背景下智慧国土空间规划思路分析［J］. 智能建筑与智慧城市，2022（12）：91－93. DOI:10.13655/j.cnki.ibci.2022.12.024.

［2］党安荣，田颖，李娟，等. 中国智慧国土空间规划管理发展进程与展望［J］. 科技导报，2022，40（13）：75－85.

［3］谢静，李淼. 大数据时代智慧国土空间规划发展研究［J］. 智能建筑与智慧城市，2021（09）：22－23. DOI:10.13655/j.cnki.ibci.2021.09.007.

［4］吴伟国. 智慧城市背景下国土空间规划的探讨研究［J］. 智能建筑与智慧城市，2021（08）：50－51. DOI:10.13655/j.cnki.ibci.2021.08.021.

［5］梁倩. 信息化背景下的智慧国土空间规划思路探索［J］. 智能城市，2020，6（17）：95－96. DOI:10.19301/j.cnki.zncs.2020.17.045.

［6］世界经济论坛，中国信息通信研究院. 数字孪生城市：框架与全球实践洞察力报告［R］. 2022.

［7］VR 圈中圈. Unity：借助数字孪生技术重塑大巴黎［EB/OL］.（2021－11－15）［2023－06－07］. https://baijiahao.baidu.com/s?id=1716476279435208382&wfr＝spider&for＝pc.

［8］工程数字专家. 新型智慧城市：虚拟新加坡是什么样子的？［EB/OL］.（2019－09－03）［2023－06－07］. https://www.cioage.com/article/602379.html.

［9］易雪琴. 国内外数字孪生城市建设的经验及启示［J］. 信息通信技术与政策，2023，49（08）：25－30.

［10］马晔风，蔡跃洲. 国内外城市数字化治理比较及其启示［J］. 科学发展，2022（12）：14－22＋104.

［11］汪逸丰，崔晓文. 国外引领型城市数字化治理研究［J］. 竞争情报，2021，17（03）：58－65.

［12］庄少勤，赵星烁，李晨源. 国土空间规划的维度和温度［J］. 城市规划，2020，44（01）：9－13＋23.

［13］黎栋梁，陈行. 智慧规划下的协同编制信息资源平台研究［J］. 测绘通报，2019（01）：149－154.

第6章　智慧国土空间规划编制

6.1　概述

6.1.1　五级三类的国土空间规划体系

2019 年 5 月，《中共中央、国务院关于建立国土空间规划体系并监督实施的若干意见》（中发〔2019〕18 号）（以下简称《若干意见》）发布，确立了"五级三类四体系"国土空间规划体系总体框架。要求分级分类建立国土空间规划，明确各级国土空间规划的编制重点，强化国土空间规划对各专项规划的指导约束作用。

从规划层级和事权类型来看，新国土空间规划体系中的"五级"是指体系中共有五个纵向层级，分别是国家级、省级、市级、县级、乡镇级。"三类"是指规划的类型，分为总体规划、详细规划、相关专项规划。"四体系"是指编制审批、实施监督、法规政策和技术标准四个子体系。

1. 国土空间规划的五个层级

在规划层级上，国土空间规划分为国家级、省级、市级、县级、乡镇级五级。其中国家层面的国土空间总规划制定总目标，侧重战略性和宏观性，对全国的国土空间做出的整体性安排，是全国国土空间的发展、保护与利用的重要策略和总纲。省级国土空间规划则重视协调性，作为承上启下的重要环节，省级国土空间规划强调对上级规划完成进一步实施，并指导下一层级的规划编制。市、县级和乡镇的规划一般是落地的关键一环，对上级的规划做出具体的安排，以达到细化落实的效果，侧重实施性。

（1）国家级。国家级国土空间规划的目标是贯彻国家重大战略和落实大政方针，确立全国范围内长期的国土重点地区和开发目标，制定有约束性指标的规划，明确重点地区和重大项目的开发、整治保护和利用，以及提出国土空间开发的政策方针和总体治理原则。

（2）省级。省级国土空间规划是在规定区域内落实国家发展战略和主体功能区战略的重要载体，目的是统筹部署省域的空间发展保护格局，推动本地区的城镇化健康发展、城乡区域的协调发展，管理省域各项开发建设活动，实施国土空间用途管制，编制市县

147

等下层次国土空间规划并予以监督，具有重要的战略性、综合性和协调性。

（3）市级。以本市现实情况为基础，市级国土空间规划应当落实国家级、省级的战略要求和规划设计，发挥空间引导功能和承上启下的控制作用，在保护和发展底线的设定上加以重视，并将公共资源进行合理的统筹安排。特别是突出中心城市的空间规划，确定其范围、规模和结构以保证地域的发展。

（4）县级。县级国土空间规划除了落实上位规划的战略要求和约束性指标外，需重点突出空间结构布局，着力于生态空间修复和全域整治，积极推进乡村发展和活力激发，促进产业对接和联动开发。

（5）乡镇级。乡镇级国土空间规划旨在体现落实性、实施性和管控性，突出土地用途和全域管控，对特定地块的用途作出准确安排，并将各种空间要素有机整合。同时，须融合原有的土地利用规划和村庄建设规划，作为乡村建设规划许可的法定依据。

2. 国土空间规划的三个分类

在规划类型上，国土空间规划分为总体规划、详细规划和相关专项规划三种类型。总体规划是详细规划的依据，是相关专项规划编制的基础。相关专项规划要遵循总体规划，不得违背总体规划强制性内容；要与详细规划做好衔接，将主要内容纳入详细规划；相关专项规划之间也要互相协同。详细规划要依据总体规划进行编制修改，将相关专项规划主要内容纳入其中。

（1）总体规划。总体规划是对一定区域内的国土空间，如前述的国家级、省级、市级、县级、乡镇级国土空间，涉及开发、保护、利用、修复等方面，在时间和空间上作出的总体安排，强调规划的综合性。

（2）详细规划。详细规划是开展国土空间开发保护活动，包括实施国土空间用途管制、核发城乡建设项目规划许可，进行各项建设的法定依据。详细规划是对特定区域指定地块的用途和开发建设强度等作出的实施性安排，强调规划的落地实施性，一般是在市县以下组织编制。在城镇开发边界内，由市、县自然资源主管部门组织编制详细规划；在城镇开发边界外，以一个或几个行政村为单元，由乡镇政府组织编制"多规合一"的实用性村庄规划。

（3）相关专项规划。跨行政区域或特定区域、流域的专项规划由所在区域或上一级自然资源主管部门牵头组织编制，例如长江三角洲城市群发展规划、长江流域空间规划。涉及空间利用的某一领域专项规划，如交通、能源、市政等基础设施，公共服务设施，以及生态环境保护、文物保护等专项规划，由相关主管部门组织编制。相关专项规划可在国家级、省级、市级、县级的层级划分。

6.1.2 国土空间规划体系的传导路径和要求

在形成了新的国土空间规划管理体系之后，怎样把控制内容与发展目标在宏观层面合理传递与落实"终端"成为体系完善和"多规合一"改造工作中的关键点。就传导途径分析，目前主要有规划层级之间的递进传导和规划类型之间的合作协同两种形式。纵向传导如上文所说，按照五级之间上下传导，规划层级的传导主要表现为国、省、市、县、乡（镇）各级政府的传递联系与反馈，着眼于各个层级对重要地方政策意愿的表达与贯彻。规划类型之间的协同是研究总体规划和详细规划、专项规划之间衔接机制。国土空间规划系统传导框架根据以上两个类型课题进行了探索，建立了"纵贯至底，横向到边"的模式，厘清国土空间规划体系传导覆盖的含义及要求，并根据现实情况探索国土空间规划系统传递机制优化途径，为构建高效率的"审、批、管"体系和更健全的国土空间使用监管体制奠定理论基础。综合我国长期在规划方面的实践经验和新国土空间规划的目标定位，各级总体规划在规划传导手段上，采取定性要求、分区传导、边界管控、指标控制、技术标准、名录管理、政策要求等进行组合搭配的方式。未来，国土空间规划体系应继承革新深化现有"指标控制＋分区管制＋名录管理"的方式，丰富创新政策要求，为规划科学合理发展提供保障。

1. 纵贯至底

纵向传导指在同一类规划中，由五个规划层次间相互协调配合，五层级城市规划制度设计上与当前单一制的五层级政府体系高度吻合，而不同的层次间又有特定的相应的治理责任与管理事权。为避免出现权责不清晰等传统国土空间规划体系出现的传导问题，可适度借鉴行政层次间的沟通模式，规划管控要素自上而下逐层分解传导，以分级控制、职责清晰为原则，以实现上下沟通的合理性，以增强实效性。同时也要实现动态监管，明晰各级对上、对下、对己的事权要求，形成向上可以服务于区域宏观战略落实，向下可以对关键要素实施垂直管理模式。

另外，国土空间规划体系明确了总体规划是详细规划的上位规划，详细规划不得突破总体规划所明确的管控内容，因此这二者之间也存在着纵向传导关系。无论是规划层级的逐级传导，还是通过详细规划对总体规划所制定目标的落实和深化，其本质都是规划意图的空间落地，因此在纵向传导路径中，将各层级的发展和保护目标通过定区域、定边界以及制定政策等刚性规则以及弹性空间有效传导到末端并予以贯彻落实是关键。新时期中国国土空间规划制度的重大变革，是在大国空间治理视野下的系统性、结构性变革，在五级规划体系的构建中，可按照"区域—要素"统筹的基本思想建立上下层次的信息传导控制关系，形成一套上下贯通、紧密衔接的规划体系，既实现了对宏观领域规划信息的有效引导和统筹，同时又实现了对微观因素的精细化控制，既实现了中央政府意愿的实现，又体恤了各地人民的意愿，并充分调动中央政府和各地人民政府在国土空间管理的各个维度上的积极作用与主动性，以整体提高中国国土空间管理制度与治理水平的现代化能力。

2. 横向到边

国土空间规划体系中的横向传导和衔接是指在不同的规划类别之间和在相同城市规划层次间不同管理部门间的相互协调机制，宏观层次上包括在总体规划与专项规划之间、专项规划与详细城市规划之间和在不同类别专项规划之间的相互协调机制等。总体规划是指在制定初步设计或者扩大初步设计范围以前，所完成的一种轮廓型的全面规划工作。国、省、市、县编制国土空间总体规划，各地结合实际情况编制乡镇国土空间规划。详细规划包括城镇开发边界的详细规划、边界外的村庄规划。相关专项规划是指在特定区域中，为实现一定的土地用途而对空间资源的合理利用保护，进行专门计划。各地可根据实际情况，在总体规划基础上加强对详细规划的指引和传导。根据不同的专项空间特点和有关文件规定，总体规划设置规划范围线，并根据目标情况进行专项规划编制工作，以实现统一和细化全国制的总体规划内容。

3. 新国土空间规划要求

（1）经济发展对国土空间规划的要求。"十四五"期间中国将逐渐迈入中高收入国家的门槛，全新的消费空间将出现，国土空间规划需要对空间做出统筹安排，以摸清和把握新阶段社会经济增长的大趋势，并及时制定出今后五年内我国的发展规划任务。同时国土空间规划还必须推进土地供给侧结构性改革，着力发展城乡振兴和地区统筹，活化存量用地，促进把存量土地利用转化为实际收益较多的新土地利用。国土空间规划要在城乡地区为新型消费业预留足够空间，满足消费新业态的发展需求。同时国土空间规划要关注经济发展带来的地区革新，与科技、时代发展并驾齐驱，利用"互联网＋智能制造"生成主体，形成个性化、柔性化、数据化的地区空间发展模型。

（2）生态文明对国土空间规划的要求。自然资源环境保护得到的关注越来越多，习近平总书记在《努力建设人与自然和谐共生的现代化》中提出，我国现代化是人与自然和谐共生的现代化，注重同步推进物质文明建设和生态文明建设。自然资源环境保护得到的关注越来越多，以土地为重点构建全区域全要素的发展体系成为新的要求，因此新国土空间规划应当从管理单要素转向全要素管理。应对国家粮食安全和生态安全等自然资源的底线问题时，总体规划应当加强底线意识，制定刚性不动摇的管理规范。同时在人与自然共处的模式中找到弹性空间，协调好人与自然资源的开发利用关系，科学制定总体规划要求，进一步落实到各类专项规划中。

（3）城镇化对新国土空间规划的要求。未来，我国城镇化发展将逐步延缓，从高速发展转变为追求高质量发展。对于规划而言，则是从增量规划转变为减量规划和优化建设。当乡村人口大量涌入城市，推进村庄复兴尤为重要，精准选取有意义的特色村落，使村庄复兴顺利实施。

6.1.3 国土空间规划体系面临的挑战

1. 多领域融合下的管理载体需协同

自然物质循环、能量循环、水循环等，以及生态环境安全，都是以地理单元为基础的，因此，在制定和推行国土空间规划政策的过程中，有必要以地理单元为基础，科学合理地测定指标，测验并制定环境管理工作的制度与规范。但从发展的角度出发，应以行政单元为主基调推进工作。那么，到底是以地理单元为主进行空间规划，还是先规划行政区域呢？目前的实际情况是：国内东部、南部和中部大多地区都在按照地理单元推进国土空间规划，有的甚至已经完成，而在一些更广阔的地理单元，例如青藏高原、辽河流域和淮河流域等地空间规划尚无推进迹象，这将会直接制约相关管理单位对国土空间规划的执行。

根据国内实际情况而言，新国土空间规划体系应当以地理单元为优先编制方向，在宏观上把控好管控性指标，再进一步把指标分解落实到各个行政区域中。

2. 新规划体系间的各级衔接需完善

如何科学有效完善并实现前文所提到的纵向传导是新体系初建之际所要面临的挑战，不同的规划层级都有不同的需求和重点，因此上下互动才是科学合理的模式，自上而下定框架，自下而上给反馈。

（1）下级对于上级最重要的意义就是作为执行者实施者，所收集的资料都是上级制定战略性目标和确定的重要素材，也是"一张图"数据库的根本基础。

（2）通过自上而下建立空间结构，找准规划的总基调，进一步明确了国土空间规划基本理论、指导思想、重点任务、工作目标和战略方针。

（3）自下而上所需要指出属于该地区不能动或者不改动的一些保护对象，明确上报一些需要做的事情和区域需求，比如一些重点的开发区，一些禁止开发的区域，交通中心枢纽和主要的城市点。同时，规划秉承着"以人民为本"的理念，人民处于基层，需要靠下级及时、准确地向上反馈人民的意见和诉求。经过多次上下互通的过程，能够更好地实现纵向有机衔接，既能照顾到民众需求和地方特殊性，也能在宏观层面给出适合发展的战略路径。

3. 建设与控制的矛盾需协调

规划可大致分为两类：一类是以建设发展为主的规划，如战略发展规划、区域规划、旅游发展规划、产业园区规划等，另一类是空间管控的规划，如生态治理规划、环境保护规划和土地开发规划等。两类规划的定位和功能不同，但又在各自的范围内存在重叠。新国土空间规划面临要解决二者的衔接问题，即是否需要分析决定出哪一类规划是上位规划，又或者二者能更好地有机结合？

发展类规划是追求利益最大化的规划，是"以人为本"规划理念的延伸。发展类规划的核心思想是深入贯彻新发展理念，优化公共资源的配置情况，推动高质量、可持续发展。而管控类规划可能更加凸显一些底线限制，包含开发程度的把控和一些禁止的条目，生态优先是其出发点。有学者认为，发展规划并非法定的规划，不适合作为上位规划。也有人认为发展规划同样具有法律约束力，在程序上也履行了审批程序。新国土空间规划体系的主要目标，是积极协调全国土地保护、发展、使用与整理，积极引导推动城市高质量开发和为群众提供优质住宅，积极推动实施国土空间整治制度与管理的全面现代化，全力建设形成平安、祥和、公开、和谐、具有国际竞争力的可持续的美好家园。因此，发展规划应当服从于控制类规划所设定的空间发展战略和格局，反之，控制类规划也应当结合国家和民众的经济社会发展需求为发展类规划提供资源支撑。如何科学地处理二者的关系是一个难题，同时在发展效益和保护土地之间的度也需要因地制宜地进行把控，需要达到经济生产效益、空间生态保护以及生活条件适宜三者的平衡点。

6.1.4 智慧化技术辅助国土空间规划编制的必要性

五级三类的国土空间规划体系下，规划突出强调全域全要素、全过程、全周期智慧化的管理。开始以"一张图"建设为基础，以多源大数据融合为支撑，以城市三维、数字孪生、空间智能等技术手段为核心，面向规划编制智能化、审查自动化、实施精准化、监管多维化等目标，构建覆盖城市设计、专项规划、详细规划的智慧国土空间规划信息化应用体系，促进各级各类规划的上下衔接、空间协同，是对原来规划体系的全面的升级。

1. 数字时代背景下的智慧化需求

随着新一代的智慧化技术在各领域渗透和应用，人类活动的时空流动性和可移动性也在不断改变，并且驱动人地关系不断重构，如何运用新技术、新手段来实现智慧社会的建设成为数字化时代背景下的新课题。利用物联网、大数据和人工智能等新一代信息技术，以网络化、平台化、远程化等信息化方式增加全社会的基本公共服务的覆盖程度和均等化水平，构建全方位、立体化覆盖的社会信息服务体系，是建设智慧化社会的一个必要条件。

国土空间规划作为国家空间发展的指南、可持续发展的空间蓝图，是各类开发保护建设活动的基本依据。在此基础上要完善国土空间的基础信息平台，实现全国国土空间规划"一张图"。国土空间规划不仅需要对资源进行长远有效的管理，还需要加深对人地关系的认识和理解，突出"以人为本"的理念，更需要以智慧化技术手段辅助支撑规划的编制，更精准地观察人的活动、空间资源的变化。

2. 国土空间改革下的精细化要求

新一轮国土空间规划对传统规划的各个环节提出了更高的要求，以国土空间治理现代化为核心，推动传统规划向全方面、多角度、精细化转型。在这一国土空间改革下，精细化管理成为推动城乡发展、优化资源配置的重要手段。借助现代科技手段和运用精细化管理理念，对城乡发展进行精细化规划、调控和服务，在这一过程中，智慧化的辅助手段正是新时期国土空间规划持续完善与改进的重要支撑。

智慧化的辅助手段可以帮助政府实现更精准的空间规划和管理，使得规划资源的有效利用得以实现。比如，政府可以利用城市三维、空间智能等技术来对空间规划资源进行实时的监控，以便及时发现潜在的风险，从而防止可能发生的空间规划资源滥用或者违反规定的行为。智慧社区管理系统等技术的引入，更好地实现对城市及其居民的智能化管理，以及社会服务与城市管理的优化。这些新的管理技术，将进一步推动国土空间规划进入大数据时代，形成更加精细、智慧的空间规划管理模式，助力城乡发展的可持续发展。

3. 规划编制转型下的科学化探求

规划管理需要多元化、动态化、高频化、精细化的规划编制服务。规划的编制在内容上和核心上需加强国家战略意识，更加重视国土空间全要素的配置和组合关系，在"五级三类"的规划体系下，以不同层级不同规划的侧重方向，从地方性差异来构架规划的具体内容、实施路径和管控要求。此外，规划市场开放程度的加强、成熟度的提升以及竞争性的增强，使得规划编制需要向高效性编制、智能化运用、科学性成果、精准化服务的目标转型，以提供更优质的规划产品和服务。

空间属性、多源信息、专业分析、价值判断与预测等特征组成了城乡规划编制，这离不开智慧化信息技术的支撑。在规划编制转型下，智慧化的辅助手段能够给予规划编制更加高效的工作模式，优化规划编制各环节、多专业的协同工作。大数据、人工智能、模拟仿真等技术手段，推动规划编制成果从静态向动态转型、从二维平面向三维空间转型，提供了更科学、更精确、更精细、更可靠的基础支撑，推动规划编制的水平提升。

可以说，智慧化手段辅助规划编制是必要且必需的。

6.2 智慧赋能总体规划编制

6.2.1 挑战与难点问题

建立国土空间规划体系并监督实施，是生态文明时代国家推进空间治理现代化的顶层设计、叠加数字中国建设整体布局的要求，智慧赋能国土空间总体规划编制成为必然趋势，当前主要在理念变革和技术演进两大方面仍面临诸多挑战。

1. 在理念变革方面

总体规划作为国土空间规划体系类别中的上层级规划，要能够指导详细规划、协调专项规划，因此需要最先对规划编制改革作出全方位响应。

（1）符合生态文明要求的国土空间总体规划要求守住空间底线，实现系统化的协同管控，详见图6-1。当今世界正经历百年未有之大变局，党中央要求统筹发展与安全、全方位守住安全底线；落实好国家粮食安全、生态安全和城镇化健康发展等空间需求，科学统筹划定"三区三线"（"三区"即农业、生态、城镇三个功能区，"三线"即永久基本农田、生态保护红线和城镇开发边界），并推动实施，是履行好自然资源"两统一"职责、推进国土空间治理数字化的改革要求，是国土空间总体规划理念转型的总要求。目前面临的难点问题，一是底图底数仍存在不稳定性。虽然本轮各级国土空间总体规划陆续编制完成，但基于主体功能区规划、城市总体规划和土地利用总体规划等形成的多规合一数据融合和流畅转换仍有不足，各类导则和技术指南有待完善优化，生产、生活、生态"三生"空间格局下山水林田湖草沙等具体要素管控存在交接模糊地带，在顶层设计和技术工具方面仍有创新需求，才能更科学合理制定和完成国土空间开发保护各项任务。二是缺少全域全要素全周期管控的实施经验。本轮首次编制完成的国土空间总体规划的实施有效性面临实践检验，在战略层面和规划维度存在把握不精准的可能性，与以用途管制为核心的全流程管理在编制理念和实际操作上仍有脱节现象；规划编制上下层级的关系不够清晰，与控规的传导、与专项的协调，相应内容的尺度和深度可能存在偏差；对于衔接后期的规划实施和动态监测预警在内容上和技术上考虑不够。三是仍需探索有效规划传导的理论和实践经验。建立全国统一、责权清晰、科学高效的国土空间规划体系，对国土空间总体规划体系的传导要求更为鲜明，当前各地总体规划陆续批复，如何有效传导到下位规划，并能够结合国家、省、市、县、乡镇五级事权相对应的协同管控机制进行完善优化，都处于实践和校验的过程中。相应地，总体规划在编制尺度、精度、深度方面均需要各类技术方法和模型工具做出更多的创新，从而更好地支持规划有效传导的要求。

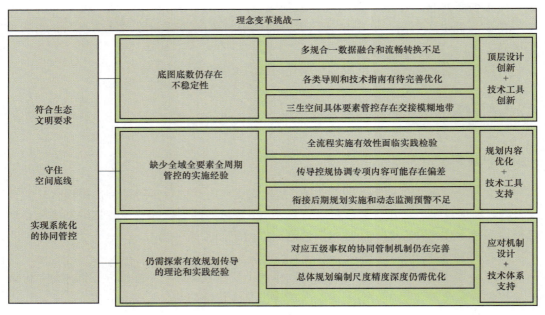

图6-1　系统化协同管控挑战示意图

（2）以高质量发展为目标的国土空间总体规划要求考量空间绩效，实现持续性的治理优化，详见图6-2。高质量发展是全面建设社会主义现代化国家的首要任务，国土空间总体规划编制过程本身就是综合策略制定和治理规则构建的过程，新时代符合高质量发展要求的国土空间总体规划体系要求更全面、更综合、更务实，编制中必须从单一学科的规划思维走向多学科的综合方法、多部门的政策统筹，实现"多规合一"改革，完成各项政策目标和各类发展要素在空间上的统筹，从静态规划蓝图转变为动态规划实施，才能保障高质量的空间绩效水平。目前面临的难点问题，一是对全生命周期规划运行模式和治理行为关注不足。总体规划编制过程中对从现状到未来的规划实施路径和保障机制相关的内容不够务实，相应从科学预测到监督预警、动态反馈、优化调整的新技术方法支持不够，成果偏重技术理性，对地方治理模式和管控事权界定关注不够导致存在规划与实施结果脱节的可能性，静态蓝图与动态治理衔接不足，在技术逻辑与治理逻辑契合的理念和方法上仍有众多创新需求。二是综合时间维度的评估系统和指标体系仍不健全。当前"一年一体检、五年一评估"的常态化实施监督机制正在逐步建立完善，围绕国土空间总体规划的战略定位、底线管控、规模结构、空间布局、支撑体系、实施保障等方面的评估系统也在持续完善，这些要求在总体规划编制过程中预判不足，尤其是利用人、地、房、业、财、设施等多元数据，构建智能感知、自动计算、精准预测的指标体系并持续用于监测评估研究不够，成果真正支持城市高质量发展和精细化管理仍需大量创新工作。三是支持城市运营和重大项目的理念创新和智慧赋能不够。正确处理发展与保护的关系，保障资源节约集约和可持续发展的"三生"空间布局持续优化，需要时刻运用最新的技术方法完善刚弹结合的规则逻辑。在空间治理从粗放走向精准的高质量发展时代，实现国土资源保值增值，达到最佳空间绩效目标，增加刚性管控的科学性和公信力，提供弹性发展的高效率和准引导，都对理念变革和技术支持提出了更高的要求。

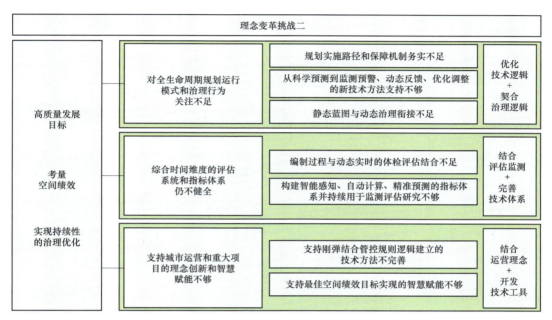

图 6－2　持续性治理优化挑战示意图

（3）以高品质生活为导向的国土空间总体规划要求精准聚焦人本，实现整体性的人地和谐，详见图 6－3。正因为生活在地球上的每个人才是国土空间最终的使用者和体验者，坚持以人民为中心的发展理念，遵循城乡客观发展规律，最终实现高品质生活是国土空间总体规划的重要目标。当前，大数据、人工智能、卫星遥感、物联网等新技术深度融合，实现了包含人口、经济、社会等信息与大气、生态、土地、水资源等要素的数据实时动态采集，为形成人地关系模型并开展定量化分析提供了可能，科技助力国土空间进入全域数字化表达的新时代。目前面临的难点问题，一是人地系统耦合的理论研究和技术支持都处于探索阶段。建立国土空间与人口经济社会活动的时空关联，才能更为精准、及时、全面地掌握各类自然资源开发利用保护状况，以及各种人类活动共同作用情况，对于构建环境友好、韧性安全、高效绿色城市均具有重要意义，有助于应对公共安全事件、自然灾害、大城市病等诸多城市问题，但目前真正人地系统耦合的过程、机制和智能推演的技术、方法都不够系统完善，对于优化格局和动态调整的决策支持能力还不够。二是多元参与机制支持规划科学编制还面临挑战。国土空间总体规划编制中利益相关方参与的机制不够灵活，多专业、多学科综合团队的融合创新氛围不够，法定规划长时间的沟通协调一定程度上消耗了技术创新的热情、先进理念的追求和成果科学的判断；战略科学家、城市决策者、空间规划师等多元的人才体系也不够完善，缺少基于新一代信息技术的、高品质生活服务导向的国土空间总体规划编制平台的支持。三是关注空间使用行为的尺度研究和技术支持有待深化。基于建成环境的相关理论和技术日趋成熟，如何在新技术能力的加持下，延展解决国土空间总体规划宏观尺度的问题，相关理论研究和模型工具都不成熟，对相应算法算力的要求也不够明确，基于时空行为分析实现高品质生活在总体规划层面的研究和指导微观建成环境的中间层次衔接均需要更多的创新研究。

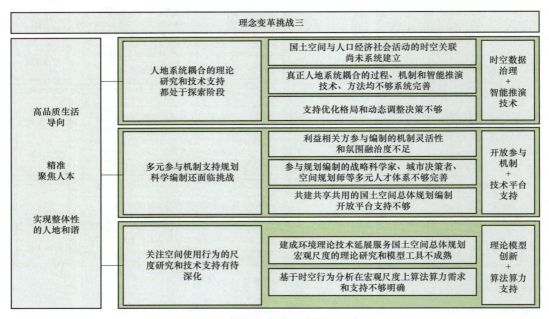

图6-3 整体性人地和谐挑战示意图

2. 在技术演进方面

总体规划涉及领域广泛、对象全面，本身就包含对数字生态文明的战略谋划，因此对全流程、全周期、全要素的技术支持需求最为全面，也更加多元，详见图6-4和图6-5。

（1）智慧化的国土空间总体规划要求数据精准与多元融合，对数据能力提出更高要求。数据支持是国土空间总体规划精准化、智能化的基础，在已积累的现状、规划、审批数据的基础上，叠加其他各类空间属性数据，建设全要素、多类型、全覆盖、实时更新的权威国土空间数据库，是国土空间总体规划的工作要求。难点问题在于多元数据的综合治理。当前，应用基础调查、遥感影像、手机信令、审批管理等传统和新兴时空大数据，支撑国土空间规划编制与评估等工作越来越普遍，国家也相继出台了一系列标准和要求，但在实践中仍存在数据生产储存分散，数据类型繁杂多样，数据收集处理标准不统一，数据获取实时性差，数据冗余，真正需要的数据权属复杂、获取困难等现象，都影响了数据的全面性，进而难以支持后续的响应分析与协同决策。亟须梳理城市多源多模态数据分类框架，并融合应用至智慧化的国土空间总体规划中，支撑起全方位服务

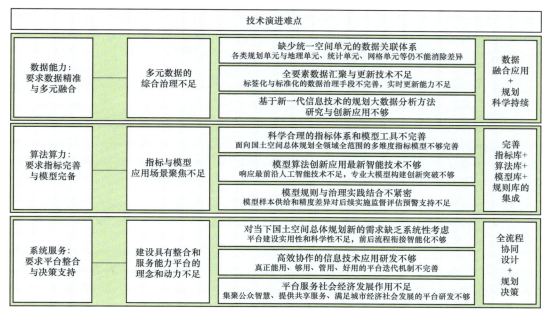

图 6-4 技术演进难点示意图

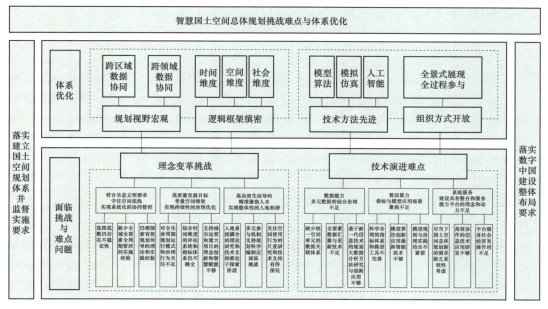

图 6-5 技术演进难点示意图

规划编制的知识库构建。具体难点问题，一是缺少统一空间单元的数据关联体系。各类规划单元与地理单元、统计单元、网格单元等仍不能消除差异，作为自然资源要素对象、行政管理对象、社会经济对象的空间主体存在多重分类和数据颗粒度不统一等现象，造成数据融合应用的难度。二是全要素数据汇聚与更新技术不足。随着数据采集手段的不断升级，基于传统数据和时空大数据等多源时空海量数据仍存在标识、规范不统一现象，标签化与标准化的数据治理手段不完善，实时更新能力不够，不能很好满足国土空间总体规划科学性和持续性的要求。三是基于新一代信息技术的规划大数据分析方法研究与创新应用不够。面向国土空间总体规划编制、实施、监督、保障等全流程的数据应用实践探索不足，综合运用大数据驱动总体规划编制和实施、进而驱动国土空间治理的路径不够清晰，提高数据价值、实现资源增值还需要不断创新。

（2）智慧化的国土空间总体规划要求指标完善与模型完备，对算法算力提出更高要求。规划编制阶段指标体系的系统性和模型工具的通用性，将直接影响后续的规划实施监测评估工作，对规划作为治理工具的整体性和持续性具有重要作用。当前，规划编制中已逐步开展面向规划应用的国土空间规划信息化、城市时空间行为研究、规划决策支持系统理论与应用研究等，并积累了诸多实践经验。难点问题在于指标与模型应用场景聚焦不足。在国土空间总体规划编制过程中的应用仍缺少紧密、规范、系统的应用联系点，相应指标库、算法库、模型库、规则库的集成并不完善，不能很好支持总体规划编制实施等的全流程管理。具体难点问题，一是科学合理的指标体系和模型工具不完善。目前面向国土空间总体规划全领域全范围的多维度指标模型系统性还需要创新，存在规划科学性不足和行业智慧积淀不够的评价；已有的资源环境承载力、国土开发适宜性、国土空间开发保护现状和风险挑战等相关模型科学性和技术创新性不足；针对国土空间重要控制线、重大战略区域、重点城市等规划实施情况，以及重大工程、重点领域、突出问题等规划批复后的持续监测预警情况，相关监测评估类模型不够全面，在支持国土空间可持续发展方面作用不足。二是模型算法创新应用最新智能技术不够。模型工具要能够更好支持规划的感知、判断、学习、预测，必须不断结合应用最前沿的人工智能技术，在指标归集、专业大模型构建方面创新突破，更好辅助规划编制和分析决策。目前模型算法对新的 AI 基础能力迭代、大模型推动人工智能生成内容（Artificial Inteligence Generated Content，AIGC）发展等新技术响应不足，相应行业算力需求不够明确。三是模型规则与治理实践结合不紧密。当前各级国土空间总体规划陆续进入审批阶段，后续的实施监督评估预警成为下一阶段的重点工作，相应的技术支持需求更为迫切。目前模型样本供给和精度差异均存在难度，多源和多维的数据关系、关联技术、模型支持等研究不深入，支持治理实践的成本效益、实施成效等分析模型不足。

（3）智慧化的国土空间总体规划要求平台整合与决策支持，对系统服务提出更高要求。基于数据标准化和知识模型化的技术积累，以场景化的平台提供可视化交互服务能力，是智慧化国土空间总体规划更好发挥政策作用并持续支持科学决策的技术载体，也是总体规划衔接管理阶段"一张图"实施监督系统和国土空间基础信息平台的重要内容。难点问题在于建设具有整合和服务能力平台的理念和动力不足。本轮国土空间总体规划编制在划定"三区三线"、建设统一数据库方面不断规范，在评价评估等模型工具方面仍以依赖模型参数精确获取才能保证效果的概念模型为主，在编制过程中受需求、经费、复杂性等限制研发全流程协同设计和规划决策平台的动力不足，平台建设仍以服务政府的可视化管理场景为主。具体难点问题，一是对当下国土空间总体规划新的需求缺乏系统性考虑。编制工具与实施管控及持续的监测评估预警优化衔接不紧密，相应平台建设的实用性和科学性不足，从编制阶段开始进行场景参数化、规划可视化、监测立体化、决策智能化等功能的统筹设计目标不够清晰，数据积累和模型算法支持不充分，与最终"三区三线"监管、城市体检评估等典型业务场景的智能化衔接不顺畅。二是高效协作的信息应用技术研发不够。目前基于国土空间规划信息平台的各类平台研发和应用具有一定基础，但在利用大数据、人工智能、云计算、数字孪生等新技术方面还有差距，在支撑保障国土空间总体规划的编制、审查、审批、监督等全流程、全要素、全覆盖工作，进而全面推进数字科技赋能国土空间总体规划及城市治理方面的技术支持不够，真正能用、够用、管用、好用的平台迭代机制还有待探索。三是平台服务城市社会经济发展作用不足。智慧国土空间总体规划平台目前以服务行业内部用户为主，对于基于数据安全和管理事权研判基础上加强普适应用做得还不够，集聚公众智慧、提供共享服务的平台作用发挥不足，缺少相应平台整合和技术支持能力的创新研究，在满足城市经济社会发展的多元需求上仍有差距。

6.2.2 智慧化辅助总体规划体系优化

1. 应用智慧化技术统筹不同区域及领域，拓展更宏观的总体规划视野

（1）跨区域数据协同。智慧技术能够帮助城市规划师更有效地获取和分析大量的城市数据。传统的规划方法主要依赖于手工调查和有限的统计数据，而通过智慧化手段则可以利用传感器、卫星影像、移动设备等各种数据源，实时获取大量城市相关数据，包括地理信息系统（GIS）数据、传感器数据、社交媒体数据、移动设备数据等。大数据分析可以从庞大的数据集中挖掘出有价值的信息和见解。通过分析大区域数据，可以揭示隐藏的模式、趋势和关联性，使规划师从更广阔的视野观察，更全面、准确地了解城市的现状和趋势，从而更深入地洞察城市发展的关键因素。这种广域思考和深入洞察可以促进总体规划科学、合理地确定城市性质、国土空间发展目标，使规划更具前瞻性和准确性。

（2）跨领域数据协同。大数据分析可以整合不同部门和领域的数据，这些数据可以包括人口流动、交通状况、环境质量、能源消耗等多个方面的信息。通过整合多个数据源的信息，促进跨部门和跨领域的协同，规划师可以实现更全面地分析和综合评估，避免信息孤岛和决策片面性，从而在总体规划的编制过程中统筹国土空间全域全要素，促进城市发展策略和空间资源配置的整体性和协调性。

智慧技术通常涉及人工智能、大数据、物联网等多个领域的融合应用。通过将这些技术融入国土空间规划编制过程，可以实现不同领域数据的交叉验证和综合利用。这种多领域融合为规划提供了更全面、全局的信息，使规划能够更好地协调城市发展、生态保护、交通规划等方面的需求，从而形成更具有整体性和协调性的规划方案。

2. 纳入时间—空间—社会等多维度要素，搭建更缜密的总体规划框架

利用新技术可以纳入更多维度综合考虑各种因素和要素，以更全面、系统的方式来构建国土空间总体规划体系框架。

（1）时间维度。通过智慧技术的辅助，将规划思考的时间维度延伸至规划编制后审查、传导、实施、监督、评估等环节，从规划全生命周期视角，建立相应的机制完善国

土空间规划的动态过程。例如通过智慧化手段持续进行数据监测、分析，辅助评估规划的实施效果，可以了解规划是否取得预期的成果，并及时发现存在的问题和挑战。根据评估结果，可以进行规划的更新和修订，以适应社会、经济和环境的变化。

（2）空间维度。随着 5G、人工智能、云计算、物联网等新技术的迅速发展和深入应用，规划对空间的定义也逐步拓展更多的概念范畴，关注规划的可持续性，能够满足当前需求，同时不损害未来的资源和环境。

环境保护和生态空间：国土空间规划越来越注重保护环境和生态系统的可持续性，包括划定生态保护区、湿地保护区、水源地保护区等，以确保生态环境的保护和恢复。

低碳和可再生能源空间：随着对气候变化的关注不断增加，国土空间规划也开始考虑低碳和可再生能源的发展，包括规划风电场、太阳能发电站、生物质能源项目等。

城市更新和再生空间：城市更新和再生已成为国土空间规划的重要方面。通过对老旧区域的改造和再利用，可以提高城市的可持续性和居住质量。

跨区域和边界空间：国土空间规划越来越重视跨区域和边界空间的整合和协调，包括城市扩展和城市间的连接等，以实现经济和社会发展的协同效应。

科技和创新空间：随着数字化和创新技术的快速发展，国土空间规划也开始关注科技和创新空间的发展，包括科技园区、创业孵化器、研发中心等。

（3）社会维度。将规划思考的社会维度引入多方参与，考虑不同群体的需求，通过对大量数据的分析，可以了解不同群体的特征，体现更多的人文因素，从而合理地定制人性化的策略，推动区域发展的多样性和包容性。

3．采用模型—模拟—AI 等新技术，提供更先进的总体规划编制方法

（1）模型算法。规划师可以利用智能算法和优化模型，自动搜索和生成最优的规划方案。同时，利用机器学习和自然语言处理等技术，可以实现对大量规划文档和相关数据的快速处理和分析，提取关键信息和洞见。

（2）模拟仿真。智能化工具还可以帮助规划者进行决策支持和模拟仿真，评估不同方案的效果和可行性。可以对城市进行数字化建模，模拟不同规划方案的实施后的城市发展情况。通过这些模拟和预测，规划师可以评估各种规划决策的潜在结果，包括交通流量、土地利用、环境影响等方面。这使得规划师能够在制定规划方案之前，更全面地考虑各种因素，这种决策支持有助于降低规划风险，减少资源浪费和规划决策的盲目性和不确定性。

（3）人工智能。应用人工智能和机器学习技术，对大数据进行模式识别、关联分析和预测建模。通过分析大数据中的潜在模式和趋势，可以揭示国土空间规划中的潜在问题和机会。这些智能化工具的使用可以提高规划的效率和准确性，并加速规划过程。利用可视化工具将分析结果以图表、地图、动态模型等形式呈现出来，使决策者能够更直观地理解和评估分析结果。可视化还可以促进不同利益相关者之间的交流和协作。

4．利用智慧技术的直观性与便捷性，组织更开放的总体规划公众参与方式

智慧技术的使用可以促进城市规划师与公众之间的合作与共同决策，增强规划方案的可行性和可接受性。通过在线平台、移动应用程序等技术工具，为规划师提供了更多

与公众和利益相关者进行参与和沟通的机会。规划师可以收集和整合来自公众的意见和反馈。这些平台还可以用于展示规划方案的模拟效果,让公众更好地理解和参与规划过程。规划师可以将国土空间数据转化为三维可视化模型,以更直观的方式展现规划效果和可能的问题。这种全景式的观察方式让决策者和公众更容易理解规划方案,从而更好地参与规划过程,提供宝贵的意见和建议。这种公众参与可以提高规划的合法性和可接受性,减少冲突和争议,使规划过程更加民主和透明。

6.2.3 智慧化辅助总体规划精准认知

1. 国土空间总体规划的认识

国土空间功能的本质是人地关系,表现为一定地域范围内人、土地资源、生态环境、社会经济活动等要素及其互动耦合的复杂生命有机体。新技术进步与创新应用,对人地关系系统、地域生命有机体产生影响作用,尤其是在移动信息技术的支撑下,人类活动的时空灵活性、移动性持续变化,出现流动的时空观和区位,并持续重构人地关系。一方面带来系统内部要素及其组织关系的变化,另一方面促使调控人地关系系统、地域有机体结构的技术方法创新,这也是智慧国土空间规划的理论与方法基础。

面向国土空间规划,需考虑新技术进步带来的人地关系重构作用下人本化、生态宜居等"人"的需求,以及国土空间效率、要素流动、空间协调等"地"的内涵变化,并利用大数据、人工智能等新技术手段,对"人""地"要素变化及人地关系系统进行挖掘和模拟分析,引导人、地、产协同,提出更高层次的人地关系重构与系统协调策略,实现"三生"空间共生与协调布局,作为国土空间规划的创新支撑。

国土空间也是一个自然要素与人类经济社会活动交融共存的地域生命有机体,体现出国土空间有机协调、可持续发展的状态。信息系统平台与数据技术是国土空间规划管理的大脑,为国土空间的分析评价、规划决策、优化配置、监测管理等提供系统性支撑。"三生"空间是国土空间的重要功能,面向智慧社会"三生"空间的活动与功能发生革命性的变化,尤其是交通与信息技术进步对空间的流动性、可达性以及活动承载能力均产生影响,需要从系统协调、耦合共生的角度重新审视"三生"功能空间的配置与优化布局。资本、技术、能源、交通等各种要素流,可以认为是功能空间联系的循环系统,通过对这些要素的智能化分析模拟与预测,为国土空间的可持续和健康运行提供支撑。

2. 智慧国土空间总体规划的认识

国土空间规划正由传统规划向"可感知、能学习、善治理、自适应"的智慧化国土空间规划转型,其中,以全国统一的国土空间基础信息平台为底板,构建"多规合一"一张底图,叠加国土规划成果形成国土空间规划"一张图",实现国土空间规划战略和空间管控要素精准落地。同时信息平台建设要打通国土空间规划的横向和纵向环节,包括不同层级规划的互联互通、不同部门之间的协作治理,促进规划的高效流转与应用,形成数字化、网络化和智能化支撑的国土空间规划体系。而传统数据获取和分析方式间的联结性较差,难以满足智慧化转型的需求,因此需依托人工智能、大数据及城市信息模型等新兴技术,将相关数据和方法全方位汇聚和整合到一个平台,满足新时期国土空间规划智慧化转型的需求。

智慧国土空间规划是通过信息技术在国土空间规划的现状分析评价、编制方案、监测管理与评估等全过程中的综合应用，是通过信息技术在国土空间规划的现状分析评价、编制方案、监测管理与评估等全过程中的综合应用。首先，智慧国土空间规划体现在信息技术支撑下的智能化决策，包括在信息系统与数据分析支撑下的国土空间评价、规划、监测与管理等过程，以及多部门业务协同、多主体参与国土空间规划管理等。其次，智慧国土空间规划是在智慧社会框架下，面向高度流动和共享的流动空间，以及生态文明的要求，通过信息技术的集成创新及综合应用，来促进人地关系协调，以及流动空间与物质空间的协同发展。最后，智慧国土空间规划应强调人本导向的信息化应用、技术的集成创新和制度创新。

智慧国土空间规划应从全局出发，需要对检测技术和管理制度进行全面变革，以此适应信息新时代的发展要求。通过对资源承载能力的正确评估，为自然资源的科学利用提供巨大帮助。也要对过往遭到破坏的生态环境制定针对性修复工作。通过智能化信息技术、大数据分析技术的有效运用，为国土空间规划技术流程的制定、技术方法的研究提供有力支持。

3. 智慧国土空间总体规划的治理理念

（1）智能高效的治理理念。"智慧国土空间规划"倡导运用现代科学技术对国土空间资源信息进行优化整合，从原先传统的条块分割迈向协同开放，实现跨地区、跨部门、跨层级的业务协同。同时"智慧国土空间规划"以自然资源调查评价、确权登记为基础，综合数字影像、卫星遥感、人工智能等先进技术手段构筑国土资源数据平台，并融通整合政务、企业、网络等各时点数据，建立全面覆盖、全程监管、上下传导、实时预警的国土空间规划监测评估预警管理系统，从而实现对国土空间资源的智能高效精准治理。

（2）多规合一的治理理念。近年来，政府部门大力提倡实施"多规合一"的国土空间规划战略，主张将土地利用规划、主体功能区规划和城乡土地规划等融合为统一的国土空间规划。智慧国土空间规划的核心就在于将多个规划"协同"表现在同一国土空间。在横向层面，按照统一标准、统一平台、统一体系的要求，以推动主体功能区为战略引导，合理布局全域陆海空间协同发展；在纵向层面，强调不同层级、不同尺度、不同领域的国土空间规划按照统一标准进行融合，将财权和事权相匹配，实现智慧国土空间的多规合一的逐级落实。

（3）生态优化的治理理念。党的十九大报告提出从统筹人与自然间的和谐关系出发，明确了国土空间规划需要注重体现生态文明可持续发展目标。智慧国土空间规划充分把握山水林田湖草是生命共同体之理念，坚持生态优先，夯实绿色生态底色；同时以区域协调发展战略、可持续发展战略、乡村振兴战略、创新驱动发展战略为引领，统筹陆海空间、城乡空间、生产生活生态空间，促进土地、水体、林木、矿产、能源等空间资源实现合理利用。

（4）协同参与的治理理念。国土空间规划的最终目标是保障空间内各利益相关者的合法权益，实现空间正义。然而，长期以来，国土空间规划忽视了相关利益群体的参与需求，无法保障公民的合法权益，导致国土空间规划缺乏合法性。而智慧国土空间规划在制定过程中，除了注重对先进技术的应用之外，更强调提升广大社会公众的参与度，让公众了解国土空间规划技术创新及其带来的高品质和高效率服务。除调动社会公众的参与积极性外，智慧国土空间规划还积极吸引规划技术公司参与，最终实现国土空间资源的合理保护开发和空间治理现代化目标。

4. 智慧国土空间总体规划的思路

在智慧国土空间规划思路中秉承人性化原则，利用当前先进的信息技术对相关国土资源规划的数据进行全方位整合和处理。首先要兼顾生态利益，保护周边生态环境。智慧国土空间规划方案不应损坏周边生态环境，并且需全面了解周边生态环境以及相关资源的承载力，科学合理地进行国土空间的规划。在进行智慧国土空间规划的过程中，要对一些自然资源进行合理利用和开发，如发现某处的生态系统遭到破坏，就要对这一生态系统进行有效的维护和建设。在智慧国土空间规划的过程中还强调"以人为本"，要充分了解所规划地区的位置以及人们的日常活动，对相关数据进行全方位整合，不仅要满足人们的日常生活需求，还应符合这一地区的空间特征以及表现。在进行智慧国土空间规划的过程中，相关工作人员还应当利用网络听取这一区域内居民的意见，不断地提高智慧国土空间规划的科学性以及公开透明性。

在信息背景下的智慧国土空间规划中，需要依托信息技术来进行国土资源的规划，应当将信息技术手段融入整个国土空间规划中。首先，在规划工作中利用当前先进的遥感技术和影像技术，全面了解这一区域内土地的功能，以及以往的利用现状，全面收集有关这一区域内国土资源的规划数据，并且利用网络来对国土空间规划进行实时的监控以及监管。在利用遥感设备时，可以通过穿戴设备、手机的指令来获取相关的数据或者感知相关的数据，根据人们的日常活动等多个维度对国土资源的利用现状以及人们的行动轨迹数据进行全方位的整合以及评估。其次，利用信息技术平台对相关的数据进行全方位整合，除一些基础数据之外，结合该地区的目标以及国土规划的特色，构建较为完善的监管平台，为国土空间规划提供强有力的支撑。

5. 智慧国土空间总体规划方法

（1）数据驱动。国土空间规划的智慧化离不开数据的支撑。随着技术的发展，移动功能、自动信息设备等逐渐完善，空间位置服务数据大量涌现，为国土空间规划提供了感知体系。数据的动态获取能力，使得可以实时收集大众行为活动、公共服务等社会数据，促进了国土空间规划向人本规则的转变。利用云计算、GIS等技术，对各种国土空间要素信息进行优化整合，采集、分析和可视化表达其分布特征，推动了国土空间规划方法的创新和开发。新兴位置服务大数据具备多种优势，例如样本量大、尺度精确等。通过与现有的城市数据融合，可以应用于智能体模型的行为决策反应，准确表达人地交互关系，为国土空间规划提供支持。

（2）规划协同。城市总体规划、土地利用规划等是协同规划平台的基础，与其他产业布局等专项规划相结合。通过共享基础数据、空间坐标等，提供一套科学合理的规划信息服务，包括业务协同工具、多种数据资源等。协同规划平台有多个功能体系，如资源信息管理、项目在线审批、基期数据处理等，优化了部门业务的协同联动，完善了在线规划管理工作。另外，利用空间信息数据为基数，通过 GIS 数据、BIM 数据、物联网的相互贯通，构成城市信息模型平台，实现对空间各个单元的全方位信息表达及分析，全面支撑国土空间规划，为监督管理、协同编制等奠定基础。

（3）动态监测。在国土空间规划中，监测系统的构建能够实时掌握规划运行情况，为相应管理工作提供依据。国土空间规划监测范围主要概括为审批、用地变化、目标指标等，通过获取指标数据来与目标值相对比，对规划实施期间所出现的问题偏差及时给予解决方案，通过往来数据的对比，对规划实施做出合理调整。还可以利用遥感等非接触的探测技术，对国土空间进行精确区分，通过长阶段性的动态监测，最终实现对国土空间的目标管控。

（4）定期评估。现阶段的国土空间规划评估，主要依赖长期监测数据库，通过构建数理模型对国土空间规划实施情况进行评估，很大程度上忽略了大数据对国土空间建成环境评价的意义。通过引入大数据进行定期评估，为国土空间规划提供有效依据。如利用网格人口数据和以往的规划数据相结合，采取互联网信息技术，按照动态人口分布，对文教体卫设施的分布格局进行评估。

6.2.4 智慧化辅助总体规划科学编制

智慧化辅助应用在国土空间总体规划编制流程的前、中、后期等不同阶段发挥着不同的作用，可有效提高规划编制的科学性和工作效率。在规划前期主要表现在数据的采集和处理，规划中期主要作用于"三区三线"的划定和全要素空间布局的优化，规划后期通过智慧平台应用便于数据的管理和规划实施的评估。

1. 数据采集与处理

数据的采集和处理是国土空间规划编制的前期准备工作。国土空间总体规划的基础数据，以第三次国土调查成果数据为基础，结合基础测绘和地理国情监测成果，收集整理自然地理、自然资源、生态、人口、社会、经济、文化、基础设施、城乡建设、灾害风险等方面的基础数据和资料，以及相关规划成果、审批数据，形成统一的工作底数。

在规划基础数据的采集和处理方面，通过智慧化手段，重点解决矢量数据图形不准确、数据产存分散、数据类型繁杂多样、数据收集处理缺乏统一标准等一系列的问题，准确、快速达到图形数据规范化、标准化。

通过对现状数据以及资源环境承载能力和国土空间开发适宜性评价（以下简称双评价）和国土空间规划实施评估和风险识别评估（以下简称双评估）进行分析，有效地为中期"三区三线"划定和空间布局提供支撑。

（1）现状数据采集。主要包括数据内容、数据标准和数据应用三部分。数据采集应坚持需求导向、统一标准、安全可控、全生命周期管理的原则。

1）基础数据内容。国土空间总体规划基础数据内容应包括自然资源数据集、城市运行基础数据集和城市运行流数据集等，满足国土空间总体规划对自然资源、经济社会、人类活动等的分析需求。自然资源数据集应包括基础地理信息数据、调查监测数据、遥感数据，涵盖大量的基础地理信息、实时数据信息等方面，形成完整的数据库集。城市运行基础数据集应包括经济社会调查与统计数据，描述发生在国土空间上的各类社会经济活动，以传统的、官方的统计数据或业务管理数据为主。城市运行流数据集应包括位置服务数据（手机信令数据和互联网位置服务数据）、互联网地理信息（地图）数据和物联网传感数据。

2）基础数据标准。保障规划基础数据的科学性和可靠性，应明确统一的数据标准和管控体系。按照"统一底图、统一标准"的要求，依托 GIS 地理信息系统，运用人工智能等新技术，构建国土空间规划数据采集与质量管理控制体系，加强对国土空间规划时空大数据采集、处理、应用的交互和协同，为提高规划编制、审批、修改和实施监督全生命周期各环节的科学性与可靠性提供支持。一是统一 GIS 地理信息系统时空数据应用平台；二是统一空间参考系，应采用 2000 国家大地坐标系、1985 国家高程基准；三是统一属性内容，应满足国土空间规划应用需求，可包括位置点属性内容、空间单元信息属性内容等。

3）基础数据应用。国土空间总体规划应用需求和应用专题，利用相应大数据计算模型，选取需要的数据进行时间、空间和属性内容分析，生成满足质量要求的数据，并进行校核。对通过校核的数据进行数据融合，对应用场景中的各项指标进行计算分析，基于各项指标或参数的计算结果，为国土空间规划编制提供科学数据参考和辅助决策服务。

（2）"双评价""双评估"分析。"双评价"是编制国土空间规划的前提和基础，是优化国土空间开发保护格局、完善区域主体功能定位，划定生态保护红线、永久基本农田、城镇开发边界，确定用地用海等规划指标的参考依据。从生态、国土、水资源、气象、环境、自然灾害等要素，针对生态保护、农业生产、城镇建设三大核心功能开展本底评价。通过资源环境禀赋分析、现状问题和风险识别、潜力分析、情景分析最终得出结论，为国土空间格局、主体功能区定位、三条控制线等方面指明方向。"双评价"工作流程如图 6-6 所示。

通过智慧化辅助，使得"双评价""双评估"这项工作更加标准化、高效率、易操作和可追溯。

1）标准化。辅助工具操作对需评价的内容标准化，从基础评价到单项评价再到集成评价，最后综合分析。也可以根据需求进行自定义评价，在每个流程都清晰可见。

2）高效率。在模型中定义好各项指标阈值，随时通过更改指标或者阈值，由系统自动进行相应变化，得到相应的模型，使整个过程简便化。

3）易操作。针对精度要求的不一致性（省级精度要求低，市、县精度要求高），通过内部栅格和矢量联合建模的方式，在提高速度的同时也保障精度的要求，得到准确的双评价结果。

4）可追溯。成果数据上不仅存储结果，也将重要的过程予以保存，随时可以追溯评价过程数据，并且通过不同绘制样式和色彩做到一键出分级图、自动出表，最终得出资源环境承载能力和国土空间开发适宜性。

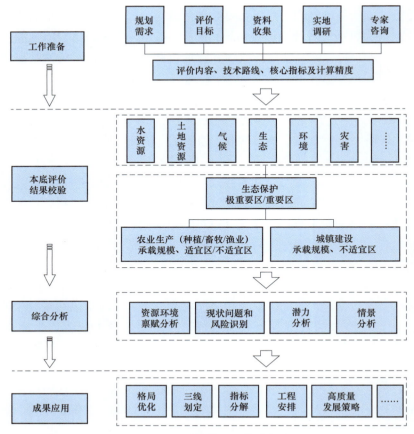

图 6-6 "双评价"工作流程图

"双评价"总体架构图如图 6-7 所示。

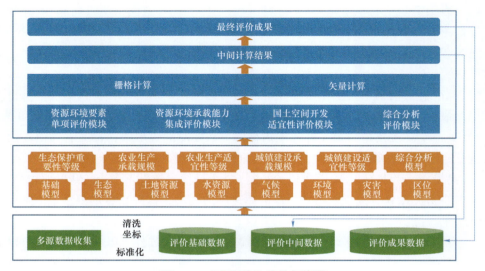

图 6-7 "双评价"总体架构图

2. 空间分析与优化

（1）"三区三线"的划定。

1）"三区三线"的含义。"三区"即农业、生态、城镇三个功能区，"三线"即永久基本农田、生态保护红线和城镇开发边界。

2）"三区三线"划定技术路线。"三区三线"的划定以资源环境承载力评价和国土空间开发适宜性评价为基础，明确"三线"的范围、规模和管理，突出约束底线。

在"双评价"和生态敏感性评价、建设用地适宜性评价等基础上，利用地理信息系统平台对各项结果进行叠加分析，通过评价结果数据确定"三区"划分。

根据"三区"划分图，将土地分类类型进行分类对比叠加，并将底图数据转换成"三区"类型，从而构建一张完整的"三区"划分图。

通过对"三区三线"的划定数据进行处理，以及相关数据模型，合成"三区三线"划定的数据结果。

综合叠加判定有两个步骤。首先，定量化的"三区"划分图与"三线"图相叠加，明确国土空间刚性控制区域。以定量化"三区"图为基础，永久基本农田内的用地均为农业空间，位于国家自然保护区核心区内的永久基本农田可以调整为生态空间，生态红线内的用地均为生态空间，城镇开发边界内的用地一般为城镇空间。然后，叠加结果再与"三区"划分图相叠加，在尊重土地利用现状和发展需求的基础上明确"三区三线"。

3）"三区三线"管控要点。永久基本农田划定后，任何单位和个人不得改变或者占用。国家能源、交通、水利、军事设施等重点建设项目选址确实无法避开基本农田保护区，需要占用基本农田，涉及农用地转用或者征用土地的，必须经国务院批准。生态保护红线，管控对生态功能不造成破坏的有限人为活动。生态保护红线是国土空间规划中的重要管控边界，生态保护红线内自然保护地核心保护区外，禁止开发性、生产性建设活动，在符合法律法规的前提下，仅允许对生态功能不造成破坏的有限人为活动。生态保护红线内自然保护区、风景名胜区、饮用水水源保护区等区域，依照法律法规执行。城镇开发边界管控原则上不得调整。

（2）空间布局的优化。在自然资源本底现状的全域数字化基础上，利用大数据、人工智能等指标、算法、模型技术，辅助国土空间规划编制工作，形成"一张蓝图管到底"的智慧国土空间总体规划，实现"可感知、能学习、善治理、自适应"的智慧型生态规划转变。

1）空间规划新技术应用。以大数据、人工智能等新技术，构建人口分析、综合交通分析、产业分析、基础设施分析等定量分析模型，通过智能算法辅助国土空间规划专题分析，实现从经验判断转向科学决策，全面支撑规划编制的智慧化。充分汇集手机信令、互联网位置服务、移动应用程序等多源数据，通过数据过滤、标签提取、热点分析、路径分析等处理手段，融合分析并构建人口、交通、产业、公共服务等城市运行特征，为规划分析提供大数据思路。

2）多源数据融合和分析。以人工智能、大数据和云计算与地理信息技术结合为技术支撑，与新型测绘、空间规划、资产管理、土地整治、生态修复、城市更新等国土空间治理业务深度融合，构建智慧规划信息平台的"人工智能、大数据、城市信息模型"数字底座。

a. 大数据存储引擎。大数据分布式存储引擎基于标准硬件和分布式架构，实现千节点/EB级扩展，同时对块、对象、文件等多种类型存储统一管理，提供面向异构数据库和存储系统的统一访问能力，实现多态融合存储架构下的空间大数据一体化存储，预置了分布式空间数据库、非关系型数据库、分布式文件系统等存储形态的驱动能力，基于多源大数据的混合存储策略，大幅提升了超大规模空间数据管理、读写和分析性能。

b. 大数据分析引擎。结合国土空间治理的应用需要，基于目前主流的空间大数据计算框架开发，扩展了传统地理空间分析工具的分布式计算处理能力，并在引擎中内置丰富可用的空间分析工具，包括大数据矢量分析、大数据栅格分析、大数据矢量治理工具、大数据栅格治理工具、倾斜摄影处理工具、三维缓存生成工具等，为业务人员提供低代码和可视化的交互开发环境，提升了大数据模型开发的效率。

c. 大数据可视化引擎。基于大数据可视化工具和空间可视化框架开发大数据可视化引擎，支持多源数据实时接入、专题地图在线定制以及可视化场景智能装配，实现大数据分析结果的图形、图表、动态图等数据展示，量化分析更直接。

在拓宽规划数据资源体系、大量现状数据综合分析、深度挖掘、增强规划空间扩展能力的基础上，优化国土空间格局、科学配置资源要素，提升规划编制工作的科学性和合理性。

3）时空大数据技术支撑。数据层面出发，创新融合动态更新的时空大数据，丰富国土空间规划的数据资源体系。在传统基础地理信息数据的基础上，引入自然资源利用、经济社会发展和城乡建设等多方面因素，拓宽了规划编制涉及的数据信息面，不仅有矢量、栅格和文本等结构化数据，更包含网络日志、视频、图片和地理位置等非结构化数据。系统探索动态数据捕获新模式，拓宽数据采集渠道，引入互联网、物联网、移动设备、公共交通刷卡器和各类传感器等机器手段，基于分析算法、爬虫技术抓取目标信息，动态监测数据变化，实现了规划"底盘"数据从传统静态数据向多源时空大数据的转变。

面向国土空间全域全要素，利用社会各方面数据要素，全方位、多尺度和多维度地掌握国土空间现状结构及其发展规律，为国土空间规划编制工作提供数据支撑，梳理涵盖多元化各类大数据。

通过大数据的多样性和动态性等特点，从宏观到微观层次揭示人的活动模式和规律，发掘空间布局特征、区域相关因素和发展态势等，全范围动态化地从国土空间、人口、公服设施、交通、管理、移动通信和社交网络、15分钟生活圈体系等多个角度、多维度构建合理用地布局，通过智慧化辅助进行空间布局优化。

总之，智慧国土空间总体规划"一张图"基础平台从数据基底、空间尺度、研究深度、编制模式等多个方面进行了创新转型，有效针对新时代国土空间规划涵盖的海量多类型数据的复杂性、非线性、空间异质性和不确定性等特征,全方位、多尺度和多维度的掌握国土空间现状结构及发展规律,全面提升规划编制工作的科学性和合理性,优化国土空间总体规划布局。

3. 模型管理与分析

(1) 数据模型管理。数据模型搭建的基础包括大数据获取、数据挖掘、存储、深度学习、识别解译,然后根据获取的大数据进行数据模型搭建,进行模型应用开发,实现应用分析功能。各类模型的数据源需要进行统一的管理(见图 6-8),管理数据源的注册、检索及编辑等各过程节点,再通过模型构建连接已定义数据源和模型组件,利用ETL〔Extract-Transform-Load 的缩写,用来描述将数据从来源端经过抽取(Extract)、转换(Transform)、加载(Load)至目的端的过程〕技术,实现模型的可视化搭建及运算。数据模型独立使用可解决特定的规划问题,组合使用可完成复杂的城市计算。模型分析适用于各类规划编制工作。

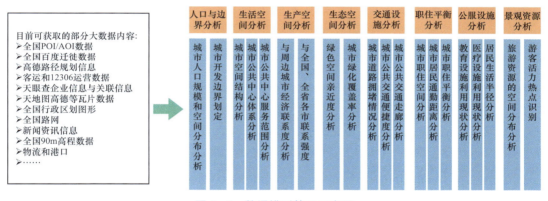

图 6-8　数据模型管理示意图

数据模型主要分为三大类:空间分析模型、数据应用分析模型、综合分析模型。其中,空间分析模型包括提取分析模型、筛选分析模型、叠加分析模型、邻域分析模型、距离分析模型、插值分析模型、空间统计分析模型、表面分析模型、三维空间分析模型;数据应用分析模型包括规则定制分析模型、合规性分析模型、差异分析模型、智能选址分析模型、三维应用分析模型;综合分析模型包括总量分析模型、变化分析模型、布局分析模型、多维分析模型、多维主题分析模型、预测分析模型。

(2) 辅助决策分析。规划编制过程的问题和需求,引用统计分析模型,实现不同尺度和辅助分析决策功能。

1) 辅助选址分析:建设项目选址是执行国土空间规划的重要环节,它直接关系到城市的性质、规模、布局和国土空间规划的实施,同时也关系到建设项目实施顺利与否。在建设项目选址阶段,基于国土空间现状及规划成果数据服务,通过对选址条件进行过滤,筛选出符合要求的规划地块。针对不同建设项目类型系统提供多方案选址对比分析,辅助最终方案确定。

2) 规划用地分析:针对总规或控规成果,可自定义范围或选择范围,进行各类用地性质的面积统计、划出规划用地的不同等级，统计结果支持图文联动。

3）合规性分析：针对建设项目范围，检查其是否符合控制线管控要求，是否符合国土空间规划分区管制及用途分类要求，是否与现状用地及已建项目冲突，确定项目空间合规性，为用地预审、农转用审批等提供应用支撑。

4）规划执行情况分析：对接相关业务管理系统，通过业务数据的联动更新反馈，反映国土空间规划实施的总体情况，包括土地供应情况、用途管制情况以及国土空间规划生态修复情况。同时可以根据年度、地区、类别等维度生成统计报表。

5）公服设施分析：可选择不同尺度范围线，统计范围内公服设施的覆盖情况和评价分析结果，形成统计结果、统计图表，并可在地图上定位显示，可评定城市生活圈质量，也可为城市公共服务设施优化和协调发展提供可行性的参考计划和规划参考。

6）土地利用分析：利用系统分析服务模型，结合土地利用数据，适应土地利用分析服务业务需求，实现选择的区域内土地利用结构与布局、利用程度、利用效果等情况分析并解析存在的问题。

7）生活圈分析：基于现状交通路网建立设施覆盖网络，通过叠加居民区、公共服务设施等 POI 数据，依托 15 分钟社区生活圈指标体系，构建 15 分钟社区生活圈测度模型，评估当前城市设施配套的总体情况，为国土空间规划编制和调整提供参考依据。具体内容包括指标体系建设、城市生活圈总体评估、单个社区评估。

8）土地开发利用强度分析：结合三调土地利用现状提取建设用地数据，对区域内全域及市辖区、各乡镇土地开发强度进行分析评估，计算出全域国土开发强度及市辖区、各乡镇土地开发强度，在地图上分行政区渲染展示强度级别；同时结合行政区人口数据，可以评估出全域及各乡镇街道建设用地人口承载强度。

9）人口分析：根据选择的分析区域和空间分布，分析人口在年龄、教育、户籍、职业等结构方面的特征，总结规律，并预测规划期内不同情景下的人口规模。

6.3 智慧赋能详细规划编制

6.3.1 挑战与难点问题

2023 年 3 月 23 日，自然资源部发布《自然资源部关于加强国土空间详细规划工作的通知》，提出国土空间详细规划编制应探索不同单元类型、不同层级深度详细规划的编制和管控方法。在此要求之下，全国各地陆续出台省级、市级详细规划编制的技术指南，而通过传统规划方式在国土空间详细规划编制过程中存在一定的问题和难点，这些问题影响着规划的科学性、可行性和可持续性，给国土空间详细规划的编制和实施带来一定的挑战。

1. 国土空间详细规划与各层级规划之间空间要素关联

国土空间详细规划普遍采用较大比例尺的地形图为基础，同时考虑了多重管理信息，需对地类和边界进行修正，以满足详细规划层次的表达深度和精度要求。这可能会导致详细规划在空间传导中出现非精确性。需要通过技术手段和数据管理来解决，以确保国土空间详细规划的精准性和有效性。

（1）数据处理与整理。数据转换中存在调查逻辑和规划逻辑的衔接路径问题，需要构建事权分层的底图以协调调查和管理数据之间的矛盾。并对不同数据来源和类型需要制定统一的数据格式和标准，确保数据的一致性和可比性。

（2）数据精度要求。国土空间详细规划要求的数据精度较高，包括位置、属性、时间、分辨率等。由于不同数据源和处理方法可能导致数据的精度和分辨率不一致，需要进行合理的插值和调整。

空间精度：数据应具有较高的位置精度，以确保在详细规划中考虑的所有元素都能准确地表示其地理位置。

属性精度：属性数据应有明确的定义和分类标准。

时间精度：实施数据应反映当前的地理和社会经济条件，历史数据应明确数据的时间范围和相关的变化情况。

2. 国土空间详细规划下全域要素的高质量管控

国土空间详细规划是具有广域性、多样化地区的详细规划，需落实总体规划层的生态保护和修复目标，在微观层面指导建设开发和保护。在综合统筹、适应性管制、生态保护等方面，需要采取针对性的措施来加以解决。

（1）综合统筹。实现"山水林田湖草沙"等多种要素的全域统筹，需要综合考虑各类自然资源普查数据、规划用地分类标准等内容，这需要在规划中解决不同数据来源和标准的一致性问题。

（2）适应性管制。规划管制范围需要适应城镇和农村，涉及资源配置、土地利用等方面的复杂问题，需要科学合理地实施安排和管理措施，使底线管控与要素指引能够平衡协调。

（3）生态保护。确保生态保护范围的明确界定与要求落实，并与城市建设管理衔接，需要制定一整套严密的生态保护机制，与城市空间的高质量发展相协调，使规划更加注重生态环境的长远利益。

3. 提升参与度和透明度

在规划编制过程需要进一步增加参与度和透明度。规划往往由专家和决策者主导，公众、利益相关方的参与度较低。这导致规划结果可能无法充分反映各方利益和需求，缺乏广泛的共识和支持。同时，公众对规划决策的了解和监督渠道有限，影响了规划的合法性和可接受性，需增强规划编制过程的透明度。利用数字化协同规划可以实现各相关部门、专家和公众的数字化协同参与，提高规划的公众接受度。

4. 优化规划层次与整体性

传统规划方式下，我们认识到优化规划层次与提高整体性是不断追求的目标。规划范围和空间界限划分不同，导致规划方案难以协调和统一。

（1）优化规划层次。

统一规划层级：在规划编制过程中，缺乏明确的规划层级和划分，不同规划的范围和界限容易交叉和重叠，导致规划方案之间的冲突和不一致。

协调规划要素：国土空间详细规划需要综合考虑自然、社会、经济等多个要素，但在编制过程中，不同要素之间的协调性不足，导致规划方案片面和局部化。

（2）提高整体性。

整体性思考：在规划编制过程中，常常将规划区域划分为不同的分割单元进行独立规划，对整个规划区域的整体性思考和协调安排不足。需要厘清总体规划、专项规划、详细规划各类规划间传导关系、审查要点、审查规则，构建健全规划传导体系。

跨学科合作：规划编制过程中，各专业往往以各自的专业视角进行规划，跨学科、综合性的思考不足。需要跨学科的协作和合作，但不同学科之间的沟通和理解存在困难，需要加强学科交叉培训和跨学科合作机制的建立。

建立标准体系：当前信息模型不统一，决策支撑缺力度，新技术应用待提高，需要深化挖掘标准价值。

6.3.2 智慧化辅助详细规划体系优化

在传统规划体系中，城镇开发边界以内的建设空间编制控制性详细规划，城镇开发边界之外的乡村地区主要编制村庄规划和风景名胜区详细规划。2023 年自然资源部出台《关于加强国土空间详细规划工作的通知》，明确了国土空间详细规划体系，包括城镇开发边界内的详细规划、城镇开发边界外村庄规划及风景名胜区详细规划等类型。该《通知》还明确详细规划是实施国土空间用途管制和核发建设用地规划许可证、建设工程规划许可证、乡村建设规划许可证等城乡建设项目规划许可以及实施城乡开发建设、整治更新、保护修复活动的法定依据，是优化城乡空间结构、完善功能配置、激发发展活力的实施性政策工具。

1. 完善传导中间层，构建"总详纵向"传导的四级体系

根据《中共中央、国务院关于建立国土空间规划体系并监督实施的若干意见》确定的"五级三类"国土空间规划体系，按照一级政府一级事权一级规划的视角来看，分层级编制详细规划是目前规划工作编制思路的普遍做法，其目的是将详细规划进行分层，构建新的传导层级。通过划定规划单元，在中观层次分解上位国土空间总体规划的核心要求，提出街区控规、控制性编制单元等多种规划编制方式予以解决和优化。一般从总体规划到详细规划的传导体系实际可以分解为"市级—县（区）级—镇（街道）级—地块"四个层级（见图 6-9）。其中镇（街道）层级为中观层次，多以街区控规为主。

街区控规有三个非常重要的作用，即定性质、定功能、定总量。街区控规可以把总体规划确定的性质、功能和容量等刚性内容有效分解，控规围绕区域内人、地、房指标和落实三大设施进行核定，并持续动态编制、深化与维护。

因此，总体规划确定的指标可以分解到各街区单元，街区在严格落实总体规划明确的各类公共设施的规划要求之余，在单元内综合平衡和动态保持各区块的相关指标，对空间资源的投放和利用进行合理安排。街区层面的详细规划恰恰是总体规划到向下实施传导的重要环节。

172

图 6-9 "总详纵向"传导的四级体系图

从行政角度来看，乡镇人民政府、城市中的街道办是实级基层组织，本身需要承接市级、县级国土空间规划的传导要求，确保规划任务的有效落实和规划成效的评估考核，街区尺度更好地向下衔接街道、镇、村界等行政管理单元，向下层次详细规划传导规划要素和管控要求。

而面向地块的详细规划，在国土空间规划体系的底线思维、治理思维的逻辑之下，底图反转是思考和研究的必要方法，而这种方法的现实要义则在于对实施方法、实施路径的研究。因此面向地块的详细规划是建设用地与非建设用地的不同情形，融汇多规，对规划综合实施方案的主要内容进行研究。"综合规划实施方案"是北京规划体系的一项重大创新，它是在街区控规批准后独立制定的。它不仅涵盖了地块控规的研究内容，还扩展到场地和建筑修规等，也涵盖了土地空间规划、市政交通基础设施、专业领域和社会经济等方面。

2. 落实总体规划，详细规划落实空间用途管制以及公共设施要求

从总体上看，国土空间详细规划是落实总体规划要求，并做好其他专项规划传导，确保城市安全、人口规模及用地结构等内容满足建设要求的重要环节。

详细规划是保证总体规划确定的强制性内容得到有效落实的重要途径，推动"总体"规划目标要求传导至"地块"上，来实现对国土空间用途的有效管理。街区尺度控规通过"传导要素+规则管制"两级指标体系有效地传导上位强制性管控内容，转化上位规划意图，并完善区域的公共设施，要素管控传导实现对控制线定界、土地定量、设施定位、空间定形四方面的管控；规则的管控通过"双评价"，严格落实三生空间管制范围和相应的管控细则。

3. 规划信息化建设，推动国土空间详细规划全生命周期管理

以往在规划计划、编制、审批三个环节之间由于信息汇集不畅、统筹机制建设不足，导致后续的审查过程中频繁暴露冲突，"多规"协调难度增加。在规划编制计划环节中，由于信息汇集不及时，导致不同类型、主体、诉求的规划编制计划在不同时间节点分别上报，存在对重点片区重复规划的现象。同时，在规划编制环节由于缺乏统一协调机制，存在相近区域的同步在编规划获取最新的信息不及时、空间方案和指标上存在冲突等潜在问题。这些问题往往在最终审查阶段才暴露，大大拉低了规划编制效率。在规划审批环节，由于缺乏相对清晰的标准化成果入库机制，成果入库管理难度大。

在这一轮国土空间规划改革的新要求背景下，不仅注重规划的"管用"——编制和审批，更注重规划的"适用"和"好用"——指导实施和监测预警，体现了全周期贯通的规划改革逻辑。深度信息化建设成为本轮规划改革、实现规划治理能力现代化的重要抓手，信息化建设是打通规划各环节之间闭塞症结、实现全生命周期管理的重要手段。打造国土空间规划成为"可感知、能学习、善治理、自适应"的智慧型生态规划，主要从以下两个方面开展。

（1）"一张图"全过程衔接在编规划。在规划信息化领域内，要素打通主要体现在数据贯通，其核心在于数据横向打通。在详细规划阶段涉及大量着地楼房权人数据融合工作，现行面临的挑战是梳理各环节的数据需求，推动环节之间的数据打通，并提供高质量数据服务。依托"一张图"服务体系建设，打通规划各环节的数据。掌握全市、各区的各类型规划编制进度，推动在编规划数据动态实施更新，支撑规划编制过程中的规划协调。

（2）利用大数据技术平台，推动规划动态编制。规划动态编制不是单纯地否定"蓝图规划"对城市建设的必要性，而是在"动态"的规划编制体系下，进行具有"动态属性"特征的一系列规划。所谓"动态"特征存在三个维度：一是规划方案的时间性；二是规划实施的绩效性；三是各层次规划之间的联动性。

随着图形数据、时空大数据、物联网大数据的研究逐步深入，为规划提供了大量的可量化指标。一方面，可量化的规划指标及基于大数据的规划技术创新，是城市规划走向科学化、理性化的基础；另一方面，量化指标形成的数据网络作为动态规划体系运行的基础，贯穿整个规划设计过程，为规划方案设计、规划绩效评价、规划动态调整提供技术支撑。

4. 立足规划传导规则，推动信息技术在国土空间详细规划中的应用

规划传导一般分为横向与纵向两种方式，同级别的规划向专项规划的传导为横向传导，上下级规划间的传导为纵向传导。纵向传导主要手段是落实与分解，按照分区传导、底线管控、控制性指标等方式向下级规划传导。横向传导主要手段是深化与细化（兼具优化）各类技术指标、控制线等要素，实现对项规划的约束指导作用。传导方式一般包含定界、定量、定位、定形四方面的管控。

6.3.3 智慧化辅助详细规划精准认知

1. 提升认知能力，运用时空大数据支撑城市精准认知

规划设计工作对城市的常规认知手段包括现场踏勘、资料收集、问卷调查等，但在新国土空间规划背景下，在开展详细规划工作中对于职住平衡、街道活力、现状设施利用情况等一些动态化、精细化、海量化的复杂现状方面缺乏合适的认知手段。通过引入

时空大数据辅助信息分析，创新城市认知维度，可对传统规划师难以做出准确判断的领域进行高效精准的认知，极大提高城市评估效率和准确性。与传统数据相比，时空大数据具有海量的数据规模、多源的数据类型、动态的时空属性、价值密度低和处理速度快等优势特点，数据具有的多源、人本、时空等属性特征与城市规划决策的本质属性具有紧密的耦合性。新数据、新方法拓展了人们定量刻画城市空间和人群行为的精度、频度和维度。具体技术手段包括通过多源数据采集，对静态或动态页面解析，抓包获取城市相关原始数据；建立空间数据融合，从地理空间的视角认识分析城市各类数据，融合转换文本、矢量、坐标多类型数据，直观展示城市空间现状空间数据信息等。

（1）立足国土空间规划"一张图"，推动规划成果数字化。新一轮的国土空间详细规划编制中，需明确将与控规 CAD 图纸对应的 ArcGIS 数据库纳入控规成果的提交要求中，做好与国土空间规划的衔接。为确保成果资料的完整性和规范性，需规定详细规划内容与分类、详细规划数据库结构、详细规划数据文件命名规则等。详细规划成果资料的完整性和图库一致性作为数据审查的基础内容，是对其他审查项进行审查的前提。同时，图库须确保 CAD 图则中的图斑形状、用地性质、地块编码与数据库各要素吻合，保证无图斑错误和丢漏现象。

（2）开展自动化审查，避免管控传导出现偏差。在城乡规划体系下，由于详细规划与总体规划、专项规划间传导内容过多过细，由于缺乏统一管理和统筹协调，容易出现传导内容偏差或传导失效，总体规划、专项规划内容难以落实到详细规划，"总控矛盾"的问题频频出现。但是在国土空间规划背景下，对规划成果的审查与管理更加重视，《自然资源部办公厅关于加强国土空间规划监督管理的通知》提出要建立健全国土空间规划"编""审"分离机制，推动第三方开展独立技术审查。《通知》要求构建国土空间规划"一张图"，详细规划成果也将纳入其中，并按照统一的质检细则对详细规划成果开展辅助审查和数据质检。一般对于详细规划的合规性审查重点应围绕构建完整的审查内容、入库数据标准化以及自动化审查工具三个方面。

2. 扩展信息维度，推动城市认知颗粒度达到要素级别

详细规划面向实施与建设，城市、村庄等建成区通常经历年代久远的建设、形成过程复杂，现状信息基础较薄弱，需要精准多维信息基础才能有效开展工作。但在国土空间规划的背景下，详细规划首先要优化城市认知模式，通过提升现状调研的精细度到达要素级别，研发多部门针对同一存量空间综合视角下的评估准则，引入时空大数据科技辅助等方式，构建国土空间时代对城市的精细化多维度认知模式。

目前评价或描述城市详细规划工作开展情况只有整体性定性化信息和数据，如整体绿化覆盖率、整体道路网密度等，无法满足现在国土空间背景下精细化的详细规划的工作需求。在新时代详细规划实践中，应从多个方面扩展信息维度。首先突破信息的精细维度，深化传统详细规划中以"地块"为最小统计单元的调研精度，尤其是面向城市更新区域时信息颗粒度达到"要素"级别；其次，提升信息的专业维度，将存量地区的调研和认知从传统单一的空间维度，扩展到"空间画像""人口画像""产业画像""设施

画像"等多个专业维度。

其中,空间画像对街区空间、空间资源、违章建筑等信息进行整体和单独呈现,便于城市管理者进行功能填补、品质提升等城市更新需求。人口、产业画像将一键勾勒出各个社区的人口和产业的情况,为精准应对居民需求打下坚实基础。在信息的时空维度,在空间层面,将信息采集从传统二维平面层面扩展到三维立体层面。

3. 多源数据融合,构建多层级的空间网格和城市数据体系

城市多元数据融合治理是指利用多类型多层级网格和城市数据知识图谱的城市多元数据融合治理技术。

在详细规划阶段需构建城市多类型多层级的空间网格和城市数据体系,来深度认知城市。运用城市数据知识图谱和城市要素编码实现在各层级网格单元上进行空间、时序、业务适配的数据融合。建立以多类型多层级网格为空间框架、城市要素编码标准为空间编目线索,以城市数据图谱为关联线索的数据融合的新模式,支撑规划方案研究分析、规划成果校核、规划实施方案审查、城市体检评估等业务的需求。

(1)构建城市多类型多层级的空间网格。城市空间信息多类型多层级网格是地理网格和网格计算的结合,是空间信息多级网格在城市中的具体应用。其按一定的规则将城市空间范围划分为不同层次的网格,每个层次的网格在范围上具有上下层涵盖关系,以不同层次的网格为单元实现城市各种空间数据库和非空间数据的采集、处理、存储、管理和分析,实现下级网格信息到上级网格信息的传递;在网格计算环境下,将不同层次的空间网格中的各种空间数据、非空间数据分布在不同的网格计算节点上,提供功能强大的计算能力、存储能力和数据处理分析能力,从而为城市规划管理、公共突发事件、重大交通事件、设施故障或事故、公共安全紧急救援等提供快速及时的空间信息和非空间信息支持,提高对紧急事件快速应变与决策的能力,为政府决策提供数据支持。

(2)制定从城市部件到建筑构件的要素编码标准。城市要素编码是为了标识城市数据的要素的唯一性,同时兼顾要素的分类和空间位置。城市要素编码是基于城市空间网格的金字塔组织和要素类型进行要素的空间类型组合编码,同一空间单元内以位置排定顺序号码的规则编码。城市要素编码是多元数据的空间组织形式和数据融合的工具之一。为了规范和统一城市要素编码工作,制定了基于多类型多层级网格的城市要素(城市部件+建筑构件和建筑设备)编码标准。

(3)建立城市多元数据体系。城市多元数据被分成城市空间环境数据和城市社会经济基本数据两大类。城市空间环境数据由城市静态数据、城市运行数据、城市大数据、建筑基础数据、建筑运行数据、建筑运行大数据六大类构成(见图6-10);城市社会经济基本数据主要由社会经济基本数据、城市运行数据、社会经济大数据三大类组成(见图6-11)。

(4)构建城市数据知识图谱。城市数据知识图谱反映了数据之间的自然关系。经过对城市这个巨系统的数据及关系调查研究,分析设计出城市数据知识图谱,以反映城市

图6-10 城市空间环境数据构成简图

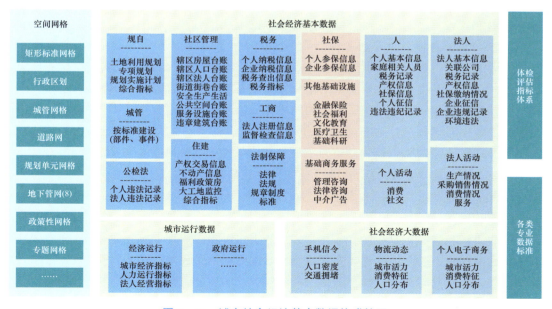

图6-11 城市社会经济基本数据构成简图

系统运转产生的数据之间的关系。其中建筑主题数据知识图谱反映了以房屋建筑为主题串联的城市规划、建设、管理，房屋作为城市与"人"的空间纽带满足了人居住、法人生产经营所需的空间需求；由"人"又引出了对城市公共服务设施、生活消费、生产经营的其他需求，包括政府对城市的管理和治理的需求。经过分析在与"人"有关的城市数据的空间化过程中，房屋建筑是关键环节，城市数据中融合"人""房"数据关系就显得尤为关键。

（5）创建多元数据融合新方法。基于城市多层次多级网格和城市要素编码组织数据，以城市多元数据体系和城市数据图谱为分类和关系脉络，以空间、时序、业务关联为维度实施多元数据的融合。

依据多类型多层级网格和城市要素编码标准，将大数据分析结果数据、政务系统沉淀的数据、普查调查数据、自动采集（城市级、建筑级）的数据经过时序适配、空间适配（必要时按空间插值）、业务规则适配后按城市多元数据体系组织起来，融合形成高质量的城市数据。城市数据的融合过程中，清洗了不可适配的数据，实现了多元数据与地理信息的深度嵌合，结合多元数据在关联空间上的业务逻辑，揭示了数据之间的内在关系，使数据之间产生了化学反应，实现了CIM-BIM的多元数据融合汇聚。城市数据在空间上以多类型多层级网格为纲、城市要素编码为目，要素之间的关系以城市数据图谱为关联，结合时序特征融合形成城市4D（三维数据和时间特性）数据。

（6）选择有效的数据治理方法。数据治理的方法有很多，经过实践总结，多元城市数据的治理应坚持以标准先行，应用牵引，强调质量管控，尝试建立利益驱动的方法推行。城市要素编码标准、网格集合、城市多源数据体系、共享式数据更新、低层级融合后再向上汇聚等技术成果中无不渗透着数据治理的思想。城市多元数据治理需在实施过程中使用PDCA（计划—执行—检查—处理）的方法推进。

4. 机器辅助审查，开展规划动态调整

在国土空间背景下，国土空间"一张图"的搭建为详细规划提供了规划动态调整的实践路径。通过创建多维管控要素的结构化、语义化规则库，研发利用管控要素规则库和规则计算和推理引擎，实现三维空间的规划方案校核、规划方案机器辅助审查，从而在编制过程中对规划进行动态调整。

基于规划方案调整机器辅助审查的规划动态调整技术路线如图6-12所示。

规划方案动态调整机器辅助审查首先构建控规管控知识图谱和用机器辅助智能审查技术开展规划动态调整两大个步骤。

（1）构建控规管控知识图谱。将规划标准规范和上位规划的图纸、图则、设计说明、导则等成果构建成控规管控的知识图谱，并将此知识图谱按规划单元对应的管控要素层级转译成结构化、语义化的管控要素规则库，规则样例见表6-1。该将管控要素分为数值比较类、指标判断类、二维空间范围判断类、三维空间判断类、语言描述评判类、复杂计算模型判断类。建库时，设定不同类型管控要素匹配不同的计算规则和业务计算模型，并提供交互式配置方式。

178

图6-12　规划方案动态调整机器辅助审查技术路线图

表6-1　　　　　　　　　　　　控规管控规则样例

管控要素		管控指标	管控级别			街区		地块		管控指标审查					备注
			1级	2级	3级	管控要素	管控要求	管控要素	管控要求	机审	人机交互	人判	处理形式	判定逻辑	
民生共享	教育	个数	✔	✔	✔	✔	刚性	✔	弹性	✔			计算比对	>=	
		占地面积	✔	✔	✔	✔	刚性	✔	弹性	✔			计算比对	>=	
		覆盖率（规范服务半径下）	✔	✔	✔	✔	刚性	✔	弹性		✔		计算比对	>=	
	医疗	个数	✔	✔	✔	✔	刚性	✔	弹性	✔			计算比对	>=	
		占地面积	✔	✔	✔	✔	刚性	✔	弹性	✔			计算比对	>=	
		覆盖率（规范服务半径下）	✔	✔	✔	✔	刚性	✔	弹性		✔		计算比对	>=	

179

管控要素		管控指标	管控级别			街区		地块		管控指标审查					备注
			1级	2级	3级	管控要素	管控要求	管控要素	管控要求	机审	人机交互	人判	处理形式	判定逻辑	
民生共享	社区综合服务	个数	✔	✔	✔	✔	刚性	✔	弹性	✔			计算比对	>=	
		占地面积	✔	✔	✔	✔	刚性	✔	弹性	✔			计算比对	>=	
	安全设施-疏散通道	类型、宽度	✔	✔	✔	✔	刚性	✔	弹性			✔	文字	符合	
	安全设施-避难场所	数量、面积	✔	✔	✔	✔	刚性	✔	弹性	✔			文字	符合	
风貌景观	高度控制区域	低层、中层、中高层、高层控制区边界;地块控制高度	✔	✔	✔			✔	刚性	✔			管控盒子	包含	
	地标建筑	地标建筑在地块内布局建议、建筑风貌形象要求	✔	✔				✔	刚性		✔		图形(位置示意)、文字	区间	
	城市景观界面	退线	✔	✔	✔			✔	刚性		✔		多边形、数字	<=	
		贴线率	✔	✔				✔	刚性		✔		多边形、数字	>=	
	城市色彩	地块建筑色彩管控要求	✔	✔	✔	✔	刚性	✔	弹性			✔	管控盒子基准图示文字	符合	
	第五立面	地块第五立面管控要求	✔	✔	✔	✔	刚性	✔	弹性			✔	管控盒子基准图示文字	符合	

（2）运用机器辅助智能审查技术开展规划动态调整。在规划调整过程中机器智能辅助审查规划方案是调用规则计算和推理引擎，利用控规知识图谱执行方案的合规性审查，也可以进行规划方案研究和规划成果校核的内容，作为规划动态调整的依据。辅助机器智能审查规划方案包括待审方案的入库、执行合规性审查、执行规则推理过程、输出审查报告四个环节。配置和调整知识规则和计算模型是需要时选择执行的操作。

首先组织待审方案成果入库。将待审查方案设计成果进行电子文件的合格检查（设计师事先知晓设计的标准，应该按标准表达设计成果），该步骤使用工具软件辅助进行，检查不合格时反馈设计师修改，直到检查通过；其次执行入库工具程序，将规划设计方案正式入库。

其次执行合规性审查。调用规则计算和推理引擎，执行合规性审查。首先将已入库的方案按空间位置匹配其所属的规划单元，然后匹配其上位规划的规则库，如项目上报的方案位于规划单元是06组团01街区，审查层级为地块控规方案审查，系统根据项目上报方案编号和名称调出已入库的设计内容（如项目红线范围、地块边界范围和对规划条件响应的设计内容），从中获取项目上报方案地块的地块面积、容积率、地块控高、建筑密度、绿地率等指标。规则计算和推理引擎将底图定位到0601的空间位置，并调出知识库0601的街区控规的管控规则，以它为审查的比较基准。

再次执行规则推理过程。针对待审方案匹配的规则设定内容以控规管控的规划知识图谱为基本顺序组织执行，同时提供人机交互的操作面板，允许人工干预和输入人工判定的意见；人工干预或输入的判定内容都自动留痕，并可追溯。继续以上面提到的地块控规方案为例说明如下：

控规审查的管控级别分为三级：一级管控区所有审查要素均需要管控，二、三级管控区非全要素管控，三级管控区相对管控的要素最小。管控区域分为地块、街区、组团和全域四个层级，根据每项指标的审查需求，管控要素指标在地块、街区、组团及全域层面分别计算指标，呈现结果，并在面板上表示弹性和刚性。管控要素的审查从地块开始，若突破了地块层面的管控指标值或要求，则在更高层面的管控区域计算指标或判断管控要求是否满足，逐级向街区、组团、全域延伸。采用正向推理进行审查，管控指标审查的方式包括机审、人机交互和人审，处理方式有文字比对、计算比对、多边形比对、盒子比对、示意图等；判断（运算逻辑）符号包括大于或等于、小于或等于、区间、包含、专项模型等。

系统将项目上报方案地块控规设计内容（按规划条件出具的管控要求逐一响应）与上位管控要求进行比较，逐项判断（按审查方式、处理方式、判断符号运算）是否符合指标管控要求（审查的方式为人机交互和人审的须人机交互），形成初判结论。形成初判结论的判断逻辑：地块层面管控要素全部满足，通过；地块层面刚性满足、弹性指标突破，可通过但需征询意见；地块层面刚性满足、弹性指标突破，街区层面刚性满足，可通过但需征询意见；地块层面、街区层面刚性不满足，不通过，退件，该判断逻辑如图6−13所示。

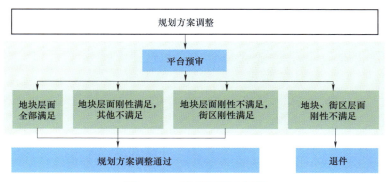

图6−13　判断逻辑示意图

将比较结果保存在动态数据库中，通过二三维一体化、可视化展示技术，将审查结果直观地呈现在系统界面，可逐项人工复核浏览审查结论。

最后输出审查结果报告。审查结果报告的主要内容有：规划方案调整结论（通过、原则通过、不通过：退回方案）、刚性要素审查通过率、弹性要素审查通过率、有条件通过的管控要素个数，刚性要素未通过的详细列表，弹性要素审查未通过的列表，审查情况详细列表等。

5. 三维空间分析，优化城市设计方案

（1）三维空间分析技术应用场景。

1）基于三维化的规划成果的城市形态模拟分析手段：平台支持将二维图则上的形态管控要求转换为三维管控盒子和城市轴线、观景点等模拟观察场景，结合人视点、视廊分析、沿街立面、天际轮廓线、贴线率、街廓比等三维空间分析手段，实现城市形态优化分析手段的三维化（见图6-14）。

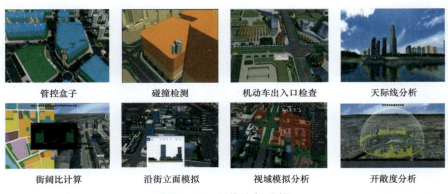

| 管控盒子 | 碰撞检测 | 机动车出入口检查 | 天际线分析 |

| 街阔比计算 | 沿街立面模拟 | 视域模拟分析 | 开敞度分析 |

图6-14　三维空间分析

2）基于三维化的规划成果的规划校核和审查一体化：规划编制成果图则入库后，可以调取查询二维图则和三维管控盒子等三维成果，并进行对比校核，发现竖向缺陷；方案审查时，大量采用碰撞检测、贴线率计算等空间分析方法。

（2）三维空间分析功能。

1）天际线分析。在准现状三维一张图的场景中，从观景点位置模拟生成城市建筑轮廓线，进行天际线分析，分析建筑对天际线的影响。通过绘制起始点间的线段范围，生成该线路沿线的建筑天际线，对于辅助城市设计、控制沿街（江、海岸线）景观等非常有实用意义。

2）沿街立面。在准现状三维一张图的场景中，从沿街道观察的起点和终点进行沿街剖面图模拟生成，用来城市景观分析设计等。

3）视域分析。在准现状三维一张图的场景中，选定观察点作为视点位置，分析视线所能到达的范围，模拟建筑之间的空间关系，用于城市形态的优化设计。

4）开敞度分析。在准现状三维一张图的场景中，以观察点为中心，模拟观察周边时的空间开阔情况，生成一个球面，没有建筑的地方镂空显示。镂空的面积越大，说明空间越开阔，用于城市形态的优化设计。

6.3.4　智慧化辅助详细规划科学编制

国土空间规划中详细规划分为城镇开发边界内和城镇开发边界外两大类，即城镇单元详细规划和乡村单元详细规划。需落实城市发展战略，建立空间秩序，创造良好人居环境，建立空间规划的规范管控职能，符合规划用地边界与行政管辖事权边界，强调详细规划设计对空间开发治理，作为空间治理的法律依据。

从基本流程看，国土空间详细规划主要包括现状调查、现状分析、规划评估（专题评估、实施评估等）和规划设计等环节。怎样将相关信息技术应用于详细规划设计过程中，且能够兼顾规划设计相关人员与虚拟模型之间的互动？需利用智慧国土空间规划相关技术，包括大数据技术、地理信息技术、遥感技术、物联感知技术、虚拟现实及数字孪生技术等，同时规划设计人员与信息技术人员跨学科合作协同，专业相融合，将数字化技术和工具能够融入详细规划设计流程的各个阶段，形成全流程智慧化的科学编制体系（见图6-15）。

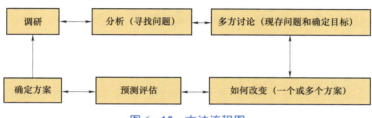

图6-15 方法流程图

利用智慧化规划设计技术，结合地理信息系统、三维模型、虚拟现实等技术手段，实现让参与规划设计的各方与模拟互动并融合在一起。这个过程可以更好地解释现在和预测未来，同时可以基于经验的设计方式进行规划，利用算法方法模拟，进而产生多个解决方案，让参与规划设计的各方充分交流，自下而上地达成基于空间的规划目标与共识。

1. 多源规划数据融合

利用数据融合技术是将来自多个不同来源、不同类型、不同格式的数据进行整合和处理，以获取更全面、准确和可靠的信息。在国土空间规划和管理领域，数据融合技术扮演着重要的角色，能够支持决策制定、资源管理和规划评估等方面的工作。依据数据标准体系，将物联网数据、空间基础数据，社会经济数据等规划所需数据，基于数据格式转换，实现不同平台数据之间的共享，表达其空间位置、空间关系、专题特征以及时间等要素时能够达到的准确性、一致性、完整性以及统一性的度量。

（1）空间基础数据（库）。空间基础数据是直接对应地球上某个地理位置的数据，包括遥感数据、数字线划图数据、DEM、地下空间数据、自然资源数据、行政管理数据、生态环境数据、基础设施数据、相关规划数据等。

（2）社会经济数据（库）。社会经济数据是间接对应于地球上某个地理位置的数据，其不具备地理位置，可以通过空间化模型与地理位置相联系，包括人口统计数据、社会经济统计数据、商业网点数据、开发与工业园区数据、历史文化数据等。

（3）物联网数据（库）。物联网数据主要是指传感器和设备发过来的数据，分为静态数据和动态数据，具有数据体量大、信息碎片化、半结构化等特点，包括个人行为、群体行为、交通行为、实时监测数据等。

2. 基于多学科融合构建分析模型

国土空间规划中详细规划的编制需要综合考虑多个学科领域的知识和专业技术，基于多学科融合的构建分析模型能够整合不同学科的数据和分析方法，提供全面而综合的规划分析结果，帮助规划者做出科学决策。由于分析模型在实现具体功能时受到地理环境差异、区域尺度不同、数据参数可获取性等各种制约，因此，在具体构建或选取分析模型时，应遵循其实用性、可靠性、适用性、客观性及综合性的要求。

（1）构建分析模型流程。在具体的分析模型构建或选取时，需要遵循一定的流程，分析模型应用流程图如图6-16所示。

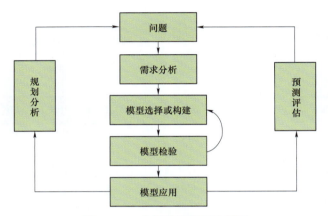

图 6-16 分析模型应用流程图

1）需求分析。综合考虑城市规划、土地利用规划、交通规划、环境规划、经济规划等多个学科领域的要素，获得全面的规划信息，了解城市和区域的特征、问题和需求，针对国土空间规划中详细规划的具体内容、目标等，分析需要解决的具体问题，根据规划数据建立要素之间的关系，明确具体需求。

2）模型选择或构建。需要将不同学科领域的知识进行融合，并建立各学科之间的交互作用。收集、整合和分析来自不同学科领域的数据，包括地理空间数据、统计数据、经济数据、环境数据等。根据需求分析的结果，首先选择已经过实践检验的分析定量模型。进一步结合规划数据以及特定区域的特性，分析每一个相关模型的空间尺度特征、数据要求等，从中选择最适宜解决问题的模型或模型需要调整的方向，优化模型。

3）模型检验。从模型选择、构建到应用于具体规划设计任务中，需要经过一定的实践验证过程，只有验证精度达到设计标准的模型才能真正适用。模型检验主要内容是分析模型最终输出结果与实际值一致性检验。

4）模型应用。按照输入—模型运行—输出过程进行分析模型运算，可以评估规划方案的效果和可行性，发现潜在的问题和风险，并提供决策者制定合理决策的参考依据。

（2）分析模型应用。主要选择合适的分析模型进行应用，需具有科学性、适用性和可行性。根据具体的规划目标和研究问题，做到因地制宜地选择或调整模型，多模型比较，取最优模型，基于可靠的数据和合理的假设，反映研究对象的特征和规律。

184

分析模型的结果应进行合理的解释和解读，以便规划决策者和相关利益方能够理解和应用。结果的解释应基于模型的原理和假设，提供准确和客观的分析结论。同时，还可以使用可视化工具和方法，将结果以图表、地图等形式展示，更直观地传达分析结果。以下是几类常用的分析模型。

1）地理空间要素分布模型：可利用 GIS 技术和相关软件平台，根据实际需要选择将收集到数据空间化，如遥感影像、地形图、土地利用类型、自然环境、统计数据等，用来表示、描述和分析地理空间中各种物理和抽象要素的空间分布及其相互关系。

2）土地利用变化分析模型：利用遥感影像和地理信息系统技术，通过将两期土地利用数据进行叠加分析，生成土地利用转换图，并计算转换矩阵，对实施前后各类用地的面积变化情况以及现状建设对现行规划的实施率，了解土地利用的演变过程，揭示潜在的问题和挑战。

3）交通流量分析模型：通过收集到的交通流量数据、道路网络数据和交通需求数据，利用道路网络数据构建交通流量分析的网络模型，进行交通流量分析和模拟，评估道路拥堵情况、交通瓶颈点和交通效率。

4）公服设施评估模型：通过公服设施数据和使用情况，应用评估指标和方法进行数据分析和计算，利用地理信息系统（GIS）等工具进行空间分析，计算设施的覆盖范围、密度等。对于服务需求和设施供给数据，可以进行统计分析、比较分析、空间插值等方法来计算评估指标的值，评估公共设施的分布均衡性、容量和质量，将各个评估指标的值综合起来，得出综合评估结果。

5）环境影响评估模型：确定评估的环境要素，包括河流水系、绿地生态、大气、生态系统等，通过收集环境数据和监测结果，基于地理信息系统（GIS）技术，将环境数据与空间数据进行整合和分析，构建环境要素的空间分布模型，应用环境影响评估方法，评估规划对自然环境、生态系统和生物多样性的影响。

6）城市景观评估模型：确定评估的景观要素，通过景观评估指标包括景观面积、景观连通性、生物多样性指数、景观文化遗产价值等，利用 GIS 功能进行景观面积、景观形状、连通性等指标的计算和分析，对城市景观的景观格局、生态功能、文化价值等进行评估，分析景观优势和不足，评估城市景观的质量和适宜度。

7）社会经济影响评估模型：通过收集社会经济数据、统计数据和调查数据，使用宏观经济模型、输入产出模型、空间计量模型，分析对就业、产业结构、经济增长等的影响。同时，还可以通过统计分析和回归分析，探讨规划与经济指标之间的关联性，以及对社会因素的影响，如就业机会增加、居民生活质量改善、社会公平性等。

3. 智慧化辅助详细规划方案编制

（1）项目区描述。采用地理调查技术针对项目区进行全面、快速的现状调查，摸清项目区范围内及周边区域的现状，结合前期收集和整理的相关数据，包括空间基础数据、物联网数据、社会经济数据等。利用地理信息技术（GIS）、虚拟现实技术和数字孪生技术，快速呈现和描述地理条件、自然资源、生态环境、土地利用、城市建设、人口、经济发展等地理要素的现状，从空间维度建立各要素之间相互关系（见图 6-17）。

图 6-17 项目区各地理空间要素图

（2）项目区问题研判。借助规划数据库和 GIS 空间分析手段，辅以即时地理调查的地理分析，在不同空间层面反映用地规模、用地结构、用地分布的时空演变特征，实现对现行的规划方案实施评估以及对现状的分析评价，完成现行规划实施评估报告和现状评估报告，并为制定新的规划方案提供参考。

（3）项目区运行状态（多方讨论）。当地人员能够最直接地了解和感知项目区的情况，以及哪些方面工作得好或不好。他们的评估和优先级是基于对该区域的了解和感受。利用数字化平台，将相关的数据和信息，包括地理空间数据、统计数据、社会调查数据以及评估结果等，重构为可视化的形式，以便规划设计各方（含政府机构、开发商、当地居民、规划设计者等）更直观地理解和分析现象或问题。各方可以就规划设计过程中的问题和关注点进行讨论，并共同制定问题定义和目标，实现各相关部门、专家和公众的数字化协同参与，提高规划的公众接受度。

（4）项目区规划方案。根据多方讨论并共同制定的问题和目标，通过各种模型来辅助决策，提出项目区的一个或多个规划方案。

1）土地利用优化模型。土地利用优化模型是一个综合性的工具，能够为各种土地利用类型提供最佳的空间布局。利用已处理的各现状空间要素，如土地类型、土地质量、土地利用历史、现有的土地利用结构、地理、气候、交通、水资源和其他自然和社会经济条件等。在刚性管控要求下，设定目标和约束条件，建立数学模型，如线性规划、非线性规划等。

线性规划模型：线性规划为土地利用提供了一种系统化的方法，通过考虑收益和约束来确定最佳的土地分配。确定决策变量（各类用地面积），定义目标函数（土地利用的最大总收益），设定约束条件（如"三区三线"），进一步结合目标函数进行求解，即可得到区域土地利用优化结构。

非线性规划模型：非线性规划涉及一个或多个非线性约束条件或非线性目标函数，当土地利用的经济效益、生态效益、社会效益之间存在非线性关系时，如土地利用与生物多样性之间的关系，可以使用非线性规划模型。定义决策变量，构建目标函数（如基于收益、生产效率、环境效益等），确定约束条件（除了基本的土地面积约束，可能还有其他非线性约束，包括社会经济、环境等），同时可根据结果调整模型参数或约束条件，重新求解，并迭代至满意的解决方案。

2）公共服务设施选址模型。通过从各种传感器、社交媒体、交通统计、公共服务使用数据等收集的信息，经过分析后，可以为决策者提供对于公共服务设施需求和利用的深入了解，确定学校、医院、图书馆、文化中心、休闲场所等公共服务设施的最佳位置。

基于网络分析模型，通过输入公共服务设施点的空间分布数据，确定公共设施的服务范围。考虑交通网络和访问成本的情况下，根据现有的交通网络和人口分布，评估设施的服务范围。提出相应的优化建议和规划策略，包括公服设施的服务类型、等级、服务范围、整体布局、选址、用地规模和空间组合等内容做出具体的规划安排。

3）绿地生态系统的分析模型。详细规划绿地生态涉及多种维度，有助于有效制定绿地生态的详细规划，构建生态安全的绿色空间范围。

a. 城市热环境反演模型：通常使用遥感数据，如来自气象卫星的地表温度数据，来计算和反演城市地表和大气的温度分布。该模型通过对多种环境参数的分析，可以识别城市中温度异常高的地区。分析其与用地类型，景观结构等空间对应关系，提供有关城市绿化、水体布局、建筑材料选择等方面的建议。

b. 生态评价模型：生态评价是一种综合性的分析方法，用于评估特定区域或生态系统的生态价值和功能。对于城市绿地，评估其生态价值尤为重要，因为它们在城市环境中扮演着多种生态角色。以下是具体评估模型和方法。

（a）多样性评价：通过计算这些指数，可以评估绿地内部生物种类的数量及其分布均匀性，从而得出生物多样性的综合评分，例如物种丰富度、Shannon–Wiener多样性指数、Simpson多样性指数等。

（b）连接度分析模型：可利用GIS和其他空间分析工具评估生态走廊和野生生物栖息地的连通性。根据生物学数据确定关键物种和它们的活动范围，再根据这些数据识别可能的生态走廊，使用GIS分析工具（包括缓冲区分析、土地利用分类、景观度量工具、成本距离和成本路径分析、地形分析、生境适宜性建模、空间插值等）评估栖息地的质量和大小，确定最佳生态走廊，评估物种的流动。同时评估人类的活动对生态走廊的影像。根据结果提供关于生态走廊和栖息地保护的建议，明确绿地生态的整体布局、类型、等级、共享范围、选址、用地规模和空间组合等，做出具体的规划安排，形成生态景观连续，可持续运行的绿色生态系统。

（c）碳汇评价：利用生物量碳存储模型评估植物的碳存储量，通过使用遥感数据或地面观测数据来估计生物量，用 CO_2 的吸收和释放量来估算碳汇。

4）综合交通。详细规划综合交通包括对外交通和对内交通。依据不同层级交通流量分析以及交通可达性分析结果，分别明确配置和落实对外交通，包括轨道交通线路和站点、公共交通线路和站点以及内外交通连接点等进行整体布局和规划安排；明确配置和落实对内交通，包括道路整体布局、道路类型等级、停车设施布点、步行网络及公服设施点的配套做出规划安排。

交通流量分析中，可采用 MCR 模型（最小累计阻力模型）评估从一个地点到另一个地点的移动所面临的交通阻力或障碍，分析规划交通路线和流量强度。以下是基于MCR 模型分析规划交通路线和流量强度的步骤，如图 6−18 所示。

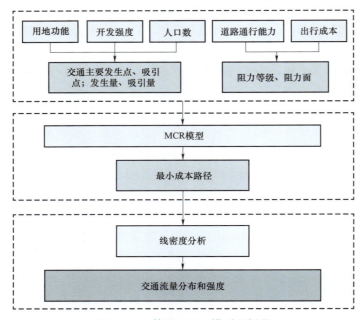

图 6−18　基于 MCR 模型分析图

5）市政设施规划。通过对社会经济各项因素全面评估，构建市政设施评估模型，结合城市发展需求，精确识别各类设施布局可能存在问题的区域，并优化设施布局。

市政设施评估模型：根据社会经济影响评估中针对就业、人口增长、人口密度、产业发展、经济增长等评估因子，并结合物联网数据统计分析供电、通信、燃气、供水、排水、环卫等公用设施，按照使用规模的流量需求预测，合理确定各类市政工程管线的走向和管径。

6）韧性防灾减灾规划。综合评估规划范围内面临的主要灾害及次生灾害风险，构建韧性防灾减灾评估模型进行风险影响评价，细化落实防灾减灾基础设施布局和应急防控措施。

详细规划安全管控：综合评估规划范围内面临的主要灾害及次生灾害风险，进行风险影响评价，细化落实防灾减灾基础设施布局和应急防控措施。

7）详细规划地下空间。

地下空间信息模型：基于数字孪生技术建设地下空间信息模型，通过三维融合要素包含了地上倾斜摄影、地表建筑物、地下构筑物、地质体、管线等元素，重现城市与自然资源条件、利用现状，为地下空间智慧化管理与规划提供模型支撑。

地下空间开发利用适宜性评价模型：通过对自然要素、环境要素、历史要素、建设要素等因素的综合考虑，参考已探明的地下地质体情况，确定评价指标包括地质条件、水文条件、工程技术条件、经济效益、环境影响等，通过德尔菲方法、层次分析法或其他专家评估方法来确定各指标在整体评价中的重要性分配权重，进行标准化和归一化处理。构建城市地下空间开发利用适宜性评价模型，计算地下空间的开发潜力，明确不适宜建设区、限制建设区、适宜建设区、已建区等四区范围，结合规划目标和需求，确定地下空间的开发方向和重点，优化地下空间的布局和功能。

（5）项目区预测评估。基于 CIM 平台，将分析结果以可视化的方式展示，可以更直观地呈现规划方案的成果和演化趋势，方便规划者和决策者对项目区规划方案的成果、收益和成本进行预测评估。这将会影响已完成的规划方案，特别是与当前情况对比时，一些变化由当地的人们所提出，一些由决策者所提出，一些是政策所要求的，还有一些是由国土空间规划人员根据专业知识提出的。为了得出最优的规划方案，对规划内容以多种方式进行评估，验证其影响与效果。

（6）确定方案。根据项目区预测评估结果，考虑预测评估结果中的发展趋势和影响，进行多方讨论并调整，制定新的规划策略，确定具体规划方案。需经过多次预测评估和规划方案调整，并将规划方案向公众和利益相关者进行展示，通过公开会议、听证会、在线平台等方式，收集公众的反馈和意见，对规划方案进行优化和调整。在综合考虑预测评估结果、专家意见、公众参与和决策者的意见后，最终确定规划方案。确保规划方案科学合理、可行可持续，并具有广泛的支持和认可。

6.4 智慧赋能专项规划编制

6.4.1 挑战与难点问题

《中共中央、国务院关于建立国土空间规划体系并监督实施的若干意见》（以下简称《若干意见》）指出国土空间总体规划是详细规划的依据、相关专项规划的基础；相关专项规划要相互协同，并与详细规划做好衔接。在以往的规划体系中，专项规划层次不明确、规划深度不一，缺乏统一的规划底板，导致各专项规划间、专项规划与详细规划间"互不兼容"，在总体层面各专项空间需求缺乏保障，在细部层面专项规划内容又难以落实，给专项规划的编制和实施带来一定的挑战，同时也面临一些难点问题。

1. 国土空间规划体系下专项规划面临的挑战

（1）专项规划编制工作更加复杂。国土空间规划体系下，专项规划类型多，领域广。

专项规划作为国土空间规划体系内一类重要的规划类型，类型庞杂，从属于不同规划体系，内容涉及国民经济社会发展全行业、资源配置全领域和国土空间全地域。《若干意见》中明确了专项规划既包含海岸带、自然保护地等专项规划及跨行政区域或流域的国土空间规划，又包含涉及空间利用的某一领域如交通、能源、水利、农业、信息、市政等基础设施，公共服务设施，军事设施，以及生态环境保护、文物保护、林业草原等专项规划。国土空间规划体系下专项规划的范围突破了城乡规划体系聚焦城市内部的范围，也突破了土地规划体系聚焦国土职能内部的范围，从城市建设到自然资源，从地上空间到地下空间，交叉衍生出多类型、多层次的专项规划，服务现实工作需要。专项规划的数量更多、领域更广，规划编制工作也更加复杂。

（2）专项规划编制工作更加需要强化规划间的衔接与协同。在以往规划体系中，各部门根据自身行业的需要，分头开展专项规划的编制，部门空间要素规划协同矛盾突出。在国土空间规划体系中，总体规划需要在总体层面统筹和平衡好各专项规划的空间需求，详细规划需要在细部层面做好"多规合一"，保障各专项空间需求在建设工程项目审批过程中有效落地。因此，在专项规划体系构建中，需要厘清专项规划编制层次，明确不同层次的深度，以更好地落实总体规划引导和管控要求，将专项空间诉求传导至详细规划落实。

此外，自然资源部办公厅《关于开展国土空间规划"一张图"建设和现状评估工作的通知》提出，将批准的规划成果向本级平台入库，作为详细规划和相关专项规划编制和审批的基础和依据。近年来随着"多规合一"的推进，多规协同的工作方式贯穿在规划编制的整个过程中，专项规划已无法继续进行部门或者科室的单打独斗，而是需要建立在全域空间数据平台基础上。因此，在国土空间规划体系中，需要厘清专项规划编制层次、深度，形成上下贯通的工作数据底板，打破技术壁垒，实现规划间有效衔接与协同。

（3）高质量发展的新时期对专项规划编制精确度提出更高的要求。国土空间规划体系下的专项规划的研究对象将会比以往显示出更加明显的复杂性、流动性、网络性特征。人、资金、土地等要素会在多尺度空间协同，交织出非常复杂的网络。如何去精准识别这些要素的时空变化特征是专项规划编制与管理面临的极大挑战。

此外，伴随着机构的重组和数字化改革浪潮，在各种先进技术的不断推动下，新一轮国土空间规划的治理模式亟须实现从数字化到智能化再到智慧化的转变。由于专项规划牵涉面相对广泛，要处理海量信息，这不仅增加了规划编制工作难度，还容易出现细节问题，不利于规划建设高质量发展。如文物保护专项规划要开展文物资源调查和评价、明确文物资源的保护对象和保护价值、提出结合具体场地特点的保护策略和要求，以便处理好保护与发展的关系。又如在研究编制轨道交通、铁路线路规划的过程中，既要综合考虑权衡相关的技术、经济和社会等因素，又要在工作深度上对影响工程决策的关键节点开展更深化细致的研究，必要时要从设计方案深度、施工组织的可行性等方面综合研究以核实关键性条件的影响制约。

高品质的国土空间规划作为未来城市和未来社会智慧发展的基底，其规划响应应当考虑技术驱动下的城市空间发展演变的趋势及特征。只有结合规划需求，借助于大数据处理技术，促进专项规划优化编制，才能为我国城市建设高质量发展夯实基础。

2. 国土空间规划体系下专项规划编制的难点问题。

（1）数据资源繁杂难以统筹利用，信息整合处理效率待提高。一方面，专项规划类型庞杂，涉及数据种类丰富、内容体量巨大，对数据信息处理能力的需求较高，其数据类型主要包括矢量数据、视频数据、图片数据、文本数据、地理数据等。专项规划数据内容主要包括影像、地质地貌、自然资源调查、自然、历史文化保护、经济社会等基础现状数据；各类相关规划成果数据；国土空间用途管制、生态修复土地整治等规划实时数据；规划实施监测等规划监督数据。在专项规划编制过程中，跨部门、跨业务和跨系统的数据关系错综复杂，各方面数据统计口径缺乏统一、全面的标准，规划之间存在着内容交叉、标准不一的问题，冗杂的数据难以统筹与筛选利用。此外，传统数据梳理与分析手段，难以真正地做到提高效率、全面覆盖，在业务数据体量较大时，消耗大量的人力和时间，直接影响了规划编制工作的整体进度。另一方面，《若干意见》要求，相关专项规划批复后纳入同级国土空间基础信息平台，叠加到国土空间规划"一张图"上。然而专项规划基础数据之间统计口径不统一，各类规划所使用的基础地图不尽相同，相应数据很难协调融合，难以顺利将各个数据统一到一张图上。

（2）规划分析手段单一，分析决策科学性待提升。20 世纪以来，我国城市规划从以物质空间形态为主的建设规划向以资源要素配置和社会利益再分配为主的综合协调规划转变，合理统筹安排本领域内重大项目布局，科学合理统筹配置资源要素，提供明确的空间配置方案，是专项规划的重点内容。在传统专项规划中，由于缺乏现代信息技术的支撑，信息系统速度非常迟缓，加之信息处理技术滞后，难以完成对都市的智能化发展与管理工作。一方面，规划前期工作依靠技术人员现场踏勘、部门收资整理、手工数据录入，人力投入、时间成本高，而且收集的资料不便校验。另一方面，单项专项规划编制技术手段单一，多凭经验判断，缺乏数据支撑，以及定量化的数据和论证，专项规划编制的科学性、严谨性、精确性存在不足。

随着城市化水平的提高，我国城市发展逐步由粗放的新城拓展向存量背景下的城市内涵更新转变。城市内部是一个复杂系统，兼顾政治、经济、文化、社会和生态等多维价值，在这种情况下其建设情况难以精准把控，项目决策及管理困难。近年来随着地理信息系统的发展，依托地理信息系统的定量分析方法，进行规划分析与规划管理应用广泛，不断成熟。然而，单一的 GIS 软件并不具备完善的方案模拟功能，难以将影响城市发展的多种相关影响因子统筹考虑。目前，可持续智慧城市建设大多依赖静态历史统计数据对单一要素发展情况进行评价分析，缺乏从城市空间发展的角度对各要素发展情况进行动态反映与统筹协调。现有专项规划分析方法难以准确把控城市发展的方向，无法统筹城市土地效率、产业优化、城市治理、生态环境保护、文脉传承等多元影响因素，实现规划决策的精准、科学性。

（3）项目实施保障手段缺乏，管理监督精细化水平待提高。现阶段，传统城市信息管理方式还存在着数据精度不足、管理效率低、信息滞后、查询检索困难等问题，难以适应新形势下对专项规划工作在协调统筹和精细化方面的要求,不利于规划建设高质量发展。传统专项规划技术方式及手段难以打通数据获取路径,数据完整性、颗粒度缺失,亟须通过技术手段革新,提高精细化治理水平。如何精准识别并整合城市管理信息要素,是专项规划编制与管理面临的极大挑战。

此外,在国土空间业务日益发展的背景下,亟待制定联动管理制度,实施全面的运作管理。然而目前对于专项规划项目立项、用地审批、方案设计、竣工等各个环节的业务而言,尚无统一的系统和数据关联服务贯穿全流程。已有的应用系统业务流程复杂,互联互通和信息共享整合度不足,亟须对现有业务进行重构,使得相关业务在市级层面及不同委办局间建立贯通关系。

6.4.2 智慧化辅助专项规划体系优化

根据《若干意见》中的国土空间规划体系总体框架,国土空间总体规划是相关专项规划的基础,相关专项规划要相互协同,并与详细规划做好衔接。通过编制专项规划,科学安排社会经济、人口、设施配套、交通市政、公共服务设施、交通市政基础设施、公共空间等方面重大项目布局,并依法落实到详细规划中,可以有效保障特定区域(流域)和领域项目用地,防止项目因缺少规划支撑无法落地。

1. 专项规划的地位与作用

(1)专项规划的地位。在"多规合一"的改革背景下,"五级三类"的国土空间法定规划体系正式确立。其中,专项规划是针对特定区域(流域)、特定领域,为体现特定功能,对国土空间开发保护利用作出专门安排的相关专项规划,是涉及空间利用的专项规划。

(2)专项规划的作用。根据《若干意见》对专项规划的定位,在国土空间规划体系中,专项规划主要包括支撑性、协同性、传导性三个基本作用。

1)支撑性。在符合同级国土空间总体规划要求的基础上,落实、细化总体规划的引导和管控并起到支撑作用,对特定的功能区域做出专门的空间保护利用安排。

2)协同性。国土空间总体规划为各专项规划提供了共同的空间依据,各专项规划需要服从国土空间总体规划的统筹,提出专项发展的空间诉求,将不同职能部门的专项发展诉求进行转译并落实到空间上。

3)传导性。相关专项规划要遵循国土空间总体规划,不得违背总体规划强制性内容,对国土空间总体规划中的特定功能空间进行细化安排后传导至详细规划,并将主要内容纳入详细规划,实现对详细规划中各类设施配套及用途管制的整体统筹。

专项规划作为国土空间规划体系的重要一类,发挥着关键的作用,其编制技术方法的科学性、准确性、可行性尤为重要。党的二十大指出,高质量发展是全面建设社会主义现代化国家的首要任务,要构建优势互补、高质量发展的区域经济布局和国土空间体系。当前正值城市发展建设模式转型时期,我国城乡建设的方式发生了深刻的变化,城乡建设从增量粗放向存量集约转变,已成为推进国土空间高水平规划、高质量建设的必由之路。新时期,专项规划面临着融入国土空间规划体系的新挑战,国土空间高质量发展对其编制专业的宽度及内容的深度作出了更高要求。

2. 专项规划类型与主要编制内容

专项规划主要内容涵盖区域(流域)管理,交通、水利、能源、市政园林基础设施建设,社会民生及公共服务,安全保障,历史文化保护,自然资源和生态环境的保护修复和利用,产业布局,城镇更新等领域。依据《中共中央、国务院关于建立国土空间规划体系并监督实施的若干意见》(中发〔2019〕18号)等文件,专项规划主要分为5大类:① 林业、草原、湿地、矿产、自然保护地、历史文化等资源保护利用类专项规划;② 给水、排水、供热、燃气、综合交通、水利、竖向等基础设施类专项规划;③ 体育、医疗、养老等公共设施类专项规划;④ 社区生活圈、城镇更新、住房保障等城乡发展类专项规划;⑤ 防洪工程、地质灾害防治、消防等公共安全类专项规划。专项规划可在国家、省和市县层级编制。

(1)国家级。国家级专项规划是指国务院有关部门以经济社会发展的特定领域为对象编制的、由国务院审批或授权有关部门批准的规划。

国家级专项规划的编制原则上应限于以下领域:① 关系国民经济和社会发展全局的重要领域;② 需要国务院审批或核准重大项目以及安排国家投资数额较大的领域;③ 涉及重大产业布局或重要资源开发的领域;④ 法律、行政法规和国务院要求的领域。

(2)省级。省级专项规划立足省重大发展战略,根据国土空间总体规划明确的约束指标和刚性管控要求,综合确定本规划的思路、目标及指标体系。省级专项规划应采用图、数、文一致的方式,提出落实国土空间总体规划管控约束规定的具体措施,并对下级同类型专项规划提出指引和传导要求。在符合耕地、生态与历史文化保护,以及节约集约用地、地质灾害风险防控等国土空间布局和底线管控要求的前提下,省级专项规划应综合确定各类项目的数量、类型、点位、范围、面积、线型和走向等,形成可上图入库的规划数据库和成果图件。省级专项规划应在前述要求的基础上,相应制定重点项目清单,明确各类保护、利用或开发建设等项目的名称、规模、实施时序和投资规模,见表6-2。

表6-2   **省国土空间专项规划建议目录清单(安徽省)**

序号	规划名称	涉及国土空间开发保护的主要内容概述
1	安徽省国土空间生态修复规划	提出国土空间生态修复的目标和指标,划定生态修复分布和生态修复重点领域,制定生态修复规划策略和任务,科学合理谋划生态修复重点工程
2	安徽省矿产资源规划	对矿产资源的勘查、开发实行统一规划、合理布局、综合勘查、合理开采和综合利用
3	安徽省高速公路网规划	确定全省高速公路网的空间布局,有序推进项目建设实施
4	安徽省普通省道网规划	确定全省普通公路网的空间布局,有序推进项目建设实施
5	安徽省干线航道网规划	确定全省干线航道网的空间布局,有序推进干线航道项目(含船闸、桥梁改建工程等)建设实施
6	安徽省民用机场国土空间专项规划	确定全省民用机场的空间布局,有序推进项目建设实施

序号	规划名称	涉及国土空间开发保护的主要内容概述
7	安徽省水利基础设施空间布局国土空间专项规划	开展现状分析评价，明确控制性指标，划定涉水生态空间，完善水利基础设施规划布局，确定水生态保护修复重点任务，提出涉水空间管控保护措施
8	安徽省主要河湖岸线保护与利用国土空间专项规划	对我省长江、淮河、新安江等 20 条河流及巢湖、菜子湖等 16 个湖泊岸线保护与利用进行规划，依法管理
9	安徽省跨市及主要湖泊保护国土空间专项规划	对我省菜子湖、枫沙湖、焦岗湖、瓦埠湖、高塘湖、天河湖 6 个天然湖泊及佛子岭、磨子潭、白莲崖、梅山、响洪甸、龙河口 6 大水库湖泊保护进行规划，依法管理
10	安徽省林地保护利用国土空间专项规划	对接国土空间规划，界定林地空间范围，提出林地保护的控制指标；明确林地保护等级，按照林地保护等级提出林地生态空间保护措施；评定林地质量等级，因地制宜布局林地利用分区，高效培育林地及森林的多种生态功能，努力提高林地上的森林保有量；优化林地结构，精准提升林地上的森林质量
11	安徽省天然林（公益林）保护修复国土空间专项规划	对接国土空间规划，界定天然林空间范围，提出天然林地保护目标，明确天然林保护修复措施；提出高效培育天然林的技术措施，努力提高天然林保有量，精准提升天然林质量，加快构建健康稳定的天然林保护修复体系
12	安徽省自然保护地国土空间专项规划	全省自然保护地依法划定，明确范围及功能区，空间布局进一步优化，有效缓解保护地内矛盾和冲突，保护地管理体制机制更加完善，全省自然保护地得到有效保护
13	安徽省湿地保护国土空间专项规划	湿地面积、类型、分布，区域湿地面积管控目标设置；湿地保护管理体系建设现状与规划目标，全省湿地保护率目标设置；湿地保护修复基本原则、重点区域、主要措施、湿地碳汇、投资估算和效益分析等
14	安徽省国土绿化国土空间专项规划	明确全省造林绿化任务、森林覆盖率、森林蓄积量等指标，全面实施长江淮河江淮运河新安江生态廊道建设工程，深入开展"四旁四边四创"国土绿化提升行动，增强生态系统碳汇能力。积极开展国家森林城市创建，推进省级森林城市、森林城镇、森林村庄建设
15	安徽省森林经营国土空间专项规划	森林可持续经营全面推进，森林总量和质量持续提高。森林经营规模将达到 1000 万亩，平均每年 200 万亩，森林经营质量持续提高，森林生态系统稳定性显著增强，森林的生态服务、林产品供给和碳汇能力明显提升

（3）市县层级。市县级专项规划可以分为资源保护与利用类、基础设施类、公共设施类产业与城乡发展类、交通类、公共安全类等部分内容，见表 6-3。

表 6-3　　市县国土空间专项规划建议目录清单（参考）

专项类别	序号	专项名称
资源保护与利用类	1	耕地保护国土空间专项规划
	2	山体水体保护国土空间专项规划
	3	林草地和湿地保护利用规划
	4	自然保护地国土空间专项规划
	5	风景名胜区国土空间专项规划
	6	历史文化名城名镇名村与街区国土空间专项规划
	7	文物保护专项规划
	8	传统村落保护国土空间专项规划
	9	生态环境保护国土空间专项规划

专项类别	序号	专项名称
资源保护与利用类	10	天然林和公益林保护修复国土空间专项规划
	11	城镇绿地系统国土空间专项规划
	12	水资源保护与利用国土空间专项规划
	13	国土空间生态修复规划
	14	矿产资源国土空间专项规划
	15	地下空间开发利用国土空间专项规划
	16	河湖岸线保护与利用国土空间专项规划
	17	湖泊保护国土空间专项规划
基础设施类	18	排水防涝设施布局国土空间专项规划
	19	给水设施布局国土空间专项规划
	20	城镇污水处理设施布局国土空间专项规划
	21	电力设施布局国土空间专项规划
	22	通信基础设施布局国土空间专项规划
	23	燃气设施布局国土空间专项规划
	24	加油加气充电站布局国土空间专项规划
	25	新型基础设施建设布局国土空间专项规划
	26	市县水利基础设施布局国土空间专项规划
	27	建筑垃圾资源化利用设施布局国土空间专项规划
	28	生活垃圾设施布局国土空间专项规划
	29	城市照明布局国土空间专项规划
公共设施类	30	公共设施综合布局国土空间专项规划
	31	人民法院审判法庭和派出人民法庭国土空间专项规划
	32	社区服务中心布局国土空间专项规划
	33	体育设施布局国土空间专项规划
	34	殡葬设施布局国土空间专项规划
	35	医疗卫生设施布局国土空间专项规划
	36	城乡养老服务设施布局国土空间专项规划
	37	公共文化设施布局国土空间专项规划
	38	中小学校幼儿园布局国土空间专项规划
	39	普通高等学校布局国土空间专项规划
	40	商业网点布局国土空间专项规划
产业与城乡发展类	41	城镇体系布局国土空间专项规划
	42	城乡融合基础设施布局国土空间专项规划
	43	总体城市设计国土空间专项规划
	44	总体乡村风貌设计国土空间专项规划

专项类别	序号	专项名称
产业与城乡 发展类	45	村庄分类布局国土空间专项规划
	46	旅游发展布局国土空间专项规划
	47	城镇更新国土空间专项规划
	48	住房发展国土空间专项规划
	49	装配式建筑生产基地国土空间专项规划
	50	产业园区布局国土空间专项规划
	51	物流仓储发展国土空间专项规划
交通类	52	综合交通体系国土空间专项规划
	53	公共交通国土空间专项规划
	54	通用机场布局与控制区国土空间专项规划
	55	轨道交通线网国土空间专项规划
	56	绿道与慢行系统国土空间专项规划
	57	城镇停车国土空间专项规划
公共安全类	58	国家安全安控区国土空间专项规划
	59	城市安全和防灾减灾体系建设国土空间专项规划
	60	公安基础设施国土空间专项规划
	61	内涝防治设施布局国土空间专项规划
	62	公共卫生安全国土空间专项规划
	63	消防设施国土空间专项规划
	64	人防工程建设国土空间专项规划
	65	防洪工程设施国土空间专项规划
	66	地质灾害防治国土空间专项规划
	67	危化品仓储布局国土空间专项规划

3. 智慧赋能专项规划的意义

2020 年 6 月,《住房和城乡建设部、工业和信息化部、中央网信办关于以新业态新模式引领新型消费加快发展的意见》中提出全面推进城市 CIM 基础平台建设和 CIM 基础平台在城市规划建设管理领域的广泛应用,带动关键技术应用和相关产业发展,提升城市精细化、智慧化管理水平的总体目标。同年,自然资源部《市级国土空间总体规划编制指南(试行)》提出促进智慧规划和智慧城市建设,提高国土空间精治、共治、法治水平。智慧赋能国土空间规划的支撑作用愈加凸显,对于实现城市全要素精细化治理,对推进国家治理体系和治理能力现代化具有重要意义。智慧赋能专项规划通过对城市数据的汇聚、融合和分析,提供各类应用服务,助力专项规划决策,能够优化传统专项规划体系,提高规划编制的准确性、效率性。

(1)智慧赋能促进专项规划体系优化。随着国土空间规划时代的到来,面向"多规

196

合一"的总体要求，智慧专项规划通过破除数据壁垒，提升信息的整合水平，实现数据的融合、共享，从而实现多类型专项规划数据的汇聚叠加，对打破原有各专业类型专项规划之间相互平行的规划体系，推动国土空间规划"一张图"建设有着重要意义。

利用多维数据平台构建技术，整合各类数据资源集成多维数据，搭建基础信息平台，通过技术手段统一标准，避免各类规划数据混乱冲突、一数多源等问题，从而形成层次清晰的全要素城市"一张图"数字底板，统筹管理不同环节空间数据，可实现对相互平行的不同类型规划数据之间的转换，有助于实现各类型专项规划之间的打通和串联。同时，有助于消除信息资源在各部门内的"私有化"和各部门之间的相互制约，规范了数据在各业务系统间的共享流通，提高数据共享能力，增强数据开放的动力。

（2）智慧赋能提升专项规划工作效率。一方面，通过智慧城市技术可收集和分析大量的历史数据和地理信息，包括人口、基础设施、经济发展、科技进步等，以便准确、快速地分析当前专项规划研究对象存在的问题。另一方面，通过智慧城市技术分析，可以精确评估空间配置，分析城市发展成本，确定有针对性的解决方案，以提高城市空间利用的效率。并且，通过对城市规划方案进行模拟实验，可以查看设计效果，方便改进和调整，从而提高规划项目决策的效率和效果。

（3）智慧赋能促进专项规划增效提质。一方面，智慧城市基于人工智能技术生成的模型可以通过多项指标分析、空间形态比对，快速形成能符合设计指标和规划要求的多选方案，为设计师、决策者和公众提供更多互动和比对选择，从而辅助提升项目方案决策的科学性。另一方面，通过对大量数据的多维分析，可以帮助城市规划者更全面、准确地了解城市的状况和趋势，更好地了解城市居民的需求和生活状况，以便更好地为城市居民提供公共服务设施等服务。城市管理者可以利用大数据技术分析城市居民的消费、出行、居住等数据，从而了解城市居民的生活状况和需求，并据此指导专项规划编制内容方向，提高规划决策的准确性和可靠性。

6.4.3　智慧化辅助专项规划精准认知

1. 支撑资源保护利用类专项规划编制

（1）通过多维数据平台归集多元数据。自然资源保护利用类专项规划主要包括林业、草原、湿地、矿产、自然保护地等专项规划类型，因需要全面掌握各类资源的现状情况，涉及基础资料来源广、类型复杂，仅靠人力归集和筛选数据比较困难。以RisingflyGIS 为基础，通过将数据载入模块、数据处理模块、构建模块以及项目策划模块集成多维数据平台，汇聚各类资源现状、规划、管理全过程的多源数据资源，并统一数据格式，构建全要素的现状数字底板，支撑进行各类专项规划数据的汇总、查询与应用。

（2）利用三维图像自动处理技术采集现状资源信息。以历史文化保护专项规划为例，保护规划的编制基础和重点是对现状保护范围内各类复杂的格局肌理、文控保建筑、街巷、古井、古树、古桥等各类环境要素情况进行调查，通过三维图像信息采集技术，利用多旋翼无人机搭载低空倾斜摄影传感器，在城市内部进行巡航采集城市图片信息数据传输回三维建模平台,进而采用多视影像密集匹配模型快速提取多视影像点坐标并自动匹配,实现模型精细化构建(见图6-19);获取地物的三维信息,配合双屏对比不同时期影像,进行剖面分析,实现对现状情况的精准把握。

图6-19 三维图像信息建模

2. 支撑基础设施类专项规划编制

(1)"多规合一"基础设施规划管理平台。基础设施类专项规划主要包括给水、排水、供热、燃气、综合交通、水利、竖向等多种专项规划类型。可构建"多规合一"基础设施规划管理平台,集成影像图、三维白模、倾斜摄影、规划管控等多维度数据,在数字孪生环境下真实还原现状三维场景,多维度展示基础设施线路所处地势地貌、走廊环境,为基础设施专项规划提供直观分析平台。

(2)快捷分析空间信息。在竖向规划等基础设施规划编制过程中,需要根据实际情况及地形条件等,确定规划形式。基于基础设施规划管理平台,提供场地信息查询、数据展示、测距、剖切、切换视图、点选、属性筛选、卷帘对比、分屏对比、查询统计、差异分析等基础功能,以及距离测量、面积测量、高度测量、坡度测量、等高线分析、土方量计算等专业工具,能进行基本的二、三维空间分析,实现城市基础设施全生命管理周期的信息整合,为基础设施类专项规划编制提供分析支持。

3. 支撑公共设施类专项规划编制

公共设施专项规划主要包括体育、医疗、养老等类型专项规划。新建项目的选址及落位是公共设施专项规划的重点内容,项目选址影响因素多而复杂,可借助智慧城市多维分析,基于地块控规要求和人口分布、设施配置、交通运行、拆迁成本等特征画像信息、项目需求信息等,通过合规性分析、合理性分析、备选地块排序等功能,实现项目前期选址阶段对地块适宜性的综合评价,提供周边规划查看、后期建设成本评估等功能,进一步提升项目选址的科学性、合理性,辅助有意向的建设项目快速落位。

4. 支撑城乡发展类专项规划编制

（1）通过规划方案影响评估辅助项目决策。城乡发展类专项规划主要包括社区生活圈、城镇更新、住房保障等城乡发展等类型。在项目实施阶段，规划方案对于现状社会、经济环境的影响需要进行重点把控。可基于智慧城市基础平台，针对项目设计方案，进行交通流量影响分析、搬迁安置人口影响分析、公服配套设施影响分析等，评估项目建成后对城市人口、交通、设施等方面带来的影响，实现项目设计方案比选和辅助决策。

（2）借助数据库进行项目管理。基于信息平台数据库，以数据库当前存储待处理项目为基础，提供项目新建、上传、查询、浏览、编辑、查询等功能，实现项目进展总览与项目管理；针对项目设计方案，提供方案查询、上传、编辑、删除、入库、相关材料同步等功能，实现城市更新等专项规划项目方案管理。

5. 支撑公共安全类专项规划编制

公共安全类专项规划主要包括防洪工程、地质灾害防治、消防等类型专项规划。可通过数字孪生技术辅助现状公共安全环境评估。一方面，基于智慧城市，围绕地质地形、地质构造、历史灾害位置、规模等信息，进行地质灾害、自然灾害等风险评估预测，实现对城市现状建成环境的多维评估。另一方面，通过创建高精度地震、洪水、火灾等虚拟灾害场景，模拟不同的应急响应情景，帮助决策者更好地布置救灾设施。

6.4.4 智慧化辅助专项规划科学编制

国土空间规划体系下的专项规划强调与国土空间总体规划、详细规划以及其他专项规划的衔接融合，实现空间布局合一。专项规划在细化落实总体规划提出的目标定位、指标体系、空间格局、底线管控、资源保护、支撑体系等内容的基础上，对特定区域、特定领域作出专门的空间保护利用安排，并主要在市县层面与详细规划之间进行衔接传导。

专项规划类型庞杂，内容涉及国民经济社会发展全行业、资源配置全领域和国土空间全地域的方方面面。探索将智慧城市和大数据相关信息技术应用于资源保护利用类、基础设施类、公共设施类等各类型专项规划，以智能化手段辅助规划编制，为规划编制、项目审查、规划评估等工作提供技术支撑，能够赋予各类专项规划智慧化的新动能，使各类专项规划提升准确度、数据宽度成为可能。

1. 智慧化辅助历史文化名城保护专项规划方案编制

历史文化名城保护规划是保护历史文化名城，协调保护与建设发展的专项规划设计。其规划主要内容为：在梳理总结名城主要价值特色的基础上，提出保护目标，分市域、市区、历史城区三个层次提出历史文化空间保护内容及保护要求；完善历史城区功能、社会、交通、基础设施等保护支撑系统；对非物质文化遗产等传统文化进行保护利用与弘扬。

历史城区内部建设情况复杂、历史文化遗产众多，为了更加系统地指导历史文化遗产保护与利用工作，推动优秀传统文化创造性转化、创新性发展，进一步提升城市发展活力，满足人民高品质生活的需求来进行规划编制。基于历史文化名城所在城市的城市信息模型基础平台，开发并利用古城保护信息平台，以数字孪生、物联网、云计算、实景三维、大数据等技术为支撑，整合多元基础数据构建古城数据资源中心与信息服务平台，并在其基础上搭建面向古城保护、发展的智慧应用系统，为历史文化名城保护专项规划的开展提供了数字化支撑，辅助提升历史文化名城保护与建设发展水平。CIM+古城保护更新系统框架及平台工能架构如图6-20、图6-21所示。

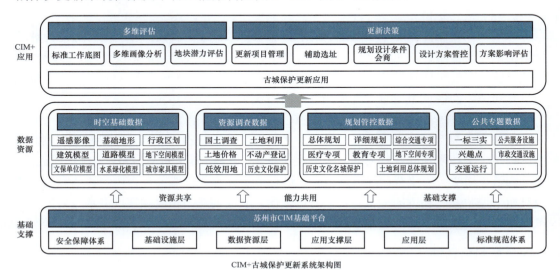

图 6-20　CIM+古城保护更新系统框架

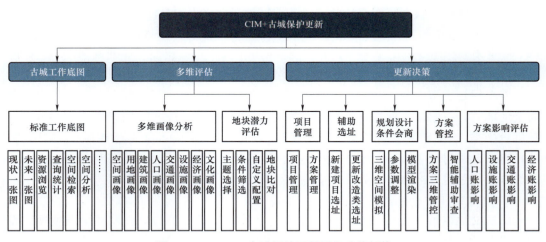

图 6-21　CIM+古城保护更新平台功能架构

（1）市域自然环境格局保护。在市域重要山水保护格局的研究划定过程中，通过将山体点位、水域岸线等数据导入信息平台，设置分析范围、等高线的高度和跨度等，可以真实还原每一座山的形态和高度，为市域整体自然环境格局的划定提供依据。

（2）历史城区内部环境精准把控。利用古城三维图像信息采集技术，通过多旋翼无人机搭载低空倾斜摄影传感器，在城市内部进行巡航采集城市图片信息数据传输回三维建模平台，采用多视影像密集匹配模型快速提取多视影像点坐标并自动匹配，实现模型精细化构建；获取地物的三维信息，配合双屏对比不同时期影像，进行剖面分析，实现古城内部情况的精准把握。通过集成历史城区影像图、三维白模、倾斜摄影、规划管控等多维度数据形成标准工作底图（见图6-22）。同时，动态更新文物建筑、保护管理等要素，为历史城区空间布局优化及历史文化资源开发利用提供依据，为历史城区保护规划提供数据支撑。

图6-22　标准工作底图功能示意

（3）历史文化遗产全要素查询。针对历史城区内部历史文化遗产类型与数量众多，各类资料冗杂的情况。通过古城保护信息平台的文化画像模块，可以将历史文化保护规划中规定的各种保护建筑与保护要素进行展示，可以看到古城区内不同等级文物保护单位情况以及古树、古桥、古井、古城墙等不同类型的文化保护要素分布情况，一图掌握古城重要的文化资源。平台集成三维模型、文史资料、图片、视频等信息，能够全方位展现古城过去、现在和未来的风貌，让古城风貌数字再现，也为古建老宅的活态保护利用留存档案。

同时，可快速查看到历史城区一定空间范围内的各类历史建筑、用地、设施等信息，也可以查看此范围内的某个历史建筑，看到该建筑的建筑高度、质量、风貌年代等信息，实现由点到面联动查看。同时，可以自动生成常住人口数量、历史文化保护、规划用地、建筑风貌等现状指标、空间分布图报告，节省现状摸底的工作量（见图6-23）。

（4）历史城区视廊保护与管控。在古城保护信息平台的空间画像模块中，可通过视廊管控功能查看规划中确定的各级视线廊道及其管控要求，便于识别超过高度管控要求的建筑，保护古城整体格局。基于此，保护规划对重要历史文化遗迹标志物之间互相眺望的视廊进行空间管控，形成视线通畅、观赏效果优美的景观效果，强化历史空间感受（见图6-24）。

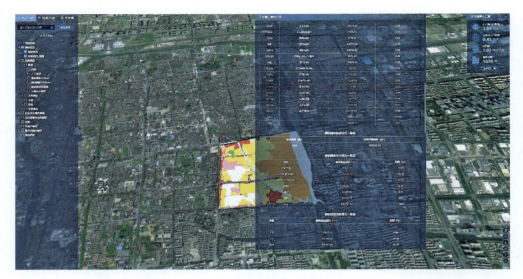

图 6-23　信息查询功能示意

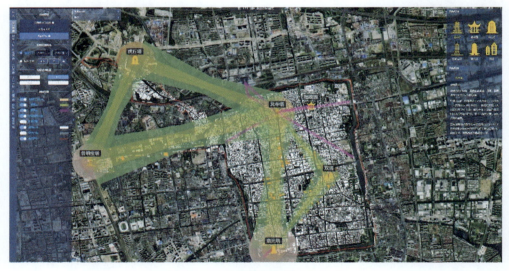

图 6-24　视廊管控功能应用示范

（5）历史城区保护支撑系统完善。在历史城区内部用地更新方面，利用辅助更新模块，通过低效用地、权属、公共交通可达性、人口、与附近历史文化遗产的空间关系等多个标签的筛选、设定权重和综合分析，基于用户在前端筛选的要素和设置的权重，量化分析规划地块特征，识别古城发展潜力提升区域。通过合理确定存量用地更新路径，提升土地使用效率，为产业发展提供支撑，提升历史城区活力。

2. 智慧化辅助城市公共设施（步道设施）综合布局专项规划方案编制

城市公共服务设施包括文化、教育、体育、医疗以及社会福利设施等内容。公共服务设施专项规划是在市县国土空间总体规划的基础上，对城市公共服务要素进行合理布局和专门安排。通过结合大数据分析方法、GIS 空间分析方法、机器学习等多种分析方式进行智慧赋能，主要创新模式体现在以下方面。

（1）多源数据采集。为提升步道选线的科学性和准确性，在实地调研基础上，基于户外信息平台，获取步道轨迹数据，并通过遥感分析、数据比对、人工校正等方式，对获取的步道数据进行全面清洗和甄别（见图6-25和图6-26）。

图6-25　步道数据采集

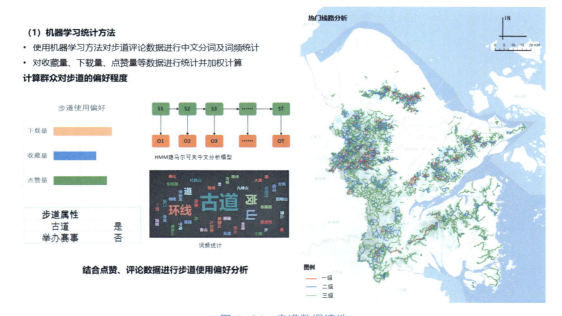

图6-26　步道数据清洗

（2）准确分析热度。基于"两步路"等户外信息平台，获取步道的搜索频率、打卡次数、用户评价等数据资料，通过大数据分析技术，对步道的热门程度进行科学分析和分类排序。在海量数据中筛选出热门步道。

（3）全面优选线路。通过全面整合各区县（市）推荐上报的示范步道，数据筛选的热门步道以及已建成示范绿道和各类资源节点，进行空间分析，通过以找代建，整合有限的资源，形成了市内闭环、市际畅通的步道体系。

（4）数字赋能规划管理。开发建设步道数字化管理系统，依托市户外协会组织登山爱好者，对规划选线进行实地勘察、核实和优化，同步采集线路高程、标识牌、开发等级等数据，实时监督步道建设、开工、实施、验收等信息，开展线路科普、资讯发布、赛事举办、活动打卡等寓教于乐活动，实现步道从规划编制—建设实施—组织运营于一体的数字化管理流程（见图6-27和图6-28）。

图 6-27 步道数字化管理系统

建设中路段　　　　　　　进入线路详情　　　　　　　填写完工报告

图 6-28 步道数字化管理系统

204

3. 智慧化辅助产业园区布局专项规划方案编制

产业园区是执行城市产业职能的重要空间形态，随着产业园区的主导产业由传统产业向高新技术产业的不断转型，以智慧城市公共信息平台和基础数据库为依托，以智慧赋能助力产业园区规划建设，促进园区向资源集约、环境友好发展已逐渐成为趋势。

从厘家底（厘清工业底图底数）、评效能（评价工业用地综合效能）和定策略（制定工业用地整治规划策略）三方面着手，提出全域统筹—规划定向—分类整治—近期实施的工业用地整治新模式。创新性地将土地整治和国土空间规划衔接，既支撑规划蓝图实施落地，又统筹引导工业整治项目系统开展。主要创新模式体现在以下方面。

（1）坚持问题导向，构建工业效能评价模型。

1）评价指标体系构建。坚持问题导向，基于详细排摸的工业企业标准数据库，构建工业用地综合评价指标体系，识别不符合高质量发展要求的工业用地空间，从而解决部分工业用地分布零散、产出低效、空间环境较差等问题。在借鉴上海、深圳等城市的工业用地评价模式，并结合当地亩均效益综合评价办法的基础上，以工业用地和企业数据库为核心，构建"二级四类"的工业用地综合评价指标，涵盖经济效益、建设水平、环境效益、用途布局4个维度，形成12个二级指标，见表6-4。

表6-4　　　　　　　　　　　工业用地综合评价指标体系

准则层	二级指标	单位	指标解释
经济效益	亩均税收	万/亩	宗地工业总税收/宗地面积
	工业增加值	万/亩	宗地工业总增加值/宗地面积
	综合评价等级	无量纲	城市工业企业亩均效益综合评价结果
建设水平	开发强度	无量纲	建筑总面积/宗地面积
	建筑密度	%	建筑基底面积/宗地面积
	建成年代	年	由不动产登记数据获取
	平均层数	层	由不动产登记数据获取
环境效益	单位增加值能耗	tce	能源消耗增加总量/工业增加值
	单位增加值排放	—	污染物排放量/工业增加值
用途布局	行业类别	无量纲	用地企业所属行业
	合规度	无量纲	是否位于开发边界内，是否符合规划
	零散地	无量纲	10亩以下工业用地

2）基于BP神经网络的工业用地评价模型。地理场景下的用地特征具有多种特殊的地理意义，机器学习算法具备特征学习的能力，能够从海量数据中挖掘并学习内在规律，近年来被广泛使用。该项目采用含有一个隐含层的三层BP神经网络拓扑结构来构建低效用地识别评价指标权重优化模型，实现对低效工业用地的快速识别，为下一步规划提供参考。

（2）推动智慧治理，搭建数字决策平台。搭建工业用地整治规划管理平台，集成三维倾斜摄影模型展示系统、工业效能评价模型决策系统等，利用大数据手段智能化分析工业企业用地经济效益、建设水平、环境效益等要素,科学化评价工业企业综合效能(见图 6−29)。通过动态监督高新区工业企业整治实施情况,有效合理地盘活闲置和低效用地,这将实现高新区工业整治从规划、实施到评估的全生命周期数字管理模式。

图 6−29　产业园区工业用地整治规划管理平台

4. 智慧化辅助公共设施(菜市场设施)综合布局专项规划方案编制

随着时代日新月异,新技术改变社会、经济和生活方式,政府主导的菜篮子工程逐渐转向政府引导、行业管理和市场经营。如今提供买菜的方式越来越多元化,既保持着传统的菜市场,也有不少综合超市,家门口的生鲜便利店、社区小菜店,生鲜电商越来越普遍,也出了类似盒马鲜生、超级物种等集购物、餐饮一体的生鲜品牌店。一方面,各种市场方式是对传统菜市场的补充;另一方面,传统菜市场原来由政府政策倾向和保障,随着市场需求分化,其市场化经营受到冲击,现实情况和发展趋势应作为规划导向的有力依据,才更利于菜市场的合理建设和健康发展。

在此背景下,结合新一轮国土空间规划的编制进度,城市菜市场专项规划须同步开展、有效衔接,保证未来菜市场作为民生性公共服务设施的实施落地,形成布局合理、层次清晰、主体多元、设施现代、安全放心的高水平现代化菜市场体系,不断满足人民日益增长的美好生活需要。

该项目通过对现在以及既往规划进行认真细致的梳理及评估、对菜市场行业发展进行深入的分析与研究,提出有针对性的解决路径,立足近期,把握长远,形成布局合理、设施先进、标准规范、业态丰富、卫生安全、管理有序的菜市场体系。

在规划创新方面,基于现状菜场、人口、用地、道路、公服、POI 等多源数据,结合现状调研、GIS 空间分析、问卷调查等方法,对菜市场现状分布及规划选址进行分析(见图 6−30)。

在现状分析阶段,通过全面分析人口规模、人口密度、人口结构及消费习惯等重要因素,评价菜市场的分布特征、覆盖率、服务水平、供需特征、便捷度和质量水平。基于菜市场(面积、摊位数、经营户等)、综合商超(生鲜区面积)、生鲜菜店 POI、人口、居住用地等数据,以 10 分钟生活圈和 5 分钟生活圈为单位,对现状菜市场的服务情况进行分析,从而发现"服务盲区"(见图 6−31)。

在规划选址阶段,科学合理、因地制宜确定菜市场的规划总量、层级规模、服务半径、千人指标、配建停车等核心指标要素,结合 GIS 位置选址模型,构建菜市场拟候选

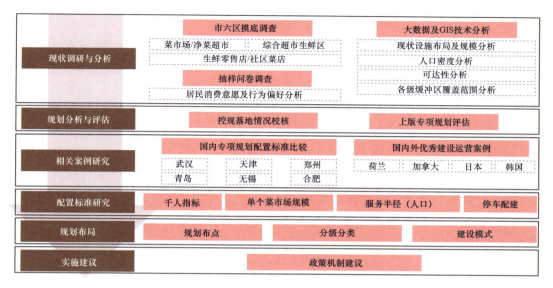

图 6-30　菜市场规划选址技术路线

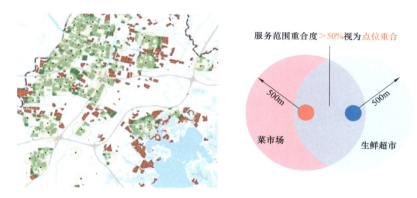

图 6-31　菜市场服务范围现状分析

结果。规划师在此基础上进一步引导构建一个布局优化、结构合理、民生公益与市场效益相协调，又具有高度可操作性和可实施性的菜市场布局体系（见图6-32）。

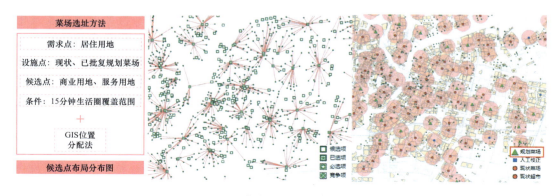

图 6-32　菜市场规划选址分析模型

5. 智慧化辅助综合交通体系专项规划方案编制

综合交通专项规划是国土空间规划体系的重要组成部分，对国土空间要素的流动与聚集有关键的引导作用，既是在国土空间规划体系下对交通系统的深入研究，同时也对各类交通专项规划形成指导。在国土空间规划背景下，如何适应新的空间规划体系以实现科学规划是城市综合交通专项规划面临的实际问题。鉴于此，可构建全域全要素综合交通模型分析平台（以下简称交通模型平台）以支撑城市高水平交通强市的战略发展要求，并从三方面实现了对城市综合交通规划的赋能：

（1）赋能宏观层面的全域一体的综合交通规划。有别于传统的中心城区综合交通规划，国土空间规划背景下的综合交通规划要求以要素保护与开发和实现共同富裕等目标为出发点，统筹考虑全域全要素。因此，开展全域综合交通调查并构建全域全要素融合的交通模型平台，并基于手机信令等多源大数据将平台的分析范围进一步拓展至都市圈范围，进而为大范围综合交通的全域一体化分析奠定科学基础（见图6-33）。

市域模型　　　　　　　　　　都市圈模型

图6-33　市域模型分析范围（左）和都市圈模型分析范围（右）示意图

（2）赋能中观层面的分区交通专项规划。基于交通模型平台，可以对城市的任意分区进行深度分析和预测，以反映不同区域和时间段的交通出行需求特征，为分区的交通专项规划提供科学的决策依据，在城市不同片区的轨道交通线网规划、干路网规划和货运交通规划等专项规划中能够发挥全面的决策支撑作用，并对全域综合交通布局的优化形成良好的反馈作用。基于客流需求预测的轨道线网优化迭代示意图如图6-34所示。

（3）赋能微观层面的节点设施优化设计。在微观层面，交通模型平台可以实现对综合枢纽、轨道站点和道路交叉口等节点交通设施的客流来源及路径分析，进而为节点交通设施的优化设计提供决策支持（见图6-35）。有助于降低拥堵、减少排放，并提高节点交通系统的运行效率和服务质量，从而改善交通环境和城市居民的出行体验。

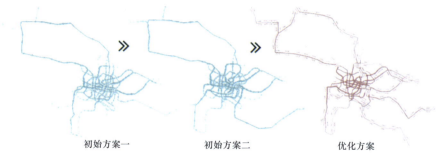

初始方案一 初始方案二 优化方案

图 6-34 基于客流需求预测的轨道线网优化迭代示意图

| 51~100 |
| 101~150 |
| 151~200 |
| 201~300 |
| 301~400 |
| 401~500 |
| >500 |

图 6-35 城市轨道客流来源示意图

6. 智慧化辅助海绵城市专项规划方案编制

围绕中央提出的"自然积存、自然渗透、自然净化"的海绵城市建设工作,国办于2015 年 10 月印发《国务院办公厅关于推进海绵城市建设的指导意见》(国办发〔2015〕75 号),明确提出海绵城市是一种城市发展方式。

海绵城市的建设目标为"最大限度地减少城市开发建设对生态环境的影响",以水系统的可持续发展为目标必然要求城市改变传统的发展方式,在城市的不同空间层面,通过规划建设管控,落实绿色发展理念,达到城与水的协调发展。

结合规划思路,确定城市海绵城市专项规划技术路线(见图 6-36)。

(1)水环境系统规划。总体上按照水环境治理技术路线确定的策略和方法进行方案论证和规划,主要分为控源截污、内源治理、生态修复四大部分。各项工程措施以流域分区为基础,按照源头、过程、末端的架构进行了分类和融合。同时,规划还对近远期结合、绿色与灰色工程结合、工程与非工程措施结合等方面进行了探讨和建议(见图 6-37)。最后,规划还以流域分区为基础,进行了规划实施的效果评估和工程统筹,充分兼顾了规划的可实施性和可评估性。

(2)水安全系统规划。依据现状城市雨洪管理体系内容,结合内涝和积水的成因,城市的水安全系统规划的总体策略分为:① 在纵向上分别完善"排(防)洪""排涝""排水"三个层级系统,按现有城市设防标准建设相应工程内容;② 在横向上相互协调建设用地、生态用地、水系等下垫面,利用各类用地的自然条件,采用"渗、蓄、滞、

209

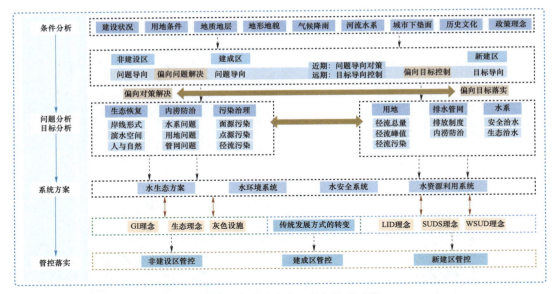

图 6-36 海绵城市专项规划技术路线

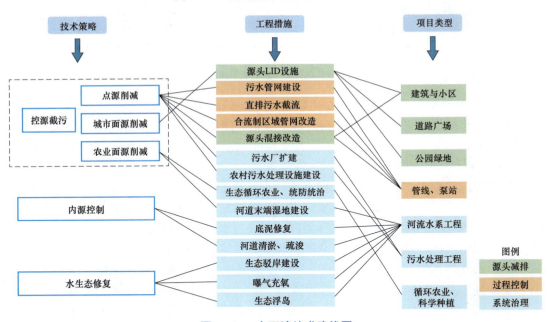

图 6-37 水环境技术路线图

排"的技术手段，充分发挥其在水安全体系中的作用；③ 利用模型模拟城市暴雨条件下的水文过程，以及城市所可能面临的洪涝风险，明确其在空间和时间上的分布，并提出相应对策。

（3）水生态系统规划。以城市主干河道和沿河绿带为廊道，串联平原水网，串联滨水公园绿地、湿地景观等海绵斑块，构建点、线、面相结合的城市蓝绿空间系统，形成"一圈、一环、四网、多斑块"的海绵城市水生态体系。河网水系作为城市结构的重要组成部分，主要包含水体、蓝线、绿化缓冲带和滨水空间等方面。为了更好地发挥城市河网在防洪、排涝、景观、休闲、娱乐、生态等方面的功能，体现水系的综合效益，需要对河湖的岸线进行控制及修复。

（4）水资源利用系统规划。以功能论，城市纵横交错的河网是天然的中水管网，因此，水资源利用系统规划提出以城市骨干河网为载体，构建城市市政杂用水取水点网络。

参 考 文 献

［1］魏莉华. 新《土地管理法实施条例》释义［M］. 北京：中国大地出版社，2021.

［2］自然资源部国土空间规划局.《新时代国土空间规划——写给领导干部》［M］. 北京：中国地图出版社，2021.

［3］周敏，林凯旋，王勇. 基于全链条治理的国土空间规划传导体系及路径［J］. 自然资源学报，2022，37（08）：1975－1987.

［4］胡小江，郑重，路雁冰，等. 对新形势下国土空间规划新要求的思考［J］. 城市建筑，2019，16（36）：27－28. DOI:10.19892/j.cnki.csjz.2019.36.006.

［5］吴殿廷，张文新，王彬. 国土空间规划的现实困境与突破路径［J］. 地球科学进展，2021，36（03）：223－232.

［6］李如海. 国土空间规划：现实困境与体系重构［J］. 城市规划，2021，45（02）：58－64＋72.

［7］单志广. 智慧社会的美好愿景［N］. 人民日报，2018－12－2（07）.

［8］孔宇，甄峰，李兆中，等. 智能技术辅助的市（县）国土空间规划编制研究［J］. 自然资源学报，2019（10）：2186－2199.

［9］周晓然. 国土空间规划改革背景下规划编制信息化转型思考［J］. 规划师，2020，36（18）：65－70.

［10］谢英挺. 制图与治理——市级国土空间总体规划编制与管控策略［R］. 2021年中国城市规划学会总体规划学术委员会年会，2021.

［11］林坚. 中国式现代化视角下的国土空间规划实践探索思考［R］. 面向中国式现代化的国土空间规划实践探索研讨会暨第五届北京大学规划论坛，2022.

［12］陈军. 实景三维中国赋能国土空间规划与治理［R］. 2023年全国国土空间规划年会，2023.

［13］张晓东. 面向国土空间规划实施的实景三维服务应用体系构建与实践应用［R］. 智慧地球大讲堂，2023.

［14］庄少勤. 新时代的空间规划逻辑［J］. 中国土地，2019（01）：4－8.

［15］罗亚，余铁桥，程洋. 新时期国土空间规划的数字化转型思考［J］. 城乡规划，2020（01）：79－82＋89.

［16］卢瑾. 智慧国土空间规划框架研究［J］. 智能城市，2020，6（12）：14－16.

［17］徐玉军. 大数据时代智慧国土空间规划发展的研究［J］. 中文科技期刊数据库（全文版）工程技术，2021（11）：3.

［18］沈费伟. 大数据时代"智慧国土空间规划"的治理框架、案例检视与提升策略［J］. 改革与战略，

2019, 35（10）：100-107.

[19] 叶轶. 论国土空间规划正义与效率价值实现 [J]. 甘肃政法学院学报，2017（05）：139-147.

[20] 陈江. 基于信息化的智慧国土空间规划思路探索 [J]. 华北自然资源，2020（02）：124-125+128.

[21] 易丹，赵小敏，郭熙，等. 江西省"三线冲突"空间特征及其强度影响因素 [J]. 自然资源学报，2020，35（10）：2428-2443.

[22] 马丽萍，杨木壮，陈俊垚. 基于众源数据与集成学习的农业空间适宜性评价——以中山市为例 [J]. 测绘与空间地理信息，2021，44（04）：45-49.

[23] 刘敏，曹卓洋. 整合生态环境信息系统提升政府治理体系智慧化水平 [J]. 上海环境科学，2021，40（02）：54-56，92.

[24] 张鸿辉，洪良，罗伟玲，等. 面向"可感知，能学习，善治理，自适应"的智慧国土空间规划理论框架构建与实践探索研究 [J]. 城乡规划，2019（06）：18-27.

[25] 刘文鹏. 浅谈国土空间规划领域的大数据应用 [J]. 建筑工程技术与设计，2020.

[26] 袁源，王亚华，周鑫鑫，等. 大数据视角下国土空间规划编制的弹性和效率理念探索及其实践应用 [J]. 中国土地科学，2019，33（01）：9-16+23.

[27] 王海蒙，石春晖，高浩歌. 国土空间详细规划编制技术路线构建 [J]. 规划师，2021（17）：17-22.

[28] 黄孚湘，韩文超，朱红. 国土空间详细规划编制的"总详联动"机制研究 [J]. 规划师，2021（17）：23-29.

[29] 彭芝芬. 国土空间规划传导体系构建及实施保障研究 [D]. 泉州：华侨大学，2020.

[30] 赵广英，李晨. 国土空间规划体系下的详细规划技术改革思路 [J]. 城市规划学刊，2019（04）：37-46.

[31] 杨滔，鲍巧玲，李晶，等. 苏州城市信息模型 CIM 的发展路径探讨与展望 [J]. 土木建筑工程信息技术，2023，15（02）：1-5

[32] 徐家明，雷诚，耿虹，等. 国土空间规划体系下详细规划编制的新需求与应对 [J]. 规划师，2021（17）：5-11.

[33] 喻艳琴. 探讨国土空间规划体系下控制性详细规划的优化方向 [J]. 城市建设理论研究（电子版），2023（01）：7-9.

[34] 高明邹，游大卫. 国土空间详细规划的体系构建——以山东省为例 [A]. 中国城市规划学会，成都市人民政府. 面向高质量发展的空间治理——2021 中国城市规划年会论文集（17 详细规划）[C]//中国城市规划学会，2021：78-88.

[35] 戚冬瑾，周剑云，李贤，等. 国土空间详细规划分区用途管制研究 [J]. 城市规划，2022（07）：87-95.

[36] 王飞虎，黄斐玫，黄诗贤. 国土空间规划体系下深圳市详细规划编制探索 [J]. 规划师，2021（18）：11-16.

[37] 戴慎志，刘婷婷，宋海瑜. 智慧社会数据基础设施在国土空间规划的应用 [J]. 城市规划，2020（02）：27-31.

[38] 张远，金贤锋，张泽烈，等. 地理设计理论、技术与实践 [M]. 北京：科学出版社，2016.

［39］王晶，焦燕，任一平，等. Shannon－Wiener 多样性指数两种计算方法的比较研究［J］. 水产学
　　报，2015，39（08）：1158－1167.

［40］王俊伟，明升平，许敏，等. 高山生态关键带植物群落多样性格局与系统发育结构［J］. 草地学
　　报，2023，31（09）：2777－2786.

"智慧化辅助专项规划科学编制"案例来源

案例 1 来自中规院（北京）规划设计有限公司、苏州规划设计研究院股份有限公司。

案例 2～6 来自宁波市规划设计研究院。

第 7 章　智慧国土空间规划审批、实施与监督

7.1　概述

建立健全国土空间规划编制后审批、实施与监督的机制体制，是统筹国土空间高质量开发建设保护、实现"一张蓝图管到底"的关键环节。《中共中央、国务院关于建立国土空间规划体系并监督实施的若干意见》（中发〔2019〕18 号）（以下简称《若干意见》）重点强调了国土空间规划的实施与监管，并提出了关于强化规划权威、改进规划审批、健全用途管制制度、监督规划实施、推进"放管服"改革的 5 项具体要求。《自然资源部办公厅关于加强国土空间规划监督管理的通知》（自然资办发〔2020〕27 号）从规范规划编制审批、严格规划许可管理、实施规划全周期管理等方面提出具体要求。为强化规划实施监督，维护规划科学性、协调性和权威性，自然资源部将建设全国国土空间规划实施监测网络作为构建国土空间规划实施监督体系的重要抓手，《全国国土空间规划实施监测网络建设工作方案（2023—2027 年）》（自然资办发〔2023〕36 号）提出强化对"三区三线"和五级三类国土空间规划实施情况评估，逐步提升对重大战略区域、重点城市、重大工程等规划实施情况和重点领域、突出问题等的监测预警能力。

《"十四五"国家信息化规划》《数字中国建设总体布局规划》等一系列文件提出建设绿色智慧数字生态文明、加强智慧规划。人工智能、大数据、数字孪生等新一代数字技术的发展，为创新规划治理理念和方式、构建数字生态文明的新格局提供了路径。运用新一代数字技术赋能和数字化转型思维，加快建设"可感知、能学习、善治理、自适应"的智慧规划，在规划编制、审批实施、监督监管、评估反馈的全周期实现"人脑＋智脑"的决策协同，已经成为推进国土空间现代化的重要支撑。

智慧国土空间规划审批、实施与监督，具体涵盖了规划审批（查）、实施管控、监测预警、体检评估和调整优化的工作环节，并将公众参与贯穿整个工作过程，将智慧性、人本性融为一体，是推动国土空间规划从蓝图型向治理型、从静态管理到动态调整、从结果评估到过程评估转变的重要技术抓手。智慧国土空间规划审批、实施与监督体制机制的构建与完善，需要运用人工智能、大数据等技术，以"全域全要素数字化、全方位协同化、全周期智能化"为目标，通过数据要素、技术要素和业务要素的融合赋能，建

成立体数据仓、多跨协同网、智慧决策链，为国土空间规划的精准高效审批、精细实施管控、科学监测评估、动态调整优化提供智能化、智慧化支撑，推动形成智慧国土空间规划审批、实施与监督的新模式、新生态。其中：

（1）在数据要素层面，突出数据驱动、多维立体。基于三维立体时空基座和统一数据标准，依托调查监测、物联感知、遥感测绘、数据共享等途径，汇集现状、规划、管理、社会经济数据，形成二三维一体融合、全域全要素统筹、权威统一、动态更新的"一张图"，构建宏观上体现人地关联–动静结合–虚实相映的数字国土空间，微观上可反映规划要素的静态、动态及其交互属性的统一底图底线底数，为智慧国土空间规划审批、实施与监督提供支撑。

（2）在技术要素层面，突出技术赋能、多元增智。综合运用人工智能、大数据等技术，以DIKW（Data、Information、Knowledge、Wisdom）智慧进阶模型为基础，聚合各类指标、规则、算法、案例、法律法规等形成知识库，构建以大数据、大模型、大算力为核心的智脑中枢，形成动态感知监测、精准评价评估、智慧模拟推演的智慧能力，提供面向规划审批、实施与监督的智慧决策工具，实现"人脑＋智脑"的人机协同服务。

（3）在业务要素层面，突出场景营造、多跨协同。面向规划编制审批与成果审查、规划实施管控、监测预警、体检评估、调整优化，打造对应的智能化场景应用，落实横纵传导衔接、刚弹精准管控、分层分级事权、多跨协同治理的关键要求，用好、管好国土空间规划"一张图"。

（4）在生态营造层面，突出互信共享、多方共创。打造多渠道接入的连接路径，构建政府、市场和社会的多元主体开放渠道和机制，从互联最终走向互动、互信的连接。基于此，面向规划治理的关注焦点和众规参与的关键场景，支持法律法规、标准规范、方法案例、算法模型、软件工具等内容的共建共享，凝聚多方共识、聚合众人智慧，构建良好的行业共创生态。

7.2 规划审批

7.2.1 应用概述

在国土空间规划体系的"四梁八柱"中，规划审批（查）工作属于规划运行四个体系中的规划编审体系的主要内容，其审批（查）对象是五级三类的规划体系成果（见图7–1），具体工作内容是对五级三类国土空间规划成果进行合法性和合规性审查，以确保规划成果的合理性和科学性。

为了落实《若干意见》文件内容及要求，自然资源部相继印发了大量国土空间规划相关的工作通知、建设指南等指导要求。如：《关于全面开展国土空间规划工作的通知》（自然资发〔2019〕87号）、《关于开展国土空间规划"一张图"建设和现状评估工作的通知》（自然资办发〔2019〕38号）、《自然资源部办公厅关于加强国土空间规划监督管理的通知》（自然资办发〔2020〕27号）、《自然资源部关于加强国土空间详细规划工作

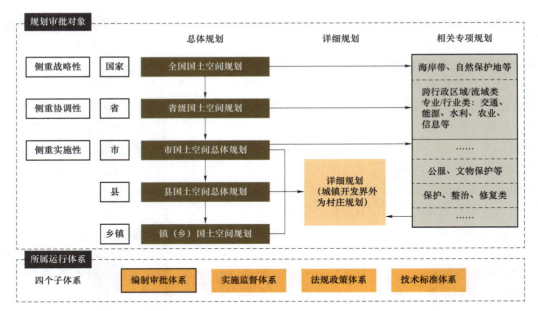

图 7-1 规划审批（查）对象及所属运行体系图

的通知》（自然资发〔2023〕43 号）等要求文件。规划审批（查）方面，明确了以国土空间总体规划为主的审批主体和程序、编审工作机制和审查内容，要求同步国土空间总体规划和详细规划开展基于国土空间规划"一张图"实施监督信息系统的技术支撑工作。具体工作内容和要求如下：

（1）在审批主体和程序上。明确了各级各类国土空间规划编制审批主体和程序。全国国土空间规划由自然资源部会同相关部门组织编制，由党中央、国务院审定后印发；省级国土空间规划由省级政府组织编制，经同级人大常委会审议后报国务院审批；国务院审批的市级国土空间总体规划，由市政府组织编制，经同级人大常委会审议后，由省级政府报国务院审批；其他市县及乡镇国土空间规划的审批内容和程序由省级政府具体规定。海岸带、自然保护地等的专项规划，以及跨行政区域或流域的国土空间规划，由所在区域的上一级自然资源部门牵头组织编制，报同级政府审批。比如长江经济带国土空间规划，由自然资源部会同相关部门和省、市共同编制，报国务院审批。其他涉及空间利用的相关专项规划，如交通、水利、农业、市政基础设施等专项规划的编制审批程序不变，仍由相关主管部门组织编制和实施。

（2）在审批工作机制和审查内容上。要求按照"管什么就批什么"的原则，对省级和市县国土空间规划，侧重控制性审查，重点审查目标定位、底线约束、控制性指标、相邻关系等，并对规划程序和报批成果形式做合规性审查。简化报批流程，取消规划大纲报批环节，压缩审查时间。规范规划编制审批，建立健全国土空间规划"编""审"分离机制，规划审查应充分发挥规划委员会的作用，实行参编单位专家回避制度，推动开展第三方独立技术审查；为了弥补专家评审的不足，在专家评审的基础上，通过政府购买第三方服务的方式，组织具有相关资质的第三方规划编制单位，进一步对国土空间规划成果的程序合法性、成果完整性、内容准确性等进行技术校核。

（3）在审批（查）的信息技术支撑上。要求基于国土空间规划"一张图"实施监督信息系统开展信息化辅助支撑。在国土空间规划成果审批（查）阶段，针对国土空间规划各阶段成果和最终成果进行成果质检、成果辅助审查、全过程留痕管理等工作。成果质检是基于统一的要求和细则，在自然资源部下发的数据质检工具基础上进行扩展建设，使其满足国土空间规划数据质检的要求；成果辅助审查是针对国土空间规划成果，依据审查有关办法和传导要求，提供指标符合性、空间一致性、图数一致性等方面的辅助审查；全过程留痕管理是在国土空间规划成果审查过程中，根据审查的内容和审查结果，将空间规划成果与相关材料、审查意见等进行挂接，动态建立审查任务一棵树，综合管理每个阶段每次审查的成果。

党中央、国务院关于建立国土空间规划体系并监督实施的总体部署，对各级各类国土空间规划的审批（查）以及管理模式改革提出新的挑战与要求。国家自上而下的要求，各地自下而上的需求以及信息技术的引领和倒逼，促使全国各地自然资源主管部门积极探索信息技术在国土空间规划审批（查）中的应用，运用数字化转型思维和数字技术，构建面向国土空间规划的审批（查）的智能化、智慧化场景应用，提升国土空间规划审批（查）的工作效率和国土空间规划成果的质量。

7.2.2 需求分析

国土空间规划审批（查）工作作为国土空间规划编制、审批、实施、监督、评估预警业务闭环的重要环节，向上承接规划编制成果的技术审核，确保法定规划的合规性和科学性，通过审查的最终规划成果纳入国土空间规划"一张图"实施监督信息系统统一管理，加强规划成果实操与落地；向下指导规划强制性内容的刚性传导实施，包括控制线管控、地类管控、指标管控等内容，实现规划目标的分解和落实。

（1）在规划审批（查）业务需求上。在国土空间总体规划上，自然资源部首先要求全面推动各级国土空间总体规划编制审批和实施管理工作，明确了省级和国务院审批的市级国土空间总体规划的审批审查要点，其他市县及乡镇国土空间总体规划由省级政府根据当地实际，明确规划审批要点内容和程序要求；在国土空间专项规划和详细规划上，随着总体规划的批复各地也陆续制定相应的审批（查）要求。具体各类国土空间规划审批（查）工作要求如下：

1）在国土空间总体规划上。要求省级国土空间规划审查要点包括：① 国土空间开发保护目标；② 国土空间开发强度、建设用地规模，生态保护红线控制面积、自然岸线保有率，耕地保有量及永久基本农田保护面积，用水总量和强度控制等指标的分解下达；③ 主体功能区划分，城镇开发边界、生态保护红线、永久基本农田的协调落实情况；④ 城镇体系布局，城市群、都市圈等区域协调重点地区的空间结构；⑤ 生态屏障、生态廊道和生态系统保护格局，重大基础设施网络布局，城乡公共服务设施配置要求；⑥ 体现地方特色的自然保护地体系和历史文化保护体系；⑦ 乡村空间布局，促进乡村振兴的原则和要求；⑧ 保障规划实施的政策措施；⑨ 对市县级规划的指导和约束要求等。国务院审批的市级国土空间总体规划审查要点，除对省级国土空间规划审查要点的深化细化外，还包括：① 市域国土空间规划分区和用途管制规则。② 重大交通枢纽、重要线性工程网络、城市安全与综合防灾体系、地下空间、邻避设施等设施布局，城镇政策性住房和教育、卫生、养老、文化体育等城乡公共服务设施布局原则和标准。③ 城镇开发边界内，城市结构性绿地、水体等开敞空间的控制范围和均衡分布要求，各类历史文化遗存的保护范围和要求，通风廊道的格局和控制要求；城镇开发强度分区及容积率、密度等控制指标，高度、风貌等空间形态控制要求。④ 中心城区城市功能布局和用地结构等。其他市、县、乡镇级国土空间规划的审查要点，由各省（自治区、直辖市）根据本地实际，参照上述审查要点制定。

2）在国土空间专项规划上。随着全国各地国土空间规划编制的完成及相应城市的规划已批复，陆续在制定相应的国土空间专项规划管理制度和办法。审批（查）要点主要集中在：① 数据成果质量核查，国土空间专项规划自身数据成果是否符合当地要求的数据汇交的有关标准、规范要求；② 与上位总体规划的核查，各类设施布局位置、规模、范围是否与国土空间总体规划强制性内容存在矛盾冲突，并对国土空间总体规划的实施产生重大影响；③ 各专项规划之间协调性核查，专项规划之间是否相互协同、坚持国土空间的唯一性，有无空间矛盾冲突及兼顾各类项目设施的空间均衡性和具体落地需求等。

3）在国土空间详细规划上。各地结合自身需求开展国土空间详细规划管理实施细则，主要关注在多级管控体系的编制工作上，在审查上一般委托具有相应资质的第三方技术机构对控制性详细规划进行技术审查。

（2）在审查技术支撑需求上。《国土空间规划"一张图"实施监督信息系统技术规范》（GB/T 39972—2021）明确要求，面向各级各类国土空间规划审查过程，建立国土空间规划成果审查与管理应用。需提供规划成果质检功能，对提交的国土空间规划编制成果进行质量控制、开展完整性检查、生成规划成果标准化质量检查报告；规划成果辅助审查功能，基于审查要点对国土空间规划编制成果进行辅助审查、生成审查报告；规划审查成果全过程留痕管理功能，对通过审查及完成批复的国土空间规划编制成果进行统一管理、留痕。

面对国土空间规划审批（查）业务推动和智慧国土空间规划建设目标导向，各级地方行政部门正在积极探索规划审批（查）业务新模式和新技术方法。在开展过程中正在解决以下需求：

（1）各类国土空间审批流程及审查要点的逐步确定。国土空间规划五级三类体系确立后，各类规划的编制和审批主体基本明确，各省正在明确市级、县级、乡镇级国土空间规划的审查流程，包括审查的组织部门、审查权限和审查内容等。在审查要点上，明确了省级国土空间总体规划审查要点和国务院审批市级国土空间总体规划审查要点，其他三级国土空间总体规划审查要点由各省（自治区、直辖市）参照上述审查要点制定。市、县、乡镇级国土空间总体规划审查要点需进一步明确。国土空间专项规划和详细规划结合各地方的特点陆续在制定相应的实施细则。

（2）实现智能化审查工作，需要大量基础性、标准化工作开展，目前处于人机交互的辅助阶段。在指标上，需考虑指标分层分级的特性，对规划审查涉及管控指标分解，自上而下构建"国家级—省级—市级"多级多类管控指标体系；在数据上，需要明确数据来源、数据标准等内容，如国土空间规划数据上报标准、治理标准、质检标准、交换标准、更新标准、国土空间指标计算标准、指标传导标准等；在计算分析上，需要考虑审查规则如何实现计算机自动识别、计算，运用模型引擎管理技术，建立国土空间规划审查模型库，将自然语言描述的审查要点转换为结构化规则，便于计算机能够直接识别，通过对规则的组装、配置，实现规则的多样性和灵活性，使得规则模型和规划需求本身的脱离。

7.2.3 技术路线

1. 总体框架

从国土空间规划成果审查与管理业务应用的角度，构建"标准化、体系化、规则化、智能化、流程化"为核心的规划成果审查与管理应用的智慧化建设思路。针对国土空间总体规划、详细规划和专项规划三类规划，围绕规划成果审批审查阶段流程、成果传导机制、规划审查要点业务，为编制成果提供各种自动化程序性审查和技术性审查的工具辅助，实现审批（查）各阶段的规划编制成果全过程留痕管理，全面服务国土空间规划成果及业务审批工作（见图7-2）。

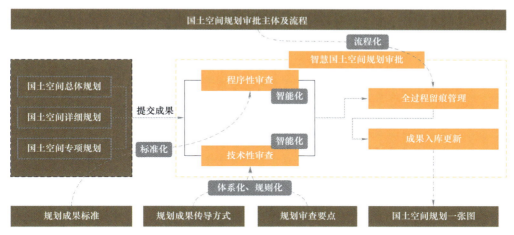

图 7-2　智慧国土空间规划审批总体框架

2. 建设思路

依据国土空间总体规划、详细规划和专项规划的数据标准、质量检查细则、汇交要求、规划编制规程、审查要点、审批流程等业务文件，开展国土空间规划审查的数字化赋能。通过标准化审查指标、电子化审查规则和可视化审查场景，辅助各流程审查规则的传递与量化决策的支撑，转变以往线下人工审查的工作模式为人机交互的工作模式，规范规划成果数据质量，提升审查的精度和效率。规划成果智能审查涉及任务书审查、初步方案审查、技审方案审查和报批方案审查多种审查环节。总体主要包括如下五方面：

（1）成果标准化。结合国家和当地的国土空间规划数据库标准，配套开发质检工具，对编制成果进行完整性、规范性、空间拓扑等方面的检查，形成质检报告。

（2）指标体系化。构建规划审查指标体系，形成审查库，通过建立用地、设施、环境、人口等标准化规划智能审查指标体系，通过对相关规划的技术准则、成果规范、规划设计导则及实施管理的补充文件梳理，结合与规划和自然资源管理的相关业务部门对接，明确当前具备智能辅助审查开发条件的审查指标和审查要求，形成标准化审查指标库。

（3）审查规则化。针对已有规范要求与技术导则实现指标拆解与技术转译，形成全量数字规则体系，确保审查规则与管控要求落地。同步建立审查规则分析引擎，包括取数规则引擎、比对规则引擎以及决策规则引擎，实现审查规则的自动比对、智能分析，提升审查效率。实现审查场景可视化，支撑辅助审查决策的需要。搭建可视化的智能审查界面，由地图面板和指标面板共同构成，实现自动比对和智能分析结果的直观呈现，同时通过结构化的检测输出和异常指标的推送，满足带图审查和预警的需求，为审查决策提供辅助判断。

（4）审查智能化。结合审查规划库和审查内容，实现审查规则的自动比对和智能分析。根据梳理审查指标和管控边界的审查内容，包含现状比对、上位规划比对、技术规范比对以及本轮方案比对。

1）现状比对。主要为现状基础数据比对，针对城市现状内的现状评价结果、基础地形图、地籍图、已批用地规划许可证等现状数据做智能比对分析，通过现状比对审查本轮规划方案是否充分结合规划区域的现状条件，涉及空间比对及数值比对。

2）上位规划比对。对应的上位规划主要涉及总体规划、专项规划。涉及上位指标传导和上位管控边界传导，如上位规划提出的总量控制等相关数值要求、上位规划的特定政策地区范围等。

3）技术规范比对。结合本地相关规范要求进行数值和空间的联动运算及比对。上位规划落至图则深度的相关核心指标，需同步进行空间比对并提示差异。其中规划成果本身审查的刚性审查要点包括空间一致性、图数一致性审查。空间一致性指各类规划内部刚性控制线之间是否相互占压具有一致性；图数一致性指核查成果文本中用地指标及各分项之和与上报总数是否一致、核查用地总和与现状图中行政辖区面积总和是否一致。

4）本轮方案比对。由项目审查审批环节约束的核心审查内容，以指标审查为主，本轮方案比对如涉及初步方案、技审方案、报批方案等版本，根据不同方案比对在指标内容和深度上存在差异，故需分别进行图形和数据比对。

（5）管理流程化。结合规划成果审查阶段，可分为成果阶段的审查和报批阶段的审查。成果阶段的审查，通过规划成果辅助审查模块进行审查，系统会建立审查任务"一棵树"，将国土空间规划成果与相关材料、审查意见等进行挂接。对于报批阶段的规划成果，系统会对政府批复后的成果做备份管理，提供报批成果的导入功能，再挂接到规划成果管理的一棵树中。通过审查的最终成果纳入国土空间规划"一张图"统一管理。

3. 关键技术

随着技术的快速发展，国土空间规划审查与管理面临新的挑战和机遇。智慧化的国土空间规划审查与管理已经成为这一领域的重要发展方向，为规划审查提供了更为高效、精确和全面的工具和支持，进一步推动国土空间规划的科学化、智能化和可持续发展。目前主要涉及如下关键技术：

（1）规划审查空间分析技术。提供地理信息系统 GIS（Geographic Information System）类型规划成果的时空数据分析能力。通过空间叠加、空间计算、空间拓扑等空间分析技术，审查人员可以对城市级的规划成果进行更为精细和全面的质量检查和技术审查，从而确保规划的合理性和实用性。

（2）业务协同审批技术。提供业务流程的在线化，结合国土空间规划确定的审批流程，实现多种业务和角色的匹配，保障规划审批按照条理和顺序执行。

（3）规划成果三维可视化技术。三维建模和可视化技术将规划成果以更为直观和形象的方式展现给审查人员，使其能够更为清晰地了解规划成果的各个细节和特点。

（4）规划业务模拟仿真技术。审查人员可以利用模拟仿真技术对多个规划方案进行比较和评估，从而为决策过程提供更多的选择和建议。

（5）在线共享技术。在线为审查人员提供了一个便捷的交流和共享工具，使其可以更为高效地进行团队协作和信息共享，可充分调动各方智慧，提高审查的专业性和公共参与性。

利用智慧化手段支撑国土空间规划成果审查，可以帮助审查人员更全面地了解规划成果，提供决策支持和风险分析，促进规划的科学性和可行性，提高审查效率和决策质量，发现潜在问题和风险，有利于促进多方参与和公众参与，进一步提升国土空间规划审批审查的科学性、可行性和可持续性。

7.2.4 关键应用场景及应用成效

智慧国土空间规划审批审查充分利用数字技术赋能，支持各级国土空间总体规划、详细规划（村庄规划）和专项规划成果的数据质检和技术审查，确保各级各类国土空间规划传导衔接，提高规划审批过程的效率和质量，是构建"多规合一"的国土空间规划体系的重要支撑。以标准化指标、数字化规则、可视化审查构建智慧国土空间规划审批审查，具体成效主要体现在以下几个方面。

（1）提高审查工作效率。通过梳理规划审查的规则和算法，基于已批的规划成果和标准规范，利用计算机快速实现数十项的成果质量规则核查，以及大区域、多种类的规划成果比对工作，大大降低人为审查工作量，提高审查工作效率。

（2）提升审查成果质量。通过使用先进的大数据空间分析技术，智慧化审批审查工具可以迅速处理分析规划成果数据，帮助审查人员识别规划成果的不准确性和不合理性，减少人为错误，确保决策的准确性。

（3）加强审查跨部门协作。通过集中的规划成果数据库，基于网络通信技术和在线协同技术，实现规划方案成果在线可与多委办局的专项规划进行并联审查，促进不同委办局之间的审查协作和信息共享，提高政府委办局间的协作效率，加快审查过程。

1. 总体规划成果审批（查）

（1）总体规划审批（查）的内容。总体规划强调的是规划的综合性，是对一定区域，如行政区全域范围涉及的国土空间保护、开发、利用、修复做全局性的安排。国土空间总体规划的审查与审批不仅是一个权威性的过程，还是一个涉及多个层面和方面的综合性评估。这一流程的开展是为了确保规划的准确性、实用性，以及与法律法规的一致性，以促进我国的国土资源得到最为合理和高效的利用。

在规划审批主体和流程上，自国土空间规划体系全面构建以来，自然资源部同步对规划审查报批制度进行了改革，并于2019年5月下发了《关于全面开展国土空间规划工作的通知》（自然资发〔2019〕87号）。按照审批程序，规划成果需要经专家论证、征求相关部门意见和公告后，报本级人大常委会审批，审议通过后逐级上报省级人民政府审批；国务院指定城市的国土空间总体规划，由省人民政府审查同意后，报国务院审批。按照"管什么就批什么"的原则，一是报请国务院同意，减少报国务院审批城市数量，除直辖市、计划单列市、省会城市及国务院指定城市的规划由国务院审批外，其他城市均由省级政府审批。

在规划审查成果汇交上，为统一规范省市县乡国土空间总体规划成果数据汇交，保障国土空间总体规划成果及时报上级部门审查和备案，实现规划成果的数字化辅助审查，自然资源部《市级国土空间总体规划成果数据汇交要求》（征求意见稿）对国土空间总体规划成果数据汇交的总体要求、数据内容、格式和命名、成果组织形式以及数据质量等方面提出相应的要求。以市级为例，市级国土空间总体规划数据汇交材料应包括纸质的加盖省级主管部门公章的数据报送公文1份、电子成果数据1套。其中，电子成果数据包括规划文本、栅格图件、规划说明、专题研究报告、规划表格及其他材料，矢量数据和数据说明文档。

在规划审批要点上，其成果审批审查侧重审查目标定位、底线约束、控制性指标、相邻关系等，并对规划程序和报批成果形式做合规性审查。在程序性审查方面，包括对总体规划成果的编制程序和参与主体是否符合规划法律法规的规定进行审查。这包括是否经过了必要的公众参与、环境影响评价等程序，并且是否获得了相关主管部门的批准或备案。在内容审查方面，包括对国土空间总体规划成果的内容、编制过程和技术方法的审查，对规划方案的基本原则、空间布局、功能定位、发展路径等方面进行评审。审查过程中涉及的主要问题包括规划的合理性、可行性、科学性及规范性，是否符合国家和地方法律法规的规定，总体规划的目标和政策是否具有可操作性，规划的实施方案和措施是否符合实际情况和资源条件，规划成果的经济、技术和社会可行性是否得到充分考虑，是否符合规划编制的相关标准和要求以及各项规划成果之间是否协调一致等。

在国家层面，自然资源部《关于全面开展国土空间规划工作的通知》（自然资发

〔2019〕87号）明确了省级国土空间规划9个方面审查要点，以及国审城市国土空间总体规划的13个审查要点。其他市、县、乡镇级国土空间规划的审查要点，由各省（自治区、直辖市）根据本地实际，参照上述审查要点制定。

以安徽省为例，安徽省自然资源厅近日印发市县级国土空间总体规划审查要点，主要包括成果合规性审查和成果规范性审查两个方面，总计22个审查要点。其中，成果合规性审查包含17个要点，要求在现状分析与风险识别、定位与目标、发展空间基础、主体功能区、城乡风貌与魅力区、支撑体系、中心城区规划、规划实施保障、汇总统计等内容上体现规划科学性、合理性要求；在坚持问题导向、落实战略要求、坚持底线思维、注重空间品质、聚焦空间语境等方面体现治理型规划要求；同时，落实区域协同、已批准项目、过渡期用地等要求。成果规范性审查包含5个要点，主要审查成果内容、底图底数、数据库质量、成果一致性、上报材料等方面是否符合要求。

（2）总体规划的智慧化审查应用场景。

1）总体规划成果质检入库。总体规划成果质量检查是规划成果标准化的重要保障，是建立国土空间总体规划"一张图"的核心基础，是完成国家五级三类国土空间规划体系的重要拼图。基于国土空间总体规划汇交标准，开展总体规划成果标准化质检入库，可以实现总体规划成果的集中存储、统一管理和高效利用。不仅能方便规划管理部门的日常工作，还可以提供数据支持和决策依据，为城市发展和规划实施提供科学依据。

a. 成果质检规则建立。基于《国土空间总体规划数据汇交标准》和《国土空间总体规划数据库标准》两个标准成果，梳理出目录及文件规范性检查、空间数据基本检查、属性数据一致性检查、空间图形数据拓扑检查和表格数据结构一致性检查等质检规则（见图7-3），建立一套严密的数据质检分类和检查项目，使得国土空间规划的数据生产、自查、验收有明确的检查依据，为国土空间总体规划数据成果的汇交提供质量保障。

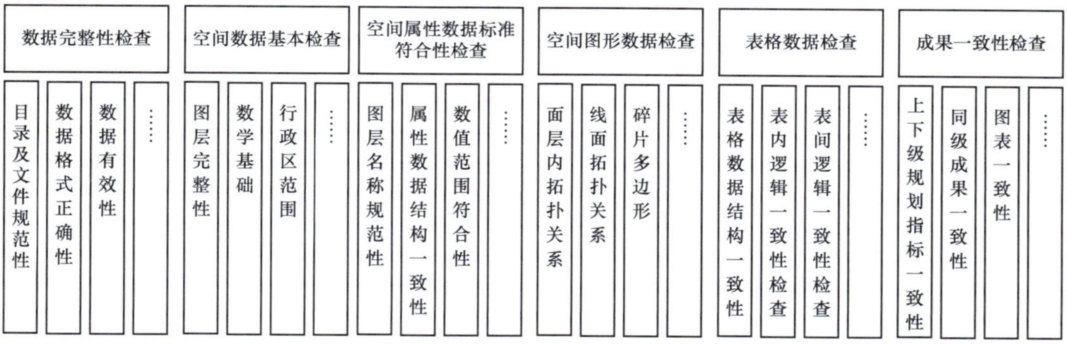

图7-3 国土空间总体规划成果质检规则

b. 质检工具。通过构建自动化质检工具集的方式，为规划成果审查与管理助力。基于总体规划成果质检规则的信息化转译，实现规划成果的完整性、规范性、空间拓扑等质量问题的自动检查，自动生成质检报告，保障规划成果数据的标准化、规范化。采用"标准化＋规则化＋模型化"的思路在系统后台实现灵活的质检规则配置，未来可随时调整深化质检规则（见图 7-4）。针对国土空间规划编制最终成果，编制单位及管理部门可利用该工具从成果数据的完整性、规范性、一致性、空间拓扑等方面对编制成果进行质量检查，自动生成质检报告，规范巩固并提升规划成果质量。

图 7-4　国土空间总体规划成果可参数化配置的质检工具

2）总体规划成果审查。根据总体规划的编制指南及管理规定，建立分级分类审查规则库，基于一张底图和国土空间规划"一张图"，向上承接省级上位规划的管控要求，确保法定规划的符合性；向下指导规划强制性内容的刚性传导，如城镇开发边界、生态保护红线、永久基本农田、国土空间开发强度、建设用地规模、生态保护红线控制面积、自然岸线保有率、耕地保有量、永久基本农田保护面积、用水总量和强度控制等指标的分解下达和落实。通过标准化审查指标、电子化审查规则和可视化审查场景，辅助各流程审查规则的传递与量化决策的支撑规划，实现审查规则的自动比对和智能分析。通过图文一致性检查、指标符合性检查、空间一致性检查、图数一致性检查等多种方式，提供多屏查看、对比分析、空间合规性检测等多种技术手段，确保下位规划内容及空间布局与上位规划管控区域不矛盾、规划指标不突破上位规划要求（见图 7-5）。

3）审查全过程留痕管理。建立规划审批管理的全程留痕制度，通过国土空间规划"一张图"实施监督信息系统实现辅助全流程联动留痕，梳理总体规划的编制、审批（查）流程以及所包含的若干重要阶段，进行审批审查流程的管理和信息的记录，实现总体规划审批审查阶段全生命周期的信息全面集成，通过审批信息的全过程记录，确保审批程序的透明和规范，确保规划管理行为全过程可回溯、可查询。通过系统将总体规划的审查成果、审查记录、技术审查单位等集成在同一工作平台，建立全域规划审批审查任务的任务信息库，对总体规划审查任务的下达、信息上报、进度以及各阶段材料进行关联管理，保证规划任务的编审协同管理，实现对规划的所有阶段成果、报审成果的分别上传、统一存储、集中展示，对规划成果的每一次变更、任一用户的任一操作进行系统强制留痕，便于信息追溯通过确保规划管理的有效衔接和业务协同（见图7-6）。

图7-5　国土空间总体规划成果管控线审查

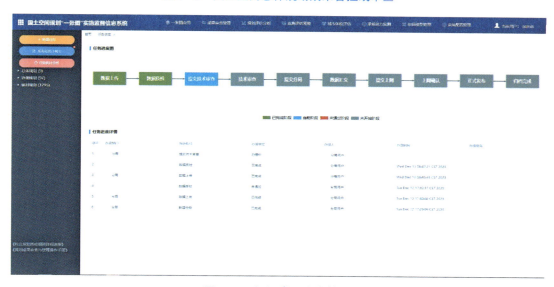

图7-6　规划成果审查管理

4）公众服务。在互联网端部署三条控制线智检系统，通过空间大数据分析技术，将拟用地范围与三条控制线进行压覆分析，自动生成分析报告，以图、文、表一体的形式展示分析结果，为社会公众提供项目落地前的规划校核服务，更好地服务建设项目策划生成。智慧"三线"选址公众服务如图7-7所示。

图 7-7　智慧选址"三线"查询系统

2. 详细规划成果审批（查）

（1）详细规划审批（查）的内容。国土空间详细规划是对具体地块用途和开发建设强度等作出的实施性安排，是开展国土空间开发保护活动、实施国土空间用途管制、核发城乡建设项目规划许可、进行各项建设等的法定依据。按照 2023 年全国自然资源工作会议部署，详细规划编制实施将更加突出问题导向与需求导向，积极引领城市更新行动、乡村建设行动。

1）在国土空间详细规划审批主体和流程上，分为开发边界内和开发边界外的实用性村庄规划，开发边界内的详细规划由市县自然资源主管部门组织，同一级政府审批，实用性村庄规划由乡镇人民政府组织，上一级人民政府审批。鉴于当前国土空间规划体系尚未稳定，新的法律法规也尚未出台，目前大多数城市在现行详细规划法律法规的框架下，结合自身城市发展特点及其他城市已有做法和先进经验，以提升详细规划修改审批工作效率为突破口，以促进建设项目尽快落地为目的，形成指导当地的详细规划审批管理的过渡性文件。如广东省出台了《关于加强和改进控制性详细规划管理若干指导意见（暂行）的通知》，开展了健全规划委员会和公众参与制度、优化控规审批流程等规划审批流程优化工作。

2）在国土空间详细规划审查成果汇交上，国家没有明确的数据汇交标准要求，各市县结合本地控规管理需要，建立统一的数据建库规范、成果汇交规范以及成果审查规范，明确各类数据的建库、共享、汇交、更新等规范要求，促使控规成果审查、入库更新等过程有序衔接。如深圳市规划和自然资源局开展了关于《深圳市国土空间分区规划、详细规划、专项规划成果符合性审查标准与入库规则制定》课题研究。杭州市基于国家、杭州市和行业相关标准，结合实际工作环节要求，制定了一套详细规划审查标准规范，主要由详规成果数据建库规范和详规审查规则说明两方面组成。

3）在国土空间详细规划审查要点上，不同于国土空间总体规划的总体格局、总体规模和"三区三线"等的整体管控，新时期详细规划的管理将不再一味强调空间刚性管控和地块详规覆盖，而是强化详细规划单元"承上启下"的衔接、传导作用，实现详细规划滚动式细化编制、差异化管控引导、单元内要素统筹和单元间动态平衡，逐步建立覆盖全域全要素全周期、面向数字化实施治理的详细规划编制实施管理体系。不同市县结合自然资源部印发的《关于加强国土空间详细规划工作的通知》（自然资发〔2023〕43号）要求也在逐步开展详细规划的审查规则和内容要点，如《云南省城市控制性详细规划编制导则与审查要点》《广东省城镇开发边界内已编控制性详细规划评估指南》《杭州市详细规划审查规则说明》等。

（2）详细规划的智慧化审查应用场景。

1）审批全过程监管。面向各级规划管理部门转变的新形势，将详细规划的组织单位、审查单位等不同责任部门集成在同一工作平台中，利用信息化技术实现对详细规划全流程审批（查）办理事项的留痕与监管，解决详细规划尤其是控制性详细规划编制审批流程时间过长、各阶段办理时长权责不明等现实问题，将规划任务管理进度透明化，实现以信息化促进详细规划管理制度创新化、审批高效化、管理精细化。控规审批全过程监管小程序如图7-8所示。

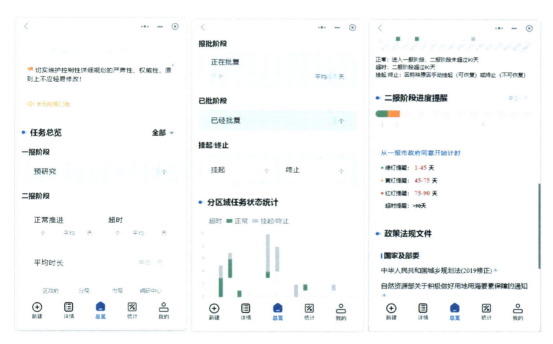

图7-8　控规审批全过程监管小程序

2）详规成果标准化质检。根据详细规划成果的数据标准、质量检查细则、汇交要求及规划编制规程等，通过详细规划成果审查管理工具，实现规划成果数据的质量检查、指标传导核查、限制要素自动计算、后台核查和审查条件配置等，规范规划成果数据质量、提高审查精准性和效率,确保刚性传导内容严格遵从国土空间总体规划的管控要求,针对各类规划矛盾冲突智能生成冲突协调建议,协助进行规划成果管理。

3)详规成果智能化审查。通过建立标准化规划智能审查指标体系,通过对相关规划的技术准则、成果规范、规划设计导则及实施管理的补充文件梳理,针对已有规范要求与技术导则实现指标拆解与技术转译,建立规划传导要素,从现状、上位规划、上版规划、技术规范等方面确保审查规则与管控要求落地,形成标准化审查指标库。通过审查场景的可视化,实现审查规则的自动比对、智能分析,通过结构化的体检表单输出和异常指标的监督推送,为审查决策提供辅助判断,提升审查效率(见图7-9)。

图7-9 详细规划智能审查

4)三维立体化审查。基于数字化管控规则及二三维一体化引擎,综合运用二三维数据模型、空间分析计算、数据可视化相结合的技术,实现对详细规划编制成果的精细化审查,结果自动定位到对应的建筑模型上,支持联动查看,并自动生成审查报告。审查过程中实现审查要点精准无遗漏,通过刚性管控和弹性管控进行底线控制和柔性引导,以及人机交互方式辅助进行综合型决策,实现更全面更高维度的方案审查及模拟评估,使规划实施管理工作更为科学高效。三维立体化审查如图7-10所示。

5)全链条审查管理。针对现行控制性详细规划修编业务,面向市、县两级用户,将业务应用与数字化技术相结合,构建控制性详细规划方案全链条审查管理应用,支撑控规修编全过程线上协同审批,形成控规修编材料"一棵树"。以数字赋能推动业务优化,一方面重塑规划审批流程(见图7-11),规范各审批环节要件材料,落实修编全过程留痕,做到"谁审批,谁负责",维护规划的权威性、严肃性;另一方面,通过系统应用支撑,提升业务办理效率,保障项目落地有规可依,提高政府服务效能。

图 7-10　三维立体审查

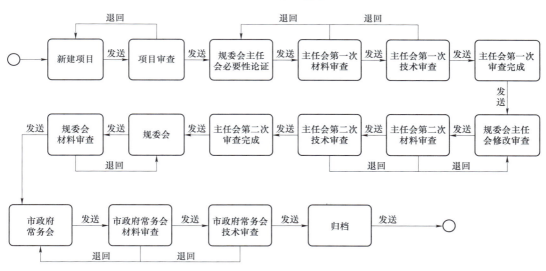

图 7-11　控规审批业务流程图

3. 专项规划成果审批（查）

（1）专项规划成果审批（查）的内容。各类国土空间专项规划发挥着落实国土空间总体规划强制性内容、对相关领域的空间发展需求进行细化、明确相关重大项目的空间布局及管控要求、为详细规划和用途管制工作打好坚实基础的重要支撑作用。

1）国土空间专项规划审批主体和流程。专项规划（总体规划层次）由市有关行业主管部门会同市规划资源局组织编制，报市政府审批。专项规划（详细规划层次）由市有关行业主管部门或相关区政府会同市规划资源局组织编制，报市政府审批。市自然资源部门在规划编制过程中重点做好相关国土空间规划协调，并对规划内容合规性、科学性以及成果规范性进行审查。专项规划获批后，市有关行业主管部门或相关区政府负责组织规划实施。

2）国土空间专项规划审查内容。国土空间专项规划的成果涉及国土空间利用的各类规划，包括教育、文化、体育、旅游、交通、市政设施、医疗卫生、社区服务、社会福利、消防、人防、防震减灾、城市更新、给水、排水、供电、电信、供热、燃气、绿化、林业、文物古迹、风景名胜、城市市容和环境卫生、环境保护、防洪等专项规划。审批内容包括检查专项规划是否符合国家战略和总体规划，各类专项规划之间是否有冲突矛盾，是否能够实现可持续发展，以及是否能够科学有效地指导空间开发活动。主要包括：

a. 上位规划审查。由组织编制部门针对总体规划符合性和行业标准符合性进行内部技术审查，重点审查总体规划分解的目标任务是否完成，重要控制线和强制性内容是否突破，专项规划的空间布局是否符合总体规划空间安排或空间兼容要求，是否改变总体规划确定的空间布局。

b. 多行业联审。专项规划提交政府审议前，自然资源和相关部门开展联合审查，就规划成果完整性、总体规划符合性、专项规划相邻关系、详细规划可操作性等方面进行审查，对各类专项规划之间的矛盾冲突进行协调，审查通过后并纳入国土空间规划"一张图"。

c. 入库审查。专项规划经批准同意后，及时将成果纳入国土空间规划"一张图"。进入"一张图"平台前，按照专项规划数据汇交要求进行成果数据规范性、内容一致性等审查，审查通过后按程序入库，作为国土空间开发保护活动的依据。

（2）专项规划的智慧化审查应用场景。专项规划类型繁多、内容差异大，由于不同的行业主管部门分别组织负责编制和执行，在对专项规划进行统筹管理过程中，普遍存在各部门间事权界定不清晰、编制主体分散、相关标准不统一、实施监督机制未形成等问题，进而容易导致各专项规划之间空间布局冲突矛盾协查困难、上位规划要求不能精准传导落地、重大项目难以按规划落实等现象，因此专项规划的审查工作至关重要。

1）空间协调性审查。重点审查专项规划与其他行业的专项规划的衔接。解决因各部门间信息不对称造成各类专项规划编制后空间管控要求冲突等问题，搭建空间辅助审查分析工具。通过空间辅助审查分析工具提炼出专项规划成果的管控规则，与永久基本农田、生态保护红线、历史文化保护线、洪涝灾害控制线等其他专项规划控制线进行空间协调分析。

2）合规性智能化审查。重点审查专项规划与总体规划确定的重要控制线、约束性指标和空间管控要求等内容的一致性。各类专项规划的准入规则不尽相同，且规则数量多、内容变化大，如文物保护单位与历史建筑允许占用永久基本农田，而交通设施需要合理避让永久基本农田，导致一致性审查效率低、容易出错。为了保证总体规划到专项规划的衔接传导和专项规划间的空间协同，构建"一张图"核对审查功能，对不同类型专项规划审查规则进行一键式智能比对。例如对交通类型专项规划的"一张图"核对审查，快速判断交通设施是否压覆了生态保护红线和永久基本农田等管控底线，快速完成

"一张图"核对审查（见图 7-12）。同时，利用共商功能和可共享的可视化审查结果展示，与相关部门及时进行问题沟通，减少信息误差。

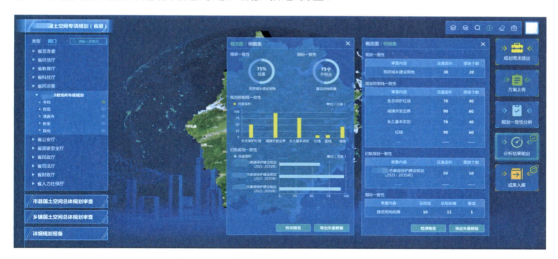

图 7-12 专项规划"一张图"核对审查

7.3 实施管控

7.3.1 应用概述

国土空间规划是各类开发、保护、建设活动的基本依据，推进国土空间规划实施管控，实现国土空间资源的合理利用和布局优化，是推动国土空间高质量发展的重要抓手。随着国土空间规划改革的持续深入，以及精细化、智慧化治理等多重理念叠加下的转型发展，如何落实国土空间规划五级三类间的规划传导与管控，精准有效指导国土空间开发保护修复与治理，构建"一张蓝图管到底"的规划实施管控新模式，是各级自然资源部门亟待交出的重要答卷。

《中共中央、国务院关于建立国土空间规划体系并监督实施的若干意见》（中发〔2019〕18号）明确要求以国土空间规划为依据，对所有国土空间分区分类实施用途管制。在城镇开发边界内的建设，实行"详细规划＋规划许可"的管制方式；在城镇开发边界外的建设，按照主导用途分区，实行"详细规划＋规划许可"和"约束指标＋分区准入"的管制方式。

《自然资源部关于进一步加强国土空间规划编制和实施管理的通知》（自然资发〔2022〕186号）指出不符合国土空间规划的工程建设项目，不得办理用地用海审批和土地供应等手续，不予确权登记。严肃查处违法违规编制、修改和审批国土空间规划、发放规划许可、违反法定规划设置规划条件和"未批先建"等问题。并提出依托国土空间规划"一张图"实施监督系统和监测网络，实现各级规划编制、审批、修改、实施全过程在线管理。

《关于部署开展全国国土空间用途管制监管系统建设的通知》（自然资办发〔2022〕46 号）要求落实"统一底图、统一标准、统一规划、统一平台"要求，建设统一的全国国土空间用途管制监管系统，统筹推进用途管制业务融合、数据融合、技术融合，以数字化转型推进用途管制改革，切实提高空间治理水平，保障国土空间规划有效实施……优化和完善用途管制规则、技术标准和审批流程，在规范化、标准化的基础上统一开展信息化智能核验。

由此可见，以国土空间规划为引领，以统一用途管制为核心，实现国土空间全要素开发、利用、保护、修复的规划实施管控模式已全面开启。在新的改革要求下，为加快落实国土空间规划，促进高质量高效率实施管控，自然资源部门不仅需理顺陆海全域、地矿海全要素、开发保护修复全业务协同的全链条工作机制，更需进一步细化规划意图和管控要求，构建覆盖自然资源全要素的国土空间实施管控规则，加快搭建支撑国土空间规划实施管控的全流程精细化管理智慧应用，满足各地自然资源主管部门实施管控的需要，提升政府智慧协同能力和社会化服务水平。

7.3.2　需求分析

国土空间规划实施贯穿了用途管制、开发利用、生态修复、耕地保护等不同职能，其直接载体是各类项目，包括工程建设项目、生态修复项目、补充耕地项目等，而工程建设项目作为规划实施的"主力军"是确保一张蓝图的总体战略、重要目标、发展布局、重大任务、管控要求得到贯彻落实的主要承载。因此做好从规划到工程建设项目全过程的衔接和精细管控，是有效落实规划实施管控的核心体现。众所周知，土地资源开发建设的过程中一直面临着新增建设用地指标配置不足、用地空间矛盾冲突、规划管控要求难以传导、规划与建设管理之间存在脱节、忽略局部与整体环境协调性考量、对空间形态管控难等众多难题。

（1）用地指标管控需求：统筹调度用地指标，实现用地指标高效配置。随着城市经济的飞跃发展，各地普遍存在大量的批而未供、可利用资源不足、大块连片土地少之又少等现象，导致新项目无指标可用或因等不到指标而落户他地。对此，各地纷纷出台上争指标、增存挂钩、增违挂钩、增减挂钩、内挖潜力等配套政策措施，着力破解项目用地指标紧的难题。计划指标的使用管理是地方经济社会发展的重要支撑，在当前新增建设用地"量趋紧、质提高"的背景约束下，如何切实管好有限的新增建设用地资源，提前谋划、统筹应对至关重要。

以土地利用计划管理为例，其作为落实国土空间规划建设规模管控的重要内容，一直以来是通过指标逐级上报、下达指令的管理方式来合理控制新增建设用地总量。随着新的土地利用计划管理方式的变革，实施"增存挂钩"，即根据当年处置存量土地情况来核定来年的计划指标。在这种情况下，通过接入土地供应信息，汇集各类土地开发利用情况，实时统计批而未供和闲置土地处置情况，再结合核算规则、奖励规则、扣减规则可自动计算计划指标的挣取量。结合来年的项目数量和用地需求量匹配指标的挣取量差额，既能了解指标的缺口，也能指导推进存量用地的消化工作。

（2）用地空间管控需求：合理适配项目空间落位，提前谋划城市发展用地空间。项目用地空间保障作为土地要素保障的第一道关，对地方用地计划指标的导向性、精准性配置起着非常重要的作用。经调研发现，在项目前期用地空间保障推进方面调规难、选址难、协同难、手续不清等现象层出不穷，比如部分规划缺失或冲突导致项目落地的空间依据不足，选址不合规需要多头跑导致周期长，项目用地条件不全导致项目落地慢等。

以项目前期选址为例，在项目前期选址阶段，缺乏全市统一的空间信息参考，且项目选址是否符合各类规划管控要求，是否存在冲突，存在什么冲突，有什么解决方案等，往往需要建设单位频繁往返于不同部门，通过函信或者会议协商形成意见，项目选址合规性验证需要多头跑导致周期长。随着统一国土空间规划体系的建立，需要基于统一的空间规划依据，引入等数字化手段，核查是否符合规划，提前知晓空间冲突，评判是否调规或者调整项目方案等，采用人机协同的方式辅助选择出最优选址方案能更好地规避各类劣质项目，从源头做好项目准入的管控，辅助提升空间谋划力度。

（3）地类转换管控需求：严格管控各类用途转用，科学引导城市布局优化。建设用地审批作为国土空间规划实施的核心环节，一直在控制地类转变，严格保护耕地、实施底线管控等方面发挥着重要作用，但也普遍存在审批周期较长、审查环节多、审批效率低等问题，一定程度上制约着项目的落地。对此，新的土地管理法虽将改革用地审批制度、下放审批权限等内容予以纳入，赋予了地方更大的用地审批自主权。但随着城市化进程的加快，城市规模的迅速扩张，多种优质自然资源大量减少，城市空间格局存在的困境仍难以很好地破解。如城市居民集中区域的工业用地转化过多，导致环境污染、噪声污染严重，极大程度上影响了市民的身体健康和生活质量。城市中心的住房、医疗、教育用地转化过多，导致资源部分过于不均衡，致使社会矛盾日益加剧等。在此背景下，需要同时兼顾高质量推进建设用地审批和严格各类用途转用，科学合理地推进各类国土空间用途之间的转化，优化城市空间结构布局，保障优质项目顺利落地，促进城市经济高质量发展。

以耕地转为建设用地为例，国家进一步强化了耕地的保护，提出了关于永久基本农田保护的四个"严禁"，涉及一般耕地的七类"不得"或"严控"，为耕地保护指出更加明确的管控方向和底线。在此情况下，通过接入各类合法占用、违法占用耕地及补充耕地信息，理清耕地的减少去向和增减来源，掌握耕地转为林地、草地、园地等其他农用地及农业设施建设用地的手段、地块信息以及图斑空间位置分布情况，确保耕地占用合法有序。

（4）项目建设管控需求：提升政务服务水平，优化建设项目多维管控。在取得用地手续后，工程建设项目开始进入建管一体的全过程管控环节。该环节是国土空间规划实施的关键环节，需要全面衔接国土空间规划传导管控要求，按照国土空间规划限定的使用条件开展项目设计、建设和竣工验收，即用地许可、工程许可、竣工验收等各类规划许可事项。规划许可审批作为政务服务和规划实施的双重承载，既要从政务服务的角度提升行政审批效率，也要从规划实施的角度做好规划实施管控。

《自然资源部办公厅关于部署开展全国国土空间用途管制监管系统建设的通知》要求应用国土空间规划"一张图"，按照统一核验规则，对项目申报及审批、许可结果进行底线管控，实现全周期空间分析、预警、监测。此外，也对多维信息处理、三维空间数据一体化提出了需求。过去侧重以项目用地为核心的二维平面空间管控，不论是项目选址时关注的用地性质、用地面积、规划符合性等内容，还是工程设计方案审查时关注的建筑密度、绿地率、出入口等管控要素，大都停留在考察二维空间层面用地是否存在冲突、建筑和绿化布局是否合理美观，而对于三维空间层面的立体管控考虑不足，导致出现类似"握手楼"等奇葩建筑，引发城市风貌紊乱、空间品质不高等问题。

综上，国土空间规划实施管控不仅要理顺从指标管理、空间准入、用途转用到规划许可审批的全链条业务管理，更需要依托信息化的手段，全面落实增存挂钩、多审合一、征地报批、多证合一、多验合一等一系列改革要求，推进计划指标总量的合理管控、项目矛盾的提前规避、地类之间的科学转化、项目使用条件的有效制约，高质量高效率传导和落实国土空间规划。

7.3.3 技术路线

1. 总体框架

立足"一张蓝图干到底"，以国土空间规划是各类开发、保护、建设活动的基本依据，以支撑高质量发展和生态文明建设双目标为立足点，构建以国土空间规划为依据，衔接调查监测、确权登记、开发利用、保护修复和所有者权益，形成以计划指标管理、空间准入管理、用途转用管理、规划许可审批、实施监测监管为主要脉络的全生命周期的规划实施管控体系（见图7-13），统筹推进业务融合、技术融合、数据融合，提升跨层级、跨地域、跨系统、跨部门、跨业务的全面高效协同体系，推进实施管控的数字化、网络化和智能化建设，有效提升国土空间规划实施管控的能力和水平。

2. 关键技术

（1）要素研判技术。在面对用地指标紧缺的现状，可以采用要素研判技术分析指标需求、统筹调度各类指标，确保重大项目用地应保尽保，精准配置。要素研判技术是引入规则计算、模型计算等数字化技术，基于用地指标账簿，掌握计划总量、使用额度以及可用余量、预支数量、上争数量等指标信息，同时接入建设项目空间要素分析需求，智能推荐要素缺口解决方案。

当明确项目空间落位后，利用数字化手段自动识别压占的地类情况（如占用多少农用地、占用多少耕地、有无批而未供土地、有无低效用地、有无违法用地等）。系统根据指标使用规则、奖励规则以及指标库余额自动判断，从节约集约利用的角度，辅助推介项目用地指标使用方式，如是直接使用计划指标，还是通过策划增减挂钩项目平衡用地，是使用存量盘活的用地，又或是预支指标，以及在耕地指标库没有足额的补充耕地指标的情况下，最快可采用何种方式补齐等。从数字赋能的角度推荐指标使用的方案套餐，进一步加快项目用地的报批速度。

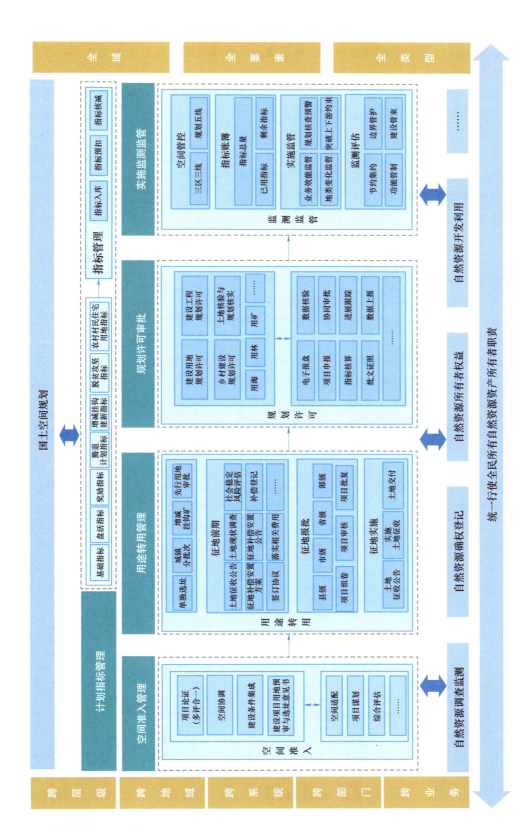

图 7-13　国土空间规划实施管控总体业务架构

235

（2）空间适配比选技术。为严守生态保护红线，科学处理好保护与发展关系，在建设项目选址中应当避让耕地、生态保护红线、历史文化保护线、特殊自然景观价值和文化标识区域等；涉及自然保护地的，还应当符合自然保护地相关法规和政策要求。而针对重大建设项目不可避让占用生态保护红线进行充分选址论证，通过空间适配比选技术可以极大方便这一工作。

如在重大项目选址时，空间适配比选技术通过集成各类规划数据、现状数据及管理数据进行空间叠加分析，计算评估不同项目选址方案的规划符合性、地类占压情况、各类保护红线的避让情况等，分析出推荐方案与比选方案的用地总规模、占用永久基本农田规模、耕地规模、生态保护红线规模、拆迁量等方面指标数据，为人工判断推荐方案合理性提供支撑。

（3）码谱关联技术。针对业务办理编号多、信息关联难、前后不衔接、地块拆分难追溯等管理难题，引入空间码关联技术，通过双向链表，结合"静态序列＋动态序列"，对不同业务进行动态赋码，建立时间与空间的关联关系，厘清地块的前后变化和实时进展。在此基础上，引入图谱技术，将项目的全周期信息及由项目引发的文、会、公示、信访、督办、廉政、违法、周边项目等信息，以数字动态图谱的方式进行进一步关联和价值挖掘，实现一谱全联、一图看所有，全方位勾勒项目的"前世今生"。

如基于"空间码"将土地出让合同、交地协议书、建设用地规划许可证等前期审批资料以电子数据形式共享至"工程规划许可证"核发及"不动产权证书"办理环节，实现"企业一次申请，部门一窗受理，全程系统流转"，做到企业只跑一次即享"三证齐发"（建设用地规划许可证、建设工程规划许可证和不动产权证书）。

（4）数据智能共享交换技术。聚焦各地自然资源部门普遍面临的数据共享难、应用孤岛多等痛点，结合业务办理的实际场景，综合运用机器人流动自动化（Robotic Process Automation，RPA）、网络爬虫（Web Crawler）、数据抽取、转换和加载（Extract-Transform-Load，ETL）等技术，通过数据交换规则的配置、数据对照关系的设置、行为逻辑的模拟、数据采集、数据质检、数据录入、日志记录等，定时从需要进行数据交换的应用系统中按空间码和业务标识等规则进行数据抓取，再将抓取到的数据定时按照业务标识等规则录入到需交换到的应用系统中，实现跨系统数据的智能交换和共享，提升实施管控的协同共享能力。

如规划许可审批事项归属于自然资源管理，同时也是工程建设项目审批的核心事项，需要自然资源内部实现规划审批全周期管理的基础上，与工程建设项目审批系统进行并联审批。通过数据智能共享交换技术可以实现一次录入、一次办理、多头共享，可以自动从市工程建设项目审批管理系统中获取受理数据，并模仿工作人员的操作行为、操作步骤，把数据自动录入到规划审批系统中进行审批流转，极大提高窗口工作人员的工作效率，并且可以保障两系统数据的一致性，避免人为输入的错误。

（5）人工智能（Artificial Intelligence，AI）＋技术。聚焦各地自然资源部门数据挖掘、模拟推演和智能决策支撑力度不够的现状，引入规则引擎、知识库、自然语言处理（Natural Language Processin，NLP）、计算机视觉（Computer Vision，CV）、音频、视频、多模态等 AI 大模型，打造智慧决策、持续学习的智脑，实现人脑和智脑的协作，形成国土空间规划实施管控的全过程数字化决策链，共同提高自然资源和规划管理决策的科学性、合理性。如：

1）AI+知识推荐。用户在审批案件时，系统能够根据事项类别、项目类型、典型案例等，智能推送该项目的核心审查要点、会议决策的结论信息、类似案件的意见填写模板等，方便用户快速掌控案件的关键信息、最大限度引用相关模板，全面提升案件审批的效率和智慧决策的能力。

2）AI+语音识别。语音识别是将一段语音信息转换成相对应的文本信息，也是在移动应用中最广泛的 AI 技术之一。通过移动端的话筒将各种语言信息解码为设备可以理解的文字指令，App 通过对指令的解析来做相应的操作。在政务移动办公领域有唤醒应用、语音输入公文办理意见、自动记录会议纪要等应用场景。

3）AI+遥感解译。遥感数据具备规模大、时序长、种类多等典型特征，蕴含着丰富的地学知识和地理空间信息，非常匹配 AI 大模型训练数据规模大、泛化性强、多模态兼容等特点。基于遥感 AI 大模型，对海量遥感数据中的信息进行快速挖掘提取，并结合多模态数据组合分析智能解译技术提供的目标检测、地物分类、变化检测等能力，可以实现对三线管控、非农非粮管控和违法违规建筑监测等应用场景技术支撑。

7.3.4 关键应用场景及应用成效

以"统一底图、统一标准、统一规划、统一平台"为要求，以深化"放管服"改革和全面落实国土空间规划实施管控为目标，依据国土空间规划，采用信息化手段，全面理顺地、矿、海等实施管控的业务全链路协同机制，建立健全实施管控全周期的数据治理体系，打造覆盖计划管理、空间准入、用途转用、许可审批、项目监管等的多场景智慧应用，推进计划指标统筹管理、空间准入在线研判、用途转用监控优化、许可审批智能协同、项目监管全面闭环，促进国土空间规划实施管控的全域、全要素、全流程、全生命周期数字化转型。

1. 计划指标统筹管理

计划指标作为自然资源要素保障的核心，是加强地、矿、海等统筹和调控、切实保护和合理利用各类资源的重要抓手，是直接影响城市经济可持续发展的重要因素。面对当下指标紧缺、资源利用不合理等现状，搭建覆盖指标统筹调度、计划指标账册管理、指标流向预警分析的计划管理智能应用（见图 7-14），有助于推进各地自然资源部门高效精准分配和合理管控各类资源要素。通过计划指标统筹调度，统筹各类指标的分配使用，保障各类要素最大限度地科学利用，有效发挥计划对自然资源利用总量、方向、结构、效益等的调控作用，确保各类项目精准快速落地。通过搭建地、矿、海计划指标一本账，全面剖析各类资源计划指标的来龙去脉，清晰掌控各类计划指标的进账、出账明细。通过指标流向预警分析，全面监控各类计划指标的执行率，实时预警指标紧缺数量或完成度，深度分析未来数年的指标趋势，为当下和未来项目的指标使用提供数据支撑。

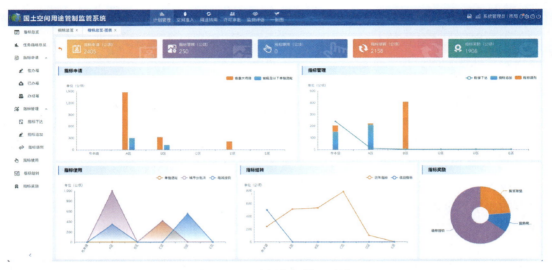

图 7-14 计划指标管理系统

（1）指标统筹调度。以新增建设用地计划指标为核心，构建省、市、区（县）分级用地指标池，涵盖增存挂钩盘活指标、奖励指标、脱贫攻坚指标、腾退计划指标、增减挂钩建新指标等指标类型，支撑指标下达、使用、统筹、调剂、交易、结转、统计等在线协同管理，并与指标使用的项目进行联动，实现指标和项目的正反向实施跟踪，有效提升计划指标对建设用地项目的实施管控能力。

（2）指标账册管理。聚焦资源延续和节约集约原则，融合指标计算模型，推进计划指标账簿管理模式的建立，建立地方用地指标空间总账簿，利用 OCR、RPA 以及数据共享服务接口等技术手段将分散在耕地占补平衡系统、生态修复系统、增减挂钩系统等不同应用系统中的新增建设用地计划指标、耕地占补平衡指标、增减挂钩节余指标、存量用地盘活指标、违法用地规模等信息进行归集，全面统筹新增建设用地量、土地整治补充耕地量、耕地保有量、增减挂钩节余量等的入账、出账明细，及时调控指标进账、出账以及合理安排使用余账，做到要素配给、执行情况、补划资源一览无余。

（3）指标流向预警分析。以计划指标账册管理为基础，重点围绕新增建设用地量、土地整治补充耕地量、耕地保有量、增减挂钩节余量等土地利用计划指标，建立全域计划指标流向监管仪表盘，动态监控各类指标的具体流向。通过结合年度和区域等维度，对国家指标、地方指标、专项指标、奖励指标、腾退计划指标、增减挂钩建新指标等类型进行深度盘点，全面摸清土地利用计划指标家底。结合指标规则配置，核心围绕建设用地、农用地、耕地等地类，通过配置指标计算规则和指标预警阈值，实时归集和掌控各类计划指标的年度总量、使用进度、可用余量、冻结数量、预支情况等，自动计算各类指标的执行率，动态监控指标变化情况，深度剖析指标需求发展趋势，科学预测未来数年的指标需求量，为各地资源潜力挖掘提供依据和支撑。

2. 空间准入在线研判

以促进城市高质量发展为目标，以加快推动项目科学合理落地为导向，依据国土空

238

间规划实施管控要求，搭建覆盖准入项目智慧储备、空间智能适配、项目综合论证、空间准入决策分析的空间准入在线研判数字化应用（见图7-15）。通过构建准入项目智慧储备库，智慧储备各类准入项目，深入挖潜和推介各类潜在项目，为城市项目引进和发展提供辅助参考。空间智能适配从空间位置布局、指标配备符合性、周边配套适宜性等多角度智慧适配项目最优地块，融入正负面清单分析，确保项目择优避劣，保障城市空间布局更科学完备。项目综合论证通过拓展项目技术审查论证的范围，将规划选址、耕地保护、节地评价、生态红线不可避让等多个论证事项，一次性开展规划各类分析，为项目准入提供支撑。空间准入决策分析基于准入项目储备、空间适配、项目综合论证，全面预测准入项目储备规模，统计准入项目适配情况，分析项目综合论证结果，为城市发展和方向布局谋划提供决策支撑。

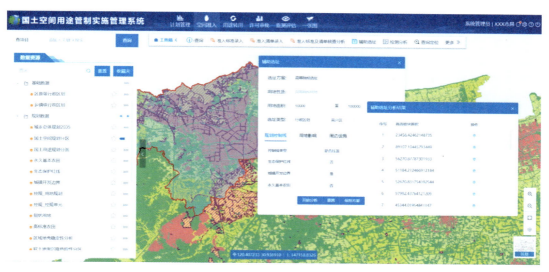

图7-15　空间准入在线研判

（1）准入项目智慧储备。项目是实现城市高质量发展的重要载体，没有项目，城市发展就将成为无源之水、无本之木，高质量发展就是空中楼阁。如何谋划好的项目，满足城市空间布局发展和人民群众生活需求是各城市由来已久的重点工作任务。通过聚焦国土空间规划实施管控要求，搭建准入项目智慧储备数字化场景，充分利用各类地图数据和项目分布信息，围绕空间布局、人口流动、规划要求、用地指标配置、15分钟社区生活圈理念等视角，全面纳入和深度挖掘住宅、商业、办公、文化、医疗、交通等不同功能类型的潜在项目，形成全域准入项目智慧储备库，推进"项目找地"到"地等项目""人需项目"的转变，为各城市的经济发展和项目布局另辟蹊径、出谋划策。

（2）空间智能适配。推动大项目、好项目的科学合理落地，是推动城市发展和"蝶变"的重要前提。聚焦交通、能源、水利、产业等各类项目，搭建空间智能适配应用，集成智慧选址、方案比选、三维飞行踏勘、正负面清单等智能工具，提前化解空间矛盾、优化资源配置、强化要素保障，全方位保障项目顺利落地。通过设定选址要求，从区域、容量、用途、刚性指标、弹性管控要求、周边指定设施、空间布局等多角度，智能推荐适配度较高的空间落位，并综合评估各选址方案的优劣势，充分研判"三区三线"、耕地保护、自然保护地、城镇布局、土地利用等各类空间制约因素并生成合规分析报告。针对拟落位项目，依据国土空间规划的要求，在各功能分区内引入正负面清单的管控模式，明确允许的开发规模、强度以及允许、限制、禁止的产业类型等，推进项目准入的源头把控。秉承整体谋划、部门联动的原则，建立跨部门协同共商机制，为自然资源、发改、生态环境、水利、交通、林业、文保等多部门提供项目在线协同共商，满足多部门的在线核查和意见征询，全方位推进资源要素配给和项目落地。

（3）项目综合论证。为进一步提升空间准入的精准度和能力，搭建项目综合论证智能应用，将规划选址、耕地保护、节地评价、生态红线不可避让等多个论证事项，从规划符合性、选址合理性、用地规模适宜性、建设项目用地实施方案可行性等视角，开展一次性技术审查和综合分析，推进论证事项审批和组织论证工作双管齐下，为项目准入提供支撑。通过对接在线远程踏勘工具，及时采集和掌控基本农田、生态保护红线、地块违法等实际情况，为综合论证提供实地影像支撑。通过空间数据的全面落位，推进论证报告与空间数据的实时关联，实现项目综合论证的图文联动。通过集成专家库信息、在线会议论证及知识库推介，实时汇集各领域领头专家，智能关联和推介论证报告中的核心关注点，方便各层级审批人员及各行业专家多方论证项目适宜性和合理性，确保资源配置更科学、要素保障更合理。

（4）空间准入决策分析。科学合理的项目准入决策对城市资源的配置和协调起着至关重要的作用，影响着城市的空间结构布局、社会经济的发展、政府的公信力，甚至是人类生存的生态环境等。不同类型的项目引入对城市发展是否有利、需要落在什么位置更合理及各区域需要策划什么类型的项目等都是当下各地自然资源部门需要长远谋划的工作和方向。对此，以准入项目储备、空间适配、项目综合论证为基础，围绕重大基础设施、重大产业、房屋建筑和城市基础设施等项目，搭建空间准入决策分析智能应用，深度剖析全域项目准入情况，多维统计各类型项目不同状态下的适配进展、适配数量、规模及指标要素量等，深入盘点项目适配不成功的原因和构成，为优化空间布局和项目科学落地提供决策依据。

3. 用途转用监控优化

科学开展国土空间用途转用是推进资源节约集约利用、优化国土空间开发格局、促进生态增值的重要手段。聚焦规划用地要求不匹配、空间落位有冲突、地类转化不合理、资源利用不节约集约、转化过程不高效等问题，通过建立涵盖地矿海协同报批、用途转用智审工具、用途变化智慧监控等的用途转用智能应用，推进地矿海跨层级、跨部门、跨应用协同报批，实现用途转用涉及的现状、规划、审批、违法等相关信息的全面关联，促进生态保护红线、耕地、违法违规等地类占压和冲突问题的智能检测，精准分析全域用途变化和科学预判用途优化方向，有力破解报批周期长、用地闲置、产能低效、资源布局碎片化等难题，有效提升各地自然资源部门用途转用管理的协同力和智慧力（见图7-16）。

图7-16 用途转用监管

（1）地矿海协同报批。针对地、矿、海报批涉及的组卷材料多、审查要点复杂、审批周期长、报审规则不一等现状，建立地矿海协同报批应用，推进部、省、市、县从报批组卷、初审、多部门会审、领导审批，到指标预扣、案件上报、批复下达等的全过程在线协同，促进用途转用报批的内部融合、横向协作和纵向贯通。聚焦地、矿、海报批程序，通过疏通和优化各层级审批流程，结合用途转用智审工具，推进报批项目的快速组卷和校核、勘测坐标的一键导入、图形指标的智能提取和分析、各地类的合理追溯、一申请一方案的自动生成等，全面提升报批项目的审批效率和质量。通过协同计划指标、耕地占补平衡、规划许可审批等应用，确保指标实时扣减、项目占用耕地补充到位、许可信息智能关联，推进用途转用报批程序合法合规、整体协同效能有力提升。

（2）用途转用智审管理。聚焦地矿海协同报批场景，围绕用途转用管理提质增效的目标，依托规则模型、空间关联、遥感识别、人工智能等技术，引进冲突检测、用途判读、地类追溯、空间关联分析、指标自动核算、节约集约分析等用途转用智能审查工具，推进用地、用海、用矿等审批转用过程中与交通、水利、生态等部门的信息协同和共享，全面支撑智能化用途转用和场景协同。结合用途转用规则和空间关联分析，自动分析转用的合理性、可能性，自动获得转用涉及的现状、规划、审批及违法信息，推进节约集约利用分析，为转用审批和科学布局提供自动化分析结果。利用用途判读、冲突检测、指标自动核算等工具，提供用途分类感知、权属识别、占压空间图形分析、指标提取和比对等服务，推动业务融合和场景智能，提升用途转用的智慧协同能力。

（3）用途变化智慧监控。为进一步管好用途转用，落实国土空间规划，搭建用途变化智慧监控应用，推进国土空间用途从现状、规划、报批到许可等的全过程跟踪。聚焦全域空间用途变化，从时间、区域、空间的维度，全面监控全域空间用途分布、各类用途总量排行、不同时间段的用途变化等，多维分析全域空间用途结构的合理性和可能性，科学预判城市用途结构的走向，为领导决策和城市发展提供数据支撑。围绕项目视角，聚焦基础设施、产业、民生等类型，深度分析各类型项目的用途总量、构成、分布、变化趋势等，全面展示和直观突出城市当下和未来的发展重点和优劣势，推进城市发展由量变到质变的飞跃。

4. 许可审批智能协同

在"互联网+政务服务"政策要求与数字政府的趋势背景下，聚焦业务整合优化的成果，全面覆盖地、矿、海等业务域，建设覆盖多渠道综合受理、地矿海协同审批、智能化技术审查、多跨信息协同共享等的许可审批智能应用，实现全业务闭环管、多渠道智能报、"互联网+"模式协同办、二三维图形智能审、横纵上下系统全打通，全面提升规划许可的智能化、精细化水平，深度协同建设用地审批、土地储备、土地供应等业务，全面落地"多审合一、多证合一"等改革要求，促进内部贯通、横向协同、外部协作内外兼修的项目协同审批和一体化管理体系的建立和形成，推进对内对外业务协同和数字化智能共享，提升办事效能和公众服务水平。

（1）多渠道综合受理。通过聚焦公众办事痛点，搭建综合受理智能应用，实时对接政务服务网、工程建设项目审批管理系统等应用，满足公众通过互联网、手机 App 及窗口大厅等多种方式申报项目的需求，推进国土空间规划实施管控业务的统一受理、实时跟踪、统一发件。建立引导式申报模式，根据用户办理需求，自动解析业务报件指南形成报件路径指引，指导用户按步骤依次在系统上完成信息填写、材料上传、案件提交等，确保用户报件既轻松又准确，全面提升窗口业务受理的效率。同时，依托信息化手段，建立智能受理检测工具，对项目表单信息是否填写、字段格式是否正确、材料是否上传、格式是否符合、材料内容是否合理等进行全方位智能检测，并自动生成受理检测报告，快速定位问题所在，全面提升受理人员的业务受理质量和服务咨询能力。

（2）全程数字化审批。聚焦自然资源全域全要素，结合业务融合优化的成果，全面梳理和分析地、矿、海等业务域实施管控的现状和需求，打通业务鸿沟，建立健全覆盖多审合一、多证合一、规划许可、核验合一、矿业权审批、海域海岛审批等业务的全程数字化审批应用。聚焦审批场景，引入阶段环节引导、表单"锚点"定位、在线手写签名、AI 语音识别、图片文字识别、知识文库推介等工具，结合其他部门的会办、图形制作、公示办理、特殊流程等，打造"互联网+"操作模式，实现地、矿、海实施管控业务的在线办理，全面推进全业务、全流程、全环节的数字化审批和协作，有效提升政府办事效率和公众服务水平。

（3）智能化技术审查。立足精细化审查、高质量管控，聚焦许可审批的实际审批场景，从业务智能、流程贯通、图形智审、模型管控等维度深入挖掘不同类型用户的核心需求，将智能化技术审查手段全面融入许可审批，打造二三维视角下建筑间距、日照、天际线、可视域等的可视化模型分析工具，全面拓宽和创新规划许可审批模式，有力提升"机器审查"的能力和水平，有效提升国土空间规划实施管控的精准度和智慧力。

建立健全覆盖规划条件自动生成、CAD"用地红线校核工具、报建方案指标提取工具、验收指标比对工具"等智能化审查，借助"机器"实现刚性指标和空间管控的快速审批，实现空间图形用地面积、容积率、绿地率、建筑密度、建筑高度、建设规模等核心指标的自动提取、智能计算和关联比对，推进停车位数量、出入口方位、市政配套设施要求、建筑退让等管控要求的智能识别和审查。

同时引入三维智能辅助审查，将管控视角从平面延伸到全方位立体管控（见图7-17）。通过拓宽包括日照条件、填挖方、坡度坡向等选址分析因子与场景，解决原先通过用地性质、用地面积等基本条件找出的地块导致选址不合理、项目无法落地的情况，实现规划选址"优选"；通过将二维总平面图审查扩展到三维空间，涵盖更多管控要素，解决原先设计方案多以静态展示设计成果，审查人员难以发现设计成果在三维空间尺度、与周边环境协调关系方面存在的问题，实现规划方案"优审"；通过将前期设计与竣工实测时的三维模型及相关指标进行直观审查和对比分析，达到虚拟信息与实体信息的相互融合，解决原先工程项目实体信息与资料信息不相符，实现竣工验收"优验"。

图7-17 三维立体规划管控审查

（4）多跨信息协同共享。为加快政府数字化转型、推进政府协同高效治理，解决当下各地自然资源部门应用系统多、信息资源管理分散等现状，亟须建立多跨信息协同共享应用。通过二维码、电子签章、空间码、RPA机器人等技术的引进和应用，打通多审合一、多证合一、规划许可、核验合一等上下游业务间的数据链路和数据的跨层级自动上报，建立健全电子文书证照共享库，推进部、省、市、县不同层级之间的自然资源、发改、水利、林业、生态等部门之间的码上信息共享和协同，解决跨系统之间难对接、接口不共享、数据重复录入等问题，推进"群众跑腿"向"数据跑路"的转变，加速"最多跑一次""零跑腿"等改革，真正做到了让企业及公众省心、放心和安心。

5. 项目监管全面闭环

加强项目全过程监管是进一步落实国土空间规划，预防和遏制各类违反规划行为，更好地发挥规划引领和刚性控制作用，保障各类项目顺利推进的重要举措。聚焦用地、用矿、用海等项目的监管痛点，依据国土空间规划，结合计划管理、空间准入、用途转用、许可审批等相关应用，通过知识库、规则库与人工智能算法的聚合，建立基于国土空间规划大数据态势感知、全时全周期监管与决策支持的信息化支撑，为各地自然资源部门监管人员提供项目综合监管、形势分析预判和宏观决策的在线服务，打造覆盖重大项目要素保障、项目全周期管理、项目智慧画像等的监管智慧应用，保障重大项目顺利有序推进、违反规划行为有效规避，全面提升国土空间规划实施管控的态势感知能力、综合监管能力、形势预判能力、宏观决策能力（见图7-18）。

图7-18　项目监管驾驶舱

（1）重大项目要素保障。重大项目的有序推进对整个城市的高质量发展起着至关重要的作用。聚焦重大项目信息获取分散、进度把控不及时等问题，通过搭建重大项目要素保障数字化场景，自动汇集重大基础设施、重大产业、重大民生等各类项目，从时间、区域、类型等维度，实行分级、分类、分等管控，全面监控全域重大项目的总量及分布，明晰城市重点发力的总量和强度。建立健全重大项目攻坚作战一张表，划分项目前期策划、选址预审、土地征转、土地供应、用地许可、工程许可、核验合一等阶段，实时跟踪各类重大项目的进展情况，推进各阶段、各环节超期和超指标等问题的及时预警和提醒，一图晾晒各类重大项目推进的问题所在。针对项目各阶段的堵点、卡点，汇集多部门力量，全面剖析，集中攻坚，全力破解各类影响重大项目落地的"卡脖子"问题，分解下达具体任务落实清单，确保各类重大项目要素齐备、保质保量推进。

（2）项目全周期管理。针对业务办理编号多、信息关联难、前后不衔接、地块拆分难追溯等管理难题，以项目为主线，以阶段节点，聚焦项目关联信息，全面创新和拓展"空间码"在项目上的应用，全面协同多家审批部门，破除信息闭塞的壁垒。推进用地项目从项目策划、选址预审、土地征收、用地审批、土地储备、土地供应、用地许可，到工程许可、竣工验收、不动产登记等的全周期管控，用矿项目从新设、变更、延续、保留到注销等的全过程跟踪，用海项目从咨询论证、预审审批、交易登记到批后管理等的全信息关联，集成全链条业务数据，打造项目全阶段、空间一盘棋、指标一张表、材料一棵树、文证一棵树等智慧应用，全面贯穿项目办理的全生命周期信息，实时掌控用地、用矿、用海项目的前后变化和实时进展，智能比对上下位业务的关键指标，推进文书证照的跨部门共享利用，全方位勾勒和剖析项目的"前世今生"。

（3）项目智慧画像。画像作为一种刻画对象属性和特征的工具，被广泛运用于多领域、众行业。聚焦自然资源领域，围绕国土空间规划实施管控，搭建智慧画像智能应用，实现项目、地块、单位等不同视角下多方位信息的全面刻画，为项目决策和城市布局提供科学精准的数据支撑。通过项目画像，对项目性质分类、用地面积排名、投资金额大小、重要程度、区域布局数量和构成、审批周期长短、经济效益高低、社会效益分布、人口流动影响大小等方面进行深度分析，多维勾勒城市的项目构成和布局，宏观映射城市项目的总体情况，为城市的发展重点和发力方向提供数据参考。通过地块画像，结合基础现状、上位规划、业务审批等各类数据，对全域土地现状、用地存量、地块总体利用率、用地总体强度、各区域各类用途的构成比例等进行全盘剖析，全面刻画全域土地利用格局和变迁动态，为国土空间的布局优化提供依据。通过单位画像，对单位投资的项目总金额、企业承办的项目数量、申报手续的补正率、各类项目的退件率、承建项目的总用地面积、违法用地的具体情况、企业信用排名等方面进行全方位挖掘和分析，助力政府洞悉企业的投资潜力和方向，反向折射项目审批程序的潜在问题，为政企协作方向提供指引，为优化政府服务能力提供支撑。

7.4 监测预警

7.4.1 应用概述

建立健全国土空间规划动态监测评估预警和实施监督机制是建立国土空间规划体系重要任务。利用"空—天—地"一体化技术构建智能、敏捷、科学的国土空间规划监测—评估—预警技术和机制体系，可提升国土空间规划可感知与自适应能力，对推进自然资源和空间治理能力现代化具有重要意义。

自然资源部成立以来，多次强调建立国土空间规划动态监测评估预警机制，加强规划实施监督，提高空间规划严肃性、科学性、落地性的重要意义。国土空间规划监测评估预警则是监督规划实施的手段与方法，是实现国土空间用途管制的重要途径。构建科学的国土空间可持续发展综合监测分析评价体系既是底线思维的体现，又可提出支撑高质量发展的对策与路径，为我国高质量发展提供更深层次的自然资源保障服务。2019 年 7 月 18 日，自然资源部办公厅印发《关于全面开展国土空间规划工作的通知》（自然资发〔2019〕87 号），明确提出开展国土空间规划"一张图"实施监督信息系统建设工作。《国土空间规划"一张图"实施监督信息系统建设指南》中对国土空间规划监测评估预警系统建设做了如下要求：构建针对重要控制线和重点区域的监测预警模型，以及规划实施评估和专项评估模型，实现动态监测、评估和及时预警的功能，支撑责任部门监督落实主体责任，辅助管理者决策。国土空间规划监测评估预警既是保障当下规划实施成效、强化空间用途管制的重要手段，更是面向未来实现"可感知、能学习、善治理、自适应"的智慧规划转型的关键支撑。

2023 年 9 月 5 日，自然资源部办公厅印发《全国国土空间规划实施监测网络建设工作方案（2023—2027 年）》（自然资办发〔2023〕36 号）（以下简称《方案》）。《方案》明确，全国国土空间规划实施监测网络作为构建国土空间规划实施监督体系的重要抓手，主要包括三个层面建设任务，即业务联动网络、信息系统网络、开放治理网络。随着政策的促进以及遥感监测、物联网、人工智能等技术的进步，未来几年国土空间规划实施监测网络建设，探索在约束性指标和控制线、规划执行情况、违法违规行为、资源环境承载能力等方面的监测预警场景功能、算法模型、数据治理的技术要求，以及多层级的建设方法路径和政策机制。预计到 2027 年，上下联通、业务协同、数据共享的国土空间规划实施监测网络基本建成，开放治理生态总体形成。

7.4.2 需求分析

国土空间规划监测预警包括动态监测、定期评估和及时预警等三项内容，分别指对国土空间保护和开发利用行为进行长期动态监测，定期或不定期开展重点城市或地区国土空间开发利用现状评估，对违反开发保护边界及保护要求的情况，或有突破约束性指标风险的情况及时预警。国土空间规划监测预警是政府监督规划实施、了解空间政策影响力、保障战略目标实现的技术工具，是促进国土空间高质量开发保护、维护规划权威性和严肃性、提高规划实施有效性的重要手段，其具体内涵是指在国土空间规划实施过程中，按照全生命周期理念和管理要求，充分利用现代化信息科技手段，开展多源权威数据实时获取和智能分析，动态感知国土空间运行体征，精准认知国土空间规划实施效果，及时警示国土空间治理潜在问题，并为规划维护提供智慧决策方案。国土空间规划监测评估预警的范围是全域全要素，技术流程是通过对国土空间开发保护中重点指标的监测与分析，全方位、全要素、分阶段评估国土空间规划实施态势和存在问题，并对可能或已经突破国土空间规划预期的行为和界线提出及时预警，进而为规划调整优化决策提供智慧化、场景化、可视化的技术支持。

当前，国土空间规划实施的监测预警工作基本还处于初级阶段，存在国土空间规划实施效果评估技术框架尚不清晰、监测预警工作开展缺乏系统谋划、时空数据汇聚分析困难、指标体系和技术手段缺乏综合性集成与系统性实践、相关技术标准体系不健全等问题。从理论方法和技术成熟度而言，主要存在如下问题：

一是当前的理论方法和监测预警机制有待完善。国土空间规划体系建立以来，规划编制审批环节实现了"多规合一"，但规划监测预警环节依然相对割裂，特别是管控范围拓展到全域空间之后，建设空间与农业空间、生态空间的管控手段和监测预警方法尚未充分融合，诸多问题和矛盾不能有效解决，尚未探索出基于全域全要素的、具有广泛指导意义的国土空间规划监测预警理论方法体系。

二是监测预警技术手段创新集成不够。近年来，基于"天—空—地—网"一体化监测网的规划实施监测技术，基于人工智能方法耦合人类活动和自然环境作用的综合评价模型，以及基于情景分析、机器学习、深度学习技术的情景模拟预测预警方法等，在各自领域均得到快速发展，但国土空间规划监测、评估、预警工作板块相互间还存在信息技术壁垒和管理机制障碍，在规划监测预警工作中的综合应用、协同治理、融合创新不足。

三是关键技术亟须突破。当前智慧国土空间规划监测预警还存在不少技术难点，主要包括时空要素数据的汇聚融合技术尚不成熟，多源异构时空数据按需组装和结构治理不够，无法精准认知国土空间的内部规律和规划实施过程中的深层次问题；调查监测信息的动态感知技术有待突破，基于遥感影像的传统监测手段侧重对空间资源的静态物理属性监测，尚无法对空间资源应用属性和关联属性开展动态监测，难以满足数据保障的实时化、调查监测的智能化、信息服务的知识化等；规划实施效果的科学评估技术仍不系统，缺乏多要素分析和整体性研究所需的时空综合分析手段和能力，指标体系和技术手段也缺乏综合性集成与系统性实践；规划反馈决策的场景构建技术尚处于探索阶段，尚未形成通用的预警分析、场景构建、模拟推演技术体系和实施方法，规划反馈决策的场景构建技术亟待加快突破。

面向"常态""实时""精准""智能"的新要求，为了解决上述问题规划监测预警工作迫切需要信息赋能和知识驱动来开展问题诊断、趋势预测、态势预警等智能化应用。

7.4.3　技术路线

1. 总体框架

面向国土空间规划"可感知、能学习、善治理、自适应"的发展目标，有效的国土空间规划监测预警工作必将是一个循序渐进、反复迭代的长期过程，需要建立从理论、技术、标准到管理的长效研究体系，其总体框架如图7-19所示。

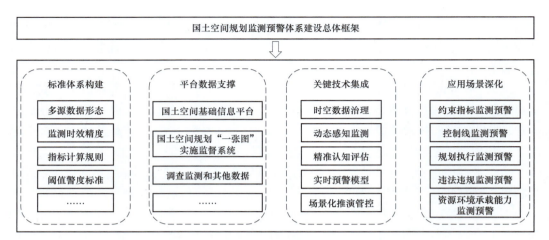

图 7-19 国土空间规划监测预警总体框架

2. 建设思路

（1）构建智慧监测预警标准体系。明确各级国土空间规划实施监督的目标任务，健全分尺度、分区域、分主题的监测目标及评估预警指标体系。实施标准化建设，助推应用实践和示范推广。着力统一多源时空信息数据形态，建立国土空间监测预警所需时空大数据处理的标准体系。在指标研制、规则计算等方面形成规范制度，在预警模型、预警阈值、警度标准等方面形成统一认识，构建国土空间规划实施监测评估预警的标准体系。

（2）加强平台和数据支撑。充分利用天空地协同感知监测，建立各类数据获取更新机制；基于自然资源三维立体"一张图"和国土空间基础信息平台，升级完善国土空间规划"一张图"实施监督信息系统；充分利用各类数据、算力、智力资源，增强动态感知、实时监测、自动预警、模拟推演、便捷服务，为建立起标准统一、链接通畅的国土空间规划监测预警网络提供平台和数据支撑。

（3）集成关键技术。根据"统一底图、统一标准、统一规划、统一平台"的要求，突破多源时空信息数据融合治理技术瓶颈，攻克动态感知国土空间规划运行体征的监测技术和精准认知国土空间规划实施态势的综合评估技术，研发实时预警模型和场景化推演管控技术，支撑国土空间规划实施监督全链条功能实现。

综合应用卫星遥感、视频监测、无人机、地面调查等多元数据采集手段，结合图文、音视频、位置数据等互联网、物联网数据的接入与应用，构建"天—空—地—网"一体化自然资源数据采集、治理、更新体系，为监测评估提供精细化、动态化数据保障。对采集的多源时空数据融合治理，制订规划实施监测网络运行数据分类管理目录，实行数据资源分级分类、分域管理，完善部、省、市、县数据贯通机制，推动数据上下双向交互，统筹数据共享更新效率与数据安全。

（4）深化监测预警应用场景。紧密围绕国土空间规划监测预警需求搭建应用场景。坚持业务体系建设在先，围绕管理需要和公众需求，搭建监测评估、部门共享、公众服务、决策支持等应用场景。以"天—空—地—网"一体化数据采集成果为基础，结合大数据、空间规则引擎、人工智能、云计算等信息技术，实现约束性指标、重要控制线、违法违规行为、资源环境承载能力的动态监测预警。动态采集接入多源数据，基于国土空间规划成果，对相关的国土空间保护和开发利用行为进行长期动态监测，重点对各类管控边界、约束性指标进行监测。依据指标预警等级和阈值，获取相关数据，对国土空间规划实施中违反开发保护边界及保护要求的情况，或有突破约束性指标风险的情况及时预警，辅助生成预警报告。构建起"即时分析、实时展现"的国土空间规划实施监督"一张图"，实现"可感知、能学习、善治理、自适应"的智慧规划。

推动监测预警结果的充分应用，对约束性指标和管控边界实现动态监测，对底线突破有风险、目标执行不力以及疑似违法等行为进行及时预警，并对承担国土空间规划实施的责任主体进行绩效考核。明确不同层级、不同类型规划的监测评估任务及相互衔接融合关系，提升对重大战略区域、重点城市、重大工程等规划实施情况和重点领域、突出问题等的监测预警能力。监测预警结果将作为动态评估规划实施情况、调整规划实施计划、考核问责规划实施责任主体以及未来指导规划修编的重要依据。加强对流动空间监测分析，精准识别空间形态、空间关系演变趋势，强化人地（海）协调、要素保障、布局优化、品质提升、风险防范等复杂空间治理场景的模拟推演功能，辅助科学决策。

3. 关键技术

国土空间规划监测预警关键技术框架可以从时空大数据汇聚处理、动态监测研判、智慧预警调控等三大重点环节进行构建。各环节相互关联、层层嵌套，需要逐个突破其中的技术难点，形成智能高效、应用广泛的监测预警技术体系。

（1）时空大数据汇聚处理。

1）精准化汇聚技术。围绕国土空间规划编制与管理需求，开展数据资源梳理分析，以及规划和自然资源数据统一分类与编码目录体系研究，构建统一的国土空间规划时空大数据体系与数据标准体系。

针对多源异构数据在线汇聚、自动解析入库、数据标准化处理、资源化发布等方面开展技术革新，构建连接各种系统的数据共享流通管道，保障数据鲜活、按需、有效、安全，有效解决多源异构数据智能化、自动化共享接入的难题。

2）数据融合治理技术。时空数据结构复杂且来源多样，现有的时空数据也不再局限于传统的数据形式，文字、图件、音频和视频等多媒体数据的格式和形式各不相同。只有将多样化的时空大数据进行充分融合，才能更好地反映事物发展的全貌，更好地揭示事物本质和客观规律。因此，对时空大数据进行有效整合、清洗、转换和提取，是时空大数据智能化处理的关键所在。

3）语义关系引擎技术。数据实体之间具有语义关系是国土空间时空大数据区别于其他数据的显著特点，分为空间关系与人文关系两类。其中，空间关系有包含关系、相邻关系和相交关系，人文关系有社会活动关系、空间属性关系及专题语义关系。数据实体间语义关系的建立，可以将原本层次多、体系复杂的数据互相连通，实现数据降维和数据转换，从而使原本枯燥单纯的数据变成灵活有用的信息。

4）时空大数据挖掘技术。由于时空大数据的时空关系具有隐匿性，传统数据挖掘方法很难同时兼顾可度量的空间关系和不可度量的时间关系，需要运用时空推理的数据挖掘技术来处理复杂的时空关系，从而寻找数据的隐匿性规律，发现更为丰富的信息，为国土空间规划实施监督提供完整的数据支撑。

（2）动态监测研判。

1）动态化监测技术。研究多载荷融合数据的地表覆盖自动提取与变化监测关键技术，探索分层次、有差异的国土空间规划要素的类型、状态、强度及其变化的监测方法；研究基于多源遥感影像内容和深度学习的国土空间规划要素提取方法，关联国土空间典型要素在不同时相、尺度、空间分辨率影像上的光谱、纹理、形状及几何拓扑、空间关系等特征信息，集成人工神经网络、决策树、支持向量机等分类器，提升国土空间规划监测能力。

2）综合研判技术。利用语义分析、机器转译等数字化转译技术，突破国土空间规划管控目标与治理规则难以被计算机自动识别捕捉和智能化转型的限制，形成可感知、可量化、分类明确的规划指标库，以及措施精准、政策明了的管控规则库，实现各类指标在线交叉分析与态势研判的可视化输出。

以需求为导向，结合地方特色，构建可数据量化、可动态跟踪、可对标对表的综合性评估指标体系，形成基本指标、推荐指标、自选指标三大层级指标体系，既满足国家层面规划刚性传导需要，也反映地方施政的战略意图。从"人"的需求出发，研究"人地物"耦合模型与"时空"耦合模型，构建测度城市与区域成熟度、匹配度、协同度、运行效率等的关键算法，集成多源大数据进行综合分析，实现物质空间与人类活动相协调、可感知。综合运用元胞自动机仿真算法、深度学习算法、空间句法、系统动力学算法、复杂网络算法等技术，探索基于步行系统的设施步行等时圈工具，研发基于手机信令数据的常住人口、工作人口、通勤人口识别工具，汇总形成智能算法模型库。

（3）智慧预警调控。

1）实时性预警技术。从规划实施管理全过程角度出发，研究构建面向项目策划生成、土地管理、审批许可、实施运行等规划实施环节预警的核心体系，包括规划编制阶段底线管控、规划传导一致性等智能监管，项目策划生成阶段的重大空间要素矛盾实时监测和预警，土地管理阶段批地供地用地过程监管和一码管地智能督查，审批许可阶段依法依规核查预警，以及规划实施运行阶段对项目运行情况、服务效能及国土空间体征指标健康度等的实时预警，实现空间可视化管理。

融合多源海量异构数据治理技术，研究预警快速构建方法和实时数据驱动下的模型参数和预警阈值自动调优技术，包括预警模型快速构建技术、空间大数据和关系数据实时运算技术、规则引擎设置与判断技术、模型运行及调优技术等。

2）场景化管控技术。针对国土空间规划实施场景的三维立体与时序动态特征，建立现实场景与虚拟要素的时空构建表达技术体系；打通数据耦合、精准传输、轻量集成等关键环节，定制基于规划实施场景的时空数据轻量化集成展示平台；面向国土空间开发与保护、国土空间整治与生态修复、国土空间安全底线管控等工作，依托轻量化集成展示平台开展多类规划监测预警场景服务应用。

基于国土空间单元的偶发性预警和态势分析研判，依托全域三维数字化表达形式，开展国土空间规划监测预警场景化表达与模拟推演关键技术攻关。研究场景参数化、实体语义化的场景构建技术，实现国土空间单元的场景化展示和虚拟表达。根据监测预警结论，研究偶发性事件和趋势性发展的模拟推演技术，辅助规划编制与维护，支撑国土空间规划管控与综合决策。

7.4.4 关键应用场景及应用成效

1. 约束性指标和重要控制线监测预警

约束性指标是为实现规划目标，在规划期内不得突破或必须实现的指标，包括耕地保有量、永久基本农田保护面积、生态保护红线面积、用水总量等指标。约束性指标预警内容主要包括边界突破预警、指标突破预警和管控清单突破预警。预警类型包括刚性预警界线和弹性预警界线，可结合当地实际选取具有底线管控作用的典型指标，进行国土空间规划监测预警。指标的选择一方面应与规划监测指标相衔接，另一方面要与年度评估指标相衔接，并充分考虑现有技术力量的有效支撑（如充分利用已有的动态监管系统，实现行政管理和监测预警的有机结合）。同时，根据实际情况设置预警阈值并划分预警等级，不同等级需采取不同的应对措施。

国土空间重要控制线主要包括基本农田保护红线、生态保护红线、城镇开发边界线等，需要定期对其进行监测评估。重要控制线动态监测重点在于监测开发保护活动是否突破控制底线，并及时预警。生态保护红线和基本农田保护红线等控制线涉及面积大、范围广，涉及生态系统类型多样，限制性区域且往往与矿产资源富集区域重叠，内部潜在的人类活动情况复杂，依靠单一的监测手段无法满足监管需要。因此，必须综合运用卫星遥感、航空无人机和地面观测等手段，建立更加准确可靠的"天—空—地"一体化立体监测网络体系，重构监管技术和业务路线，全面监测控制线范围内的人类活动、生态质量、保护成效等现状及发展趋势。

（1）生态保护红线监测预警。生态保护红线的监测预警数据主要来源于卫星遥感监测数据、自然资源确权数据、无人机拍摄数据和相关统计资料。基于高精度地图切片服务技术，可建立海量多时相遥感影像"动态一张图"服务模式，形成涵盖数据搜索、数据调度、动态处理和数据服务的高性能地图切片服务技术体系，实现国产高分卫星遥感影像数据的智能化、实时化处理与发布，快速高效地为约束性指标监管提供所需的各类遥感影像数据源，支撑大范围监管业务应用。基于深度学习等算法可对遥感影像、视频监测数据智能分析和提取，识别违规开采、违规砍伐、违规建设等行为，实现地表变化及人类活动变化自动监测和预警（见图7-20）。可通过移动核查执法App，将生态破坏问题推送及处理结果回传到国土空间规划 "一张图"实施监督信息系统上。集成云服务技术、大数据分析技术、三维可视化技术等，"一张图"可实现多主题、多时空、多指标、多要素、多样化的生态保护红线监管成果显示、查询、统计、分析等功能，实现生态保护红线范围内人类活动的现状、变化、历史状况，野外核查等信息的大屏幕展示，为约束性指标监测预警提供决策支持。

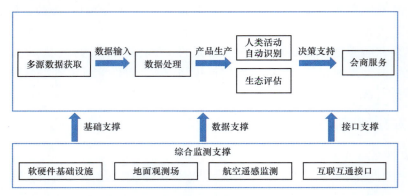

图 7-20　生态保护红线监测预警方法

（2）基本农田保护红线范围监测预警。耕地是粮食生产的命根子，是中华民族永续发展的根基。为了守住"饭碗田"，我国修订了《中华人民共和国土地管理法》，施行了《中华人民共和国黑土地保护法》，建立了对耕地实行特殊保护的用途管制制度，严格划定并守住了 18 亿亩耕地保护红线。2023 年 3 月，自然资源部办公厅印发《关于开展 2023 年卫片执法工作的通知》，决定在全国部署开展 2023 年卫片执法工作，推动地方各级自然资源主管部门早发现、早制止、严查处各类自然资源违法行为，聚焦耕地和基本农田保护，依法严肃查处不符合高质量发展要求的非农化建设违法占用耕地问题，尤其是违反国土空间规划和"三区三线"有关规定，违法占用永久基本农田问题。

但目前全国耕地保护形势仍然严峻，亟须推动科技创新，在不断加强基础理论研究和业务体系建设的同时，加快融合"天—空—地—网"立体感知、多源异构数据融合、云计算、实景三维等信息化、可视化、智能化新技术，落实"长牙齿"的耕地保护硬措施，维持耕地面积不减少、用途不改变，确保空间分布稳定、质量生态双提高。

1）在耕地占补平衡监管方面，需充分运用卫星遥感监测、远程视频监控、无人机动态巡查等科技手段，建立耕地电子围栏，实行动态巡查，自动比对国土空间规划、耕地保护目标和质量落实、用地审批、耕地占补平衡和进出平衡、督察执法等情况和数据，坚持以补定占，根据补充耕地能力，统筹安排占用耕地项目建设时序。严格落实耕地进出平衡。严格控制耕地转为其他农用地，确需转用的严格落实年度耕地进出平衡，探索跨区域有偿落实耕地进出平衡。

2）在耕地"非农化""非粮化"以及撂荒耕地监管方面，通过搭建耕地"非农化""非粮化"样本数据库和遥感智能模型库，基于遥感人工智能技术，以第三次全国国土调查耕地图斑数据为基础，开展耕地用地和耕地种植类型变化的监测场景应用，利用深度学习实现种植作物的分类，发现耕地转为建设用地、道路等非农用地和撂荒耕地、非粮食作物种植用地等情况，实现耕地资源的常态化、智能化监测，助力自然资源卫片执法。

3）在对永久基本农田保护红线范围内违规建设监管方面，可先采取多时序卫星遥感影像变化监测的手段，提取出违规建设可疑图斑，然后采取无人机巡查的方式采集已识别可疑区域高清影像，记录违法违规行为，并进行查处和整改，形成问题处理的闭环。对于部分允许的临时占用耕地的行为，可通过多期遥感影像监测的方式进行动态监管，确保临时占地行为不破坏耕作层，以及临时占地按时有序退出。

4）在重大项目占用和审批方面，对占用永久基本农田的重大建设项目实行清单式管理，列为监管的重点内容，通过实地核查、遥感监测、卫片执法检查等方式，对补划永久基本农田的数量、质量进行动态监管，对永久基本农田占用、补划实行全链条管理，对永久基本农田数量和质量变化情况进行全程跟踪。

5）以"天—空—地—网"一体化遥感监测为核心，结合自然资源、农业农村、生态环境、水利等行业数据为基础，构建耕地时空大数据底座，搭载指标库、模型库、算法库和专家知识库，搭建涵盖多源数据感知与融合治理—监测监管—分析评价—模拟预警等功能的耕地监管智慧平台，实现永久基本农田保护红线监管、"非农化、非粮化"治理、土地整治与生态修复、耕地进出平衡与占补平衡、高标准良田建设、撂荒耕地治理、耕地后备资源管理、低丘缓坡开发利用等一系列智慧化应用。

（3）城镇开发边界线监测预警。2023 年，自然资源部办公厅印发《自然资源部关于做好城镇开发边界管理的通知（试行）》，要求坚决维护"三区三线"划定成果的严肃性和权威性，推动城镇开发边界划定成果精准落地实施，统筹做好规划城镇建设用地安排，严格规范城镇开发边界的全生命周期管理。城镇化扩张监测与预测是城市发展规划的重要组成部分，遥感技术作为一种高效、准确的手段可以为城市扩张的监测与预测提供大量的数据支持。

城镇开发边界监测是控制城市无序蔓延的重要手段，可利用卫星遥感对城镇开发边界线进行动态监测，利用地表分类算法分割出建设用地范围，统计城镇开发建设用地面积的变化趋势，确保实际城镇开发边界面积不超过规定的扩展倍数。

通过定期遥感监测可及时发现超出城镇开发边界线集中建设、未批先建、已批用地长久未利用等情景，记录各种情景发生的时间阶段、地理位置、范围面积。为了提升监测精度和实时性，可使用无人机对卫星遥感发现的可疑情景进行巡检，利用先进的智能图像识别技术，实现对城镇开发边界线外集中建设、未批先建等行为的及时发现和预警。

此外，利用遥感技术还可以对城市扩张的影响进行评估，通过分析遥感影像数据与相关环境指标（如湿地面积、绿地覆盖率）的变化，可以评估城市扩张对生态环境、自然资源的影响程度，对城市扩张造成的负面影响进行及时预警，并提出相应的调控措施。

2. 规划执行情况监测预警

为了保障规划内容能够顺利实施，维护规划的严肃性和权威性，需要对规划执行情况监测预警。规划执行情况监测预警主要包括问题发现和及时预警。基于规划"一张图"、遥感监测数据、业务数据及社会经济数据等多源数据，设计形成各项监测指标，对国土空间保护和开发利用的各项行为进行长期监测。长期监测贯穿了国土空间规划监测评估预警的整个应用流程，在具体应用流程中，分为总体规划执行情况监测预警、详细规划执行情况监测预警和专项规划执行情况监测预警三个层次。

（1）总体规划执行情况监测预警。国土空间总体规划是指国家对其领土范围内的土地利用、城乡发展、空间布局等方面制定的总体规划，包括土地利用总体布局、城镇体系规划、交通网络布局、生态环境保护和资源利用规划等内容。国土空间总体规划的监测预警首先要建立健全调查监测体系，对自然资源、人类社会经济活动等国土空间全域全要素开展立体感知，需要以"天—空—地—网"一体化监测数据为核心，结合其他行业数据，构建全域的时空大数据底座。可充分利用实景三维中国建设成果、智慧城市时空大数据、国土调查数据、城市国土空间监测数据等多源数据，实现多源时空数据的汇聚处理，将自然资源、地质、地貌、气候、水文、土壤、生物、人类活动以及各类规划等要素按照统一的国土空间单元进行物理与逻辑汇聚，为监测评估预警的后续环节提供标准化的数据资源池和共享服务支撑（见图7-21）。

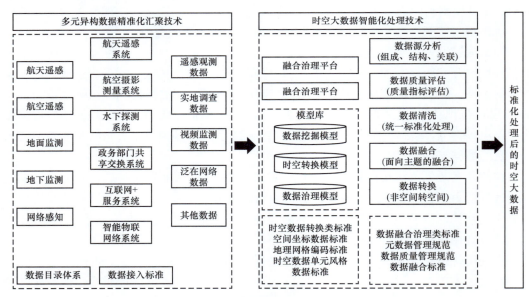

图 7-21　多源数据汇聚与智能化处理示意图

利用多光谱、多分辨率遥感数据，可对耕地、建设用地、绿地等要素的分布格局变化进行监测，构建知识引导的要素提取模型、深度学习解译模型，实现关键要素的精准提取。通过遥感图像智能分类，能够充分利用先验知识，挖掘多源遥感数据中的丰富特征，提供土地覆盖、土地利用和功能分区信息，支持国土空间总体格局监测预警。基于国土空间规划时空大数据底座，利用自然语言处理、计算机视觉等基础大模型，构建全域覆盖、动态更新、权威统一、三维立体、时空融合、精度适宜的国土空间信息模型和国土空间总体规划专业大模型，开发总体规划执行动态预警等业务管理智能工具，加强实践验证，不断完善定型，对国土空间规划布局、基础设施建设、要素保障、绿色低碳发展、安全韧性等方面进行监测预警。

（2）详细规划执行情况监测预警。详细规划是实施国土空间用途管制和核发建设用地规划许可证、建设工程规划许可证、乡村建设规划许可证等城乡建设项目规划许可以及实施城乡开发建设、整治更新、保护修复活动的法定依据，是优化城乡空间结构、完善功能配置、激发发展活力的实施性政策工具。近年来，"多规合一"改革取得开创性、决定性成就，确立了国土空间规划在国家空间治理体系中的基础性地位，但突破详细规划核定规划条件、对未经规划许可擅自建设行为疏于监管、违反规划进行开发建设等问题仍较为突出。因此，有必要利用先进技术手段对用地位置、面积、土地用途、容积率、绿地率、建筑密度、建筑高度、建筑退让、停车泊位以及公共服务、市政交通设施配建、城市设计、风貌管控等详细规划实施的情况进行监测预警，严格落实详细规划。

土地开发强度的监测预警是详细规划实施监督的重要内容。随着实景三维中国的推进，我国各大城市将建立起周期性更新的实景三维场景，以城市实景三维模型为基础，可以构建起以全域全要素的时空大数据底座。充分应用深度学习等技术可自动化识别建筑类型、楼层数、土地利用类型。随着城市实景三维模型周期性的更新，可获取城市各地块位置、面积、土地用途、容积率、建筑高度、建筑密度、绿地率等用地指标的变化情况，及时发现未按照详细规划要求进行开发的地块并进行预警。通过"天—空—地—网"监测手段，可有针对性地获取城市建设相关现状及变化信息，如城市建筑物、城市道路、城市公园绿地等，对基础设施用地的控制界线（黄线）、各类绿地范围的控制线（绿线）、历史文化街区和历史建筑的保护范围界线（紫线）、地表水体保护和控制的地域界线（蓝线）等"四线"进行严格的监测预警。在提供城市建设现状分布情况的基础上，对比规划督查及业务审批数据与规划的边界及指标，对规划执行过程中出现偏差的情况及时进行预警。

通过"天—空—地—网"等手段获取城市运行信息，除可直观感受城市变化情况外，通过深度加工，可进一步得出传统方式无法看到的隐藏问题，如城市绿地分布合理性、居民生活配套设施完善程度、潜在区域商机价值、城市开发边界的尺度等，可为城市更新改造、城市规划等提供科学数据参考。

（3）专项规划执行情况监测预警。专项规划是针对国民经济和社会发展的重点领域和薄弱环节、关系全局的重大问题编制的规划。专项规划执行情况是规划监测预警应用中最为灵活的模块，以多源时空数据融合为基础，将多源卫星数据整合和集成高精度基础地理信息数据、长时间序列地面观测数据以及社会经济统计数据等各种数据资源，形成全覆盖、全信息、多尺度、多时相、多元化的"天—空—地一体化"城市级空间信息数据资源库。将卫星应用技术与物联网、5G、人工智能、区块链等技术融合，作为城市卫星互联网基础设施，统一面向防灾减灾、能量评估、公共卫生、生态环境、食品安全、空间治理等专项规划提供立体监测、智能分析、精准监管和辅助决策，构建起各类专项规划执行情况监测预警专业模型。

专项规划执行情况监测预警能够结合地方特色情况进行定制化的评估分析反馈，不仅能够围绕各地区重点监测的特性问题进行更为细致的全面分析，更能够从规划本身执行情况及规划本身科学性的角度，结合监测结果对现有规划提出反思和优化建议。专项规划执行情况监测预警能够对专项规划内容涉及的各项指标进行定期提取、计算、展示。

3. 违法违规行为监测预警

近年来，随着城市建设规模的不断扩大、功能的不断完善和新型社区的逐渐增加，城市建设在整体向好的方向发展的同时，也出现一些不和谐的现象：有的居民不顾整体规划和四邻权益，非法强建房屋；有的经营户在城市道路两侧侵占公共绿地、通道、乱搭乱建，不仅严重影响市容市貌和城市环境，也对城市建设和发展具有很大危害性。因此，及时发现违法违规建筑，并对其实行拆违监控，刻不容缓。2023 年 11 月 23 日，自然资源部发布《关于加强和规范规划实施监督管理工作的通知》（自然资发〔2023〕237 号），提出切实加强国土空间规划实施和用途管制监督管理，坚决防止规划实施领域违法违规许可、重许可轻监管等问题，依法查处违反国土空间规划和用途管制要求的建设行为。

传统违法违规行为监测预警主要通过人工周期性巡检进行相关行为的发现和查处。但是这种人工巡查方式效率低，工作难度大，已经很难适应当前查违工作的需要。利用"天—空—地—网"一体化监测查违方式已在国内部分城市开展试点应用，通过对多时相数据智能自动变化检测分析，结合人工巡查，能够有效实现自然资源部门对违法行为进行智能、快速、实时、动态监测，并通过大数据技术挖掘违法建设发生发展趋势与规律，可为违法建设监管业务提供科学、精准、全方位的决策支撑。违法违规行为监测预警主要包含如下应用场景：

（1）项目审批违法监测预警。严格依据规划条件开展项目审批监管，将通过规划核实的项目纳入国土空间规划"一张图"实施监督信息系统。规划的核实可借助于实景三维中国建设等成果，充分应用各类先进数据采集手段以及已有信息化成果，提升项目审批监管效率，坚决防止违法违规行为借机搭车，披上合法"外衣"。

（2）违法违规行为监测预警。根据数据源在采集周期、分辨率、成本、成像原理等方面的不一致性导致的识别精度、识别方法等的差异，以及监测对象的周期、成本、精度要求，综合应用卫星遥感、无人机巡检、视频监控、倾斜摄影等数据采集手段获取相关监测数据，充分挖掘各种数据源的优势和互补性，在成本可控的同时提升查违工作的实效性和准确度。对采集到的数据进行预处理、特征提取和数据清洗工作，为后续的监测和识别提供准确的数据基础。

面向对象的变化检测方法已经成为现阶段高分遥感影像变化检测的主流方法。在面向对象变化检测的流程中，多时相影像对象构造比较以及多尺度变化检测策略是当前面向对象分割的建筑物变化检测的技术难点。由于多源数据尺度差异，为了完整检测城市建筑区及建筑物的变化，可采取建筑区–建筑物的多尺度变化检测策略，同时顾及建筑区与建筑物的变化，实现更符合人类认知的建筑变化的检测。可将深度学习技术引入到各类不同尺度遥感影像的违建目标识别之中，实现大面积倾倒的垃圾、违规开采、违规建设等各类目标的识别。

通过智能分析筛选出目标区域内重点违建监测区域，对这些区域进行按需人工巡查或无人机巡查。可使用无人机机载激光雷达扫描系统，基于高精度激光点云扫描，实时高精度测图，生成测区范围内实时高精度点云数据、实时高精度激光点云数据，结合测区数字地表模型（Digital Surface Model，DSM）数据，对违法建筑进行地面要素实时提取和自动识别，以及建筑要素实时精准量测，实现建筑物实时智能查违分析。

此外，应充分应用诸如"雪亮工程"等其他已有监测网络建设成果，在部分重点监测区域利用视频实时监测预警的方式，通过边缘计算等先进技术手段，实现违法违规行为快速、实时、准确地识别与预警。

随着城市精细化治理以及数字中国建设的推进，利用"天—空—地—网"一体化监测查违具有全面、高效、精准的优势，具有广阔的市场空间。

（3）日常巡检和问题查处。在"天—空—地—网"一体化监测等先进技术的辅助下，违法违规行为的识别变得更加简单。作为"天—空—地—网"一体化监测的补充，周期性的人工巡检以及无人机巡检也是必要的。国内已有部分城市建设了违法违规行为查处平台（见图7-22），基于人工智能检测违建算法精准地识别出图像中疑似违法建筑的特征图斑，及时地自动标注在系统中。执法队员可随时在电脑上查看辖区内实时的空中影像，并可以翻阅往期数据进行对比排查。支持手机、Pad、电脑等多终端在线，真正实现"天上看、地面巡、网上查"的城市违法建筑智能监测。接到群众举报或者监测预警信息后，执法人员可调阅相关区域数据，必要时赴现场开展相应巡查和查处，完成问题的闭环处理。

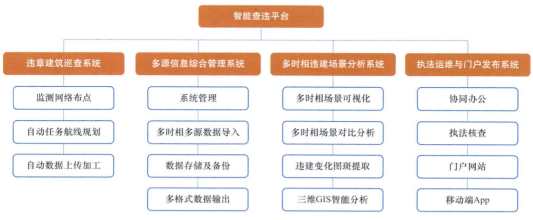

图7-22　某地区违法违规行为查处平台功能示例

4. 资源环境承载能力监测预警

在充分收集资料和应用"天—空—地—网"一体化监测手段基础上，围绕水资源、土地资源、气候资源、生态资源、环境、灾害、区位、矿产资源等要素，针对生态保护、农业生产（种植业、畜牧业）、城镇建设三大核心功能开展本底评价，结合本底评价结果对存在问题和风险进行识别，分析农业生产、城镇建设的潜力空间和规模，针对国土空间格局优化、主体功能定位、三线划定等提出建议。可综合应用遥感监测和信息化平台提升资源环境承载能力监测预警智慧化水平。

（1）植被净初级生产力（Net Primary Productivity，NPP）的卫星遥感监测与生态保护重要性评价。植被净初级生产力 NPP 是指单位时间内生物通过光合作用所吸收的碳除植物自身呼吸的碳损耗所剩的部分，是判断碳源、碳汇重要指标，可定量描述一个区域的碳储量。生态保护重要性评价的多项指标的计算均需获取 NPP 的数值，可按照一定周期应用卫星遥感手段对 NPP 进行监测，从而辅助水源涵养功能、生物多样性维护功能重要性、水土保持功能重要性的评价。

水源涵养功能重要性因子是生态保护重要性评价的重要内容，其计算公式为：

$$WR = NPP_{mean} \cdot F_{sic} \cdot F_{pre}(1 - F_{slo})$$

式中：WR 为生态系统水源涵养服务能力指数；NPP_{mean} 为多年植被净初级生产力平均值；F_{sic} 为土壤渗流因子；F_{pre} 为多年平均降水量；F_{slo} 为坡度因子。

生物多样性维护功能因子是生态系统在维持基因、物种、生态系统多样性发挥的作用，是生态系统提供的最主要功能之一。以生物多样性维护服务能力指数作为评估指标，计算公式为：

$$S_{bio} = NPP_{mean} \cdot F_{pre} \cdot F_{tem}(1 - F_{alt})$$

式中：S_{bio} 为生物多样性维护服务能力指数；NPP_{mean} 为多年植被净初级生产力平均值；F_{pre} 为多年平均降水量；F_{tem} 为多年平均气温；F_{alt} 为海拔因子。

水土保持功能重要性因子与气候、土壤、地形和植被有关。以生态系统水土保持服务能力指数作为评估指标，计算公式为：

$$S_{pro} = NPP_{mean} \cdot (1 - K) \cdot (1 - F_{slo})$$

式中：S_{pro} 为水土保持服务能力指数；NPP_{mean} 为多年植被净初级生产力平均值；F_{slo} 为坡度因子；K 为土壤可蚀性因子。

上述生态保护重要性评价因子均需要用到植被净初级生产力 NPP 数值。可采取多光谱遥感方法计算生态系统植被净初级生产力 NPP（固碳能力），以及土壤微生物呼吸量（释碳能力），通过两者差值计算从而计算净生态系统生产力（Net Ecosystem Productivity，NEP）。多光谱遥感方法计算 NPP 和 NEP 的技术路线见图 7-23。

（2）土地利用类型遥感监测与承载规模评价。土地资源综合承载能力是指在一定时期、一定空间区域和一定的经济、社会、资源、环境条件下，土地资源能够承载人类各种活动的规模和强度的限度。不同的土地利用类型可承载的耕地规模、畜牧业规模有着较大的差异，通过遥感监测获取土地利用类型的变化，可以反映地区土地资源综合承载能力的变化。

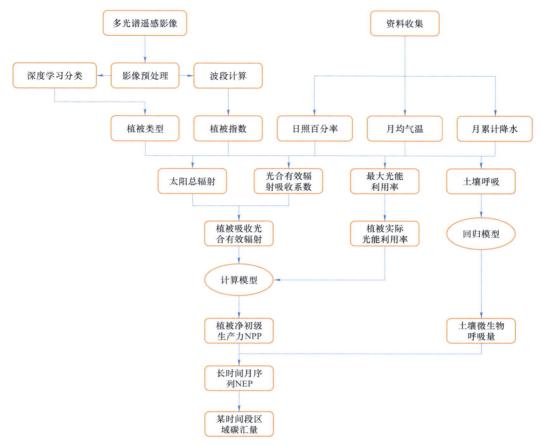

图 7-23　多光谱遥感方法计算 NPP 和 NEP 的技术路线

以畜牧业承载规模计算为例，可将畜牧业承载规模评价分为天然牧草地、增加农作物秸秆补饲、增加人工种草，用以评价多情景下牲畜承载规模。天然草地载畜量是计算畜牧业承载规模评价的重要因子，可利用遥感数据解译土地利用类型和计算植被净初级生产力（NPP），可以得出不同类型草地的产草鲜重，按照鲜干比换算成标准干草，再通过放牧天数、羊标准单位，计算出天然草地合理载畜量。在此情景的基础上增加农作物秸秆补饲载畜量。农作物秸秆载畜量是利用现状农作物产量、相应的草谷比折算出秸秆产量，再通过秸秆利用率、饲养天数、每日羊饲养量，计算出合理载畜量。

7.5　国土空间规划体检评估

7.5.1　应用概述

中国快速城镇化在改善人民生活水平的同时，伴随着土地、资源和环境等的牺牲。

城乡居民的需求已随着人居环境的改善发生了变化，对更稳定的工作、更满意的收入、更舒适的居住条件、更高水平的公共服务以及更优美的环境的期盼，成为基本"生活"之外的"品质"需求。因此，要实现国土空间的高质量发展，人民的期盼和城市病的加剧作为重要的内生动力，国土空间规划体检评估便成为重要手段。当前中国城市新发展阶段下，国土空间规划体检评估是国土空间规划、建设和管理工作的重要创新，是推进人居环境建设的系统化、精准化和科学化的重要工作方式，也是建设更健康、更安全、更宜居的城市，为人民群众提供高品质生活环境的重要抓手。

国土空间规划体检评估是国土空间规划顶层设计中的一项重要制度，其核心是提升治理体系和治理能力现代化。建立和运用好评估制度是中央有效行使部门职能的重要抓手，通过全国范围内常态化的国土空间规划体检评估工作，中央将及时掌握城市、城市群的发展状态及国土空间规划实施状况，形成全国一盘棋。国土空间规划体检评估也是国土空间规划体系整体制度设计中非常重要的一种创新型治理手段，有助于及时揭示空间治理中存在的问题和短板，成为支撑未来国土空间高质量发展、高品质生活、高水平治理，进行综合精准施策的有效制度。国土空间规划体检评估的目的是推进人居环境的高质量发展，通过监测、预警和评估等手段，尽早发现规划、管理和建设中的问题，补齐城乡建设短板和不足，给居民提供适宜的生态空间、舒适方便的生活环境、安全便捷的出行条件，保障居民的健康与人身安全，提高居民住房的可获得性，满足人民群众对医疗、教育、养老和其他公共服务产品的需求。

国土空间规划体检评估是对城乡人居环境状态、城乡规划建设管理工作的成效进行定期分析、评估、监测和反馈，准确把握城乡发展状态，发现城市病，监测城乡动态变化，开展国土空间治理工作，促进城乡人居环境高质量发展。国土空间规划体检评估的主要作用具体表现在：一是推动城乡发展的内涵回归以人为本，凸显以人民为中心的基本理念；二是改变城乡发展方式由粗放型、规模扩张向内涵型、高质量发展转变；三是促进城乡工作重点由重项目、重建设和重硬件向建设、运营和管理并重，软硬件运维和优化相结合转变；四是推进城乡治理体系和治理能力的现代化，实现由事后发现、检查和处理问题向事前监测、预警和防范问题转变。

7.5.2 需求分析

国土空间规划体检评估工作作为国土空间规划实施管理的配套措施，实行"一年一体检、五年一评估"的方式，对城市发展阶段特征及国土空间总体规划实施效果定期进行分析和评价，促进城市高质量发展、提高国土空间规划实施有效性。

逐步建立"省（直辖市）—市—区（县）—街道（镇）"多层级政府主体的联动机制，发挥好"横向到边、纵向到底"协同作用，对城乡发展阶段特征及国土空间总体规划实施效果定期进行分析和评价。结合当年规划实施的重点难点、突出问题和新的发展要求，明确总体要求、主要任务、进度计划、责任分工、组织保障等内容，有序指导体检评估工作开展。为了更高效、准确地评估各个方面，提供科学的决策支持，国土空间规划体检评估需要智慧化技术手段的支撑。在数据整合与分析方面，体检数据需要将来自环境、交通、人口、经济等多部门的城市数据进行整合。利用大数据技术和智能算法，可实现数据的自动整合、空间数据的实时更新和智能分析。在动态监测方面，国土空间规划体检评估需要实时监测各项指标，利用物联网和大数据分析，建立实时监测应用，可以更准确地把握城市状况的变化。在公众参与方面，国土空间规划体检评估需要提高居民的参与度，收集公众意见。通过线上与线下相结合的方式开展社会满意度调查工作，结合社会舆情、百度慧眼等互联网大数据调查分析群众对国土空间规划实施的满意度，查找群众感受到的突出问题和短板，调查结论和有关建议纳入国土空间规划体检评估报告。

此外，从规划管理的角度出发，需要建设国土空间规划体检评估数字化场景，用于整合数据分析、模型预测、决策支持等，辅助管理者更科学地制定城市发展策略。根据业务需求提供支持在线填报数据并对填报数据进行年度变化分析和横向对比分析等，形成体检数据资产，更好地为国土空间规划体检评估工作的持续开展做长期跟踪。在年度体检报告中，聚焦年度规划实施中的关键变量和核心任务，总结当年城市运行和规划实施中存在的问题和难点，从年度实施计划、规划、应对措施、配套政策机制等方面有针对性地提出建议。

7.5.3 技术路线

国土空间规划体检评估的工作思路是以指标体系为核心，基于目标、问题、结果三个导向，结合数据采集的可操作性，针对群众反映强烈的公共服务缺失、交通拥堵、城乡安全等问题，建立发现问题、整改问题、巩固提升的联动工作机制，努力建设没有"城市病"的城市。

1. 总体框架及建设思路

国土空间规划体检评估工作包括构建指标体系、收集资料、分析评价、成果应用等（见图7-24）。

（1）构建指标体系。结合相关法律法规、标准规范以及常态化国土空间规划体检评估工作聚焦的重点，着重从战略定位、底线管控、规模结构、空间布局、支撑体系及相关的实施保障等方面构建国土空间规划体检评估框架。国土空间规划体检评估框架应稳定延续，结合年度体检或五年评估工作方案的要求进行适当更新调整。

按安全、创新、协调、绿色、开放和共享六个维度建立指标体系，包括基本指标、推荐指标和自选指标。在基本指标的基础上，可结合本地发展阶段选择推荐指标；也可与地方实际紧密结合，另行增设城市发展中与时空紧密关联，体现质量、效率、结构和品质的自选指标。

（2）收集资料。收集国土调查及年度变更调查、自然资源专项调查、地理国情普查和监测、航空航天遥感影像、国土空间规划编制与审批、土地供应、执法督察等自然资源主管部门空间数据，经济社会发展统计数据，各部门专项调查统计数据，以及公开发布或合法获取的手机信令数据、兴趣点（Point of Interest，POI）数据、交通集成电路卡（Integrated Circuit Card，IC）数据、企业信息、位置服务、夜间灯光遥感、市民服务热线数据等城市运行大数据。对于国土空间规划体检评估指标，可收集多年连续数据，反映指标的变化趋势；对于突出问题，可开展实地专题调研，掌握第一手资料；对于公众需求，可采取问卷调查等多种方式了解在住房保障、公共服务设施、城市基础设施、公共空间、城市安全韧性等方面的问题及意见建议。

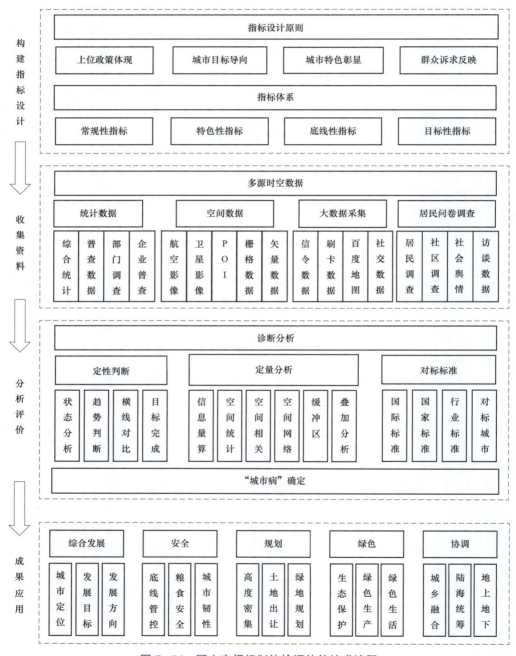

图 7-24 国土空间规划体检评估的技术流程

（3）分析评价。国土空间规划体检评估采用空间分析、差异对比、趋势研判、社会调查等方法，倡导大数据、人工智能等新技术和新方法的应用，对城市发展现状及规划实施效果进行分析和评价。推动国土空间规划"一张图"实施监督信息系统建设，将国土空间规划体检评估指标数据纳入信息系统，增强分析评价的智能化水平，使国土空间规划体检评估工作效能和信息系统建设得到同步提升。

（4）成果应用。各省、自治区和城市应结合实际，将国土空间规划体检评估成果应用于规划编制实施与动态监测评估预警、执法督察等自然资源管理工作中，支撑国民经济和社会发展规划及政府工作报告编制等综合事务决策。

2. 关键技术

（1）多尺度指标构建。对照多源指标尺度特征，分析维度覆盖市、区、街乡、区域不同空间层级。将体检指标、任务分解到区，整体评价任务推进情况，将人口、用地、重要公共基础设施分解到街道乡镇，同时建立面向街区生态的城市中微观尺度体检诊断技术，详细剖析各类设施的规模结构布局均衡性、服务基层生活需求有效性。

（2）多源数据融合。按照现状数据、规划数据、管理数据、社会经济等类别，将覆盖城乡、地上地下的基础测绘成果、国土调查成果、地理国情普查成果、矿产资源调查成果、各类规划成果以及社会经济大数据等与国土空间体检评估相关的数据进行汇聚，利用地形级矢量、影像、地形、地质等数据，城市级倾斜摄影、激光点云等新型测绘数据，部件级建筑信息模型（Building Information Modeling，BIM）数据、精模等精细化数据的无缝接入，不规则四面体网格和体元栅格等 GIS 场模型对物联网/互联网数据的具象化表达，通过 GIS 技术手段将上述不同采集形式、数据结构的信息进行统一融合，形成覆盖全域、全要素的相互关联、相互衔接、相互协同的统一数据平台。

7.5.4　关键应用场景及应用成效

1. 年度体检与综合评估

国土空间规划体检评估要依托国土空间基础信息平台建设完善国土空间规划"一张图"实施监督信息系统，形成贯穿规划编制、任务分解、体检评估、督查问责、反馈落实的规划全生命周期管理机制，衔接国土调查、用途管制、执法督察等自然资源全过程管理，提升国土空间规划体检评估功能模块智能化水平。同时，通过多源数据的耦合，引入新的城市分析模型和算法，支撑对城市不同领域的定量评估。通过引入手机信令、互联网数据抓取与可视化、街景图片识别、人工智能等新型技术方法，建立相关城市评估模型，分析识别城市人居环境问题，提高体检分析的智能化水平。

（1）国土空间规划体检评估方式。国土空间规划体检评估是一种定期评估和监测城市发展状况的方法，主要目的是对城市发展阶段特征及国土空间总体规划实施效果进行分析和评价。它是促进城市高质量发展、提高国土空间规划实施有效性的重要工具，可以分为年度体检和五年评估两种方式。

年度体检主要关注当年度规划实施的关键变量和核心任务，对国土空间总体规划实施情况的年度监测和评价。总结当年城市运行和规划实施中存在的问题和难点，并从年度实施计划、规划应对措施、配套政策机制等方面有针对性地提出建议。

五年评估是对照国土空间规划确定的总体目标、阶段目标和任务措施等，系统分析城市发展趋势，对国土空间规划各项目标和指标落实情况、强制性内容执行情况、各项政策机制的建立和对规划实施的影响等方面进行系统深入分析，结合规划面临的新形势和新要求，对未来发展趋势做出判断，并对规划的动态维护及下一个五年规划实施措施、政策机制等方面提出建议。

（2）国土空间规划体检评估内容。国土空间规划体检评估围绕战略定位、底线管控、规模结构、空间布局、支撑系统、实施保障等六个方面的评估内容（各地可根据当年实际情况进行调整），采取全局数据与典型案例结合、纵向比较与横向比较结合、客观评估与主观评价结合等分析方法，对各项指标现状年与基期年、目标年或未来预期进行比照，分析规划实施率。同时结合政府重点任务实施情况、自然资源保护和开发利用、相关政策执行和实施效果、外部发展环境及对规划实施影响等，开展成效、问题及原因分析。

1）战略定位。分析实施国家和区域重大战略、落实城市发展目标、强化城市主要职能、优化调整城市功能等方面的成效及问题。

2）底线管控。分析耕地和永久基本农田、生态保护红线、城镇开发边界、地质洪涝灾害、文化遗产保护等底线管控，以及全域约束性自然资源保护（包含山水林田湖草沙海全要素）目标落实等方面的成效及问题。

3）规模结构。分析优化人口、就业、用地和建筑的规模、结构和布局，提升土地使用效益，推进城市更新等工作的成效及问题。

4）空间布局。分析区域协同、城乡统筹、产城融合、分区发展、重点和薄弱地区建设等空间优化调整方面的成效及问题。

5）支撑体系。分析生态环境改善、住房保障、公共服务、综合交通、市政基础设施、城市安全韧性、城市空间品质等方面的成效及问题。

6）实施保障。分析实施总体规划所开展的行动计划、执法督察、政策机制保障、信息化应用场景建设，以及落实总体规划的详细规划、相关专项规划及下层次县级或乡镇级总体规划的编制、实施等方面的成效及问题。

（3）国土空间规划体检评估的多维诊断方法。面对日益庞杂的城市巨系统和瞬息万变的信息流，国土空间规划体检评估应注重新技术和新方法的综合运用，采取多层次多维度、全要素多主体、重思辨可验证的技术方法，确保国土空间规划体检评估结论的科学合理。

1）整体分析和局部透视相结合。国土空间规划体检评估以评价市—区级实施状态为主，按照"分区、分级、分类、分项"思路，分析各类空间要素的规模、结构、布局、效益等情况；同时将关键指标、设施建设和实施任务下沉至街道（乡镇）和社区，建立面向街区生态的城市中微观尺度体检诊断技术，详细剖析各类要素、设施的布局均衡性、服务基层生活有效性、资源利用高效性。针对某一特定地区（如重点功能区、产业园区、城乡接合部、区域跨界地区），可开展专项问题的深入分析，将全市整体分析和局部地区透视相结合。

2）传统数据和时空大数据相结合。传统数据具有权威性，时空大数据具有空间统计灵活性、实时性、连续性以及唯一性的特点，应有效整合多源数据，以空间坐标为基底，结合区域—市域—区—街道（乡镇）—社区（村）等不同尺度，建立数据空间标准化和多尺度融合处理算法，汇入基础信息库。从数据空间尺度关联、多维统一口径、时序连贯可比等方面，对国土空间法定数据、统计调查数据和时空大数据实现有效融合，深化完善多尺度多维数据融合关键技术。通过多源数据相互比照、相互校验，可以对同一个问题进行更为综合客观的分析，使国土空间规划体检评估结论更具权威性，如分析人口规模，可以用统计数据、手机信令数据，以及居民用水、用电数据进行综合判断。又如北京利用 12345 市民服务热线数据，分析可知市民关注的问题主要集中在停车管理、违法建设治理、物业管理等方面，反映出重建设轻管理、管理代替治理、基层治理能力弱等问题。

3）单要素特征描述和多要素交叉分析相结合。城市发展中的问题相互关联、互为因果，对单一要素的趋势性分析往往不能做出科学全面的判断，考察要素之间的互动关系、匹配性、协调性更为重要。通过人、地、房、产、业、绿、水、能、流、钱等多要素交叉分析，深入挖掘城市发展中面临的不平衡、不协调和不可持续的问题及其原因。比如北京中心城区人口疏解减少的同时，就业持续增长，"一减一增"带来职住结构的进一步失衡和更多的跨区域通勤，需要提出预警并采取对策，所以对结构的关注比单一要素规模本身更重要。又如北京在减量发展的同时，实现人均、地均、房均效益的"三升"，这充分说明以前靠要素投放，通过增加人口、土地和住房规模的发展模式转变为更多依靠创新驱动发展，城市发展质量明显提升，契合总体规划提出的科技创新中心的目标定位。

4）纵向历史分析和横向城市比较相结合。国土空间规划体检评估指标和发展特征分析基于历史维度、横向比较和发展阶段，以有利于准确评价城市发展状态。年度体检以评价一年的变化为主，但针对一些基础性要素的分析，可以观察更长时间周期的变化，如北京在全国人口老龄化和外来人口规模（以年轻劳动力为主）减少的双重背景下，常住人口年龄结构快速老化需要警惕并反馈人口政策的制定。在横向城市比较方面，选择在城市规模、性质等方面相近的城市之间开展比较研究，并考虑不同的发展阶段和政策、文化环境，如北京在选择对标城市时，国内的上海，国外的东京、纽约、巴黎、伦敦等人口 2000 万人以上、功能高度复合的大都市常常是比较的对象。

5）案例解析和实施环境分析相结合。国土空间规划体检评估过程中除了全局数据分析外，更需要针对国土空间规划体检评估中反映出的一些涉及面广、难度大、需要大力改革创新的领域进行典型案例解析，挖掘问题背后的机理，寻求解决问题的深层路径。如当前北京每年投放存量用地超过 50%，存量更新主要集中在历史文化街区平房修缮、老旧小区改造、老工业厂区和老旧楼宇更新等 4 种类型。通过典型案例的全流程分析，存量更新的瓶颈主要体现在制度政策、标准规范、审批流程上，利用国土空间规划体检评估工作应用场景上报，推动建立了市级协调机制和有关政策的出台。

6）客观评估和主观评价相结合。将数理分析的客观评估结论与市民切身的主观感受相比照，找到契合点和差异点，修正体检结论，体现人本关怀。比如北京城市体检中，针对 22 个重点社区，对比满意度调查的主观评价分值排名和基于大数据的客观评估分值排名，发现存在一部分客观评估尚可、主观满意度不佳的现象，凸显出部分地区、部分领域的治理投入并未切中市民真实需求，无法带来可感知的获得感。通过这种主客观比较分析，掌握居民需求和城市治理之间的匹配度，研究提升规划建设服务居民实际需求的能力。

2. 专项评估

国土空间规划体检评估还可以单独进行从资源利用、生态环境、经济发展、社会和谐、灾害风险等不同的角度对国土空间利用和管理的成效进行评估，提供规划决策的科学依据，确保规划的合理性和可行性，实现国土空间的可持续利用。例如，通过社区生活圈评估，可以考虑规划对居民、社会公共服务等的影响，促进社会和谐发展。评估碳汇碳排放对环境的影响，目的是确保规划的可持续性，减少环境破坏。灾害风险评估有助于识别可能的风险，并采取预防和应对措施，降低规划实施过程中的不确定性和风险。下文将以这几类专项评估为例进行具体阐述。

（1）社区生活圈评估分析。2021 年 3 月，"十四五"规划纲要提出推进以人为核心的新型城镇化战略，通过城市更新等行动提升城市品质，人民群众营造更高质量的城市生活。在此背景下，社区生活圈成为建设以人为本宜居城市的关键。近年来，城市发展也逐渐从"单中心"向"多中心"转变，使得传统的以居住配套设施建设为主的公共服务设施的配置逐步向以人为中心的多元多诉求社区生活圈模式过渡，涵盖社区服务、就业引导、住房改善、日常出行、生态休闲、公共安全等方面内容，更加提升了公共服务的品质提升和社区治理方式的精细化，引领全年龄段不同人群的全面发展，塑造"宜业、宜居、宜游、宜养、宜学"的社区有机生命体。

自然资源部发布的《社区生活圈规划技术指南》指出，要通过开展现状评估、制定空间方案、推进实施行动、动态监测维护四个环节的工作，明确社区生活圈实施路径。加强现状评估和居民意愿调查，全面评估社区生活圈的实际建设情况与服务要素需求，查找服务盲区，形成问题清单。针对各类问题明确社区生活圈的发展目标和关键策略，梳理空间资源，有针对性地完善各类服务要素内容。结合需求的紧迫性、实施难易度和实施主体积极性等因素，形成分阶段建设目标和计划，落实实施主体和经费，并结合老旧小区改造和乡村建设行动等政策要求，推动项目实施。利用大数据等信息与智慧技术，实时监测服务要素的运营情况和需求反馈，纳入国土空间规划"一张图"进行管理，定期开展评估，及时调整规划及实施计划，同时调动各方力量共治共建，部门加强协同、公众深度参与和社会多维共建的规划实施思维，形成共商、共建、共治的社区治理格局。

1）社区生活圈的空间界定。评估社区生活圈，首先需要用统一的标准和技术方法界定生活圈的空间范畴。按照城市路网，基于街道社区、镇行政管理边界，结合居民生活出行特点和实际需要确定社区生活圈范围，并按照出行安全和便利的原则，尽量避免城市主干路、河流、山体、铁路等对其造成分割，通过最短路径规划模型测度步行时间内居民出行可达范围划分社区生活圈，其中居民在5分钟、10分钟、15分钟步行可达范围，分别对应的为社区5分钟生活圈、社区10分钟生活圈和社区15分钟生活圈。

2）社区生活圈评估类型。

a. 社区人口情况评估。通过性别、教育水平、收入水平、消费水平、私家车保有量、人生阶段等数据，对比城市平均水平，对小区群体进行人口画像描述，分析社区生活圈的人口结构，包括数量分布、年龄、性别、教育水平、职业、迁入与迁出等，通过对社区生活圈的人口数量、人口密度、人口结构和人口流动性进行评估，了解社区的人口情况，为社区规划、设施建设和公共服务提供参考依据（见图7-25）。

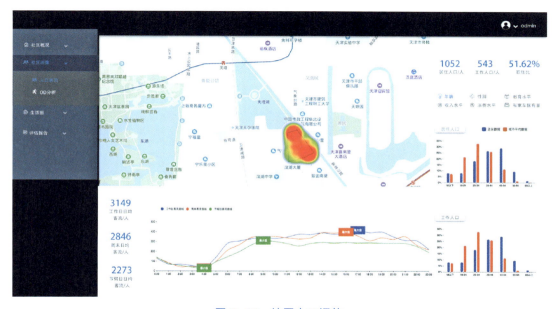

图7-25 社区人口评估

b. 公共服务设施评估。按照城镇、乡村各自的生活圈层级对社区服务、就业引导、日常出行、住房改善、生态休闲等几大方面分类开展评估。评估社区的配套设施建设情况，包括养老、教育、文化、体育、商业等，以及道路、交通、水电、通信等基础设施的完善程度和覆盖范围，根据相关规范提出的规范要求评估各圈层内设施的配建水平，评价各类设施建筑面积及用地面积是否达标、建设方式是否符合规范等（见图7-26）。

c. 社区出行便利度评估。将各圈层内地铁和公交线路数、站点数量进行分类比较，统计每个圈层内的地铁线路与公交线路数量，通过构建公共交通出行便利度模型，反映出社区的公共交通网络覆盖程度，比较各社区居民的出行便利度，探讨社区居民的出行特征，为改善和优化社区交通提供参考依据（见图7-27）。

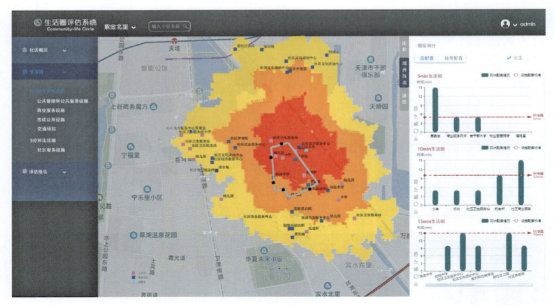

图 7-26　社区公共设施服务评估

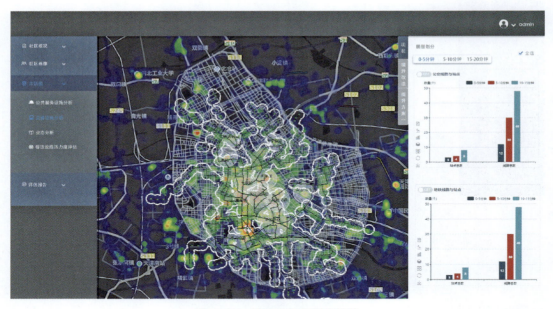

图 7-27　社区出行便利度评估

　　3）社区生活圈评估的智慧化支撑。在传统的评估工作中，针对社区的问题识别主要基于现场踏勘、问卷、座谈等方法，存在官方统计数据通常不够详尽，现场踏勘所需的工作量较大等种种问题，导致难以全面了解社区问题的真实状况。随着技术的进步，许多新技术的应用可以更有效地收集和分析与社区生活圈相关的数据。例如，传感器、无人机、智能设备、图像识别、空间分析等软硬件技术可以大大提升数据的采集效率和精度。通过不同技术手段和渠道收集政府政务公开、统计公报、手机信令、社会调查、公开地图等数据，并进行多渠道数据的相互校核，同时辅以现场踏勘和社区核查的手段进行数据确认，保障基础数据的真实与准确。通过 GIS 技术整合和可视化社区内的地理信息，包括土地利用、基础设施分布、自然资源等，更好地分析社区的空间结构和潜在的影响因素。利用大数据分析、人工智能和机器学习算法，发现潜在的模式和关联，帮助规划师更好地了解社区生活圈的动态特征，优化规划决策。

（2）国土空间规划低碳评估。2021 年 9 月 22 日，《中共中央、国务院关于完整准确全面贯彻新发展理念做好碳达峰碳中和工作的意见》发布，提出了实现碳达峰、碳中和的具体目标，把"双碳"目标纳入经济社会发展全局。2021 年 10 月 21 日，中共中央办公厅、国务院办公厅印发《关于推动城乡建设绿色发展的意见》，再次强调落实碳达峰、碳中和目标任务，全面实现城乡建设绿色发展，碳减排水平快速提升，并要求建立健全"一年一体检、五年一评估"的城市体检评估制度，将绿色发展纳入评估指标体系。

上述工作对国土空间规划以及前沿技术应用提出的新要求。一方面，建立国土空间规划体系是实现绿色低碳目标的引领性、基础性工作，需要将绿色低碳目标、相关任务与指标在五级三类的国土空间规划中得到贯彻和落实；另一方面，还应持续加强国土空间规划信息化建设和新技术应用，通过技术赋能来进一步提升规划编制的科学性、实施管控的精准性以及监督评估与反馈的及时性，加强对规划全周期管理过程中低碳场景的探索与支撑，为绿色低碳目标的实现保驾护航。

1）国土空间规划低碳评估的内容。开展国土空间全域全要素低碳评估，对国土空间规划各类要素，如工业、交通、建筑、农业、能源生产和使用等的碳排放进行详细评估。同时考虑国土空间内各个区域的生态系统，包括森林、湿地等，评估它们对二氧化碳的吸收能力。通过基础信息平台接入各类传感器实时探测和各类专项调查数据，以及规划管控数据、规划实施审批数据和遥感、互联网、物联网等多源感知大数据，摸清现状碳排放和碳汇本底，建立碳排放和碳汇空间数据库，夯实双碳评估核算基础，以确定碳排放量。

构建国土空间规划低碳评估的模型，是实现低碳评估核算的重要环节，包括构建碳排放模型、碳中和评估模型等，主要涉及经济、能源、环境等方面。梳理全要素影响因子，通过公式和参数定量计算碳排放和碳汇。可引入机器学习、大数据、系统动力学和其他技术体系，基于城区、街区和社区等不同空间尺度的碳排放和碳汇要素，将能源、建筑、交通、废弃物、绿地等不同领域进行整合，评估国土空间规划的绿色低碳目标，为后期规划管理提供依据。

2）国土空间规划低碳评估的应用。结合国土空间规划技术体系，针对不同场景展开低碳模拟和评估，创建空间规划低碳专题技术体系。在详细规划的编制、实施、修改与评估的全周期管理过程中，可充分引入构建的详细规划碳排放模拟模型，通过数字化技术，实现对不同的规划新编或修改方案的碳排放评估与模拟推演，并将推演结果进行可视化比对分析，更加直观、清晰地反映低碳视角下规划方案的科学性和合理性，从而辅助规划管理决策，强化"碳达峰""碳中和"目标在规划编制以及动态调整过程中的贯彻落实。面向规划实施评估阶段，基于构建的"碳"评估模型，实现对各单元规划确定的"碳达峰""碳中和"目标成效的动态评估，针对碳减成效不理想的单元，提供影响因子的关联分析展示功能，辅助支撑该地区各类开发建设活动和社会经济活动的管控决策（见图7-28）。

图7-28 绿色低碳国土空间规划评估

（3）国土空间规划灾害风险评估。近年来，国家大力推进治理能力和治理体系的现代化，城市公共安全日益受到重视。新一轮国土空间规划要求统筹好发展和安全两件大事，为提高城市自身风险防控能力，建设安全韧性城市提供保障。在全球极端气候变化频发的背景下，城市面临的灾害风险挑战越来越大，合理地进行国土空间规划，应对可能加剧的极端天气事件，如洪水、干旱和风暴等，对国土空间长期安全和发展战略息息相关。随着韧性城市上升为国家战略，国土空间规划需通过国土资源的合理利用，提高城市自身风险防控能力，保障人民生命财产的安全以及社会经济的可持续发展。灾害风险评估是国土空间规划的基础工作之一，也是支撑城镇安全发展、国土空间格局优化的重要技术手段。积极探索国土空间风险评估，力求在新时期以更科学更精准的方法量化城市可能面临的风险，以期在国土空间规划过程中制定防灾减灾专项对策，增强城市韧性，促进可持续发展。

1）国土空间规划灾害风险评估的技术方法。

a. 基础数据的获取与分析。包括使用遥感技术收集并分析地形、地貌、植被覆盖等数据；通过大数据及管理部门相关记录收集灾害历史数据，分析灾害频率、影响范围、造成的损失等；踏勘调查，收集并分析地质结构、土壤稳定性、建筑物耐久性等；通过物联网（IoT）技术，使用传感器进行实时环境监测，如气象条件、水位、空气质量等。

b. 灾种的选择。基于基础数据的分析，结合地理和气候条件特征、历史灾害发生概率、当地防灾重点关注领域等，判定本区域主要的灾害风险。重点考虑与国土空间规划相关的风险，包括气象洪涝灾害、地质灾害、海洋灾害、重大危险设施事故、市政供应事故、地下空间风险和大规模的传染病等。

c. 构建风险评估模型。通过建立数学模型量化灾害发生的概率以及可能造成的影响，评估社会、环境对灾害的敏感性和适应性，如气候变化模型、城市扩张模型和灾害风险评估模型，将不同的数据层整合到一个综合的风险评估框架中。通过仿真模拟来预测城市形态的变化，以及不同灾害情景下的影响和结果。

d. 动态评估风险等级。基于历史与现状，综合考虑气候变化以及未来城市发展的影响，合理评估风险等级。联合国政府间气候变化专门委员会第六次评估报告指出未来极端天气事件将明显增加，国土空间需要面临更多更高的气候风险挑战。同时，城市发展对土地利用、人口密度和基础设施的影响，可能造成风险等级的变化。例如，城市扩张对洪水风险的影响，高密度建设对热岛效应和能源需求的影响等。

e. 划定风险分区。基于综合风险评估的结果，科学划分不同的灾害风险区域，如洪水易发区、地震高危区、滑坡敏感区等。在国土空间规划中，结合城市的发展规模和功能定位，以及关键的功能布局，为每个风险区域制定相应的建设标准和限制，调整城市规划和发展策略。

2）国土空间规划灾害风险评估的应用。国土空间规划灾害风险评估的信息化应用，可提高灾害风险评估的准确性和及时性，辅助相关管理部门的决策，加强各方之间的协调合作，提高公众的风险意识，最终减少灾害对社会和经济的影响。可通过可视化工具（如 3D 地图和虚拟现实技术），直观地展示灾害风险和影响区域，帮助决策者和公众理解复杂的风险信息。通过开发决策支持系统，整合多方面的数据和分析结果，为规划者和应急管理部门提供实时的决策建议。例如，将灾害风险评估结果接入国土空间规划"一张图"实施监督系统，通过可视化模拟为城市规划和建设提供安全指引，为城市防灾决策提供支持。

7.6　调整优化

7.6.1　应用概述

调整优化是国土空间规划全生命周期管理中的重要一环，是保证规划科学性、合理性和动态性的关键举措。《中共中央、国务院关于建立国土空间规划体系并监督实施的若干意见》（中发〔2019〕18 号）明确指出要"结合国民经济社会发展实际和规划定期评估结果，对国土空间规划进行动态调整完善"；《自然资源部关于进一步加强国土空间规划编制和实施管理的通知》（自然资发〔2022〕186 号）明确要求"实现各级规划编制、审批、修改、实施全过程在线管理"。

国土空间规划具有前瞻性强的突出特点，由于规划实施落地周期长，加上受到诸如重要战略部署调整、行政区划调整、重大项目决策、重大风险问题和到期修订等一系列内外部因素影响，容易出现空间格局不协调、要素配置不均衡、资源利用不高效等问题，需及时对用地规模、空间布局、设施配套等方面的内容做出对应的调整优化，保障国土空间规划的科学性、适应性，满足国民经济和社会建设的需要。

国土空间规划调整优化主要存在以下几种情况：一是原有国土空间规划的基本原则和框架因战略决策需要作出调整的，例如产业结构的重大调整或经济社会发展方向的重大变化，机场、港口等项目调整或地区人口规模大幅度增长造成地区空间布局重大变更，以及重大自然灾害抢避险和行政区划调整涉及的重大决策等。二是在规划实施阶段，由于重大项目落地建设、全域土地综合整治、城市更新等相关工作，可能涉及用地范围调整、土地用途调整和的确要占用永久基本农田和耕地、占用生态保护红线等情况，需要及时进行规划调整并报上级主管部门审批。三是规划实施监督和年度体检评估，对规划实施潜在风险问题的识别，特别是建设用地规模总量突破、耕地保护红线守不住等情况，需要在综合判定后及时作出规划调整优化。四是在现行的国土空间规划体系下，各级各类国土空间规划的编制和修编时限不尽相同，特别是涉及上位规划需要调整的，从国土空间规划的传导衔接考虑，就需要进行适应性的调整。

强化国土空间规划调整优化的科学性、动态性，是新时期国土空间规划从传统静态蓝图管理型规划向动态治理型规划转变的重要途径。在国土空间规划全周期管理中，相较于规划编制审批、实施监督、体检评估工作，规划调整优化的效率和质量是地方规划治理关注的焦点。随着国土空间规划的技术方法进步，特别是"空—天—地—网—海"立体感知监测体系的建立健全，以及人工智能、大数据等数字技术的成熟发展，极大提升了国土空间全域全要素的动态感知监测和科学评价评估能力，让国土空间规划现状和风险问题的精准识别和动态预警成为可能。鉴于国土空间规划的前瞻性、综合性、复杂性、系统性特征，以智慧规划为导向，国土空间规划调整优化利用新一代数字技术赋能，需要重点提升调整优化的动态调整反馈、论证模拟和方案评估能力，强化协同会商水平。综合来看，智慧国土空间规划调整优化总体依托国土空间规划"一张图"实施监督信息系统，为规划调整优化建立可动态调整反馈、智能论证模拟、多跨协同会商的在线工作平台，构建新时期规划调整可预警、可模拟、可追踪、可会商的工作机制体制。

7.6.2 需求分析

国土空间规划的调整优化，从内容上涵盖总体规划、详细规划和专项规划在内的各级各类国土空间规划，在程序上包括调整优化的认定、规划方案编制/修改、规划方案审查报批，层次上通常分为重大调整和一般调整，涉众上包括不同层级政府部门、规划编制单位、公众等。结合前述的现状理解，保障规划引领权威性和调整优化效率性之间的平衡，进而减少国土空间规划实施的风险和损失，是国土空间规划调整优化的关键需求。这是因为，一方面，由于缺乏足够的政策法律支撑、技术工具、管理制度等，国土空间规划中的一些重要内容难以得到实时动态的有效维护；另一方面，一些国土空间开发利用中暴露出来的问题和矛盾，未能及时根据现实需求进行合理调整，在一定程度上阻滞了社会经济发展。因此，面向智慧国土空间规划，调整优化就是要能够同时兼顾规划内容科学性、引领性和调整优化的动态性、高效性，并践行"以人为本"的现代化治理理念，让整个调整优化始终兼顾各方关系人的权益诉求，体现协同、众商、众治。

（1）保障规划科学性、引领性的需求。从国土空间规划调整优化的全过程来看，规划内容科学性、引领性是驱动点，同时也是制约点。究其原因，一是规划调整优化的法定依据并不够明晰和完整，过去可以根据修改的需要在论证过程中"变通"地对修改依据进行选择，在一定程度上影像了论证的合法性、合理性。二是规划调整论证、审查的评价标准和规则不统一，对必要性论证和修编成果审查存在千人千面的理解认知，导致前后衔接不畅容易引发反复论证、反复修改的问题，影响了规划的权威性、引领性。为保障规划权威性、引领性，智慧国土空间规划调整优化可以重点从规划调整论证认定、审查报批环节出发，系统性梳理针对各级各类国土空间规划调整优化的核心指标、关键原则标准和评定规则，在构建统一标准规范和业务规则体系的基础上，建立智能化的辅助决策工具，形成从论证认定、方案编制、审查报批全过程的决策工具集，可以动态预警提醒、科学充分论证、精准指导编制、高效审查报批，形成统一标准、统一管控、统一决策的工作机制。

（2）提升调整优化动态性、高效性的需求。国土空间规划从静态管理走向动态治理转型的关键，就是在国土空间规划全周期能够动态发现不足和问题，及时合理调整优化，以高品质规划和高效能治理响应社会经济发展需要。智慧国土空间规划调整优化的动态性、高效性，可以从调整优化的程序支持和技术手段支持两个方面来进行分析。其中：在程序支持方面，国土空间规划调整优化的论证认定、方案编制和审查报批全工作过程，往往因为程序复杂使得进度一拖再拖，再加上上级规划部门管控和规划事权下放之间的平衡问题，调整优化的规划成果正式报批完成已经经过了相当长的一段时间，甚至存在需要再次调整的现象。在技术手段支撑方面，国土空间规划调整优化认定的情况复杂，相关技术标准规范和尺度准则存在不统一、不清晰的情况，决策工具的建设成本高、实用性不强，导致不同时期、不同部门和不同背景专家对同一问题的认知和判断形成不同的结论建议，进而引发反复论证、反复审查、反复调整的现象。

因此，智慧国土空间规划调整优化，需要融合运用大模型、三维虚拟仿真、大数据等技术手段，打造数字孪生情景展现和可自主学习、持续优化的分析决策能力，建立实时反馈与响应的工作机制体制，对需要进行调整优化的规划风险、潜在问题等进行动态识别和提醒，对调整优化进行科学论证和规划成果的高效审查，提升国土空间规划调整优化的动态性、高效性。

（3）维护规划人本性、平衡性的需求。新时期的国土空间规划是"以人为本"的高品质规划，具有维护社会公平、促进人与自然和谐共生的重要历史使命。国土空间规划调整优化需要构建一个以政府为主导，协同企事业单位、社会公众各方的协同会商机制，通过共研共商维护规划调整优化的公平性、协调性、可操作性。目前，国土空间规划调整优化在论证认定、方案编制和审查报批全过程支撑还相对缺乏，对不同类型的规划调整的统筹考虑不全，对协同会商的支撑主要是会商意见的记录和流转，缺乏完整工作周期的应用和对跨部门协同会商的支撑。因此，智慧国土空间规划调整优化搭建在线会商协同服务平台，支撑政府、技术单位和专家能够在规划监测预警、调整论证认定、方案编制研究、审查报批的全过程都能够参与进来，通过全程在线、全程参与提升决策的持续性。

7.6.3 技术路线

1. 总体框架

按照"统一标准、统一底图、统一规划、统一平台"的重要思想，以智慧国土空间规划为引领，在依托国土空间规划"一张图"实施监督信息系统的基础上，智慧国土空间规划调整优化就是要利用云计算、人工智能、三维 GIS 等新一代数字技术，建立以实景三维时空为基座、以云协同共享为枢纽、以智慧决策为赋能引擎，构建统一技术标准、统一规划管控、统一支撑平台，围绕动态预警、模拟论证和协同会商三大场景提供服务，补足现阶段规划调整优化关键能力短板，推动建立健全在线动态可预警、可反馈、可协同、可决策的国土空间规划调整优化框架，促进国土空间规划调整优化相关的制度、流程、模式、方法的改革与完善（见图 7-29）。

（1）动态调整。针对需要规划调整的情况进行动态调整，通过对国土空间状况变化、各级各类规划传导情况监测和重大项目落地过程中所需要进行规划调整的情况进行识别，并基于相应的机制进行调整预警信息的汇总、发送和提醒。

（2）论证模拟。针对方案论证模拟的专业性、复杂性特征，从方案在目标规模合理性、空间布局协调性、设施配套适应性等层面进行多维度评估，并通过规划调整优化方案实施的影响模拟推演，对规划调整优化方案的可落地性进行预期评价。

（3）协同会商。针对规划调整优化的申请和方案论证模拟所涉及的跨层级、跨部门的审批管理和协同会商工作，提供多跨协同管理和数字化会商的技术，为规划调整优化的依法申请和方案论证模拟的科学落地提供支撑。

2. 建设思路

在推进智慧国土空间规划调整优化的过程中，按照科学统筹、有序推进的具体要求，整体构建包含"理现状、定标准、做治理、聚知识、提能力、做连接、搭场景"7 大关键步骤的建设思路，形成"系统梳理、架构设计、协同建设、反馈优化"的可复制、可参考工作模式。

（1）理现状。结合本级规划事权，从各类国土空间规划调整优化的场景出发，梳理现有调整程序、技术方法和评价评估规范、数据和工具支撑情况等，支撑系统性地发现调整优化存在的问题，分析智慧调整优化的差距和基础条件，为后续各项工作任务的推进奠定基础。

（2）定标准。在现状梳理的基础上，按照统一数据支撑、统一流程协同、统一管控要求，建立智慧国土空间规划调整优化的统一技术标准体系，涉及业务流程和数据标准规范等，实现调整程序、调整评估审查和数据应用的规范化、标准化定义。

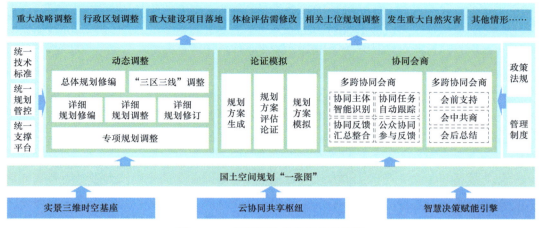

图7-29 规划调整优化的总体框架

（3）做治理。治理包括业务治理和数据治理。业务治理主要是围绕规划调整优化在论证认定和审查报批程序上可能存在的环节交叉、内容重复、权责重叠等情况，在确保规划调整程序的合法性基础上，对内外协同流程和机制做一些合理的合并或优化调整。数据治理则是从支撑调整优化的角度出发，重点对现有支撑数据存在的数据支撑不完整、版本不一致、内容有冲突、关联不清晰等情况进行治理，提升数据内容的权威性。

（4）聚知识。主要针对国土空间规划调整优化中涉及的底线管控、规模约束、传导衔接等指标、规则和模型算法，在做现状梳理的基础上，从论证认定、方案编制和审查报批全过程出发进行分类分级，形成统一规划管控的指标体系和论证分析模拟的模型算法等，并通过数字化转译成为计算机可识别、可计算的数字化知识资产，分类建成规划调整优化的规则库、指标库、模型库，为智慧分析决策提供知识引擎。在此基础上，利用人工智能的认知推理和通用大模型等，建立可自主训练学习、持续更新迭代的专业推理库，支持智能化、智慧化决策。

（5）提能力。充分运用大数据、人工智能、三维GIS技术等，重点提升国土空间规划调整优化的高效协同联动能力、智慧论证模拟能力和方案全景表达能力，增强规划调整优化的动态性、科学性、公平性。其中，协同联动能力主要是通过技术手段建立跨层级、跨系统、跨部门等的多跨参与、动态反馈、协同管理的渠道，加速调整优化的程序公开、信息透明和论证审批的及时性；智慧论证模拟能力则是利用新一代数字技术的智慧赋能，支撑方案自动生成、科学论证、仿真模拟和智慧决策，并可以通过自主训练学习和反馈优化不断迭代演进；全景方案表达能力则是依托三维GIS与XR（VR、AR、MR等技术融合的统称）技术，在全维度精细化表达基础上，提升规划方案仿真推演能力和现实沉浸感。

（6）做连接。针对各类国土空间规划调整优化各环节的涉众，通过云端互联的形式建立一个连接规划生态在线协同服务平台，在不同的业务环节可通过支持集中或松散的

275

多元化接入方式进行参与，实现规划调整优化的协同治理。其中：在上下级规划部门之间确保规划调整优化审批审查的权责分明和业务联动，在平行部门之间支撑信息共享和协同会商，在政府和社会、企业之间实现公众参与、规划共商。

（7）搭场景。围绕国土空间规划调整优化的动态预警、论证模拟和协同会商，按照信息共享、业务协同、模式再造的总体指导思想，搭建对应的业务应用场景，提升规划调整优化响应的及时性、高效性，增强规划调整优化论证模拟的科学性、智慧性，完善国土空间规划全周期数字化管理、智慧化决策的动态工作闭环，维护规划引领的权威性。

3. 关键技术

在"可感知、能学习、善治理、自适应"的智慧国土空间规划框架下，结合规划调整优化在动态及时响应不足、论证模拟科学性不够上的关键需求，引入大数据、规则模型引擎、人工智能、三维GIS、云等智能技术，提升规划调整优化的数据感知、知识学习、调整预警、模拟推演、多跨协同能力，为动态预警提醒、科学论证模拟、高效协同会商提供支撑。

（1）规划调整优化多源大数据融合治理技术。充分运用物联网、大数据、知识图谱技术，加强对规划调整优化相关数据的实时感知、传输、处理与融合应用。通过卫星遥感、监控视频、电子围栏、GPS等各类传感设备，持续对变化的国土空间现状、开发利用、社会经济等数据进行获取与处理。通过调查测绘、物联传感、互联网抓取和其他开发共享等各渠道获得的多模态数据，按照统一时空基准融合到国土空间规划"一张图"上。同时，分析各类数据支撑的完整性、一致性的情况，开展数据治理，并根据各类要素之间的空间关系、业务关系、时序关系等构建规划调整优化相关要素的知识图谱，并进一步挖掘隐藏在大量数据中的知识。通过多源数据融合与治理，为开展调整优化的问题诊断、动态预警提供精准可靠的基础支撑。

（2）规划调整优化规则数字转译技术。规划调整优化涉及大量的规划管理知识，这些知识主要来源于各项政策法规文件、标准规范、业务专家经验、规划管理常识等，信息比较分散。将政策文件、标准规范、专家经验和规划常识进行体系性梳理，并基于统一标准规范将文本化、经验化的管理要求转化成计算机能够识别的数字规则，构建一套针对规划调整优化的指标、规则、算法和模型库，例如上下位规划冲突识别规则模型、建设项目合规性分析规则模型、动态预警规则模型、规划调整方案审查规则模型等。通过规则模型引擎将这些知识进行统一管理，为规划调整智能应用提供分析判断的依据和自动计算能力，提升规划调整的科学性和智能性。

（3）规划调整智能预警与方案推演技术。将规划调整优化的海量数据、管理知识"投喂"给计算机进行学习，构建出具有自主学习和推理能力的规划调整优化智能模型，实现多场景、多任务的智能交互和服务。例如，基于AI的图像识别技术可以对遥感影像、监控视频等图像内容进行自动提取和智能融合识别，对空间要素变化识别、违法行为防控、冲突问题诊断与预警等提供智慧支撑；通过生成式人工智能、大模型等技术，在学习海量规划设计方案并进行模型训练的基础上，可以实现输入文字、指标、图片等控制条件来自动生成规划用地方案、建筑体块布局方案、总平图、建筑效果图等，支撑规划

276

调整优化的前期研究和方案快速推演。同时，可以让计算机不断补充学习规划调整优化相关知识，对规则库、模型库进行持续的自主训练和迭代优化，不断提升调整预警、方案推演的精度和速度。整体上，AI 技术有助于推动建立认知—判断—决策—反馈全路径的智慧规划新生态，加速"人脑+电脑"的数字化决策协同模式，全面增强评估分析、模拟推演、多元服务的科学化、精准化、个性化服务。

（4）规划调整方案三维仿真模拟技术。充分依托全面推进实景三维中国建设的有利条件，基于数字孪生、元宇宙所依赖的新一代三维 GIS、XR 等关键技术，从智慧国土空间规划的全要素分析模拟和立体时空全景仿真呈现的角度出发，提供全新的规划视图。其中，三维 GIS 指融合 WebGL、游戏引擎、BIM/CIM 等技术，赋能三维立体国土空间的数字孪生基座建设，支持可展示、可分析、可计算、可模拟的数字国土空间建设；XR 技术指 VR、AR、MR 等技术的交互融合，可以营造虚实结合的数字化环境以及新型人机交互方式，为用户带来虚拟世界与现实世界之间无缝转换的"沉浸感"。基于上述相关技术，能够在动态预警、论证模拟、协同会商的场景应用中，给政府领导、技术部门、规划师、专家和公众等提供一个全景化立体动态的视图，将规划调整方案精准落位到现状三维空间中，逼真模拟规划调整方案落地实施后的情况，并通过三维空间分析、三维漫游、方案比选等应用提供决策支持。特别是随着虚拟仿真设备和交互技术的发展，未来可以让规划评估分析和规划调整优化方案的论证模拟能够更加真实，提升规划方案的表达生动性和可感知能力，使得国土空间规划调整优化兼具技术高度和情感温度。

（5）基于云的多跨协同、多端共治技术。以分布式、虚拟化、信息安全等技术为核心，通过互联网提供动态的、可扩展的和时常虚拟化的资源来服务用户，以灵活、弹性的方式，将信息、算力、知识、服务等内容提供给具有多元化、个性化需求的用户。云有助于建立一个规划部门和其他平行部门、企业、规划师、专家、公众等各类群体能够在线接入的渠道，在智慧国土空间规划调整优化的全周期建立连接和互动，相关群体可以通过"云+端"的不同组合接入，上下级规划部门进行论证认定、审查审批、数据汇交等业务联动，平行部门、专家、公众、规划师可以对规划调整优化进行意见反馈和众规众创。

7.6.4　关键场景及应用成效

1. 动态调整

国土空间规划动态调整是智慧国土空间规划"可感知、能学习、善治理、自适应"的重要体现。基于全域全要素国土空间开发利用保护的现状，采用如遥感解译、铁塔视频解译和红外线动态监测等手段，结合国土空间开发利用保护全链条情况的动态跟踪等，对已完成编制的国土空间规划内容进行调整优化的动态化、智慧化反馈，支撑国土空间治理现代化。

目前，国土空间规划的动态调整还处于探索中，还未出现较成熟的国土空间规划动态调整场景，而是分散在单个业务中，如重大项目进行可行性研究和实施中，对无法避让永久基本农田需要进行耕地占补平衡的情况进行动态反馈。本节从国土空间状况变化、规划传导和项目落地建设三个主要情景方面，对涉及国土空间规划动态调整的智慧应用场景进行探讨。其中：国土空间状况变化包含自然地理格局变动导致与国土空间规划制定时依据的发展现状不符，如大型地质灾害导致的山体和地质变动、洪涝灾害导致农田自然灾毁等，从而影响后续规划实施计划和目标，需要对现有规划相关内容进行调整优化的动态预警；还包含人类实际的社会经济活动与国土空间规划制定时依据的人类社会经济活动预测值不符，如实际的人口出生率与制定规划时预测的人口出生率不符，从而影响后续规划实施计划和目标，需要对现有规划相关内容进行调整优化的动态预警。规划传导重点关注上位总体规划调整对下位总体规划、上位总体规划调整对下位详细规划的调整预警应用场景。项目落地建设方面主要包含重大项目建设占用永久基本农田需要进行耕地占补平衡的动态预警，不同重大项目建设空间落位冲突需要对相关专项规划进行调整的动态预警，以及全域土地综合整治项目对永久基本农田优化提升和对城镇开发边界优化需要进行相应规划调整的动态预警。

（1）基于国土空间状况变化的规划调整。

1）基于自然地理格局变动的规划调整。自然格局和地理环境是不断演变的，其中有自然引发的，也有人为引发的。如突发性大范围山体变动，新的自然灾害易发点出现，土壤结构和富含物质改变，森林、草原、湿地、湖泊的面积改变和河流改道等自然本底要素大幅改变。这些改变与已有国土空间规划编制时所依赖的自然资源本底要素规模、结构变化，进而导致已有国土空间规划制定的空间发展战略及目标要求需要适时调整优化，以符合实际发展情况。

结合现阶段国土空间规划进展，针对永久基本农田、生态保护红线和城镇开发边界构建调整优化必要性评估指标体系，对接动态监测手段如铁塔监测视频、遥感卫星影像等，通过计算机视觉大模型进行要素提取分析，如对地质灾害发生后引发大范围山体变动或河流改道等情况进行及时抓取，解译后使用城镇适宜性评价模型等进行分析评估，对需要调整规划的城镇开发边界进行动态识别，提示规划管理人员核实并进行城镇开发边界的调整优化工作。同时，也可基于大模型实现智能遥感解译，对因灾毁需要调出的永久基本农田的规模、范围进行快速识别，提示业务管理人员核实并进行耕地占补平衡的工作。

2）基于人类社会经济活动变动的规划调整。国土空间规划依据人类社会经济活动规律的预测进行空间规划的编制，如对人口流入规模的预测配套相应比例的公共服务设施。但是实际发展中，如实际的人口出生率与制定规划时预测的人口出生率不符，影响后续规划实施计划和目标。因此已编的国土空间规划要根据实际偏离情况及时调整规划发展要求，保证规划的科学性和合理性。

针对一定区域的各类设施、产业空间布局现状，结合人口、经济和社会现状情况，构建规划调整优化必要性的评估指标体系，将相应的指标与公共服务设施覆盖率评估等专业分析模型相关联，设立动态抽取管理数据的时间，定期综合判定现状发展实际情况是否已经极大偏离了已编制国土空间规划依托的人类经济活动规律基础，对极大偏离的情况进行智能化的判别。如定期从手机信令数据、交通 IC 卡数据、工商数据、人口数据等动态数据集中抽取人口、通勤、产业投资情况、人口在各类空间设施间流动频率等信息，关联对应的通勤模型、产城融合模型中，评估区域内产业规模、结构、布局是否符合规划发展要求，对出现重大偏差的情况，判断是否是由现状发展值与规划制定时预测值不匹配所导致的情况，及时提示业务人员复核和对规划内容的调整优化。

（2）基于规划传导的调整。

1）国土空间总体规划的调整。国土空间规划体系需要各级规划之间进行有效传导，当上位国土空间总体规划进行了调整修编后，受其影响的下位国土空间总体规划应该及时进行调整，保障规划的有效传导和落实实施。

省级国土空间总体规划在规划期内因行政区更改、重大发展战略变化、省内耕地保护面积目标调整、城镇开发边界调整、生态保护红线调整、功能分区调整等原因进行了修编后，将修编后的省级国土空间规划动态更新至"一张图"上，通过与历史规划数据的自动比对，标识出市级国土空间规划受到影响的内容，将需要修编的原因等工作任务信息推送至相关业务处室工作人员处，便于后续工作协作和衔接。同样，在市级完成相应的规划修编并上图入库后，与历史规划数据进行自动比对，标识影响区县级及乡镇级国土空间规划的内容。

2）国土空间详细规划的调整。详细规划要根据上位总体规划和专项规划的目标要求，制定可实施落实的管控要求，指导管控范围内各类开发保护项目的实施工作（见图 7-30）。详细规划的调整具体可分为修编、修改、优化和勘误几种情形。其中：详细

图 7-30 详细规划调整动态预警

规划修编是指因上位规划发生变更、行政区划调整、城市更新和重大建设工程落实等对详细规划的强制性内容产生重大影响的情况，需要以详细规划单元为基础有计划地开展详细规划修编；详细规划修改是指引起详细规划单元强制性内容发生局部变化，但又不对详细规划单元的主导功能、发展目标、结构布局、开发容量和设施配套产生重大影响的变更，包括单元导则的修改和地块详则的修改；详细规划优化是指详细规划实施过程中，对局部规划用地布局、规划技术指标等控制要求进行调整以及深化；详细规划勘误是对详细规划成果中存在表述错误或者信息误差进行勘误。

（3）基于项目落地建设的规划调整。

1）因重大项目无法避让的永久基本农田和生态保护红线的规划调整。严格管控保护已划定的永久基本农田，对无法避让永久基本农田的重大建设项目实行耕地占补平衡。在重大项目示意上图或精准上图后，自动抽取永久基本农田和永久基本农田储备区数据进行位置关联，对占用了永久基本农田和永久基本农田储备区的信息动态预警，提示业务人员及时核查调整重大项目落位和推进补充耕地方案，避免信息不畅引起的工作推进卡点或违法违规情况出现。如已批准的交通类专项规划中，将重大项目建设实现精准上图，并通过自动抽取套合对应区域的永久基本农田相关数据，判别出项目建设占用了永久基本农田的部分，并自动整合提取占用面积和占用图斑等关键信息，推送待复核工作任务至相关业务处理人员的工作待办列表中，提示对重大项目涉及的专项规划或已划定的永久基本农田进行相应的调整优化工作。此外，为加强生态保护红线管理，严守自然生态安全边界，同样可以对重大项目确需在生态保护红线内的情况进行判别，并推送至相关业务人员的待办工作列表中进行复核（见图7-31）。

图7-31　重大项目占用生态保护红线预警

2）因互相冲突的重大项目建设的规划调整。国土空间规划体系下的专项规划包含各类重大项目建设的要求和空间布局规划（示意上图或精准上图）。通过建立基于人工智能的自主学习能力，在人工构建的基础版规则库上，自动更新各类重大项目空间落位的管控规则，并定期自动启动空间落位核查，发现不同重大项目建设存在空间落位冲突的进行动态预警，提示相关业务人员对相关专项规划的内容进行调整优化。如能源类重大项目在方案选址阶段发现与已发布的交通类专项规划中重大交通建设项目存在空间冲突且无其他空间布局替代方案，动态提示业务人员复核和讨论交通类专项规划的调整优化方案。

3）因全域土地综合整治涉及的规划调整。全域土地综合整治在优化国土空间格局、助力乡村振兴中发挥积极作用，在整治过程中往往涉及永久基本农田调整优化和城镇开发边界调整。永久基本农田的调整优化主要涵盖永久基本农田的调入与调出工作。其中：永久基本农田调出主要表现为不适宜作为永久基本农田地块、建新占用永久基本农田以及重大项目占用永久基本农田情况。永久基本农田调入则表现为现有优质耕地纳入永久基本农田、一般耕地提质改造后调入永久基本农田、新增耕地调入永久基本农田以及永久基本农田集中连片整治后纳入永久基本农田等情况。通过构建永久基本农田调整的应用场景，在永久基本农田调出和调入过程中，综合利用遥感影像、铁塔监测、调查勘察等数据，对涉及调整的永久基本农田调整的原因和情景进行研判，对具体涉及的空间位置、规模、质量等关键指标进行动态监测和分析，对调入调出的合理性、准确性和预期影像进行评估。例如：在永久基本农田调出的情景研判方面，可以对地块零星分散、规模过小、不便耕作、质量较差、土壤污染、生态修复需要等情形进行判别，作为不适宜作为永久基本农田需要调整的依据；也可以分析复垦建新中的安置房建设、重大项目建设需要占用永久基本农田的情况。在对调整方案的合理性评价评估方面，基于永久基本农田调整的重要准则，对整治区域内新增永久基本农田面积原则上按照不少于调整面积的 5%进行评估；通过永久基本农田的面积、等级、集中连片度、总体增长趋势等相关指标比对，对整治区域内涉及永久基本农田调整是否符合数量有增加、质量有提升、布局集中连片、总体保持稳定的要求进行评价。

城镇开发边界的调整一方面表现为调整永久基本农田导致的城镇开发边界调整，调整原则要求要保障城镇开发边界扩展倍数不增加，以及城镇开发边界拟调入和调出规模、类型、分布以及调整时序等内容的确定；另一方面表现为因全域土地综合整治产生的新增建设用地规模指标通过增减挂钩机制置换到城镇开发边界内使用，提高可用地指标。通过构建城镇开发边界调整的应用场景，整体上为涉及的城镇开发边界调整的全域土地综合整治方案审查提供支持，包括：将城镇开发边界所涉及的规模、类型、分布等审查规则以及是否符合上下位规划传导管控要求等纳入系统进行分析，进行城镇开发边界调整情况的判别，并对拟调整后的城镇开发边界扩展系数、调整规模、调整布局进行分析；还可以通过结合建设用地指标奖励原则来实现节余指标与年度新增计划建设用地指标的对比，从而对指标数量是否合理使用进行评估。

2. 论证模拟

调整优化工作需要考虑自然资源、社会经济、历史文化、规划传导和衔接等多种因素，尤其是控制性详细规划，调整项目不仅数量多，且情况千差万别。论证模拟作为规划调整的基础工作，主要基于现状评估规划调整方案的必要性和适用性，并结合专家意见和评审，确定规划调整方案。传统的论证模拟工作根据调整地块，一是聚焦地块基本情况，难以全面考虑各种因素；二是简单地调整前后的地块对比无法真正体现规划实施效果，也无法实现动态模拟；三是论证报告本身重复性的内容较多，编辑起来耗费时间。因此，利用三维仿真、大数据、虚拟现实、人工智能和通用大模型等技术手段，提供更高效准确的量化分析、实时调整修改、快速可视化展示形式，可使得调整优化工作从方案生成、方案论证、方案评估模拟、多方案比选到规划决策更加科学高效，实现人机互动、动态优化。

（1）规划方案生成。在规划方案调整优化的编制阶段，工作人员需要根据调整的指标、规则和要求生成调整规划方案。人工智能（Artificial Intelligence，AI）可通过学习和模拟规划业务工作过程，实现自动化生成规划方案，辅助调整方案生成。规划方案的自动生成首先需要建立完整的知识库、规则库、算法和模型库。其中知识库主要以规划方案案例和业务流程、规划调整业务需求以及各类规划指标管控要求为主，也包括自然地理、社会经济、文化习俗和自然气候等各类复杂的影响因素；规则库则指那些通过学习知识库，探索影响因子抽象出来的计算机可读的决策规则及协同机理；基于知识库和规则库，研发预测和自动生成的算法和模型，构建算法和模型库，为规划方案自动生成做准备。其中，规划方案的模板支持自定义，生成的规划方案可作为规划编制与调整优化工作的底板方案，在该版本基础上可再进一步优化改善。同时，模型和算法可以通过扩充知识库、提高训练强度、反馈补充等，进行升级迭代，得到更加准确的规划方案。

以控制性详细规划调整更新为例，样本库的构建需要基于实际需求搜集规划方案样例，以供 AI 模型进行深度学习。通过梳理规划方案业务流程、影响因子，将功能类型、核心指标等作为参数输入模型，按照规划方案的固定模板，通过模型算法自动生成符合条件的控制性详细规划方案，综合考虑规划影响因子，并支持多类型方案模板的选择，可减少反复的文本编辑操作，大大减少人力成本和时间消耗，提高规划方案生成的质量和效率。

（2）规划方案评估论证。

1）规划方案评估。针对待实施规划方案的评估工作，主要以《国土空间规划城市体检评估规程》（TD/T 1063—2021）为参考标准，获取多源数据，包括手机信令、社会舆情、公交卡等时空大数据，建立评估体系和指标，构建算法和模型，基于计算结果和标准体系，自动化评估规划方案的符合性、适应性及可实施性。

以公共服务专项规划为例，用信息化手段对公共服务设施中的中小学设施的覆盖率进行评估和选址优化。对于覆盖率不达标的地区，需要新建学校，如何为学校选址才能最大限度满足周边居民需求是关键目标。首先，基于专项标准、国标、控规标准等标准规范文件，针对中小学建立相应的评估标准，并分为现状和专项规划方案评估两类评估类型。在选址阶段，可通过新增设施和改造地块两种方式辅助中小学选址：自行绘制或新增中小学用地；修改用地类型、容积率等改造地块；通过再次与相关标准的对比分析，

282

根据评估结果确定最佳选址。

2）规划方案论证。基于评估结果选择的规划方案还需进一步进行论证，主要分析规划方案是否合法、合理和可操作，保障规划方案的引领性和权威性。论证规划方案的合法性，主要依据国家相关法律法规和行业技术标准规范，具体从规划方案地区的资源环境、经济社会、城乡建设、土地利用、基础设施等方面，从科学性和合理性的角度对方案进行综合论证，并分析方案与区域经济社会发展水平、资源环境、基础设施条件是否相适应，论证规划方案的可行性。在对各技术内容进行论证的过程中，可以通过集成相关的专业模型算法，研发相应的智能模拟工具，对资源环境、基础设施、经济建设等方面的适宜性进行量化评估，也可以引入专家打分机制，形成定性和定量结合的论证技术支撑手段，提高论证工作的科学性、合理性。

最终的规划方案的论证报告，可借助信息化手段自动化生成，通过对完整的调整论证报告进行解构分析，按照业务需求，组织报告结构，制定标准模板。以控制性详细规划为例，论证报告中需要梳理国土空间总体规划、控制性详细规划等规划要求，并且分析农转用、公服设施、批租现状、道路等现状情况。编译空间分析、汇总统计等算法，构建模型，支持自动化计算、结果自动填入报告，提高论证报告的科学化和智能化水平。

（3）规划方案模拟。围绕国土空间规划动态调整维护的管理需求，研发智能化调整模拟分析工具，对规划调整方案进行模拟分析，推演规划方案实施成果，三维显示方案实施效果，模拟方案在环境中的实际效果，并通过建立评价体系，通过模型算法自动测算指标，综合对比调整前后用地布局结构、人口容量、设施承载等要素的变化，辅助选择最优规划调整方案（见图7-32）。

图7-32 规划方案调整模拟

1）用地布局结构评价分析。基于《国土空间规划体检评估规程》（TD/T 1063—2021），针对用地结构的开展评价分析，在此基础上模拟规划用地布局调整方案，测算建设用地总面积、城乡建设用地面积、城镇开发边界范围内城乡建设用地面积、城区建筑总量、城区建筑密度等指标。同时，依据评价规则体系，自动判断指标的健康情况，分析方案对用地布局的影响。

2）人口容量评价分析。与用地结构评价分析类似，人口容量评价分析基于《国土空间规划体检评估规程》（TD/T 1063—2021），针对人口相关要素，建立指标体系。在规划方案模拟过程中，自动计算可容纳的人口数量、人口密度、人均建设用地面积等指标，进而分析判断指标体征的健康情况，分析该规划调整方案对人口容量的变化。

3）设施承载力评价分析。针对公共服务设施（如养老、医疗、教育设施等）和基础设施（如道路交通、防灾减灾设施等）的特征性指标，建立评价体系，分别对现状和规划设施的服务水平、服务半径、人均指标等进行评估，分析调整方案的实施后对设施承载力的影响。

4）方案比选。在规划调整优化环节，建立方案比选的评价指标体系，确定指标权重，综合评价规划调整方案在用地布局结构、人口容量、设施承载等方面的影响，利用分屏对比、指标对比等形式，基于测算和模拟分析的结果，支持"现状—调整前—调整后"或多种方案之间的综合对比，并按照规则体系自动排序，辅助科学决策最优方案，为支撑规划调整论证和实施（见图 7-33）。

图 7-33　规划调整评估模拟与多方案比对

上述关键应用场景为规划调整优化方案的论证模拟提供了更加高效、准确的决策支持和分析工具，通过聚合规划专业技术和专家知识经验，提升规划决策的科学性、人本性。一方面，论证模拟有利于提高规划调整管理的智能化水平，即方案论证模拟引入大数据、三维、人工智能等技术，提供了更高效、更精确的数据采集、处理和分析挖掘能力，进一步提升了方案论证模拟的精细化程度和智能化水平，并节省了大量的人力和时间。另一方面，有利于提升规划决策科学性和前瞻性，即通过推演规划方案实施的各种情景，预测和评估方案实施的效果和影响，可直观展示方案实施效果，对比分析，辅助决策更具科学性、可行性和前瞻性的规划方案。

3. 协同会商

国土空间规划调整优化过程中的协同会商是指由规划主管部门牵头，与相关部门、专家、公众等多方主体进行沟通协调、信息交流、意见征求、方案论证、决策支持等活动，以达成共识、提高效率、保证质量的一种工作机制。协同会商是国土空间规划调整优化过程中的关键要求，是保证规划调整方案的科学性、合理性和可持续发展的重要举措。随着信息技术的发展，协同会商也逐渐从传统的线下面对面的方式向线上线下相结合的方式转变，利用互联网、云计算、大数据、人工智能等技术手段，实现数据共享、业务协同、流程再造、智能辅助等方面的改进和创新，提高协同会商的效率和质量，形成智慧协同会商。

智慧协同会商对国土空间规划调整优化具有重要的作用，主要体现在以下几个方面：一是确保众商共治，通过数据实时共享、分析，充分反馈各方的意见和诉求，确保多方主体的参与和沟通，促进规划调整方案的权威性、科学性和公平性；二是加强广泛监督，及时发现和解决规划实施中出现的问题和风险，加强规划调整、优化监督水平；三是提升协同效能，通过在线平台和移动终端等方式，实现数据的快速获取和传输，简化审批流程和材料提交，缩短办理时限和成本。智慧协同会商主要包括多跨协同会商、数字化会商两个关键部分内容。

（1）多跨协同会商。国土空间规划是一项涉及多方利益、多方参与、多方协调的系统工程，在动态变化的环境与需求下，需要及时进行调整优化，以适应国土空间开发保护的新形势和新要求。为此，需要在国家层面、省级层面和市县层面，以及在规划主管部门、相关部门和专业机构之间，建立有效的协同机制，实现信息共享、资源整合、业务协作、决策支持等目标。

1）协同主体智能识别。根据国土空间规划调整优化的不同场景和需求，在梳理协同会商的流程、规则、标准等工作的基础上，建立协同场景的识别模型，自动识别需要与哪些部门或机构进行协同，如何进行协同，以及协同的内容和范围。例如，在规划调整优化阶段，可以根据规划调整优化方案涉及的空间范围、功能定位、发展目标等因素，自动识别需要与哪些上下级规划主管部门、相关部门（如生态环境、水利、农业农村、住房城乡建设等）及专业机构（如科研院所、高校等）进行协同，并基于现有的协同路径和资源，匹配合适的协同方式，如线上线下相结合的会商会议、数据共享平台、在线沟通工具等。在协同内容方面，智能识别并重点关注与规划调整优化相关的空间分析、影响评估、方案优化等内容，以及与其他规划或项目的衔接和协调等内容。

2）协同任务自主跟踪。在国土空间规划调整优化阶段，需要多方参与和协作，涉及政府部门、技术单位、专家评审等不同主体和角色。为了提高协同效率和质量，基于预设的流程及规则，自动监测协同过程中的各项任务和进展，如调整优化的认定、规划方案编制和修改、规划方案审查报批，并根据预设的时间节点和任务要求，自动向相关人员推送提醒消息，督促协同工作按质完成。

3）协同反馈汇总整合。针对协同过程中收集到的各方反馈进行汇总整理，并根据一定的算法和标准，对于冲突的反馈能够自动识别并进行二次确认，形成权威统一的协同结果报告。此外，还可以利用智能化技术手段，通过在线协同平台的搭建，支撑政府、技术单位和专家都能够在规划调整方案的编制、评估、审批等各个环节实时参与，提升决策的持续性和透明度。

4）公众协同调整优化。在国土空间规划调整优化过程中，需要充分利用智能化技术手段，提高公众的知情权、参与权和监督权。通过协同平台或其他公众参与的渠道，实现以下几个方面的功能：一是消息推送，自动提取规划调整方案的关键信息，如调整原因、范围、内容、影响等，并根据不同的公众对象和需求，生成适合的信息模板，通过网站、微信、短信等方式向社会公众推送规划调整方案的相关信息，提高公众的知情度和关注度；二是意见征询，在公开公示期间，设置在线咨询、投票、问卷等方式，收集社会公众对规划调整方案的意见和建议，自动对收集到的意见进行分析和归类，形成反馈报告，为规划调整方案的优化提供参考；三是场景展示，利用三维 GIS 和虚拟现实（Virtual Reality，VR）技术，构建规划调整方案的数字孪生模型，并提供多种视角和交互方式，让公众可以在线查看、体验和模拟规划调整方案的现状和未来效果，增强公众的沉浸感和认同感；四是监督反馈，在规划调整方案实施后，通过协同平台或其他渠道，向社会公众公布规划调整方案的实施情况和评估结果，并提供投诉举报、满意度调查等服务功能，实现与公众的双向沟通交流，增强公众对国土空间规划调整优化的监督。

（2）数字化会商。为了实现智慧国土空间规划调整优化阶段的众商共治，搭建在线会商的工具和平台，集成视频会议、在线聊天、文档共享、方案展示、意见征集等功能模块，支持多级多部门多专业的协同参与，实现国家层面、省级层面和市县层面，以及规划主管部门、相关部门和专业机构之间的数据互联互通，信息共享共治、业务协作共商。

1）会前支持。数字化会商可以根据规划调整方案的主题和范围，在基于专家画像（包括姓名、职称、研究领域、评审经验）建立的专家库中自动筛选相关的专家并进行排序，可根据专家的时间安排和意愿反馈实现自动邀请和确认。

同时，通过线上管理实现会议的预约和通知功能，支持自动预定会议室，并根据会议时间和地点，向参会人员发送会议通知和资料，包括会议议程、参会人员名单，以及在调整优化认定、规划方案调整、规划方案审查报批等环节所涉及的文档。此外，还可以自动收集整理相关的历史数据、现状数据和趋势数据，形成分析报告并提供可视化展示，帮助参会人员全面了解规划背景。

2）会中共商。数字化会商利用三维虚拟仿真技术，对规划调整方案的模拟结果进行展示，支持多角度、多尺度、多场景的动态演示，全面实现规划调整优化阶段的数据化、模型化、可视化，为调整优化会商提供充分的数据支撑和技术支撑，让参会人员能够直观地感受规划调整方案的效果和影响。具体的应用场景包括：一是方案的动态调整。根据参会人员的意见和建议，可以针对规划调整方案做小的动态调整，如控制性详细规划的容积率、建筑高度、绿地率等指标，并实时反映在三维模型上，让参会人员可以看到调整后的效果和影响。二是方案的多维评价。根据评价指标体系和模型，可以对方案进行生态效益、经济效益、社会效益等多维度的评价，并从中提取出最优的规划方案推荐，以图表或报告的形式展示给参会人员，提高决策的科学性和合理性。

在方案展示过程中，通过智能分析，还可以预判可能出现的问题和冲突，如规划目标之间的矛盾、规划方案之间的差异、规划指标之间的偏差等，并为会商提供参考和建议，提高会商的针对性和有效性。同时，还可以在线调用规划案例库，为参会人员提供参考对比和借鉴，支持规划相关部门和专业机构之间的学习交流，为会上方案论证提供支撑。关于会中共商的内容，支持会议的录音、录像、文字记录等功能，实现线上全留痕，保证会议的公开透明和可追溯。

3）会后总结。数字化会商可以利用自然语言处理技术，对会中收集到的各方意见进行智能提取、归纳、概括，并形成会商意见汇总文档。同时，根据协同意见报告，对规划调整方案进行修改完善，并形成规划调整方案报告，自动提交给规划主管部门进行审批。

此外，数字化会商还可以实现以下几个方面的功能：一是会商意见跟踪和反馈。自动向参与协同的部门和专家发送会商意见的反馈信息，并收集他们的确认和评价，以保证协同结果的准确性和有效性。二是会商意见关联和流程控制。自动将会商意见与具体项目或任务进行挂接，并根据意见的内容和影响来启动或结束相应的流程，以保证规划调整方案的及时落实和执行。三是会商意见智能分析优选。对会商意见进行语义理解和情感分析，识别出意见的正负面观点等特征，并根据算法和规则对专家意见进行分类、排序和优选，形成最终的会商意见报告，以提高数字化会商的效率和质量。

7.7 公众参与

7.7.1 应用概述

《中华人民共和国城乡规划法》提出"政府组织、专家领衔、部门合作、公众参与"的规划程序，正式揭开了我国依法开展公众参与规划的序幕。《中共中央、国务院关于建立国土空间规划体系并监督实施的若干意见》（中发〔2019〕18号）明确提出要"坚持上下结合、社会协同，完善公众参与制度"，使国土空间规划编制更科学、审批更高效、实施更合规、监督更全面，用健全完善的公众参与机制，积极推进国土空间规划体系的有效构建，促进监督实施体系尽快完善。

国土空间规划最终目的是形成"以人为本"的高品质国土空间保护利用格局，这离不开广泛、深入的公众参与，塑造集约高效的生产空间、宜居适度的生活空间和山清水秀的生态空间与最广大人民群众密不可分，所以从本质上公众参与机制与国土空间规划体系是有机统一、深度融合的，只有探索并完善更加符合新时代国土空间规划体系的公众参与机制，才能营造出更加和谐、安全和可持续发展的国土空间规划格局，才能更好地满足人民的幸福感与获得感。构建全周期、融合沟通式公众参与机制，探索公众参与的主体、范围、方式、渠道等，具有非常重要的理论和实践意义。同时，当"三规"各自原有的公众参与领域与内容被纳入国土空间规划这一共同成果时，则会出现明显的"木桶效应"：代表行政权力的空间用途管制的刚性难以得到保障；而代表公众参与的城乡规划、环境规划微观领域的诉求则难以得到满足。结合国土空间规划现行的制度背景重构其公众参与体系势在必行。

国外规划公众参与经历了较长的发展历程。一些国外学者基于实践经验对社区更新中的公众参与技术进行系统总结，如英国的尼克·沃特斯（Nick Wates）和日本的佐滕滋分别编写出版了《社区规划手册》《社区规划的设计模拟》等兼具科普性和实用性的工具手册。通过丰富生动的实际案例，指导专业、非专业人士普遍自主开展社区环境提升中的公众参与，使之成为城市生活中的日常。

伦敦中心自行车网格（Central London Cycling Grid）规划过程中，伦敦市政府开设了一个名为"Your Say"的在线平台，供市民在规划过程中参与并表达意见，并提供了互动地图和在线论坛等功能，以促进公众间充分的交流和讨论。同时，伦敦市政府利用社交媒体平台，如 Facebook、Twitter 和 Instagram，与公众进行实时的互动和交流。他们通过这些平台发布有关规划项目的最新消息、更新和调查问卷等，并鼓励市民通过评论、分享和提问等方式参与讨论。伦敦市政府还组织了一系列公开会议和工作坊，邀请公众参与讨论和决策。

欧盟于 2002 年成立了欧洲空间规划观测网（European Spatial Planning Observation Network，ESPON）。ESPON 非常重视公众参与，认为公众的意见和反馈对于制定有效的空间规划政策至关重要。ESPON 通过多种方式促进公众参与，以确保政策制定过程更加包容和透明。其中一种方式是通过组织公众磋商、听证会、工作坊等活动，让社会各界可以分享他们的看法、经验和关切。此外，ESPON 还利用在线平台和社交媒体等工具，以便更广泛地收集公众意见。通过这些参与机制，ESPON 能够更好地了解公众对于空间规划问题的看法，同时也提高了政策的接受度和实施效果。

我国《国土空间规划管理条例》明确了公众参与的原则、内容和程序，要求在编制、审批、公布和实施国土空间规划过程中，充分听取和反映公众的意见和诉求，保障公众的知情权、参与权、表达权和监督权。我国还建立了全国统一的国土空间规划"一张图"实施监督信息系统，设置社会公众服务模块，在满足公开公示、意见征询、公众监督等要求的基础上，提供便捷高效的社会服务。

目前一些城市已形成较为成熟的规划公众参与制度体系，在公众参与的方式和新技术应用方面，目前国内多个地方进行了多方式的探索与应用，其中上海、杭州、武汉均为具有不同代表性的案例。

上海市 2035 版总体规划进一步提高了公众参与水平，通过多种方式进行问卷调查、论坛讲座、展示等，征求市民、专家和机构的意见，并使规划理念得到广泛的社会讨论和认知。SODA 上海开放数据创新应用大赛提供了一个可持续发展和公众参与的平台，参与者可以利用上海市开放的数据平台，获取大量关于城市交通、环境、人口、资源等方面的数据，然后通过分析、可视化或应用程序开发，提出解决方案和创新应用。这个比赛为城市规划和数据应用的发展提供了重要的助力，促进了城市治理的现代化和可持续发展。上海城市规划展览馆设有多个主题展区，包括上海城市规划发展历程、城市交通、绿色生态、数字化城市等，以及 3D 打印、VR 虚拟现实等科技体验区，让参观者在沉浸式的展示中更深入地了解城市规划和建设（见图 7-34）。其中城市实验室是一个结合专业研究和科普教育的创新共享空间，专业人士可以在规划查询区进行专业研究，而青少年则可以在基于真实地理信息数据的空间规划实验区学习了解城市现状和规划。青少年可以通过有趣的角色扮演体验城市规划过程，例如在社区选择商业设施或养老设施的位置，模块搭建后，电脑会立即进行评价，反馈在大屏幕上进行观察。

图 7-34　上海城市规划展览馆

杭州市推出"规划一点通"应用场景，让广大群众触屏可知身边规划、点点手机就能参与规划，共绘共治共享美好城市。"规划一点通"场景包含"附近规划""我们的城"

"交流互动""个人中心"等模块，大家可以通过"浙里办"、微信、支付宝等扫码登录，查看规划、参与规划，发表意见建议。"规划一点通"应用上线以来，已成为收集民情民意、征集金点子、加强规划监督的重要窗口，成为指尖的规划展览馆，实现零距离规划。

武汉市推出的"众规武汉"平台，让普通市民可以通过手机、平板、电脑等工具，联网登录，用屏幕上的"画笔"，绘制自己理想的规划方案。武汉市自然资源和规划局则对方案进行分析处理，按最集中的公众意愿形成规划方案，再在网上征求市民意见，形成最终的规划实施方案，真正实现"一张蓝图、众人规划"。

7.7.2 需求分析

1. 阳光规划

经过多年的规划管理改革实践，各城市初步建立了以规划公示制度为核心的规划开放式管理体系。但是，目前传统的规划公示主要采用政府网站公示、展示厅公示、现场公示、听证会等方式，这些方式在一定程度上达到了规划公示的目的，但同时存在着需要改进的地方：一是目前的公示往往是最终成果的公示，市民的意见很难得到充分体现，需加强前期讨论和市民参与，规划项目在报请市政府审批之前，应提前进行公示和讨论；二是目前的公示方式包括网站公示和公示牌，但反馈渠道建设相对薄弱，公众对规划的科学性和技术性理解有限，需专门人员将公众意见转化为规划语言，并通知规划部门进行修改，在市民和规划部门之间建立更好的沟通和协调机制；三是规划是一个有序的过程，规划调整需要动态的公示，目前需要解决如何在规划实施过程中动态公示大量的规划调整问题。

《中华人民共和国城乡规划法》的颁布，更加明确了城乡规划的公共政策属性，强调从政府单方面的规划管理向政府主导的多元管理模式转变。在规划编制上，采用"政府组织、专家领衔、部门合作、公众参与、科学决策"的方式；在规划实施过程中，促进政府部门、专家学者和公众多方参与、共同规划，构建规范、公开、透明的城乡规划管理程序和监督检查机制，增强城乡规划的科学性、综合性和权威性。因此，将规划管理的相关内容在部门间、公众中进行共享，进行管理的输出，是非常有必要的。

2. 共享规划

伴随着时代技术的发展，各类用户对于便捷的共享规划的要求不断提高，其主要体现在以下几个方面。

（1）数据的共享需求。对于基础地理信息以及各类规划成果的需求是基础性的，且最为强烈，共享数据的来源可靠性以及颗粒度与用户需求不同而不同。

（2）通过模型共享的方式输出服务能力需求。模型算法是智慧规划的核心之一，其包含了业务逻辑，十分复杂，其共享需求应适应不同场景和需求的变化，模型具有复用性并易于集成应用，同时模型算法需做到标准化和规范化。

（3）技术工具的共享需求。智慧规划需要使用各种技术工具，包括 GIS、BIM、大数据、人工智能等。因为算法或者数据不能提供直接结果，无论是科研工作者、规划编制者还是管理决策者，都需要合适的技术工具，支撑其对相关内容。

但面对共享规划的需求目前还存在一些难点。一方面，数据标准不统一，部门统筹难度大，共享机制难以建设。由于长期以来各类规划所属部门单位原本已经建立了各自需要的数据库和信息系统，但是缺少统筹，没有统一的标准，甚至于在各个部门内部的各个业务系统之间也存在严重的信息不通畅。另一方面，由于各个主管单位在信息化建设过程中，对于数据的理解与业务要求本身理解就不一致，且前期也没有统一的标准可依据，因此数据共享存在极大问题。二是多元共享平台匮乏。智慧规划共享是一个体系工程，无论是数据的共享模式的支撑，还是中间的算法与数据的集成模式共享，还是直接提供规划共享的工具方式，支撑多元化的共享平台目前是十分匮乏的，共享模式相对较少。三是缺少足够智能化的技术支撑，需要结合新兴技术提高智慧交互能力，例如通过 3D 打印、VR 虚拟现实等技术让参与者更直观地、沉浸式地更深入了解城市规划和建设，提供更多元化的共享应用。

3. 众创规划

众创规划是实现优质、民主、科学规划的重要手段和基本要求。一方面，众创规划从多角度审视问题，补充专业分析，避免规划执行冲突，提高规划决策质量。同时，公众参与可提高规划认同感和执行自觉性。公众如果在制定过程中意见得到采纳，更会主动配合规划实施，能增强规划的执行效果。另一方面，众创规划可实现公众的知情权和参与权，实现良性互动和民主监督。公众参与促进政府部门与公众的良性互动，实现了对规划的公开和透明，有助于各界对规划决策过程进行民主监督，促进决策科学、公正。

但是，目前众创规划并未成为规划过程中的法定环节，实施过程中还存在着政府、公众两方面主体的诸多问题，这些问题极大影响了众创规划工作的顺利开展和有效实施。

从政府角度来看，存在缺乏政策制度保障，未针对众创规划制定具体的实施办法或实施方案；缺乏规划参与途径，公众处于"被动"地位，没有"主动"的参与路径；缺乏有效激励措施提升公众的参与度。

从公众角度来看，存在公众参与主体不明确，导致相关部门在选择参与主体时自由度较大，收集的意见具有片面性，难以真实体现公众的规划需求和公共利益；公众对参与国土空间规划重要性的认识不够、参与意识较弱；城市规划本身是一项专业性较强的工作，公众的专业水平不足。

为解决以上问题，一方面，创新规划编制和管理方式，充分发挥公众的智慧和创造力，提升规划执行效果和公众获得感，开拓规划决策的思路，提供专业之外的独特视角，培育社会对公共政策参与意识的同时丰富城市治理的途径，实现多方合作共治，真正达到众创众筹的目的。另一方面，可引入新技术手段，形成规划需求的专业转换，降低规划工作专业性门槛。

7.7.3　技术路线

1.总体框架

在政策保障体系、基础设施环境规范、数据标准与服务规范、运行组织管理规范下，公众参与智慧国土空间规划总体框架包括基础设施层、数据支撑层、中台能力层、应用层，总体框架图如图7-35所示。

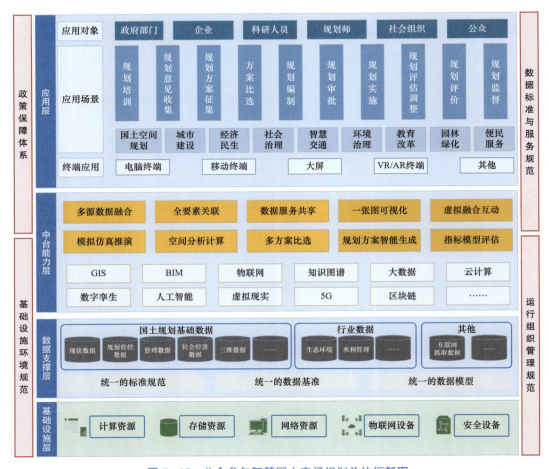

图7-35　公众参与智慧国土空间规划总体框架图

基础设施层包括计算资源、存储资源、网络资源、物联网设备、安全设备等。

数据支撑层包括国土规划基础数据、行业数据和其他数据。

中台能力层借助数字孪生、虚拟现实、云计算、大数据、人工智能、5G、物联网等新型技术，提供多源数据融合、数据服务共享、一张图可视化、虚拟融合互动、模拟仿真推演、空间分析计算、多方案比选、规划方案智能生成、指标模型评估等能力。

应用层旨在探索智慧规划共享的新模式，构建多方协同、开放共享的规划治理新体系。面向政府部门、企业、科研人员、规划师、社会组织和公众，通过电脑终端、移动终端、大屏、VR、AR 等设备，实现规划培训、规划意见收集、规划方案征集、方案比选、规划编制、规划审批、规划实施、规划评估调整、规划评价和规划监督等应用场景，服务于国土空间规划领域。

2. 建设思路

公众参与规划的方式和路径需要大力创新，应充分借助前沿技术，通过网络公共空间再造为社会和公众参与城市规划编制提供一个虚拟空间。

（1）公众参与规划的数据采集、融合与获取。利用高效的数据采集、融合与共享技术，快速获取目标数据源，是公众参与规划的首要条件。多元化智能化的数据采集技术，运用地理信息系统（GIS）、建筑信息模型（BIM）、物联网（IoT）等技术，开展精细化的空间数据采集与管理，加快数据采集的效率。运用多源异构数据融合技术，进行多源异构规划数据整合。

利用知识图谱技术，将多源异构的信息进行融合、实体关系抽取和知识推理等方法，将各类知识以关联、结构化的方式进行表达和组织，以图形化、可视化的方式展现出来。通过知识图谱强大的知识表示、组织、分析和可视化能力，可以为公众参与规划产生重要作用，为规划制定者提供更全面、精准和可交互的信息支持，提高公众参与度和规划的民主性，促进知识的传承和学习。

1）提供全面、可交互的知识信息。知识图谱可以结合多源数据，包括空间地理信息、行业业务信息、用户行为信息等，形成具有层次结构的知识网络。通过可视化技术，以图形化的方式呈现各类知识信息，并支持用户交互式查询和分析，使得公众更加方便快捷地获取所需知识。

2）辅助决策制定。知识图谱可以结合空间信息、行业业务信息等数据，通过知识推理和关联分析等方法，发现隐藏在其中的关联规则和潜在信息，为公众提供决策参考和支持。

3）提高公众参与度。通过知识图谱技术，可以将公众的意见、建议和反馈信息等整合到规划过程中来，形成有效的反馈机制，促进公众与规划制定者之间的交流与互动，提高公众参与度和规划的民主性。

4）辅助知识传承和学习。通过知识图谱技术，可以将规划专业知识、经验等以结构化的方式传承下来，方便新成员学习和掌握，同时也可以为其他领域的人员提供学习和参考。

最后，利用智能定制数据或应用的共享服务，开放平台数据接口、技术服务接口、可视化模型应用接口、共享工具等，形成开放共用的多样化的规划成果管理，满足不同专业的用户需求。

（2）公众参与规划的场景可视化。依托地理信息系统（GIS）、建筑信息模型（BIM）和物联网（IoT）综合性技术，应用于城市和物联网等领域，可以辅助公众对城市空间的智能化规划管理。

公众参与规划过程中，利用 GIS 技术获取建筑物和城市的空间位置和属性信息，方便在地图上定位建筑物并了解其周围的环境；利用 BIM 技术获取国土空间的三维模型和属性信息，更好地了解国土空间的结构和功能；利用 IoT 技术收集各类环境和空间参数，将数据上传到云端并使用 GIS 和 BIM 进行分析和可视化，以实现智能化管理和优化。

GIS＋BIM＋IoT 结合技术在公众规划中可以实现以下应用：一是建筑物和城市的三维建模和可视化，即通过 GIS 和 BIM 技术创建筑物和城市的三维模型并展示在地图上，公众可在此基础上进行数据分析和决策。二是智能化管理和优化，即通过 IoT 技术，实时监测和控制温度、湿度、空气质量等建筑设备和环境参数，结合三维可视化地图，公众可以对建筑和城市进行空间分析和规划，从而开展建筑和城市的规划与设计。三是数据共享和实时交互，即通过 IoT 和 GIS 技术，将各种设备和传感器采集的数据上传到云端并进行分析和可视化，公众之间可进行数据共享和实时交互。

（3）公众参与规划的方案生成。规划建设管理可视化数字平台，可跨越城市、社区、家庭、个人等不同尺度，使用 GIS、BIM、IoT 等技术手段支持，将各尺度灵敏连接，并进行快速交互反应。

依托数字孪生、地理信息系统 GIS、虚拟现实 VR 等技术，建立规划对象的虚拟模型，让公众参与情景互动，进行多方案模拟比较。公众借助数字孪生技术可以获取全面、精准的城市数据，包括道路、建筑、交通、地下管道等城市基础设施的布局和状况，以及城市环境、人口、经济等城市数据的实时监测和更新，为公众参与规划提供科学依据。在城市规划方面，利用数字孪生技术实时监测和更新城市基础设施的状态和运行情况，便于及时发现和解决规划矛盾和问题，提高城市规划的效率和可持续性。

运用大数据、云计算技术，依托云平台，弹性调度资源对海量规划要素进行大数据分析，进一步优化规划指标与模型算法，辅助规划决策，提高公众参与规划工作的协同效率。运用第五代移动通信技术（5th Generation Mobile Communication Technology，5G）、物联网等技术，提升规划感知能力和决策响应速度。

大数据和云计算技术的综合应用，可以更加全面、精准地获取公众的需求和意见，提高规划的科学性和民主性。同时，还可以实现资源的优化配置和高效协作，提高公众的参与度和满意度。

1）规划公众参与中的大数据技术应用。公众参与规划，可利用大数据技术开展数据收集和分析、趋势预测和模拟、个性化和差异化管理等。

a. 数据收集和分析：通过大数据技术，可以收集大量的公众意见和反馈信息，包括文字、图片、视频等形式的数据，并进行深入分析和挖掘。这有助于了解公众的需求和意见，为规划决策提供参考。

b. 趋势预测和模拟：利用大数据技术，可以通过数据挖掘和机器学习等方法，对公众参与规划的发展趋势进行预测和分析，从而提前制定应对措施。同时，还可以通过模拟实验等方法，对规划方案进行评估和优化。

c. 个性化和差异化管理：通过大数据技术，可以分析公众的个性化需求和差异化意见，从而制定更加精准的规划方案，提高公众的满意度和参与度。

2）规划公众参与中的云计算技术应用。利用云计算技术，公众可获取资源共享、环境虚拟化、硬件资源弹性使用等服务，用于资源共享和协作、平台建设和应用服务、数据共享协同等。

a. 资源共享和协作：通过云计算技术，可以将公众参与规划所需的各种资源进行整合和共享，包括计算资源、存储资源、软件开发平台等，从而实现高效协作和资源优化配置。

b. 平台建设和应用服务：通过云计算技术，可以建设公众参与规划的平台和应用服务，包括在线交流、问卷调查、可视化展示等方式，从而方便公众获取信息和表达意见。

c. 数据共享协同：通过云计算技术，可以在保障数据安全的前提下，加强公众参与规划数据的跨层级、跨部门、跨系统、跨业务、跨地域共享协同。

3）规划公众参与中的人工智能技术应用。人工智能技术，通过机器学习，实现规划知识智能管理及规划方案智能生成。人工智能技术在公众参与规划中的应用可以更高效地获取公众的需求和偏好，支持更明智的决策制定和更有效的资源分配。

a. 数据分析和处理：人工智能技术可以对海量数据进行有效的分析和处理，从而提取出有价值的信息。例如，通过应用机器学习和自然语言处理技术，自动化地分析大量的调查数据和公众反馈信息，以确定社区的需求和偏好。

b. 智能决策支持系统：通过应用人工智能技术，建立智能决策支持系统，提供知识推荐、规划展示、方案自动生成等服务，以帮助规划者和决策者做出更明智的决策。例如，通过应用机器学习和预测模型，来预测未来的趋势和需求，从而为决策者提供更有针对性的信息。

c. 公众参与沟通：人工智能技术可以实现与公众的高效沟通和互动，实现智能问答。例如，通过聊天机器人或虚拟助手与公众进行实时互动，以收集他们的意见和建议。同时，还可以通过社交媒体和智能手机的应用程序，来向公众提供更及时和有用的信息。

需要注意的是，人工智能技术当前仍然存在挑战和问题，例如数据隐私、算法公正性和人机关系等问题，这些问题需要我们在应用人工智能技术的同时加以解决。

（4）公众参与规划的数据安全保障。公众参与规划全流程数据共享和审计，有助于实现更透明、更公正、更有效的规划过程。结合区块链、加密技术、身份认证技术、访问控制技术、数据备份与恢复技术、安全审计等多方面技术，保障数据分层分级的安全管理，可以保护个人隐私和数据安全，同时提高公众的参与度和信任度。

区块链技术可以促进数据的开放获取和共享，有助于保障公众参与规划的透明性、数据完整性，可提高效率、保护人权。通过将规划数据发布到区块链上，公众可以轻松获取和理解这些信息。区块链技术可以提供一个平台，公众可以在这个平台上积极参与规划过程。例如，公众可以通过智能合约对规划决策进行投票或提供反馈。此外，区块链上的数据可以用于创建去中心化的社区治理模型，这些模型可以更好地反映公众的需求和意愿。

加密技术是保障数据安全的最基本手段。通过加密算法将数据转换成密文，只有通过正确的密钥才能解密，从而保证数据在传输和存储时的机密性和完整性。

身份认证技术用于对用户的身份进行验证，确保只有经过授权的用户才能访问和使用数据。常见的身份认证技术包括用户名密码、动态口令、数字签名等。

访问控制技术对用户的数据访问权限进行控制，防止未经授权的用户访问和使用数据。常见的访问控制技术包括基于角色的访问控制、基于属性的访问控制等。

数据备份与恢复技术是保障数据安全的重要手段，可以防止数据丢失或损坏。同时，也需要建立快速的数据恢复机制，以便在数据出现问题时能够及时恢复。

安全审计技术对数据的访问和使用进行记录和监控，及时发现和处理安全问题，提高数据的安全性。

7.7.4 关键场景及应用成效

1. 阳光规划（公示公开）

阳光规划贯穿在规划编制、审批、实施管理和监督检查管理的全过程中。阳光规划要增强规划工作的公开性和透明度，便于社会各界了解、监督规划，同时，需要增强规划的公众参与度，加快规划社会化进程，综合各方面智慧，集思广益，维护公共利益和群众的合法权益，使规划更加科学合理，成为全社会的自觉行动。

（1）规划管理过程中以下方面需要做到阳光规划。

1）规划方案的批前公示。在规划编制期间及规划方案在依法审批之前，向社会公示规划设计方案，广泛征求社会各界意见，集中社会力量共同搞好城市规划工作，避免出现"遗憾规划"。

2）国土空间规划和"一书三证"审批过程公示。对国土空间规划在审批过程中及各类建设项目在核发"一书三证"过程中形成的意见，将在核发许可之前向公众公布，以便社会了解相关信息并提出意见。同时，规划部门了解公众意见，综合信息，并建立有效的互动机制，以便对规划和项目进行调整。

3）规划批后公示。规划在依法审批之后向社会进行公布、展示，使公众参与到城市规划工作中，遵守城市规划，并与规划部门一道监督规划的实施，对不按规划建设的行为及时举报，增强国土空间规划的实施刚性。

4）近期和年度规划项目公示。对近期和年度重要建设项目，规划部门要超前研究确定，超前编制规划，提出近期和年度项目库，向社会公示，征求意见，作为确定近期和年度建设项目及其他方案的重要参考。

5）规划违法建设案件查处公示。对规划违法案件在下达行政处罚决定后，向社会公示违法项目名称、建设单位、违法事实和处理意见，将违法建设项目"曝光"，以便社会各界能配合规划部门共同制止并纠正违法建设行为，并借助社会舆论遏制违法建设的发生。

（2）阳光规划的实施应引入高新技术手段，增强规划公示的到达度和易读性，降低公众专业门槛，便于各界群众了解、监督规划。

1）拓宽公开公示渠道，提供公众便捷的进入方式，兼顾不同年龄段人群的，创新公示方式，缩短规划公众参与规划强专业性间的距离感。以杭州"规划一点通"为例，该系统利用移动终端、提供公众便捷的进入方式，让市民通过触摸手机屏就可以知规划、查规划，使数据"活"起来，实现与杭州市规划公众参与零距离（见图7-36）。杭州"规划一点通"以市民与企业关心的问题优先作为切入点，建成集查询规划信息、规划公众参与、规划建议收集反馈等功能于一体的平台。系统设置了详规一张图、社区生活圈、阳光规划、规划早知道等模块，市民点点手机就能沉浸式了解规划、参与规划。只要点进去，不仅可以查最新公示的规划，还可以查到自己走路15分钟范围内，教育、养老、体育、医疗等设施现状和未来的布点。该系统访问途径便捷，通过微信、支付宝、"浙里办"等扫一扫就能进入，界面设计考虑了不同人群，分为年轻人喜欢的"青春版"和适合老年人体验的"关怀版"，还有两个卡通人物进行引导，有效地缩短了公众与规划的专业性间的距离感。

2）在内容上坚持"应公开尽公开"，加强阳光规划系统与其他系统的联动性，保障阳光规划系统的可用性、覆盖面和应用效果。以福建省阳光规划系统为例子，该系统在数据、流程、结果上坚持"应公开尽公开"。在数据公开方面，阳光规划系统主要公开经批准的国土空间总体规划、控制性详细规划和村庄规划成果，天地图年度影像，土地利用现状、土地利用总体规划、永久基本农田、生态保护区、农用地转为建设用地审批、建设用地规划许可证审批、采矿许可证审批、海域使用权审批等8类业务数据在线分析结果。在流程公开方面，规划编制过程征求公众意见，批准后的规划成果修改、调整、完善过程中的公示等事项。在结果公开方面，在规划编制、审批、实施管理过程中的事

图7-36　杭州"规划一点通"

前、事中和事后监督收到的公众投诉处理，以及制止和查处违法违规行为的有关结果，予以公开。在规划查询功能方面，提供规划方案、规划许可、过程、结果查询，实现"轻松查"。并通过与国土空间基础信息平台、自然资源执法监察系统等系统联动，提高阳光规划系统的可用性、覆盖面和应用效果。系统功能页面如图7-37所示。

图7-37　福建省阳光规划系统功能页面

福建省阳光规划系统上线运行以来取得了一定的应用成效。一是提升了规划编制质量。公开的规划直面群众质疑，规划调研从"走过场"向"走深走实"转变，规划内容从"套图套模板"向"因地制宜、量身定制"转变，保证规划编制质量。二是提升了规划服务效率。减少基层工作人员和群众的重复沟通环节，实现了从"找人"向"自助、智能"的转变，"让人跑路"向"让数据跑路"的转变，让规划服务过程变得更有效率，优化了营商环境。三是提升了规划实施水平。阳光规划实现的"集中公开""线上公开""精准公开"，让规划建设行为留痕，规划修改更加严格，违法建设处置更加及时，确保"一张蓝图干到底"。

2. 共享规划（开放服务）

共享规划的理想模式是人人共享、行行共建，它包含了多方面的内容，如生态、民生、城市、经济等。共享发展理念用于国土空间规划中，坚持以人为本的思想，倡导全民全行业参与到其中：一方面将各行各业的现状与规划信息进行共建共用，另一方面将规划的成果，包含数据、模型算法、系统工具等，面向全社会进行共享与公布。在此基础上，动用全社会的力量发挥规划成果的高效配置，最大限度地提高规划成果的科学性，最终根据社会经济发展规律，做好国土空间规划的远期目标，实现资源的有效配置，推动社会发展。

共享规划的场景通常涉及多个应用对象，包括决策者、政府机构、企业、群众、专家等，对于不同的对象实现信息共享、协作和交流，以制定出更为合理、全面和可行的规划方案。根据不同的领域也是制定不同的共享数据与接口，以满足不同业务应用的需求，比如说交通、能源、农业、教育、医疗等领域，通过数据信息共享和知识的共享，提高各方的认知和理解，同时建立接口收集多方意见和建议，优化方案设计和实施，实现更高效、更合理、更可持续的规划成果，促进经济、社会和环境的协调发展。

常州市"一张蓝图"系统（见图 7-38）在常州市行政审批改革的背景下，进行全域数字现状图建设，通过管理规则的共享，即对于数据以及规划要求进行工具研发，形成共享应用的工具，从发改招商阶段就进行管理规则的输出，更是在后期的设计、审批、建设以及竣工过程中，在各个需要的部门进行规划管理规则输出，从源头规避项目实施的问题。

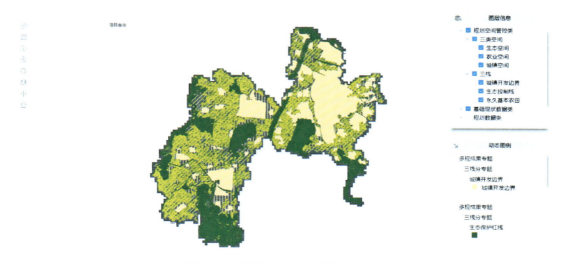

图 7-38　常州市"一张蓝图"系统

为了更好地辅助常州地方建设，更是梳理了丰富的数据资源，针对实际业务需求，分析了外网办公确实所需的、符合公开管理规定的部分数据，形成辅助城乡规划外网一套图数据清单，并对其具体数据内容、展示范围、公开格式、公开属性等内容进行详细界定，在保证安全的情况下，最大限度让其他部门以及公众了解规划的相关内容。在支撑地方产业发展中专题制作产业空间地图，面向全社会公开发布全市城镇布局规划、土地利用总体规划和可供用地，提高项目招引精度，保障项目顺利落地。全面摸排全市产业园区现状，系统梳理各类产业园区范围内土地性质和可供项目落地的用地规模，明确符合土地利用总体规划、属于工业用地的产业承载空间。与常州市十大产业链（新能源汽车及核心零部件、新材料、新一代信息技术、新能源、新医药及生物技术、高端轨道交通设备、高端航空设备、高端节能环保、智能制造装备、智能电网）发展方向进行结合，着重在地块层面建设建立产业空间地图 GIS 数据库，用户根据产业类型、行政区域、园区、用地面积大小随意组合来推介相关的合适的可用的地，同时可以按照产业产品类型选择上下游企业，根据所需人才在当地院校选择合适人才，辅助智能选地，推动项目招引"按图索地",实现地方的产业用地选址智慧化服务和动态跟踪管理(见图7-39)。

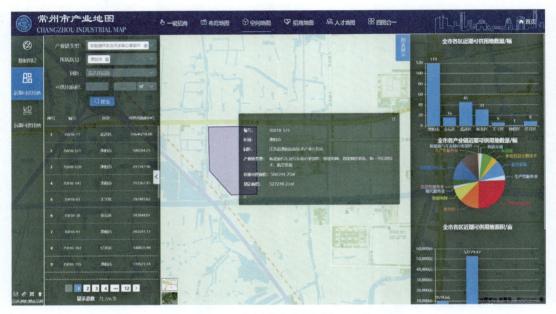

图 7-39　常州市产业地图按图索地

海南省自然资源和规划厅联合海南测绘地理信息局推出了海南省"多规合一"一张蓝图公众版(见图7-40),作为省"多规合一"信息综合管理平台深化应用的一个拓展应用,一张蓝图公众版已推出网页版、App、微信小程序,并入驻"码上办事""椰城市民云"App。

在工具共享中,共享查询工具,可查看该图斑信息,也可输入关键词直接搜索相应地块的具体信息以及报告信息,了解相关地块报告书。

"一张蓝图"公众版将有效提高规划数据的共享度,实现"让数据多走路,让百姓少跑腿"。企业群众通过"一张蓝图"公众版,可全面掌握"多规合一"改革下海南市县镇村的用地规划信息,对合理使用国土资源,营造全民监督环境具有积极作用。老百姓足不出户仅通过手机就能查询全省"多规合一"信息,包括农房报建过程中,用地是否符合规划,是否占用耕地,是否在生态保护红线内;小区周边购物是否方便,出行是否便利,附近有无学校、医院;投资办厂选择哪里,周边环境如何,未来规划前景怎样等与老百姓生活息息相关的信息。

3. 众创规划(互动参与)

随着智慧城市的建设,推动城市高质量发展,为群众创造高品质生活空间,规划工作逐步从满足刚性要求过渡到对高品质的追求,运用新型技术和方法,众创规划汇聚不同公众群体的智慧,可以提供比传统规划更丰富和全面的数据分析、设计方案、意见建议，有助于提高规划决策质量，使规划更符合公共利益，成为必然趋势。

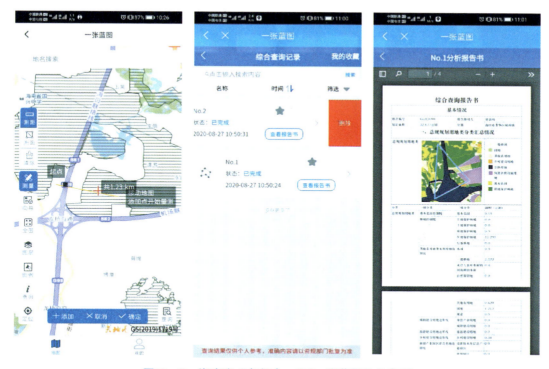

图 7-40　海南省"多规合一""一张蓝图"公众版

众创规划应用，一方面，应大力引入高新技术手段，形成规划需求的专业转换，深入挖掘需求、数据下的规划要素。另一方面，创新规划编制和管理方式。充分发挥公众的智慧和创造力，提升规划执行效果和公众获得感。带动不同群体共同关注城市建设，达成规划共识，开拓规划决策的思路，提供专业之外的独特视角，有效提高规划决策的针对性和可操作性，在培育社会对公共政策参与意识的同时也丰富城市治理的途径，实现多方合作共治，真正达到众创众筹的目的。

充分运用智能化手段，搭建信息化规划平台或工具。以雄安数字规划平台为例，通过结合物联网、人工智能、深度学习、三维 GIS、BIM 等技术，搭建智能化和三维仿真需求的规划与管控平台，支持开放众规，以交互式界面推动各方参与国土空间规划建设，如提供会商窗口，支持政府决策者、部门管理者、项目建设方、社会公众等利益相关方全部参与，直观展现建筑高度、贴线率、首层通透率等专业指标；以人机互动形式支持地上地下一体化规划建设、市政管线与地质模型协同化交流、规划与运营循环式评估等。平台迭代学习用户输入信息，形成知识库，可快速构建特定空间或特定项目的专业知识图谱和应用场景。

拓宽众创规划的参与渠道，充分发挥不同群体的特质和优势，综合考虑专家学者的业务知识、采纳市民群众的生活诉求、顾及企业的商务需求，博采众长。以"众规武汉"为例（见图7-41），该平台的功能定位为规划编制过程中的公众参与平台、规划师与社会各界交流的新媒体平台、规划信息发布的新媒体平台，是社会公众了解规划的窗口。面向公众，通过问卷调查、在线规划和节点设计等方式收集规划方案；面向设计师，推出"寻找规划合伙人"系列项目，对全社会进行公开征集，通过前期多渠道宣传、公开报名、会议评议、项目路演以及终选会等系列流程，评选出各个项目的优胜方案；面向高校，组织"规划联合设计工作坊"，进一步促进科教与城市互动发展，提升规划研究可实施性，使规划方案更加科学。

完善反馈机制，明确职责，形成良好的双向互动局面。以常州市民规划师为例，自2008年组建第一届市民规划师组织以来，陆续聘选来自各行各业的市民规划师参与规划编研、规划管理、规划执法等全过程。其中，市自然资源和规划局负责向市民规划师通报国土空间规划工作相关情况，邀请参与重要国土空间规划编制项目的讨论和论证，列席规划委员会会议，参与重大基础设施及与市民生活息息相关的重要建设项目的规划设计方案讨论和评审，参加国土空间规划培训及有关活动等。市民规划师可对相关国土空间规划工作提出合理的意见和建议，反映市民意愿，同时应承担向广大市民宣传国土空间规划法律法规和国土空间规划相关情况等工作。

规划合伙人

众规武汉

【规划合伙人】城市建筑风格统筹研究项目策划书

[规划合伙人]武汉市人文绿道规划项目规划建言及项目建议书征集
原创:点我->

[规划合伙人]武汉建设儿童友好型城市战略规划和空间规划项目策划书征集
原创:点我->

走进现场，走近龟南——直击"寻找规划合伙人"第四期项目现场踏勘
原创:刘媛

规划合伙人第四季来袭！龟南片品质提升概念规划任务书正式发布！
原创:刘媛

续写归元琴台文化，激活蛰伏龟南之地——寻找规划合伙人第四期即将发布
原创:刘媛

众规武汉致规划合伙人的新春祝福
原创:点我->

【投票】动动手指，选出你最心仪的口袋公园设计方案！

众规武汉 2020-10-23 18:06

15个口袋公园设计方案
投票活动开启

众规武汉
/

投票截止时间：2020年10月28日18:00

备受关注的
众规武汉口袋公园创意设计方案征集
自发布以来，
国内外229个设计团队报名，
161个创意设计方案提交，
41个进入初选和路演，
经过行业权威专家认真评审，
15个方案入围。

热烈鼓掌

图7-41 众规武汉

7.8 总结展望

新时代新征程开启了全面推进美丽中国建设新篇章。《中共中央、国务院关于全面推进美丽中国建设的意见》提出"构建美丽中国数字化治理体系，建设绿色智慧的数字生态文明"。现阶段，各级国土空间规划正在加快报批，国土空间规划的工作重心逐渐转向实施监督，加快建设"可感知、能学习、善治理、自适应"的智慧国土空间规划，提升国土空间规划审批、实施与监督的数字化管理、智能化、智慧化管理水平，有力支撑国土空间治理从政府主导向多主体协同、从局部单要素治理向全域全要素、从物质空间向内涵空间、从外延经验式粗放管理向人本智慧型高质量管理、从静态单向到动态闭环治理的升级转型发展。

从业务视角来看，智慧国土空间规划审批、实施与监督总体与新时期国土空间治理的新理念、新要求相契合，在注重全域全要素统合、全生命周期贯穿和全主体协同的基础上，强化了人本治理、联动反馈、动态适应的特性。人本治理就是从过去工业化治理思维转向以人为本的生态文明思维，通过社会经济等更多反映人类活动的信息获取，体现和关注人的需求，科学引导人地关系协调，促进人与自然和谐共生；联动反馈强调突破固有的业务和信息壁垒，在规划全周期乃至国土空间开发保护的全链条上实现跨层级、跨部门、跨业务、跨系统的信息互馈和业务联动；动态适应则是强调基于实时反馈的动态调整，在规划编制审批、实施监督的全周期能够根据实时感知监测预警情况进行动态调整和适应。

从技术视角来看，随着人工智能、大数据等新一代信息技术日渐成熟，大数据、大算力、大模型、大平台支撑下的国土空间治理需求更加旺盛，在空间感知、数据驱动、智慧赋能、业务增值、生态共创等各个层面，对数字赋能与创新提出了新的挑战。

（1）在空间感知层面，融合建立更泛在的国土空间感知监测手段，进一步健全"空—天—地—网—海"的立体感知监测体系，满足国土空间全域全要素全周期的信息获取，提升支撑数据的内容广度、时空维度、质量精度、监测频度。

（2）数据驱动层面，实现从二维平面向三维立体、从逻辑分散到融合关联的提升，以国土空间信息模型（Territory Information Model，TIM）为基础，构建全域覆盖、联动更新、权威统一、三维立体、时空融合的数字国土空间，并通过数据全周期治理与关联融合，提升数据质量，促进数据形成知识、长出智慧。

（3）智慧赋能层面，全面拥抱人工智能技术，构建共建共享的技术生态实现 AI+智慧赋能，汇聚规则、指标、模型、算法等知识资产，打造智慧国土空间规划专业大模型，形成自学习、自演进的智慧决策能力。

（4）业务增值层面，以应用场景为牵引，强化业务协同、数据共享，实现前端可成熟模板化组合集成、后端可组件化拆解装配，从而快速响应业务变化、灵活支撑业务创新，促进从应用建设到场景赋能的转换。

（5）生态共创层面，以数字安全为底线，通过技术连接实现数据、算力、知识、工具等数字资源的开放共享和协作共创，营造行业共建共享共创的良好数字生态。

未来，随着国土空间规划改革的不断深入，智慧国土空间规划还将呈现新的特征、激发新的需求，国土空间规划审批、实施与监督也将随着业务深化、技术进步走向更加智能、智慧的治理，并与其他环节进一步互融互通，以更高品质规划、更智慧治理模式驱动国土空间治理现代化水平不断提高。

参 考 文 献

[1] 王晓莉，胡业翠，牛帅，等. 国土空间规划实施监测评估指标体系构建的探讨 [J]. 中国土地，2024，（02）：32－35. DOI：10.13816/j.cnki.ISSN1002－9729.2024.02.08.

[2] 岑诗敏，容小晴. 市级国土空间规划"一张图"实施监督信息系统建设研究 [J]. 地矿测绘，2023，39（04）：33－37. DOI：10.16864/j.cnki.dkch.2023.0049.

[3] 向晓琴，高璟. 实施监测视角下的市级国土空间规划指标评析[J]. 规划师，2023，39（12）：77－84.

[4] 欧阳鹏，刘希宇，郑筱津. 整体性治理视角下市县国土空间总体规划实施机制研究 [J]. 规划师，2023，39（09）：1－8.

[5] 詹美旭，李飞，董博，等. 市级国土空间规划实施与运行机制研究 [J]. 规划师，2023，39（09）：32－39.

[6] 潘海霞，赵民. 国土空间规划体系构建历程、基本内涵及主要特点 [J]. 城乡规划，2019（05）：4－10.

[7] 吴辉，王圆圆. 国土空间规划成果审查与管理的思考与系统开发建设 [J]. 现代信息科技，2022，6（14）：6.

[8] 张阳，谢来荣，黎懿贤. 国土空间规划视角下灾害风险评估内涵解读与实例思考 [J]. 城市建筑，2021，18（25）：21－24.

[9] 唐伟，白杨，夏孟，等. 完善国土空间规划体系公众参与制度的思考 [J]. 科技创新导报，2021，18（28）：162－168.

[10] 周子航，张京祥，王梓懿. 国土空间规划的公众参与体系重构——基于沟通行动理论的演绎与分析 [J]. 城市规划，2021，45（05）：83－91.

[11] 赵幸. 城市更新背景下的规划共治——北京城市规划公众参与的方法、实践与机制 [J]. 世界建筑，2023（04）：44－49.

[12] 付宇欣，周家宝. 控规调整的公众参与研究——基于政府公开项目的统计与分析[J]. 城市建筑，2022，19（24）：53－56.

[13] 霍雅琴. 城乡规划中的公众参与及实现路径——以大西安为例 [J]. 新西部，2020（06）：39－40.

[14] 郑彦妮，蒋涤非. 公众参与城乡规划的实现路径 [J]. 湖南大学学报（社会科学版），2013，27（02）：68－72.

[15] 杨保军，闵希莹. 新版《城市规划编制办法》解析 [J]. 城市规划学刊. 2006（04）：1－7.

第 8 章　智慧国土空间规划发展趋势

8.1　概述

　　智慧国土空间规划是在国土空间规划发展目标和基本框架下，集成物联网、时空大数据、人工智能、数字孪生等新一代信息技术，基于国土空间基础信息平台和国土空间规划"一张图"实施监督信息系统等平台，通过智慧赋能国土空间规划的编制、审批与实施监督全周期，打造"可感知、能学习、善治理、自适应"的智慧规划体系。

　　智慧国土空间规划统筹考虑自然资源、经济社会、历史人文、信息技术与空间安排的一体化构架，是一个包括规划、监测和治理的连续过程，也是一个不断完善、进步的过程。目前智慧国土空间规划仍存在一些差距和挑战，尤其是在以下五个方面：一是国土空间要素的二三维一体化的分析、展示能力还有待提升，规划和现实空间的虚实融合、互动能力还不强，无法支撑国土空间规划要素的三维化与智慧化；二是对国土空间中各类主体的变化情况和变化趋势不能实现实时、动态感知，难以支持国土空间规划全过程、全要素的精细化管控；三是国土空间规划"重规划、轻实施"，缺乏对规划目标和指标的动态、实时监测评估预警，难以统筹国土空间保护开发利用的动态发展、动态管控与动态治理的需求与目标；四是服务国土空间智能规划决策的智能模拟和分析推演模型欠缺，无法支撑国土空间规划复杂场景的应用决策；五是加强智慧国土空间规划对国土空间治理的战略性、基础性、强制性作用，为进一步落实国家生态文明战略、实现国家治理体系现代化提供重要支撑。

8.2　关注实景三维深化应用场景

　　当前，国家正在大力推动数字经济、数字社会、数字政府等数字中国建设，对基础测绘的产品和服务提出了新的需求。而传统的 4D（DEM、DOM、DLG、DRG）产品日渐难以满足多维、动态的虚拟现实世界的应用需求，越来越多的应用场景需要在真正的三维数字空间中进行量测、分析、研判。实景三维作为真实、立体、时序化反映人类生产、生活和生态空间的时空信息，通过人机兼容、物联感知、泛在服务实现数字空间与现实空间的实时关联互通，为数字中国提供统一的空间定位框架和分析基础，是落实数字中国的重要举措，也是落实国家新型基础设施建设的具体部署。实景三维通过高度逼真的场景重构和虚实相济的空间拓展，一方面能够改变传统二维视图模式，提升各应用场景视觉呈现感，另一方面，实景三维的时空基底、时空关联、时空分析等支撑能力，可以使依托环境的应用得到更抽象的分析和更具象的呈现，有利于测绘技术应用领域的拓展、应用模式的创新和跨学科融合发展。

以实景三维赋能智慧国土空间规划，可以突破二维信息表现的束缚，同时承载二维与三维、空间与非空间的属性信息，实现国土空间规划各要素从静态到动态的直观展示，构建统一三维数字底座；可以强化规划全周期业务的三维基础支撑能力，促进规划成果可视化、管控精细化、感知实体化、决策科学化。

在规划底图构建方面，支持空间三维展示和基础分析，以部件级、城市级、地形级实景三维图景汇聚多类型、多尺度、高精度的全空间实景三维数据，能够直观反映自然地理格局和自然资源状况。对采集到的实景三维数据，进行实体化、结构化、语义化处理后，使其成为具有明确属性或完整功能的地理对象，为规划单体查询、分析、计算奠定基础。

在规划编制阶段，实现三维数字化转译，针对国土空间要素地上地下关系复杂、设计方案实施后在国土空间中的效果难以快速进行直观展示、决策反馈周期长等问题，基于遥感影像和三维建筑景观模型库，可以进行自动批量建模、参数化设计、仿真模拟，辅助规划设计师快速搭建、动态调整规划设计方案，支持规划设计方案生成、调整、比对的三维立体分析，实现多时序、多角度、多维度的规划分析，为城镇开发边界精准划定、建设用地合理选择、道路交通组织等提出更合理、更具操作性的方案。

在规划实施传导阶段，实现三维传导，基于实景三维的规划成果展示分析，将容积率、建筑密度、绿地率等二维开发强度指标，扩展为边界型、指标型、结构型、位置型、名录型等三维立体数字化管控要素体系，实现三维地上、地下空间规划管控要素传导和反馈优化，为各层级规划编制和衔接提供决策依据。

在规划实施监督阶段，通过构建针对重要控制线和重点区域的监测预警模型以及规划实施和专项评估模型，利用实时物联数据，实现国土空间立体化、智能化的动态监测、及时预警、定期评估，从而支撑责任部门落实监督预警的责任主体，辅助管理者进行国土空间立体管控。

8.3 强调动态感知与精细化管控

基于"可感知、能学习、善治理、自适应"的新时代国土空间规划需求，智慧国土空间规划应该以国土空间动态感知与实时监测、精细化管控为途径，在自然资源和多源时空大数据的支撑下，依托天空地一体化感知等新技术，实时、动态地感知国土空间信息，建立数字化国土空间模型，实现从传统规划向智慧国土空间规划转变。

动态感知是针对自然资源本身及人类开发利用活动特定的时间周期、生长节点或其

306

他时空特性，利用实时或准实时的观测模式，通过传感器、卫星遥感、手机信令等多种数据采集手段，实现资源变化和人类活动特性的动态获取。基于空天地网一体化的动态感知能够实现高精度的高低空、地上地下、室内室外全空间的三维数据获取，为国土空间规划提供了精细化、实时化的数据支持，能够优化规划决策，提升城市管理和治理效能，实现可持续发展目标。利用卫星遥感、航空影像、无人机等装备，能够实时监测城市扩张、农田变化、土地开发等地表变化情况，实现地表变化与土地利用的三维数据获取，帮助决策者做出科学的国土空间规划决策，优化土地利用、资源分配等；借助空气质量监测仪器、污染源探测器等，动态感知大气、水体和土壤的污染程度和环境质量，通过监测环境质量和生态状况，有助于制定环境保护政策和资源合理利用方案；通过交通监测摄像头、车载传感器等，实时感知道路交通流量、车辆速度和道路网络状况，能够进行精细化的城市规划，优化交通网络、基础设施布局等。基于数据挖掘、大数据分析等技术手段，能够对手机信令中人群行为轨迹、出行特征等信息进行深入分析和利用，动态感知人口分布、人员流动和活动热点等信息，为规划决策者提供全面、准确的人口与交通数据，优化资源配置和基础设施建设，实现国土空间规划由单一的物理空间规划转向"以人为本"的生态规划。随着动态感知技术逐渐成熟和普及，可以为智慧国土空间规划提供强大的数据支持，实现国土资源的高效利用和生态环境的可持续发展，为构建智慧、宜居、可持续的国土空间贡献力量。

基于动态感知技术的精细化管控，能够实现对国土空间规划全周期、全要素的精细化管理。利用物联网、新测绘、航天遥感等技术，依据智慧国土空间规划管理不同阶段的需求获得的国土空间现状时空数据、社会经济数据、规划管控数据、项目管理数据、物联感知数据，支撑智慧国土空间规划管控体系，提升空间资源配置的效率和空间管控的精细化程度。通过融合手机信令、激光雷达、无人机等传感器数据，从多个维度实现精确的国土空间规划管控。各类空间治理应用相互割裂，全局运营决策能力不够，通过精细化管控能够强化国土空间现状认识、配置优化决策，智能决策支持模拟推演分析可以提高趋势预测、预警准确性。利用大数据分析和人工智能技术，实现预测模型的建立，对城市动态变化、交通流量波动、人员聚集等情况进行预测，为国土空间规划精细化管控提供实时感知的决策支持，进一步加强了精细化管控的能力。通过智能算法对海量数据进行深度挖掘和分析，能够发现数据背后的规律和价值信息，有助于规划者更好地理解城市发展趋势、评估土地需求、预测生态环境变化等方面的情况，为规划方案的制定和优化提供科学依据和决策支持。通过与城市规划、交通管理、环境保护等领域的数据和技术相结合，构建跨部门、跨领域的智慧管控体系，提高国土空间规划的整体效能。

在国土空间规划中，精细化管控涉及纵向传导和横向传导两个方面，以实现对城市和国土空间的详细、准确、实时的监测与调控。从国家层面到镇街层面的信息和政策的传递完成纵向传导，国家制定总体规划和政策，将其传导给地方政府，为地方提供了整体发展的框架和指导。地方政府根据国家要求，将国土空间规划细化为具体的城市规划和项目计划，纵向传导精细化管控确保规划在不同层级之间的一致性，使得精细化管控更加有序和有效。横向传导在同一层级内不同领域之间信息和合作的传递。在精细化管控中，不同领域的数据和信息需要进行横向传导，以综合分析和综合决策。例如，城市规划、交通规划、环境保护等领域的数据需要共享和交流，以便综合考虑不同因素对规划的影响。横向传导促进了综合规划和跨领域合作，使得管控更加全面和综合。纵向传导和横向传导相互结合，实现了国土空间规划中的精细化管控。从国家到地方的纵向传导确保了规划的一致性和指导性，而横向传导促进了不同领域之间的协同合作和综合考虑，使得规划更加科学和有效。

8.4 强调定期性与精细化的评估

规划实施评估作为国土空间规划精细化管理的关键一环，不仅是一种反馈机制，更是一种切实落实规划目标任务的监督机制。立足于"十四五"新发展阶段、贯彻新发展理念、构建新发展格局的新契机及全方位高质量发展的背景，智慧国土空间规划未来应积极探索从城市体检到规划全周期的规划实施定期化、精细化评估，及时发现国土空间治理问题，有效传导国土空间规划重要战略目标，确保对规划实施的各个方面进行深入和具体的评估，更好地开展国土空间规划编制、实施和维护，提升国土空间治理水平。

新的国土空间规划体系要求建立面向规划全过程的监督评估实施机制，通过城市体检评估已经建立了"一年一体检、五年一评估"的常态化机制，但在评价指标确定、监测监督实现仍存在一些问题。未来需要建立更短周期的评估机制，如季度或月度评估，以更及时地发现问题并采取纠正措施，可以更好地发挥规划对城市发展的战略引领和刚性管控作用。具体包括以下几个方面：

一是强调定期评估与实时反馈相结合。对常规内容开展定期评估，如耕地保有量、建设用地指标使用情况，经由定期城市体检评估完成。针对突发事件，如汛期的洪水水位实时变化、重大疫情时期感染人数的实时统计等，依托数字平台建立实时反馈机制。以定期评估为基础，实现突发事件的实时反馈，将城市体检评估与城市治理紧密连接。

二是聚焦精细化本身。精细化评估是确保国土空间规划管理的高效性和可持续性的关键环节，贯穿规划的全过程，在覆盖土地利用、资源管理、环境保护、基础设施建设、城市规划等多个领域发挥关键性作用。评估指标需进一步精细化，在规划过程中不仅需要考虑总体指标，还要具体到不同类型建设用地、区域和功能区域，有助于更准确地了解规划实施的效果，以及不同领域的潜在问题。

三是加强新技术的数字赋能。引入新数据、新工具、新平台，通过实景三维、数字孪生、空间智能等技术赋能体检评估工作，及时、准确地掌握城市健康状态和规划实施情况，实现城市体检评估的常态化、智能化、精细化，并围绕规划核心目标、空间发展绩效、专项城市问题或特定地区进行深度剖析，辅助挖掘问题根源、预演规划方案，为规划的有效实施和调整完善提供更加精准的决策指引。

四是注重国家要求与地方特色相结合。构建"层级传导、主题关联、上下联通、左右贯通"的国家级、省级、市级、县（区）级多级多类传导指标体系，在延续国家提出的核心指标基础上，市、县级应根据城市发展特色和城市转型痛点，增加相应特色指标。以差异化为重点，构建社区级指标为市县指标的二级、三级衍生指标，确保市县指标的传导联动。合理配置宏观指标与微观指标，最终通过分类分级的综合分析，形成全方位的城市发展问题诊断画像。

8.5 发展国土空间智能规划决策

随着遥感和时空大数据日趋丰富，国土空间演化智能遥感识别与精细推演的新理论、新方法、新技术研究不断发展，国土空间规划决策智能化的转型动力更加强劲，未来研究应重点关注地理空间智能模拟模型在国土空间规划场景的应用，为国土空间智能监测、智慧规划等提供决策支持和实践指导。

地理空间智能模型利用人工智能技术（尤其是情景分析、机器学习、深度学习）及数据挖掘方法，从地理空间专有数据和虚拟空间地理关联泛在大数据中汇集、描述、评估地理空间物理特性和变化信息，并深度挖掘、分析、模拟地物空间特征及其历史演变规律，预测未来变化趋势的模型，主要包括 AI 监测模型、推演模拟模型等。将地理空间智能模型应用在国土空间规划领域，通过 AI 智能监测模型感知国土空间现状变化、推演及预警模型模拟国土空间可能的变化过程，指导国土空间的优化配置。

在"三区三线"的规划实施过程中，一方面，以随机森林、支持向量机等机器学习算法以及卷积神经网络、全卷积网络、生成式对抗网络等深度学习算法为支撑，利用遥感技术精准识别、自动解译、实时监测管控区内部及其周边地区的生态本底和动态，综合评估管控底线的性质、质量、格局和功能变化；另一方面，利用推演模型模拟三区三线的未来变化趋势，特别是在城市空间的快速变化下，城镇开发边界的科学划定及内部功能区的协调发展成为未来城市空间发展的决定性因素。利用元胞自动机（CA）与多智能体系统（MAS）等地理空间智能模拟模型，对城市要素变动进行深度推演，挖掘城市空间的时空演化规律，构建城市扩张的动态模型，研究多情境下城市空间增长的时空过程、驱动机制及演变模式，为城市增长边界划定、城市功能分区、生态保护区设立、城市副中心与基础设施布局等空间规划提供高可信的空间信息与预测情景服务。开展未来城市格局变化研究，预知不同发展政策下未来城市可能的扩张格局及相应引发的社会和环境问题，发挥国土空间规划对于城市空间的导控和底控作用，对于科学把握新型城镇化内涵式增长、优化城市空间格局、促进城市土地资源可持续发展等具有重要意义。

国土空间智能规划将通过人工智能、大数据、云计算等技术手段，实现多元化应用，提供更精准、高效的决策支持，助力各领域的发展。利用 ChatGPT 自然语言处理模型，自动生成符合约束条件的设计方案，深度解构城市空间，识别关键网络的复杂性，统筹考虑空间规划中的各种变量和因素，提高国土空间规划的方案设计准确性和合理性。通过数据驱动的决策，依赖于遥感和时空大数据能够实现更准确的空间感知和决策支持。机器学习和深度学习技术发挥关键作用，有助于模型更好地理解和解释复杂的地理信息。跨领域的融合作为主要的发展趋势，将地理信息科学、计算机科学和城市规划等领域融为一体，以更好地满足国土空间规划的需求。通过开发更多的决策支持系统，能够更好地帮助规划者利用模型的结果制定实际的国土空间规划策略。然而，目前的模型仍然面临一些问题，大部分模型难以实现自我训练，对数据的要求非常高，同时对训练环境也有一定的要求，导致很多模型无法在实践中得到应用。因此，需要在数据集成和清洗、可解释性研究、泛化和迁移学习、实际场景适应以及决策支持工具开发等方面取得突破，以实现智能化规划决策的更广泛应用和提高决策的准确性与实用性。

8.6　强调空间现代化治理的支撑

中共十八届三中全会提出将"推进国家治理体系和治理能力现代化"作为全面深化改革总目标的重大部署，生态文明建设上升为国家战略。2019 年《中共中央、国务院关于建立国土空间规划体系并监督实施的若干意见》发布，明确了国土空间规划的战略性地位和对各专项规划的指导约束作用，国土空间规划作为生态文明建设的重要内容，对促进国家空间治理体系与治理能力现代化意义重大。2023 年 1 月，《全国国土空间规划纲要（2021—2035 年）》把"建设智慧国土"确立为战略目标任务，代表着高质量发展、高品质生活和高水平治理成为新时代智慧国土空间规划编制与实施的新要求。

目前，数字化、信息化、智能化正在全面重构国土空间规划的编制、实施和管理，推动数字技术在政府管理服务中的应用，是提升国土空间治理的数字化、智能化水平的关键手段。未来要从支撑规划全周期管理的数字化向支撑国家空间治理现代化的智慧国土空间规划转变，全面推进美丽中国建设，加快推进人与自然和谐共生的现代化，重点围绕以下三个方面：

一是积极融合新技术在空间规划中的广泛应用。要继续提升完善智慧国土空间规划信息平台，数据上积极融合大数据、大模型等新技术、新方法，最大限度地释放多源时空大数据价值，加强传统数据与新兴大数据的结合；技术上深入推进数字孪生、云计算、微服务、可视化等在系统平台中的综合作用，强化信息平台的基础支撑功能；应用场景上侧重规划全周期治理的智能化和决策的智慧化，引入生成式人工智能、地理空间大模型，重视新技术、新方法的应用在三区三线管控、城市更新、历史文化保护等领域中的应用，支撑国土空间规划编制、审批、修改和实施监督全程留痕，形成规划编制智能化、规划审查自动化、规划实施精准化、规划监督实时化的智慧国土空间规划新模式。

二是促进空间规划多主体、多目标协同共生。从"多规并行"到"多规合一"代表国家规划权利的集合和治理目标的协同，国土空间规划立足国家层面，对促进生态文明建设、维护国土空间开发市场秩序、优化国土空间开发格局以及推进空间治理现代化等具有宏观指导性和整体协调性。一方面，要充分考虑陆海统筹、区域协调、城乡融合尺度下国土空间规划协同布局。以陆海全域一张图作为国土空间总体规划的规划区范围，统筹部署国土空间保护、开发、利用、修复的整体布局与结构，实现对陆海空间的准确评估和有效管控；以都市圈、城市群等跨区域的空间规划应立足协调视角，通过发挥资源整合优势协同落实国家战略，通过谋划空间措施解决区域间冲突，突出空间资源的基础性、底线性和长期性安排；城乡融合应按照差异化制定城乡空间要素管控规则与引导策略，通过城乡空间的功能分区来重构城乡要素的供需关系，实现城乡间的空间公平、促进区域要素顺畅流动及城乡间的均衡发展。另一方面，要充分考虑城市尺度下的政府、企业与民众等不同主体的利益诉求，协调各主体之间的发展需求，形成发展合力，搭建政府主导、企业参与、面向公众的规划治理平台。政府谋求社会可持续发展，企业寻求经济最大化，公众期望生活环境更加美好，如何平衡各方利益，成为未来国土空间多主体协同需要考量的重要因素。通过建立利益评价指标体系，系统分析对不同利益相关方的影响，全面了解各方关切和期望，综合评估规划成效，寻求各方主体利益均衡点；加强公众参与，拓展多种交流渠道，倾听各方需求关切，共同探讨规划方向，更加符合社会期望；搭建开放多元互动的沟通平台，实现信息互通、意见反馈、需求共享，提升规划决策透明性和民主性，确保国土空间规划更具公平、更可持续。同时，充分考虑规划实施弹性，实现国土空间规划编制、实施、监督、管理的可持续发展，达到人地有机耦合，为国土空间治理提供有力保障。

三是加强信息安全提升自主创新能力。智慧国土空间规划涉及基础地理、业务管理、社会公共等海量异构数据，保障数据的存储、管理和共享安全是促进智慧规划深度发展的重要支撑。融合区块链技术，将行政审批过程数据、结果数据一键上链，保障审批信息链上不可篡改，做到了项目审批流程链上追溯、共享信息相互对称，促进项目审批全程规范、协同开展；构建去中心化的规则决策系统，避免单点故障，确保规划数据的安全性和一致性；可以使管理信息更加开放透明，鼓励公众深入了解参与，提高管理效率和公信力；基于区块链的智慧国土空间规划可以实现国土空间规划信息的智能化，通过智能合约等技术，实现规划编制、审查、实施监督的自动化和优化，提高智慧国土空间规划的效率和质量。

参 考 文 献

[1] 张小林. 实景三维在国土空间规划中的应用探究［J］. 智能城市，2023，9（10）：59－61. DOI：10.19301/j.cnki.zncs.2023.10.018.

[2] 高小慧，胡永进，马凯迪，等. 基于实景三维技术的园林规划设计应用研究［J］. 中国信息化，2023（08）：83－86＋82.

[3] 周艺霖，邱凯付，刘菁. 治理体系现代化视角下省级国土空间规划实施监督体系研究［J］. 规划师，2022，38（08）：45－51.

[4] 马琰，雷振东，刘加平，等. 面向乡村振兴精细化治理的国土空间综合整治规划研究 [J]. 规划师，2023，39（05）：26－33.

[5] 邓雪湲，蒋灵德，刘超. 国土空间详细规划碳排放测度与管控研究——以苏州太湖科学城核心区详细规划为例 [J]. 规划师，2023，39（09）：117－122.

[6] 甄峰，孔宇，秦萧，等. 生态文明建设下国土空间规划编制与实施的关键问题 [J]. 地理教育，2023（08）：3－7＋12.

[7] 易娜，陈文，鲁兴，等. "多维切片"视角下的城市体检评估技术方法应用研究——昆明城市体检总结与思考 [J]. 城乡规划，2023（3）：25－32.

[8] 张志生，周学闻，艾子墨. 关于深化城市体检工作的几点建议——以浙江省为例 [J]. 城乡建设，2023（11）：48－51.

[9] 代巨鹏. 实景三维建模技术应用于国土空间规划实践探索[J]. 城市建设理论研究（电子版），2023（15）：144－146.

[10] 张英男，龙花楼. 面向城乡融合发展的县域国土空间规划：理论认知与实践探索 [J]. 中国土地科学，2023，37（02）：1－10.

[11] 潘浩之，施睿，杨天人. 人工智能在城市碳达峰、碳中和规划与治理中的应用 [J]. 国际城市规划，2022，37（06）：26－34.

[12] 陈军，武昊，刘万增，等. 自然资源时空信息的技术内涵与研究方向 [J]. 测绘学报，2022，51（07）：1130－1140.

[13] 党安荣，田颖，李娟，等. 中国智慧国土空间规划管理发展进程与展望 [J]. 科技导报，2022，40（13）：75－85.

[14] 张圣海，吕晓蓓，谢亚，等. 国家区域新格局下的城市群国土空间规划探索——以成渝地区双城经济圈国土空间规划为例 [J]. 城市规划，2022，46（11）：7－13.

[15] 仇巍巍，陈从喜，项家铀，等. 三维 GIS 在国土空间规划中的应用综述 [J]. 自然资源信息化，2022（02）：28－33.

[16] 陆佳，冯玉蓉，张耘逸. 从年度体检到动态把脉：城市体检评估的常态化、智能化路径 [J]. 上海城市规划，2022（01）：32－38.

[17] 谢花林，温家明，陈倩茹，等. 地球信息科学技术在国土空间规划中的应用研究进展 [J]. 地球信息科学学报，2022，24（02）：202－219.

[18] 吴洪涛. 自然资源信息化总体架构下的智慧国土空间规划 [J]. 城乡规划，2019（06）：6－10.

ZHIHUI GUOTU KONGJIAN GUIHUA YINGYONG YU FAZHAN

智慧国土空间规划
应用与发展

中国测绘学会智慧城市工作委员会　组编

下册

中国电力出版社
CHINA ELECTRIC POWER PRESS

图书在版编目（CIP）数据

　智慧国土空间规划应用与发展. 下册 / 中国测绘学会智慧城市工作委员会组编. —北京：中国电力出版社，2024.4
　ISBN 978-7-5198-8751-3

　Ⅰ．①智…　Ⅱ．①中…　Ⅲ．①国土规划–研究–中国　Ⅳ．①F129.9

中国国家版本馆 CIP 数据核字（2024）第 063556 号

出版发行：中国电力出版社
地　　　址：北京市东城区北京站西街 19 号（邮政编码 100005）
网　　　址：http://www.cepp.sgcc.com.cn
责任编辑：王晓蕾（010-63412610）
责任校对：黄　蓓　王海南　朱丽芳
装帧设计：张俊霞
责任印制：杨晓东

印　　　刷：三河市航远印刷有限公司
版　　　次：2024 年 4 月第一版
印　　　次：2024 年 4 月北京第一次印刷
开　　　本：787 毫米×1092 毫米　16 开本
印　　　张：30.25
字　　　数：657 千字
定　　　价：268.00 元（上、下册）

目　　录

上　　册

下　　册

山东省国土空间规划"一张图"实施监督信息系统

山东省自然资源厅 上海数慧系统技术有限公司

1 背景概述

2019 年 5 月,中共中央、国务院发布了《关于建立国土空间规划体系并监督实施的若干意见》(中发〔2019〕18 号),指出要以国土空间基础信息平台为底板,逐步形成全国国土空间规划"一张图",推进政府部门之间的数据共享及政府与社会之间的信息交互。

为深入贯彻落实若干意见,2019 年,自然资源部先后印发了《关于全面开展国土空间规划工作的通知》(自然资发〔2019〕87 号)和《关于开展国土空间规划"一张图"建设和现状评估工作的通知》(自然资办发〔2019〕38 号),要求开展国土空间规划"一张图"实施监督信息系统建设,形成覆盖全国、动态更新、权威统一的国土空间规划"一张图"。

2021 年 7 月,自然资源部办公厅印发《国土空间规划"一张图"实施监督信息系统功能评定规则》,要求:建立专项规划的衔接核对机制,对专项规划开展空间审核比对和成果入库;开发完成乡镇国土空间规划、详细规划等数据入库功能;具备整合二、三维空间数据能力;城市体检评估等功能应用已生成成果数据,并全过程留痕。

2021 年 9 月,山东省自然资源厅办公室发布《关于印发山东省自然资源"数字赋能"行动方案(2021—2023)的通知》(鲁自然资办发〔2021〕2 号),在重点任务中提到:迭代升级国土空间规划"一张图"实施监督信息系统,拓展专项规划、详细规划、村庄规划、城市体检评估等功能,探索三维可视化技术应用。

为深入落实部、省相关文件要求,山东省自然资源厅于 2019 年组织开展了山东省国土空间规划"一张图"实施监督信息系统建设工作,为国土空间规划"一张图"数据汇聚整合、国土空间总体规划的编制报批以及过渡期规划管理提供了技术支撑。近两年,随着国土空间规划工作的不断推进,系统又进一步在专项规划管理、详细规划管理、村庄规划管理、国土空间规划城市体检评估等业务方向上拓展了数字化支撑能力,并在国土空间规划三维可视化展示应用和跨部门协同共享方面进行了探索研究,为国土空间规划深入横向、纵向、环向的数字化协同管理模式奠定了坚实的基础。

2 内容体系

系统遵守山东省国土空间基础信息平台的技术服务规范,基于"大平台、微服务、轻应用"的思想进行技术架构设计。其中,"大平台"主要指国土空间基础信息平台,具备足够的稳定性、开放性、高可用和灵活性,符合 IT 主流趋势,与云计算、大数据等相匹配;"微服务"聚焦于支持系统功能和数据资产进行服务化,形成信息资产,对外提供服务资产输出,降低后续信息化投资成本、缩短建设周期;"轻应用"是提供更加简便、轻灵的前端应用,满足多端使用、所需所得。

2.1 系统总体架构

系统总体架构如图 1 所示。

图 1 系统总体架构

基础服务层:实现对计算资源、网络资源、存储资源、安全资源的有效管理和利用,提供云主机、云存储等基础设施环境,包含云应用引擎、数据库服务、大数据服务、云搜索、负载均衡等。

数据资源层:汇集现状、规划、管理、社会经济等各类数据,包含空间数据、内容数据及新数据等多元数据,打造一个数据驱动的空间规划实施监督架构。

平台支撑层:通过将业务应用中可复用、可共享的功能和服务进行拆分,形成面向业务领域的数据管理中心、共享能力中心、集成运行环境、基础开发框架,通过对涉及

314

的各类资源、数据服务、应用服务进行运维管理和监控，保证服务的稳定运行。

应用层：是依托平台层提供的各种服务支持，实现覆盖国土空间规划分析、评价、编制、核查、审批、实施、监测、评估、管制、预警等全过程的模块化应用，实现灵活部署的前端轻应用，全面支撑系统应用需求。

2.2 用户对象

系统主要用户包括五类：一是省厅领导，主要对国土空间规划编制业务进行统筹管理和宏观决策；二是省厅业务人员，主要涉及规划编制、审查、监测预警、实施评估等具体业务应用；三是市县业务人员，使用系统进行成果汇交；四是省厅系统运维人员，主要负责系统的管理和运维、数据整合建库、数据分析业务等；五是其他平行政府部门，支撑与相关行业主管部门的业务协同。

2.3 主要建设内容

依托国土空间基础信息平台的数据成果，建设山东省国土空间规划"一张图"实施监督信息系统，汇集省、市、县、乡各级国土空间规划成果，形成覆盖全省、动态更新、权威统一的国土空间规划"一张图"，实现空间管控要素精准落地，为国土空间规划编制、审批、实施、监测、评估和预警全过程提供信息化支撑。

（1）数据资源体系。依据国土空间规划体系建设要求，基于国家下发的标准规范，同时结合山东省特色，建立统一数据标准，并以此为基础开展数据资源目录梳理及数据入库等工作，形成包含现状数据、规划数据、管理数据、社会经济数据和基础地理数据在内的 5 大类 41 中类 429 小类国土空间数据资源体系。

（2）指标模型。建立国土空间规划指标模型库，通过省—市—县—乡镇逐层分解落实空间管控要求：一是构建了包含现状评估指标、规划指标、监测预警指标、城市体检评估指标等 4 类 240 余项指标的指标体系；二是构建了包含用于分析评价、规划管控、规划审查、指标计算等 4 类 110 余项模型的模型体系。

（3）应用功能。

1）二、三维国土空间规划"一张图"应用。汇集现状、规划、管理及社会经济数据，形成二、三维一体化基础底数底板，实现各类自然资源数据的展示与统计分析，支撑面向各部门的信息共享。

2）国土空间规划分析评价。基于"一张图"底数底板，通过调用相关评价模型，基于单要素评价成果辅助开展资源环境承载能力综合评价和国土空间开发适宜性综合评价。

3）国土空间规划成果审查与管理。面向总体规划、专项规划、详细规划、村庄规划的成果审查和管理工作，分别建设规划成果汇交、质检、审查、入库和管理等功能，提高规划编制成果的合规性和科学性，助力形成全省四级三类国土空间规划成果"一张图"，并基于一张图拓展各类应用功能，辅助推动规划层层传导和项目落地实施。

4）国土空间规划监测评估预警。规划成果审批通过后，根据监管需求，建立实施监测指标体系，对国土空间保护和开发利用行为进行长期动态监测；同时依据国家关于国土空间开发保护现状评估要求，定期开展规划实施评估，为国土空间规划编制、动态维护和优化提供依据。

5）国土空间规划城市体检评估。实现市、县城市体检评估成果的上报和留痕管理；动态计算指标数据，支撑市、县成果的校核、验证；基于省级评估成果，通过空间分析、差异对比、趋势研判等手段对城市发展现状及规划实施效果进行分析，为规划调整修改和实施评估提供依据来源。

6）支撑国土空间规划用途管制。面向国土空间用途管制主管部门，基于国土空间规划管控要求和管控规则，提供辅助选址和合规性审查服务，辅助用地预审、用地计划、转用审批、填海批准等业务审批。

7）指标管理。提供指标体系管理、指标值管理、指标计算配置及数据字典管理等功能，实现对各类指标项、指标体系及指标元数据、指标维度、指标值、指标状态及指标计算方式等的信息化管理。

8）模型管理。针对规划成果审查、监测、预警和评估等功能的分析计算需求构建应用模型，提供模型算法注册、数据源管理、模型可视化构建、模型组件等功能，实现可视化配置和统一管理，并对模型运行情况进行动态实时监控。

9）国土空间规划共享服务。结合省级各部门的管理要求，提供一张图在线服务、专项规划管理、重大项目管理等功能，促进国土空间规划跨部门业务协同和共建共享共用。

10）社会公众服务。面向社会公众，充分利用网站，提供国土空间总体规划的公开公示、意见征询应用，促进规划公众参与。

3 关键技术

3.1 动态本体建模与知识图谱融合技术

以动态本体建模技术为依托，建立以对象、属性、关系为核心要素统一的本体数据模型，同时以知识图谱技术为核心，建立数据源与本体模型的映射，抽取和解析源数据到图谱数据库，为用户提供智能搜索、超级档案、图谱分析等智能服务。

3.2 全息、多维、动态时空大数据联动分析展示技术

基于 GIS 平台的空间展示及拓扑分析能力和大数据可视化分析平台的商业智能（Business Intelligence，BI）特性，将二者进行了深度融合，创新性地采用了时空大数据联动分析技术，显著提升大数据可视化展示能力，打造轻量级大数据分析可视化平台，支撑不同业务场景下大量数据展示及地图、图表之间可视化联动操作。

3.3 基于低代码构建指标数据的多维度分析展示技术

系统采用了一种数据分析可视化平台，依托 no code、low code 思想，能让使用者无需

编写任何代码，仅需通过简单的鼠标拖拽即可快速搭建可视化页面，满足数据分析要求。

3.4　空间规则引擎技术

系统采用模型管理引擎技术，对指标算法模型、空间审查模型、管控模型、分析评价模型进行统一可视化构建并管理，支持决策模型配置所需参数、模型规则可重新编排、模型可随意组合，降低了复杂业务逻辑的实现的复杂性，增加了模型复用度。

3.5　分布式微服务与分布式缓存技术

系统采用分布式微服务架构，各微服务之间通过接口互相联系，构成一个整体，在此基础上应用服务分层部署，有效降低单点服务器压力，提升服务响应效率。此外，系统采用分布式缓存技术，缓解关系型数据库的读写压力，利用有限的资源来提供尽可能大的吞吐量。

4　创新探索

4.1　构建省域国土空间"一张图"数据体系

提出了 5 大类 41 中类 429 小类的国土空间数据目录体系，形成了横纵互通、并行计算的架构，构建了动态关联、适时更新的省域国土空间"一张图"数据库（见图 2），建立了"集中存储、分责管理"的数据联邦更新管理机制，实现了省市县多级数据全量融合、展示、搜索，促进了国土空间治理全要素、全过程统一，解决了由于数据来源不同、要素内涵不一而造成的业务协同困难、实施相互掣肘等关键问题。

图 2　省域国土空间"一张图"数据资源体系

4.2 研发动态调整、自我学习的决策工具集

按照可感知、能学习、善治理、自适应的关键特性，整体搭建国土空间规划"一张图"的智能基础能力模型：一是规划阶段，运用多维指标管理与并行计算等技术，构建可视化灵活配置规划工具集（见图 3），实现大体量多源时空数据的融合、实时计算，满足规划指标多级传导和定量化、直观分析需求，有效提升了规划编制与审查效率；二是实施阶段，构建了由空间规则引擎、知识图谱等技术协同支持的自动化决策与动态调整的评估预警模型，利用人工智能技术支撑推理决策，支撑了国土空间的智能评价、评估、模拟、预警、决策，促进国土空间管控与利用更加精细、高效。

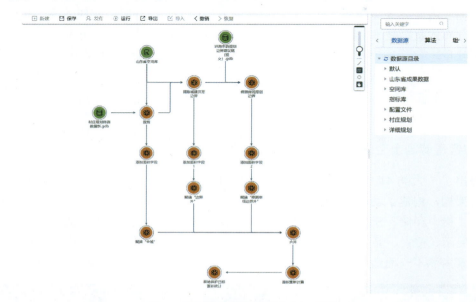

图 3　可视化灵活配置的规划工具集

4.3 创新多方协同共享的"一张图"治理模式

联动省、市、县、乡、社区、村六大层级，创新研发了分层分级管控理论和"流程控制＋质检审查＋数据加密"协同管控技术，建立了集分析评价、成果审查、监测预警、公众服务等多个功能模块聚合的智能支撑系统，实现了智能编制、高效审查、精准监测、科学评估、协同一致、交互反馈的综合治理模式，为省域统筹治理提供了智能优化手段。

5　应用效益

5.1 明确刚性管控边界，辅助精细化规划编制

基于国土空间规划"一张图"，将"三区三线"、国土空间总体规划、详细规划以及

各类专项规划上图入库，保障各级规划"数、线、图"一致；同时基于土地利用开发强度、两规差异性、资源环境承载能力、国土空间开发适宜性等分析模型进行分析评价（见图4），从而识别并发现问题，辅助国土空间规划编制与"三区三线"划定等工作开展。

图 4 规划分析评价

5.2 构建实施监测评估预警应用，促进全过程动态分析

基于全省"四级三类"的国土空间规划指标体系，构建了三线管控监测预警模型，实现与用途管制、增减挂钩等项目审批系统的对接，动态监控已批建设项目是否突破重要管控线的管控要求，及时对违法审批项目进行预警，形成预警清单和空间分布，从而实现对全省各级各类国土空间规划的约束性指标、各类空间控制线和管控边界等的执行情况的动态监测预警。

5.3 服务全周期管理业务，实现线上智能审查审批

面向省级审批市县的国土空间规划成果业务，构建了规划线上汇交和审查流程，在过渡期支撑了全省290多个"两规"一致性处理方案的线上协同审查审批（见图5），保障了256个省级重点项目和1727个民生工程的落地实施；在国土空间规划正式报批阶段将支撑总体规划、专项规划、详细规划和村庄规划的全流程审查和成果入库，截至2023年年底，已有480余项村庄规划备案至系统中，其中390余项完成审查并实现归档入库。

5.4 开展城市体检评估，高效及时优化治理工作

系统接入全省、市年度体检评估成果，构建指标校核模型，辅助完成省、市评估成果的自动校核，同时基于省级城市体检评估成果数据，从空间分析、差异对比、趋势研判等多维度对城市发展现状及规划实施效果进行分析和展示（见图6），为规划决策提供了依据支撑。

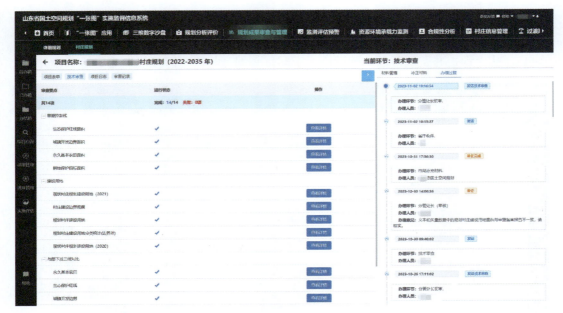

图 5　在线技术审查

图 6　城市体检评估

5.5　多方面推进省市县三级共治，创新治理模式

系统结合山东省实际，遵照统一规范、网络安全和数据安全要求，从数据共享、系统共治、数据汇聚等方面，多角度支撑了省、市、县三级互联互通和协同共治。

长沙市国土空间规划"一张图"实施监督信息系统

长沙市规划信息服务中心

1 背景概述

2019 年 5 月以来，中共中央、国务院、自然资源部先后印发《关于建立国土空间规划体系并监督实施的若干意见》等一系列政策文件，均提出要结合国土空间规划编制和改革要求，搭建从国家到市县级的国土空间规划"一张图"实施监督信息系统，形成覆盖全国、动态更新、权威统一的国土空间规划"一张图"。2019 年 8 月，长沙市国土空间规划"一张图"实施监督信息系统正式启动建设，系统依托长沙市国土空间基础信息平台，在经历需求调研、研发、测试、试用等阶段，已完成所有系统建设任务，并于 2021 年 5 月 28 日完成项目验收。目前已全面部署在长沙市自然资源和规划局业务处室支撑相关规划工作。

2 内容体系

基于改革要求和技术变革的思路，长沙市国土空间规划"一张图"实施监督信息系统建设内容主要由"四个一"组成，即"建立一套标准规范、完善一个数据体系、研究一套指标模型和建设一个信息系统"。

2.1 建立一套标准规范

结合国土空间治理及规划体系建设要求和长沙市"多规合一"改革数据成果相关数据标准，新建或修改完善相关标准，形成《长沙市国土空间规划"一张图"数据建库规范》，对系统及平台可承载的一切自然资源和地理信息数据的数学基础、要素分类以及属性结构进行详细要求，为长沙市国土空间规划数据库的建立提供保障。

2.2 完善一个数据体系

《长沙市国土空间规划"一张图"实施监督信息系统数据体系》在《长沙市国土空间规划"一张图"数据建库规范》基础上，充分利用已有自然资源和规划"一张图"成果，按照自然资源部和湖南省自然资源厅发布的国土空间规划数据标准进行梳理，整合国土空间总体规划、专项规划和详细规划成果，整合社会经济数据和其他有关数据，依托国土空间基础信息平台构建全市统一的"一张图"成果作为国土空间规划实施监督的数据基础，用以支撑"一张图"实施监督系统的数据应用，形成该模块下 2 级 5 类自然资源数据体系。数据资源目录构建技术路线如图 1 所示。

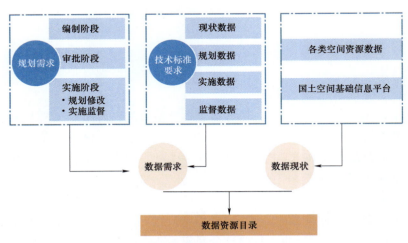

图 1　数据资源目录构建技术路线

2.3　研究一套指标模型

结合动态监测、及时预警和定期评估三大主要系统业务板块，长沙市国土空间规划"一张图"实施监督信息系统以国土空间规划、相关标准为基础，首先构建一组指标体系和一组边界。一组指标体系包括指标项的属性内容，以及指标项之间关系；一组边界包括市域、中心城区的重要管控边界和重点区域，明确边界的管控要素和预警规则。其次，以系统功能为目标，形成与之关联的计算模型，其中以支撑各项规则运算模型为规则模型，以实现指标指向的评价功能为目的为评价模型，以实现评估指标指向的评估功能为目的为评估模型，以支撑预测的模型为预测模型，形成各类规则模型、评价模型、评估模型和预测模型。"一套指标模型"构成总体框架如图 2 所示。

2.4　建设一个信息系统

一个信息系统即"长沙市国土空间规划'一张图'实施监督信息系统"，积极响应《国土空间规划"一张图"实施监督信息系统技术规范》功能要求，按照部、省要求，系统开发建设了数据应用、分析评价、成果审查、实施监督、指标模型、公众服务和指标传导七大功能模块（见图 3）。

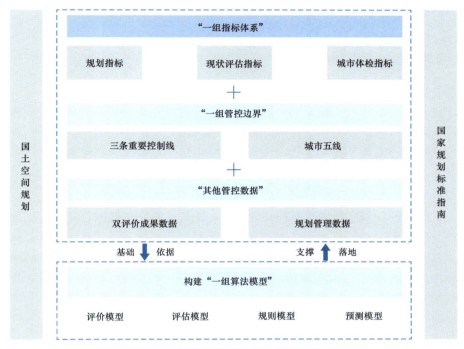

图 2 "一套指标模型"构成总体框架

图 3 长沙一张图系统组图

3 关键技术

3.1 微服务地理信息服务技术

在以往传统的单体应用架构中，一个应用系统包含了所有的业务功能，且应用本身作为一个庞大的部署单元直接部署，也就是将所有功能部署在同一个进程中。遇到高并发时，传统的庞大应用就面临着扩展部署的问题，因为所有的功能都部署在一起，那么即使只有其中一个功能有高并发需求，应用系统的横向扩展也必须通过在其他服务器上重新部署整个应用系统来实现。再建设这种扩展部署的方式，显然不能满足按需提供、弹性伸缩的要求。微服务架构的基本思想可以概括为：将应用封装为多个服务，服务按进程隔离。服务各自独立部署在不同的进程中，那么其横向扩展就可以通过直接在其他服务器或计算资源上按需部署服务来实现。如果某一服务有高并发需求，则直接将该服务分发至其他服务器，并按需部署 N 个进程。这种服务独立部署、基于服务的横向伸缩特点，更加集约地利用了资源，在同样的计算环境下，可实现更高的可用性。传统单体架构与微服务架构的比较如图 4 所示。

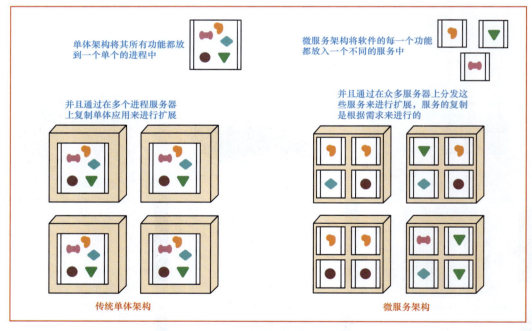

图 4 传统单体架构与微服务架构的比较

3.2 面向服务的体系架构（SOA）技术

面向服务的体系架构（Service – Oriented Architecture，SOA）提供一种构建 IT 组织

的标准和方法，并通过建立可组合、可重用的服务体系来减少 IT 业务冗余并加快项目开发的进程。在应用整合中，每个应用系统向其他应用系统提供了服务的接口，供其他系统进行调用，从而达到系统互联的目的。基于 SOA 的应用集成开发方法，与传统的软件开发方法略有不同，角色分工更加明确。就整个项目开发周期来讲，首先由业务分析员进行业务及流程定义，然后由架构师和设计人员利用 SOA 将业务和复杂系统进行分割，抽象出对应的业务服务及流程服务；再由开发人员使用不同的开发技术，基于选定的 SOA 基础架构，进行组件和服务的开发实现、服务的组装与合成，并打包部署和运行调试；最后移交管理人员对服务和业务流程的运行系统进行监控和管理，SOA 系统运行中，还可能会涉及操作人员参与业务流程的处理和使用。

3.3 基于规则引擎及流程搭建的数据关联技术

采用规则引擎技术，将各种软件组件嵌入程序中，并通过执行复杂的算法优化计算资源的使用。应用程序通过向规则引擎提交数据或者对象触发规则引擎时，由规则引擎来调用相应的规则，触发应用程序的动作，实现应用的快速响应。规则引擎管理主要实现对数据抽取 – 转换 – 加载（Extract – Transform – Load，ETL）规则、关联规则、拓扑规则、业务规则等的管理，支持 ETL、业务关联、空间拓扑、数据分析等规则的创建、验证、发布、驱动执行，实现迅速高效地处理规则。

4 创新探索

4.1 应用新技术，形成二三维一体化国土空间规划"一张图"

长沙市国土空间规划"一张图"实施监督信息系统以数据为"细胞"，加强多源数据归集工作，构建起全市域、全要素、全数字化的底板，对接全市 36 个其他市直部门，对收集数据分级分类分层，最终整合形成"坐标一致、边界吻合、上下贯通"的 2 级 5 类 352 图层国土空间数据资源体系。尽管系统数据资源丰富，但二维形式的国土空间规划"一张图"中，虽然将国土空间规划成果进行了统筹整合，但对于部分专项规划、城市设计等成果的建筑限高、空间布局等空间管控要求，无法通过二维国土空间规划"一张图"中进行有效汇聚与表达，难以支撑完成规划方案审查等工作。

由此，系统运用三维可视化技术，已完成约 $560km^2$ 人工精细模型、约 $600km^2$ 倾斜摄影模型数据建设，包括现状三维模型、规划方案模型、城市设计模型成果，并将国土空间规划成果数据叠加到三维空间，创新形成了二、三维一体化国土空间规划"一张图"（见图 5），实现"规划成果看得清"。同时系统充分激活数据资源价值，把数据优势切实转化为治理优势，通过数字化"转译"传统规划成果，强化城市规划要素的传导性和专项规划对风貌管控的技术支撑，形成了涵盖空间形态与建筑高度、建筑色彩与建筑材质等 8 大类、23 小类规划风貌管控要素的二、三维一体化"风貌管控依据库"，实现"规划要素说得清"。

图 5　二、三维一体化国土空间规划"一张图"

4.2　探索新机制，保障规划实施过程全业务流程动态化监管

　　长沙市国土空间规划"一张图"实施监督信息系统以平台提供的数据为支撑，同步衔接长沙市自然资源和规划一站式管理服务平台、长沙市"多规合一"投资项目在线审批平台，探索形成了项目全周期合规监管新机制，通过"策划生成＋项目审批"的业务流程，监管工程建设项目各环节对规划要求的落实情况。

　　在项目前期策划生成阶段，由国土空间规划"一张图"实施监督信息系统为工程建设项目审批提供规划成果数据、合规性检查服务（见图 6），落实项目合规性协同检查，系统上线以来已累计完成 900 余次项目策划生成工作；在立项用地规划许可阶段，实现批地、供

图 6　项目前期策划生成

地业务审批的规划检测带图审批，对不合规情况进行预警提醒，确保每个项目都严格落实规划要求（见图 7）；在建设工程规划许可、建设工程施工许可阶段，为精准把控项目规划方案是否满足规划风貌管控要求，长沙市基于二、三维一体化国土空间规划"一张图"，建设了实景三维景观风貌管控子系统，建立了一套三维仿真规划评审机制；在建设工程竣工验收阶段，接入项目竣工数据进行合规监管，并支持对竣工现场进行实时视频查看（见图 8）。

图 7　立项用地规划规划许可

图 8　建设工程竣工验收

327

4.3 建立新模式，实现控制性详细规划数据全周期动态管控

控制性详细规划是规划管理部门行政审批的法定直接依据，但在实际工作中，编制成果繁多、难以管理，在编制完成之后由于多方面原因也会不可避免地存在控规调整情况，导致管控困难，影响对总体规划要求在地块层面具体落实情况的有效把控。系统针对如何对控规成果进行有序的管理与更新的问题，建立了控制性详细规划全周期动态管控模式。

为此，长沙市国土空间规划"一张图"实施监督信息系统建立了控制性详细规划全周期动态管控模式，实现控制性详细规划"审查—拼接—建库—更新"各个环节留痕管理，形成全市统一、动态更新的控制性详细规划"一张图"。同时在国土空间规划"一张图"实施监督信息系统中接入控制性详细规划调整业务案卷信息，实时监管控制性详细规划调整内容，并对控制性详细规划调整情况是否满足总体规划要求进行实时监测，助力"总规—控规"的传导管控（见图 9）。未来长沙将继续按照自然资源部及湖南省自然资源厅部署要求，进一步完善规划数据、进一步拓展规划应用、进一步优化规划服务，不断加大国土空间规划"一张图"实施监督信息系统建设和应用力度。

图 9　上位规划落实情况精细管控

5　应用效益

5.1 落实国家要求，搭建系统平台

长沙市国土空间规划"一张图"实施监督信息系统于 2019 年 8 月启动建设。系统

按照《国土空间规划"一张图"实施监督信息系统技术规范》的总体框架要求，依托长沙市国土空间基础信息平台，在经历项目启动、需求调研、系统研发、软件测试、试用磨合、验收运行等阶段，已完成所有建设任务，并于 2021 年 5 月 28 日完成项目验收，2022 年 6 月 13 日通过湖南省初步评定，2022 年 9 月 20 日通过自然资源部初步评定，2024 年 1 月 11 日通过自然资源部全面评定，系统获得领导、专家的一致好评。目前，系统已全面部署在长沙市自然资源和规划局业务处室，支撑相关工作。

5.2 辅助项目审查，强化规划管理

系统上线运行以来，各项应用模块运行稳定，功能符合预期目标，未发生安全事故和系统故障。截至 2023 年 12 月，系统已陆续辅助审查项目 400 余个，有效助力了长沙市自然资源和规划管理工作。成果审查模块有效支撑了 6 次总规阶段成果质检、125 个村庄规划成果入库和长沙市"三区三线"一上、二上成果向省厅的在线汇交，为规划编制工作提质增效（见图 10）。项目合规检测模块成功对接长沙市"多规合一""投资项目在线审批监管平台"，已为长沙市 1957 个工程建设项目进行服务，有效支撑工程建设项目审批制度改革（见图 11）。

图 10 "三区三线"成果在线汇交

系统上线运行以来，项目团队积极推广系统应用，组织开展了多期系统培训工作，建立了"一月一调度"的工作机制，并成立了技术小组指导业务处室用户使用系统，及时解决疑点、难点、堵点问题。经业务处室反馈，长沙市国土空间规划"一张图"实施监督信息系统很好地完成了国家、省政策要求的建设内容，同时结合长沙本地实际情况，新增本地特色化功能，很好地满足了在地化使用需求；系统集成了现状数据、规划管控数据、管理数据和社会经济等多元化、异构性数据，打破了各个部门的数据壁垒，实现

了信息的共享，提高了工作效率与协同度；系统的分析评价功能很好地支撑了规划编制工作，成果的审查与管理功能为规划成果的审查、上报、管理提供了支持，规划实施监督功能为项目的实施提供全生命周期监管，监测评估预警为重要控制线、重点区域、约束性指标和刚性管控指标提供了监测预警功能，很好地支撑了责任部门监督落实主体责任，辅助管理决策。

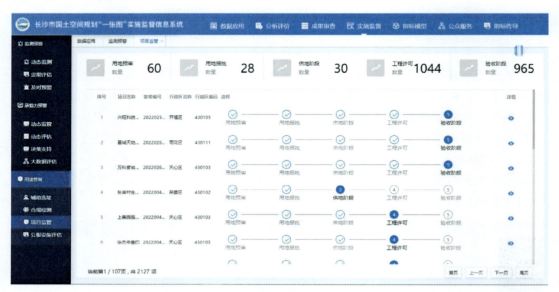

图 11　工程建设项目合规监管

厦门国土空间规划数字管理体系建设探索

厦门市规划数字技术研究中心

1 背景概述

在国家新发展理念和高质量发展要求指引下，为进一步贯彻"建立国土空间规划体系并监督实施"的要求，厦门市认真落实"统一底图、统一标准、统一规划、统一平台"的指示精神，以国土空间基础信息平台和国土空间规划"一张图"实施监督信息系统为主要操作平台，探索建设国土空间规划数字管理体系，提升厦门市国土空间规划精细化、智能化的现代化管理水平。

2 内容体系

厦门市国土空间规划数字管理体系是基于"1+3+5+N"的建设思路开展建设（见图 1）。"1"是指"建立国土空间规划体系并监督实施"的核心目标；"3"是指自然资源三维立体"一张图"、国土空间基础信息平台和国土空间规划"一张图"实施监督信息系统等三大建设任务；"5"是指规划编制、审批、实施、监管、监测评估预警等五个国土空间管理阶段；"N"是指围绕全周期监管、全过程留痕建设的若干应用功能，主要

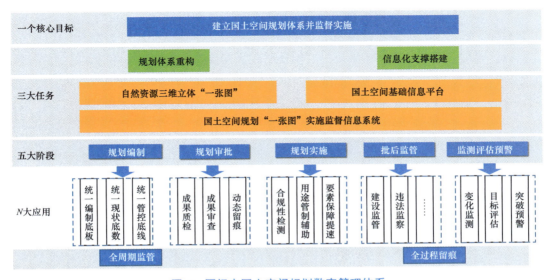

图 1　厦门市国土空间规划数字管理体系

331

包括统一编制底板、统一现状底数、统一管控底线、成果质检与审查、成果动态留痕、合规性检测、要素保障、用途管制、违法监察、规划评估与突破预警等功能，推动国土空间规划数字化管理转型，完善国土空间规划实施监督网络构建体系。

主要建设内容包括以下三个部分：

2.1 构建精准汇聚的自然资源数据体系

依托政务云平台，沉淀自然资源全领域数据资源，形成现状、规划、管理、社会经济、互联网＋大数据、共享数据等 6 类近 600 个要素图层，实现自然资源三维立体"一张图"数据资源池的集中化管理。以空间规划、用途管制、耕地保护、执法监察、批后监管等业务为驱动，构建业务与数据双向流动的互通体系，实现自然资源数据的动态及精准更新。

2.2 搭建统一高效的国土空间基础信息平台

建成数据更全面、应用更广泛、共享更顺畅的国土空间基础信息平台，充分发挥国土空间数据"底图""底线""底板"的作用。平台作为自然资源领域所有空间数据和服务的出入口，全面纳入自然资源三维立体"一张图"，形成统一空间底图，并持续动态更新。平台全方位链接局自建、市级、省级、部级各类系统平台，为各个系统提供统一规范的数据底板。

2.3 建设精准智能的国土空间规划实施监督信息系统

围绕"构建国土空间规划'一张图'、服务国土空间规划实施管理全过程、助力国土空间规划实施的体检评估"三大目标，按照"规划实施前成果审查入库、规划实施过程中全周期监测预警、规划实施后分析评估及反馈"三大业务逻辑，积极推进国土空间规划实施管理全过程向全生命周期管理的升级。

平台和系统的总体架构包括四个层次和两大体系，即基础设施层、信息资源层、应用支撑层、应用层、标准规范体系和安全运维体系等。总体架构如图2所示.

（1）基础设施层：根据实际按需开展基础设施的建设，主要包括各类计算和存储资源、网络资源和配套安全设施，为数据的生产管理、平台和系统的开发运行提供稳定的基础环境。

（2）信息资源层：纳入自然资源基础数据库并动态更新的建设成果，依托基础设施层进行统一管理，提供空间数据、业务数据、各类指标和模型的信息资源，供平台和系统调用，提供应用实现的基础。

（3）应用支撑层：依托空间大数据计算框架，研发国土空间基础信息平台的各功能模块，提供数据服务、功能服务的支撑能力。通过容器化管理和调用，实现界面集成、应用集成、数据集成，高效地支撑业务实现。

（4）应用层：通过调用应用支撑层的各类服务，建设包括"一张图"应用、规划实施辅助决策、规划分析评价、成果审查管理、监测评估预警、指标模型管理等子系统，按需实现各类功能。

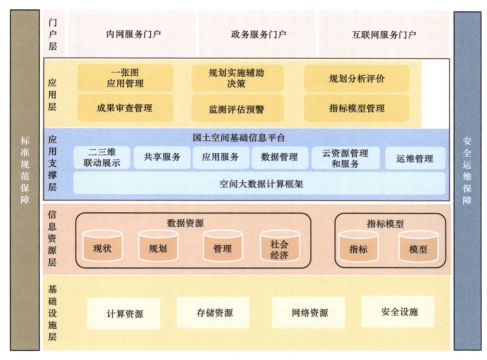

图2　平台总体架构

（5）安全运维保障：严格执行信息安全等级保护、涉密信息系统分级保护制度，提升信息安全防护能力；建立健全信息安全管理运维体系，保障数据传输、存储、应用和信息系统的安全。

（6）标准规范保障：以国家（部）、省市政府制定的各类相关政策标准规范体系为基础，结合实际加强自然资源信息化地方标准的制定与实施，建立健全管理制度体系。

3　关键技术

系统采用微服务架构，兼容主流的 GIS 平台，采用分布式技术架构，资源集群化管理、弹性调度，性能和稳定性大幅提升。

服务端结合 Docker、Kubernetes、.Net Core 等主流开源技术，自主实现一套支持服务快速开发、部署、运维管理、持续开发持续集成的框架。前端采用 MVVM 架构模式，实现数据模型、UI 组件、业务逻辑的自动同步和数据状态维护的统一管理。

3.1　微服务架构和 Docker 容器技术

采用微服务架构，将核心业务抽取为独立的服务，逐渐形成稳定的服务中心，降低系统的复杂度和耦合度，从而使前端应用能更快速地响应多变的业务需求。基于 Docker 的资源隔离特性，可以帮助抵消微服务架构下不同应用在同一服务器资源上部署可能冲突的弊端，充分利用计算资源，隔离应用对环境的要求，保证开发、测试、生产环境的一致性。

3.2 空间规则引擎技术

将规则模型分解为指标和指标因子、逻辑运算规则等要素，并提供可视化的配置，实现规则的扩展、重复使用。支持模型的可视化配置与动态调整，当业务规则发生变化、计算参数需要调整时，无需查找源代码修改。在规划的编制、审批、实施、评估考核等过程中需要将大量技术规范、管理规范落在对规划空间对象、属性的管控上，大量的管理过程需要依靠空间数据来反映和管理，需借助空间规则引擎来实现对国土空间要素的管控，支持例如控制线管控、上下位规划的管控、重大建设项目开发建设等一系列与空间要素挂钩的业务。

3.3 空间服务分级管控技术

对空间数据的集中共享与分层级管理，通过管控引擎对数据进行拦截处理，实现对系统涉及的空间数据服务按照行政区划等进行空间范围管控，为 GIS 空间数据的集中统一共享、分层分级管理提供支撑，保障数据信息安全，改善了以往通过行政区字段筛选数据造成的生产、更新、维护成本等方面的明显短板。

3.4 大数据分析技术

提供各种数据分析建模服务，对接入国土空间基础信息平台的数据进行数据挖掘、机器学习、BI 分析等，进而为包括国土空间规划"一张图"实施监督信息系统在内的各应用系统提供数据、模型、基础功能的服务支撑。

3.5 接口管理技术

提供搭建外部应用系统的公共标准化接口，便于实现与相关系统之间的无缝集成，以满足各部门不同阶段、不同应用的需求，实现有效衔接，并支持面向未来的全面共享和社会化服务。充分考虑系统对接的实际业务场景，兼顾多种对接方式的存在可能性，适应不同类型对接对象。如空间数据信息共享主要是通过 WebService 方式调用相关服务，各子系统间则采用 XML 作为系统接口的数据交换标准。

3.6 CAD – GIS 融合技术

基于 CAD – GIS 融合技术，打通异构 CAD 与 GIS 的数据通道，支持在 AutoCAD 应用环境下直接对 ArcSDE 的海量空间数据进行存取操作，实现了图形数据的无缝融合，有效解决二者双向动态交互应用问题。用户既可以充分发挥 CAD 强大的图形处理能力，又可以利用 GIS 时空分析与可视化表达的独有优势，形成二者优势互补的效果。

3.7 空间数据库引擎技术与存储过程技术

支持超大型数据集，高性能的空间数据提取，灵活、高性能的空间数据搜索，使逻辑上的无缝、连续的非瓦片式的空间目标数据模型的空间数据库引擎（Spatial Database Engine，SDE）技术与流控制语句，能够以极快的速度执行，以可靠的数据的安全性和完整性保障机制，将数据库存储过程技术融合起来，建立面向国土空间规划大数据体系管理与服务的抽取–转换–加载（Extract–Transform–Load，ETL）系统，支持规则、处理流程、监控等处理过程相关的语义和解释的灵活定义，支持 ETL 相关规则或参数灵活调整。

3.8 模型管理技术

采用模型管理技术，支持以可视化配置管理的方式，对具体模型的指标、公式、标准等各要素进行配置，模型构建者只需要清楚需要哪些模型，模型之间的关系，通过模型组合环境提供的方便、有效的方法，把各个模型组合起来，就可以实现复杂问题的求解。而且，在模型需要修改或重构的时候，只需通过自定义方式完成决策模型的重构，而无需重新进行代码设计和开发，有助于模型管理者更加清楚模型的形成以及具体实现，简化系统设计工作。

4 创新探索

4.1 建立三维立体的国土空间规划"一张图"

以现状、规划、管理、社会经济等四大板块为基础，依托平台构建自然资源大数据体系，底图依规整合利用，多源数据有序汇聚。以第三次全国国土调查及年度变更调查、基础地理信息、地理国情普查、历年影像等现状数据为基础，整合农转征、建设用地审批、用海用林审批等各类管理数据，通过分类转换，形成规划编制现状基数；同时融入工程规划许可、竣工规划条件核实等管理数据，以及人口数据、经济指标、法人信息等社会经济数据，形成坐标一致、边界吻合的"一张底图"。在跨行业相关数据资源汇聚方面，已载入多年度统计、人口等经济社会发展综合数据；已载入发展改革、建设、生态环境、气象、市政园林、水利等全市多部门空间规划和相关管理数据，为城市精细化管理奠定了数据基础。目前已纳入共计 647 个数据图层，其中现状数据 98 个、规划数据 333 个、管理数据 87 个、社会经济数据 48 个、互联网＋大数据 20 个、共享数据 61 个。

4.2 搭建统筹共享的"统一平台"

平台的稳定运行，实现资源管理、数据浏览和查询服务、数据接口服务、空间分析和统计报表等功能，具备支持规划、审批应用、监管和社会公众服务能力，统一提供全市的自然资源业务支撑能力。依托电子政务内网实现"横向互联，纵向互通"：横向上已连通各政府部门的业务平台，实现共享协同；纵向上探索联通国家级、省级平台确保相关的信息资源汇交上报。

平台的数据管理应用能力支撑了全市空间治理能力的提升。在政府部门方面，为网格化管理、指挥部数字孪生、市域社会治理等相关系统平台开发建设提供应用支持；社会公众方面，已依托平台开发建成鹭岛资规云、防疫地图 App 等便民应用。相关系统赋能产生的行业数据和算法模型自动汇集到平台，推动跨行业共享、多部门协同应用，形成城市级的系统资源融合、共享共治的"自循环体系"，为智慧城市赋能。

4.3 建立数据成果管理、更新和共享应用机制

以国土空间基础信息平台为统一载体建立国土空间规划数据的汇聚、管理、应用支撑的治理链条（见图 3）。通过接口对接、系统申请、线下汇交等多种方式完成数据归集，通过标准化、规范化的处理进行分类入库，通过平台的服务管理共享功能构建应用支撑能力，为包括国土空间规划"一张图"实施监督信息系统在内的各个应用系统提供能力基础。

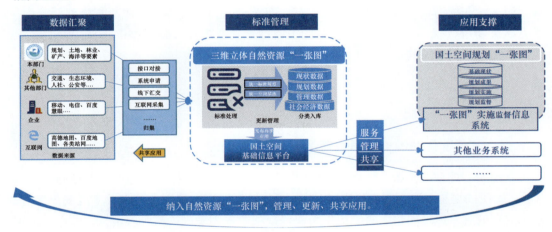

图 3 数据更新治理链条

4.4 实现国土空间规划"一张图"的全流程管控

建立国土空间规划编前报备—批前审查—批后入库—动态更新流程，依托系统的成果质检、成果审查等功能，持续纳入各类国土空间规划成果，形成国土空间规划"一张图"，并按照"统一空间基准，统一制图规范，统一成果要求，统一数据标准"的要求，通过系统严格执行数据入库及动态更新，全流程管控国土空间规划成果（见图 4）。

4.5 形成国土空间规划全周期管理模式

围绕规划实施前、中、后三个阶段，着力实现支持一张图的构建、指导国土空间规划实施、服务全周期监测评估（见图 5）。

336

图 4 "一张图"全过程管控流程

图 5 国土空间规划全周期管理模式

（1）规划实施前成果审查入库。依托国土空间规划"一张图"实施监督信息系统的规划成果全过程留痕管理功能，建立国土空间规划编制、质检、审查、入库、更新的全流程动态管理机制，持续纳入和动态更新各类国土空间规划成果。

（2）规划实施中全周期监测预警。通过统一的国土空间基础信息平台，打通自然资源业务审批、要素保障调度管理、用途管制、土地房屋征拆、土地储备、批而未供动态管理、批后监管等规划实施相关的各类业务系统，服务国土空间规划实施的全过程，实现对规划实施、项目审批、执法监察等过程的指标管控、空间底线的动态监测、合规性检测和违法图斑的实时预警。

（3）规划实施后体检与评估。构建体检评估功能模块，辅助开展城市体检评估、规划实施定期评估、资源环境承载能力监测预警、专项评估等方面的规划实施评估，并提供反馈优化措施和建议。通过构建丰富的专项模型、高效的评估算法，从人口、用地、产业、公服、商业、交通等多维度开展各类专项评估，实时全面监测评估各类专项设施的服务能力，对供需矛盾突出区域及时预警，确保专项评估的精准和高效，为城市建设实施效果评价和每年政府调整施政措施提供参考。

337

5 应用效益

5.1 以智慧化转型重构国土空间规划体系

依托平台和系统，为国土空间规划编制、审批、修改和实施监督全周期管理提供信息化技术支持，实现规划管理的智慧化转型。在建立国土空间规划体系的过程中，以信息化技术形成对国土空间规划体系"建、管、用"的全面支撑，基于国土空间规划"一张图"开展实施监督。

对照各类规划成果的数据库规范、成果汇交要求等技术标准，严格落实成果准入，以成果质检、成果审查等功能服务规划成果管理，保障数据准确性并动态更新，逐步丰富国土空间规划"一张图"。落实自动化、智能化的规划成果质检、审查、入库，辅助逐步建立的规划审查管理机制，健全厦门市"两级三类"的国土空间规划编制管理体系。操作性层面以系统的运行服务规划实施管理，通过成果审查、分析评价等功能加强上下位规划、同级规划之间的协调，提高规划编制、审批、管理的科学性，以指标监测、底线管控等精细化的监管手段保障规划体系的权威性。

5.2 以数字化融合提升国土空间治理能力

充分利用传统调查统计数据，加强自然资源数据集成能力，深度挖掘自然资源行业数据，逐步引入社会大数据，构建国土空间规划的数字生态。建设完善国土空间基础信息平台，通过自然资源相关信息资源汇集，打破系统藩篱、消除信息孤岛，为自然资源审批与监管提供上下统一的"数据底板"，为自然资源数据的集中统一管理、便捷高效利用、纵横"内外"共享奠定基础。实现各部门数据共享及信息联动，各部门成果一目了然，各类规划刚性指标清晰可见，方便各部门在项目落地过程中应用各类相关数据提升要素保障能力。

聚焦核心工作任务，以系统自动辅助空间要素审查、指标统计与审查、规划模型审查、图文一致性审查、内容规范性审查等，逐步实现国土空间规划审查智能化。建立国土空间规划指标库和模型库，支撑国土空间开发保护现状分析、国土空间规划实施监测评估预警分析和决策分析，逐渐实现国土空间规划监管智能化。纵向实现国土空间规划垂直条线上的信息汇交，横向实现与各行业主管部门之间的信息共享与业务协同，推动国土空间治理网络化，基于智慧型国土空间规划体系，提升国土空间治理能力。

5.3 以精细化管理助力厦门市高质量发展

以国土空间全域数字化、监管智能化、治理网络化，提升自然资源智慧治理能力。建立服务于国土空间规划编制、审批、实施、监管等全流程的国土空间规划实施监督体系，为各类与国土空间相关的规划、管理、决策、服务提供有力的信息支撑。以国土空间的精细化转型发展来有效提升国土空间治理能力，强化国土空间用途管制，落实要素保障，助力社会经济可持续的高质量发展，提升城市能级、治理效能，打造高素质高颜值现代化国际化的"美丽厦门"。

常州市空间地理信息基础平台

常州市测绘院

1 背景概述

国土空间数字化治理是智慧国土建设的重要内容，也是空间治理能力现代化的重要标志。近年来，自然资源部门积极推动自然资源管理业务融合发展，在自然资源统一分类、统一调查、数据共享等方面取得重大突破，但是空间数据具有空间性、综合性、时间性、海量性、多源性等特点，实现真正意义上的数据协同、共治共用，将多级多类数据协同生产与职能汇聚、各类空间算法集成统一，形成深度融合与统一的空间数据管理与应用体系却没有从技术与管理体系中得到实现。

地市级自然资源和规划数据体系中由于数据来源不同、法律授权不同、技术标准不同等情况，各数据难以形成上下协同且统一的数据库，且由于数据量大，业务条线多，难以形成统一的数据管理体系与应用体系。主要存在以下三个方面的问题：

（1）数据协同管理方面。在市县协同数据的国土空间基础信息平台建设中，关于空间数据，面临着多种问题，其中包括数据标准不一致、数据格式不统一、数据更新周期长、数据质检问题以及市局和区县之间数据版本不一致等。

（2）系统方面。在新形势、新环境下，不同业务提出不同平台需求，原有平台无法支撑上位管理要求；空间信息系统与数据库均存在多、散、乱等问题，导致信息不统一，纵向上无法实现部、省、市、县联动，横向上无法对各委办局、企事业单位和社会公众的服务统一扎口；无法深度支撑不断升级的业务需求。系统大多结构老旧无法灵活运维，运维难度大。

（3）技术方面。相对于其他业务支撑型平台，空间基础性平台的建设更加复杂，这给平台建设带来了新的挑战，需要探索各类新的技术方法，构建多重关联技术路线，保证自然资源信息化的完整性、统一性和灵活性。亟须从高并发地图显示、云环境配置、指标模型、空间协同等几个方面探索基于空间数据协同的国土空间基础信息平台在数据、平台、应用等方面的关键技术。

因此，常州空间地理信息基础平台的建设，立足于为自然资源和规划系统提供完善的数据和技术支撑，为全市空间地理信息的共建共享提供支撑和服务，为社会公众提供丰富的空间地理信息和自然资源公共服务。

2 内容体系

空间地理信息基础平台无缝集成市县一体化数据中心，实现对全市自然资源和规划数据库市县两级协同管理；作为统一的基础性平台架构，全面整合原规划、原国土、原林业等各部门分散、重复的系统，并按照上位最新要求和部门业务需求进行升级拓展，作为唯一的空间平台，为自然资源和规划业务提供智能化支撑；作为全市空间地理基础数据库，为政府部门、企事业单位和社会公众提供空间服务。平台主要内容包括：

2.1 数据协同管理

面向市县两级数据管理部门，构建数据库建库、质检、入库、更新的自动化工具，实现自然资源和规划"1＋7"市县协同数据库的协同更新、分级运维、统一管理。

2.2 全业务应用支撑

为政务服务一体化应用体系提供丰富的数据服务和空间定位与业务分析服务（如项目策划生成合规性审查，见图 1），通过国土空间规划"一张图"实施监督应用、地下空间应用、地理信息公共服务移动应用、共享接口等，为优化常州营商环境、全市重点项目建设等提供更多技术支撑和服务。

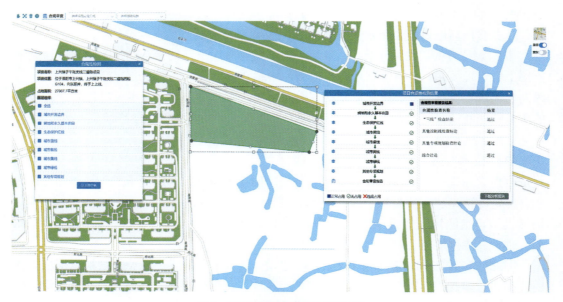

图 1　项目策划生成合规性审查

2.3 地理信息公共服务

按照《自然资源部办公厅关于做好 2020 年地理信息公共服务平台建设与应用的通知》对全国"天地图"数据融合、一体化建设、应用服务与运维等的要求，深化天地图"五统一"建设，包括：统一标准基础服务、统一应用程序接口、统一域名设置、统一门户界面样式，有条件的市级节点实现统一用户管理。同时，针对运维能力不足的问题，开发全面的运维管理系统，对天地图•常州进行全方位有效管理及保障。

2.4 大数据可视化

丰富平台展示内容，通过专题图、统计图表等多种形式呈现丰富的数据可视化效果（见图 2），根据实际业务需求研发丰富的空间分析功能。

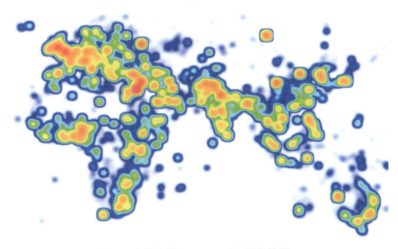

图 2 在线抓取 GDELT 可视化效果

2.5 二、三维一体化应用

采用基于 WebGL 开发的 Cesium 三维框架技术开发新型三维应用平台，不需要安装插件，可直接通过浏览器查看。充分利用遥感影像、倾斜摄影、激光点云、街景等技术，加快推进各类自然资源、国土空间各类要素的三维实景数据获取和相关三维模型库建设，加强地上地下一体化管理，实现客观世界的大场景三维动态可视化管理（见图 3），并努力实现动态实时实景可视化。

2.6 云容器资源配置

面向平台资源管理部门，基于云容器对空间地理信息资源、文本附件、数据接口等平台资源进行统筹布局和管理。

图 3　三维地图

3　关键技术

3.1　空间数据库多线程异步协同技术

研发"1+7"市县协同数据管理系统,分级分类设置权限,支持各类空间数据的快速建库,通过多线程与任务队列分解,采用异步方式进行数据协同,大幅度提高数据协同效率。对于城市百万级复杂空间要素数据,可实现分钟级别的主库与分库数据协同更新,构建动态创建、联动更新的技术体系。

3.2　基于空间范围约束的多库协同更新技术

在空间数据库协同过程中,加入了行政界线范围线作为数据协同范围的约束。在数据协同过程中,保证了空间数据按照区域进行协同,即市局主数据库数据更新后,可以按照各个区县的行政范围线,仅将各自范围对应的数据协同到对应的分库。分库与主库虽然结构完全一致,但是分库仅有各自行政范围对应的空间数据,保证了市局主库的完整性,同时,各个分库的数据只针对各自区域,方便分库管理员更新维护,应用更具针对性。

3.3　动态切片分布式多级缓存和负载均衡加载技术

实现高并发下的地图快速显示,解决多用户请求有限数量服务器时响应慢、CPU 负载高、内存占用大等问题。将内存固定的空间数据服务器的压力分解释放到可灵活拓展的缓存服务器,在高并发情况下,可实现毫秒级显示百万要素数量级的复杂空间地图。

3.4 基于云容器的 PostGIS 主从空间数据库集群解决方案

该项目空间数据库建设过程中，关于数据库的部署采用了主从库方式，并针对数据更新入库、应用查询进行了接口适配，提升了数据库访问性能。PostGIS 主从数据库搭建是一种将数据库分成主库和从库的方式，将写入操作发送到主库，而读取操作则从分库中获取数据。PostGIS 主从数据库部署可以提高系统性能、可用性和数据安全性，同时还具有较强的可扩展性，可以帮助自然资源和规划局应对不断变化的业务需求和系统挑战，并保证其正常运转。

3.5 空间大数据分布式计算技术

在海量时空数据存储管理能力之上，全方位深度融合 GIS 平台与 Spark 技术，扩展 Spark 对空间索引的支持以提高性能优化能力，解决 Spark 本身并不支持空间数据结构的技术问题。通过重构 GIS 已有的空间查询和分析算法，实现空间数据的分布式计算能力。深度匹配和集成 Spark 的任务调度模式，实现 GIS 空间数据的任务拆分、任务分配、任务调度的多集群式并发。

3.6 地图系统积木式搭建技术

平台通过中台能力，提供一套构建轻量级应用系统的组件化工具，实现低代码、可视化配置程序，有效提升开发效率，节省成本。基于国土空间基础信息平台已有的数据资源和服务接口，通过可视化组件搭建应用，过程就像搭积木一样便捷和简单，规避了传统技术选型、数据库、软硬件资源申请等问题，应用之间数据互通，也解决了传统软件开发及维护成本高的问题。

3.7 多源数据二、三维一体化集成技术

采用基于 WebGL 开发的 Cesium 三维框架技术，自主研发新型三维应用平台，统一集成建筑白模、倾斜摄影、手工建模等多类型三维模型，统一集成激光点云、BIM、地貌、地质、地下管线等多源数据类型，同时对丰富二维数据进行统一标准化注册，能通过统一的服务 API 进行二、三维一体化管理，形成地上地下、二维三维一体化应用，让二、三维无缝集成可看可用。

4 创新探索

4.1 技术创新方面

研发了基于空间范围约束的多库协同更新、基于云容器的 PostGIS 主从空间数据库搭建、空间数据库快速转换迁移等联动化处理技术，实现了市级主库与县级分库数据的快速协同更新和高并发应用。

（1）提出了基于空间范围约束的多库协同更新技术。针对市级整库与区县分库协同，研究按照空间范围约束相互自动同步更新技术，同时满足市级整库向区县分发数据，以及区县分库向市级汇交数据的要求，解决主库与分库难以同步、各自重复更新等问题，并符合实际业务按空间范围更新的特性。

（2）提出了基于云容器的 PostGIS 主从空间数据库搭建技术。基于云容器快速搭建主从空间数据库集群，利用数据镜像保证分库、从库的数据库版本一致性，解决不同版本接口不兼容、管理分散等问题，同时提高了系统性能、可用性和可扩展性，最大化保证数据安全，有利于自然资源和规划领域应对不断变化的业务需求和系统挑战。

（3）提出了空间数据库快速转换迁移技术。研发 Oracle 空间数据自动迁移至开源空间数据库技术，实现了空间数据自动、快速、安全、无损的迁移，避免了人工迁移成本高、易出错等问题，同时也进一步提高了团队的技术水平和自主创新能力，有利于促进软件自主可控的发展。

4.2 模式创新方面

建立了面向地市级自然资源和规划市县两级数据库协同管理机制，提出了分级分类的数据、服务和应用一体化解决方案，构建了面向全市的空间信息共享服务模式。

（1）建立了面向地市级自然资源和规划市县两级数据库协同管理机制。按照"统一标准，市级统筹，区县共建，分布存储，集中管理，更新现势，安全可靠"的模式，采用统一的数据标准和数据库设计，建设"1+7"的市县两级数据库，按照数据同步机制，通过市县两级数据库协同管理系统，实现市县两级数据库的市级统筹、区县共建，解决了市县数据标准不统一、数据分散重复建设、数据上下协同联动不足、数据建库与运维成本大等问题。

（2）提出了分级分类的数据、服务和应用一体化解决方案。对空间数据、应用系统、服务接口建立分级分类的管理模式，在不同网络环境，面向不同的部门和机构，根据不同的权限设置相应的操作权限和使用条件。空间数据按不同权限由对应的部门开展运维和管理；应用系统设置完全开放、部分开放和限制访问三类；服务接口设置公共接口、特定接口和私有接口。这种管理模式在保证数据安全的前提下，最大限度地促进各个部门和机构之间共享数据和资源。

（3）构建了面向全市的空间信息共享服务模式。针对既往平台数量众多、空间信息共享形式离散等问题，融合原数字常州地理信息公共服务平台、智慧常州空间地理信息共享平台、自然资源和规划云数据平台、时空信息云平台、"多规合一"平台等所有空间服务平台，研发了统一的平台，纵向实现市县协同、省市县三级联动应用，横向实现跨部门、跨领域、跨地区空间资源共享交换，为自然资源和规划三级部门、企事业单位和社会公众在自然资源业务网、政务外网、互联网提供快速便捷、分类精准的空间信息共享服务。

5 应用效益

目前该项目已经成功为市、区、镇三级自然资源和规划部门近 3000 人提供了空间数据服务、技术支撑保障和应用服务共享，系统在 2023 年的访问量达 10 万余次，电子地图访问量达 8 万余次。

项目成果在政务外网已部署到常州市大数据中心，为生态环境、供电、公安、税务、住建、城管、气象、应急、水利和交通等近 30 个部门提供空间数据服务，为地方经济发展、政府决策和空间治理提供技术支撑，成功应用重大项目建设、地铁轨道交通和产业发展等国家重大战略实施。

项目成果在互联网侧，通过常州市地理信息公共服务平台及移动应用，为社会公众提供空间数据服务，系统在 2023 年访问量达 63 万余次，电子地图访问量达 6 万余次，相关服务被调用总计 11 万次。

柳州市国土空间规划"一张图"实施监督信息系统

柳州市自然资源和规划局　北京超图软件股份有限公司

1　背景概述

在生态文明建设的新时代，建立以国土空间为载体、空间规划为基础、用途管制为手段的国土空间开发保护制度，构建以空间治理、空间结构优化为主要内容的全国统一、相互衔接、分级管理的空间规划体系，成为推进国家治理体系和治理能力现代化，努力走向社会主义生态文明新时代的重要举措。

2019年5月，《中共中央、国务院关于建立国土空间规划体系并监督实施的若干意见》正式印发，提出建立全国统一的国土空间基础信息平台，逐步形成全国国土空间规划"一张图"，依托国土空间基础信息平台，建立健全国土空间规划动态监测评估预警和实施监管机制。2019年7月，《自然资源部办公厅关于开展国土空间规划"一张图"建设和现状评估工作的通知》发布，提出建立省、市、县各级国土空间规划"一张图"实施监督信息系统，为国土空间规划编制、审批、实施和监督的全过程提供基础支撑，全面提升国土空间治理体系和治理能力现代化水平。

为落实党中央、国务院对国土空间规划的部署及自然资源部的重要指示，柳州市自然资源和规划局印发了《柳州市国土空间总体规划（2020—2035年）编制技术方案》，提出建立柳州市自然资源和规划基础信息平台，设计构建横向协调、纵向联动的规划实施监测评估系统，建立监测预警长效机制。通过加快国土空间基础信息平台和柳州市国土空间规划"一张图"实施监督信息系统建设，形成国土空间规划"一张图"，实现国土空间治理体系和治理能力现代化水平的全面提升。

2　内容体系

柳州市国土空间规划"一张图"实施监督信息系统总体框架采用基础设施层、数据服务层、平台服务层、应用层、接入层和标准规范体系组成的六层组织架构（见图1）。

基础设施层：系统主要基于局内网搭建，通过柳州市电子政务云与其他部门对接，通过互联网实现公众信息发布和信息收集，服务器均以虚拟机的方式提供，还包括网络设备、安全设备、操作系统、数据库、GIS平台、Web中间件等内容。

数据服务层：总体上包含基础库、指标库、知识库、模型库四部分。基础库主要涵盖了基础地理、地理国情、土地调查等现状类数据，国土空间总体规划、专项规划、详细规划等规划类数据，地政、矿政、规划审批等管理类数据，还包括人口、法人等社会经济数据；指标库主要建立创新、协调、绿色、开放、共享、安全六类国土空间规划监测评估指标；知识库是对规则规律的数字化表达，包括公共服务设施要素配置规则、监测指标预警规则等内容；模型库是针对国土空间规划规划编制、实施评估中的问题而建立的分析模型。

平台服务层：首先通过时空大数据服务引擎、指标模型管理引擎、业务规则引擎对基础库、现状库、知识库和模型库进行访问和管理，基于这三个引擎以服务 API 方式封装国土空间规划业务逻辑，形成服务资源池，对外提供服务，并提供平台门户、系统定制、开发 API、数据工作室四种服务模式，支撑上层的国土空间规划应用。

系统应用层：是柳州市国土空间规划"一张图"实施监督信息系统的交互中心，包括国土空间规划一张图、国土空间规划分析评价系统、国土空间规划成果审查系统、资源环境承载力监测预警系统、国土空间规划监测评估预警系统等。

用户接入层：包括决策者用户、市级自然资源和规划局各科室及各区县分局用户、规划编制单位、各级政府部门、企业和社会公众。

上述框架各层均在标准规范体系及安全保障体系支持下进行建设。

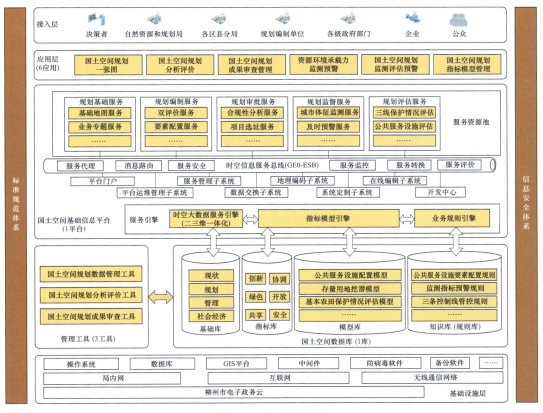

图 1　系统总体框架

主要建设内容是形成"1+1+6"的成果体系，即建设 1 套国土空间数据资源体系、1 个国土空间规划"一张图"实施监督信息系统以及由国土空间规划"一张图"、国土空间规划分析评价、国土空间规划成果审查管理、资源环境承载力监测预警、国土空间规划监测评估预警、国土空间规划指标模型管理组成的 6 大智慧规划应用场景。

国土空间数据资源体系建设：基于新一轮土地利用总体规划编制管理系统的数据建设成果，进一步整合汇聚国土空间规划编制、监测评估、管控和管理等所需的现状数据、管控数据、管理数据、社会经济等多源数据成果，形成国土空间规划"一张图"数据资源体系（见图 2）。同时，基于国家级与自治区级监测指标体系，建立符合柳州发展特色的空间规划指标体系，结合国土空间数据资源体系建设成果，建立指标数据动态更新体系，并开展规划相关模型专题研究，支撑国土空间规划的数字化编制、评估及实施管控。

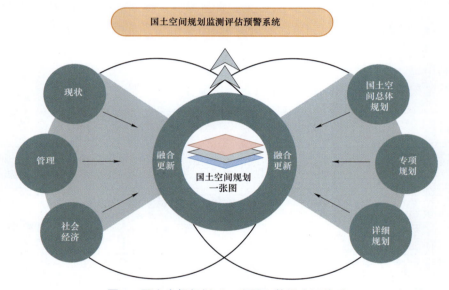

图 2　国土空间规划"一张图"数据资源体系

国土空间规划"一张图"实施监督信息系统建设：依托物联网、云计算、大数据、人工智能、空间信息等新一代信息技术，以自然资源云为基础，基于柳州市自然资源和规划基础信息平台提供的服务，构建国土空间规划"一张图"实施监督信息系统，整体提升国土空间规划编制智能分析能力、治理实施网络驱动能力、监测评估精准能力，有效支撑空间规划编制、审批、实施和监督全过程，为健全国土空间规划动态监测评估预警和实施监管机制提供信息化支撑。

搭建六大智慧规划业务应用场景：围绕国土空间规划全环节搭建六大业务应用功能模块。构建可扩展、自适应的分析评价业务流程，辅助规划编制；构建统一的国土空间规划服务资源，辅助规划实施；构建动态监测、及时预警、定期评估的实施评估预警体系，辅助规划监测评估。

3 关键技术

3.1 构建四级进阶的数据体系，实现国土空间规划服务智能化应用

柳州国土空间规划"一张图"实施监督信息系统以国土空间规划大数据信息资源整合和利用为核心，形成实体库、指标库、模型库、知识库四库进阶模型，构建数据汇聚（Data）、信息分析（Information）、知识发现（Knowledge）和智慧服务（Wisdom）一体化的"DIKW"模型（见图3），充分发挥数据价值。

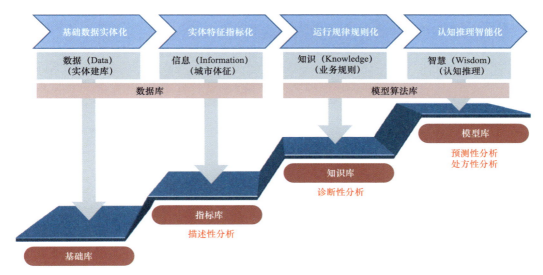

图 3　基于四库的"DIKW"模型

柳州国土空间规划"一张图"实施监督信息系统的"DIKW"模型最终形成实体、指标、模型和知识四个库，形成全空间、多层级的国土空间规划大数据体系，实现基础数据实体化、战略数据指征化、运行规律可视化、认知推理智能化，更深入地挖掘平台数据的价值，满足不同层次用户的需求，详细描述如下：

（1）实体库。实体库定位为全空间一体化的国土空间规划现状基础数据库，包括基础地理、行业专题、实时动态等信息，指标库定位为城市战略库。

（2）指标库。是在实体库基础上，根据城市国土空间规划监测预警需求构建多维度的城市指标体系，镌刻城市画像，表达城市体征，指标具有周期性和客观性的特征，可对城市信息进行量化的更客观的表达。

（3）模型库。模型库是对专家业务经验和国土空间规划专题研究的总结，是对客观规律的表达，通过模型库可透过城市现象追溯城市问题的本质，诠释现象和本质的关系，实现客观规律的可视化。

（4）知识库。知识库是通过机器学习和模型训练而得到的知识，应用于地理预测和地理控制领域，一方面可做城市预测，另一方面可更好地支撑国土空间规划编制和实施评估，对城市发展进行更科学的干预和控制。

3.2　基于时空大数据存储技术，实现超大规模数据的高效处理和分析

传统关系数据库在应对超大规模和高并发应用时已显得力不从心，暴露了很多难以克服的问题，而 NoSQL 数据库即非关系型数据库，则由于其本身的特点得到了非常迅速的发展，可以管理 PB 级的海量数据。系统建设中，通过分析不同类别数据的特点，对平台涉及的国土空间数据进行分类管理，将结构化数据存储于关系数据库，如地图瓦片数据，而文档资料数据以及图片、视频、声音等非结构化数据用 NoSQL 数据库进行管理，以提高系统的大数据管理和服务能力。

3.3　基于数据仓库技术，实现国土空间多源（元）数据融合分析

柳州市国土空间规划"一张图"实施监督信息系统是智慧规划的时空基础设施，需要将各业务应用系统的数据汇聚到一起，对于数据实时性要求不高，但数据体量和并发量比较大的情况，可基于数据仓库形成涵盖时间、空间以及属性的多维数据体系，基于此可支持多维数据分析，构建可持续更新的城市指标体系，支撑智能化的业务模型构建，进一步支撑多类型国土空间规划应用场景。

3.4　基于容器和微服务化架构，构建国土空间规划服务资源池

微服务是一系列职责单一、细粒度的服务，是将业务进行拆分为独立的服务单元，伸缩性好，耦合度低，不同的微服务可以用不同的语言开发，每一个服务处理的单一的业务。微服务以镜像的形式，运行在 Docker 容器中。Docker 容器技术让服务部署变得简单、高效。国土空间规划"一张图"实施监督信息系统以数据服务、功能服务、接口服务、基础设施服务和知识服务为核心，借助容器及微服务技术，形成服务资源池，建立全空间数据服务引擎、指标模型引擎等核心组件，通过国土空间规划"一张图"服务系统，为国土空间规划全流程按需提供服务。

4　创新探索

4.1　构建了数字化驱动的全域、全要素、全过程的国土空间治理信息化体系

国土空间规划信息化系统的根本需求是规划数字化，从而实现柳州市城乡一体、陆水相连、地上地下全覆盖的全域三维数字化表达。柳州市在规划数字化方面实现了山、水、林、田、湖、草等自然要素在空间上立体分布直观表达，以及人、车、路、地、房等社会要素相互交织、相互融合的全要素数据网络；在此基础上构建高效智能的信息化系统，有效支撑国土空间规划编制、核查、审批、实施、监测评估预警全过程，逐步实

现"可感知、能学习、善治理和自适应"的智慧规划，不断提升空间治理体系和治理能力现代化。

4.2　构建三维立体国土空间规划"一张图"的四种服务模式

一是云门户访问模式，提供二、三维一体化的全空间数据在线浏览、在线检索、在线标注、在线制图、在线编辑和在线分析能力；二是按需定制模式，满足用户个性化定制应用需求，核心思路是以问题和需求为导向，支持模型、功能模块和应用系统的在线定制；三是在线 API 模式，满足用户个性化开发需求，对外提供标准化的数据和功能服务 API 接口，扩展三维服务资源，可以让数据和业务逻辑更方便地远程嵌入到其他应用系统里面来，为工程建设项目审批和"多审合一"预留在线服务 API 接口；四是数据工作室模式，满足专业用户的二、三维一体化数据分析等更深层次应用，实现更复杂的数据处理和数据分析，以及场景化业务分析。

4.3　市县一体化建设模式

柳州市国土空间规划"一张图"监督实施信息系统按照市县一体化架构，通过平台统一建设（以多租户方式分发）、数据共享分发、应用开发定制三个方面支持三江县国土空间规划"一张图"实施监督系统建设和国土空间规划相关工作，降低了县级建设和运维成本，同时也保证了市县国土空间规划管控工作的无缝衔接与协调。

4.4　基于智能模型及大数据分析，拓展智慧规划业务场景

围绕辅助规划编制、实施、监测环节，提供智能化信息化服务资源。

（1）在红线划定方面：平台提供数据工作室模式，在 DIKW 模型基础上，为编制单位提供红线调整划定辅助功能，针对调整前后进行对比分析，辅助科学、合理、可执行的红线划定；

（2）利用交通可达性和路径分析、缓冲区分析、统计分析等模型，结合大数据计算，根据现状教育设施、医疗养老设施和体育休闲设施布局，完成现状 1000m 服务范围覆盖分析，得到现状设施服务覆盖范围，充分了解建成区内设施未覆盖且空缺区域，为打造 15 分钟生活圈提供基础，同时结合区域实际人口布局和实际步行可达范围作为参考，让公服设施规划布局符合均等化要求，让每一个社区有符合区域定位的15 分钟生活圈。

（3）针对产业发展布局，从柳州市八大工业园区出发，基于大数据技术，对每一个工业园区的土地利用现状、企业入驻和产业发展进行全面的分析，了解园区的开发强度，结合园区规划实施情况，判断园区开发剩余空间，厘清可用空间。同时结合用地性质、企业类型、园区优势产业和产业与各个产地和销售地的联系强度，判断产业发展是否符合原规划园区定位，未来的产值和生命力，为园区未来的开发建设，产城融合发展提供数据支撑。

5 应用效益

5.1 融合国土空间全要素，贯通国土空间规划全流程，发挥地理空间大智慧

整体提升国土空间规划数据集成能力、规划编制智能分析能力、治理实施网络驱动能力、监测评估精准能力，有效支撑空间规划编制、审批、实施和监督全过程，为健全国土空间规划动态监测评估预警和实施监管机制提供信息化支撑，全面提升国土空间治理体系和治理能力现代化水平，形成国土空间规划"一张图"，为实现可感知、能学习、善治理和自适应的智慧型规划提供信息化支撑。

5.2 打通共享通道，实现国土空间规划数据资源利用价值最大化

"一张图"系统横向打通内外部业务，与市工程建设项目审批管理系统和市发展改革建设项目管理系统衔接，实现了项目落地空间"一目了然"、办理过程"清晰可见"；纵向统筹市县一体建设，搭建三江县国土空间规划"一张图"系统县级节点，用户可直接访问系统，以全域三维地形场景为底板，辅助三线划定和规划实施落地等业务操作。国土空间规划"一张图"集成了国土空间总体规划编制成果，纳入柳州市自然资源和规划基础信息平台，加强与自然资源业务衔接，以"多规合一"为基础，推动"多审合一""多证合一"，提升自然资源行政审批效率，规范行政行为，强化行政事项的管控力度和要素保障能力。

5.3 提升数字化治理能力，助力城市治理能力和治理水平升级

项目建设推动了柳州市"用数据说话、用数据决策、用数据管理、用数据创新"的管理机制的建设，充分发挥国土空间数据的"底图"和"底线"作用，并以此建立起柳州市基础统一、业务协同、充分共享的信息化工作体制机制，为现代化城市治理体系建设提供数据基础和技术支撑。

苏州市信息系统平台辅助国土空间规划编制
——以《姑苏区分区规划暨城市更新规划》为例

苏州规划设计研究院股份有限公司

1 背景概述

1.1 城市信息模型（CIM）平台成为新时期推动城市治理水平提升的重要抓手

当前，我国信息化建设与发展进入全新阶段，对城市规划及空间治理智能化水平提出全新要求。城市信息模型（CIM）平台作为新型智慧城市建设的基础支撑平台，以虚实交融的数字孪生城市，实现对城市数据的汇聚、融合和分析，能够集中为城市决策和行业应用提供服务，实现城市全要素精细化治理。

苏州市以习近平新时代中国特色社会主义思想为指导，全面坚持新发展理念，坚持以人民为中心的发展思想，通过全市数据资源的汇聚整合提升，全面推进城市信息模型（CIM）平台建设。苏州市城市信息模型（CIM）平台以数据支撑建立起具备三维模型表达和空间管理能力的基础性、关键性的基础平台，为智慧城市提供基础性、关键性和实体性信息基础设施，赋能城市各领域"CIM＋"应用，推动数字产业化、产业数字化，全面提升数字治理能力，以数字经济赋能城市高质量发展，引领苏州建设为"全国数字化引领转型升级"的标杆城市，对推动新时期苏州市城市治理水平提升，满足人民福祉提升需求具有重要作用。

1.2 姑苏区内部建设与管理复杂，亟须提高精细化治理水平

苏州市作为全国首批历史文化名城，拥有 2500 年的丰厚历史文化底蕴，其古城所在的姑苏区更是全国首个国家历史文化名城保护示范区。当前，姑苏区内部建设呈现低层高密度、用地情况复杂的特征，建设情况难以精准把控，更新项目决策及管理困难。姑苏区现状建设用地已占辖区面积 93.7%以上，城市更新将成为今后空间发展的主要手段。现阶段，传统城市管理方式存在着数据精度不足、管理效率低、信息滞后、查询检索困难等问题，难以适应新形势下对古城保护更新工作在协调统筹和科学性方面的要求，亟须通过技术手段革新，提高精细化治理水平。

1.3 《姑苏区分区规划暨城市更新规划》提出建设更高质量历史文化名城保护示范区的愿景

《姑苏区分区规划暨城市更新规划》是苏州市国土空间总体规划的重要组成部分，向上落实市级国土空间规划，向下分解指导下层次详细规划编制。分区规划于 2020 年初启动编制，是在全国国土空间规划改革的背景下一次全新的探索和尝试，也是姑苏区站在新的历史起点上，首次编制历史城区内的更新规划。

分区规划提出建设"世界文化名城，幸福宜居姑苏"的总体发展愿景，立足文化资源保护，建设更高质量的历史文化名城保护示范区。全区发展以"一中心、两高地、一典范"为总体目标，其中："一中心"是打造成为苏州市行政和文商旅中心，全面提升行政中心集聚要素的功能，整体提升古城、老城、新城的城市品质；"两高地"是建设教育医疗高地、科技创意高地，加快壮大科技创意产业；"一典范"则是营造苏式生活典范，通过完善基础设施配套，回应人民群众日益增长的对美好生活的追求。

分区规划坚持"大景区"的整体保护理念，保护苏州古城城址环境、整体格局和风貌、历史街巷和特色街道、河道水系、肌理、视廊和天际线。对重点河段进行城市设计，加强桥梁本体保护及桥头空间保护与塑造，精心设计水陆界面和空间。将全面保护古城风貌，完整延续古城历史格局作为关键性任务，旨在激发古城魅力，做强历史文化品牌，建设更高质量的历史文化名城保护示范区。

通过城市更新改造，优化空间布局，全面提升姑苏区城市综合实力、发展动力、宜居活力，支撑姑苏区建设面向社会主义现代化的"最美窗口"。围绕古城、大运河沿线、北部经济区作为近期重点更新区域，打造旗舰型更新项目。通过片区型、旗舰型重大更新项目的推进，探索城市更新的发展新模式、新路径。

综上所述，在规划深度需求与技术转变的背景下，CIM＋古城保护更新平台应运而生。CIM＋古城保护更新平台基于苏州市城市信息模型（CIM）基础平台，旨在通过数字孪生平台精细化辅助规划、建设和管理全生命周期的过程决策，为《姑苏区分区规划暨城市更新规划》古城保护与更新工作的开展提供数字化支撑，辅助提升姑苏区历史文化保护、社会民生和城市更新水平。

2 内容体系

CIM＋古城保护更新平台基于苏州 CIM 基础平台，以数字孪生、物联网、云计算、实景三维、大数据等技术为支撑，整合多元基础数据构建古城数据资源中心与信息服务平台，并在其基础上搭建面向古城利用、保护、业务管理及公共服务的智慧应用系统，为《姑苏区分区规划暨城市更新规划》提供技术支撑，服务古城管理、保护和更新利用决策。CIM＋古城保护更新系统框架和功能架构如图 1、图 2 所示。

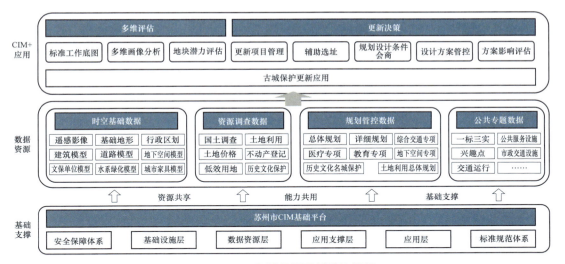

图 1　CIM+古城保护更新系统框架

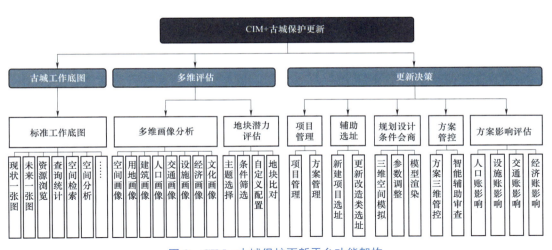

图 2　CIM+古城保护更新平台功能架构

2.1　构建多维数据平台

多维数据平台集成影像图、三维白模、倾斜摄影、规划管控等多维度数据，提供数据查询、数据展示、测距、剖切、切换视图、标准工作底图、点选、属性筛选、卷帘对比、分屏对比、查询统计、差异分析等功能，能进行基本的二三维空间分析，实现城市全生命管理周期的信息整合，为分区规划编制提供数据支持（见图3）。

2.2　古城保护更新多维度分析

CIM+古城保护更新平台结合人口、交通、设施、用地布局等客观因素，围绕用地效益、人口分布、交通运行、公服设施、更新成本、更新意愿等多个维度，提供用地分析、人口分析、交通运行分析、公服设施配置分析、更新成本估算、备选地块推荐等功能（见图4、图5）。

图 3　标准工作底图功能示意

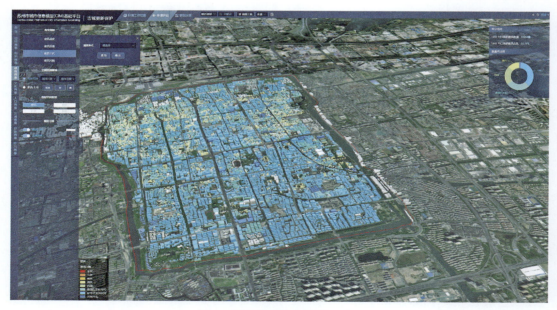

图 4　建筑画像分析功能示意

图 5 文化画像分析功能示意

2.3 辅助更新决策

CIM＋古城保护更新平台对更新项目及设计方案进行综合管理，通过数字模拟手段分析项目建成对城市人口、交通、经济、公服设施配套等带来的影响，围绕项目选址、项目规划设计条件、项目设计方案等环节辅助项目全流程科学决策。

（1）项目管理。平台以数据库当前存储待处理项目为基础，提供项目新建、上传、查询、浏览、编辑、查询等功能，实现项目进展总览与项目管理；针对项目设计方案，提供方案查询、上传、编辑、删除、入库、相关材料同步等功能，实现更新项目方案管理。

（2）辅助选址。平台支持上传或绘制预选址红线；结合地块控规要求、特征画像、项目需求信息等，提供合规性分析、合理性分析、备选地块排序等功能，辅助有意向的建设项目快速落位。

（3）规划设计条件会商。平台支持对控规管控要素进行三维化；支持依据控规的容积率、用地性质、建筑面积、建筑高度等指标要求，在所选地块内通过参数化方式自动生成建筑形态和布局的三维体块模型；支持在线调参、模型联动展示及模型渲染等功能，实现规划修编效果模拟，辅助规划管理人员进行规划修编调整和项目规划设计条件的确定。

（4）设计方案管控。平台针对项目设计方案，提供日照、视域、通视、天际线等分析工具，增强用户对项目设计方案整体环境的感知，辅助用户对项目的空间形态和风貌进行三维立体管控；结合规划管控要求，提供设计方案规划技术指标的自动校核、相关控制线的空间比对、审查结果展示与自动导出、多方案查看与指标比对等功能，在项目设计方案阶段实现多方案比对并辅助设计方案审查。

（5）方案影响评估。平台针对项目设计方案，提供交通流量影响分析、搬迁安置人口影响分析、公服配套设施影响分析等功能，评估项目建成后对城市人口、交通、设施等方面带来的影响，实现更新项目设计方案比选和辅助决策。

3 关键技术

3.1 古城保护三维建模平台技术

一方面，古城三维图像信息采集技术通过多旋翼无人机搭载低空倾斜摄影传感器，在城市内部进行巡航采集城市图片信息数据传输回三维建模平台，采用多视影像密集匹配模型快速提取多视影像点坐标并自动匹配，实现模型精细化构建；获取地物的三维信息，配合双屏对比不同时期影像，进行剖面分析，实现古城内部情况的精准把握（见图6）；另一方面，多维数据平台构建技术以 Rising fly GIS 为基础，将数据载入模块、数据处理模块、构建模块以及项目策划模块集成多维数据平台，构建全要素的城市数字底板，实现城市全生命管理周期的信息整合，为古城的保护与发展提供数据支持。

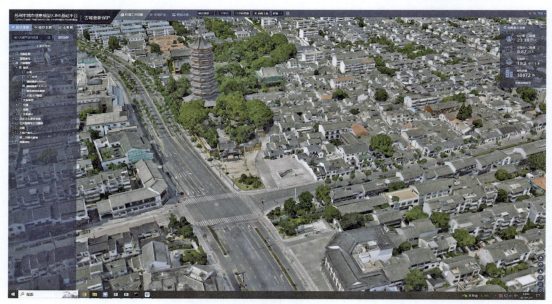

图 6 标准工作底图三维城市模型

3.2 城市多维画像分析平台构建技术

一方面，城市多维画像构建技术通过对古城用地画像、经济画像等构建城市精细化画像，最终构成"资源—领域—实现"三个维度所构成城市画像应用体系，可以随时掌握古城的人口流动等信息、城市资源等情况，对城市各要素的发展情况进行实时跟踪动态预测，有效推动城市发展方向以及整体定位；另一方面，地块智能检索技术基于 CIM 数据资源库和土地业务专题数据资源库，依托于空间大数据检索引擎和时空大数据计算分析引擎，实现对土地信息的智能化多指标多维度筛选和空间计算分析，实现古城地块的快速检索和分析应用。

4　创新探索

4.1　构建高精度图库

平台将采集的图像构建图库，进行多视影像联合平差和密集匹配，获取成像区域地物的超高密度点云，实现古城基础数据高精度提取。

4.2　影像与模型精准匹配

平台基于倾斜影像对建筑物进行自动纹理映射，快速地选取高质量的纹理面贴合在对应的三维模型，实现纹理影像与三维 TIN 模型的精准匹配。

4.3　古城信息多维度分析

在分析平台上设计由图像获取、图像处理以及评分机制构成的参数分析模块，实现古城信息的多维度分析，提高古城评价数据的丰富性。

4.4　数据查询处理一体化

平台通过可视化引擎和基于统一数据模型，实现土地业务专题数据从数据展现、数据浏览、检索和分析全方位的一体化，提高数据检测与分析的效率。

5　应用效益

5.1　社会效益

（1）有助于实现城市精细化管控。平台标准工作底图是城市保护更新工作的基础，同时也是实现精细化管理的关键手段。通过对工作的深入研究，形成标准统一、层次清晰的一张工作底图，全面反映古城的过去、现在、未来。有利于规划、管理人员更好地了解城市的地理特征、土地利用状况、人口分布等基础信息，提高分区规划编制工作效率。

此外，平台通过 CIM 技术和古城分析画像的结合应用，利用大数据实现古城动态分析，高效直观地把握古城整体发展趋势，实现对古城建成环境的多维评估，以及古城发展潜力提升区域识别，为分区规划近期更新项目提供位置推荐识别发展中存在的问题，有效促进提高古城保护与更新的科学性和精细度。

（2）有助于提高城市管理工作效率。通过平台的标准工作底图信息框，可快速查看到范围内的建筑、用地、设施、人口等信息，也可以查看此范围内的某个建筑，看到该建筑的建筑质量、风貌年代以及人口信息，实现由点到面联动查看。同时，可以自动生成常住人口数量、历史文化保护、规划用地、建筑风貌等现状指标、空间分布图报告，节省现状摸底的工作量（见图7）。

图 7　标准工作底图功能应用示范

此外，平台通过多维画像模块，在空间画像中可通过视廊管控功能查看规划中确定的各级视线廊道及其管控要求，便于识别超过高度管控要求的建筑，保护古城整体格局（见图8）。

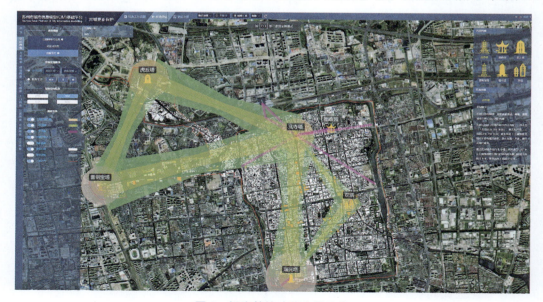

图 8　视廊管控功能应用示范

360

（3）有助于改善城市基础设施与公共服务。

一方面，平台立足苏州自身特点，重点突出高水平保护与高质量发展协同运作。将全域、全要素、全时段、全过程的名城保护要求融入系统之中，重点围绕人民城市宜居相关内涵，科学织补绿色开敞空间，推进苏州"公园城市"建设计划实现。

另一方面，明确医疗、教育等公服设施覆盖范围，完善设施布点，共治、共建、共享苏州"一刻钟便民生活圈"，提升人民生活幸福感，促进城市建设管理的精确高效。在设施画像应用模块中可以查看古城内各类设施的分布情况，结合不同类型的服务设施以及其等级、规模、服务半径及人口分布现状，校核相关覆盖率指标，评估每个地块、每个建筑能够获得的公服设施水平，有效识别公服设施供给缺口（见图9）。

图9 设施画像功能应用示范

5.2 经济效益

（1）有助于地块潜力评估。进入地块潜力评估模块，可通过对产权性质、用地性质、用地面积等不同评估条件的选择与叠加分析，筛选适合更新的备选地块，进行综合比较（见图10）。

（2）有助于辅助项目决策，实现收益最大化。平台更新决策模块以项目管理与分析等多种功能，实现项目前期选址阶段对地块适宜性的综合评价，辅助设计方案的审查，辅助推动分区规划项目落地。

更新决策模块，在辅助选址、规划设计条件会商功能中选择重要管理节点，通过设计方案管控判断是否有超过用地红线范围、高度管控要求等，结合现状和项目的数据，进行搬迁人口量、征收补偿成本、设施覆盖率变化等分析，也可选择多个方案进行对比，选择最优方案。

图 10　地块潜力评估功能应用示范

　　未来，苏州"CIM+古城保护更新平台"将进一步加大对城市时空数据集成整合力度，提升与各部门专题数据关联融合水平，以新技术、新应用赋能城市治理，以"绣花"的功夫提升城市品质，让传统文化与现代文明交相辉映，持续贡献古城保护与发展的苏州方案。

上海市静安区智慧产业空间规划数字化平台

上海市地质调查研究院 上海自然资源研究中心

1 背景概述

为落实上海市委"加快破解土地要素资源对高质量发展的约束""中心城区要提升城市核心功能"的要求，强化静安打造上海国际文化大都市的重要承载区及"中心城区新标杆、上海发展新亮点"的空间支撑，静安区开展了新一轮的产业空间谋划和实施研究。上海市人民政府于 2018 年印发了《本市全面推进土地资源高质量利用若干意见》，从空间引导、质量绩效、存量为先和政策创新四个方面赋予了土地资源高质量利用新的含义。面对资源瓶颈、结构调整、南北差异、低效利用等现实情况，为提高土地利用效率和提升综合环境品质，静安区提出了"土地亩产倍增"行动计划，落实产业园区、工业用地、商务楼宇等产业载体的盘活利用行动，向存量空间要资源、要品质、要效率。

针对传统产业空间规划编制和实施存在规划数据孤岛、评估方式传统和场景应用匮乏等问题，静安区明确以数字化、智能化、精细化管理为依托，率先形成全生命周期管理下的智慧产业空间规划新路径，将规划基础信息维护、规划前期评估、规划实施全程监管的业务条线形成闭环，建设上海市静安区智慧产业空间规划数字化平台，实现多部门信息共享、协同监管，支撑产业空间规划"全覆盖、全要素、全过程、全生命周期"管理提升，推进静安区产业空间运营数字化转型。

2 内容体系

2.1 平台架构

上海市静安区智慧产业空间规划数字化平台是采用"1+X"框架模式的 B/S 系统："1"是指产业空间数据集成管理，主要是归集管理各类数据、提供数据分析工具、进行数据可视化表达、提供各类数据服务；"X"是指若干个智慧应用场景，可根据管理和应用的需求进行灵活扩展，主要包括产业空间前期规划评估、规划全生命周期管理和产业空间规划实施评估等场景。

平台总体框架的具体组成如下：

基础设施层是支撑平台运行的基础，主要包括由静安区大数据中心政务云平台提供的网络设施和软硬件环境等。

数据资源层是平台服务的数据来源，平台的核心对象涵盖了工业用地、产业园区和商务楼宇等产业载体，由核心对象延伸各类数据，建设产业空间专题数据库，包含规划资源空间数据库、产业空间数据库、用地绩效数据库和土地全生命周期管理数据库，为平台提供数据资源。

数据服务层提供数据集成管理功能，以数据资源层提供的数据为基础，包括数据集成融合、数据分析、数据可视化展示、数据共享服务等。

系统应用层提供专题的应用功能，包括若干个智慧应用场景，例如产业空间前期规划评估、规划全生命周期管理和产业空间规划实施评估等，可根据管理和应用的需求灵活扩展。

上述框架各层均在标准规范体系及安全保障体系支持下进行建设。

静安区智慧产业空间规划数字化平台总体框架和界面如图1和图2所示。

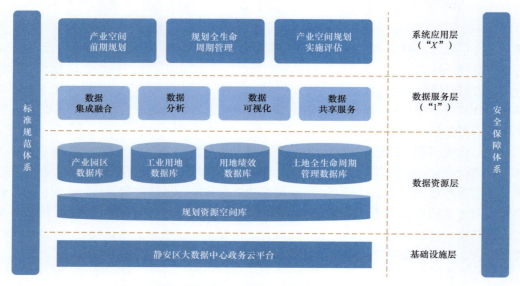

图 1　静安区智慧产业空间规划数字化平台总体框架

2.2　建设内容

平台的服务用户主要分三个层面，一是政府管理部门，包括静安区规划资源局、商务委、投资办以及其他相关部门；二是静安区范围内的园区管理单位；三是服务于静安区产业空间高质量利用的第三方规划咨询研究机构。针对服务对象，平台主要实现了以下建设内容：

（1）产业空间数据集成管理功能模块。依托区大数据中心政务云平台，建设产业空间专题数据库，涵盖工业用地、产业园区和商务楼宇等产业载体。建立多部门参与的产业空间信息集成共享机制，在规划资源空间底板上，汇集园区、地块的经济产出、能耗环境、社会效益等各类信息，明确数据更新责任主体，逐步实现产业空间各类数据的动态更新。产业空间数据集成管理流程图如图3所示。

图 2　静安区智慧产业空间规划数字化平台界面

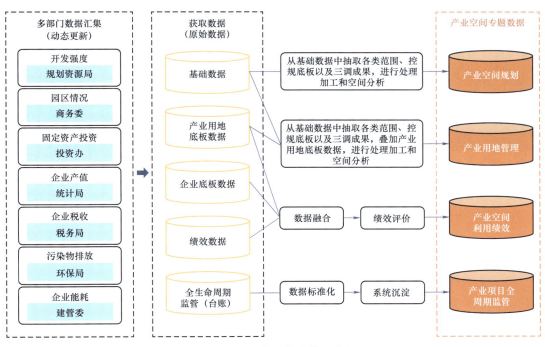

图 3　产业空间数据集成管理流程图

　　1）数据集成管理。该功能实现对产业空间专题数据库的管理和维护，并按照用户权限，提供对数据的查询、新增、编辑、删除、导出等功能。由于各类数据的格式、管理要求和应用需求各异，需要开发定制功能，其中重点是对工业用地、产业园区等核心数据的基本信息进行维护和管理。具体的功能包括信息查询筛选、数据编辑维护、数据权限管理和数据处理融合。

2）"一地一册"。基于产业空间专题数据库，提供产业用地"一地一册"查看功能，包括地块的基本信息、绩效信息、规划信息和一地一策，同时接入地块和园区的街景图和实拍照片，进一步明确地块和园区的所处位置和基本外观。系统不仅支持在地图上点击地块打开其"一地一册"，而且提供"图表+GIS"联动的交互方式，支持在用地列表中选择具体地块后，地图自动定位至该地块的空间位置，并打开"一地一册"，供用户查看地块信息，如图 4 所示。

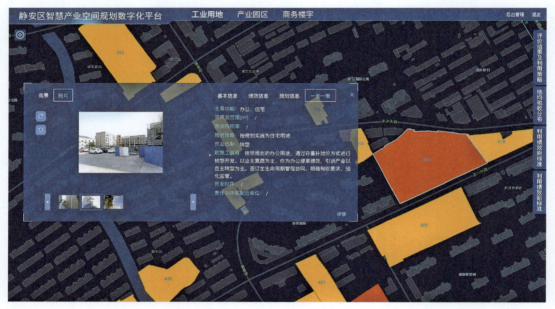

图 4 "一地一册"

（2）产业空间前期规划评估功能模块。以工业用地、产业园区、商务楼宇等产业载体为评价对象，建立多要素的产业空间规划评估模型，定期开展规划评估，建立多部门数据汇集机制，深化数据信息挖掘和分析功能，形成产业空间前期规划评估报告，支撑规划全生命周期管理，为领导决策和各部门管理赋能。

1）前期规划评估。前期规划评估功能一方面以静安区产业空间作为评价对象，依据人口承载、经济效益和空间品质等多方面多要素构建评价指标体系，并建立评价模型，设置指标权重和分档，支持区规资局业务人员根据每年具体的评价要求对模型进行自定义调整，使评价结果更为准确；另一方面，以任务管理的形式进行规划评估工作，为提供评价要素数据的各职能部门提供数据接口，例如商务委填报产值与税收指标数据、建管委填报能耗指标数据、环保局填报环境指标数据、规划资源局填报强度指标数据等，且支持在线填报或上传填报，完成数据归集和评价计算，并建立产业空间绩效信息库。绩效评价任务数据归集流程图如图 5 所示。

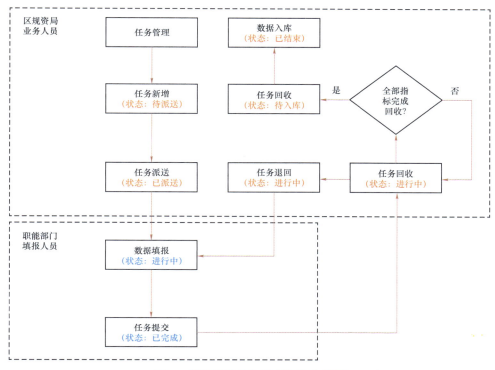

图 5　绩效评价任务数据归集流程图

2）低效识别。基于规划评估结果的综合分档（A、B、C、D 四档，其中 D 档为可能低效产业用地）、产业布局引导、规划现状对比以及原权利人更新意愿四个方面，系统自动生成地块分析结果（见图 6），实现低效产业空间的快速锁定，将其作为更新盘活的管理对象并纳入行动计划，辅助用户决策，完成计划上报。低效产业用地分类参考见表 1。

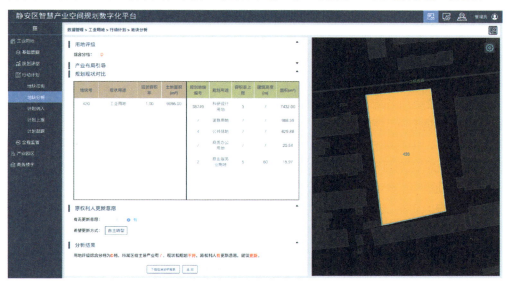

图 6　地块分析

表 1　　　　　　　　　　　　　　低效产业用地分类参考

低效产业用地类别		认定依据
1 产业低效类	1.1 淘汰类产业使用的产业用地	《上海市产业结构调整指导目录限制和淘汰类（2020 年版）》
	1.2 实行专项整治列入"关停并转"范围的企业使用的产业用地	根据环境保护、安全生产、节能减排等要求确定的"关停并转"企业/项目清单
2 土地开发低效类	2.1 闲置产业用地	经闲置土地认定
	2.2 逾期未投达产的产业用地	全生命周期管理要求
3 土地综合产出低效类	3.1 工业企业资源利用效率评价为 D 类的企业独立使用的产业用地	市、区工业企业资源利用效率评价办法
	3.2 停产（空置）较长时间的产业用地	按照《国土资源部办公厅关于开展低效工业用地调查清理防止企业浪费土地的函》（国土资厅函〔2015〕661 号），建筑、用地空置/停产至今一年以上
	3.3 亩均产值、亩均税收偏低的产业用地	按照《上海市低效工业用地标准指南（2019 版）》，前三年土地税收产出率、土地产出率低于对应工业行业的《指南》调整值；各区可结合实际情况制定区级产业项目用地绩效标准，如《宝山区低效产业用地处置工作的实施方案》明确界定为亩均税收低于 5 万元/亩的工业项目用地
4 其他	各区认为需处置的低效产业用地	……

3）行动计划。对于纳入行动计划的用地，借助策略工具箱，逐一关联更新策略和确定开发机制，生成对应计划环节，以供实时跟踪监测，提交推进情况和存在问题，推送状态预警，辅助低效空间"一地一策"处置，及时掌握低效地块的盘活进度。

（3）规划全生命周期管理功能模块。以规划产业空间为管理对象，依据土地合同，在信息平台中固化监管流程和各部门监管职能，以信息化方式实现监管流程再造，动态推送监管信息，以实现多部门参与、跨部门协同的全过程、全要素监管。

1）纳入监管。将完成行动计划并签订出让合同的低效产业用地作为监管对象纳入全生命周期监管模块，拟定监管流程和明确各部门监管职责，统一监管的工作口径和操作方式。

2）转型监管。系统自动识别上传合同，并提取合同信息填充至各监管环节中，各职能部门在所负责环节可根据监管实况编辑监管信息。监管流程中各阶段的监管信息将动态更新展示，并及时推送共享至各职能部门。系统提供亮灯预警功能，便于提示监管人员及时处理，亮黄灯表明截止日期将近，亮红灯则表示已逾期（见图7）。

3）常态监管。常态监管主要针对非低效产业用地定期（年度或季度）开展，处于转型监管中的地块将在监管流程结束后自动进入常态监管。常态监管主要是绩效监管，与产业空间前期规划评估功能模块中的评价指标保持一致，若该阶段已有评估结果，可直接获取并复用，快速开展后续监管处理和统计分析等操作。同时，常态监管还包括一些其他监管项目，如由市场监督局负责的股权转让监管等，系统支持记录变更信息并留存会商文件。

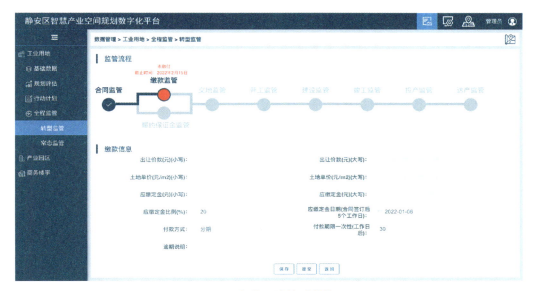

图 7　产业用地转型监管

（4）产业空间规划实施评估功能模块。产业空间高质量发展是规划实施的目标，该模块将紧密围绕高质量发展构建实施监测评价体系，开展产业空间高质量利用管控规则的语义分析研究、多维度产业空间利用综合绩效监测评价指标体系研究，构建算法模型库，实现指标体系的量化计算。

1）规则库——多尺度产业空间规划管控规则的语义分析。2018 年以来，上海提出了一系列落实产业空间规划和实现产业用地高质量利用的实施细则。发布了《上海市人民政府关于印发本市全面推进土地资源高质量利用若干意见的通知》《关于本市促进资源高效率配置推动产业高质量发展的若干意见》（沪府发〔2018〕41 号）、《关于上海市推进产业用地高质量利用的实施细则（2020 版）》（沪规划资源用〔2020〕351 号）、《关于加强上海市产业用地出让管理的若干规定》（沪规划资源规〔2021〕6 号）等文件，明确了各类管控规则，本研究针对管控规则开展语义研究，将管控规则转译为计算机可识别的结构化语义规则。

2）指标库——多维度产业空间规划实施监测评价指标体系。产业空间高质量发展是规划实施的目标，因此该研究紧密围绕高质量发展构建实施监测评价体系。高质量发展是党的十九大提出的新表述，表明中国经济由高速增长阶段转向高质量发展阶段。从指标体系构建的角度，产业空间高质量发展可分为要素的吸收和输出两个方面。其中，要素的吸收能力主要表现为要素的直接性投入和间接性投入。所谓直接性投入就是直接投入劳动、资本以及技术等要素，具体可以分为劳动型集约、资本型集约和技术性集约；而间接性投入是可间接增加土地的产出收益的行为。产业空间布局、结构优化以及实现土地立体空间的多维利用便是间接性投入的行为，也属于城市产业空间的范畴，即所谓的结构型集约。要素的输出能力，也就是产出效益，主要包括经济效益、社会效益和生态环境效益，片面地追求经济效益就会引起城市土地的高强度开发，强度过高就会带来一系列城市问题，不符合持久、健康、稳定发展的要求。因此城市产业空间高质量发展必须兼顾经济效益、社会效益、环境效益三者的统一，以资源、环境的承载力为基础，着眼于以人为本和全面协调可持续发展。因此，参考现有的研究成果，以静安区的三类产业载体为评价对象，依照指标选取适当的原则，通过借鉴城市活力、土地集约利用等评价指标，并考虑指标统计口径的一致性和连贯性，最终确立了开发强度、产值、税收、能耗、环境等多维度的产业空间规划实施监测评价指标体系。

3）算法模型库——研究表征指标体系的量化数据，构建算法模型库，实现指标库的量化计算。为动态分析产业空间时空变化特征，根据指标体系，开展各类量化算法研究，结合管理需求和实践构建产业空间综合评价算法库、智慧选址算法库、"一地一策"实施监测算法库等特色算法模型，支撑数字化决策。

a. 产业空间综合评价算法库。以工业用地、产业园区、商务楼宇等产业载体为评价对象，建立涵盖产业空间开发强度、产值、税收、能耗、环境等多维度的产业空间综合评价模型，支持指标或指标权重的动态调整，深化数据信息挖掘和分析功能，形成产业空间综合评价分档定级结果，对评价为 D 档（低效）的进行低效因素深度分析，精准识别低效成因和作用机制，支撑低效产业空间转型和"一地一策"行动计划管理，为领导决策和各部门管理赋能。

b. 智慧选址算法库。面向园区、企业共同协商的产业项目规划选址需求，研发并构建产业空间智慧选址算法模型。以产业项目、地块为对象，采用"空间码"技术融合规划、储备、供应情况，动态构建选址信息库，通过自动提供选择地块的状态、现状用途、区位、产业导向、规划用途、开发强度、周边配套设施等选址条件分析结果，智慧分析筛选符合条件地块，或对项目规划选址方案进行智慧比选分析。通过公开可选产业用地（规划产业用地、已净地的储备产业用地、已公告的"标准地"），支撑园区企业自定义查询分析地块规划、现状、区位条件，自动生成选址报告，精准响应用户需求，支撑园区招商、企业意向选地和项目选址论证等智慧决策，推动产业项目快速落地。

c. "一地一策"实施监测算法库。面向静安区产业空间规划转型发展目标以及产业空间转型升级三年行动计划，对产业空间现状和规划实施情况进行不同尺度的专题分析和动态监测。按照区政府要求，基于现状、规划、产权条件，开展地块尺度的经济测算和空间利用测算，量化分析可开发潜力，将区域内地块分为联合转型、自主转型、政府收储、保留地块等不同类型，分类制定盘活处置"一地一策"。并且，对不同开发模式下的产业空间"一地一策"行动计划相应的开发主体、时序、资源要素保障、建设周期与投达产情况等进行全方位动态跟踪，支撑管理部门动态优化调整管理策略，支撑区域整体转型升级。

3 关键技术

3.1 多源异构数据存储技术

静安区产业空间高质量利用需要在规划资源空间数据库基础上，实现区域内所有工业用地和产业园区的空间落图，同时依托静安区多部门集成共享机制，汇集园区、地块的经济产出、能耗环境、社会效益等各类信息，并按照区规划资源局产业用地管理的应用需要进行清洗、转换、标准化和汇聚融合，形成标准统一、覆盖全面、内容完整、现势性强的产业空间专题数据库，实现产业空间各类数据的动态更新，为系统提供坚实的数据基础。该系统采用 Oracle 数据库存储多源异构数据，包括 GIS 空间数据、绩效经济数据和合同信息数据等，同时实现了 Oracle 数据库向人大金仓数据库的数据迁移，实现跨平台部署运行。

3.2 前后端分离技术

该系统采用前后端分离开发模式，前端使用 Vue＋Element UI 框架，后端使用 Spring Boot 框架，前后端通过 Ajax 进行交互操作，将前端逻辑和后端逻辑之间严格分离，实现了前后端代码的解耦。为了应对越来越复杂多变的 Web 应用开发需求，前端聚合业务提高了后端服务的独立性，在需求发生变更时，保持 API 接口与数据格式不变，仅需前端做相应变动即可，开发效率大幅提升的同时增强了代码可维护性，并为分布式部署提供了技术基础。

3.3 Web GIS 技术

该系统利用 ArcGIS Server 发布地图服务，采用 Web GIS 技术对地理空间数据进行处理和应用，实现空间数据的共享和互操作，如基础数据管理时支持对产业用地地块范围的绘制和编辑，"一地一册"中对产业用地信息的在线查询等。

3.4 跨平台技术

该系统具备跨平台特性，支持多操作系统下的开发、部署、运行及维护，包括 Windows、Linux、Mac 等主流操作系统，其中开发环境和测试环境以 Mac 和 Windows 操作系统为主，部署的正式环境为静安区政务云平台，它是基于 Linux 内核的操作系统，平台皆能运行稳定。

3.5 大数据技术

该系统主要呈现以下特点：一是存储的数据体量大，如从基础数据中抽取的各类范围、控规底板和三调成果，以及产业用地汇集的绩效数据和企业的经济数据等；二是数据多样化，涉及的数据类型包括数字、文字、图片、影像和空间位置信息等；三是数据之间的关联性高，产业空间的规划、土地、绩效、企业信息、项目全周期监管等数据皆可关联；四是数据价值密度高，应用大数据技术处理分析得到的结果如综合绩效评价结果对后续的规划全生命周期管理和产业空间规划实施评估有着重要的价值。

3.6 动态监测分析技术

研究全过程、全景式动态监测功能，覆盖产业空间全周期管理的规划、供应、利用绩效和批后监管等各个流程,并通过与空间矢量图形动态联动的方式,叠合经济、社会、生态等要素信息,一体化、综合性地呈现产业空间资源规模布局、结构、效益特点和时空特征。

3.7 综合绩效评估与低效识别技术

综合评估与低效识别功能,统筹相关管理业务、多要素表现体征,为领导对于产业空间的某一项业务管理或综合管理利用提供决策支撑。如产业空间利用综合绩效结合产值、税收、能耗、排放和空间利用强度等多个维度,进行综合分析对比,帮助静安区掌握区域总体产业空间规划实施进展情况、产业发展特征、产业绩效特点、生态环境现状等情况,同时按照不同区域、不同行业差别化低效用地判定标准,综合识别各类低效用地,促进低效产业用地分类处置,继而在产业空间规划布局、规划调整支持、产业导向、绩效准入标准、生态治理等方面,分类精准施策,提升空间利用效率和产业绩效。

4 创新探索

4.1 构建了"工业用地—产业园区—商务楼宇"多空间尺度的产业空间规划编制和实施管理信息化平台

在宏观层面,以行政区和功能开发区为单元,平台在规划资源空间数据库基础上,实现区域内所有工业用地和产业园区的空间落图;在微观层面,建立了宗地级别产业空间规划信息化平台。系统将前期规划、全生命周期管理、实施评估的信息数据从各类基础数据范围、控规底板和三调成果,产业用地汇集的绩效数据和企业的经济数据等应用大数据抽取并处理分析得到的结果,对后续的低效用地识别、行动计划跟踪和全生命周期监管有着重要的价值,提升产业空间管理的精细化水平。

4.2 采用信息化手段建立多源数据共享共建模式,解决产业空间规划多要素共同监管需求

受数据共享限制,规划、土地、能耗、企业信息、经济统计和出让合同等产业空间管理数据分散孤立,平台建立了多源数据共享共建模式对多源数据进行融合,解决产业空间多要素共同监管的数据需求。平台提前嵌入规划布局、土地供应、项目建设、投资产出、运营监管、转让回收等关键环节,管理人员在审批、核准、上报之前,可全面掌握辖区内产业空间布局、利用、绩效等具体情况和存在的问题,形成了数据驱动业务、提升科学管理新模式。同时,通过多部门多层级的信息推送和定制化服务,健全了多部门协同的产业空间规划全要素全周期管理机制。

4.3 建立多维度产业空间规划实施监测评价指标体系,促进产业空间高质量发展

针对当前产业空间规划实施监测评价体系存在的规划、供应、绩效评估、监管等各

管理业务环节衔接不畅，以及评价指标和分析方法单一等问题，融合产业空间协同管理框架体系和产业创新集聚、产城融合需求，聚焦区域重点发展的产业空间，构建"空间保障""创新集聚""活力融合""集约高效""联动管理"的产业空间规划实施监测评价指标体系，兼顾经济效益、社会效益、环境效益三者的统一，明确了各项评价指标标准，并确定单因子和多因子关联的各类评价结果分析方法，及工作组织实施、数据采集更新、评价考核应用等配套评价实施机制。平台通过大数据技术采集产业用地、社会经济、手机信令等多维度数据，并基于空间关联运算、联动管理比对等多种数据时空体征分析方法，开展量化评价分析，结合分析结果提出评价体系衔接规划全生命周期管理各项业务的具体应用路径。

5 应用效益

5.1 实现产业空间规划业务流、数据流"双流融合"，推动区内各系统融合共用

依托智慧产业空间规划信息平台建设，可打通、融合区内产业招商、规划资源管理、统计、环保管理等业务流，产业空间规划资源与社会、经济、环境、能耗等多维数据流，在支撑区内智慧产业空间规划全要素全周期管理的同时，实现产业空间数据在区内现有业务管理系统、展示平台之间的融合共用，推动产业空间整体管理水平的提升。

5.2 提升数字化治理能力，助力城市智慧化治理和数字化转型，具有一定的示范意义

产业空间规划是城市治理的重要组成部分，建设上海市静安区智慧产业空间规划信息平台是落实数字化转型要求的重要举措，形成超大城市智慧化治理和数字化转型的静安方案，具有重要的示范作用和全国可复制可推广的建设经验。从技术路径、业务流程、管理机制上，为大数据助力智慧产业空间规划的调控监管和推进静安区的数字化转型奠定了坚实基础。

深圳市前海妈湾规划方案智能化审查评估模拟系统

中规院（北京）规划设计有限公司　未来城市事业部

1　背景概述

深圳前海，被称为我国特区中的特区，是习近平总书记亲自参与谋划、部署和推动的国家级战略平台。从 2010 年 8 月国务院批复同意《前海深港现代服务业合作区总体发展规划》，到 2021 年 9 月中共中央、国务院印发《全面深化前海深港现代服务业合作区改革开放方案》，前海开发建设蓝图持续深化，功能定位和发展能级不断提升。

2020 年 11 月，前海在妈湾片区部署建设"前海深港国际服务城"，由深圳市政府和招商局集团合资合作，进行单一主体开发建设运营。按照习近平总书记"依托香港、服务内地、面向世界"的总体要求，以及国家、省市对粤港澳大湾区、前海发展的具体要求，落实前海战略部署，妈湾大胆创新，积极探索"单一主体、统筹规划、成片开发"的综合营城新模式，编制前海深港国际服务城集成规划，目标是将妈湾 $2.9km^2$ 土地建设成为生产、生活、生态三生融合，宜居、宜业、宜游的"理想城市典范、智慧城市标杆"。妈湾集成规划编制工作的显著特点是高度复合、跨多专业、面向实施落地，覆盖城市规划、城市设计、商业策划、交通、市政、水、低碳、建筑等十余项专业分析与研究，亟待通过探索规划数智化提升措施，提高规划编制效率和可落地性。

针对传统规划方案编制和实施过程中缺乏定量分析支撑、多专业统筹难度大、与城市设计协同不畅、纵向传导落实不到位等难点，妈湾综合运用大数据、人工智能、GIS、BIM 等技术，建设规划方案智能化审查评估模拟系统，统一规划标准体系、构建多专业算法模型、智能辅助规划设计、服务规划管控传导，赋能妈湾片区规划、设计、开发、建设和运营，实现现状数字化管理、规划数字化支撑、项目数字化审查、方案数字化决策、城市数字化运营以及空间数字化模拟。

2　内容体系

2.1　总体框架

深圳妈湾规划方案智能化审查评估模拟系统总体架构为"四横两纵"体系，"四横"包括基础设施、数据底座、业务支持、应用服务四个层面，"两纵"包含数据标准规范体系和安全运维保障体系。系统总体框架如图 1 所示。

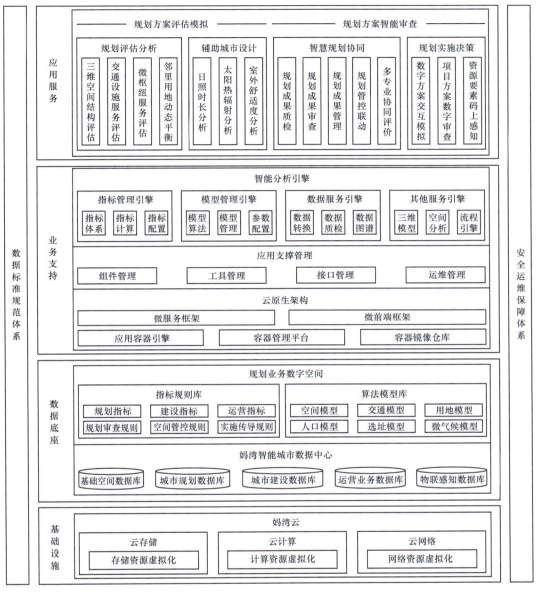

图 1　妈湾规划方案智能化审查评估模拟系统总体架构设计

（1）基础设施。以妈湾云底层基础设施环境及其提供的操作系统、数据库和中间件等作为基石，基于云存储、云计算、云网络提供相关存储资源、计算资源、网络资源支撑妈湾规划方案智能化审查评估模拟系统的环境搭建部署。

（2）数据底座。以妈湾智能城市数据中心提供的统一数据底板为妈湾规划方案智能化审查评估模拟系统的空间数据基础，构建支撑妈湾片区规划方案审查评估模拟系统业务应用的指标规则库、模型算法库，打造妈湾片区规划业务数字空间。

（3）业务支持。智能分析引擎包括指标管理引擎、模型规则引擎、数据服务引擎以及三维模型引擎、空间分析引擎、流程引擎等其他服务引擎，为业务应用系统的建设提供引擎支撑。基于采用容器化、微服务、微前端等云原生架构，提供组件管理、接口管理、权限管理、用户管理等公共服务能力，支撑系统的快速开发、部署和运行。

（4）应用服务。梳理妈湾当前规划设计工作中智能化提升业务需求（见图 2），围绕规划方案评估模拟和智能审查两大场景，在规划评估分析、辅助城市设计、智慧规划协同、规划实施辅助决策等多方面开发建设多个功能模块，并支持未来基于需求更新，进行功能迭代和模块拓展。

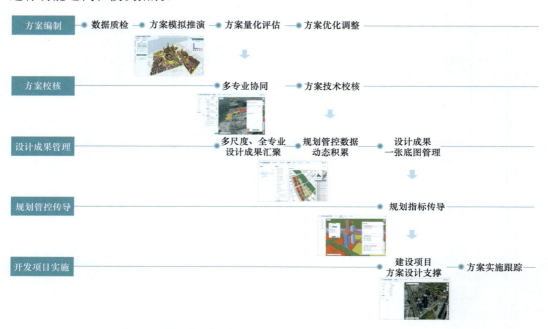

图 2　妈湾规划设计工作主要业务需求梳理

2.2　建设内容

主要建设内容包括以下三个部分：

（1）建设妈湾全域规划数据标准规范体系。以妈湾片区空间数据标准为总则统领各项规划数据标准的制定，规范空间数据资源目录分层和空间数据要素分类，形成囊括基础现状、规划管控、规划方案、工程建设、产权管理、城市运营等在内的妈湾全域全要素空间数据资源体系，并建立起统一的数据命名标准、数据编码标准、图形要素标准、属性数据标准和元数据标准。

对妈湾片区内综合交通专项规划、近地空间专项规划、水系专项规划、市政工程详细规划、城市设计等各类规划设计成果进行系统性梳理，结合国家、地方及行业相关标准规范，制定包含空间数据库规范、成果提交规范、三维模型数据规范等在内的数据标准规范体系。

（2）开发妈湾规划方案评估模拟功能。针对规划设计工作量化评估需求以及设计方案模拟推演需求，通过搭建能够对规划设计方案进行量化分析、实现人机互动实时修改调整的智慧规划评估模拟系统功能，实现规划设计方案的动态调整和迭代优化，使得从规划方案生成、多方案比选、方案评估到规划决策的过程更科学高效。

在空间结构评估方面，基于空间句法理论，量化解析人与空间关系，针对规划设计方案三维路网结构计算可达性（见图 3），有效识别不同尺度下具备较高空间吸引力和通行潜力的区段，支撑路网结构优化，把握立体化空间发展机会。根据空间可达性及用户设定的优先次序和用地平衡表，植入"小街区、密路网"尺度基因，自动给出推荐用地布局方案，支持对布局方案进行灵活调整，同步完成对方案修改后的动态评估和前后对比，实时反馈多维度评估结果，方便多主体在不断磋商协调中寻找最优解。面对连片开发地区规划指标统筹平衡的需求，系统支持在保证用地结构和开发强度结构平衡的前提下，对地块建设规模进行动态调节，支撑地块精细划分以及用地性质和指标的智能铺排，实现对片区内建设用地功能结构和开发强度的整体优化。

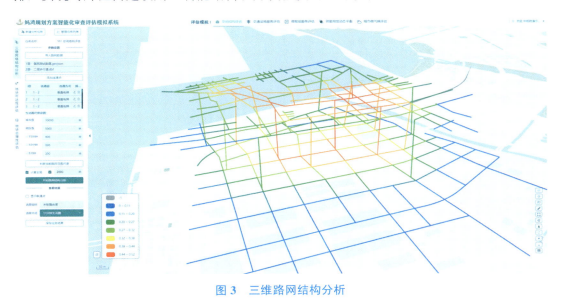

图 3　三维路网结构分析

在设施服务评估方面，从快慢交通接驳、功能混合度及复合可达性等多个维度对妈湾邻里层面垂直庭院、片区层面微枢纽、区域层面城市核在内的三级垂直枢纽体系服务能力进行综合性评估，支持垂直枢纽选址优化及周边设施分析，助力建设满足居民丰富多元生活需求的出行环境。基于妈湾高标准布局交通的需求，系统支持实时交通站点覆盖率计算，并依据开发建设量进行地块和建筑层级人口分布拟合与交通需求预测，评估交通服务承载力，辅助优化交通站点空间布局。

在辅助城市设计方面，贯彻落实绿色生态可持续发展理念，借助三维空间分析能力对设计方案进行微气候模拟，支撑城市形态推敲及高质量公共空间及景观规划设计。结合妈湾所在位置模拟特定时间段内太阳运行轨迹，可视化呈现日照时长分析结果并支持与日照标准规范进行比对。通过建筑外立面太阳辐射量计算，为科学把握太阳能利用提供可靠依据，进而对建筑功能、建筑形态设计做出更加合理的安排。综合考虑太阳辐射、气温、湿度、风速以及人体衣着等诸多因素，通过室外热舒适度分析，模拟分析居民在其中某个位置的冷热应力感受，为外部开敞空间深化设计提供参考，支撑城市建筑形体布局调整以及景观绿廊和遮阳避暑城市家具的选址布局。

（3）开发妈湾规划方案智能审查功能。面向妈湾片区各项规划的编制工作，搭建数字化的规划成果质检、审查、管理应用，并基于规划编制二、三维数字化转译成果，形成多层级、多专业的要素管控和规划协同，进而支撑规划实施的智慧决策。

在智慧规划协同方面，根据各项规划成果数据库规范及提交要求，通过规划成果质检工具支撑规划成果数据的符合性、完整性、规范性等方面的检查，自动生成报告，辅助数据问题修改，从而规范并提升规划成果质量。以审查要点为引领，以审查任务方式对专项规划成果指标符合性、空间一致性、图数一致性等方面辅助控制性审查，协助审查人员进行各项要点的资料查看、成果查看和审查结果填写。将各阶段规划成果与相关材料、审查意见等进行挂接关联，动态建立规划成果"一棵树"，对最终规划成果进行统一管理。

在规划实施决策方面，基于系统三维场景展示实际效果，实现对方案设计进行在线交互与初步构思，为设计人员提供初步的方案决策和建筑方案的在线预演，辅助规划设计人员进行方案模拟。基于数字化管控要求，通过人机联合审查，实现微观层面上建设方案的精细化审查，辅助审查人员查看方案实际效果，协助审查人员进行各项要点的资料查看、对各项审查成果的查看以及对审查结果和意见的填写，自动生成审查报告，提供审查任务管理应用，实现审查任务各阶段及相关信息的查询检索，落实总体规划到详细规划的指标分解、空间管控、功能传导等强制性要求，支撑规划实施的智慧决策。

3 关键技术

3.1 基于微服务和容器化的二、三维一体化可视化技术

该系统搭建融合微服务、容器化、图形引擎等先进信息技术的系统架构，以实现高效运行、灵活复制和可扩展，保障支持大量二三维空间数据的分析、运算和可视化。采用 SpringCloud 微服务架构，将评估模拟和智能审查应用按照业务领域拆分为各个微服务，进行独立部署及迭代升级，其松耦合、分布式的特点便于有机组合各项功能业务能力，提高系统开发效率。Docker 容器化部署技术，增强应用程序在分布式架构中的弹性扩展能力，保证标准化交付。WebGL 三维图形引擎，实现二、三维的数据一体化、显示一体化、空间分析一体化和服务发布一体化，支持多种地图服务，包括基于 OGC 标准发布的 WTS、WFS、WMS 等服务以及 3DTiles、i3s 等三维场景格式服务。

3.2 基于规则转译和模型引擎的空间数字化管控技术

系统依托以往规划编制过程中的工作积累和规划研究过程中的专家智慧，提炼总结规划实践的方法和经验，将规划业务逻辑规则转译为基于数据和算法的定量分析手段，根据妈湾规划成果特点及审查要求，构建面向新时代国土空间规划数字化管控的规则体系，实现从规划到审查的结构性转译、功能性转译、要素性转译以及数字化审查。基于模型规则引擎技术，实现算法模型的可视化构建配置，对基础、常用算法进行独立封装以提高模型复用性，同时支持对复杂业务逻辑进行模型重组以降低业务操作难度。管控规则体系和算法模型体系的构建有效支撑规划设计方案的评估分析和模拟推演，提高空间规划传导管控的精准性和科学性。

3.3 基于人机交互和仿真推演的迭代分析及协同设计技术

系统立足于以量化评估模拟为核心的智慧规划，要达成分析过程全程在线、分析结果不断深化的迭代分析以及多专业交叉、跨学科融合的协同设计，就必须充分运用人机交互和仿真推演技术。摒弃以往 Web GIS 应用中空间分析往往由服务器端调用完成而浏览器端地图应用仅局限于图层展示与简单查询的特点，加入更多前端地理空间操作和三维模型调整操作，达到更复杂的用户交互，实现动态修改结果即时可视以及分析结果参与再运算。针对城市复杂问题，集成多专业领域、多重尺度的动态仿真推演与预测技术，构建和引入各种专业算法模型，包括城市用地模型、交通仿真模型、微气候模拟模型等，为数字空间映射物理空间的分析、计算、仿真、推演提供跨学科专业技术支持。

4 创新探索

4.1 面向空间绿色集约的"地下—地面—地上"一体化三维空间联动仿真

基于多专业协同、可持续发展、参数化增强和方案精细化评估等理念进行研发，形成丰富多样的城市空间计算仿真模拟系列算法模型库。针对妈湾立体城市建设特点，整合三维空间图网络技术，联动立体交通可达性仿真、立体公共设施服务便捷性仿真、立体地块产权调整仿真、立体微气候环境仿真，实现针对立体城市复杂地段的多专业协同优化技术，该技术也将适用于超大城市高密度的城市更新。

4.2 面向详细规划动态调整的"地块细分—交通枢纽—街道界面"协同优化

梳理形成国土空间详细规划技术规则与管控规则库，将其数字化转译为机器可识别语言，并综合运用运筹优化算法，建立起规划地块与交通枢纽、街道界面活力丰富程度等的空间协同关系，实现地块细分划定、开发强度调整过程中的实时计算和动态联动，优化提升交通出行、城市街道功能活力以及地块可用性，率先创新智能化的国土空间详细规划的编制与实施一体化。

4.3 面向规划传导管控的"交互模拟—智能审查—优化调整"动态迭代闭环

在城市三维模型场景中,支撑设计方案在线交互模拟、构思预演、协同会商,便于比对不同设计方案下的空间形态、整体风貌等。承接上位规划管控要求,通过人机联合智能审查,形成多层级、多专业要素管控和规划协同体系,支撑规划硬约束下的弹性动态优化调整。

5 应用效益

深圳市前海妈湾规划方案智能化审查评估模拟系统基于系统集成、智能规划、多专业协同等理念,深入挖掘空间分析算法、地理信息系统和建筑信息模型的融合潜力,探索出一套支持多重尺度、科学量化、人机互动、多专业协同的新路径、新模式、新方法,在前海妈湾深港国际服务城集成规划编制过程以及深港国际服务城开发建设过程中得到了充分的验证和应用,为最终构建妈湾全生命周期智慧城市数字空间提供运行载体和技术支撑。

5.1 智能化规划设计应用的重要实践

围绕妈湾集成规划动态优化需求,定制化研发突出妈湾立体城市特色、凝聚空间规划智慧的城市空间计算系列算法、模型,智能辅助方案编制与参数化设计。系统功能覆盖规划方案评估模拟、编制审查、传导管控全流程,有效支撑用地方案编制、指标动态测算、市政规划校核、成果提交审查、多主体空间协商业务场景,建设理念和算法方案具备前瞻性和创新性,为高密度超大城市立体建设提供数字化规划设计的"妈湾样板"。

5.2 立体空间规划传导管控的创新示范

在三维场景引擎加持下,从立体空间视角解决以往平面难以发现的空间冲突、功能争夺等问题,加强详细规划与城市设计的联动,建立交互式循环往复的规划设计方案优化调整模式,推动仿真推演能力建设。以三维数字空间为基础底座统筹各专业团队与各专项规划方案,解决综合城市设计、综合交通、市政工程等多个专项的设计方案冲突点。基于多专业规划成果数字化转译规则,形成多层级、成体系的规划管控要素一张底图,增强在城市交通容量、环境容量、设施承载力、生态通廊等方面的规划决策能力,实现规划传导管控从二维到三维升维。

四川天府新区成都直管区智慧规划应用平台

中规院（北京）规划设计有限公司　未来城市事业部

1　背景概述

为深入贯彻习近平总书记对四川工作系列重要指示精神，推动天府新区高质量发展，全面增强新区创新力、竞争力、带动力，落实成都全面建设践行新发展理念的公园城市示范区，积极探索山水人城和谐相融新实践、超大特大城市转型发展新路径，四川天府新区成都管理委员会系统性谋划建设天府新区成都直管区数字城市建设项目（简称"数字天府"项目）。

四川省自然资源厅要求自 2020 年到 2022 年，四川省自然资源系统将建成互联互通的全省自然资源"一张网"、分布式的三维立体自然资源"一张图"和统一的应用支撑"一平台"，在此基础上构建满足自然资源调查监测、监管决策和政务服务的三大应用体系。整个建设将采取统一规划、平台统分建设、省市两级部署、省市县三级应用、运维各级承担、数据统一汇交的建设与应用模式。

四川天府新区作为公园城市首提地的国家级新区，在规划建设过程中，具有白纸画图、平地立城的天然优势；在城市治理上，天府新区在探索法治、自治、德治、数治"四治融合"，持续推动公园城市治理体系和治理能力现代化上需要有更有力的抓手。

四川天府新区成都直管区智慧规划应用平台（以下简称"智慧规划应用平台"）作为数字天府项目中的重要场景之一，遵循四川省成都市天府新区要求，对标上海、雄安、广州等先试先行城市的建设现状，把握超大城市治理规律，借力互联网和大数据技术，围绕城市的规划、建设、治理，以国际一流、国家自主产权的数字技术，以全程在线、高效便捷、智能处置为原则，在数字孪生、数据治理等技术基础上，围绕一张蓝图绘制到底，从规划编制、规划审查、规划实施、规划评估等方面实现天府新区国土空间规划的智慧化体系建设，全要素全周期规划公园城市；以智慧规划为引领，通过统一规划建设、部门一体化使用的方式，推动城市治理模式创新，实现城市高效精细管理，建设满足市民生活、生产需求和城市生态发展需要的公园智慧之城。

2 内容体系

2.1 总体架构

智慧规划应用平台采用四层两体系架构框架（见图1）。四层包括基础设施层、数据资源层、应用支撑层、业务应用层。两体系是标准规范体系和系统安全保障体系。

图1 平台总体架构图

平台总体框架的具体组成如下：

（1）基础设施层。是支撑平台运行的基础，是平台的主要算力基础，具有计算、存储等资源的池化管理能力，能够实现计算资源的快速分配，扩展等功能，为平台提供硬件环境，实现网络、服务器、存储备份、安全保密系统等硬件环境的搭建。

（2）数据资源层。是平台服务的数据来源，平台的核心对象涵盖了天府新区地上、地下的空间对象信息，由核心对象延伸各类数据。建设包括现状数据库、三维模型数据库、规划数据库、社会经济专题库、指标模型库和平台业务库六大数据库的数据资源池，为平台提供数据资源。

（3）应用支撑层。为上层提供统一、公用的基础服务。包括微服务框架、微前端框架、容器管理平台、组件管理、工具管理等，提供数据处理服务、数据分析引擎、流程引擎服务、空间搜索引擎服务等。

（4）系统应用层。提供专题的应用功能，围绕国土空间规划与城市治理，由若干个智慧应用场景组成，包括驾驶舱、现状评估、规划评估、方案分析和专题分析 5 个子系统，共 28 个功能项，后续可根据管理和应用的需求灵活扩展。

上述框架各层均在标准规范体系及安全保障体系支持下进行建设。

2.2 建设内容

平台的服务用户主要分两个层面，一是天府新区公园城市建设局；二是参与天府新区范围内规划项目的规划编制单位。

主要建设内容包括以下四个部分：

（1）构建统一的服务框架。坚持数字赋能，集成人、地、房、权属、设施、规划、业务管理等海量数据信息，为数据的共建共享，以及发挥系统的服务能力提供基础支撑和数据保障。坚持智慧规划以人为本，在白纸立城之初就立足规划服务市民，关注人本需求，在公园城市建设过程中体现市民共建共享，进而提升城市基础治理能力和市民幸福指数。

（2）建立统一的数据标准。针对不同部门、不同行业、不同系统、不同数据格式之间海量数据的融合和共享，对现状、规划、社会经济、三维模型、业务管理类数据提出统一的数据交付标准，规范数据内容、格式、精度，全区统一推进，进而保障平台各阶段、各流程数据的流转和互通，并对数据进行统一管理，为数据共建共享、规划公园城市浇筑牢固基石（见图 2）。

（3）建设三维的城市环境。基于 GIS 平台构建三维城市空间分析基础，形成天府新区的三维空间数据底板（见图 3），在国土空间规划的各阶段进行城市现状及未来的三维模拟描述。通过在三维环境内的比对，引入实时鹰眼视频流，为国土空间规划提供从现状分析、方案设计、电子报建、辅助决策到公众参与的全流程提供信息化支撑，为工程项目的选址、设计、审查提供精准决策环境。提供更科学、更准确的不同尺度的辅助决策技术支持：如贯穿各治理层级的城市体检、规划实施评估、经济发展活力评估、生活设施便利度评价等；学区划分层面的学位供需分析；地块层面多方案比选，满足规划编制、规划审批、规划实施、项目选址、公众参与的需要。

（4）开发全生命周期的功能应用。智慧规划平台作为公园城市及新型智慧城市建设的重要支撑，以"规建运管服"全生命周期应用为目标，从天府新区的实际出发，充分了解管理人员和城市居民的主体需求，以业务需求为主线，系统功能设计始终围绕空间规划、城市建设、城市运营、城市治理，既关注一张蓝图的保障实施又关注每一位居民的衣食住行，在多个层面开展建设：围绕规划编制、规划审查、规划监督，开发城市体检、规划实施评估、现状总体呈现、规划统计分析、一张图管理等空间规划的核心功能；围绕工程项目的设计与审批，开发合规性检测、城市设计自动生成（见图 4）、空间分析、辅助审查、天际线分析等城市建设的重要功能；围绕城市日常运转，开发人口职住

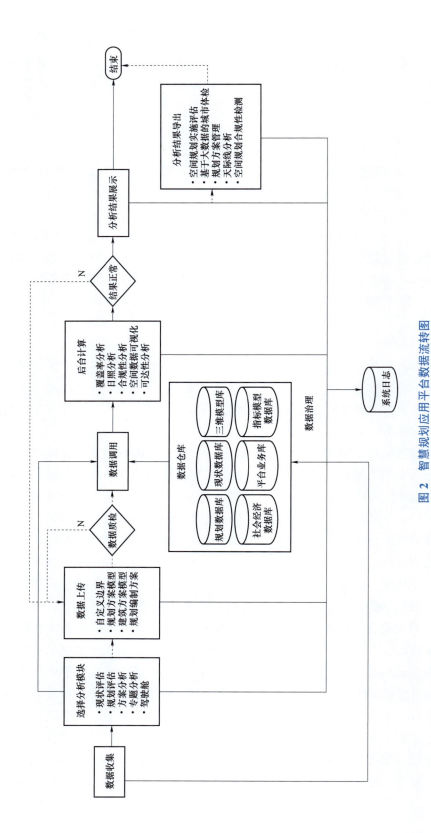

图 2 智慧规划应用平台数据流转图

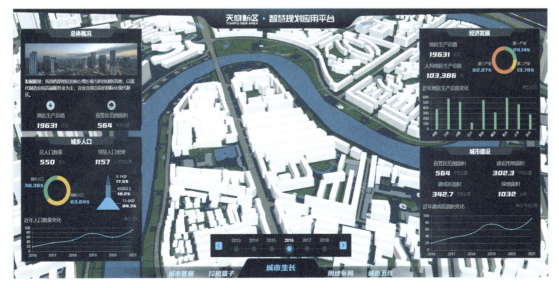

图 3　天府新区总体概况－城市生长

图 4　规划评估－城市设计自动生成

平衡、产业发展、交通分析等城市运营基础功能；围绕民生重点需求，开发学位供需、生活便利度分析、招商决策等城市治理拓展功能。在公园城市建设发展过程中，不断升级完善智慧规划平台，有效助力于天府新区高质量发展。

3　关键技术

3.1　多引擎共用的数据库存储

智慧规划应用平台涉及的数据量较大，格式也是多种多样，结构化数据和非结构化数据共存，如：人口数据、法人数据、经济普查数据、规划方案评阅信息、日志信息等，属于结构化数据，需要用 PgSQL 来存储该类结构化数据，而空间地理信息、规划方案文件、规划方案缩略图等属于非结构化数据，选择用 MongoDB 对象数据库来存储。

3.2　基于 GIS 平台的二、三维规划空间数据管理及展示

智慧规划应用平台中的二、三维基础地理信息数据、规划成果数据等空间数据，都由数字天府－综合枢纽平台中的 GIS 平台统一管理及服务发布，智慧规划应用平台通过地理信息服务调用的方式，实现平台中二、三维地图展示以及基于规划空间数据的空间分析。

3.3　基于 Spring Cloud 的系统微服务搭建

为了保证智慧规划应用平台的功能稳定性以及可扩展性，将规划评估、方案分析、专题分析等相关功能进行抽象细化，细化为多个可复用的服务接口，基于 Spring Cloud 框架以微服务的架构方式实现，给系统开发提供一套简单易懂、易部署和易维护的分布式系统开发工具包，提升整体工作效率。

3.4　三维空间的规划辅助决策

智慧规划应用平台利用数字天府－综合枢纽平台中的 GIS 平台二、三维地理信息展示及三维空间分析服务，构建三维的城市虚拟环境，基于数字孪生技术，在国土空间规划的各阶段进行城市现状及未来的三维模拟描述，为决策者提供更科学、更准确的不同尺度城市辅助决策技术支持，满足规划编制、规划选址、规划审批、规划实施的需要。

3.5　AR 增强现实技术辅助设计方案分析

基于物联网设备的接入，通过 AR 增强现实技术，实现基于视频画面的实时数据管理，对接入的系统和数据进行实景化管理，与三维建筑设计方案、城市设计方案形成实时的系统和数据的联动应用，实现现实场景与设计方案的实时呈现和全景载入，为决策者在进行多方案比选、重点标志物方案设计分析、城市天际线分析等工作，提供直观化的决策依据。

4 创新探索

4.1 基于公园城市建设理念，探索 "公园＋" 的智慧规划与治理的新路径、新模式、新方法

平台基于天府新区特有的公园城市发展理念，以生态引领绿色发展为导向，致力于促进"人、城、境、业"之间的和谐统一，在国内首先探索出了一套"公园＋"的智慧规划新路径、新模式、新方法。通过城市数据全面汇集，增进对城市各类体征的全面掌握，实现涵盖生态宜居、健康舒适等 8 个方面的城市体检；从创新、协调、绿色、开放、共享和安全 6 个维度对空间规划实施情况做出评估。并以天府新区的发展历程为主线，围绕城市的规划建设场景，提供现状调研、规划方案分析、用地选址、建筑方案审查以及成果管理的功能；围绕城市治理，开发数个专题分析功能模块，从社会经济、产业经济、基础教育、生活服务等多个方面，开展经济效益、企业画像、设施便利度、学位供需度的全方位量化评价与分析计算，为政府侧制定精准化经济发展政策、公共服务设施配套完善提供工具支持，为天府新区公园的高质量发展提供线上＋线下的全方位、全过程支撑。

4.2 基于"数据—业务"双轮联动，搭建以多源数据和业务规则库为支撑的数字平台

在平台构建之初，综合评估数据基础和业务需求，基于"数据—业务"双轮联动的理念，谋划平台的总体技术框架，既考虑平台在天府新区实际规划建设治理中的业务需求，以线上业务流程的再造、整体能力优化提升、智能化辅助规划全流程为出发点；同时结合天府新区在现状基础地理、规划成果、三维模型、社会经济、业务管理方面的数据资源基础，强化时空数据的归集与共享，并考虑平台未来在机器学习能力提升、业务数据积累中的不断拓展，设计平台数据流程，形成四层两体系总体架构，保证平台既满足当前业务需求，又能够不断通过丰富数据资源池、更新模型库，充分发挥平台在国土空间规划实施与城市精细化治理中的效能。

4.3 基于分布式开放网络体系，协同城市多层级治理单元助力规划治理一体化

针对现有的现状分析、规划编制、规划评估、方案分析中存在的技术、业务环节的衔接不畅，以及城市体检、规划实施评估中存在的方法单一、不同层级统计分析中的割裂问题，在天府新区成都直管区范围内，考虑多个空间治理单元划分，从直管区—街道—社区—楼宇进行整体考虑，以实体空间挂接相关的属性信息以及真实城市运行中的各类事件。例如在直管区范围内，对各类企业进行多维度的画像分析，与全国的投资联系、同类企业的能效分析；在街道层面，分析产业集聚特征，结合产业人口的基本信息

387

对产业发展、产业园区活力进行分析评价，为产业发展政策制定提供依据；在社区层面，结合生活圈设施布局，围绕养老、医疗、教育、商业、交通出行、文体等基本公共服务设施，建立生活便利度评估指标体系，进行小区生活便利度画像，为完整社区建设提供决策依据。借助于数字孪生技术，上述场景均支持在高逼真环境下进行便捷操作，能够减少决策偏差，进而提升公园城市建设中人民的幸福感和获得感。

5 应用效益

5.1 实现国土空间规划与城市治理的一体化融合，助推公园城市建设

以多源数据汇聚融合为支撑，驾驶舱、现状评估、规划评估、方案分析、专题分析五大功能模块集成，客观掌握城市现状，监测城市规划及实施状况，进行城市三维空间可视化分析，助力规划公园城市；基于城市体检的视角，监测各项指征，评估规划实施状况，及时发现城市运行过程中的各类问题并进行预警；与各级治理单元联动，掌握运行态势，实现精准管控，做出更加合理的决策，应对的准确度和响应速度更快，决策效率更高。

5.2 适应大城市发展规律，应用新技术助力现代化城市治理

作为公园城市概念的首提地，天府新区在建设智慧规划应用平台时，有针对地解决白纸立城的难点，有侧重地推动规划理念回归人本逻辑，为后发地区提供了一条可以复制的案例，在建设理念上具备先进性和指导性。在技术层面，智慧规划应用平台创新智慧城市政策体系、标准体系和流程体系，以国际一流、国家自主产权的数字技术，探索智慧公园城市建设模式、巩固公园城市发展经验，可与各地智慧化管理系统进行有效匹配。

高新区国土空间规划信息化平台及数据整理项目

苏州市工业园区测绘地理信息有限公司
苏州市自然资源和规划局苏州国家高新技术产业开发区（虎丘）分局

1 背景概述

2019 年 5 月，《中共中央 国务院关于建立国土空间规划体系并监督实施的若干意见》（中发〔2019〕18 号）发布，要求以自然资源调查监测数据为基础，整合各类空间关联数据，建立全国统一的国土空间基础信息平台，以国土空间基础信息平台为底板，实现主体功能区战略和各类空间管控要素精准落地，推进政府部门之间的数据共享以及政府与社会之间的信息交互。2019 年 7 月 18 日，《自然资源部办公厅关于开展国土空间规划"一张图"建设和现状评估工作的通知》（自然资办发〔2019〕38 号）发布，要求在 2020 年底前，形成全国一张底图，完成省、市、县各级国土空间基础信息平台建设，未完成国土空间基础信息平台和国土空间规划"一张图"实施监督信息系统建设的市县不得先行报批国土空间总体规划。2019 年 11 月，《自然资源部信息化建设总体方案》提出，立足已有基础，建设自然资源"一张网""一张图""一个平台"，并以此为基础构建自然资源调查监测评价、自然资源监管决策、"互联网＋自然资源政务服务"三大应用体系。

苏州市自然资源和规划局已于 2020 年 4 月开展国土空间基础信息平台和国土空间规划"一张图"实施监督信息系统的建设工作，把国土空间基础信息平台和国土空间规划"一张图"实施监督信息系统作为自然资源和规划工作信息化支撑的重要组成部分，在驱动多部门的空间信息共享基础上，支撑国土空间规划编制、实施、监测、评估、预警等全过程管理。

为深入贯彻落实中央、省、市关于深化党和国家机构改革的重大决策部署及相关政策要求，切实履行自然资源"两统一"核心职责，全面提升自然资源和规划信息化管理水平，苏州市自然资源和规划局苏州高新区（虎丘）分局拟建设国土空间规划信息化平台，构建自然资源"一张图"，促进信息共享和业务协同，有效支撑国土空间规划编制、行政审批、实施监督、监测预警、决策分析等全过程，实现自然资源全域全业务全要素数字化、精细化、智能化管理，提升国土空间治理能力和现代化服务水平，优化营商环境，助力高新区高质量高速度发展。

2 内容体系

项目建设内容主要包含标准规范建设、数据资源建设、国土空间规划信息化平台应用系统建设和信息化应用对接开发建设四个方面。

2.1 标准规范建设

在遵循国家、江苏省、苏州市国土空间规划信息化平台标准规范的基础上，结合高新区业务数据现状情况、业务办理需求，制定元数据标准、数据库标准、数据质检标准、数据动态更新机制、数据汇交管理标准等，规定自然资源数据治理、管理、更新、业务应用相关要求，保障数据安全，支撑自然资源业务数据实现持续、动态更新；同时制定国土空间规划信息化平台接入标准、应用系统交互标准及数据交换标准，支撑国土空间规划信息化平台作为高新区自然资源分局应用系统体系的统一入口及数据深度融合平台，促进国土空间数据在政府部门间的充分共享和交换（见图1～图6）。项目建设期间，应根据国家、省、市及高新区业务需求动态更新调整。

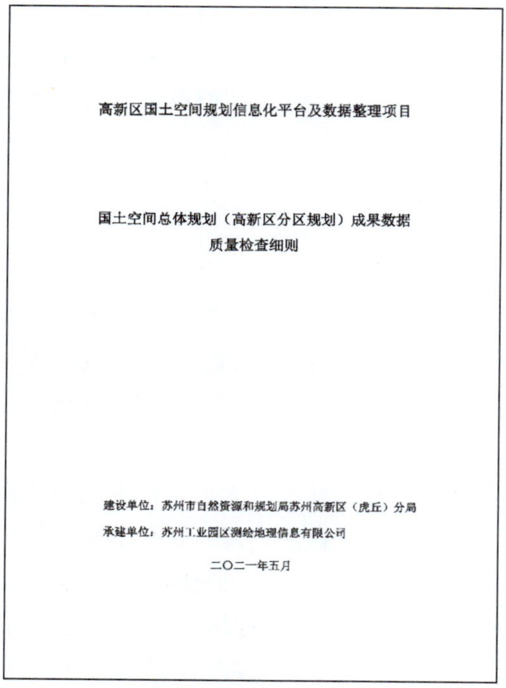

图 1 成果数据质量检查细则

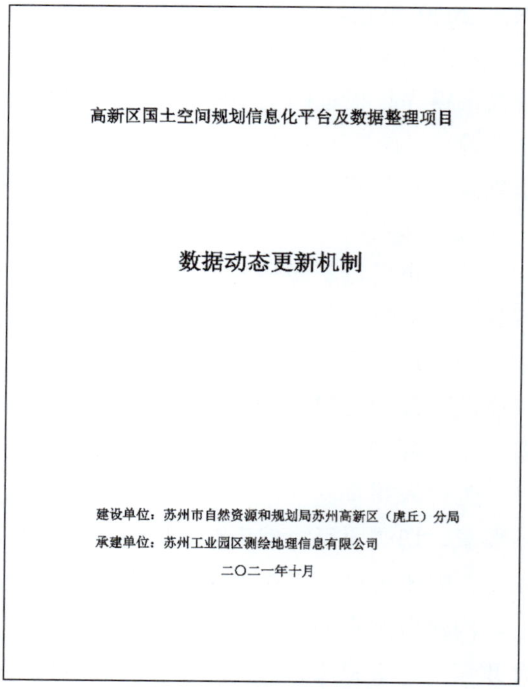

图 2 数据动态更新机制

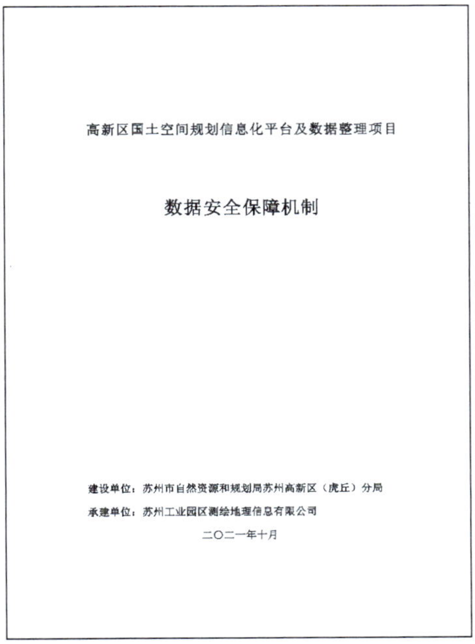

图 3　数据安全保障机制

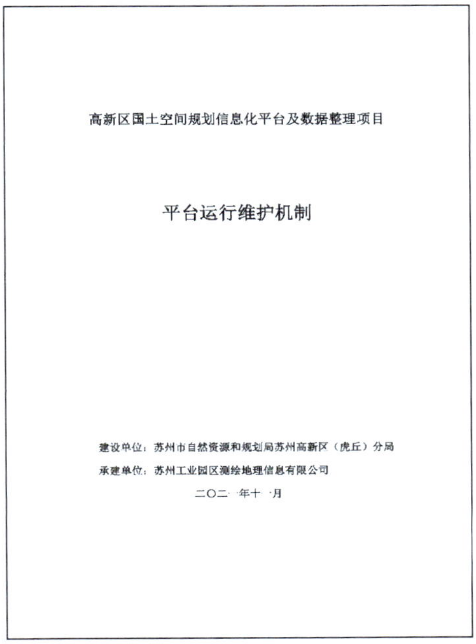

图 4　平台运行维护机制

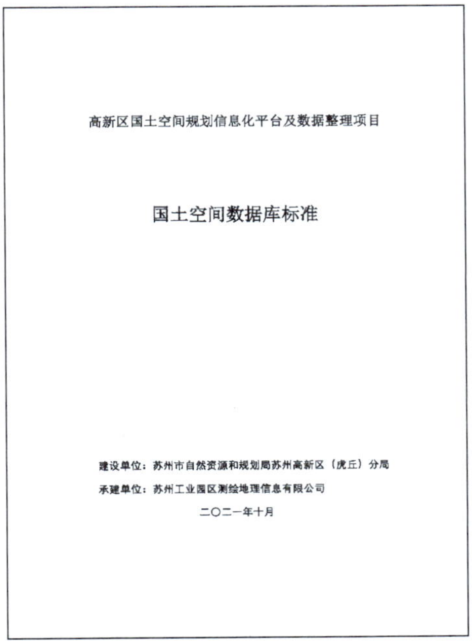

图 5　国土空间数据库标准

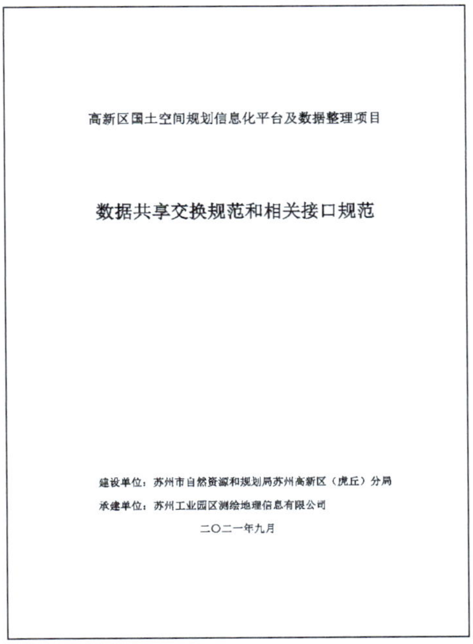

图 6　数据共享交换和相关接口规范

2.2　数据资源建设

以第三次全国国土调查成果为基础，采用统一的测绘基准和测绘系统，梳理整合高

图7　国土空间数据库

新区基础地理、遥感影像、土地、矿产、林地等各类自然资源数据，构建涵盖现状数据、规划数据、管理数据、社会经济等多种数据类型的自然资源数据体系，建立国土空间数据库（见图7），形成数据完整、覆盖全区、标准统一、准确权威的国土空间"一张图"，促进信息互通共享、汇交与应用，统一支撑自然资源和规划管理。同时，建立分布式、开放式的数据更新模式，确保纵向与市级节点、横向与各部门信息的持续更新，统一支撑规划编制，统一支撑自然资源和规划业务管理和对外服务。

2.3　应用系统建设

主要包括"一张图"应用、规划编制与管理、辅助业务审批、实施监督、监测预警、指标管理、辅助决策、用户体系及门户管理、运维管理等九大子系统，以及自然资源和规划一张图移动应用系统。

（1）"一张图"应用子系统（见图8）。基于国土空间数据资源库，实现国土空间规划"一张图"、管理"一张图"、现状"一张图"的综合管理与应用，提供包括资源管理、规划分析评价成果可视化、查询统计、对比分析、成果共享等功能。

图8　"一张图"应用子系统

（2）规划编制管理子系统（见图 9）。面向国土空间总体规划编制成果审查过程，建立规划编制管理子系统，提供规划成果质检、规划成果辅助审查、规划成果管理等功能，对审查各阶段的编制成果进行管理和利用，提升规划成果质量和审批效率。

图 9　规划编制管理子系统

（3）辅助业务审批子系统（见图 10）。面向国土空间规划实施过程中的项目审批工作，提供包括辅助项目选址、辅助出具规划条件、项目合规性审查、项目审批进展跟踪服务、项目审批工具箱等功能，辅助项目审批，提升自然资源和规划业务审批效率和服务水平。

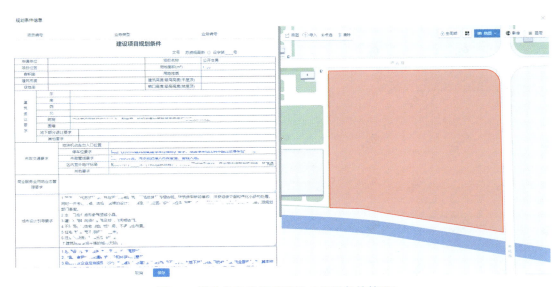

图 10　辅助业务审批子系统（规划条件管理）

（4）实施监督子系统（见图 11）。在国土空间规划实施监督过程中，通过构建项目全生命周期管理模型，实现对建设项目的全过程管控，对重点项目、违法用地等信息的现场采集和综合监管，为国土空间规划实施全程监管提供有力支撑，提供包括项目全生命周期管控、实施监督信息采集与管理等功能。

图 11　实施监督子系统

（5）监测预警子系统（见图 12）。构建针对高新区重要控制线和重点区域的监测预警指标体系以及现状评估指标体系，在此基础上提供长期、动态、及时的指标监测预警能力和定期评估能力，支撑责任部门监督落实主体责任，辅助管理者决策。

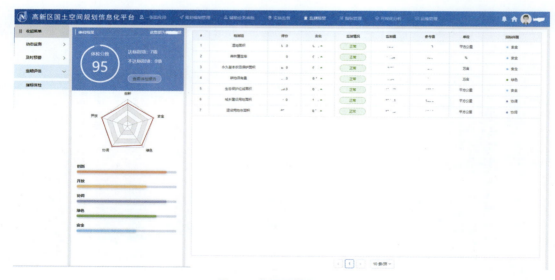

图 12　监测预警子系统

（6）指标管理子系统（见图13）。具备国土空间规划实施评估指标管理能力，服务于系统运行维护工作，提供指标管理、指标体系管理、数据字典管理、指标值管理等功能，实现国土空间规划监测评估预警过程中的指标的信息化管理与配置，满足业务调整需求。

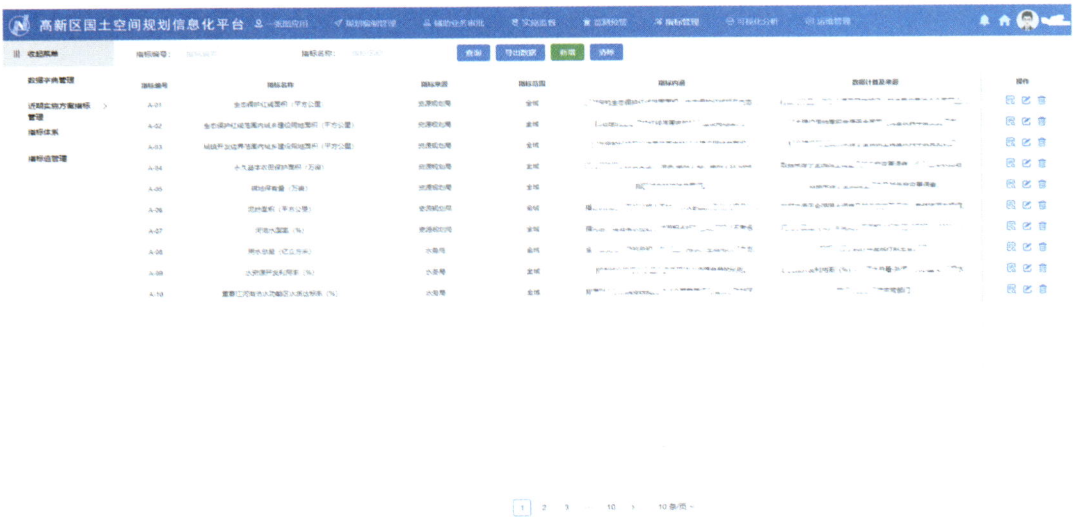

图 13　指标管理子系统

（7）辅助决策子系统（见图14）。运用大数据分析技术，将地理信息与企业法人、社会人口等经济数据进行融合，动态响应业务分析需求。通过可视化表达方式，直观反映产业分布、人口结构、规划剩余资源等整体情况，为生产空间集约利用、功能区优化、城市更新等提供科学高效决策。

图 14　辅助决策子系统

（8）用户体系及门户管理子系统（见图15）。通过国土空间规划信息化平台，建立统一用户体系，并实现各业务系统的单点登录；通过统一门户管理为各类用户提供全方位、不同层次的时空信息服务，支持对政策文件、相关标准规范等相关材料的查阅、下载，对重要动态进行消息公告；基于电子地图服务，为用户提供地图浏览、信息查看、地名搜索等功能。

图15　用户体系及门户管理子系统

（9）运维管理子系统（见图 16）。运维管理子系统是后台管理系统，主要用于实

图16　运维管理子系统

396

现对各部门用户的统一规范化管理、相关数据服务及功能应用资源集中调配。系统需对用户、角色、图层、功能服务等资源进行集中管理，辅助管理者控制好数据、功能等权限。

（10）自然资源和规划一张图移动应用系统（见图17）。伴随高新区自然资源和规划业务的精细化管理，建立自然资源和规划"一张图"移动应用系统，为高新区自然资源和规划主管部门及相关部门提供统一的智能、高效、便捷的移动终端应用，有效支撑高新区自然资源和规划业务管理工作，将成为高新区管委会跨业务、跨部门数据融合应用重要助手。

2.4　信息化应用对接开发建设

与苏州市级平台系统、高新区自然资源业务系统（见图18）以及高新区行业主管部门业务系统的对接开发。

图 17　自然资源和规划一张图移动应用系统

图 18　高新区自然资源业务系统

3 创新探索

3.1 夯实数据基础，建立了动态权威的自然资源和规划一张图大数据体系

通过该项目建设，在统一标准体系下，梳理整合了原规划、国土、林地等数据资源，形成涵盖国土空间现状、规划、管理、社会经济四大类的国土空间数据资源库。建立高新区自然资源和规划业务全覆盖、内容全包含、业务驱动更新的动态权威的自然资源和规划"一张蓝图"数据资源体系，夯实数据基础，为自然资源和规划全业务管理工作提供有力的数据支撑，为数字城市建设提供重要的基础数据。

3.2 统一空间支撑，实现自然资源和规划信息集中统一共享与管理

针对信息化成果偏重于业务管理，而自然资源和规划数据资源的管理和利用水平还不太高的问题，为自然资源和规划"一张图"数据资源体系以及业务管理工作提供统一的空间支撑平台，在高新区自然资源和规划各处室之间以及与上级之间，实现数据"集中统一实时共享，分层分权限管理"，使管理者更加全面地掌握全区国土空间整体情况，做出更加科学合理的决策，提升数字城市管理水平。

3.3 支撑国土空间规划编制工作，提升国土空间治理能力

以全国第三次国土调查成果为基础，整合自然资源各类空间规划及相关空间数据，形成坐标一致、边界吻合、上下贯通的一张底图，为国土空间规划编制、实施监督和评估提供基础依据。同时，通过"一张图"应用、规划成果质检、辅助规划成果审查等应用，不断提升国土空间规划编制工作的质量。通过对规划成果及相关材料进行集中统一管理，服务国土空间规划及相关规划编制、城市更新等工作，从而不断提升国土空间治理能力。

3.4 促进业务协同，支撑业务高效审批与管理工作

基于新的业务体系，为自然资源和规划领导和业务人员以及相关部门提供全业务资源浏览、智能化分析、全周期信息管理以及项目审批工具箱等应用服务，为业务的重组和事项流程标准化提供参考，提升业务审批的准确性和时效性，促进业务工作的协同，提升建设项目审批效率和服务水平，优化营商环境。

3.5 支撑国土空间实施监管工作，实现资源的精细化管理

以项目为核心，以地块为锚点，形成贯穿规划、国土业务的全过程项目的全生命周期管控模式。平台提供项目全生命周期管理、决策分析服务，支撑建设项目全生命周期的管理，实现国土空间资源的精细化管理，辅助自然资源和规划管理工作，为高新区高质量发展提供高水准的技术支撑。

4 推广价值

该项目是苏州高新区深入贯彻落实《深化党和国家机构改革方案》《中共中央、国务院关于建立国土空间规划体系并监督实施的若干意见》等系列政策的重要举措，是苏州高新区重点工作之一，是苏州高新区资源规划分局重点信息化项目，是推进国土空间治理体系和治理能力现代化的重要支撑与主要路径，是数字政府、数字城市建设的重要组成部分。

该项目运用移动互联网、大数据、3S 等技术，建立了标准统一、动态权威的自然资源"一张图"大数据体系，构建了纵横联通的国土空间规划信息化平台，夯实了数据基础，促进数据共享交换与业务协同，为自然资源和规划全业务全要素管理、数字城市建设、数字政府建设以及工程建设项目审批制度改革等工作提供重要的数据支撑、智慧化应用支撑。

该项目为苏州高新区自然资源主管部门以及经发委、行政审批局、城乡发展局、生态环境局、科技城管委会等自然资源相关部门提供了标准统一、动态权威的自然资源数据服务和智慧应用，实现一方建设、多方共享，避免了重复投资建设。

该项目建设始终聚焦业务需求、紧扣实际问题，使城市规划建设管理更加精准、高效、智慧、科学。项目成果实用性极强，获得了用户及专家组的高度评价，通过本项目建设，打破条块分割，实现一体化高效智联协同管理，实现由被动管理向主动精准数字化治理的转变，赋能国土空间治理，形成了自然资源信息化资产，助力数字城市、数字政府建设。

5 应用效益

高新区国土空间规划信息平台及数据整理项目实用性强，统一了自然资源空间规划、业务管理以及建设现状等信息，能够切实解决当下高新区在空间信息共享、国土空间规划建设与管理、项目审批业务协同等方面的迫切需求，实现"一次建设、多方共享"，消除"信息孤岛"，避免重复建设、资源浪费，具有很好的社会效益、经济效益。

5.1 经济效益

高新区国土空间规划信息化平台及数据整理项目建设实用性强，具有很好的经济效益，主要包括以下两个方面：

（1）项目建立了一套完整、准确、翔实的高新区国土空间数据库，依托国土空间规划信息化平台实现了空间现状、规划、管理、社会经济等信息的互联互通、共建共享、即时交换、动态更新，能够为城市规划、城市管理、项目审批等政府职能部门以及企业、社会公众等提供权威的空间现状、规划、管理等信息参考依据，实现数据的"一次收集，多方共享"，促进各部门的共建共享和协同工作，避免因资源重复建设而造成的浪费。

（2）通过建设高新区国土空间规划信息化平台及数据整理项目，实现了"一张图"应用、规划编制与管理、辅助业务审批、实施监督、监测预警、指标管理、辅助决策等应用服务，能够为国土空间规划编制、项目审批、城市管理工作提供辅助决策支撑，提高了政务办公效率，降低了行政管理成本。

5.2　社会效益

高新区国土空间规划信息化平台及数据整理项目建设，形成动态权威的自然资源和规划"一张图"大数据体系，建立国土空间规划信息化平台。

（1）有助于解决以往规划常见的各类矛盾冲突问题。能够在较大程度上有效提升国土空间规划可靠性效果，能够充分确保相应整体规划落实较为高效，最终提升整体发展效果。

（2）有助于实现守土有责尽责。借助于国土空间规划信息化平台能够实现对于所有国土空间资源的排查，能够摸清家底，进而也就能够促使其后续守土职责得到较好明确，杜绝了各类问题故障产生。

（3）有助于实现可持续发展。在国土空间规划中有效落实"多规合一"，能够在较大程度上有效提升可持续发展效果，能够切实围绕着各个资源的规划进行控制，集约和节约特点较为突出。

（4）推动社会管理创新。结合机构体制改革的发展和落实，能够在较大程度上推进自然资源和规划管理以及社会管理的创新优化，进而提升整个社会发展效率和水平。

大同市灵丘县国土空间规划"一张图"实施监督信息系统建设

北京新兴华安智慧科技有限公司

1 背景概述

2019 年 5 月，中共中央、国务院发布了《关于建立国土空间规划体系并监督实施的若干意见》。同年 7 月，自然资源部办公厅发布《关于开展国土空间规划"一张图"建设和现状评估工作的通知》（自然资办发〔2019〕38 号）强调要开展国土空间规划"一张图"实施监督信息系统的建设工作。紧跟国家政策，山西省人民政府发布了《关于全面开展国土空间总体规划编制工作的通知》（晋国土规办〔2019〕1 号），指导各市县开展国土空间规划编制工作，探索建立统一的国土空间用途管制制度，统筹划定全域生态保护红线、永久基本农田、城镇开发边界等重要控制线，组织开展全域资源环境承载能力和国土空间开发适宜性评价，建立国土空间规划实施监测、评估和预警体系。

基于灵丘县国土空间规划实施管理存在的数据分散、"信息孤岛"、传统"规划"衔接不一致等问题，迫切需要大量的信息化技术和手段作为支撑，以构建"可感知、能学习、善治理、自适应"的"智慧规划"为长远目标，打造一套标准化、智能化的"一张图"系统，实现对规划管理、监督与实施的新要求。

2 内容体系

2.1 数据资源体系构建

根据灵丘县国土空间规划数据现状，在国土空间信息数据资源分类体系基础上，通过对各行业的数据资源梳理，对国土空间信息的数据资源制定统一的数据资源编码与分类体系，建设形成坐标一致、上下贯通，面向全县、全要素、全类型的灵丘县国土空间规划"一张图"数据资源体系，形成国土空间规划工作"底板、底图、底线"。

2.2　国土空间规划"一张图"实施监督信息系统

基于灵丘县数据资源体系，以支撑灵丘县空间规划审批、实施、监测、评估和预警全周期管理为目标，构建国土空间规划"一张图"实施监督信息系统。

（1）系统架构。以《国土空间规划"一张图"建设指南（试行）》《自然资源信息化建设总体方案》的总体架构为依据，以自然资源"两统一"职责和业务需求为出发点，结合灵丘县自然资源信息化现状，按照"统筹规划、标准统一、急用先行"的原则，以云平台为基础和依托，充分运用云计算、大数据分析等信息技术，开展灵丘县国土空间规划"一张图"实施监督信息系统（后简称"一张图系统"）建设。主要包含提供国土空间规划"一张图"应用、国土空间规划分析评价、国土空间规划成果审查与管理、国土空间规划监测评估预警、资源环境承载力监测预警、指标模型管理、规划实施监管、国土空间规划运维管理等模块，依托系统功能辅助实现各类空间管控要素精准落地，提升空间规划管理的能力和水平（见图1）。

（2）系统设计与功能实现。

1）国土空间规划"一张图"应用。系统实现矢量数据、遥感影像、倾斜摄影、文本、图片等多类型数据的统一调用和展示。满足对基础地理、规划、审批、监测等各类空间数据叠加、对比、查询、分析、统计、制图等需求，支撑业务管理工作和辅助决策（见图2）。

2）国土空间分析评价。国土空间分析评价是规划编制的基础和前提条件。为贯彻落实主体功能区战略，科学划定生态保护红线、永久基本农田、城镇开发边界等空间管控边界，统筹优化生态、农业、城镇等空间布局，系统以国土空间开发利用现状空间数据和指标数据为基础，利用自然间断点分级法、三维风险矩阵模型等方法开展情景模拟分析、指标分析、趋势分析，实现对国土空间开发保护现状的评估和风险的预测（见图3）。

3）国土空间规划成果审查与管理。将工作流与空间化、信息化应用紧密结合，按照各级国土空间规划管理事权，对接自然资源业务审批业务，将审批"线下"转"线上"。系统提供对各类规划成果质量控制、成果辅助审查、成果管理等功能（见图4），并建立成果动态更新机制，实现对审查合格的规划成果自动入库、更新的严格标准化管理要求。

4）国土空间规划实施监督。

a. 国土空间规划实施监测评估预警。系统构建了针对重要控制线和重点区域的监测评估预警指标和模型，实现了国土空间规划实施的动态监测、定期评估和及时预警（见图5）。对全域空间规划监测指标进行时间、空间等多维度的持续跟踪；结合评估模型、地方指标要求，从安全、创新、协调、绿色、开放、共享等方面对区域进行定期评估，形成了包含指标、边界、项目等重点数据的评估报告，为规划项目调整提供辅助决策；通过实时感知、数据监测等手段，以预警模型为支撑，对红线突破、违法违规用地等重要底线进行及时预警。

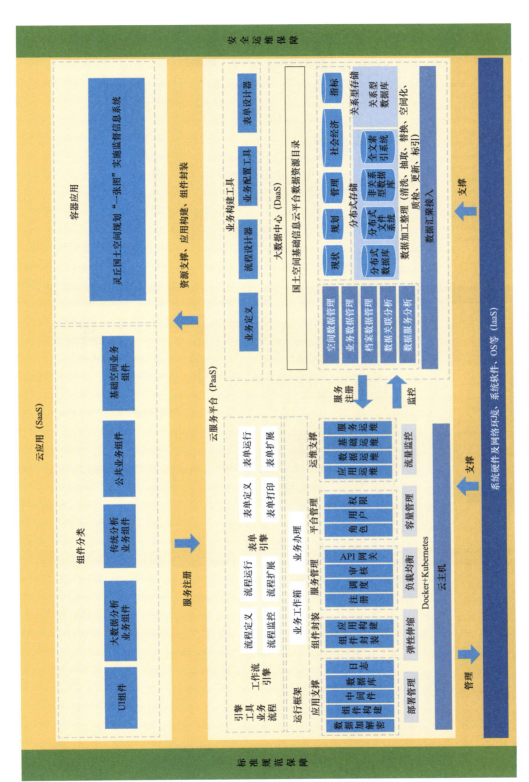

图 1　灵丘县一张图建设内容架构图

403

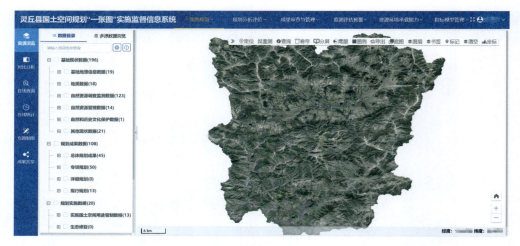

图 2 "一张图"应用

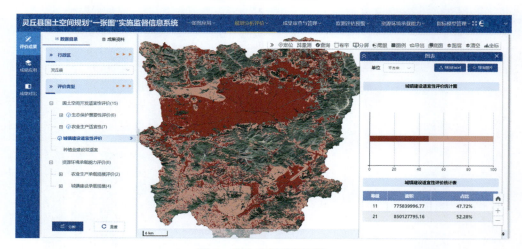

图 3 国土空间分析评价

图 4 规划成果审批

图 5　监测评估预警

b. 资源环境承载能力监测预警。整合资源环境承载能力指标监测数据，从土地、水、生态、环境、矿产等方面精准识别潜在的环境承载力风险（见图 6），分析超载成因，形成资源环境承载能力综合评估报告，为资源环境承载能力的综合监管、动态评估提供决策支持，推动资源环境承载能力监测预警工作规范化、常态化、制度化。

图 6　资源环境承载

c. 国土空间规划全过程自动强制留痕。全过程自动强制留痕模块为规划流程提供监督服务。按照《国土空间规划"一张图"实施监督信息系统技术规范》中对全过程留痕制度的要求，依托全生命周期数字化管理理念，系统提供对规划内容修改、规划许可变更或撤销、公开征求意见、提出、论证、审查过程及参与人员意见等自动强制记录归档的功能（见图 7），实现项目审批全过程透明化，确保规划管理行为全过程可回溯、可查询、可监管，为强化国土空间规划权威提供技术支撑。

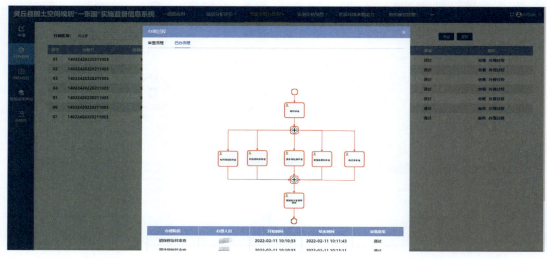

图7　自动强制留痕

5）国土空间规划指标模型管理（见图8）。指标是国土空间规划监测、评估、预警的重要工具。参照土地利用总体规划、城乡总体规划等效果良好的实施评估方法，从明确指标体系（目前已梳理并应用了9类指标体系）、指标分解、指标阈值、指标计算公式等方面着手，通过指标的量化分析，科学构建国土空间规划不同业务场景的模型，进而辅助空间规划编制、审批、实施、监测评估预警全过程。

图8　指标模型管理

6）社会公众服务（见图9）。面向公众、其他县自然资源部门以及服务科研机构等提供信息化服务，通过多终端、多渠道，提供公开公示、意见征询和公众监督的服务，实时了解公众心声，有效地发挥公众参与的作用，保障公众利益，为减少社会矛盾，创建和谐社会贡献力量。

图 9　社会公众服务

3　关键技术

3.1　基于 GeoSpark 的空间大数据计算技术

空间数据包含各年度、各专题、各比例尺基础测绘数据、遥感影像、土地利用现状、调查监测、基本农田、基础地质、矿产资源潜力评价等海量数据，数据种类多样，数据量大。针对各部门用户对平台数据应用的需求，平台基于 GeoSpark 分布式地理信息计算引擎技术，实现对空间大数据的有效空间分析和查询服务，包括大规模空间数据的空间查询、临近分析、插值分析、缓冲区分析、叠加分析等空间分析功能。

3.2　可视化、智能模型管理引擎

采用模型管理引擎技术，提供可视化的模型规则构建配置，使业务人员也能轻松完成空间运算规则的定义与发布，实现基于复杂空间算法的模型运算。

在规划的审批、实施、评估考核等过程中，需要将大量技术规范、管理规范落在对规划空间对象、属性的管控上，大量的管理过程需要依靠空间数据来反映和管理，需借助模型管理引擎来实现对"多规"空间要素的管控，支持例如控制线管控、上下位规划的管控、重大建设项目开发建设等一系列与空间要素挂钩的业务。

以往，当业务规则发生变化、计算参数需要调整时，只能查找源代码进行修改；现在通过模型管理引擎技术，将规则模型分解为指标和指标因子、逻辑运算规则等要素，并提供可视化的配置，实现规则模型的扩展、重复使用。通过将模型管理引擎技术，实现决策模型的可视化配置和动态调整。

3.3 快速搭建的业务流程管理技术（BPM）

业务流程管理用于支撑业务流程的全生命周期管理，实现对业务流程的定义、设计、执行、评估、优化。传统的流程实现通常是在单个应用系统中采用工作流技术，不能实现人与人之间、人与机器之间、机器与机器之间的有效解耦；难以穿越各种异构系统和技术丛林，打造端到端的业务体系。引入业务流程管理平台，实现业务模型的可视化建模，能够建立起各个业务要素和业务流程之间的组成关系，实现业务之间的衔接和贯通，在业务层面实现快速搭建、灵活应变、可靠运行、有效维护和持续优化。

3.4 Apache Shiro 功能权限控制技术

Apache Shiro 是一个强大且易用的 Java 安全框架，执行身份验证、授权、密码和会话管理。拥有三个核心组件：Subject，SecurityManager 和 Realm。Subject 代表了当前用户的安全操作，SecurityManager 则管理所有用户的安全操作，Realm 充当了 Shiro 与应用安全数据间的"桥梁"或者"连接器"。当对用户执行认证（登录）和授权（访问控制）验证时，Shiro 会从应用配置的 Realm 中查找用户及其权限信息。

4 创新探索

4.1 成果质检高度自动化

规划成果质检以高度的自动化检查为主，与方便实用的交互式检查相结合，提供成果数据质量检查的全面、高效解决方案；引入全新概念和方法，以规则、模型、检查项三级概念体系为核心，建立检查体系；基于规则、模型的灵活方案定制模式，实现一套工具满足多种数据检查任务的要求。

4.2 多维建模技术应用

采用多维建模技术构建多维指标模型，满足指标的多维度、多版本、分类分级管理与存储。建立指标多维模型，根据指标在县—乡分层分级的管控要求，划定指标的时间（在何时管控：每年、每月）、空间（在何地管控：县镇级指标或是分级传导指标）以及业务维度（以何类管控：建设用地总规模或是城乡建设用地子分类），并对指标在本级规划的基期值、目标值、监测的现状值与评价的标准值，上位规划分解值与下位规划上报值，上级监测评估值与下级体检上报值，指标的传统统计来源与新数据来源等进行多维度、多版本、分类分级管理与存储，满足指标分级传导、监督监管的需求。

4.3 规划全生命周期智能化管理

面向智慧规划的发展转型，将规划管理的新理念贯彻在自然资源全业务体系之中，全面推动自然资源管理创新，实现对人类社会开发行为的监控与自然资源生态环境的协调，从规划角度实现国土空间规划的审批、实施、监督的全生命周期闭环管理。

4.4 模型全场景智慧应用

国土空间规划模型体系贯穿了规划审批、实施、监督全业务场景，通过梳理归纳形成支撑双评价、智能分析、动态监测、定期评估、及时预警、实施评估、综合监管决策支持等应用评价模型、规则模型、评估模型、预警模型。其中，评价模型 30 个，规划成果质检、审查规则模型 130 余个，动态监测模型 108 个，定期评估指标模型 64 个，实施评估指标模型 30 余个，及时预警指标模型 38 个。整体上形成智能开放的模型配置架构，可快速构建指标模型，以适应空间规划地域性需求差异管理的特性。

5 应用效益

5.1 扩展其他地域国土空间规划"一张图"实施监督信息系统建设

在开展灵丘国土空间规划"一张图"实施监督信息系统的过程中，不断优化数据资源体系和各类指标体系，为灵丘县自然资源局国土空间规划股、规划编制单位、评估单位、社会公众等提供了切实有效的应用、管理服务。该系统的成功实施，已扩展应用到 34 个县级项目、3 个市级项目（永州市、抚州市、运城市）和 2 个省级项目（山西省和新疆生产建设兵团）。

5.2 智慧城市应用

落实数据驱动业务的新思想，以数据服务能力建设为核心，提供可复用的数据管理、数据服务的系统，支持用户自定义灵活配置、不断优化的"一张图"数据资源体系，能够快速开发出行业产品，敏捷响应用户需求，提升产品质量，缩短开发周期，打造空间大数据综合服务商提供技术底座。基于能够快速搭建"一张图"的特点，已成功应用到智慧城市管理"一张图"系统、智慧城市"一张图"监测预警平台中。

5.3 数字月球云平台建设项目应用

以时空大数据服务能力建设为核心，提供可复用数据管理、查询检索、统计分析功能。在数字月球云平台建设项目中，在对数据进行分类、编目、标准化处理后，可快速完成"数字月球"大数据中心构建，数据量达到 1PB 级，满足海量月球数据的快速存储、更新、查阅、检索以及服务发布，并实现数字月球浏览、数据查询与分析等服务。

德清县数字国土空间综合应用
——智慧国土应用管理

德清县地理信息中心　德清县自然资源和规划局
上海数慧系统技术有限公司

1　背景概述

以大数据、人工智能、云计算、区块链等为表征的数字革命，在全球范围内掀起了以数字化推动政府治理转型的改革浪潮。建设数字中国成为提升我国全球竞争力、主动重塑世界秩序的关键抓手。国土空间作为我国经济建设、社会运行的重要载体，运用数字化手段建设美丽国土，推动空间治理体系与治理能力现代化关乎中国现代化治理改革之成败。然而，目前我国国土空间数字化治理仍然面临重重挑战：一方面如何整合多源国土空间大数据，打破多部门、多系统间的数据壁垒与信息孤岛，实现国土空间数据的无损融合、深度挖掘、高效管理；另一方面，如何构建面向国土空间治理全业务的多元场景，促进国土空间治理的业务协同与流程再造，实现数据管理与场景应用的无缝衔接。

在此背景下，2019 年 11 月，浙江省十四届六次全会紧密围绕提升省域空间治理能力要求，提出在全国率先建成一流的省域空间治理数字化体系。随后陆续发布《省域空间治理数字化平台建设工作方案》《浙江省数字化改革总体方案》《浙江省"数字国土空间"建设方案》《全省自然资源数字化改革工作方案》等文件，全面构建以数字化改革推动国土空间治理现代化的体制机制，努力打造"重要窗口"的重大标志性成果。

该应用以浙江省数字化改革为契机，以国土空间治理、地理信息系统、规则引擎、机器学习等相关理论为基础，探索开发了多源数据的融合处理和数据挖掘技术、研发支撑多跨协同的空间码联技术、开发空间治理场景库与智能化应用，并重点在浙江、江苏等地投入使用，以期形成具有示范意义的数字国土空间综合应用及国土空间数字化治理新范式，加快推动国土空间高效能治理、高水平保护和高质量发展。

2　内容体系

2.1　建设目标

针对数据管理与业务脱节、治理主体间存在数据壁垒、难以实现多跨协同；治理场景多元，服务单一业务的应用平台管理成本高、治理效能低；数据挖掘与决策能力不足，应用平台智能化程度低等问题，基于国土空间治理、机器学习等相关理论和技术方法，提出以下建设目标：

（1）构建国土空间治理"一张图"。明晰国土空间数字化治理内涵，明确国土空间数字化治理场域，提出国土空间数字化治理的理论抓手及治理路径，构建国土空间治理数据底座。

（2）研发多跨协同的空间码联技术。通过空间码联关联数据与业务，实现跨层级、跨系统、跨部门的数据共享、业务共治。

（3）开发空间治理场景库与智能化应用。系统重塑业务流程，搭建多元场景库，开发集成全业务全流程的"标准规划、标准用地、标准服务、标准监测、智慧决策、智慧档案"国土空间治理数字化应用平台，并使应用平台具备动态感知、智能决策、自主优化能力。

综上，该应用旨在通过研发关键技术、开发支撑平台，将数字化贯穿到国土空间治理全过程，解决国土空间数字化治理改革的难点、堵点、痛点问题，实现对自然资源和规划全业务、全流程、全要素统一精准管理，加快推进国土空间治理现代化。

2.2 总体架构

（1）业务体系。机构改革后，原国土和规划业务进行不同程度业务重组和整合融合，德清县自然资源和规划管理涵盖了从国土空间规划编制、成果审批、落地实施到监测评估，同时，以"一个口子出、一个口子进"为原则的数据管理贯穿了自然资源和规划管理的全生命周期。以自然资源为对象，将调、编、批、供、用、补、查、登等八个方面作为整个空间治理标准用地的业务体系骨架，建立事项之间的关联关系，并以土地为视角，按照时间关系，对各类业务实行阶段划分，将所有业务事项的上下游分析出来，采用时间轴，将建设项目审批涉及的各个事项的衔接关系清晰地表达出来（见图 1）。通过业务关系分析，对全局所有事项形成清晰的总体认识。

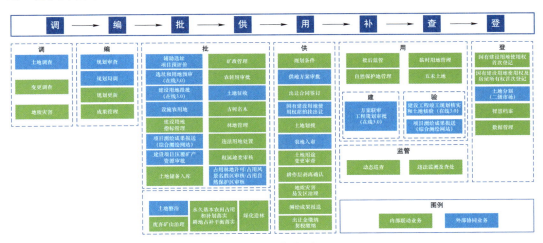

图 1 业务体系

（2）架构设计。该项目系统架构采用典型的分层架构，总体架构设计如图 2 所示。

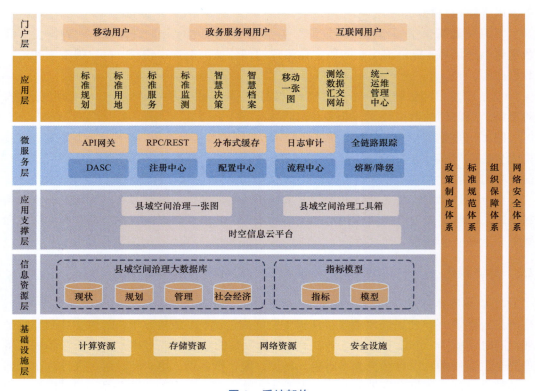

图 2　系统架构

1）基础设施层：充分复用已有基础设施，提供软硬件及网络等基础设施环境，包含计算资源、存储资源、网络资源、安全设施等。

2）信息资源层：面向国土空间治理的需求，以时空信息云平台为依托，集成、完善现状、规划、管理和社会经济数据资源，形成"县域空间治理大数据库"，为县域空间治理一张图和县域空间治理工具箱提供空间信息资源数据服务；建设国土空间规划监测评估预警指标和模型库，对国土空间规划过程中涉及的指标进行统一评估和管理。

3）平台支撑层：主要由时空信息云平台、县域空间治理一张图和县域空间治理工具箱组成，为应用层提供基础的数据服务、功能服务。

4）微服务层：微服务层采用分布式服务框架，提供高性能和透明化的 RPC 远程服务调用方案，以及 SOA 服务治理方案，降低系统的复杂度和耦合度，提升组件的内聚性、敏捷性，极大地提升服务的响应效率和能力，使得系统能够以较低的成本继续保持高可用性。同时通过 REST 服务框架、API 在线管理、分布式服务缓存和空间服务分级引擎，提高前后端的协作效率和质量，保证数据的状态一致性和高性能获取，从空间范围维度对数据访问进行管控，有效保障空间数据可视化的安全。

5）应用层：该层提供以运行管理为基础的业务轻应用，主要面向自然资源和规划业务审批、监管、决策，以及为跨部门协同和数据共享提供信息化应用功能。以"4+2"为核心业务应用，即标准规划、标准用地、标准服务、标准监测、智慧决策和智慧档案，开发移动"一张图"应用提供移动或外业现场查看"一张图"的功能，开发综合测绘数据汇交网站为测绘单位提供的"多测合一"数据汇交应用，开发统一运维管理中心为系统管理员提供管理运维应用。

6）门户层：门户是德清县数字国土空间综合应用的窗口，提供移动用户、政务服务网用户和互联网用户访问，它是一个集数据、服务、地图、应用等资源于一体，实现资源的整合、查找、共享及资源统一管理的窗口。提供统一的登录验证接口和浙政钉扫码登录，实现单点登录（SSO），使用户以统一的界面访问所有授权的资源。

2.3 建设成果

该应用围绕建设目标和任务，结合德清县数字化改革需求和现有信息化建设实际情况，以应用促建设，进行智能化工具组件推广与应用工作，不断提升数字国土空间服务能力、扩展应用领域、扩大影响力，取得了丰富的建设成果，得到了各应用部门的高度认可。

（1）梳理了县域空间治理大数据资源体系。在德清县自然资源和规划局现有数据资源、信息化成果等基础上，依据自然资源和国土空间规划管理需求，省域空间数字化治理建设的要求，进一步梳理了数据资源目录，对现有数据资源体系进行丰富和完善，对各类数据间的层次、类别和关系进行了整合重组，建立自然资源和规划数据资源目录（见图3），为场景应用提供了数据资源支撑。

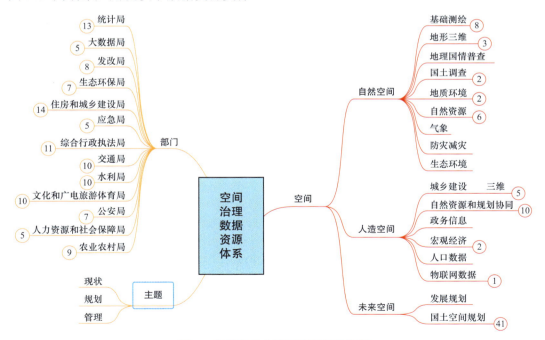

图3 空间治理大数据资源目录体系

413

数据资源目录分为现状数据、规划数据、管理数据、社会经济数据，同时根据省域空间治理数字化平台要求，按照自然空间、人造空间和未来空间进行了标签化，在此基础上明确数源部门的管理职责，并按照数源管理部门即自然资源和规划、发改、环保、住建、交通、水利、农业等部门进行了标签化，形成覆盖全域、内容丰富、标准统一、准确权威的数据资源体系。

（2）搭建了数字国土空间"4+2"核心应用。数字国土空间是数字化改革的重要支撑，是空间治理现代化的核心抓手。在浙江省数字化改革"152"工作体系建设与自然资源部门数字化治理目标下，充分运用数字化技术、数字化思维，把数字化贯穿到国土空间管理的全过程各方面，深化"多规合一"改革，基于"实景三维"和"一码管空间"对自然资源全业务、全流程、全要素统一精准管理，突出空间资源要素"用"和"管"有机结合导向，按照"精准分析、科学预测、整体优化、高效利用、依法保护、科学治理"的思路，设计并开发了"4+2"核心数字化应用，提升国土空间治理的核心能力。

1）标准规划。实现全县域国土空间两级三类层层叠加打开的规划"一张图"，规划编制管理全过程留痕。利用平台强化衔接审查，推动规划的空间性内容实现"合一"。

2）标准用地。通过优化自然资源业务内部协同流程，构建自然资源从源头保护、开发利用到末端修复治理的"全生命周期"业务管理体系。涉及17个事项业务，覆盖10个内部科室，联通局、镇（街道）、下属事业单位以及同级各相关部门，业务办理无缝衔接。

3）标准服务。深化"最多跑一次"改革要求，对接省、市县平台，推动跨部门业务协同和数据共享。形成项目策划生成、建设许可、竣工复核等项目全周期管理，提升了空间治理数字化服务的广度和深度。

4）标准监测。通过"天上看、网上管、地上查"互动监测手段，动态预警，构建立体智治管控闭环，实时掌握自然资源要素状态。按照"谁审批谁监管"的原则，对规划实施过程和规划实施成效开展动态监测，包括湿地、林地、百万造林、生态保护红线、永久基本农田、自然保护地、古树名木、测量标志等要素，发现问题、及时预警，做到"触发红线、示警响应"。

5）智慧决策。智能全贯穿，从专家经验到数字评估，从定性到定量，为规划实施提供智能决策参考。如项目体验、智能选址、在线台账等工具，为自然资源和规划业务全过程各环节提供智能辅助办公，让业务决策更科学、更精准。

6）智慧档案。以项目全生命周期数据跟踪为抓手，及时开展数据汇交，挂接电子档案，形成档案一棵树，构建了地块全生命周期和图档一棵树一键互查可视。

"4+2"核心应用依赖翔实的数据基础，以闭环思维推动业务流程再造，在自然资源统一管理的基础上，形成全域全类型空间管制措施，构建数据闭环、管理闭环和应用闭环链路，有利于改变资源保护与利用矛盾突出的问题，从而加强各类空间资源的有序管控，推进国土空间高质量发展，最终实现国土空间规划管理的提质增效。

（3）攻克了省市县三级数据共享关键技术。数据已成为国家基础战略性资源和重要生产要素，其中政务数据是数据主体。在政务数据共享过程中，存在共享机制不完善、共享渠道不通畅、数据标准不统一等问题。在自然资源管理方面涉及纵向和横向多跨部门的数据共享，为此，项目通过对各类系统的调研，提出数据的共享思路和策略，如图4所示。

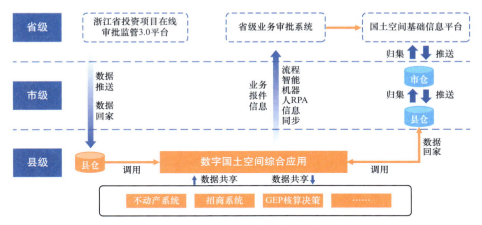

图4　省市县三级数据共享框架

针对省市已有开放数据共享模式的平台，采用县仓方式进行数据回流对接，如浙江投资项目在线审批监管 3.0 平台，通过将数据定期推送到县仓，再通过对接县仓数据按照数据关联关系实现项目全过程管理。再如浙江省国土空间基础信息平台，通过整合各类业务数据，构建数据仓方式，将省级数据推送到市仓，再由市仓推送至县仓，供数字国土空间综合应用访问。通过省仓、市仓、县仓三级联动的方式实现业务的纵向协同，实现部分数据回家，实现部分数据回流。

针对省级业务审批系统，无法在短期内开放数据接口的，项目充分用 RPA 智能机器人技术，在不改变用户习惯操作、不改造已有应用系统的情况下，模仿最终用户在电脑终端的手动操作方式，解决因系统老旧难维护、系统接口难开放、数据难抓取等现象导致的系统孤岛，协作难、集成难、数据共享难等问题导致的数据重复录入问题，最大限度地解放劳动力、降低成本、提升工作效率和数据一致性质量。

针对县级相关应用，空间数据共享借助县域空间治理数字化平台实现了全县空间数据共享，业务数据根据应用系统需求开放相关接口及时共享数据，目前已成功和 6 个系统建立共享机制和对接接口。

（4）探索了"一码管一空间"空间治理模式。

1）业务赋能。按照"业务协同化、事项法定化、材料数字化"的思路，统筹优化不同层级的土地审批流程，深化"多测合一、多审合一、多证合一、多验合一"改革，加快土地审批、项目审批、环境评价、水土保持、林地审批等跨层级、跨部门、跨地域、跨业务、跨系统的协同，实现"智能批、见码办、一码查、全链通"。

2）地信赋能。县域空间治理数字化平台作为一个重要的、不可或缺的空间信息基础设施，通过县域空间数字化治理平台对全县政务空间数据统一汇聚、业务空间数据深度融合、空间应用数据深入挖掘，为数字国土空间提供了丰富的数据基础和底板。

3）技术赋能。在业务关联关系的基础上，分析数据流图，并根据现状数据的信息重构数据流。对已有详细规划、土地供应、不动产登记三个阶段对应的业务事项赋予"空间码"，通过空间位置向后自动衔接到许可建设、竣工验收等阶段信息，向前反关联到预评价、农转用等阶段的信息，将其相关的项目信息、办理过程信息、材料信息、指标信息、地块信息以及材料信息进行汇集关联，最终形成自然资源空间账簿，实现业务大串联。

（5）开展了国土空间数字化体制机制探索。国土空间数字化是建立国土空间规划体系并监督实施的重要任务，是整个国土空间治理体系构建不可或缺的重要基石。在理论体制机制方面做了以下三方面的探索工作：

1）制度方面的探索。2020 年 4 月，德清县自然资源和规划局成立县域空间治理数字化应用建设工作专班，制定了《德清县域空间治理数字化应用建设工作方案》。2021年 5 月，德清县人民政府下发《关于进一步推进县域空间治理数字化平台建设的通知》。

2）理论成果的总结提炼。2021 年 3 月，省域空间治理数字化平台全省推广部署会上，德清县作为试点单位作交流发言。2021 年 4 月，《数字化改革县域落地和发展的思考与建议》（浙江大学刘渊教授牵头的浙江数字化发展与治理研究中心德清中心"以德清空间治理数字化平台"为典型案例提炼形成的理论文章）得到了省市领导的批示肯定。

3）应用场景的推广。2020 年 10 月，该平台应用入选省"观星台"优秀应用。2021年 6 月，德清县域空间治理案例入选联合国践行 2030 可持续发展优秀案例。2022 年，国土空间数字化治理关键技术与市县级应用平台获中国地理信息产业协会地理信息科技进步奖一等奖。

2.4 典型应用场景

（1）多规合一、空间统筹，打造国土空间治理一张图体系。在原有多规合一汇商中心的基础上，利用数字化平台强化衔接审查，推动规划的空间性内容实现"合一"，实现全县域覆盖的国土空间两级三类规划体系，包括总规层面的县域总体规划、乡镇级总体规划，专项层面的县级各类空间性专项规划，详规层面的控制性详细规划、村庄规划等，版本上覆盖新编规划及其修改调整成果。

同时充分利用空间治理数字化平台，全面汇集覆盖过去、现在和将来的时空信息数据，目前已归集县域公共数据 14 亿条、图层近 600 个、数据量 114TB，为 35 个部门（单位）69 个应用提供二、三维影像、电子地图、地名地址等空间数据的政务网在线服务。应用数字化手段绘出了覆盖全域、全要素的相互关联、相互衔接、相互协同的县域空间规划"一张图"（见图 5），实现底图底数底线的统一和国土资源要素的高质量配置，从而为各类空间治理决策和管理提供空间蓝图。

（2）加速项目落地，打造项目预评价模块。以建设项目为抓手进行项目全周期管理，通过对接投资项目在线审批监管平台 3.0 以及不动产登记平台推动跨部门业务协同和数据共享，构建项目生成、建设许可、竣工复核等全过程服务链条，创新空间治理数字化服务的深度和广度，推进项目快速落地，深化"最多跑一次"改革要求。

图 5   国土空间治理"一张图"

一方面确定空间准入标准，开发智能审查工具。按照空间传导要素目标指标、管控边界、空间布局、风貌管控和名录传导等要求，梳理出政府投资、选商引资、工业技改项目的选址规划审查要点，确定空间准入规则，如空间一致性、空间准入性、图数一致性、指标符合性、空间协调性、内容规范性、名录符合性、有无突破国家政策和标准，利用 GIS、大数据技术对规划成果进行审查，存在冲突的图斑高亮提醒，并一键生成项目审查报告，智能判读项目的合规情况。另一方面聚焦业务，多跨协同。通过跨部门、跨系统、跨业务、跨地域、跨层级的多跨协同，建立了项目预评价流程制度（见图 6）。首先借助智慧选址工具确定了项目的初步选址方案；然后项目方将初步设计的成果给到镇（街道）工作人员，工作人员代办项目预评价事宜，在系统上填写项目申报表，以合规审查工作做支撑，系统自动生成项目预评价审查报告；接着项目牵头单位（政府投资项目由发展改革局牵头、选商引资项目由商务局牵头、工业技改项目由经信局牵头）审核后将报告发送给相关部门审核，20 余个相关部门完成可行性评价并出具意见；最后由项目牵头部门汇总意见。

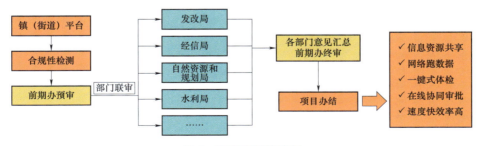

图 6   项目预评价流程

417

目前，项目预评价已应用推广到全县范围，用户单位包含 31 个部门、全县 13 个镇（街道）共 44 个用户，用户所涉及相关业务均在平台上实施，实现业务协同。政府投资类项目、工业技改项目、选商引资项目、承诺制预审项目以及人才引进项目等相关业务均在德清县数字国土空间综合应用平台上开展，办件量已达 8000 多件，实现了国土空间数字化治理的跨部门、跨业务、跨系统、跨层级的全方位应用。

（3）一码赋能，打造自然资源和规划管理档案信息的综合管理模式。以最大程度的材料共享、最大力度的精简环节以及最强深度的智能辅助审批为目标，以"空间码"关联地块全生命周期（见图 7），覆盖国土调查、空间规划、项目预评价、农转用、土地供应、立项备案、规划（建设）许可、竣工验收、不动产登记等阶段，实现"一码串联、一码通办、扫码公开"。通过"空间码"实现空间数据的可查询、可分析以及透明化、共享化。比如，实现了"一个系统集成"，项目全信息查询减少登录系统 6 个，企业可以一码查询项目全生命周期进展情况；公众可以参与监督国土空间规划管理各环节；部门可以轻松查询调用空间数据。

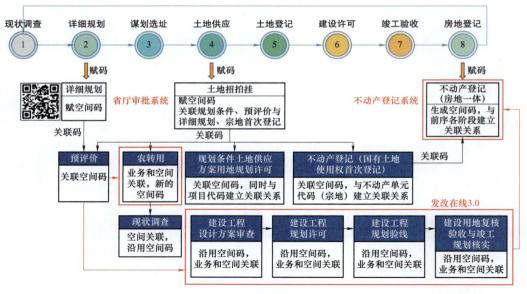

图 7 "空间码"关联地块全生命周期

3 创新探索

3.1 开发了多源数据的融合处理、数据挖掘技术

针对自然资源管理对象多元、属性信息复杂、数据结构多源等问题，一是开发了自然资源的三维实景数据获取与管理技术，包括三维实景数据体系建设技术、基于空间数据仓和空间图谱的自然资源数据全生命周期的数据管理工艺；二是研发了三维数据的数

据融合与存储技术，包括 CAD 数据在三维空间的快速、精准、无损融合技术；三是开发了数据挖掘与决策数据管理体系，采用空间密度聚类等空间机器学习技术，辅助决策分析，提升空间治理智能化能力。

3.2 研发了多跨协同的空间码联技术

针对自然资源治理中多部门、多平台、多用户等复杂场景与应用需求，一是采用分布式微服务技术、云原生技术、全栈式国产化跨平台 GIS 应用技术，开发了支撑多主体空间码联共治架构，实现"大平台、微服务、轻应用"；二是结合混合空间网格技术、区块链技术、双向链表等技术开发了"空间码"，研发了基于空间码的项目串联与全周期管理技术，以"空间关联＋业务关联"为后台支撑，实现了部门互认及信息集成；三是针对多层级自然资源系统无法对接产生的数据重复录入问题，自主研发了分布式并行机器人流程自动化技术；四是开发了国土空间综合应用平台，实现业务流程统一再造、系统重塑。

3.3 开发了空间治理场景库与智能化应用平台

一是研发了集成业务流程管理和实景三维的自然资源全业务全周期管理技术。二是将空间规则引擎引入智能流程引擎，实现支持决策模型的可视化配置与动态调整，提高业务效率；研发了空间质检规则引擎技术，灵活高效应对多样变化的质检规则。三是创新了基于业务流的多模态治理场景构建技术，形成了包含规划审查、项目谋划、建设用地报批、全域土地综合整治等在内的 25 个场景，研发了包括智慧选址、项目体检的 170 多个分析决策模型。

4 应用效益

4.1 社会效益

（1）建立国土空间规划体系并监督实施是党中央、国务院作出的重大决策部署，自然资源主管部门肩负国土空间规划监督管理的重大责任。通过规划衔接审查，推动规划的空间性内容实现"合一"，项目打造了全县域国土空间两级三类层层叠加打开的规划"一张图"，通过模式创新实现规划全过程留痕。

（2）推动数据共享应用机制的创新，实现了数据融合共享、业务高效协同。通过多部门、多科室、多业务项目协同办理，达到精准高效的目的，突出核心业务的一体化和协同性，做到"让数据多跑路、让人民少跑路"。针对重大需求清单，聚焦服务端和治理端，通过移动端口设置、部门间数据共享等数字化手段，在服务端实现了群众可以"随时随地"办事，切实改变了原来多跑路、多跑部门、多交材料等问题；在治理端聚焦多跨协同，打通了数据孤岛，实现了无缝链接，解决了审批烦琐、不够精准、效率低下等问题。从以往"人找人"的模式变成"数据找数据"的模式。

（3）构建了立体智治管控闭环，有助于管理人员实时掌握自然资源要素状态。对规划实施过程和规划实施成效开展规划监督，通过"天上看、网上管、地上查"互动监测手段，在统一的规划底图、底数、底线上，实现对国土空间规划体系有效监管、动态预警。利用桌面端和移动端相结合的方式，对发现疑似违法的地块做到监督巡查，实现管理和监管的全方位无死角，真正做到立体智治的精细化管理，助推县域国土空间的高效能治理、高水平保护和高质量发展。

4.2 经济效益

（1）人工审查的工作通过数字化技术进行梳理，形成了数字化规则，逐渐将由人工审查的工作交给机器审查。原来审查工作需要 20 天，运用该项目成果，审查工作缩短至 1~2 天。此外，工作人员的业务操作常涉及多个系统，一批现存的老旧系统难维护、系统接口难开放、数据难抓取。项目开发了流程智能机器人 RPA 应用，在不改变用户习惯操作、不改造已有应用系统的情况下，模仿最终用户在电脑终端的手动操作方式，解决系统孤岛、协作难、集成难、数据共享难等问题导致的数据重复录入问题，很大程度解放了劳动力，降低了成本。

（2）数据资源的共建共享，为项目选址等提供精准、可靠的空间分析服务，并基于业务流引擎，实现多部门在线联合审批机制，基于码归集全域建设项目全过程关键信息，并以地图为载体，在项目信息跟踪、项目会商讨论、项目案例借鉴以及项目审批的过程中都可以实时调阅或共享已批项目的具体信息，降低了项目落地的成本。项目实现了从规划编制、项目生成、土地出让到审批实施、竣工复核的全闭环的改革链条，为德清招商引资、政府性投资项目的落地提供了良好的环境。

（3）应用共建共享，解决下属机构和相关平行委办局原有信息化基础不足的难题。由于该项目系统的统一建设、统一管理，减少了用户单位在系统建设、系统维护和管理等方面的财政投资，减少了各用户在新增软件和信息化平台建设的费用开支，产生了显著的经济效益。

4.3 推广价值

该应用是深化"多规合一"数字化改革的重要举措，是自然资源数字国土空间在数字政府跑道上建设的县级应用实践。从谋划至今，在规划引领下，以空间治理为核心，以用促建，不断探索空间数据在数字空间治理场景下的应用模式。通过业务和数据的深度融合，将空间治理理念嵌入到业务办理的环节中，形成了以闭环思维推动多业务协同机制和数据共享模式；通过网络化、数字化、智能化手段，构建了人机共智的、鲜活的、实用的智能应用场景，提升了人民群众获得感和幸福感。未来，将继续以应用促发展，切实发挥数字国土空间综合应用在经济社会发展中的作用。

该应用成果在自然资源领域的空间规划编制、要素保障、耕地保护、土地综合整治、生态修复与农业农村、生态环境、公共服务相关工作中应用前景广阔。随着国土空间治理、国土空间规划等业务工作的推进，该成果可在全国各级省、市、县自然资源、农业农村、生态环境等相关业务部门中深入推广应用。

4.4 启示

自 2014 年获批全国"多规合一"试点县，到 2015 年获批全国首个县级智慧城市时空信息云平台建设试点，再到 2020 年被列为省域空间治理数字化平台应用场景试点地区之一，2022 年获批省域空间治理数字化平台三维立体时空数据库子场景建设试点，德清的国土空间数字化治理在不断探索、不断完善中前行，遇到过问题和瓶颈，也积累了一些经验，具体有以下几个方面：

（1）顶层设计，分步实施。从规划和自然资源信息化的任务出发，强化顶层设计，建立全业务覆盖、全数据融合的总体框架，按照总体目标，明确各阶段目标，妥善处理好远期和近期、整体和局部等方面关系，分步、分阶段实施，逐步提升规划和自然资源信息化的整体智能化水平。

（2）数据为王，按需治理。加大数据统筹力度，以多跨应用场景、信息系统整合为抓手，按需治理，破解数据共享难等长期顽疾，实现全域、全要素、全过程实时感知、多维关联、动态更新。

（3）应用为要，多跨协同。数字赋能，全程智治，多跨协同，打造空间治理新范式。在满足空间治理需要为出发点前提下，结合数据归集治理的基础和成果，围绕空间现状分析、经济社会综合评价、空间利用决策等方向，重点开发多部门共用的通用性工具和多业务联动的协同性工具，为其他委办部门提供了智能工具组件服务，形成了一系列好用、易用、管用的空间治理工具，服务空间治理综合分析和决策，赋能空间治理场景建设。

（4）制度为纲，业务引领。破除技术迷信，让技术回归工具的位置。信息化建设实效来自技术和业务的双轮驱动。例如浙江数字化改革以"三张清单"为抓手，坚持问题导向，体系化规范化推进数字化改革，确保建设成效。

（5）技术迭代，永不停步。数字化、智能化技术为自然资源信息化注入了新动能，AIoT、实景三维、区块链等为陆海统筹的全地域全要素全时序立体感知监测、全方位全周期智慧监管决策、多尺度多跨高效协同提供了可能。数字技术的迭代更新将加速自然资源管理的理念、方法的转型升级和发展创新。

浏阳市张坊镇上洪村村庄规划的数字技术应用

长沙市规划信息服务中心

1 背景概述

《中共中央、国务院关于建立国土空间规划体系并监督实施的若干意见》对新时期下的村庄规划定位和要求进行了明确：村庄规划是法定规划，是国土空间规划体系中乡村地区的详细规划，是开展国土空间开发保护活动、实施国土空间用途管制、核发乡村建设规划许可、进行各项建设等的法定依据。习近平总书记强调，要补齐农村基础设施这个短板。按照先规划后建设的原则，通盘考虑土地利用、产业发展、居民点布局、人居环境整治、生态保护和历史文化传承，编制"多规合一"的实用性村庄规划。在此背景下，2020 年，长沙市确定了 7 个试点村率先开展新一轮村庄规划编制探索，上洪村是长沙市"多规合一"的实用性村庄规划试点村之一，紧扣"能用、好用、管用"目标，在实用性方面进行积极探索。

2 内容体系

2.1 现状分析

上洪村是湘赣边界的一个大村庄，位于湖南省的最东面，是"潇湘第一缕阳光"照射的地方，也是国家级 4A 级景区大围山森林公园南麓的美丽村落（见图 1 和图 2）。村域面积 66.99km²，辖 22 个村民小组，共 1352 户村民，总户籍人口 5431 人。缥缈苍翠的云端竹林、冰川流过的异形巨石、四季四色的湖洋梯田、传统质朴的农耕文明，以王首道故居为代表的红色文化资源、以手工造纸技艺为代表的非遗文化和独具魅力的客家文化资源，构成上洪村不可多得的唯美画卷。2020 年，上洪村村庄规划在湖南省"寻找最美乡村"国土空间规划优秀展评案例中荣获二等奖。2021年，中共湖南省委实施乡村振兴战略领导小组办公室将上洪村列入省级乡村振兴示范创建村。2023 年，上洪村村庄规划在湖南省自然资源厅、农业农村厅、乡村振兴局联合组织的湖南省村庄规划助力"和美湘村"优秀案例评选活动中被评为全省优秀案例。

上洪村自然资源和人文资源丰富，同时也面临着乡村振兴发展的瓶颈。一方面，受地形影响，村内可利用土地资源不多；另一方面，村内丰富的资源未得到充分挖掘，虽然旅游业初见雏形，但是没有形成品牌效应，配套基础设施和公共服务设施有待改善，游客体验感有待提高。

图1　上洪村整体鸟瞰图

图2　湖洋梯田春景

2.2 规划思路

上洪村村庄规划紧紧牵住"村庄规划是凝聚全体村民最大共识的成果表达"这个"牛鼻子"，强化村民主体地位，增强规划实用性。运用"精研细琢、查找问题，精准定位、目标分解，精心策划、注重实施"的规划思路，从现状综合分析、村民规划诉求、发展定位与目标、村域总体规划和规划实施保障五个方面入手，对村庄进行全面规划（见图3）。

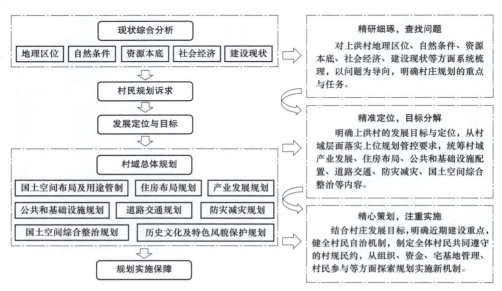

图 3　上洪村村庄规划思路图

2.3 发展定位与目标

根据《张坊镇国土空间规划（2021—2035 年）》，上洪村属于集聚提升类村庄。综合考虑区位优势、自然资源、文化禀赋等发展条件，将上洪村规划定位为：集农业观光、文化体验、康养休闲于一体的山水田园度假村。规划目标方面，落实上位规划永久基本农田保护面积230.58 公顷，落实生态保护红线面积 3143.45 公顷，落实耕地保有量 256.62公顷，村庄建设用地规模规划为 130.18 公顷。上洪村村庄规划指标见表1。

表 1　　　　　　　　　　　　上洪村村庄规划指标

指标	规划基期年	规划目标年	变化量	属性	备注
耕地保有量（公顷）	269.88	256.62	−13.26	约束性	必选
永久基本农田保护面积（公顷）	230.58	230.58	0	约束性	必选
生态保护红线面积（公顷）	3143.45	3143.45	0	约束性	必选
生态公益林面积（公顷）	1339.05	1339.05	0	约束性	必选

指标		规划基期年	规划目标年	变化量	属性	备注
村庄建设用地规模（公顷）		142.59	130.18	-12.41	约束性	必选
其中	村庄公共管理与公共服务设施用地规模（公顷）	1.06	1.39	0.33	预期性	必选
	村庄基础设施用地规模（公顷）	0.42	0.59	0.17	预期性	必选
	规划留白指标（公顷）	0	5.17	5.17	预期性	必选
人均村庄建设用地面积（m²）		182.18	180.08	-2.09	预期性	必选

2.4 村域总体规划

（1）"产业兴旺"目标下的村庄产业规划。确定了"以资源定产业，以产业定功能，以功能落空间，以空间承项目，以项目定实施"的技术路线。产业结构方面，规划为"一轴、两核、六区"的产业发展格局。"一轴"指354国道发展轴，"两核"指上洪服务中心和七星服务中心，"六区"指以发展优质果蔬种植和观光农业为重点的绿色农业种植区，以发展林下生态鸡、蜜蜂养殖、黑山羊养殖等生态畜牧业为重点的生态畜牧养殖区，以发展乡村休闲旅游为重点的康养休闲度假区，以发展文化旅游为重点的文化艺术体验区，以发展生态旅游为重点的户外运动探险区，以发展竹木加工为重点的特色加工产业区。村庄产业规划图如图4所示。

图 4　村庄产业规划图

旅游业方面，以"多元游宿，活力绿谷"为主题，重点打造生态观光、文化体验、农家休闲三种旅游业态，强调山水田园、特色文化、运动游憩的融合。生态观光以登山溯溪、空中缆车、房车营地、养心民宿、露营基地等旅游项目为主；文化体验以打造精品民宿群为主，将客家建筑、客家山歌、客家风俗、客家饮食等特色展示给游客，同时突出红色文化和非遗文化，重点打造一批爱国主义教育基地和非物质文化研学馆；农家休闲以特色餐饮为主，适当改良客家传统美食。此外，策划了湖洋梯田景区标志性山门、景区道路提质、游客接待中心等硬件支撑以及客家民俗、红色文化、非遗文化等软件支撑，并对旅游线路进行了设计。产业发展模式方面，采用"绿色农业＋生态旅游＋特色加工"的产业融合发展模式和"村委＋合作社/运营公司（企业）＋村民"的产业运营管理模式。旅游路线规划图如图5所示。

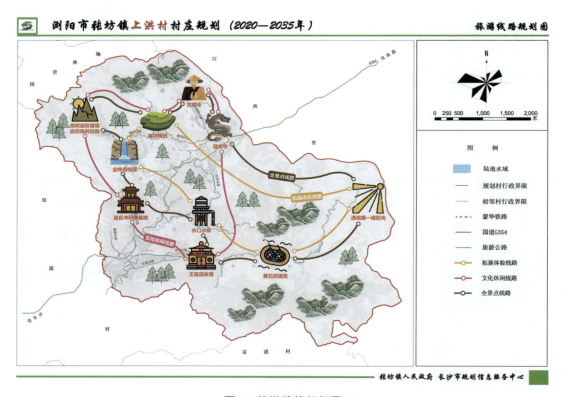

图5　旅游路线规划图

（2）"生态宜居"目标下的村庄整治规划。人居环境整治主要包含农房整治、道路整治、水系整治、景观整治四部分内容。农房整治重点关注村庄建筑布局与风貌引导，建筑布局建议主要采用一字形、L形、U形、四合院形四种格局，新建建筑建议采用"客家建筑"进行建造，建筑屋顶宜采用硬山顶、人字线、直屋脊、露檐架等，建筑色彩选择应充分体现与上洪村山水背景相协调的原则，以复原传统客家民居特色为宗旨。道路

426

整治重点关注村庄道路提质改造和绿化亮化引导，针对现状交通流量大、路面质量较差的地段，规划引导将其路面改造为油砂路面，并设置标志、标线，在不影响视距和行车安全的前提下对道路两侧进行绿化。水系整治重点关注村内溪流、沟渠、坑塘的水质提升和岸线美化。景观整治重点关注村内铺装、坐凳、垃圾桶、指示牌等景观设施的风貌引导。通过开展人居环境综合整治，实现上洪村农房风貌协调化、道路环境品质化、河道水系生态化、景观风貌乡土化目标。村庄水系整治效果图如图6所示，村庄道路整治效果图如图7所示。

图6　村庄水系整治效果图

（3）"乡风文明"目标下的村庄保护规划。上洪村境内的历史文物主要有王首道故居、桃树崖浏阳县苏维埃政府临时驻地及革命烈士纪念塔。其中，王首道故居为省级文物保护单位，桃树崖浏阳县苏维埃政府临时驻地为市（县）级文物保护单位，革命烈士纪念塔尚未定级。特色风貌主要有鸡冲客家建筑群。上洪村历史文化保护规划图如图8所示。

王首道故居位于蟹形组，保护范围为以外墙墙基为起点，四向各至50m处，建设控制地带为四向各至保护范围外50m处。桃树崖浏阳县苏维埃政府临时驻地位于金钟组，保护范围为四向分别至遗址外围外30m处，建设控制地带为四向分别至保护范围

图 7　村庄道路整治效果图

图 8　上洪村历史文化保护规划图

外 50m 处。革命烈士墓的保护范围以烈士墓为起点，四向各至 30m 处，建设控制地带为四向各至保护范围外 20m 处。鸡冲客家建筑群是 2016 年初浏阳市委、市政府对浏阳市传统民居开展保护性修葺的首批整治居民点之一，形成了风格统一的传统民居聚落。建筑群核心保护区为以建筑外墙墙基为起点，四向各至 30m 处，建设控制地带为四向各至核心保护区外 20m 处。

在文物保护单位核心保护区范围内，一切修缮和新的建设行为均要求严格按照《中华人民共和国文物保护法》《中华人民共和国文物保护法实施条例》的相关规定执行。

（4）"治理有效"目标下的村庄实施规划。一是通过新技术赋能、政府部门上下联动、运营企业资本注入、村民积极参与助力乡村振兴。二是将村庄规划主要内容纳入村规民约，进一步落实严格保护耕地、"一户一宅"等政策规定，让村庄规划的强制性内容与村民达成共识。在村庄规划服务乡村振兴的过程中，上洪村乡村旅游产业蓬勃发展，落地了道官冲生态非遗村、湖洋梯田风景区等旅游项目，培育了 11 位非遗传承人，引进了湖南广东商会、湘江电缆集团以及其他社会资本的投资。"遇见上洪"概念、村庄 LOGO 落地实施，王首道故居红色教育基地、道官冲非遗生态村、湖洋梯田风景区、黄石洞生态漂流等乡村旅游景点备受湘赣边长株潭等周边城市游客的青睐和驻足，年游客量达 12 万人次以上。

（5）"生活富裕"目标下的村庄民生规划。宅基地方面，遵循"控制总量、盘活存量、节约挖潜、集约高效"的原则，一方面充分利用范围内荒地、闲置地等未建设用地安排新建户，另一方面结合现状建筑质量情况、一户多宅现象，通过拆旧建新和宅基地腾退等手段满足村庄新建需求。村民宅基地选址和农房建设必须避开自然灾害易发地区。交通方面，通过 354 国道，杭长高速和蒙华铁路（丘吉段）进行对外联系；村庄内部依托摇钱公路、金钟公路、湖洋公路、山洞公路等形成"自由式"的路网结构，路幅宽度一般控制在 8m 以下。受地形影响，不能拓宽路段加设相应会车点，会车点间隔以 200~400m 为宜，并应沿路增设相应会车标识。同时，规划结合游客服务中心增设 4 处生态停车场，以解决外来旅游车辆停车设施不足的问题。公共设施方面，规划新增 1 所小学、4 个休闲广场、1 个敬老院、1 个农贸市场、2 个游客服务中心及若干商服设施，通过规划指引，建立起完善的公共服务设施网络。基础设施方面，规划全面改善村庄现状供水、排水、电力、通信、环卫等设施，实现村庄通水、通电、通信、通信、通邮有保障，灌溉、排污、环卫设施齐全，为村民安居乐业创造条件。防灾减灾方面，设置避灾场所、消防通道以及消防水池等消防设施。村庄防洪标准按 20 年一遇，防山洪按 10 年一遇，排涝按 10 年一遇设防。上洪村集中居民点规划布局图如图 9 所示，上洪村公共与基础设施规划图如图 10 所示。

图 9 上洪村集中居民点规划布局图

图 10 上洪村公共与基础设施规划图

3 关键技术

3.1 基于倾斜摄影技术构建空间数据沙盘，让规划更加直观

   利用无人机航拍、倾斜摄影新技术，快速获取上洪村的二、三维现状实景数据（见图 11），在调研阶段村民可快速找到定位到自己的家，使调研更加生动直观。同步通过 3D 智能测图技术快速智能地绘制上洪村的 DEM、DOM、DLG 数据（见图 12），充实村庄规划调研基础数据库，提高调研工作质量。

图 11　运用倾斜摄影技术获得三维实景图

图 12　运用 3D 测图技术快速生成地形图

3.2 基于信息技术研发调研 App 和辅助编制系统，让规划更加高效

村庄规划调研阶段，研发了全要素村庄规划调研 App——"规迹"（见图13）。App 支持村庄现状、规划与管控数据地图层式装载与浏览，全要素电子记录调研信息、标准化处理调研成果，减少调研人员的手工误差，让调研信息记录留痕、调研数据可用，实现全程调研无纸化、调研过程规范化、成果应用高效化、问卷分析精准化。

图 13　村庄规划调研 App 界面图

在村庄规划编制阶段，研发了二、三维联动村庄规划辅助编制系统（见图14）。通过将虚拟设计方案放入三维实景环境中，设计方案与周围环境是否协调一目了然。通过重点地段环境整治现状与规划比对，让村民从三维角度真实地感受建设后的场景，使得规划方案变得通俗易懂。通过选取重要景点与视点，从人的视角，分析可视面及遮挡物，模拟人的直观空间环境感知，以结果可视化辅助规划设计。基于实景倾斜摄影模型，针对 10 年一遇、20 年一遇、50 年一遇等洪水水位，动态分析洪水淹没危险区，自动识取淹没风险的居民建筑，为制定有效防洪措施提供依据。

图 14   村庄规划辅助编制系统界面图

4   创新探索

规划方法上，坚持开门编规划，力求村庄规划与乡村整体发展思路相统一。在村庄发展定位、产业发展模式等方面与村民达成共识，规划先行的理念深入人心。坚持"要素跟着项目走，项目跟着规划走"，与村委、村民、意向开发商深入对接，力求开发意向强烈、满足村庄规划要求的项目能纳入重点项目库中；与上级国土空间规划、旅游专项规划等充分衔接，确保村庄规划内容符合行业部门管理要求。

规划创新上，探索将信息技术应用到规划调研、编制、实施全过程。一是运用无人机倾斜摄影技术，配合自主研发的"规迹"调研 App，大大提高调研工作效率。二是自主研发村庄规划辅助编制系统，可推演地质灾害分析过程、支持洪水淹没分析等，助力规划科学编制。三是支持现状与规划三维实景环境模拟和比对、项目智能选址等，助力规划精准落地。

5   应用效益

规划提出的"遇见上洪"概念、村庄 LOGO 以及人居环境整治建议等均被采纳（见图 15）。产业方面，王首道故居红色教育基地、中国道官冲非遗生态村、湖洋梯田风景区、黄石洞生态漂流等乡村旅游景点，年游客量达 12 万人次以上，创造经济收入 3000 万元以上。其中，道官冲组建成了古法造纸作坊和传习所、中南活字印刷馆、非遗工坊等设施，年游客量达 3 万余人次；清心谷、湖洋山居、原宿等民宿年游客量超过 1 万余人次，入住率达 70%以上；设施方面，完成村综合服务中心、村级养老服务站、村级文体活动中心、千人休闲广场、停车场建设，村级道路改造率达 85%。村庄整治方面，将闲置宅基地改造为民宿、研学馆，将居民点、路旁景观、小品等进行整治，已经成为上洪村靓丽的名片（见图 16~图 19）。村集体经济收入从 2019 年 5 万元增长到 2022 年的 63 万元。

图 15　上洪村村庄规划——"遇见上洪"规划概念落地实施

图 16　浏阳市张坊镇上洪村前后对比照片——村入口改造

图 17　浏阳市张坊镇上洪村前后对比照片——路旁景观改造

图 18　浏阳市张坊镇上洪村前后对比照片——闲置宅基地改造

图 19　浏阳市张坊镇上洪村前后对比照片——民宿改造

规划数据库和数据管理系统

河南省城乡规划设计研究总院股份有限公司

1 背景概述

新时代背景下，设计行业正在发生从传统模式向数据驱动、协同共享和智慧引领的转变，已经出现了对数据进行统一管理、及时更新、价值挖掘和定量分析的数据管理方法，在线编辑、同步更新、团队协作和成果共享的高效工作模式，模拟、推理、预测等模型也陆续出现。规划设计行业数字化转型要求越来越高，数字化转型不但要进行数字化管理、数字化服务、数字化业务、数字化生态在内的系统性工程建设，而且需要全院一盘棋，分步实施，迭代升级。

河南省城乡规划设计研究总院股份有限公司（以下简称河南省规划院）业务涉及规划、市政、建筑、工程咨询、监理、勘察和施工图审查等 7 个行业。各行业所需计算机设备和参与项目众多。业务数据管理方面存在数据存储分散、管理方式原始，数据更新复杂，数据共享困难，数据关联性差，数据资产性差的问题。

基于以上背景，形成以下四大解决方案：

1.1 规划行业数据库

研究行业（企业）数据现状，结合数据标准，进行概念、逻辑和物理结构的设计，设计数据库，并不断新增、优化、完善。结合数据标准，研究硬件、数据库管理系统软件、GIS 插件等硬软件的技术选型，综合考虑安全、稳定、性能、扩展、迭代等要求，搭建数据库。

1.2 规划辅助编制平台

根据规划编制工作场景，研究数据和分析需求，设计规划辅助编制平台。主要包括平台的建设内容、总体设计、平台性能、平台功能和实用分析工具等。

1.3 智慧大屏

研发基于规划行业数据库和规划辅助编制平台的数据大屏，分析规划业务需求，开发规划、人口、产业、交通 4 个数据大屏，打造行业 + 数据可视化平台产品体系。设计数据大屏架构包括数据大屏总体架构、底层技术 MapV Pro 和大屏接口服务支持能力。实现人口监测大屏功能，包括地图模块的 3D 热力图和 3D 柱状图、数据仪表盘形式的常住用户模块、居住和工作用户的画像、实时客流、近 30 天客流走势。

1.4 制定数据标准

梳理行业数据体系，围绕梳理行业数据体系，围绕数据生产、汇交、更新和管理，制定《规划行业元数据标准》和《规划数据入库标准》。

2 内容体系

2.1 技术路线

该项目的总体架构分为两标准、三体系、六层级以及十项应用。两项标准为《规划行业元数据标准 V2.3》《规划行业数据入库标准 V2.3》；三体系为前台、中台和后台；六层级为数据应用层、数据大屏层、规划辅助编制平台层、行业（企业）数据库层、技术层、基础服务层；十项应用为双评价、双评估、人口与城镇化、发展定位与战略、产业发展与空间布局、区域协调与城乡融合、基础与公共服务设施、综合交通、城市环境品质和城镇开发边界划定等。

2.2 行业（企业）数据库

行业（企业）数据库是行业（企业）数据库和数据管理系统技术研究的基石，也是河南省规划院数据资产核心价值所在。建设数据库需要对全院数据进行梳理整合，对数据存储方式、数据库软硬件选型、部署方式以及未来需求进行研究，面向未来需求设计表结构以及预留数据接口。

数据库数据层共包含基础地理信息数据、遥感影像数据、城乡规划空间数据、专项空间数据和业务数据 5 种数据类型，19 类空间数据，见表 1。选择 PostgreSQL 数据库存储数据，存储使用在主服务器、备份服务器和测试服务器三台高性能服务器。

表 1   数据库五大数据类型

5 种类型	19 类空间数据
基础地理信息数据	地形
	地貌
	高程
	行政区划
遥感影像数据	夜间灯光
	PM2.5 影像

5 种类型	19 类空间数据
遥感影像数据	多光谱卫星影像
	NDVI、植被覆盖度等
	历年各类遥感影像数据及解译资料
城乡规划空间数据	用地规划图
	现状用地图
专项空间数据	POI 数据
	产业数据
	旅游数据
	人口密度数据
	气象数据
	百度数据
业务数据	空间资料
	非空间资料

2.3 规划辅助编制平台

为推动城乡规划信息化技术力量提升，实现"数据驱动"的国土空间规划编制，河南省规划院在后台行业（企业）数据库建设的基础上，建设了业务中台——规划辅助编制平台。规划辅助编制平台具有五大优点：① 汇聚数据，快速查找；② 简单易用，快速上手；③ 协同共享，提升效率；④ 权限完备，灵活管理；⑤ 二次开发，灵活扩展。平台自建设以来服务智慧规划编制项目 59 项。未来河南省规划院将进一步利用平台，为规划编制人员充分赋能，优化规划编制工作流程，打造高效协同工作模式，从根本上满足和保障智慧规划编制质量和效率要求。

2.4 智慧大屏

智慧大屏建设方案聚焦人口、产业、交通和规划四个方向。一期已实现人口数据大屏。智慧大屏的总体架构如下：

（1）人口监测大屏。人口动态监测大屏是依托百度人口大数据挖掘能力及人工智能技术，为河南省规划院量身打造的智慧人口监测大屏解决方案。通过大屏可直观地对整个郑州市人口状况进行宏观监控，科学评判全区人口变动趋势，通过丰富多样的视觉形式将郑州市及各区县实时客流数量、常住人口及变化趋势、人群画像等数据可视化呈现，实现人口监测以区县为单位，全时段、全地域、全覆盖呈现，量化判断当前区域人口情况。

（2）数据仪表盘。常住用户模块可以显示某个区域的常住人口总数、工作人口总数以及实际服务人口。

居住用户画像模块。利用百度系列近百个 App 及合作伙伴数据，综合用户检索行为、App 使用习惯等挖掘人群的自然、社会等多个居住用户画像标签。

工作用户画像模块。工作用户画像模块主要包括工作用户的教育水平、消费水平、收入水平、人生阶段、年龄性别等。通过该模块，可以对显示区域的工作用户有一个宏观的认识。

客流模块。客流模块包括实时客流和近 30 天客流走势。

2.5 数据标准

（1）规划行业元数据标准。大数据时代背景下规划勘察行业数据信息化尚无统一规范，为提升河南省规划院数据规范，提高河南省规划院信息化技术手段，落实行业（企业）数据库建设，对河南省规划院数据管理建立统一的数据结构与数据交换格式，特制定《规划行业元数据标准 V2.3》。

《规划行业元数据标准 V2.3》是用于指导河南省规划行业数据信息化管理、数据库建设的标准文件。文档对数据库制定统一的建设、使用、管理和数据命名标准，同时制定基础地理信息、遥感影像、百度时空大数据、产业大数据等数十项数据的汇交规范。

（2）规划行业数据入库标准。《规划行业数据入库标准 V2.3》是用于指导河南省规划行业数据预处理、数据格式转换、坐标系转换、数据上传、数据质检方法的标准文件。规划行业数据库体系涉及数据种类众多，包含 Shapefile 格式、IMG 格式、TIFF 格式、Excel 格式、CSV 格式、GeoJSON 等数据格式，制定了数据入库过程中不同格式的数据转换及坐标系转换、数据质量检查及数据上传平台的标准规范。

3 应用成果

河南省规划院业务的成果质量及生产效率是数据库的直接价值体现。基于行业（企业）数据库的后台数据库搭建、规划辅助编制平台以及先进的可视化数据大屏，探索以国土空间规划为主体的各类规划行业项目中的数据库应用。

3.1 资源环境承载能力和国土空间开发适宜性

资源环境承载能力和国土空间开发适宜性评价（简称"双评价"）是国土空间规划编制的前提和基础，也是国土空间规划编制过程系列研究分析的重要组成部分。

通过"双评价"，认识区域资源环境禀赋特点，找出其优势与短板，发现国土空间开发保护过程中存在的突出问题及可能的资源环境风险，确定生态保护、农业生产、城镇建设等功能指向下区域资源环境承载能力等级和国土空间开发适宜程度，为完善主体功能区战略，科学划定生态保护红线、永久基本农田、城镇开发边界等空间管控边界，统筹优化生态、农业、城镇等空间布局提供基础支撑，服务国土空间规划编制。

"双评价"中应用到气象数据、百度大数据等，通过脚本与数据库的对接，进行双评价中的数据处理。"双评价"图件如图1所示。

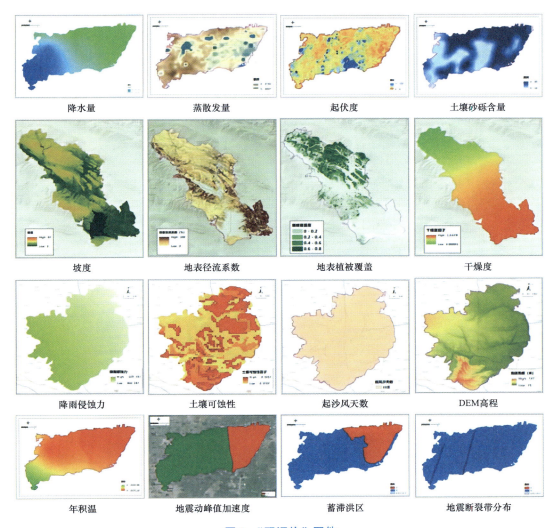

降水量	蒸散发量	起伏度	土壤砂砾含量
坡度	地表径流系数	地表植被覆盖	干燥度
降雨侵蚀力	土壤可蚀性	起沙风天数	DEM高程
年积温	地震动峰值加速度	蓄滞洪区	地震断裂带分布

图1 "双评价"图件

3.2 现状评估、规划实施评估及风险评估

根据各类公共服务设施的空间分布情况，基于设施的步行可达性，分析各类公共服务设施的实际服务覆盖范围（见图2）。各项评估中应用到的可达性数据、POI数据等，通过脚本与数据库的对接，进行数据处理。

通过历次土地调查、土地变更调查以及土地规划等不同口径对于国土资源的普查结果，监控城市国土资源的空间演变，评估城市山水林田湖草等国土资源规模变化（见图3）。

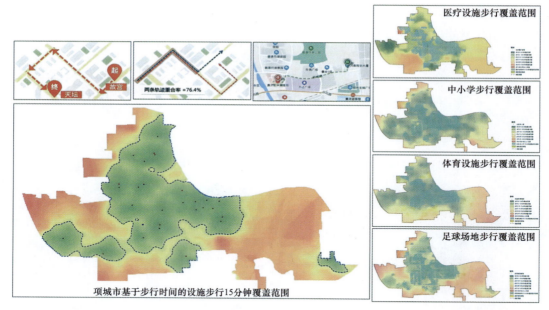

图 2 评估图件 1

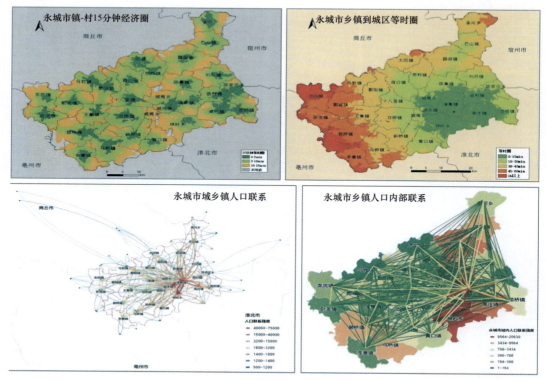

图 3 评估图件 2

3.3 人口与城镇化研究

企业数据库中有河南省全域的百度时空数据，服务于河南省规划院各级国土空间规划。百度时空大数据维度丰富、数据量大，传统的手段难以较好地处理。在数据库的基础上已探索出一条高效、便捷、精准的数据计算、分析、成图的流程，且已较好地应用于濮阳市、新乡市、信阳市、杞县、嵩县、淅川县等多个地市和数十个区县，有效地提升了河南省规划院国土空间规划成果的质量。

面向国土空间总体规划人口与新型城镇化专题的编制要求，充分利用大数据手段，深入研究人口与城镇化进程以及发展动力机制，推演人口发展趋势。

各类数据综合应用策略如下：

（1）以百度时空大数据和手机信令数据为依据，深入挖掘人口活动规律、全面展现人口身份属性特征。

（2）以腾讯位置大数据进行长时间维度、大空间跨度的人口流动情况整合分析，着重区域人口流动环境与趋势的研判。

（3）以卫星影像数据、夜间灯光影像数据、POI 等数据进行人口与城镇化空间环境的多视角展现，着重分析城市建设演变与现状。结合人口时空分布特征，解析人口集聚与流动的内在动因。

百度时空大数据成果如图 4 所示。

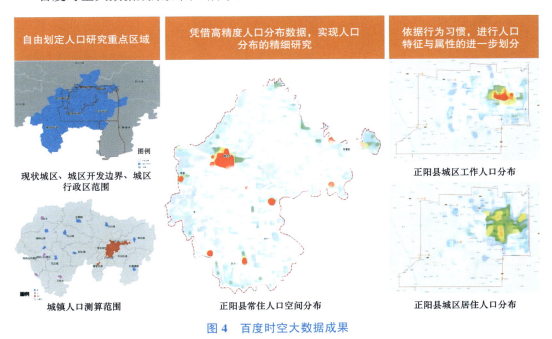

图 4　百度时空大数据成果

3.4 发展定位与战略研究

通过产业数据库、交通数据库、百度人口数据库挖掘发展趋势与特征，判定空间格局和发展阶段，为制定区域发展策略提供决策支撑（见图 5）。

3.5 产业发展与空间布局研究

通过数据库挖掘天眼查数据中的区域经济联系、区域产业分布等信息，服务于国土空间规划中的产业专题及产业专项规划（见图 6）。

图 5 发展定位与发展战略研究

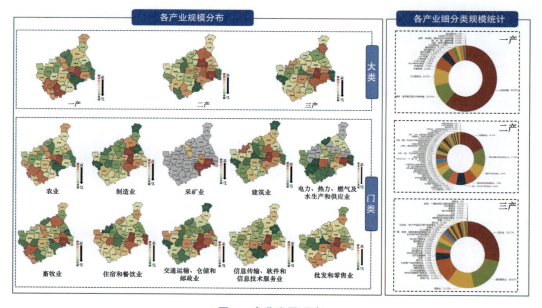

图 6 产业发展研究

3.6 区域协调与城乡融合发展研究

通过分析产业数据库、交通数据库、百度人口数据库挖掘区域特征与城乡发展趋势，分析空间分布特征，评估空间格局及城乡融合发展情况（见图7）。

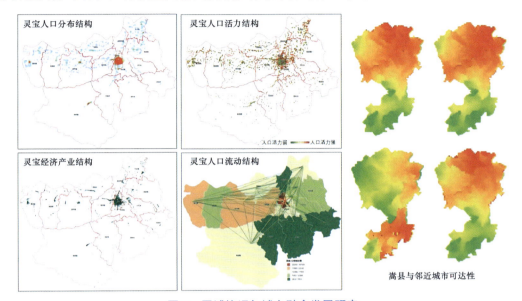

图 7 区域协调与城乡融合发展研究

3.7 基础设施和公共服务设施研究

通过对公共服务设施的现状分析，得出精准的设施布局规划，提高公共服务设施服务水平（见图8）。

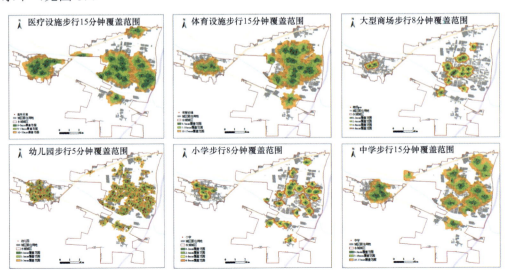

图 8 基础设施和公共服务设施研究

3.8 综合交通研究

分析职住、通勤、可达性、路网等，摸清交通现状，辅助综合交通研究（见图 9）。

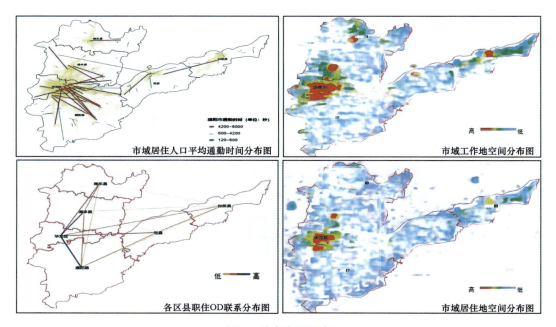

图 9 综合交通研究

3.9 城市环境品质研究

通过街景服务 API 获得标准化的街景影像数据，大大提高对城区空间环境调研的效率。

在数据处理方面，通过人工智能与机器学习、语义识别、图像分割等技术，可对空间环境进行完整的、定量的描述与分析。可对空间构成、环境品质、建筑质量、居民活力等要素进行全面综合的分析评价。

3.10 城镇开发边界划定

目前，划定城镇开发边界是我国推进空间规划体系改革和城市总体规划改革的重要内容。对于如何确定城镇开发边界的规模和空间布局，国内尚未有明确的方法和标准。遵循保障城镇功能完整、促进城镇紧凑集约布局和土地节约高效利用的原则，在数据库的基础上综合运用融合社会经济区位优势多元影响因素的神经网络——元胞自动机用于辅助城镇开发边界（见图 10）。

448

□ 定边界——元胞自动机模型模拟不同情境下城镇边界增长

设置最大增长面积为50km²模拟结果

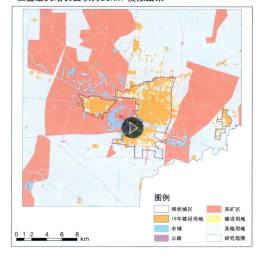

图例
现状城区　采矿区
18年建设用地　建设用地
水域　其他用地
公路　研究范围

0 1 2　4　6　8 km

多情境迭代模拟计算结果

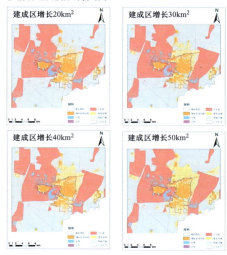

建成区增长20km²　建成区增长30km²

建成区增长40km²　建成区增长50km²

图 10　神经网络——元胞自动机应用

4　关键技术及创新探索

4.1　融合创新，数据共享

将各种散落的行业数据需要以统一的标准集合到一起，各类数据的汇交就变得尤其重要。然而，目前尚未形成完备的数据汇交方法和路径。我们对行业数据库和数据管理系统关键技术研究，包括多源数据，包括文本数据、图片数据、矢量数据、栅格数据、时态数据等。从技术上，对数据汇交方法和路径的研究主要是解决了异构关系型数据库的这个难题，即在集合多个相关数据库系统的同时，既可以实现数据共享和透明访问，又可以保持每个数据库系统的应用特性、完整性控制和安全性控制。创新点主要包括以下几个方面：设计行业数据统一整合、挖掘、分析、辅助决策；满足规划、市政、建筑等设计行业数据需求，解决数据缺少、数据分散、管理落后问题；研究基于大数据分析的互联网数据抓取技术、基于互联网技术的空间服务、基于自然语言的处理技术；用数据库管理系统形式可以大大降低设计人员、管理人员、决策人员的使用难度。

4.2　模式创新，应用共享

利用数据库建设三大平台——规划辅助编制平台、城市体检感知平台和评估监测信息平台，通过统一平台建设、数据资源整合建设、制订标准规范、健全工作保障机制等工作，建立省内全范围覆盖的，服务规划编制、审查、监督、评估、公众服务全过程的数字支撑平台，横向支撑了规划信息的多部门共享，纵向实现了各级政府及部门一体化管理。

4.3 表达创新，成果共享

数据可视化引擎可以辅助展示、设计、分析、内部协同，体现出优秀的可视化能力，呈现出酷炫的大屏展示效果，实现表达创新，成果共享。

5 应用效益

5.1 经济效益

该项目可为政府相关职能部门、相关企业、配套服务企业等国内外相关企业提供数据服务、技术开发服务、咨询服务、设施设备服务等。河南省规划院每年规划产值约有2.5个亿，该项目贡献率预估8%，则预计每年可实现相当于2000万元人民币的经济效益。规划设计行业数据库的研究同时也将带动河南省大数据行业、智慧城市、计算机技术等相关行业的发展，又能产生一定的经济效益。

5.2 社会效益

该项目依托河南省规划院的经验优势、人才优势以及关于数据库研究的募投项目的先发优势，开展"一库三平台"的建设。据评估，该项目的实施，预计可产生的社会效益有：

（1）辅助政府科学决策，提升空间治理能力。"一库三平台"的建设使得数据融合、数据挖掘、数据应用三维一体。数据库深度融合行业多源异构数据，规划辅助编制平台进行规划编制、审批实施、监督监管、评估反馈，城市体检感知平台从不同的时间空间尺度对城市进行综合评估与监控预警，评估监测信息平台以目标、问题和操作为导向，构建基本指标推荐指标体系，进行指标分析评价，编制评估报告。结合平台，对河南省部分市县社区进行一年一体检，五年一评估，不断地为河南省各级政府以及自然资源、发改、住建等部门的智慧化管理提供更科学、更高效的决策依据。

（2）促进行业数据融合，实现平台应用共享。"一库三平台"中的数据服务建设，一方面统一数据访问接口，另一方面为河南省国土空间规划提供全局的数据服务和数据应用，降低技术门槛，破除行业壁垒，辅助规划师进行现状分析、方案生成、情景模拟，在规划设计全过程提供数据服务，使得数据的作用得到充分的体现和发挥，从而为河南省国土空间规划提供全局的数据服务和数据应用。

（3）提高企业运营效率，推动企业模式创新。该项目可以服务于我省国土空间规划行业内200多家企业的信息化建设，探索数字化转型。基于"分布式数据管理系统"的数据能够互相融通，业务层面实现数字化创新。

（4）辅助募投项目开展，助力河南省规划院成功上市。该项目可以作为河南省规划院上市的核心项目《河南省城乡规划设计研究总院股份有限公司信息系统建设项目》的先导和前期研究，辅助募投项目开展，同时为河南省规划院的企业业绩做出贡献，助力河南省规划院成功上市。

（5）促进科研人才培养，打造优质知识产权。该项目将会发展成为集科研、生产、应用为一体的创新专项，更会发展成为大数据在行业应用的教育基地，可以高效整合高校人才资源，不断加强产学研合作，加快科研成果转化，增强服务社会能力。同时为国家输送优秀的硕士研究生 5 名，贡献知识产权数项。